ŒUVRES COMPLÈTES

DE

VOLTAIRE

35

CORRESPONDANCE

III

Années 1738-1740. — Nos 938-1393

PARIS. — IMPRIMERIE A. QUANTIN ET Cie
ANCIENNE MAISON J. CLAYE
7, RUE SAINT-BENOIT

ŒUVRES COMPLÈTES
DE
VOLTAIRE

NOUVELLE ÉDITION

AVEC

NOTICES, PRÉFACES, VARIANTES, TABLE ANALYTIQUE

LES NOTES DE TOUS LES COMMENTATEURS ET DES NOTES NOUVELLES

Conforme pour le texte à l'édition de BEUCHOT

ENRICHIE DES DÉCOUVERTES LES PLUS RÉCENTES

ET MISE AU COURANT

DES TRAVAUX QUI ONT PARU JUSQU'A CE JOUR

PRÉCÉDÉE DE LA

VIE DE VOLTAIRE

PAR CONDORCET

ET D'AUTRES ÉTUDES BIOGRAPHIQUES

Ornée d'un portrait en pied d'après la statue du foyer de la Comédie-Française

---

CORRESPONDANCE

III

(ANNÉES 1738-1740. — N°ˢ 938-1393)

PARIS
GARNIER FRÈRES, LIBRAIRES-ÉDITEURS
6, RUE DES SAINTS-PÈRES, 6

1880

CORRESPONDANCE

938. — A M. BERGER.

Cirey, octobre 1738.

Aujourd'hui est parti, par le carrosse de Joinville, le petit visage de votre ami, dont l'aimable Latour fera tout ce qu'il voudra. On demande les pierres de M. Barier avec plus d'empressement que je ne mérite. A l'égard de l'estampe, il faut, je crois, la donner à Odieuvre, puisqu'il a fait les premiers frais. Il se chargera du graveur, qui travaillera sous les yeux du peintre. Je donnerai cent francs au graveur pour ma part; Odieuvre donnera le reste, et aura la planche; et moi, j'aurai quelques estampes pour mes amis.

Je croyais que M. de Latour avait un double original. Qu'a-t-il donc fait du premier pastel? car je n'ai que le second. Enfin j'envoie ce que j'ai, et je l'envoie à l'adresse de l'abbé Moussinot. Faites bien mes compliments au peintre qui m'a embelli, et que les graveurs ont défiguré.

Si vous êtes curieux de voir ces *Lettres*[1] à M. Maffei et à M. Thieriot, il devait vous les montrer ; mais adressez-vous, si vous voulez, à Prault.

N'y a-t-il point de nouvelles, je vous en prie? Continuez, persévérez dans votre charmante régularité.

Je vous embrasse.

939. — A M. LE BARON DE KEYSERLINGK [2].

Cirey, octobre.

Très-aimable Césarion,
Par votre épître j'apprends comme
Quelques vers griffonnés *sur l'homme* [3]
Ont eu votre approbation.

---

1. La lettre à Maffei, dont il est question ici, paraît être celle qui fait partie du *Preservatif*. Voyez tome XXII, page 386. La lettre à Thieriot est ce qui forme les *Observations*, etc., tome XXII, page 359.
2. La lettre de Frédéric à Voltaire, du 10 octobre 1739, contient un billet de Keyserlingk.
3. Ce sont les vers dont se compose le sixième *Discours* en vers.

J'ai peint cette absurde sagesse
Des fous sottement orgueilleux ;
C'est à vous à vous moquer d'eux :
Vous n'êtes pas de leur espèce.

M. Michelet [1] nous a envoyé, monsieur, les plans du paradis terrestre de l'Allemagne, car celui de France est à Cirey. Je ne sais ce que j'aime le mieux en vous, ou la plume de l'écrivain qui écrit de si jolies choses, ou le crayon qui dessine une si aimable retraite. Vous nous fournissez tous les plaisirs qu'on peut goûter quand on n'a pas le bonheur de vous voir. Mᵐᵉ la marquise du Châtelet va vous écrire : elle est seule digne de vos présents; mais j'en sens le prix aussi vivement qu'elle. Nous sommes unis tous en Frédéric, comme les dévots le sont dans leur patron.

Je serai, monsieur, toute ma vie, avec l'attachement le plus tendre, votre, etc.

940. — A M. DE MAUPERTUIS [2].

Après vous avoir remercié des leçons que j'ai reçues de vous sur la philosophie newtonienne, voulez-vous bien que je vous adresse les idées qui sont le fruit de vos instructions ?

1° Je vois les esprits dans une assez grande fermentation en France, et les noms de Descartes et de Newton semblent être des mots de ralliement entre deux partis. Ces guerres civiles ne sont point faites pour des philosophes. Il ne s'agit point de combattre pour un Anglais contre un Français, ni pour les lettres de l'alphabet qui composent le nom de Newton contre celles qui composent le nom de Descartes. Ces noms ne sont réellement qu'un son; il n'y a nulle relation entre un homme qui n'est plus et ce qu'on appelle sa gloire. Il n'appartient pas à ce siècle éclairé de suivre tel ou tel philosophe ; il n'y a plus de fondateur de secte, l'unique fondateur est une démonstration.

---

1. Marchand cité dans une lettre de Frédéric, du 15 avril 1739.
2. Si c'est cette lettre qui est désignée dans le n° 906, Voltaire l'a retouchée depuis lors, puisqu'il y est question de la mort de Boerhaave arrivée à la fin de septembre 1738; c'est ce qui a décidé Beuchot à la placer dans le commencement d'octobre. Elle a été imprimée, pour la première fois, dans la *Bibliothèque française*, tome XXVIII, pages 1-27. Quelques phrases de cette lettre se retrouvent dans la *Réponse aux objections principales*, etc.; voyez, tome XXIII, page 75.
Au mois de juillet, Voltaire avait demandé à Maupertuis la permission de se servir de son nom.

2° Les noms doivent entrer pour si peu de chose dans cette querelle qu'en effet ceux qui combattent les vérités nouvellement découvertes, ou qui en tirent des conclusions en faveur des tourbillons, ne suivent Descartes en aucune manière. Il y a longtemps qu'on a été forcé de renoncer à son système de la lumière, à ses lois du mouvement, démontrées fausses dès qu'elles ont paru ; à ses tourbillons qui, tels qu'il les a conçus, renversent les règles de la mécanique sur lesquelles il disait que sa philosophie était fondée ; à son explication de l'aimant, à sa matière cannelée, à la formation imaginaire de son univers, à sa description anatomique de l'homme, etc. On proscrit tous ses dogmes en détail, et cependant on se dit encore cartésien [1] ! C'est comme si on avait dépouillé un roi de toutes ses provinces l'une après l'autre, et qu'on se dît encore son sujet. Il ne s'agit pas, encore une fois, de savoir si un homme qu'on appelait René Descartes a été plus grand par rapport à son siècle qu'un certain homme nommé Isaac Newton n'a été grand par rapport au sien ; et s'il fallait entrer dans cette autre question non moins frivole, que cependant on agite, savoir lequel a été le plus grand physicien, Descartes ou Newton, il suffirait de considérer que Descartes n'a presque point fait d'expériences ; que, s'il en avait fait, il n'aurait point établi de si fausses lois du mouvement ; que, s'il avait même daigné lire ses contemporains, il n'aurait pas fait passer le sang des veines lactées par le foie, quinze ans après qu'Azellius avait découvert la vraie route ; que Descartes n'a ni observé les lois de la chute des corps et vu un nouveau ciel comme Galilée, ni deviné les règles du mouvement des astres comme Kepler, ni trouvé la pesanteur de l'air comme Torricelli, ni calculé les forces centrifuges et les lois du pendule comme Huygens, etc. D'un autre côté, on verrait Newton, à l'aide de la géométrie et de l'expérience, découvrir les lois de la gravitation entre tous les corps, l'origine des couleurs, les propriétés de la lumière, les lois de la résistance des fluides, etc.

Enfin, si l'on voulait discuter la physique de Descartes, que pourrait-on y apercevoir que des hypothèses? Ne verrait-on pas avec douleur le plus grand géomètre de son temps abandonner la géométrie, son guide, pour se perdre dans la carrière de l'imagination? Ne le verrait-on pas créer un univers au lieu d'examiner celui que Dieu a créé?

Veut-on se faire une idée très-juste de sa physique? Qu'on

---

1. Ce passage est déjà tome XXIII, page 75.

lise ce qu'en a dit le célèbre Boerhaave, qui vient de mourir[1]. Voici comment il s'explique dans une de ses harangues : « Si de la géométrie de Descartes vous passez à la physique, à peine croirez-vous que ces ouvrages soient du même homme ; vous serez épouvanté qu'un si grand mathématicien soit tombé dans un si grand nombre d'erreurs. Vous chercherez Descartes dans Descartes ; vous lui reprocherez tout ce qu'il reprochait aux péripatéticiens, c'est-à-dire que rien ne peut s'expliquer par ses principes[2]. »

C'est ainsi qu'on pense avec raison de Descartes dans presque toute l'Europe. Il est donc très-injuste qu'on me fasse en France un crime de l'avoir combattu, comme si c'était l'action d'un mauvais Français ; il faut qu'on songe que Gassendi, dont plusieurs opinions contraires à Descartes revivent dans mon ouvrage, était aussi d'une province de France ; il faut qu'on songe que vous êtes Français. Eh ! qu'importe que la vérité nous vienne de Bretagne, ou de Provence, ou de Cambridge ? C'est être en effet bon citoyen que de la chercher partout où elle est.

3° Le point de la question est uniquement de savoir si après que Newton a découvert une tendance, une gravitation, une attraction réelle, indisputable entre tous les globes célestes et entre tous les corps ; si après qu'il a mathématiquement déterminé les forces de cette gravitation entre les corps célestes, il la faut regarder comme un principe, comme une qualité primordiale, nécessaire à la formation de cet univers, donnée originairement à la matière par l'Être infini qui donne tout, ou bien si cette propriété de la matière est l'effet mécanique de quelque autre principe. Dans l'un et dans l'autre cas, il faut recourir à la main du Créateur, à sa volonté infiniment libre et infiniment puissante ; soit qu'il ait créé la matière dans l'espace, soit qu'il ait rempli tout l'espace de matière, soit qu'il ait donné la gravitation aux corps, soit qu'il ait formé des tourbillons dont la gravitation dépende, s'il est possible.

Ainsi, de quelque côté qu'on se tourne, newtonien et antinewtonien, tous recourent également à l'Être des êtres. La seule différence qui est ici entre nous et nos adversaires, c'est que ceux qui paraissent d'abord admettre des idées plus simples, en voulant tout expliquer par l'impulsion, sont en effet obligés d'avoir recours à beaucoup de mouvements composés, à une infi-

---

1. Boerhaave est mort le 23 septembre 1738.
2. Cette citation est aussi tome XXIII, page 75.

nité de directions en tout sens. Ils n'ont pas même l'avantage de la simplicité dont ils se flattaient. Cet avantage est tout entier du côté des newtoniens. Il faut avouer que cet avantage, s'il était seul, serait bien peu de chose. Une vraisemblance de plus ne fournit point une preuve. Ce ne sont pas là les armes dont vous vous servez. Qu'est-ce qu'un pas de plus dans cette carrière immense? Allons donc plus loin, et voyons si la gravitation n'est que vraisemblable, tandis que les tourbillons sont impossibles.

4° Il faut bien d'abord que tous les hommes conviennent de cette nouvelle et admirable vérité, qu'une pierre ne retombe sur la terre que par la même loi qui entraîne la lune autour de la terre. Il faut convenir que tous les astres qui tournent dans des courbes autour du soleil gravitent, pèsent réciproquement sur le soleil. Par cette loi même les comètes, qui ne sont autre chose que des planètes très-excentriques, et qui, dans leur aphélie, peuvent être deux cents fois plus éloignées du soleil que Saturne, pèsent encore sur le soleil par cette simple loi; et, tous ces corps s'attirant précisément en raison de la masse qu'ils contiennent, et en raison du carré de leurs approchements, forment l'ordre admirable de la nature. On est obligé aussi de convenir qu'il y a une attraction marquée entre les corps et la lumière, cet autre être qui fait comme une classe à part. Arrêtons-nous ici. Cette gravitation, cette attraction, telle qu'elle soit, peut-elle être un principe? Peut-elle appartenir originairement aux corps?

5° Je demande d'abord s'il y a quelqu'un qui ose nier que Dieu ait pu donner aux corps ce principe de la gravitation. Je demande s'il est plus difficile à l'Être suprême de faire tendre les corps les uns vers les autres que d'ordonner qu'un corps en pourra déranger un autre de sa place; que celui-ci végète; que cet autre ait la vie; que celui-ci sente sans penser; que celui-là pense; que tous aient la mobilité, etc. Si quelqu'un ose nier cette possibilité, je le renverrai à ce livre, aussi précieux que peu étendu, où vous discutez si bien l'attraction. Vous avez fait comme M. Newton, car il vous appartient de faire comme lui ; vous vous êtes expliqué avec quelque réserve, parce qu'il ne fallait pas révolter des esprits prévenus de l'idée que rien ne peut s'opérer que par un mécanisme connu. Mais enfin personne n'ayant pu expliquer cette nouvelle propriété de la matière par aucun mécanisme, il faut bien qu'on s'accoutume insensiblement à regarder la gravitation comme un mécanisme d'un nouveau genre, comme une qualité de la matière inconnue jusqu'à nous.

Un des plus estimables philosophes de nos jours[1], qui est de vos amis, et qui m'honore aussi de quelque amitié, me faisait l'honneur de m'écrire, il y a quelques jours, qu'en regardant l'attraction comme principe, on devait craindre de ressembler à ceux qui admettaient l'horreur du vide dans une pompe avant qu'on connût la pesanteur de l'air. Il a très-grande raison, si en effet quelqu'un peut connaître la cause de la gravitation, comme on connaît le principe qui fait monter l'eau dans une pompe : car il est sûr qu'en ce cas la gravitation n'est qu'un effet, et non point une cause. Il y aurait seulement cette différence entre les péripatéticiens et nous, qu'ils voyaient facilement et sans surprise l'eau monter, et que c'est à l'aide de la plus sublime géométrie que Newton a vu la terre et les cieux graviter.

Mais je vais plus loin, et j'ai pris la liberté de dire à ce philosophe qu'en cas que l'on eût pu prouver autrefois que l'air ni aucun fluide ne peut, par le mécanisme ordinaire, faire monter l'eau dans les pompes, on eût été forcé alors d'admettre une loi primordiale de la nature par laquelle l'eau eût monté dans les pompes : car là où un phénomène ne peut avoir de cause, il faut bien qu'il soit une cause de lui-même.

Voilà le cas où il est très-vraisemblable que se trouve l'attraction, la gravitation : ce phénomène existe, et nul mortel n'en peut trouver la cause.

6° Quand Newton examine, dans le cours de ses *Principes mathématiques*, les différents rapports de la gravitation, il ne la considère qu'en géomètre, sans la regarder ni comme une cause ni comme un effet particulier ; de même que lorsqu'il parle (proposition 96) des inflexions de la lumière, il dit qu'il n'examine pas si la lumière est un corps ou non ; il s'explique avec cette précaution dans ses théorèmes, et va même jusqu'à dire qu'on pourrait appeler ces effets impulsion, afin de ne point mêler le physique avec le géométrique. Mais enfin, à la dernière page de son ouvrage, voici comme il s'explique en physicien aussi sublime qu'il est géomètre profond.

« J'ai jusqu'ici montré la force de la gravitation par les phénomènes célestes et par ceux de la mer, mais je n'en ai nulle part assigné la cause. Cette force vient d'un pouvoir qui pénètre au centre du soleil et des planètes, sans rien perdre de son activité, et qui agit non pas selon la quantité des superficies des particules de matière sur lesquelles elle agit, comme font les causes

---

1. Mairan.

mécaniques, mais selon la quantité de matière solide[1], et son action s'étend à des distances immenses, diminuant toujours exactement selon le carré des distances, etc. »

C'est dire bien nettement, bien expressément, que l'attraction est un principe qui n'est point mécanique.

Et quelques lignes après il dit :

« Je ne fais point d'hypothèses, *hypotheses non fingo* : car ce qui ne se déduit pas des phénomènes est une hypothèse ; et les hypothèses, soit métaphysiques, soit physiques, soit des suppositions de qualités occultes, soit des suppositions de mécanique, n'ont point lieu dans la philosophie expérimentale. »

Remarquons, en passant, ce grand mot des *hypothèses de mécanique*; elles ne valent pas mieux que les qualités occultes.

On voit évidemment, par ces paroles fidèlement traduites, le tort extrême que l'on a de reprocher aux newtoniens d'aller plus loin que Newton même. Premièrement, quand ils iraient plus loin, ce ne serait pas un reproche à leur faire : il ne s'agirait que de savoir s'ils s'égarent ou non. En second lieu, il est constant que Newton ne pensait ni ne pouvait penser que le mécanisme ordinaire que nous connaissons pût jamais rendre raison de la gravitation de la matière.

Ce qui a trompé en ce point ceux qui se disent cartésiens, c'est qu'ils n'ont pas voulu distinguer ce que Newton dit dans le cours de ses théorèmes de ses deux premiers livres comme mathématicien, et ce qu'il dit au troisième comme physicien. Le géomètre examine, indépendamment de toute matière, les forces centripètes tendant à un centre, à un point mathématique ; le physicien ensuite les considère comme une force répandue également dans chaque partie de la matière. C'est ainsi qu'on observe dans une balance le centre mathématique de gravité, et qu'on observe physiquement que les masses des deux branches de la balance sont égales.

Mais, encore une fois, après que, dans le cours de ses recherches, Newton a examiné la nature plus en physicien, il est forcé de déclarer que nul tourbillon, nulle impulsion connue, nulle loi mécanique ne peut rendre raison des forces centripètes : car, à la fin du second livre, quand il considère que la terre se meut beaucoup plus vite au commencement du signe de la Vierge que dans celui des Poissons, et que cela seul anéantit démonstrativement tout prétendu fluide qui ferait circuler la terre ; alors

---

1. C'est-à-dire, en raison non des volumes, mais des masses. (D.)

il est obligé de dire ces paroles décisives : « L'hypothèse des tourbillons contredit absolument les phénomènes astronomiques, et cette hypothèse sert bien plus à troubler les mouvements célestes qu'à les expliquer. » Il renvoie donc le lecteur aux forces centripètes.

Voilà la seule fois qu'il parle de Descartes, sans même le nommer. Et, en effet, que pourrait-il avoir à démêler avec Descartes, qui n'a jamais rien expliqué mathématiquement, si vous en exceptez sa *Dioptrique*, de laquelle il n'a pu même connaître tous les vrais principes? Ce n'est pas tout, il faut voir cette belle démonstration du théorème 20e du livre IIIe, où Newton prouve que la vélocité d'une comète dans son espèce de parabole est toujours à la vitesse de toute planète circulant à peu près dans un cercle, en raison sous-doublée du double de la distance simple de la comète.

Selon ce calcul, si la terre, par son mouvement horaire, décrit 71,675 parties de l'espace, une comète, à la même distance du soleil dont la vitesse sera à celle de la terre comme la racine 2 est à 1, parcourra dans le même temps plus de 100,000 parties de l'espace. Ensuite, considérant que les comètes qui se trouvent dans la région d'une planète quelconque vont toujours beaucoup plus vite que cette planète, il suit de là très-évidemment qu'il est de toute impossibilité que le même tourbillon, la même couche de fluide, puisse entraîner à la fois deux corps qui circulent avec des vitesses si différentes.

Remarquons ici que Newton, à l'aide de la seule théorie de la gravitation, détermina le lieu du ciel où la comète de 1681 devait arriver à une heure marquée, et les observations confirmèrent ce que sa théorie avait ordonné[1].

Il détermina de même quel dérangement Jupiter et Saturne devaient éprouver dans leur conjonction, et ces deux planètes subirent le sort que Newton avait calculé. Certainement il était bien impossible qu'il se fût trouvé là un tourbillon qui eût approché Saturne et Jupiter l'un de l'autre. Un torrent fluide circulant entre ces deux planètes immenses eût produit un événement tout contraire. Ce serait donc en effet violer toutes les lois du mécanisme qu'on réclame, ce serait admettre en effet des qualités occultes que d'admettre des tourbillons occultes qui ne peuvent s'accorder avec aucune loi de la nature.

---

1. Cette comète est celle de Halley. Elle revint en 1759, retardée légèrement par les perturbations de Jupiter et de Saturne. Sa période est de 76 ans environ. On l'a revue en 1835. (D.)

Si on voulait bien joindre à ces deux démonstrations tous les autres arguments dont j'ai rapporté une partie dans mon seizième chapitre[1]; si on voulait bien voir qu'il est réellement impossible qu'un corps se meuve trois minutes dans un fluide qui soit de sa densité, et que par conséquent, dans toutes les hypothèses des tourbillons, tout mouvement serait impossible, on serait enfin forcé de se rendre de bonne foi; on n'opposerait point à cette démonstration des subtilités qui ne l'éluderont jamais; on n'irait point imaginer je ne sais quels corps à qui on attribue le don d'être denses sans être pesants, puisqu'il est démontré que toute matière connue est pesante, et que la gravitation agit en raison directe de la quantité de la matière; enfin on ne perdrait point à combattre la vérité un temps précieux qu'on peut employer à découvrir des vérités nouvelles.

7° J'avouerai qu'il est bon que, dans l'établissement d'une découverte, les contradictions servent à l'affermir; il est très-raisonnable, d'ailleurs, que des géomètres et des physiciens aient cherché à concilier les tourbillons avec les découvertes de Newton, avec les règles de Kepler, avec toutes les lois de la nature; ils font connaître par ces efforts les ressources de leur génie.

A la bonne heure que le célèbre Huygens ait tenté de substituer aux tourbillons inadmissibles de Descartes d'autres tourbillons qui ne pressent plus perpendiculairement à l'axe[2], qui aient des directions en tout sens (chose pourtant assez inconcevable); que Perrault ait imaginé un tourbillon du septentrion au midi qui viendrait croiser un tourbillon circulaire d'orient en occident; que M. Bulfinger hasarde et dise de bonne foi qu'il hasarde quatre tourbillons opposés deux à deux; que Leibnitz ait été réduit à inventer une circulation harmonique; que Malebranche ait imaginé de petits tourbillons mous qui composent l'univers qu'il lui a plu de créer; que le Père Castel soit créateur d'un autre monde rempli de petits tourbillons à roues endentées les unes dans les autres; que M. l'abbé de Molières fasse encore un nouvel univers tout plein de grands tourbillons formés d'une infinité de petits tourbillons souples et à ressorts; qu'il applique à son hypothèse de très-belles proportions géométriques avec toute la sagacité possible : ces travaux servent au moins à étendre l'esprit et

---

1. Le chapitre XVI de l'édition de 1738 est devenu le chapitre II de la 3° partie : voyez tome XXII, page 512.

2. Ce que Voltaire nomme ici les tourbillons de Huygens, c'est le germe de la théorie des ondulations. On conçoit qu'à cette époque Voltaire ait pu la confondre dans le groupe des hypothèses qu'il cite. Elle est actuellement inattaquable. (D.)

à donner des vues nouvelles. Il arrive à presque tous ces illustres géomètres ce qui arrive à d'industrieux chimistes, qui, en cherchant la pierre philosophale, font de très-utiles opérations. Newton a ouvert une minière nouvelle ; il a trouvé un or que personne ne connaissait : les philosophes recherchent la semence de cet or, il n'y a pas apparence qu'ils la trouvent jamais.

Non-seulement le soleil gravite vers Saturne, mais Sirius gravite vers le soleil ; mais chaque partie de l'univers gravite ; et c'est bien en vain que les plus savants hommes veulent expliquer cette gravitation universelle par de petits tourbillons qu'ils supposent n'être pas pesants : toute matière a cette propriété. Voilà ce que Newton a enseigné aux hommes. Mais, encore une fois, savoir la cause de cette propriété n'est pas, je crois, le partage de l'humanité.

Les animaux ont ce que l'on appelle un instinct, les hommes ont ce qu'on appelle la pensée : comment ont-ils cette faculté ? Dieu, qui seul l'a donnée, sait seul comment il l'a donnée. Le grand principe de Leibnitz que rien n'existe sans une cause suffisante est très-vrai ; mais il est tout aussi vrai que les premiers ressorts de la nature n'ont pour cause suffisante que la volonté infiniment libre de l'Être infiniment puissant. La gravitation inhérente dans toutes les parties de la matière est dans ce cas ; et toute la nature nous crie, comme l'avouent MM. S'Gravesande et Musschenbroeck, que cette gravitation ne dépend point des causes mécaniques ; tâchons d'en calculer les effets, d'en examiner les propriétés.

Nec propius fas est mortali attingere divos.
(Halley.)

Pour moi, pénétré de ces vérités, je me suis bien donné de garde d'oser mêler le moindre alliage de système à l'or de Newton : je me suis contenté de rendre sensibles aux esprits peu instruits, mais attentifs, les effets de la gravitation démontrée, quelle qu'en puisse être la cause, effets qui seront éternellement vrais, soit qu'on reconnaisse la gravitation pour une qualité primordiale de la matière, soit qu'elle appartienne à quelque autre cause inconnue, et à jamais inconnue.

Quelques personnes d'esprit, qui n'ont pas eu le courage de s'appliquer à la philosophie, donnent pour excuse de leur paresse que ce n'est pas la peine de s'attacher à un système qui passera comme nos modes. Ils ont ouï dire que l'école ionique a combattu l'école de Pythagore ; que Platon a été opposé à Épicure ;

qu'Aristote a abandonné Platon ; que Bacon, Galilée, Descartes, Boyle, ont fait tomber Aristote ; que Descartes a disparu à son tour, et ils concluent qu'il viendra un temps où Newton subira la même destinée.

Ceux qui tiennent ce discours vague supposent, ce qui est très-faux, que Newton a fait un système ; il n'en a point fait, il n'a annoncé que des vérités de géométrie et des vérités d'expérience. C'est comme si on disait que les démonstrations d'Archimède passeront de mode un jour. Il se peut faire que quelqu'un découvre un jour (s'il a des révélations) la cause de la pesanteur ; mais les propositions des équipondérances d'Archimède n'en sont pas moins démontrées, et le calcul de Newton sur la gravitation n'en sera ni moins vrai ni moins admirable.

8° Les effets de cette gravitation sont si indispensables que par eux on découvre combien de matière doit contenir la lune, qui tourne autour de nous ; comment elle doit altérer sa course ; pourquoi ses nœuds et ses apsides varient, de quelle quantité ils doivent varier ; pourquoi les mois d'hiver de la lune sont plus longs que les mois d'été ; et c'est ce que M. Halley, physicien, astronome, et poëte excellent, a si bien dit :

Cur remeant nodi, curque ansæ progrediuntur, etc.

Les lois de la gravitation sont encore l'unique cause de cette précession continuelle de nos équinoxes, de cette période constante de 25,900 années ou environ ; période si longtemps méconnue, et si longtemps attribuée à je ne sais quel premier mobile qui n'existe pas, et qui ne peut exister.

N'est-ce pas une chose bien digne de l'attention et de la curiosité de l'esprit humain que ce mouvement singulier de notre globe, produit précisément par la même cause qui fait tous les changements de la lune ? Car, comme la gravitation réciproque de notre terre et de la lune, son satellite, augmente et diminue à mesure que la terre est plus près ou plus loin du soleil, et à mesure que la lune est entre le soleil et nous, ou nous laisse entre le soleil et elle ; comme, dis-je, le cours de la lune et ses pôles en sont dérangés, aussi notre cours et nos pôles sont-ils continuellement variés par les mêmes principes.

Ce qu'il y a de plus admirable, c'est que cette précession des équinoxes, ce mouvement de près de 26,000 années, ne peut s'accomplir si la terre n'est considérablement élevée à l'équateur : car alors on regarde cette protubérance de la région de l'équateur comme un anneau de lunes qui circulerait autour de la terre; et tout ce qu'on a démontré touchant la régression des nœuds de la lune s'applique alors sans difficulté à la régression des nœuds de la terre, à cette précession des équinoxes, à cette période qui en est la suite.

Or cette élévation à l'équateur Huygens et Newton l'avaient établie : l'un, par les lois des forces centrifuges, dont il était le véritable inventeur, puisqu'il les avait calculées le premier; l'autre, par les lois de la gravitation, qu'il avait découvertes et calculées.

Cette élévation de l'équateur, dont résulte l'aplatissement des pôles, et sans quoi les régions entre les tropiques seraient inondées, est encore une vérité que vous avez prouvée, monsieur, avec les célèbres compagnons de votre voyage, et que vous avez prouvée par une espèce de surabondance de droit : car aux yeux de la plupart des hommes il fallait des mesures actuelles; et même, malgré cet accord singulier de vos mesures et des principes de Newton, qui ne diffèrent qu'en ce que la terre est encore plus aplatie aux pôles que Newton ne l'avait déterminé, bien des gens refuseront encore de vous croire. Les vérités sont des fruits qui ne mûrissent que bien lentement dans la tête des hommes; il semble qu'elles soient là dans un terrain étranger pour elles.

9° Si je n'ai pas parlé, dans mes *Éléments de Newton*, de cette précession des équinoxes, et de quelques autres phénomènes qui sont les suites de l'attraction, une maladie qui m'a accablé pendant que j'envoyais les feuilles aux libraires de Hollande en est la cause; ces libraires impatients ont fait finir le xxiv° et xxv° chapitre par une autre main, et ont imprimé le tout sans m'en avertir. Mais je suis bien aise que le lecteur sache que je n'ai aucune part à ces chapitres[1].

Je n'aurais jamais composé la lumière zodiacale de petites planètes, ni l'anneau de Saturne de petites lunes. Je ne connais d'autre explication de l'anneau de Saturne que celle que vous en avez donnée dans votre petit livre *de la Figure des astres*, digne précurseur de votre livre *de la Figure de la terre*. C'est la seule qui soit fondée sur la théorie des forces centrales, la seule par conséquent que l'on doive admettre.

Il est encore bien étrange qu'après que j'ai promis formellement d'expliquer la précession des équinoxes, et le phénomène

---

1. Voltaire, ainsi que l'a dit Beuchot dans son Avertissement, tome XXII, page 398, a supprimé, en 1741, les chapitres qu'avait composés le mathématicien hollandais.

des marées par les lois newtoniennes, le continuateur s'avise de dire que les lois de Newton ne peuvent rendre raison de ces effets.

Cette disparate est d'autant plus insoutenable que ce continuateur vit dans un pays où ce qu'il ose combattre a été très-bien prouvé par M. S'Gravesande et par d'autres. Il devrait avoir fait réflexion combien il est ridicule de combattre Newton, vaguement et sans preuves, dans un ouvrage fait pour expliquer Newton.

10° Le continuateur et réviseur s'étant trompé dans plusieurs points essentiels, et ayant de plus fait un petit libelle pour faire valoir ses corrections très-erronées, il faut que je commence par réformer ici ses fautes ; après quoi, si les libraires veulent tirer quelque avantage de mon livre, et faire une édition dont je sois content, il faut qu'ils le corrigent entièrement selon mes ordres.

Par exemple, dans mon XXIII° chapitre[1], il s'agit de savoir, par les lois incontestables de la gravitation, combien les planètes pèsent sur le soleil, combien pèsent les corps à la surface du soleil et à celle de ces planètes, etc. Pour avoir ces proportions, qui résultent en partie de la grosseur de ces astres, il faut d'abord établir cette grosseur : car ces proportions changent à mesure qu'on fait le diamètre du soleil plus grand ou plus petit. Huygens l'a cru de 111 diamètres de la terre ; Keill, après plusieurs Anglais, l'établit de 83 diamètres ; Newton, de 96 et une fraction, dans sa seconde édition, dont je me suis servi ; M. S'Gravesande, de 109 ; M. Pemberton, de 112[2]. On ne pourra savoir qui d'eux a raison que dans l'année 1761, quand Vénus passera sous le disque du soleil. En attendant, j'ai pris un milieu entre toutes ces mesures, et je m'en tiens au calcul qui fait le diamètre du soleil comme 100 diamètres de notre globe, et par conséquent sa grosseur comme un million est à l'unité.

J'en ai averti en plusieurs endroits ; et comme j'écrivais principalement pour des Français, je me suis conformé à cette mesure, qui me paraît reçue en France, afin d'être plus intelligible. J'ai retenu toute la théorie de Newton, et j'ai changé seu-

1. Le chapitre XXIII de 1738 était composé de ce qui forme aujourd'hui le chapitre VIII de la 3° partie, et de ce que nous avons mis en note tome XXII, page 542, etc.

2. Le passage de Vénus sous le soleil a donné raison à Pemberton. Après 1761, il y en a eu un en 1769, un en 1874 ; il y en aura un autre en 1882.

lement le calcul : ce qui, pour le fond, revient absolument au même.

La preuve en est bien claire, car le soleil est à la terre en solidité, en grosseur, comme. . . . . . . 1,000,000 est à 1.
    Saturne, comme. . . . . 980 est à 1.
    Jupiter, comme. . . . . 1,170 est à 1.
    Mars, comme . . . . 1 5 est à 1.
    Vénus, comme. . . . . 1 est à 1.
    Mercure, comme. . . . . 1/27 est à 1.
    La lune, comme. . . . . 1 50 est à 1.

Or la somme de toutes ces planètes est 2,152, ou approchant. Le soleil est un million.

Un million est à 2,152, à peu près comme 464 est à l'unité : donc j'avais eu très-grande raison de dire, dans mon manuscrit, que le soleil est à peu près 464 fois gros comme toutes ces planètes réunies.

Le réviseur et continuateur a changé cette proportion, et pour se conformer, dit-il, à la mesure que Newton donne au diamètre du soleil, il l'a faite de 760 ; mais en aucun cas, selon cette mesure de Newton, le soleil ne peut être 760 fois plus gros que les planètes dont nous parlons.

Car, selon la seconde édition de Newton, le diamètre du soleil est à celui de la terre comme 10,000 à 104, ce qui est à peu près comme 96 à l'unité.

Or les sphères étant entre elles comme les cubes de leur diamètre, et le cube de 96 étant 884,736, il est clair qu'en ce cas le soleil est 411 fois gros comme toutes les planètes dont je parle, et dont j'assigne les dimensions suivant l'Observatoire. Et, si le continuateur s'en tient à la troisième édition de Newton, qui fait le diamètre du soleil comme 10,000, et celui de la terre comme 109, il se trouvera qu'alors, en comparant ce diamètre avec les diamètres que Newton donne aux autres planètes, le soleil sera environ 679 fois gros comme les planètes susdites, et jamais 760 fois, comme le dit ce continuateur.

Il ajoute dans le petit libelle qu'il s'est donné la peine de faire contre moi à ce sujet : « On serait bien curieux de savoir où M. de Voltaire a pris les masses de Vénus et de Mercure. » Mais le censeur n'a pas fait réflexion qu'il ne s'agit point du tout ici de masses, mais de dimension des sphères ; il y a une prodigieuse différence entre la masse et la grosseur. Selon le calcul de Newton (seconde édition), il prend le diamètre du soleil pour 96 ; sa grosseur, 884,736 fois plus considérable que celle de notre globe. Mais, en ce cas, la masse, la quantité de matière du soleil, n'excède la nôtre que 227,000 fois environ [1].

Pour moi, qui fais le soleil gros comme un million de fois notre terre, je dois lui donner par conséquent 250,000 fois plus de masse, quand je fais sa densité quatre fois moindre que celle de la terre. Mais loin de parler de la masse, c'est-à-dire de la quantité de matière de Mars, de Vénus, et de Mercure, comme le suppose le censeur sans nul fondement, je dis expressément qu'on ne les peut connaître, parce que ces planètes n'ont point de satellites, et que c'est à l'aide de la révolution de ces satellites qu'on peut connaître la densité, la masse d'une planète.

Il faut donc corriger cette faute du continuateur, et mettre que le soleil est 464 fois plus gros que les planètes, comme je l'avais dit. Le continuateur s'est encore trompé quand il a voulu corriger la gravitation que je donne à la terre, par rapport à la gravitation de Jupiter.

J'avais dit que la terre gravite sur le soleil environ 30 fois plus que Jupiter, si on compte l'année de Jupiter rondement de 12 ans; et environ 25 fois plus que Jupiter, si on compte la révolution de Jupiter telle qu'elle est. Cela est très-vrai, et en voici la preuve.

Newton démontre (proposition IV, théorème IV, livre Ier) que les forces centripètes sont en raison composée de la raison directe des rayons des orbites et de la raison doublée inverse des temps périodiques. L'application de cette règle est aisée. Le carré de l'année de Jupiter est au carré de l'année de la terre environ comme 134 3/4 est à l'unité. Le rayon de l'orbite de Jupiter est à celui de l'orbite de la terre environ comme 5 1/2 à l'unité : donc la gravitation de la terre est à celle de Jupiter sur le soleil comme 134 3/4 est à 5 1/2; ce qui donne la proportion de 24 1/2 à 1; donc j'ai eu encore raison de dire que la terre gravite sur le soleil 25 fois autant ou environ que Jupiter.

Ce qui a pu tromper le censeur et continuateur, c'est qu'il aura voulu faire entrer en ligne de compte la masse de Jupiter et de la terre; mais c'est de quoi il ne s'agit pas du tout en cet endroit.

Il ne s'agit que de voir en quelle raison gravitent deux corps quelconques, fussent-ils des atomes placés, l'un à la distance de la terre au soleil, l'autre à la distance de Jupiter au soleil, et circulant l'un en 365 jours, l'autre en près de 12 ans.

---

1. Ces nombres sont peu approchés. Quelques unités de variations sur un diamètre changent beaucoup les volumes ; et tous ceux-ci sont assez loin de la vérité. En tout cela il ne faut voir que le sens des faits. (D.)

Le continuateur s'est encore trompé lorsqu'il a voulu corriger la proportion dans laquelle j'ai dit que les corps tombent (toutes choses d'ailleurs égales) sur la terre et sur le soleil ; j'avais dit que le même corps qui tombe ici de 15 pieds dans une seconde, parcourrait 413 pieds dans la première seconde s'il tombait à la surface du soleil. Ce calcul est encore très-juste selon la mesure qui fait le soleil un million de fois gros comme la terre, et qui fait la terre à peu près quatre fois dense comme le soleil : ceci est évident.

Car le diamètre du soleil étant 100 fois le diamètre de la terre, la densité de matière de la terre étant quatre fois celle du soleil, tout le monde convient qu'en ce cas ce qui pèse une livre à la surface de la terre pèserait 25 livres sur la surface du soleil. Mais supposé que la matière de la terre ne soit pas en effet quatre fois dense comme celle du soleil, et que la proportion de 100 à l'unité subsiste toujours entre leurs diamètres, il est clair que les corps, en ce cas, doivent être attirés vers le soleil, en une raison plus grande que celle de 25 à l'unité ; et cette raison ne peut être moindre qu'en cas que le soleil soit moins massif que je ne le dis. Donc, en partant de ce théorème, que le diamètre du soleil est 100 fois celui de la terre, et que la matière de la terre n'est pas quatre fois dense comme celle du soleil, il s'ensuit que l'attraction du soleil, à sa surface, est à l'attraction de la terre, à sa surface, en plus grande raison que 25 à 1. J'ai donc eu raison, dans cette hypothèse, de dire que ce qui pèse sur la terre une livre pèse sur le soleil environ 27 livres et demie, toutes choses d'ailleurs égales.

Or si la gravitation est en ce rapport de 27 1 2 à 1, et si les mobiles parcourent ici 15 pieds dans la première seconde, ils doivent parcourir environ 413 pieds dans la première seconde, à la surface du soleil ; car 1 : 27 1/2 :: 15 : 412 1/2 ; ce qui, comme vous voyez, ne s'éloigne pas de 413 : le correcteur doit donc se corriger, et ne pas mettre 350, comme il a fait, à la place de 413, et comme il s'en vante.

Il s'est encore trompé d'une autre manière dans ce compte de 350, car il dit, dans son petit libelle, qu'il a voulu tenir compte de l'action de l'atmosphère du soleil. Il y a en cela deux erreurs : la première, c'est qu'on ne connaît pas la densité de l'atmosphère du soleil, et qu'ainsi on n'en peut rien conclure ; la seconde, qu'il n'a pas songé que, comme on ne tient pas compte de la résistance de l'atmosphère de la terre, on ne doit pas non plus parler de celle du soleil.

Le continuateur et réviseur a donc tort dans tous ces points. Il a encore bien plus grand tort de s'être vanté d'avoir corrigé des fautes de copistes, comme d'avoir mis un zéro où il en manquait, d'avoir mis parallaxe annuelle au lieu de parallaxe; il a voulu insinuer par là que mon manuscrit était plein de fautes.

Mais M. Pitot, de l'Académie des sciences, et M. de Montcarville, qui ont eu mon livre écrit de ma main, qui sont commis pour l'examiner, ont rendu un témoignage public que ces fautes ne s'y trouvent pas.

Les libraires de Hollande, au lieu de vouloir soutenir inutilement leur mauvaise édition, doivent la corriger entièrement, selon mes ordres, comme ils l'ont promis. Les libraires de Paris, qui ont copié quelques fautes du continuateur des libraires de Hollande, doivent aussi les réformer. Le livre ne peut être utile aux commençants, et je ne puis l'avouer qu'à cette condition.

11° Voilà, monsieur, les réflexions que j'ai cru devoir soumettre à vos lumières sur la philosophie de Newton, non-seulement parce que vous avez daigné bien souvent me servir de maître, mais parce qu'il y a peu d'hommes en France dont vous ne le fussiez. Je ne réponds point ici à toutes les objections que l'on m'a faites; je renvoie aux livres des Keill, des Pemberton, des S'Gravesande, et des Musschenbroeck; je ne ferais que répéter ce que ces savants ont dit, et je ne donnerais pas un poids nouveau à leur autorité : ce serait à vous, monsieur, à défendre cette philosophie; mais vous pensez qu'elle n'a besoin que d'être exposée.

J'ajouterai ici seulement (ce que vous pensez comme moi) que la différence des opinions ne doit jamais, en aucun cas, altérer les sentiments de l'humanité; qu'un newtonien peut très-bien aimer un cartésien et même un péripatéticien, s'il y en avait un. L'*odium theologicum* a malheureusement passé en proverbe; mais il est à croire qu'on ne dira jamais *odium philosophicum*. Il y a longtemps que je dis que tous ceux qui aiment sincèrement les arts doivent être amis, et cette vérité vaut mieux qu'une démonstration de géométrie.

941. — A M. THIERIOT[1].

11 octobre.

Mon cher ami, si vous ne viviez pas avec M. et Mme de La Popelinière, il faudrait vivre à Cirey; on y est heureux, et cependant on vous regrette.

---

1. Éditeurs, de Cayrol et François.

Mandez bien, je vous prie, à notre prince, à notre Marc-Aurèle du Nord, que ma chétive santé m'empêche d'avoir l'honneur de lui écrire.

M. de Mairan a-t-il reçu ma longue lettre que je vous avais adressée avant votre voyage?

Voulez-vous bien vous charger d'envoyer ce paquet[1] au chevalier de Mouhy, rue des Moineaux, dans votre quartier? Un commerce avec le chevalier de Mouhy vous étonne; mais je n'en ai point avec ses ouvrages.

Mme du Châtelet vous a écrit. Je réitère toutes les petites prières que je vous ai faites en partant.

Quand vous voudrez le cinquième acte de *Mérope*, vous l'aurez. Grand merci de vos bons avis, j'en ai profité, et vous jugerez s'il fait bon de me dire la vérité.

Je vous embrasse tendrement, Père Mersenne; soyez toujours le lien de la société, l'ami des arts et le mien. Cirey mériterait bien que M. de La Bruère nous envoyât son opéra[2]. Nous l'aimons, nous sommes des gens fidèles; son ouvrage sera en sûreté, et nous lui aurions obligation d'un plaisir que nous sentirions bien vivement.

Adieu, mon ami, écrivez-nous et aimez-nous.

942. — A M. HELVÉTIUS.

Cirey, le 17 octobre.

Voici, mon cher élève des Muses, d'Archimède, et de Plutus, ces *Éléments de Newton*, qui ne vous apprendront rien autre chose, sinon que j'aime à vous soumettre tout ce que je pense et ce que je fais. J'ai reçu une lettre de monsieur votre père; il sait combien j'estime lui et ses ouvrages; mais son meilleur ouvrage[3] c'est vous. Quand vous voudrez travailler à celui[4] que vous avez entrepris, l'ermitage de Cirey vous attend pour être votre Parnasse; chacun travaillera dans sa cellule.

Il y a un nommé Bourdon de Joinville qui a une affaire qui dépend de vous; Mme du Châtelet vous le recommande, autant que l'équité le permet, s'entend, *votisque assuesce vocari*[5]. Je vous

---

1. C'était sans doute *le Préservatif*, qui devait paraître sous le nom du chevalier.
2. *Dardanus*.
3. On disait le contraire du fils de Crébillon. (Cl.)
4. *L'Épître sur l'amour de l'étude.* Voyez les lettres 934 et 974.
5. Virgile, *Georg.*, I, 42.

943. — A M. L'ABBÉ D'OLIVET.

A Cirey, ce 20 octobre.

Quoique je sois en commerce avec Newton-Maupertuis et avec Descartes-Mairan, cela n'empêche pas que Quintilien-d'Olivet ne soit toujours dans mon cœur, et que je ne le regarde comme mon maître et mon ami. *In domo patris mei*[1] *mansiones multæ sunt*, et je peux encore dire *in domo mea*. Je passe ma vie, mon cher abbé, avec une dame qui fait travailler trois cents ouvriers, qui entend Newton, Virgile et le Tasse, et qui ne dédaigne pas de jouer au piquet. Voilà l'exemple que je tâche de suivre, quoique de très-loin. Je vous avoue, mon cher maître, que je ne vois pas pourquoi l'étude de la physique écraserait les fleurs de la poésie. La vérité est-elle si malheureuse qu'elle ne puisse souffrir les ornements? L'art de bien penser, de parler avec éloquence, de sentir vivement, et de s'exprimer de même, serait-il donc l'ennemi de la philosophie? Non, sans doute, ce serait penser en barbare. Malebranche, dit-on, et Pascal, avaient l'esprit bouché pour les vers; tant pis pour eux: je les regarde comme des hommes bien formés d'ailleurs, mais qui auraient le malheur de manquer d'un des cinq sens.

Je sais qu'on s'est étonné, et qu'on m'a même fait l'honneur de me haïr, de ce qu'ayant commencé par la poésie je m'étais ensuite attaché à l'histoire, et que je finissais par la philosophie. Mais, s'il vous plaît, que faisais-je au collège, quand vous aviez la bonté de former mon esprit? Que me faisiez-vous lire et apprendre par cœur, à moi et aux autres? des poëtes, des historiens, des philosophes. Il est plaisant qu'on n'ose pas exiger de nous dans le monde ce qu'on a exigé dans le collège; et qu'on n'ose pas attendre d'un esprit fait les mêmes choses auxquelles on exerça son enfance.

Je sais fort bien, et je sens encore mieux, que l'esprit de l'homme est très-borné ; mais c'est par cette raison-là même qu'il faut tâcher d'étendre les frontières de ce petit État, en combattant contre l'oisiveté et l'ignorance naturelle avec laquelle nous sommes nés. Je n'irai pas un jour faire le plan d'une tragédie et des expériences de physique; *sed omnia tempus*

---

1. Saint Jean, xiv, 11.

habent [1] ; et, quand j'ai passé trois mois dans les épines des mathématiques, je suis fort aise de retrouver des fleurs.

Je trouve même fort mauvais que le Père Castel ait dit, dans un extrait des *Éléments de Newton*, que je passais du frivole au solide. S'il savait ce que c'est que le travail d'une tragédie et d'un poëme épique, *si* sciret *donum Dei*[2], il n'aurait pas lâché cette parole. *La Henriade* m'a coûté dix ans ; les *Éléments de Newton* m'ont coûté six mois, et ce qu'il y a de pis c'est que *la Henriade* n'est pas encore faite : j'y travaille encore quand le dieu qui me l'a fait faire m'ordonne de la corriger ; car, comme vous savez :

> Est deus in nobis ; agitante calescimus illo.
> (Ovid., *Fast.*, lib. VI, v. 5.)

Et, pour vous prouver que je sacrifie encore aux autels de ce dieu, c'est que M. Thieriot doit vous faire lire une *Mérope* de ma façon, une tragédie française, où, sans amour, sans le secours de la religion, une mère fournit cinq actes entiers. Je vous prie de m'en dire votre sentiment tout aussi naïvement que vous l'avez dit à Rousseau sur *les Aïeux chimériques*.

Je sais que non-seulement vous m'aimez, mais que vous aimez la gloire des lettres et celle de votre siècle. Vous êtes bien loin de ressembler à tant d'académiciens, soit de votre tripot, soit de celui des Inscriptions, qui, n'ayant jamais rien produit, sont les mortels ennemis de tout homme de génie et de talent, qui se donneront bien de garde d'avouer que, de leur vivant, la France a eu un poëte épique, qui loueront jusqu'à Camoëns pour me rabaisser, et qui, me lisant en secret, affecteront en public de garder le silence sur ce qu'ils estiment malgré eux. Peut-être

> . . . . Exstinctus amabitur idem.
> (Hor., lib. II, ep. i, v. 14.)

Vous êtes trop au-dessus de ces lâches cabales formées par les esprits médiocres ; vous encouragez trop les arts par vos excellents préceptes pour ne pas chérir un homme qui a été formé par eux. Je ne sais pourquoi vous m'appelez *pauvre ermite ;* si vous aviez vu mon ermitage, vous seriez bien loin de me plaindre. Gardez-vous de confondre le tonneau de Diogène avec le palais

---

1. *Ecclésiaste*, iii, 1.
2. Jean, iv, 10.

d'Aristippe. Notre première philosophie est ici de jouir de tous les agréments qu'on peut se procurer. Nous saurions très-bien nous en passer ; mais nous savons aussi en faire usage, et peut-être, si vous veniez à Cirey, préféreriez-vous la douceur de ce séjour à toutes les infâmes cabales des gens de lettres, au brigandage des journaux, aux jalousies, aux querelles, aux calomnies, qui infestent la littérature. Il y a des têtes couronnées, mon cher abbé, qui ont envoyé dans cet ermitage de Mᵐᵉ du Châtelet leurs favoris pour venir l'admirer, et qui voudraient y venir eux-mêmes ; et, si vous y veniez, nous en serions tout aussi flattés. La visite du sage vaut celle des princes.

Adieu ; je ne vous écris point de ma main, je suis malade ; je vous embrasse tendrement. Adieu, mon ami et mon maître.

944. — A M. THIERIOT [1].

Ce 22 octobre, à Cirey.

Je reçois, mon cher Thieriot, votre lettre du 12 par l'autre voie, avec une lettre du prince qui me comble de joie ; il peut arriver très-bien que je le voie en 1739, et que vous ayez un établissement aussi assuré qu'agréable. Gardez un profond secret.

Les vers de ce misérable Rousseau, dans lesquels il ose maltraiter M. de La Popelinière, ne sont qu'une suite d'autres vers presque aussi mauvais, que Bonneval a envoyés à Rousseau, dans lesquels il parlait indignement de M. et de Mᵐᵉ de La Popelinière, à propos de musique et de Rameau.

Je voudrais qu'on fît un exemple de ces gredins obscurs, qui ont l'impertinence d'attaquer ce qu'il y a de plus estimable dans le monde. Quant à Bonneval, que vous m'apprenez être précepteur chez M. de Montmartel, je ne crois pas qu'il y reste longtemps. Il ne tient qu'à vous de contribuer à le punir : faites tenir le paquet ci-inclus à M. de Montmartel, et datez mes lettres. Souvenez-vous bien qu'en votre présence et devant notre ami Berger, Latour m'a dit tout ce que je lui rappelle dans ma lettre. Faites-vous confirmer ces faits par Latour, et ensuite faites rendre à M. de Montmartel mon paquet. Conduisez-vous dans cette affaire avec la même prudence que dans celle de Dalainval, et vous réussirez de même. Est-il vrai que ce coquin de Dalainval est hors de la Bastille ? Rafraîchissez la mémoire à Latour, afin

---

1. Éditeurs, Bavoux et François.

qu'il puisse répondre en conformité à ma lettre, que lui fera rendre M. de Montmartel, qui par là connaîtra Bonneval à ne pouvoir s'y méprendre.

A l'égard de Rousseau, est-il possible qu'on puisse encore être la dupe de l'hypocrisie de ce scélérat? La lettre du sieur Médine, banquier, que je vous envoyai l'année passée, fait bien voir que le monstre mourra dans l'impénitence finale, et, qui pis est, dans le crime de faire de mauvais vers. Avez-vous cette lettre de Médine? Je vous l'enverrai si elle vous manque. Recommandez-moi bien à M. d'Argenson, et surtout au très-digne philosophe Bayle-des-Alleurs. Il faut absolument que je sache ce que vous me dites en énigme sur le compte de Linant: cela est important, puisqu'il a demeuré dans la maison[1].

Un petit mot touchant les *Épîtres*.

945. — A M. PARIS DE MONTMARTEL[2].

A Cirey, ce 22 octobre.

Je suis obligé, monsieur, d'avoir l'honneur de vous instruire que vous avez chez vous un homme de lettres nommé de Bonneval qui, ayant imprimé, il y a quelque temps, un libelle contre moi[3], a dit pour excuse qu'il n'avait fait ce libelle qu'à la sollicitation de madame votre femme. Je suis bien loin de croire cette infâme calomnie; mais comme il est bon que tout homme qui est à la tête d'une famille et d'une maison considérable connaisse ses domestiques, je fais avec vous, en cette occasion, ce que je voudrais qu'on fît avec moi.

J'insère dans ce paquet une lettre ouverte au sieur Latour, fameux peintre en pastel; c'est un de ceux de qui je tiens ce que j'ai l'honneur de vous mander. Vous pouvez, monsieur, lui faire remettre ce billet et demander la réponse. Vous jugerez de la vérité de ce que je vous écris, et vous connaîtrez l'homme en question. Ma principale intention est de vous donner, en cette occasion, une marque de mon véritable attachement. Un aussi honnête homme que vous mérite de n'avoir auprès de lui que des personnes qui lui ressemblent.

J'ai l'honneur d'être, avec le plus parfait dévouement, etc.

1. A Cirey.
2. Éditeurs, de Cayrol et François.
3. *Lettre de M. de B. sur la critique des* Lettres philosophiques *de M. de Voltaire*.

946. — A M. DE LATOUR [1].

A Cirey, ce 22 octobre.

Je vous fais mon compliment, mon cher confrère dans les beaux-arts, des grands succès que vous avez à Paris. Je me flatte que vous voulez bien guider le graveur qui fait mon estampe d'après votre pastel. Quand vous voudrez venir à Cirey, vous y peindrez des personnes plus dignes que moi de vos crayons.

On vient de me confirmer ce que vous m'avez dit à Paris, que le sieur de Bonneval était l'auteur de je ne sais quel mauvais libelle contre moi. Mais je suis plus persuadé que jamais qu'il a fait un mensonge plus odieux encore que son libelle, quand il vous a dit que Mme de Montmartel l'avait encouragé à cette indignité. Je ne connais Mme de Montmartel que par la réputation de sa vertu; je ne connais M. de Montmartel que par des services qu'il m'a rendus, et je ne connais Bonneval que pour l'avoir vu une fois chez Mme de Prie, où il m'emprunta dix louis qu'il ne m'a jamais rendus.

Mandez-moi, je vous prie, quand vous pourriez venir à Cirey. Je vous embrasse, et je suis de tout mon cœur, mon cher Latour, votre très-humble et très-obéissant serviteur.

Mes compliments à M. Berger.

947. — A M. THIERIOT.

Le 24 octobre.

Je ne vous écris souvent que trois lignes, Père Mersenne, parce que j'en griffonne trois ou quatre cents, et en rature cinq cents pour mériter un jour votre suffrage. La correction de *la Henriade* entrait dans mes travaux; lorsque vous m'apprenez le dessein des libraires, il faut m'y conformer; il faut rendre cet ouvrage digne de mes amis et de la postérité. Mais Prault se disposait à en faire une édition; il me faisait graver; il faudrait l'engager à entrer dans le projet des Gandouin. Dites-lui donc de ne plus m'envoyer, ou plutôt de ne me plus faire attendre inutilement les livres de physique, et que vous avez la bonté de vous en charger. Le *S'Gravesande*, deux volumes in-4°, est ce que je demande avec le plus d'instance. Je ne peux vivre sans ce S'Gravesande et sans Desaguliers; voilà l'essentiel.

1. Éditeurs, de Cayrol et François.

Je vous enverrai ma réponse¹ à M. Lefranc : vous êtes le lien des cœurs.

Je vous enverrai une lettre pour Pline-Dubos²; dites-lui que ma reconnaissance est égale à mon estime.

Un petit mot touchant les *Épîtres*³. L'objection qu'on se fait interroger comme si on était *Dieu* ou *ange* est, ce me semble, bien injuste. On interroge non un dieu, mais un philosophe, sur des sujets traités par Platon, Leibnitz, et Pope. Dire que l'épître ne conclut rien, c'est ne la vouloir pas entendre. Elle ne conclut que trop que *non sunt omnia facta pro hominibus*; et, s'il y a quelque mérite à cette épître, c'est d'avoir tourné cette conclusion d'une manière qui n'attire pas les conclusions du procureur général et d'avoir traité très-sagement une matière très-délicate.

Autre petit mot. Où diable prend-on que ces *Épîtres* ne vont pas au fait? Il n'y a pas un vers dans la première qui ne montre *l'égalité des conditions*, pas un dans la seconde qui ne prouve *la liberté*, pas un dans la troisième où il soit question d'autre chose que de *l'envie*; ainsi des autres.

Ces impertinentes objections qu'on vous fait méritent à peine que vous y répondiez, et encore moins que vous vous laissiez séduire⁴.

Je vous embrasse, mon cher ami, et madame la marquise vous fait les plus sincères compliments. Elle vous écrit; elle a pour vous autant d'amitié que moi.

P. S. Envoyez-moi le coup de fouet qu'a donné l'abbé Leblanc à cet âne incorrigible, nommé Guyot-Desfontaines.

948. — A M. THIERIOT.

A Cirey, le 27 octobre.

Je ne peux encore écrire cet ordinaire ni aux Dubos ni aux Lefranc⁵. Apollon m'a tiré par l'oreille : *Deus, ecce Deus*⁶; il a fallu obéir.

---

1. Lettre 951.
2. Lettre 952.
3. Il s'agit ici des *Pourquoi* du sixième *Discours sur l'homme*. Voyez (tome IX,) le vers 105.
4. Après cet alinéa venait, dans l'édition Beuchot, ce qui forme le premier alinéa de la lettre 944.
5. Voyez plus bas les lettres 951 et 952, à Lefranc et à Dubos.
6. *Æn.*, VI, 46.

Je vous recommande, mon cher ami, l'affaire de M. de Montmartel.

Ayez pitié de moi, envoyez-moi le *S'Gravesande* in-4°. L'abbé Moussinot n'a plus d'argent; mais ne vous a-t-il pas donné vingt louis? *Pian, pian;* l'abbé Nollet me ruine.

Je reçois ce gros paquet du prince. En voici un petit; vous verrez ce que c'est.

Père Mersenne, lien des cœurs, vous verrez sans doute l'abbé Trublet. Ne dites point : Ce sont des misères. Tout ce qui regarde la réputation est sérieux, et il ne faut pas que la postérité dise : Thieriot avait un ami dont on pensait mal. *Vale et me ama. I am yours for ever.*

949. — A M. LE LIEUTENANT GÉNÉRAL DE POLICE [1].

Ce 27 octobre 1738.

Étant sur le point de prendre un établissement assez avantageux, et ayant toujours compté sur vos bontés, je vous demande une grâce qui dépend entièrement de vous, et dont mon repos et mon honneur dépendent.

Jore est connu de vous. Vous savez que, malgré vos ordres, il publia sous le nom de factum un libelle injurieux contre moi. Ce libelle, que vous avez eu la bonté de supprimer, est renouvelé aujourd'hui par des personnes qui veulent traverser mon établissement. Si vous vouliez bien, monsieur, exiger deux lignes de Jore par lesquelles il désavouerait son factum, je vous aurais une obligation éternelle. Je vous demande en grâce de daigner me donner cette marque de vos bontés, et d'exercer, en faveur d'un ancien serviteur, ce zèle avec lequel vous avez obligé tant de personnes.

Ne regardez pas, je vous en supplie, ma lettre comme une affaire ordinaire, qu'on renvoie à un temps plus éloigné, et daignez proportionner vos bontés au besoin extrême que j'en ai et à la confiance avec laquelle je les réclame.

950. — A M. LÉVESQUE DE BURIGNY [2].

A Cirey, le 29 octobre.

Je n'ai point reçu votre lettre, monsieur, comme un compliment; je sais trop combien vous aimez la vérité. Si vous n'aviez

---

1. Hérault. — Éditeur, Léouzon Leduc.
2. Jean Lévesque de Burigny, né à Reims en 1692, un an après son frère Lévesque de Pouilly, cité ici. Il avait publié, en 1720, sous le voile de l'anonyme,

pas trouvé quelques morceaux dignes de votre attention dans les *Éléments de Newton*, vous ne les auriez pas loués.

Cette philosophie a plus d'un droit sur vous : elle est la seule vraie, et M. votre frère de Pouilly[1] est le premier en France qui l'ait connue. Je n'ai que le mérite d'avoir osé effleurer le premier, en public, ce qu'il eût approfondi s'il eût voulu.

Je ne sais si ma santé me permettra dorénavant de suivre ces études avec l'ardeur qu'elles méritent; mais il s'en faut bien qu'elles soient les seules qui doivent fixer un être pensant. Il y a des livres sur les droits les plus sacrés des hommes, des livres écrits par des citoyens aussi hardis que vertueux, où l'on apprend à donner des limites aux abus, et où l'on distingue continuellement la justice et l'usurpation, la religion et le fanatisme. Je lis ces livres avec un plaisir inexprimable; je les étudie, et j'en remercie l'auteur, quel qu'il soit.

Il y a quelques années, monsieur, que j'ai commencé une espèce d'histoire philosophique du siècle de Louis XIV ; tout ce qui peut paraître important à la postérité doit y trouver sa place; tout ce qui n'a été important qu'en passant y sera omis. Les progrès des arts et de l'esprit humain tiendront dans cet ouvrage la place la plus honorable. Tout ce qui regarde la religion y sera traité sans controverse, et ce que le droit public a de plus intéressant pour la société s'y trouvera. Une loi utile y sera préférée à des villes prises et rendues, à des batailles qui n'ont décidé de rien. On verra dans tout l'ouvrage le caractère d'un homme qui fait plus de cas d'un ministre qui fait croître deux épis de blé là où la terre n'en portait qu'un que d'un roi qui achète ou saccage une province.

Si vous aviez, monsieur, sur le règne de Louis XIV quelques anecdotes dignes des lecteurs philosophes, je vous supplierais de m'en faire part. Quand on travaille pour la vérité on doit hardiment s'adresser à vous, et compter sur vos secours. Je suis, monsieur, avec les sentiments d'estime les plus respectueux, etc.

951. — A M. LEFRANC[2].

A Cirey, le 30 octobre.

Tous les hommes ont de l'ambition, monsieur, et la mienne est de vous plaire, d'obtenir quelquefois vos suffrages, et toujours

un *Traité de l'autorité du pape*, ouvrage que Voltaire loue indirectement dans le troisième alinéa de sa lettre.
1. Voyez la lettre que Voltaire lui écrivit le 27 février 1739.
2. Voyez la note, tome XXIV, page 111.

votre amitié. Je n'ai guère vu jusqu'ici que des gens de lettres occupés de flatter les idoles du monde, d'être protégés par les ignorants, d'éviter les connaisseurs, de chercher à perdre leurs rivaux, et non à les surpasser. Toutes les académies sont infectées de brigues et de haines personnelles. Quiconque montre du talent a sur-le-champ pour ennemis ceux-là même qui pourraient rendre justice à ses talents, et qui devraient être ses amis.

M. Thieriot, dont vous connaissez l'esprit de justice et de candeur, et qui a lu dans le fond de mon cœur pendant vingt-cinq années, sait à quel point je déteste ce poison répandu sur la littérature. Il sait surtout quelle estime j'ai conçue pour vous dès que j'ai pu voir quelques-uns de vos ouvrages; il peut vous dire que, même à Cirey, auprès d'une personne qui fait tout l'honneur des sciences et tout celui de ma vie, je regrettais infiniment de n'être pas lié avec vous.

Avec quel homme de lettres aurais-je donc voulu être uni, sinon avec vous, monsieur, qui joignez un goût si pur à un talent si marqué? Je sais que vous êtes non-seulement homme de lettres, mais un excellent citoyen, un ami tendre. Il manque à mon bonheur d'être aimé d'un homme comme vous.

J'ai lu, avec une satisfaction très-grande, votre dissertation[1] sur le *Pervigilium Veneris*; c'est là ce qui s'appelle traiter la littérature. Mme la marquise du Châtelet, qui entend Virgile comme Milton, a été vivement frappée de la finesse avec laquelle vous avez trouvé dans les *Géorgiques* l'original du *Pervigilium*. Vous êtes comme ces connaisseurs nouvellement venus d'Italie, tout remplis de leur Raphael, de leur Carrache, de leur Paul Véronèse, et qui démêlent tout d'un coup les pastiches de Boulogne.

Vous avez donné un bel essai de traduction dans vos vers :

C'est l'aimable printemps dont l'heureuse influence, etc.

Votre dernier vers,

Et le jour qu'il naquit fut au moins un beau jour,

me paraît beaucoup plus beau que

Ferrea progenies duris caput extulit arvis.
(*Georg.*, lib. II, v. 341.)

---

1. Cette dissertation avait paru dans les *Observations* du 16 juillet 1738, sous le titre de *Lettre de M. Lefranc, avocat général de la cour des aides de Montauban, à M. l'abbé Desfontaines*.

Le sens de votre vers était, comme vous le dites très-bien, renfermé dans celui de Virgile. Souffrez que je dise qu'il y était renfermé comme une perle dans des écailles.

Je voudrais seulement que ce beau vers pût s'accorder avec ceux-ci, qui le précèdent :

> De l'univers naissant le printemps est l'image ;
> Il ne cessa jamais durant le premier âge.

J'ai peur que ce ne soient là deux mérites incompatibles ; si le printemps ne cessa point dans l'âge d'or, il y eut plus d'un beau jour. Vous pourriez donc sacrifier cet *il ne cessa jamais*, etc., à ce beau vers :

> Et le jour qu'il naquit fut au moins un beau jour.

Ce dernier vers mérite le sacrifice que j'ose vous demander[1].

Vous voyez, monsieur, que je compte déjà sur votre amitié, et vous pardonnez sans doute à ma franchise. J'entre avec vous dans ces détails, parce qu'on m'a dit que vous traduisez toutes les *Géorgiques*. L'entreprise est grande. Il est plus difficile de traduire cet ouvrage en vers français qu'il ne l'a été de le faire en latin ; mais je vous exhorte à continuer cette traduction, par une raison qui me paraît sans réplique : c'est que vous êtes le seul capable d'y réussir.

J'ai été votre partisan dans ce que vous avez dit de *l'Énéide*. Il n'appartient qu'à ceux qui sentent comme vous les beautés d'oser parler des défauts ; mais je demanderais grâce pour la sagesse avec laquelle Virgile a évité de ressembler à Homère dans cette foule de grands caractères qui embellissent *l'Iliade*. Homère avait vingt rois à peindre, et Virgile n'avait qu'Énée et Turnus.

Si vous avez trouvé des défauts dans Virgile, j'ai osé relever bien des bévues dans Descartes. Il est vrai que je n'ai pas parlé en mon propre et privé nom ; je me suis mis sous le bouclier de Newton. Je suis tout au plus le Patrocle couvert des armes d'Achille.

Je ne doute pas qu'un esprit juste, éclairé comme le vôtre, ne compte la philosophie au rang de ses connaissances. La France est, jusqu'à présent, le seul pays où les théories de Newton en

pour toute astronomie le livre de Bion[1], qui n'est qu'un ramas informe de quelques mémoires de l'Académie. On est obligé, quand on veut s'instruire de ces sciences, de recourir aux étrangers, à Keill, à Wolff, à S'Gravesande. On va imprimer enfin des *Institutions physiques*[2], dont M. Pitot est l'examinateur, et dont il dit beaucoup de bien. Je n'ai eu que le mérite d'être le premier qui ait osé bégayer la vérité ; mais, avant qu'il soit dix ans, vous verrez une révolution dans la physique, *et se mirabitur Gallia neutonianam.*

Et nous dirons avec vos *Géorgiques :*

Miraturque novas frondes et non sua poma.
(Lib. II, v. 82.)

Il est vrai que la physique d'aujourd'hui est un peu contraire aux fables des *Géorgiques*, à la renaissance des abeilles, aux influences de la lune, etc.; mais vous saurez, en maître de l'art, conserver les beautés de ces fictions, et sauver l'absurde de la physique.

Voilà à quoi vous servira l'esprit philosophique, qui est aujourd'hui le maître de tous les arts.

Si vous avez quelque objection à faire sur Newton, quelque instruction à donner sur la littérature, ou quelque ouvrage à communiquer, songez, monsieur, je vous en prie, à un solitaire plein d'estime pour vous, et qui cherchera toute sa vie à être digne de votre commerce. C'est dans ces sentiments que je serai, etc.

952. — A M. L'ABBÉ DUBOS[3].

A Cirey, le 30 octobre.

Il y a déjà longtemps, monsieur, que je vous suis attaché par la plus forte estime ; je vais l'être par la reconnaissance. Je ne vous répéterai point ici que vos livres doivent être le bréviaire des gens de lettres, que vous êtes l'écrivain le plus utile et le plus judicieux que je connaisse ; je suis si charmé de voir que vous êtes le plus obligeant que je suis tout occupé de cette dernière idée.

1. Nicolas Bion, mort à Paris en 1733.
2. Voyez tome XXIII, page 129.
3. Sur l'abbé Dubos, voyez tome XIV, page 66. Cette lettre fut imprimée en 1739, in-12 de 6 pages, mais défigurée par de grossières fautes ; ce n'est pas sans raison que Voltaire s'en plaint dans sa lettre à Berger classée après le 25 avril 1739.

Il y a longtemps que j'ai assemblé quelques matériaux pour faire l'histoire du siècle de Louis XIV. Ce n'est point simplement la vie de ce prince que j'écris, ce ne sont point les annales de son règne, c'est plutôt l'histoire de l'esprit humain, puisée dans le siècle le plus glorieux à l'esprit humain.

Cet ouvrage est divisé en chapitres; il y en a vingt environ destinés à l'histoire générale : ce sont vingt tableaux des grands événements du temps. Les principaux personnages sont sur le devant de la toile; la foule est dans l'enfoncement. Malheur aux détails! la postérité les néglige tous : c'est une vermine qui tue les grands ouvrages. Ce qui caractérise le siècle, ce qui a causé des révolutions, ce qui sera important dans cent années, c'est là ce que je veux écrire aujourd'hui.

Il y a un chapitre pour la vie privée de Louis XIV; deux pour les grands changements faits dans la police du royaume, dans le commerce, dans les finances; deux pour le gouvernement ecclésiastique, dans lequel la révocation de l'Édit de Nantes et l'affaire de la Régale sont comprises; cinq ou six pour l'histoire des arts, à commencer par Descartes et à finir par Rameau.

Je n'ai d'autres mémoires, pour l'histoire générale, qu'environ deux cents volumes de mémoires imprimés que tout le monde connaît; il ne s'agit que de former un corps bien proportionné de tous ces membres épars, et de peindre avec des couleurs vraies, mais d'un trait, ce que Larrey, Limiers, Lamberti, Roussel, etc., etc., falsifient et délayent dans des volumes.

J'ai pour la vie privée de Louis XIV les *Mémoires du marquis de Dangeau*, en quarante[1] volumes, dont j'ai extrait quarante pages; j'ai ce que j'ai entendu dire à de vieux courtisans, valets grands seigneurs, et autres, et je rapporte les faits dans lesquels ils s'accordent. J'abandonne le reste aux faiseurs de conversations et d'anecdotes. J'ai un extrait de la fameuse lettre[2] du roi au sujet de M. de Barbésieux, dont il marque tous les défauts auxquels il pardonne en faveur des services du père : ce qui caractérise Louis XIV bien mieux que les flatteries de Pellisson.

Je suis assez instruit de l'aventure de l'*homme au masque de fer*[3], mort à la Bastille. J'ai parlé à des gens qui l'ont servi.

Il y a une espèce de mémorial[4], écrit de la main de Louis XIV,

---

1. Voyez, tome XXVIII, les *Réflexions sur les Mémoires de Dangeau*, etc.
2. Voyez tome XIV, page 492.
3. Voyez tome XIV, page 427 ; et tome XVII, page 204.
4. Ce que Voltaire appelle *Mémorial* est sans doute ce que les éditeurs des OEuvres de Louis XIV, 1806, six volumes in-8°, ont intitulé *Mémoires historiques*.

qui doit être dans le cabinet de Louis XV. M. Hardion le connaît sans doute; mais je n'ose en demander communication.

Sur les affaires de l'Église, j'ai tout le fatras des injures de parti, et je tâcherai d'extraire une once de miel de l'absinthe des Jurieu, des Quesnel, des Doucin, etc.

Pour le dedans du royaume, j'examine les mémoires des intendants, et les bons livres qu'on a sur cette matière. M. l'abbé de Saint-Pierre a fait un journal[1] politique de Louis XIV, que je voudrais bien qu'il me confiât. Je ne sais s'il fera cet acte de *bienfaisance*[2] pour gagner le paradis.

A l'égard des arts et des sciences, il n'est question, je crois, que de tracer le marche de l'esprit humain en philosophie, en éloquence, en poésie, en critique; de marquer les progrès de la peinture, de la sculpture, de la musique, de l'orfévrerie, des manufactures de tapisserie, de glaces, d'étoffes d'or, de l'horlogerie. Je ne veux que peindre, chemin faisant, les génies qui ont excellé dans ces parties. Dieu me préserve d'employer trois cents pages à l'histoire de Gassendi! La vie est trop courte, le temps trop précieux, pour dire des choses inutiles.

En un mot, monsieur, vous voyez mon plan mieux que je ne pourrais vous le dessiner. Je ne me presse point d'élever mon bâtiment :

. . . . Pendent opera interrupta, minæque
Murorum ingentes. . . . .

Si vous daignez me conduire, je pourrai dire alors :

. . . . Æquataque machina cœlo.
(*Æneid.*, lib. IV, v. 88.)

Voyez ce que vous pouvez faire pour moi, pour la vérité, pour un siècle qui vous compte parmi ses ornements.

A qui daignerez-vous communiquer vos lumières, si ce n'est à un homme qui aime sa patrie et la vérité, et qui ne cherche à écrire l'histoire ni en flatteur, ni en panégyriste, ni en gazetier, mais en philosophe? Celui qui a si bien débrouillé le chaos de l'origine des Français m'aidera sans doute à répandre la lumière

---

1. Les *Annales politiques,* par l'abbé de Saint-Pierre, dont la première édition est de 1757, deux volumes in-8°.
2. On fait communément honneur de ce mot à l'abbé de Saint-Pierre; mais Palissot, dans ses *Mémoires,* dit que c'est Balzac qui est le créateur du mot *bienfaisance.* (B.)

sur les plus beaux jours de la France. Songez, monsieur, que vous rendrez service à votre disciple et à votre admirateur.

Je serai toute ma vie, avec autant de reconnaissance que d'estime, etc.

953. — A M. THIERIOT.

A Cirey, le 31 octobre.

Voici, mon cher Père Mersenne, une lettre pour M. Dubos et pour M. Lefranc. Je vous envoie aussi la lettre de M. Lefranc.

Si vous pouvez obtenir quelque bon renseignement de Varron-Dubos, le plus beau siècle de la France vous en sera très-obligé.

Pourriez-vous engager Aristide[1] de Saint-Pierre à communiquer son mémoire politique sur Louis XIV, en forme de journal? Nous n'en tirerons point de copie, nous le renverrons bien cacheté, il n'aura point sorti de nos mains, et je tâcherais de faire de l'extrait de son journal un usage dont aucun bon citoyen ne me saura mauvais gré. Je pense, comme M. l'abbé de Saint-Pierre, qu'il faut écrire l'histoire en philosophe ; mais je me flatte qu'il pense, comme moi, qu'il ne faut pas l'écrire en précepteur, et qu'un historien doit instruire le genre humain sans faire le pédagogue.

Je crois que vous pouvez faire un bon usage de mes précédentes lettres.

Aurai-je le *S'Gravesande* in-4° avec figures? Mais cet ancien domestique de Mme Dupin[2] est-il encore à louer? Vous avez vu Cirey et le cabinet de physique. Tâchez de le séduire ou de m'en envoyer un autre. Cousin a une maladie qui ne lui permettra de longtemps de travailler.

Mon cher ami, je suis un grand importun ; mais je le sais bien.

Je vous enverrai, si vous le voulez, la *Vie de Molière*[3] et le catalogue raisonné de ses ouvrages ; mais il faudrait me faire tenir la dissertation de Luigi Riccoboni, *detto Lelio*[4].

---

1. Allusion à l'exclusion de l'abbé de Saint-Pierre du sein de l'Académie française, en 1718.
2. Morte âgée d'environ cent ans, en 1800. Elle est citée dans la lettre du 8 mai 1744, à Cideville.
3. Voyez cet ouvrage, tome XXIII, page 87.
4. *Observations sur la comedie et sur le génie de Molière*, 1736, in-12. Voyez, sur Riccoboni, la note, tome IV, page 179.

954. — A M. LE COMTE D'ARGENTAL.

A Cirey, le 3 novembre.

Aimable ange gardien, il faut que vous le soyez non-seulement de Cirey, mais de tout le canton.

Protégez, je vous en conjure, de la manière la plus efficace, M. l'abbé de Valdruche, qui vous rendra cette lettre. C'est le fils de mon médecin, d'un de mes meilleurs amis. Vous vous sentirez bien disposé en sa faveur quand vous saurez qu'il a pour tout bien un petit canonicat de Joinville, que le chapitre lui a conféré légitimement, et que notre saint-père le pape veut lui ôter. N'est-il pas bien odieux qu'un évêque étranger puisse disposer d'un bien qui est en France, qu'on ait des maîtres à trois cents lieues de chez soi, et qu'on mette en question qui doit l'emporter des droits les plus sacrés des hommes ou d'un rescrit du pape? Tout est subreptice, tout est abusif dans les procédés de l'ecclésiastique qui dispute le bénéfice à l'abbé de Valdruche ; mais il a pour lui le pape et les capucins de Chaumont. Figurez-vous que les juges de Chaumont ont osé donner la provision au *papimane*, et qu'à l'audience on a cité des jurisconsultes italiens qui disent : *Papa omnia potest*. Que votre zèle de bon citoyen s'allume. C'est un chaînon des fers ultramontains qu'il s'agit de briser. Vous êtes à portée de procurer au fils de mon ami une audience prompte : c'est tout ce qu'il lui faut. Je crois que sa cause est celle de nos libertés, et la cause même du parlement. Dites-lui, mon cher ami, comment il faut qu'il se conduise ; adressez-le aux bons faiseurs : c'est mon procès que vous me faites gagner. Je crois que je vous en aimerais davantage, si la chose était possible. Adieu ; vous n'aurez jamais mieux récompensé le tendre et respectueux attachement que j'aurai pour vous toute ma vie.

955. — A M. L'ABBÉ MOUSSINOT [1].

Ce 4 novembre 1738.

Je reçois, mon cher ami, votre lettre du 30.

Je vous suis très-obligé de la peine que vous avez bien voulu prendre de porter ces cinq cents livres.

M. Pitot a la bonté de me faire un petit modèle en carton d'une cheminée telle que je le demande. Voudriez-vous bien

1. Édition Courtat.

envoyer quelqu'un lui demander de ma part le modèle? Vous me l'enverriez bien empaqueté par le premier envoi.

Je vous supplie de charger M. Bégon d'envoyer un commandement à Demoulin pour les mille livres, et, sitôt que le commandement sera fait, je vous prie d'envoyer à sa femme l'écrit ci-joint, et, sur la réponse qu'on fera à cet écrit, je réglerai mes démarches. Je vous recommande de vouloir bien tirer des reçus de tout ce que vous donnerez à l'avocat au conseil, pour l'affaire de M. de Guise : car sans cela ces frais seraient en pure perte, et il est juste qu'ils soient remboursés par M. de Guise, qui m'oblige à les faire.

A l'égard du sieur Prault, il doit savoir qu'on ne s'interdit jamais la liberté des éditions étrangères. Sitôt qu'un livre est imprimé à Paris avec privilége, les libraires de Hollande s'en saisissent, et le premier qui l'imprime est celui qui en a le privilége exclusif dans ce pays-là ; et pour avoir ce droit d'imprimer ce livre le premier en Hollande, il suffit de faire annoncer l'ouvrage dans les gazettes. C'est un usage établi, et qui tient lieu de loi.

Or quand je veux favoriser un libraire de Hollande, je l'avertis de l'ouvrage que je fais imprimer en France, et je tâche qu'il en ait le premier exemplaire, afin qu'il prenne les devants sur ses confrères : j'ai donc promis à un libraire hollandais que je lui ferais avoir incessamment l'ouvrage en question, dès qu'il serait commencé d'imprimer à Paris, avec privilége, et je lui ai promis cette petite faveur pour l'indemniser de ce que l'on tarde à lui faire achever l'édition des *Éléments de Newton*, qu'il a commencée il y a près d'un an. Il ne s'agit que de hâter le sieur Prault, afin de hâter en même temps le petit avantage qui indemnisera le libraire hollandais que j'affectionne, et qui est très-honnête homme. Le sieur Prault sait très-bien ce dont il s'agit ; mais, pour prévenir toute difficulté, je vous envoyai un petit mot que je vous priai de lui faire tenir, et j'attends sa réponse. Je serais surpris qu'il fût mécontent, car, encore un coup, il doit savoir que son privilége est pour la France, et non pour la Hollande ; il n'a même transigé avec M. Pitot, pour les *Éléments de Newton*, que sur ce pied-là, et à la condition même qu'on imprimerait à la fois à Paris et à Amsterdam, et c'est pour cela que j'ai retardé l'impression de cette philosophie en Hollande. Je vous mets au fait, et je vous demande pardon de ce verbiage.

On m'avait mandé que tous les meubles d'Arouet avaient été brûlés, et son logement consumé : je vois qu'il n'en est rien.

Je crois que mes neveux auront bien de leurs père et mère environ trois cent cinquante mille livres à partager. Si vous savez quelque chose de leurs affaires, vous me ferez plaisir de m'en instruire.

J'attends réponse du sieur Thieriot, le marchand.

Vous m'avez demandé, il y a quelques mois, une reconnaissance pour le fermier de Belle-Poule, qui apparemment a fini son bail. Il devrait bien indiquer quel est son successeur. Si vous ne le savez pas, je vous conseille d'écrire au fermier de Belle-Poule, en blanc, *au Pont-de-Cé, près d'Angers*, et de lui mander qu'il tienne deux mille livres prêtes pour le 1er janvier, suivant les termes de mon contrat avec M. d'Estaing, et qu'il vous mande à qui il faudra s'adresser, et quel est à Paris son correspondant. Si nous ne prenons cette précaution de bonne heure, nous ne serons payés que fort tard.

Il faut payer le voyage du chimiste, et en demeurer là avec lui.

Adieu, mon cher abbé.

956. — A M. LE LIEUTENANT GÉNÉRAL DE POLICE[1].

Cirey, ce 7 novembre 1738.

Je vous demande bien pardon d'une telle importunité, mais vous savez combien ce désaveu de Jore m'est nécessaire. Il y a bien longtemps que vous aviez bien voulu me faire espérer cette grâce. C'est une justice que j'ai le droit d'exiger de lui, et une faveur que j'ose attendre de vous. Je vous supplie avec la dernière instance, monsieur, de vouloir bien me procurer cette satisfaction. Vous obligerez le cœur le plus reconnaissant et le plus sensible. Je sais que vous avez des affaires plus importantes, mais enfin il ne s'agit que d'un mot, et ce mot m'est essentiel; encore une fois je vous en conjure.

957. — DE FRÉDÉRIC, PRINCE ROYAL DE PRUSSE.

Remusberg, 9 novembre.

Mon cher ami, je viens de recevoir une lettre et des vers que personne n'est capable de faire que vous. Mais si j'ai l'avantage de recevoir des lettres et des vers d'une beauté préférable à tout ce qui a jamais paru, j'ai aussi l'embarras de ne savoir souvent comment y répondre. Vous m'en-

---

1. Éditeur, Léouzon Leduc.

voyez de l'or de votre Potose, et je ne vous renvoie que du plomb. Après avoir lu les vers assez vifs et aimables que vous m'adressez, j'ai balancé plus d'une fois avant que de vous envoyer l'*Épître sur l'Humanité,* que vous recevrez avec cette lettre; mais je me suis dit ensuite : Il faut rendre nos hommages à Cirey, et il faut y chercher des instructions et de sages corrections. Ces motifs, à ce que j'espère, vous feront recevoir avec quelque support les mauvais vers que je vous envoie.

Thieriot vient de m'envoyer l'ouvrage de la marquise, *sur le Feu;* je puis dire que j'ai été étonné en le lisant : on ne dirait point qu'une pareille pièce pût être produite par une femme. De plus, le style est mâle et tout à fait convenable au sujet. Vous êtes tous deux de ces gens admirables et uniques dans votre espèce, et qui augmentez chaque jour l'admiration de ceux qui vous connaissent. Je pense sur ce sujet des choses que votre seule modestie m'oblige de vous celer. Les païens ont fait des dieux qui assurément restaient bien au-dessous de vous deux. Vous auriez tenu la première place dans l'Olympe, si vous aviez vécu alors.

Rien ne marque plus la différence de nos mœurs de celles de ces temps reculés que lorsqu'on compare la manière dont l'antiquité traitait les grands hommes, et celle dont les traite notre siècle.

La magnanimité, la grandeur d'âme, la fermeté, passent pour des vertus chimériques. On dit : Oh! vous vous piquez de faire le Romain; cela est hors de saison ; on est revenu de ces affectations dans le siècle d'à présent. Tant pis. Les Romains, qui se piquaient de vertus, étaient des grands hommes; pourquoi ne point les imiter dans ce qu'ils ont eu de louable ?

La Grèce était si charmée d'avoir produit Homère que plus de dix villes se disputaient l'honneur d'être sa patrie ; et l'Homère de la France, l'homme le plus respectable de toute la nation, est exposé aux traits de l'envie. Virgile, malgré les vers de quelques rimailleurs obscurs, jouissait paisiblement de la protection de Mécène et d'Auguste, comme Boileau, Racine et Corneille, de celle de Louis le Grand. Vous n'avez point ces avantages; et je crois, à dire vrai, que votre réputation n'y perdra rien. Le suffrage d'un sage, d'une Émilie, doit être préférable à celui du trône, pour tout homme né avec un bon jugement.

Votre esprit n'est point esclave, et votre muse n'est point enchaînée à la gloire des grands. Vous en valez mieux, et c'est un témoignage irrévocable de votre sincérité : car on sait trop que cette vertu fut de tout temps incompatible avec la basse flatterie qui règne dans les cours.

L'*Histoire de Louis XIV,* que je viens de relire, se ressent bien de votre séjour à Cirey; c'est un ouvrage excellent, et dont l'univers n'a point encore d'exemple. Je vous demande instamment de m'en procurer la continuation ; mais je vous conseille, en ami, de ne point le livrer à l'impression. La postérité de tous ceux dont vous dites la vérité se liguerait contre vous. Les uns trouveraient que vous en avez trop dit ; les autres, que vous n'avez pas assez exagéré les vertus de leurs ancêtres; et les prêtres, cette race implacable, ne vous pardonneraient point les petits traits que vous leur lancez. J'ose même dire que cette histoire, écrite avec vérité et dans un esprit philosophique, ne doit point sortir de la sphère des philosophes. Non, elle n'est point faite pour des gens qui ne savent point penser.

Vos deux lettres ont produit un effet bien différent sur ceux à qui je les ai rendues. Césarion, qui avait la goutte, l'en a perdue de joie; et Jordan, qui se portait bien, pensa en prendre l'apoplexie : tant une même cause peut produire des effets différents ! C'est à eux à vous marquer tout ce que vous leur inspirez; ils s'en acquitteront aussi bien et mieux que je ne pourrais le faire.

Il ne nous manque à Remusberg qu'un Voltaire pour être parfaitement heureux; indépendamment de votre absence, votre personne est, pour ainsi dire, innée dans nos âmes. Vous êtes toujours avec nous. Votre portrait préside dans ma bibliothèque; il pend au-dessus de l'armoire qui conserve notre Toison d'or; il est immédiatement placé au-dessus de vos ouvrages, et vis-à-vis de l'endroit où je me tiens, de façon que je l'ai toujours présent à mes yeux. J'ai pensé dire que ce portrait était comme la statue de Memnon, qui donnait un son harmonieux lorsqu'elle était frappée des rayons du soleil; que votre portrait animait de même l'esprit de ceux qui le regardent. Pour moi, il me semble toujours qu'il paraît me dire :

O vous donc qui, brûlant d'une ardeur périlleuse, etc.
(*L'Art poét.*, ch. I, v. 7.)

Souvenez-vous toujours, je vous prie, de la petite colonie de Remusberg, et souvenez-vous-en pour lui adresser vos lettres pastorales. Ce sont les consolations qui deviennent nécessaires dans votre absence; vous les devez à vos amis. J'espère bien que vous me compterez à leur tête. On ne saurait du moins être plus ardemment que je suis et que je serai toujours, votre très-affectionné et fidèle ami,

FÉDÉRIC.

958. — A M. DE CIDEVILLE.

A Cirey, ce 10 novembre.

Mon cher ami, je vous dois une *Mérope*, et je ne vous envoie qu'une épître. Je ne vous paye rien de ce que je vous dois :

Tam raro *scribimus*, ut toto non quater anno.
(HOR., lib. II, sat. III, v. 1.)

Vous m'avez envoyé une ode[1] charmante. Je rougis de ma misère quand je songe que je n'y ai répondu que par des applaudissements. Vos richesses, en me comblant de joie, me font sentir ma pauvreté. Ne croyez pas, mon cher ami, qu'en vous envoyant une épître, je prétende éluder la promesse de la *Mérope*.

1. Cette ode est citée au commencement de la lettre 904.

A qui donc donnerai-je les prémices de mes ouvrages, si ce n'est à mon cher Cideville, à celui qui joint le don de bien juger au talent d'écrire avec tant de facilité et de grâce? Quel cœur dois-je songer à émouvoir, si ce n'est le vôtre? Je compte que mes ouvrages seront au moins reçus comme les tributs de l'amitié. Ils vous parleront de moi ; ils vous peindront mon âme.

Ma retraite heureuse ne m'offre point de nouvelles à vous apprendre. Elle laisse un peu languir le commerce; mais l'amitié ne languit point. Je ne m'occupe à aucune sorte de travail que je ne me dise à moi-même : Mon ami sera-t-il content ? Cette pensée sera-t-elle de son goût? Enfin, sans vous écrire, je passe mes jours dans l'envie de vous plaire et dans le plaisir d'écrire pour vous.

Mme du Châtelet, qui vous aime comme si elle vous avait vu, vous fait les plus sincères compliments. Nous avons entendu parler ici confusément d'une épître de Formont, contre les philosophes qui ont le malheur de n'être que philosophes. Dieu merci, l'épître n'est pas contre nous.

Rousseau, après avoir longtemps offensé Dieu, s'est mis à l'ennuyer. Il sera damné pour ses sermons et pour ses couplets.

Je vous embrasse tendrement, mon aimable Cideville. V.

959. — A M. DE FORMONT.

A Cirey, le 11 novembre.

Est-il vrai, cher Formont, que ta muse charmante,
Du dieu qui nous inspire interprète éclatante,
Vient, par les sons hardis de tes nouveaux concerts,
De confondre à jamais ces ennemis des vers,
Qui, hérissés d'algèbre et bouffis de problèmes,
Au monde épouvanté parlent par théorèmes;
Observant, calculant, mais ne sentant jamais?
Ces Atlas, qui des cieux semblent porter le faix,
Ne baissent point les yeux vers les fleurs de la terre,
Aux douceurs de la vie ils déclarent la guerre.
Jadis, en façonnant ce peuple raisonneur,
Prométhée oublia de leur donner un cœur.
On dit que de tes chants le pouvoir invincible
Donne aujourd'hui la vie à leur masse insensible;
Ils sentent le plaisir qui naît d'un vers heureux;
C'est un sens tout nouveau que tu produis en eux.
Quand verrai-je ces vers, enfants de ton génie,
Ces vers où la raison parle avec harmonie?

Ils sont faits pour charmer les beaux lieux où je suis.
Du jardin d'Apollon nous cueillons tous les fruits;
Newton est notre maître, et Milton nous délasse;
Nous combattons Malbranche, et relisons Horace.
Ajoute un nouveau charme à nos plaisirs divers.
Heureux le philosophe épris de l'art des vers;
Mais heureux le poëte épris de la science !
Les mots ne bornent point sa vive intelligence;
Des mouvements du ciel il dévoile le cours,
Il suit l'astre des nuits et le flambeau des jours;
Loin des sentiers étroits de la Grèce aveuglée,
Son esprit monte aux cieux qu'entr'ouvrit Galilée;
Il connaît, il admire un univers nouveau.
On ne le verra point, sur les pas de Boileau,
Douter si le soleil tourne autour de *son axe*,
« Et, l'*astrolabe en main*, chercher *un parallaxe*[1]; »
Il attaque, il détrône, il enchaîne en beaux vers
Les affreux préjugés, tyrans de l'univers.
Je connais le poëte à ces marques sublimes,
Non dans un alphabet de pédantesques rimes,
Non dans ces vers forcés, surchargés d'un vieux mot,
Où l'auteur nous ennuie en phrases de Marot[2].
De ce style emprunté tu proscris la bassesse.
Qui pense hautement s'exprime avec noblesse;
Et le sage Formont laisse aux esprits mal faits
L'art de moraliser du ton de Rabelais[3].

Nardi parvus onyx eliciet cadum.
(Hor., lib. IV, od. xii, v. 17.)

Envoyez-nous donc, mon cher philosophe-poëte, votre belle épître. A qui la donnerez-vous, si vous la refusez à la divinité de Cirey ? Vous savez combien Mme du Châtelet aime votre esprit ; vous savez si elle est digne de voir vos ouvrages ; pour moi, je demande, au nom de l'amitié, ce qu'elle a droit d'exiger de l'estime que vous avez pour elle. Nous sommes bien loin d'abandonner ici la poésie pour les mathématiques ; nous nous souvenons que c'est Virgile qui disait :

Nos vero dulces *teneant* ante omnia musæ;
Defectus solis varios... et sidera monstrent.
(*Georg.*, lib. II, v. 475 à 478.)

1. Boileau, ép. V, v. 28.
2. Allusion à J.-B. Rousseau.
3. Les trois derniers hémistiches se retrouvent dans les variantes du septième *Discours sur l'Homme*.

Ce n'est pas dans cette heureuse solitude qu'on est assez barbare pour mépriser aucun art ; c'est un étrange rétrécissement d'esprit que d'aimer une science pour haïr toutes les autres ; il faut laisser ce fanatisme à ceux qui croient qu'on ne peut plaire à Dieu que dans leur secte ; on peut donner des préférences, mais pourquoi des exclusions? La nature nous a donné si peu de portes par où le plaisir et l'instruction peuvent entrer dans nos âmes ; faudra-t-il n'en ouvrir qu'une? Vous êtes un bel exemple du contraire, car qui raisonne plus juste, et qui écrit avec plus de grâce que vous? Vous trouvez encore du temps de reste pour passer du temple de la poésie et de la métaphysique à celui de Plutus, et je vous en fais mon compliment. Vous avez dit comme Horace :

> Det vitam, det opes ; æquum mi animum ipse parabo.
> (Lib. I, ep. xviii, v. 112.)

Je vois que vos nouvelles occupations ne vous ont point enlevé à la littérature ; qu'elles ne vous enlèvent donc point à vos amis ; écrivez un petit mot, et envoyez l'épître. Vous voyez sans doute souvent Mme du Deffant; elle m'oublie, comme de raison, et moi, je me souviens toujours d'elle ; j'en ferai une ingrate, je lui serai toujours attaché. Quand vous souperez avec le philosophe baylien, M. des Alleurs l'aîné[1], et avec son frère le philosophe mondain, buvez à ma santé avec eux, je vous prie. Est-il vrai que votre épître est adressée à M. l'abbé de Rothelin? Il le mérite ; il a la critique très-juste et très-fine ; je vous prierais de lui présenter mes très-humbles compliments, si je ne me regardais comme un peu trop profane. Adieu, mon cher ami, que j'aimerai toujours. Mme du Châtelet vous renouvelle les assurances de son estime et de son amitié, et joint ses prières aux miennes.

960. — A M. THIERIOT[2].

Voici encore, mon cher ami, un petit mot pour le prince royal sur une chose que vous aviez oubliée. Si vous trouvez que ce que je demande vous convienne et que la manière dont je le demande convienne aussi, envoyez la lettre; sinon, brûlez-la.

---

1. Roland Puchot des Alleurs; voyez les lettres 143 et 967.
2. Éditeurs, de Cayrol et François.

J'ai reçu *Dardanus*[1]; donnez à M. de La Bruère ma réponse cachetée, si vous le voulez bien.

En voici une pour l'abbé Le Blanc.

Voici la réplique à l'abbé Trublet. *Judica me*.

Le Père Mersenne doit me trouver excédant.

Dites vite, et très-vite, si je peux compter sur le *S'Gravesande* (deux volumes in-4°). C'est mon pain quotidien, je ne peux m'en passer, et nous ne pouvons guère nous passer de vous ici. Envoyez-nous ce valet de chambre physicien de Mme Dupin ; l'autre nous a manqué.

961. — A M. L'ABBÉ LE BLANC[2].

A Cirey, ce 11 novembre.

Comme Anglais[3], comme auteur d'*Aben-Saïd*, comme amateur des arts et de la vérité, comme ayant châtié l'abbé Desfontaines, vous avez, monsieur, mille droits à mon amitié et à mon estime. Je ne doute pas que vous n'ayez encore fortifié votre génie par l'étude d'une langue dans laquelle est écrit ce qu'on a jamais pensé de plus fort. Vous avez dû sentir votre âme plus libre et plus à l'aise à Londres ; c'est là que la nature étale des beautés mâles qui ne doivent rien à l'art. Les grâces, l'exactitude, la douceur, la finesse, sont plus le partage des Français.

Utraque poscit opem res et conjurat amice.

Je crois qu'un Anglais qui a bien vu la France, et un Français qui a bien vu l'Angleterre, en valent mieux l'un et l'autre. Vous êtes fait, monsieur, pour joindre le mérite du pays d'où vous venez à celui de votre patrie. Comme vous me feriez un vrai plaisir de m'envoyer les étrivières rimées que vous avez données à ce misérable abbé Desfontaines, également haï et méprisé des Français et des Anglais !

C'est un esclave que son maître
Au front a sagement marqué ;
A tous vous l'avez fait connaître.
On m'a dit que ce vilain prêtre
Est de vos traits bien plus piqué

1. Opéra de La Bruère, demandé à Thieriot le 11 octobre.
2. Éditeurs, de Cayrol et François.
3. Le Blanc est auteur des *Lettres sur l'Angleterre,* qu'il avait habitée longtemps.

Que du fouet jadis à Bicêtre
Sur son fessier large appliqué.

Je le crois bien, car il y a quelques ressources, après tout, pour les blessures de son derrière, et il n'y en a point contre une bonne épigramme de votre main. Si vous aviez fait quelque chose de nouveau, et que vous voulussiez l'envoyer à Cirey, je m'y intéresse presque autant que vous-même. J'aime les belles-lettres avec ardeur. Personne n'est plus en état que vous d'empêcher qu'elles ne tombent en France. Il ne m'appartient pas de vous exhorter à travailler; mais je peux au moins vous dire combien je souhaite de joindre de nouveaux applaudissements à ceux que je vous ai déjà donnés.

Je suis, avec bien de l'estime et de l'amitié, votre, etc.

962. — A M. THIERIOT.

Le 13 novembre.

Vous me voyez, mon cher ami, dans un point de vue, et moi, je me vois dans un autre. Vous vous imaginez, à table avec Mme de La Popelinière et M. des Alleurs, que les calomnies de Rousseau ne me font point de tort parce qu'elles ne gâtent point votre vin de Champagne; mais moi, qui sais qu'il a employé pendant dix ans la plume de Rousset[1] et de Varenne[2], à Amsterdam, pour me noircir dans toute l'Europe; moi, qui, par l'indignation du prince royal même contre tant de traits, reconnais très-bien que ces traits portent coup, j'en pense tout différemment. Je ne sais pourquoi vous me citez l'exemple des grands auteurs du siècle de Louis XIV, qui ont eu des ennemis. En premier lieu, ils ont confondu ces ennemis autant qu'ils l'ont pu; en second lieu, ils ont eu des protections qui me manquent; et enfin ils avaient un mérite supérieur qui pouvait les consoler. Ce qui m'est arrivé à la fin de 1736 doit me faire tenir sur mes gardes[3]. Je sais très-bien que les journaux peuvent faire de très-mauvaises impressions; je sais qu'un homme qu'on outrage impunément est avili; et je ne veux accoutumer personne à parler de moi d'une manière qui ne me convienne pas. Ma sensibilité doit vous plaire ; un ami s'intéresse à la réputation de son ami comme à la sienne propre.

1. Rousset de Missy.
2. Cité dans la lettre 712.
3. Il avait été persécuté pour la publication du *Mondain;* voyez tome X.

Je vois que vous vous y intéressez efficacement, puisque vous m'envoyez des critiques sur les *Épîtres*. Je vous en remercie de tout mon cœur ; soyez sûr que j'en profiterai. Continuez ; mais songez que ce *frappant et ce vif* que vous cherchez cesse d'être tel quand il revient trop souvent.

> Non fumum ex fulgore, sed ex fumo dare lucem
> Cogitat. . . . .
> (Hor., *de Art. poet.*, v. 143.)

Je ne suis pas de votre avis en tout. La censure de la *boîte*[1] de Pandore me paraît très-injuste. Je prétends prouver que, si tous les hommes étaient également heureux dans l'âge d'or, ils ont actuellement une égale portion de biens et de maux, et qu'ainsi l'égalité subsiste toujours. Au reste, qu'un hémistiche ou deux déplaisent, cela rend-il une pièce entière insupportable ? Vous me reprochiez d'imiter Despréaux ; à présent, vous voulez que je lui ressemble. Trouvez-vous donc dans ses épîtres tant de vivacité et tant de traits ? Il me semble que leur grand mérite est d'être naturelles, correctes, et raisonnables ; mais de la sublimité, des grâces, du sentiment, est-ce là qu'il les faut chercher ?

Vous proscrivez la *barque* des rois ; cependant il ne s'agit ici que de la barque légère, de la barque du bonheur, de la petite barque que chaque individu gouverne, roi ou garçon de café. Mais comme le vulgaire ne veut voir un roi que dans un vaisseau de cent pièces de canon, et qu'il faut s'accommoder aux idées reçues, je sacrifie la barque.

J'ôte le Bernard, et le *bien* qu'il fait et le *bien* qu'il a. Ce mot de *bien*, pris en deux sens différents, est peut-être un jeu de mots : qu'en pensez-vous ?

> Fertilisent la terre en déchirant son sein

est, ne vous déplaise, un très-beau vers.

J'aime Perrette. C'est dans son ennui précisément, et seulement dans son ennui qu'on souhaite le destin d'autrui : car, quand on se sent bien, ce n'est pas là le moment où l'on souhaite autre chose.

Je donne des coups de pinceau à mesure que je vois des taches ; mais aidez-moi à les remarquer, car la multiplicité de mes occupations et le maudit amour-propre font voir bien trouble. *Vale, te amo.*

---

1. Voyez le premier *Discours sur l'Homme.*

963. — A M. LE LIEUTENANT GÉNÉRAL DE POLICE [1].

Cirey, ce 13 novembre 1738.

C'est ma reconnaissance, moins que mon intérêt, qui vous importune. Je suis pénétré de vos bontés. Permettez-moi seulement de poursuivre le nommé Jore en justice, et de demander réparation. Vous aviez eu la bonté de me promettre de me rendre ma lettre, qui avait servi de prétexte à son infâme procès. Si elle ne parvient pas entre mes mains, je me flatte qu'elle ne sortira pas des vôtres. M. d'Argental et le jeune Lamare, témoins des procédés de Jore, savent très-bien que je ne lui dois rien. M. et Mme du Châtelet, qui ont vu ici longtemps un billet de lui (malheureusement égaré) peuvent certifier qu'au contraire il m'était redevable. Je peux vous assurer, sans crainte de vous tromper, qu'il y a peu de scélérats aussi dangereux que ce misérable.

Quoi qu'il arrive, j'ose compter, monsieur, sur votre protection, et mon attachement sincère pour votre personne semble m'y donner quelques droits.

964. — A FRÉDÉRIC, PRINCE ROYAL DE PRUSSE.

Novembre [2].

Monseigneur, que Votre Altesse royale pardonne à ce pauvre malade enrichi de vos bienfaits, s'il tarde trop à vous payer ses tributs de reconnaissance.

Ce que vous avez composé *sur l'humanité* vous assure, sans doute, le suffrage et l'estime de Mme du Châtelet, et vous me forceriez à l'admiration si vous ne m'y aviez pas déjà tout disposé. Non-seulement Cirey remercie Votre Altesse royale, mais il n'y a personne sur la terre qui ne doive vous être obligé. Ne connût-on de cet ouvrage que le titre, c'en est assez pour vous rendre maître des cœurs. Un prince qui pense aux hommes, qui fait son bonheur de leur félicité! On demandera dans quel roman cela se trouve, et si ce prince s'appelle Alcimédon ou Almanzor, s'il est fils d'une fée et de quelque génie. Non, messieurs, c'est un être réel; c'est lui que le ciel donne à la terre, sous le nom de Frédéric; il habite d'ordinaire la solitude de Remusberg; mais son nom, ses vertus, son esprit, ses talents, sont déjà con-

---

1. Éditeur, Léouzon Leduc.
2. Cette lettre répond à la lettre 957.

nus dans tout le monde. Si vous saviez ce qu'il a écrit sur l'humanité, le genre humain députerait vers lui pour le remercier ; mais ces détails heureux sont réservés à Cirey, et ces faveurs sont tenues secrètes. Les gens qui se mêlaient autrefois de consulter les demi-dieux se vantaient d'en recevoir des oracles ; nous en recevons, mais nous ne nous en vantons pas.

Il y a, monseigneur, une secrète sympathie qui assujettit mon âme à Votre Altesse royale ; c'est quelque chose de plus fort que l'*harmonie préétablie*. Je roulais dans ma tête une épître sur l'humanité[1], quand je reçus celle de Votre Altesse royale. Voilà ma tâche faite. Il y a eu, à ce que conte l'antiquité, des gens qui avaient un génie qui les aidait dans leurs grandes entreprises. Mon génie est à Remusberg. Eh ! à qui appartenait-il de parler de l'humanité qu'à vous, grand prince, à votre âme généreuse et tendre ; à vous, monseigneur, qui avez daigné consulter des médecins pour la maladie d'un de vos serviteurs qui demeure à près de trois cents lieues de vous ? Ah ! monseigneur, malgré ces trois cents lieues, je sens mon cœur lié à Votre Altesse royale de bien près.

Je me flatte même, avec assez d'apparence, que cet intervalle disparaîtra bientôt. Monseigneur l'électeur palatin mourra s'il veut, mais les confins de Clèves et de Juliers verront, au printemps prochain, Mme la marquise du Châtelet. Nous arrangerons tout pour nous trouver près de vos États. Je sais bien qu'en fait d'affaires il ne faut jamais répondre de rien ; mais l'espérance de faire notre cour à Votre Altesse royale, de voir de près ce que nous admirons, ce que nous aimons de loin, aplanira bien des difficultés. N'est-il pas vrai, monseigneur, que Votre Altesse royale donnera des sauf-conduits à Mme du Châtelet ? Mais qui voudrait l'arrêter, quand on saura qu'elle sera là pour voir Votre Altesse royale ; et qui m'osera faire du mal, à moi, quand j'aurai l'*Épître sur l'Humanité* à la main ?

Que je suis enchanté que Votre Altesse royale ait été contente de cet *Essai sur le Feu* que Mme du Châtelet s'amusa de composer, et qui, en vérité, est plutôt un chef-d'œuvre qu'un essai ! Sans les maudits tourbillons de Descartes, qui tournent encore dans les vieilles têtes de l'Académie, il est bien sûr que Mme du Châtelet aurait eu le prix, et cette justice eût fait l'honneur de son sexe et de ses juges ; mais les préjugés dominent partout. En vain

---

1. Allusion au sixième *Discours*, qui traite particulièrement de *la nature de l'homme*.

Newton a montré aux yeux les secrets de la lumière ; il y a de vieux romanciers physiciens qui sont pour les chimères de Malebranche. L'Académie rougira un jour de s'être rendue si tard à la vérité ; et il demeurera constant qu'une jeune dame osait embrasser la bonne philosophie quand la plupart de ses juges l'étudiaient faiblement pour la combattre opiniâtrément.

M. de Maupertuis, homme qui ose aimer et dire la vérité, quoique persécuté, a mandé hardiment, mais secrètement, que les discours français [1] couronnés étaient pitoyables. Son suffrage, joint à celui de Remusberg, sont le plus beau prix qu'on puisse jamais recevoir.

Mme du Châtelet sera très-flattée que Votre Altesse royale fasse lire à M. Jordan ce qui a plu à Votre Altesse royale. Elle estime avec raison un homme que vous estimez. Je suis, etc.

965. — DE FRÉDÉRIC, PRINCE ROYAL DE PRUSSE.

Remusberg, 22 novembre [2].

Mon cher ami, il faut avouer que vous êtes un débiteur admirable ; vous ne restez point en arrière dans vos payements, et l'on gagne considérablement au change. Je vous ai une obligation infinie de l'*Épître sur le Plaisir* [3] ; ce système de théologie me paraît très-conforme à la Divinité [4], et s'accorde parfaitement avec ma manière de penser. Que ne vous dois-je point pour cet ouvrage incomparable !

> Les dieux que nous chantait Homère
> Étaient forts, robustes, puissants ;
> Celui que l'on nous prêche en chaire
> Est l'original des tyrans ;
> Mais le plaisir, dieu de Voltaire,
> Est le vrai dieu, le tendre père
> De tous les esprits bienfaisants.

On ne peut mieux connaître la différence des génies qu'en examinant la manière dont les personnes différentes expriment les mêmes pensées. La comtesse de Platen, dont vous devez avoir entendu parler en Angleterre, pour dire un *eunuque*, le périphrasait *un homme brillanté*. L'idée était prise d'une pierre fine qu'on taille et qu'on brillante. Cette manière de s'exprimer portait bien en soi le caractère de femme, je veux dire de cet

---

1. Celui de Lozeran de Fiesc et celui de Créqui-Canaple ; voyez la note, tome XXII, page 279.
2. Le 1er décembre 1738. (*OEuvres posthumes.*)
3. Voltaire avait envoyé cette *Épître* (cinquième *Discours*) dès la fin du mois de juin précédent, avec la lettre 890.
4. Très-digne de la Divinité. (Variante des *OEuvres posthumes.*)

esprit inviolablement attaché aux ajustements et aux bagatelles. L'homme de génie, le grand poëte se manifeste bien différemment par cette noble et belle périphrase :

> Que le fer a privé des sources de la vie [1].

Outre que la pensée d'un Dieu servi par des eunuques a quelque chose de frappant par elle-même, elle exprime encore, avec une force merveilleuse, l'idée du poëte. Cette manière de toucher avec modestie et avec clarté une matière aussi délicate que l'est celle de la mutilation contribue beaucoup au plaisir du lecteur. Ce n'est point parce que cette pièce m'est adressée [2]; ce n'est point parce qu'il vous a plu de dire du bien de moi, mais c'est par sa bonté intrinsèque que je lui dois mon approbation entière. Je me doutais bien que le dieu des écoles ne pourrait que gagner en passant par vos mains.

Ne croyez pas, je vous prie, que je pousse mon scepticisme à outrance. Il y a des vérités que je crois démontrées, et dont ma raison ne me permet pas de douter. Je crois, par exemple, qu'il n'y a qu'un Dieu et qu'un Voltaire dans le monde ; je crois encore que ce Dieu avait besoin, dans ce siècle, d'un Voltaire pour le rendre aimable. Vous avez lavé, nettoyé et retouché un vieux tableau de Raphael, que le vernis de quelque barbouilleur ignorant avait rendu méconnaissable.

Le but principal que je m'étais proposé dans ma *Dissertation sur l'Erreur* [3] était d'en prouver l'innocence. Je n'ai point osé m'expliquer sur le sujet de la religion ; c'est pourquoi j'ai employé plutôt un sujet philosophique. Je respecte d'ailleurs Copernic, Descartes, Leibnitz, Newton ; mais je ne suis point encore d'âge à prendre parti. Les sentiments de l'Académie conviennent mieux à un jeune homme de vingt et quelques années que le ton décisif et doctoral. Il faut commencer par connaître, pour apprendre à juger. C'est ce que je fais ; je lis tout avec un esprit impartial et dans le dessein de m'instruire, en suivant votre excellente leçon.

> Et vers la vérité le doute les conduit.
> (*Henriade*, ch. VII, v. 376.)

J'ai lu avec admiration et avec étonnement l'ouvrage de la marquise *sur le Feu*. Cet essai m'a donné une idée de son vaste génie, de ses connaissances, et de votre bonheur. Vous le méritez trop bien pour que je vous l'envie. Jouissez-en dans votre paradis, et qu'il soit permis à nous autres humains de participer à votre bonheur.

Vous pouvez assurer à Émilie qu'elle a mis chez moi le feu en une par-

---

1. Vers 78 du cinquième *Discours*.
2. Voyez les variantes sur le vers 103 du cinquième *Discours*, au sujet de la brouillerie de Voltaire et de Frédéric.
3. La *Dissertation sur l'innocence des erreurs de l'esprit* est parmi les OEuvres posthumes du roi de Prusse.

ticulière vénération ; savoir, non le feu qu'elle decompose avec tant de sagacité, mais celui de son puissant génie.

Serait-il permis à un sceptique de proposer quelques doutes qui lui sont venus ? Peut-on, dans un ouvrage de physique, où l'on recherche la vérité scrupuleusement, peut-on y faire entrer des restes de visions de l'antiquité ? J'appelle ainsi ce qui paraît être échappé à la marquise touchant l'embrasement excité dans les forêts par le mouvement des branches.

J'ignore le phénomène rapporté dans l'article des causes de la congélation de l'eau ; on rapporte qu'en Suisse il se trouvait des étangs qui gelaient pendant l'été, au mois de juin et de juillet. Mon ignorance peut causer mes doutes. J'y profiterai à coup sûr, car vos éclaircissements m'instruiront.

Après avoir parlé de vos ouvrages et de ceux de la marquise, il ne m'est guère permis de parler des miens. Je dois cependant accompagner cette lettre d'une pièce[1] qu'on a voulu que je fisse. Le plus grand plaisir que vous puissiez me faire, après celui de m'envoyer vos productions, est de corriger les miennes. J'ai eu le bonheur de me rencontrer avec vous, comme vous pourrez le voir sur la fin de l'ouvrage. Lorsqu'on a peu de génie, qu'on n'est point secondé d'un censeur éclairé, et qu'on écrit en langue étrangère, on ne peut guère se promettre de faire des progrès. Rimer, malgré ces obstacles, c'est, ce me semble, être atteint en quelque manière de la maladie des Abdéritains[2].

Je vous fais confidence de toutes mes folies. C'est la marque la plus grande de ma confiance et de l'estime avec laquelle je suis inviolablement, mon cher ami, votre, etc.

FÉDÉRIC.

P. S. J'ai quelque bagatelle d'ambre pour Cirey, et j'ai du vin de Hongrie que l'on me dit être un baume pour la santé de mon ami. Je voudrais envoyer cet emballage par Hambourg à Rouen, et de là à Paris, sous l'adresse de Thieriot : car je ne crois pas qu'on trouvât aisément quelque voiturier qui voulût s'en charger.

966. — A MADEMOISELLE QUINAULT.

Cirey, ce 24 novembre 1738.

On vous écrit souvent, mademoiselle, comme à l'arbitre du bon goût, et à la personne de France qui juge le mieux des ouvrages d'esprit. Je ne m'adresse aujourd'hui qu'à votre cœur et à la bonté de votre caractère. Il y a dans le monde un M. Guyot de Merville qui travaille pour votre théâtre ; je l'ai connu autrefois par hasard, et je ne l'ai connu que pour lui rendre service ;

1. C'était une *Épître* adressée au prince Auguste-Guillaume, frère puîné du prince royal.
2. Une fièvre chaude les avait rendus insensés.

il s'est depuis peu lié avec l'abbé Desfontaines, et il a sucé le venin que cet ennemi des femmes, du bon goût et des bons ouvrages, s'avise de répandre contre moi. Merville n'a pas manqué, dans la préface d'une de ses comédies dont j'ai oublié le nom, de mettre deux pages d'injures qui ne m'offensent que parce qu'elles viennent d'un homme qu'on dit que vous affectionnez. S'il est vrai qu'il soit assez heureux pour prendre de vos leçons, je suis sûr que vous lui donnerez celle de ne se point déchaîner contre un homme qui ne lui a jamais fait de mal, et qui ne peut se rencontrer dans son chemin. Il vous aura l'obligation de devenir un honnête homme, et moi celle d'avoir un ennemi de moins.

Puisque je suis en train de vous demander des grâces, je vous supplie, mademoiselle, de me dire tout naïvement à qui je pourrais m'adresser pour engager M. de Launai à ne plus envoyer de mémoires contre moi au sieur Rousseau. Vous me direz peut-être, ou du moins vous penserez que vous n'avez que faire de tout cela, que je suis un importun; mais je vous répondrai qu'il s'agit de faire plaisir, et d'en faire à quelqu'un qui est votre admirateur et votre ami. Il n'y a point à cela de réplique; et quelque esprit que vous ayez, je vous défie de trouver une raison pour ne pas rendre service quand votre cœur vous dit qu'il faut obliger. Soyez persuadée de la tendre et sincère reconnaissance d'un homme qui vous sera dévoué toute sa vie. Zamore et Alzire vous saluent à quatre pattes. V.

967. — A M. THIERIOT.

Le 24 novembre.

Ami, dont la vertu toujours égale et pure [1], etc.

Cela vous plaît-il mieux que le *cœur tout neuf* d'Hermotime? Au moins cette *Épître* aura un mérite, c'est d'être adressée à mon ami, et non à un écolier supposé. Je vous en envoie une [2] que je destine à l'héritier d'un trône; mais la première sera pour vous. Je les corrige toutes, et avec opiniâtreté. Je veux qu'elles soient bonnes et dignes du lieu où elles ont été faites, et du dessein que j'ai eu en les faisant.

Mais comment raboter à la fois *la Henriade*, mes tragédies, et toutes mes pièces? *Col tempo e coll' arte tutto si farà.* Tâchez qu'on

---

1. Premier vers de la seconde leçon de l'*Épître sur l'Égalité des conditions*, adressée alors à Thieriot.
2. Celle qui traite de *la Nature du Plaisir* (cinquième *Discours*).

imprime l'*Épître sur la Nature du plaisir*, afin que je puisse donner le recueil de mes six sermons bien réformé : ce sera mon carême, prêché par le Père Voltaire.

La lettre de M. des Alleurs est d'un homme très-supérieur. S'il y avait à Paris bien des gens de cette trempe, il faudrait acheter vite le palais Lambert[1]. Aussi achèterons-nous, je crois, et nous pardonnerons à la multitude des sots en faveur de quelques justes, c'est-à-dire de quelques gens d'esprit.

Dès que j'aurai un entr'acte (car je suis entouré de mes tragédies, que je relime), j'écrirai à l'âme de Bayle, laquelle demeure à Paris, dans le corps de M. le comte des Alleurs, et qui est très-bien logée.

Vous ferez comme il vous plaira à l'égard de ce monstre d'abbé Desfontaines ; mais vous pouvez assurer que je n'ai d'autre part au livre[2] très-fort qui vient de paraître contre lui que d'avoir écrit, il y a deux ans, à M. Maffei, la lettre[3] qu'on vient d'imprimer. Assurez-le d'ailleurs que j'ai en main de quoi le confondre et le faire mourir de honte, et que je suis un ennemi plus redoutable qu'il ne pense.

Je vous embrasse. Envoyez-moi des plumes d'or, si vous avez de la monnaie. Je suis las de ne vous écrire qu'avec une plume d'oison.

968. — A M. LE COMTE DES ALLEURS[4].

A Cirey, le 26 novembre.

Si vous n'aviez point signé, monsieur, la lettre ingénieuse et solide dont vous m'avez honoré, je vous aurais très-bien deviné. Je sais que vous êtes le seul homme de votre espèce capable de faire un pareil honneur à la philosophie. J'ai reconnu cette âme de Bayle à qui le ciel, pour sa récompense, a permis de loger dans votre corps. Il appartient à un génie cultivé comme le vôtre d'être sceptique. Beaucoup d'esprits légers et inappliqués décorent leur ignorance d'un air de pyrrhonisme ; mais vous ne doutez beaucoup que parce que vous pensez beaucoup.

---

1. Voltaire, dans sa lettre du 15 avril 1739 (n° 1135), dit que Mme du Châtelet acquit, au prix de deux cent mille livres, l'hôtel Lambert, rue Saint-Louis-en-l'Ile. Il est question de cet hôtel, dans plusieurs lettres de Voltaire : voyez les lettres 990, 1108, 1111, 1124, 1134 et la note de la lettre 1191.

2. *Le Préservatif*, que Voltaire venait de faire imprimer furtivement à Paris.

3. C'est très probablement la lettre qui fait partie du n° 27 du *Préservatif* : voyez tome XXII, page 386 ; et XXIII, 35.

4. Voyez une note de la lettre 143.

Je marcherai sous vos drapeaux une très-grande partie du chemin, et je vous prierai de me donner la main pour le reste de la journée.

Je crois qu'en métaphysique vous ne me trouverez guère hors des rangs que vous aurez marqués. Il y a deux points dans cette métaphysique : le premier est composé de trois ou quatre petites lueurs que tout le monde aperçoit également ; le second est un abîme immense où personne ne voit goutte. Quand, par exemple, nous serons convenus qu'une pensée n'est ni ronde ni carrée, que les sensations ne sont que dans nous et non dans les objets, que nos idées nous viennent toutes par les sens (quoi qu'en disent Descartes et Malebranche), que l'âme, etc., si nous voulons aller un pas plus avant, nous voilà dans le vaste royaume des choses possibles.

Depuis l'éloquent Platon jusqu'au profond Leibnitz, tous les métaphysiciens ressemblent, à mon gré, à des voyageurs curieux qui seraient entrés dans les antichambres du sérail du Grand Turc, et qui, ayant vu de loin passer un eunuque, prétendraient conjecturer de là combien de fois Sa Hautesse a caressé cette nuit son odalisque. Un voyageur dit trois, un autre dit quatre, etc. ; le fait est que le grand sultan a dormi toute la nuit.

Vous avez assurément grande raison d'être révolté de ce ton décisif avec lequel Descartes donne ses mauvais contes de fées ; mais, je vous prie, ne lui reprochez pas l'algèbre et le calcul géométrique : il ne l'a que trop abandonné dans tous ses ouvrages. Il a bâti son château enchanté sans daigner seulement prendre la moindre mesure. Il était un des plus grands géomètres de son temps ; mais il abandonna sa géométrie, et même son esprit géométrique, pour l'esprit d'invention, de système, et de roman. C'est là ce qui devait le décrier, et c'est, à notre honte, ce qui a fait son succès. Il faut l'avouer, toute sa physique n'est qu'un tissu d'erreurs ; lois du mouvement fausses, tourbillons imaginaires démontrés impossibles dans son système, et raccommodés en vain par Huygens ; notions fausses de l'anatomie, théorie erronée de la lumière, matière magnétique cannelée impossible, trois éléments à mettre dans *les Mille et une Nuits*, nulle observation de la nature, nulle découverte : voilà pourtant ce que c'est que Descartes.

Il y avait de son temps un Galilée qui était un véritable inventeur, qui combattait Aristote par la géométrie et par des expériences, tandis que Descartes n'opposait que de nouvelles chimères à d'anciennes rêveries ; mais ce Galilée ne s'était point avisé de créer un univers, comme Descartes : il se contentait de l'examiner. Il n'y avait pas là de quoi en imposer au vulgaire, grand et petit. Descartes fut un heureux charlatan ; mais Galilée était un grand philosophe.

Que je suis bien de votre avis, monsieur, sur Gassendi ! Il relâche, comme vous dites énergiquement, la force de toutes ses raisons ; mais un plus grand malheur encore, c'est que les raisons lui manquent. Il a deviné bien des choses qu'on a prouvées après lui.

Ce n'est pas assez, par exemple, de combattre le plein par des arguments plausibles ; il fallait qu'un Newton, en examinant le cours des comètes, démontrât de quelle quantité elles vont nécessairement plus vite à la hauteur de nos planètes, et que, par conséquent, elles ne peuvent être portées par un prétendu tourbillon de matière, qui ne peut aller à la fois lentement avec une planète, et rapidement avec une comète, dans la même couche. Il a fallu que M. Bradley découvrît la progression de la lumière, et démontrât qu'elle n'est point retardée dans son chemin d'une étoile à nous, et que, par conséquent, il n'y a point là de matière. Voilà ce qui s'appelle être physicien. Gassendi est un homme qui vous dit en gros qu'il y a quelque part une mine d'or, et les autres vous apportent cet or, qu'ils ont fouillé, épuré, et travaillé.

Ce ne sera donc point, monsieur, sur la physique que je serai entièrement pyrrhonien : car comment douter de ce que l'expérience découvre, et de ce que la géométrie confirme ? Parce que Anaxagore, Leucippe, Aristote, et tous les Grecs babillards, ont dit longuement des absurdités, cela empêche-t-il que Galilée, Cassini, Huygens, n'aient découvert de nouveaux cieux ? La théorie des forces mouvantes en sera-t-elle moins vraie ? Nous avons la longitude et la latitude de deux mille étoiles dont les anciens ne supposaient pas seulement l'existence, et nous avons découvert plus de vérités physiques sur la terre que Flamstead ne compte d'étoiles dans son catalogue.

Tout cela est peu de chose pour l'immensité de la nature, j'en conviens ; mais c'est beaucoup pour la faiblesse de l'homme. Le peu que nous savons étend réellement les forces de l'âme ; l'esprit y trouve autant de plaisirs que le corps en éprouve dans d'autres jouissances qui ne sont pas à mépriser.

Je m'en rapporte à vous sur tout cela. Si le don de penser rend heureux, je vous tiens, monsieur, pour le plus fortuné des hommes. Vous savez jouir, vous savez douter, vous savez affirmer quand il le faut.

Vous me donnez très-poliment un conseil très-sage, c'est de paraître douter des choses que je veux persuader, et de présenter comme probable ce qui est démontré.

> Così all' egro fanciul porgiamo aspersi
> Di soave licor gli orli del vaso.
> (Tasso, *Ger. lib.*, c. I, str. 3.)

Je vous réponds bien que si j'avais fait quelque découverte, quand je la croirais inébranlable, je la donnerais sous les livrées modestes du doute. Il sied bien d'être un peu honteux quand on fait boire aux gens le vin du cru; mais permettez-moi de m'excuser si j'ai un peu trop vanté Newton; j'étais plein de ma divinité. Je ne suis pas sujet à l'enthousiasme, au moins en prose. Vous savez qu'en écrivant l'*Histoire de Charles XII*, je n'ai trouvé qu'un homme où les autres voyaient un héros; mais Newton m'a paru d'une tout autre espèce. Tout ce qu'il a dit m'a semblé si vrai que je n'ai pas eu le courage de faire la petite bouche. D'ailleurs vous connaissez les Français; parlez avec défiance de ce que vous leur donnez, ils vous prendront au mot.

Enfin les ménagements ne feront point passer la fausse monnaie pour la bonne, chez la postérité; et si Newton a trouvé la vérité, elle et lui méritent qu'on les présente avec assurance à son siècle.

Je passe, monsieur, à un article de votre lettre qui n'est pas le moins essentiel; c'est le goût épuré que vous y faites paraître. Vous voulez qu'on ne donne à la philosophie que les ornements qui lui sont propres, et qu'on n'affecte point de faire le plaisant ni l'homme de bonne compagnie, quand il ne s'agit que de méthode et de clarté.

> Ornari res ipsa negat, contenta doceri [1].

A la bonne heure que M. de Fontenelle ait égayé ses *Mondes*: ce sujet riant pouvait admettre des fleurs et des pompons; mais des vérités plus approfondies sont de ces beautés mâles auxquelles il faut les draperies du Poussin. Vous me paraissez un des meilleurs faiseurs de draperie que j'aie jamais vus. Mme du Châtelet est entièrement de votre avis. Elle a un esprit qui, comme le dit La Fontaine de Mme de La Sablière,

> A beauté d'homme avec grâces de femme.
> (Liv. XII, fab. xv.)

---

1. Ornari præcepta negant.
(Dufresnoi, *de Arte graphica*, 29.)

Elle a lu et relu votre lettre avec une sorte de plaisir qu'elle goûte rarement. Elle avait déjà été bien contente d'une lance que vous avez rompue sur le nez de Crousaz[1], en faveur de Bayle. Elle voudrait bien voir un bâillon de votre façon mis dans la bouche bavarde de ce professeur dogmatique.

Continuez, monsieur, à faire voir que les personnes d'un certain ordre en France ne passent point leur vie à ramper chez un ministre, ou à traîner leur ennui de maison en maison. Empêchez la prescription de la barbarie, et faites honneur à la France.

Permettez-moi de présenter mes très-humbles compliments à un autre philosophe mondain[2] qu'on dit aujourd'hui beaucoup plus joufflu que vous. Il lit moins que vous Bayle et Cicéron; mais il vit avec vous, et cela vaut bien de bonnes lectures. Mme du Châtelet sera aussi transportée que moi si vous lui faites part de vos idées. Elle en est bien plus digne, quoique je sente tout leur prix. Je suis, etc.

969. — A M. DE MAUPERTUIS.

Cirey, le 27 novembre.

J'ai trop tardé à vous remercier, mon grand philosophe; serez-vous homme à consacrer un quart d'heure à nous faire savoir comment l'enchanteur Dufaï[3] a coupé quatre membres à Newton? Oter tout d'un coup quatre couleurs primitives aux gens! cela est-il vrai? On ne sait plus comment la miséricorde de Dieu est faite; expliquez-nous le mystère.

Il y a quelque temps que la physique languit à Cirey. Si vous connaissiez quelque jeune indigent qui sût coller, brosser, tracasser de la main, avoir soin d'une machine, la monter, la démonter, envoyez-le-nous. Mme du Châtelet a toujours les mêmes sentiments pour *sir Isaac* Maupertuis; et, quoique nous ayons perdu quatre couleurs, nous ne vous croyons pas obscurci. Vous savez avec quels sentiments je vous suis attaché pour la vie.

970. — A M. LE MARQUIS D'ARGENS[4].

A Bar-le-Duc, ou tout auprès, ce 27 novembre.

Dans votre vie cachée, un solitaire comme vous ne devrait pas oublier un autre solitaire qui l'a toujours aimé, et l'ermite

---

1. Voltaire avait écrit *Crouzas*. Jean-Pierre de Crousaz, né à Lausanne en 1663, est mort le 22 mai 1750. (B.)
2. M. des Alleurs le jeune. (Cl.)
3. Voyez sur Dufaï une note du quatrième des *Discours sur l'Homme*.
4. Éditeurs, de Cayrol et François.

Antoine devrait bien se souvenir de l'ermite Paul. J'apprends que vous donnez une espèce de journal littéraire que Desbordes imprime. Je serai peut-être en état, tout reclus que je suis, de vous fournir de bons mémoires, et ce sera de grand cœur. Vous savez que je m'intéresse à tous vos succès, et que je vous ai aimé dès que je vous ai connu.

Vous avez bien raison de m'écrire de me défier des Ledet ou plutôt des gens qui les conduisaient. Ces messieurs ont abusé de tous mes bienfaits, et m'ont payé de la plus grande ingratitude. Je voulais vous écrire depuis longtemps; mais M. Prévost me disait que vous étiez en Suisse et qu'il ne savait pas votre demeure. Il m'a lui-même sacrifié aux Ledet, et depuis longtemps il ne m'écrit plus, quoique j'aie toujours été prêt à lui rendre service. Son oubli ne m'empêche pas de compter sur votre amitié.

Je vous prie d'écrire un petit mot à votre ami d'Artigny, chez le sieur Excelmans, à Bar-le-Duc; il vous fournira des matériaux pour bâtir le bel édifice littéraire auquel vous travaillez. Il voudrait pouvoir contribuer à votre bonheur comme à vos travaux. *Vale.*

971. — A M. THIERIOT.

Le 29 novembre.

Je viens de répondre un livre au beau volume de M. des Alleurs; voici encore une lettre que je devais à M. Clément[1].

Votre paquet arrive dans l'instant que je finis toutes ces besognes. Me voici avec vous comme un homme qui s'est épuisé avec ses maîtresses, mais qui revient à sa femme.

Je n'ai point encore reçu le paquet du prince; mais grand merci de l'épître de M. Formont. Je suis bien aise de lui avoir envoyé la réponse[2] avant d'avoir lu sa pièce, et de m'être justifié d'avance de ne plus aimer les vers; mais dites-lui poliment que, si je ne les avais jamais aimés, je commencerais par les siens. Il est vrai qu'il m'enveloppe dans ses plaintes générales contre les déserteurs d'Apollon. Je ne suis point déserteur, mais je dirai toujours : *In domo patris mei mansiones multæ sunt*[3]; ou bien avec Arlequin : *Ognuno faccia secondo il suo cervello.*

Je vous avoue que je suis enchanté de l'action de M. de La Popelinière. Il y a là un caractère si vrai, quelque chose de si

---
1. Voyez la note sur la lettre 622.
2. Voyez plus haut la lettre 959.
3. Évangile de saint Jean, chap. XIV, v. 2.

naturel, de si bon, à prendre intérêt à l'ouvrage d'un autre, à l'examiner, à le corriger, qu'il mérite plus que jamais le nom de Pollion.

> Vir bonus et prudens versus reprehendet inertes;
> Culpabit duros, etc.
> (Hor., de Art. poet., v. 445.)

Il est l'homme d'Horace, et je crois qu'il a le mérite de l'être sans le savoir : car, entre nous, je pense qu'il ne lit guère, et qu'il doit son goût à la manière dont il a plu à Dieu de le former. Je serai à mon tour difficile. Vous allez croire que c'est sur mes vers; point, c'est sur ceux de Pollion; qu'il lise et qu'il juge.

> La modération est le trésor du sage [1]

me paraît bien meilleur que *l'attribut*, 1° parce que le *trésor* est opposé à *modération*, et parce que *attribut* est un terme prosaïque..., etc., etc. En faisant ces critiques, qui me paraissent justes, je suis effrayé de la difficulté de faire des vers français; et je ne m'étonne plus que Despréaux employât deux ans à composer une épître.

Je m'en vais raboter plus que jamais, et être aussi inflexible pour moi que je le suis pour Pollion.

Votre grande critique que je ne parle pas toujours à Hermotime me paraît la plus mauvaise de toutes. Parler toujours à la même personne est d'un ennui de prône. On s'adresse d'abord à son homme, et ensuite à toute la nature ; ainsi en use Horace, mille fois plus décousu que moi. Mais nous n'aurons plus de querelle sur cela ; Hermotime est devenu Thieriot, et chaque épître est détachée.

Ah! en voici d'une bonne! vous trouvez mauvais ce vers :

> Moins ce qu'on a pensé que ce qu'il faut savoir;

et vous osez dire que c'est du galimatias pour un bon dialecticien! Eh bien! mon cher dialecticien, je vous dirai qu'un homme qui étudie la nature, qui fait des expériences, qui calcule, un Newton, un Mariotte, un Huygens, un Bradley, un Maupertuis, savent *ce qu'il faut savoir*, et que M. Legendre, marquis de Saint-Aubin, dans son *Traité de l'Opinion*, sait *ce qu'on a pensé*. Je vous dirai que *savoir* ce qu'ont mal pensé les autres, c'est très-mal *savoir*, et

---

[1]. Ce vers et les deux qui sont cités dans la même lettre sont du quatrième *Discours sur l'Homme*.

qu'un homme qui étudie la géométrie sait, non des opinions, mais des choses, et des choses indépendantes des hommes; voilà le point. Je n'exclus pas l'histoire de l'esprit humain, mais je veux qu'on sache que l'eau pèse neuf cents fois plus que l'air, et non pas qu'on s'en tienne à savoir qu'Aristote a cru que l'eau ne pesait que dix fois davantage.

Ce vers, ne vous en déplaise, est vrai et précis ; et il restera. Continuez, cependant, dites-moi *tout ce que l'on pensera* et *tout ce qu'il faudra savoir*. Je suis comme La Flèche[1], je fais mon profit de tout.

Adieu, mon cher Mersenne. *Dimitte nobis peccata nostra, sicut dimittimus* criticis *nostris*[2].

Je fais tant de cas de l'esprit et de l'amitié de Pollion que je lui dis mon sentiment sans aucun ménagement. Son caractère est au-dessus des simagrées des compliments. Une vérité vaut mieux chez lui que cent fadeurs. Je vous embrasse, j'ai la tête cuite.

A propos, j'oubliais encore une correction *sans appel*, dont j'appelle au bon sens, au bon goût, et à vous :

D'où vient qu'avec cent pieds qui lui sont inutiles ;

vous voudriez *qu'on croirait inutiles*. Eh! ventre-saint-gris, ils sont très-inutiles, car il

. . . . traîne ses pas débiles.

Il y a des espèces de reptiles qui ont une trentaine de pattes, et qui n'en vont pas plus vite, comme les autruches ont des ailes pour ne point voler. Dieu est le maître.

972. — A M. THIERIOT.
Le 1ᵉʳ décembre.

Nous venons de recevoir le paquet du prince, lequel prince doit un jour vous acheter cent mille écus, s'il en donne sept mille pour un être non pensant, haut de six pieds. J'étais bien pressé, avant-hier, en vous écrivant toutes mes contre-critiques; pardonnez,

Mais *je lèche, en criant, la main* qui me censure.

---

1. Nom du valet de *l'Avare ;* voyez cette comédie, acte I, scène III.
2. Matthieu, VI, 12.

A propos, nous avons demandé aux valets de chiens si les chiens peuvent crier quand ils lèchent; ils disent que cela est aussi impossible que de siffler la bouche pleine[1].

Comment va *l'Enfant prodigue?* Vos amis sont-ils revenus de la critique de Fierenfat? Un nom doit-il choquer? et ignore-t-on que, dans Ménandre, Plaute et Térence, tous les noms annoncent les caractères, et qu'Harpagon signifie *qui serre?* Mme Croupillac n'est-elle pas nécessaire à l'intrigue, puisque c'est elle qui apprend à l'Enfant prodigue toutes les nouvelles? Et n'est-il pas plaisant et intéressant tout ensemble que cette Croupillac lui dise bonnement du mal de lui-même?

Messieurs les critiques, j'en appelle au parterre. Adieu; laissez-moi le droit de regimber, mais donnez-moi toujours cent coups d'aiguillon. *Vale, te amo.*

973. — A M. L'ABBÉ MOUSSINOT[2].

Ce 4 décembre (1738).

En réponse à celle du 29, mon cher abbé, je vais mettre au coche de Bar-sur-Aube le bijou de Ledoux; mais, si on peut l'avoir pour cent écus, renvoyez-le-moi : je lui donnerai la préférence sur une pendule.

Votre frère consulte donc des libraires peu au fait?

La *Géométrie* de Daudet est imprimée chez Ganeau, rue Saint-Jacques, et il me manque le troisième tome.

Il y a une traduction des *Institutions* de Boerhaave, ou je suis bien trompé : pourrais-je l'avoir?

Cent francs ou environ à M. Thieriot, mais, pour plus grosses sommes, un mot d'avis.

Le portrait colorié de Vandeik est attendu, mais sans impatience.

Voulez-vous bien donner douze livres à ce Bourguignon, en attendant mieux, s'il est dans la pauvreté.

Lamare, Linant, *a longe.*

M. Tanevot doit vous envoyer ou une ordonnance, ou de l'argent. Il s'agit de cent écus que j'ai avancés, et dont vous serez payé au Trésor royal. La lettre de M. Tanevot vous mettra au fait.

Partit hier par le carrosse de Joinville un paquet plat, conte-

---

1. Vers de la fabrique de M. de La Popelinière, corrigeant Voltaire. Voyez la lettre du 29 juin 1740.
2. Édition Courtat.

nant une pièce peut-être fort plate; je l'adresse à M. l'abbé Moussinot; mais comme les jansénistes n'aiment point les pièces de théâtre, elle est destinée à un honnête jésuite, nommé le Père Brumoi, qui demeure rue Saint-Jacques. Il faut, s'il vous plaît, mon cher abbé, que ce manuscrit soit rendu en main propre au jésuite, avec serment, sans restriction mentale, que copie n'en sera point tirée, et que le manuscrit sera remis au greffe de Saint-Merry.

J'avertis mon chanoine janséniste qu'il peut lire l'ouvrage à toute force :

Premièrement, parce que la pièce est sans amour ;

Secondement, parce qu'étant probablement ennuyeuse, elle pourra passer pour le huitième des psaumes pénitentiaux.

Sur ce, je vous embrasse et suis tout à vous.

Il y a un marchand nommé Delaporte, pont Saint-Michel. Je lui dois soixante et deux livres. *Solve, si placet.*

Pourquoi ne pas recevoir de M. de Brezé? Pourquoi le mettre à portée de penser qu'on n'aime pas à être payé? Puissent mes débiteurs me fatiguer de payements tous les quartiers! J'accepterai cette corvée sans me plaindre. *Vale iterum.*

Le chevalier[1] doit vous faire tenir pour moi un petit paquet; je vous prie de l'assurer de ma tendre amitié, et de l'engager à faire du reste[2] ce qu'il a déjà fait de quelques-unes en votre présence : cela est, encore une fois, d'une importance extrême pour ses intérêts et pour les miens.

J'écris à bâtons rompus.

J'oubliais de vous dire que le contrat du duc de Richelieu est dans le paquet du coche de Joinville. *Vale tertium.*

974. — A M. HELVÉTIUS.

A Cirey, ce 4 décembre[3].

Mon très-cher enfant, pardonnez l'expression, la langue du cœur n'entend pas le cérémonial; jamais vous n'éprouverez tant d'amitié et tant de sévérité : je vous renvoie votre *Épître*[4] apostillée, comme vous l'avez ordonné. Vous et votre ouvrage vous

1. De Mouhy.
2. « De mes lettres », évidemment. (C.)
3. Cette date est celle qu'on lit dans l'édition de Kehl; les autres portent le 24.
4. Voyez tome XXIII, page 5.

méritez d'être parfaits. Qui peut ne pas s'intéresser à l'un et à l'autre? Mme la marquise du Châtelet pense comme moi, elle aime la vérité et la candeur de votre caractère; elle fait un cas infini de votre esprit; elle vous trouve une imagination féconde; votre ouvrage lui paraît plein de diamants brillants; mais qu'il y a loin de tant de talents et de tant de grâces à un ouvrage correct ! La nature a tout fait pour vous; ne lui demandez plus rien; demandez tout à l'art; il ne vous manque plus que de travailler avec difficulté. Vingt bons vers en quinze jours sont malaisés à faire; et, depuis nos grands maîtres, dites-moi qui a fait vingt bons vers alexandrins de suite? Je ne connais personne dont on puisse en citer un pareil nombre. Et voilà pourquoi tout le monde s'est jeté dans ce misérable style marotique, dans ce style bigarré et grimaçant, où l'on allie monstrueusement le trivial et le sublime, le sérieux et le comique, le langage de Rabelais, celui de Villon, et celui de nos jours. A la bonne heure, qu'un laid visage[1] se couvre de ce masque. Rien n'est si rare que le beau naturel; c'est un don que vous avez; tirez-en donc, mon cher ami, tout le parti que vous pouvez; il ne tient qu'à vous. Je vous jure que vous serez supérieur en tout ce que vous entreprendrez; mais ne négligez rien. Je vous donne un bon conseil, après vous avoir donné de bien mauvais exemples. Je me suis mis trop tard à corriger mes ouvrages; je passe actuellement les jours et les nuits à réformer *la Henriade, Œdipe, Brutus*, et tout ce que j'ai jamais fait. N'attendez pas comme moi :

Si nolis sanus, curres hydropicus. . . . .
(HOR., lib. I, ep. II, v. 34.)

Je songe à guérir mes maladies; mais vous, prévenez celles qui peuvent vous attaquer. Puisque vous chantez *l'étude* avec tant d'esprit et de courage, ayez aussi le courage de limer cette production vingt fois; renvoyez-la-moi, et que je vous la renvoie encore. La gloire, en ce métier-ci, est comme le royaume des cieux, *et violenti rapiunt illud*[2]. Que je sois donc votre directeur pour ce royaume des belles-lettres; vous êtes une belle âme à diriger. Continuez dans le bon chemin, travaillez; je veux que vous fassiez aux belles-lettres et à la France un honneur immortel. Plutus ne doit être que le valet de chambre d'Apollon; le tarif est bientôt connu, mais une épître en vers est un terrible

---

1. Allusion au style des dernières épîtres de J.-B. Rousseau.
2. Matth., XI, 12.

ouvrage. Je défie vos quarante fermiers généraux de le faire. Adieu ; je vous embrasse tendrement ; je vous aime comme on aime son fils. Mme du Châtelet vous fait les compliments les plus vrais ; elle vous écrira, elle vous remercie.

Allons, qu'un ouvrage qui lui est adressé soit digne de vous et d'elle. Vous m'avez fait trop d'honneur dans cet ouvrage, et cependant je vous rends la vie bien dure. Adieu ; je vous souhaite la bonne année. Aimez toujours les arts et Cirey.

975. — A M. LE COMTE D'ARGENTAL.

Cirey, ce 5 décembre.

Aimable ange gardien, vous resterez donc dans votre ciel de Paris ! Soyez donc là votre ange à vous-même. *Angele, custodi te ipsum*[1]. Travaillez à y être aussi heureux que vous méritez de l'être, et mettez le comble au bonheur de Cirey par le vôtre. Vous n'avez à changer que votre fortune. J'en dis autant à l'aimable compagne de votre vie ; je fais mille vœux pour vous deux. Je ne savais pas que vous demeurassiez avec M. d'Ussé. Voulez-vous bien présenter mes plus tendres respects aux philosophes, père et fils, et à Mme d'Ussé ? Je devais avoir l'honneur de leur écrire ; mais un cabinet de physique, des vers, et une mauvaise santé, me font manquer à tous mes devoirs.

Ne m'oubliez pas, je vous en supplie, auprès de votre frère.

J'avais peu d'argent quand Lamare est venu chez Mme du Châtelet, je n'ai pu lui donner que cent livres ; mais pour lettres de change je lui donne la comédie de *l'Envieux*[2], qu'il vous apporte corrigée, en vers de six pieds, et bien cachetée. Il la donnera sous son nom, et il partagera le profit avec un jeune homme plus sage que lui[3] et plus pauvre.

Recommandez-lui le plus profond secret ; je crois qu'il le gardera, et que l'envie de vous plaire lui donnera toutes les vertus. Je ne lui donne pas cette comédie comme bonne pièce, mais comme bonne œuvre.

1. *Deutéronome*, IV, 9.
2. Voyez tome III de cette édition.
3. Dans sa lettre III, écrite de Cirey à Devaux, vers la fin de décembre 1738 (*Vie privée de Voltaire*), Mme de Graffigny disait, en parlant de l'abbé de Lamare : « Ce petit coquin, bien loin de profiter des bontés de Voltaire, est plus libertin que jamais. — En revenant de Rome il a passé par ici. — L'année passée il écrivit à Voltaire : *Monsieur, sauf correction, j'ai la v......, et n'ai ni ami ni argent ; me laisserez-vous tomber en pourriture ?* » Voltaire lui donna de l'argent pour se faire guérir. (CL.)

Adieu ; quand j'aurai des termes pour vous dire combien la reconnaissance, la tendresse, et l'estime, m'attachent à vous, je m'en servirai[1].

J'ai scellé cette comédie de cinq sceaux, mon cher ami ; voyez si Lamare ne les a pas rompus ; et, surtout, en cas qu'elle fût refusée, qu'il ne soit pas le maître de la faire imprimer: cela pourrait attirer des affaires. Ne la lui confiez point; déposez-la dans les très-fidèles mains de Mlle Quinault, et qu'il soit à ses ordres et aux vôtres. Il faudra que Mlle Quinault la fasse copier et renvoie la copie envoyée, parce qu'il y a de l'écriture de votre ami. Si vous n'approuvez pas qu'on la joue, renvoyez-la; on donnera autre chose à Lamare. Taillez, monsieur d'Argental; rognez, nous sommes entre vos mains.

M. de Voltaire vous envoie aussi deux épîtres: la deuxième, *sur la Liberté*, et la quatrième, *sur la Modération*. Il ne donnera la cinquième que quand vous serez content, et corrigera les trois premières jusqu'à ce que vous disiez : *C'est assez;* mais je crois qu'il est nécessaire d'en faire un corps d'ouvrage suivi, et de les imprimer ensemble, surtout à cause de celle de *l'Envie*.

Mérope peut réussir, surtout avec Mlle Dumesnil; mais je ne sais si on doit la hasarder ; c'est à vous à décider. Il a beaucoup retouché les derniers actes ; je ne sais si vous en serez plus content; mais il y a bien des beautés et des choses prises dans la nature. Sa santé demande peu de travail, et je fais mon possible pour l'empêcher de s'appliquer. Je crois qu'il va se remettre à l'Histoire de Louis XIV ; c'est l'ouvrage qui convient le plus à sa santé. Si vous venez jamais ici, je crois que vous la lirez avec grand plaisir. Je fais mon possible pour vous donner autant d'envie de venir que j'en ai de vous dire moi-même combien je vous aime tendrement. Votre ami vous en dit autant.

976. — A M. THIERIOT.

Le 6 décembre.

Mon très-cher ami, mitonnez-moi le manipulateur ; vous aurez dans peu notre décision.

Comme on imprimait en Hollande les quatre *Épîtres*, je viens de les envoyer corrigées, très-corrigées, surtout la première, et mon cher Thieriot est à la place d'Hermotime.

Vous me faites tourner la tête de me dire qu'il ne faut point de tours familiers. Ah ! mon ami, ce sont les ressorts de ce style. Quelque ton sublime qu'on prenne, si on ne mêle pas quelque repos à ces écarts, on est perdu. L'uniformité du sublime dégoûte. On ne doit pas couvrir son cul de diamants comme sa tête. Mon cher ami, sans variété, jamais de beauté. Être toujours

---

1. Ce qui suit est de la main de Mme du Châtelet.

admirable, c'est ennuyer. Qu'on me critique, mais qu'on me lise.

Passons du grave au doux, du plaisant au sévère.

(Boileau, *Art. poét.*, I, 76.)

Gare que le Père Voltaire ne soit Père Savonarole[1] !

Envoyez le *S'Gravesande* chez l'abbé[2] ; il ne faut jamais attendre d'occasion pour un bon livre ; l'abbé le mettra au coche sur-le-champ.

Il me faut le *Boerhaave* français ; je le crois traduit. Il y a une infinité de drogues dont je ne sais pas le nom en latin.

Ai-je souscrit pour le livre[3] de M. Brémond ? Aurai-je quelque chose sur les marées par quelque tête anglaise ?

Je crois que je verrai demain Wallis et l'Algarotti français[4]. J'avais proposé à M. Algarotti que la traduction se fît sous mes yeux ; je vous réponds qu'il eût été content de mon zèle.

Je ne sache pas qu'on ait imprimé rien de mes lettres à Maffei ; mais ce que j'ai écrit, soit à lui, soit à d'autres, sur l'abbé Desfontaines, a beaucoup couru. Si on m'avait cru, on aurait plus étendu, plus poli, et plus aiguisé cette critique[5]. Il était sans doute nécessaire de réprimer l'insolente absurdité avec laquelle ce gazetier attaque tout ce qu'il n'entend point ; mais je ne peux être partout, et je ne peux tout faire.

Au reste, je ne crois pas que vous balanciez entre votre ami et un homme qui vous a traité avec le mépris le plus insultant dans le *Dictionnaire néologique,* dans un ouvrage souvent imprimé, ce qui redouble l'outrage. Il ne m'a jamais écrit ni parlé de vous que pour nous brouiller ; jamais il n'a employé sur votre compte un terme honnête. Si vous aviez la faiblesse honteuse de vous mettre entre un tel scélérat et votre ami, vous trahiriez également et ma tendresse et votre honneur. Il y a des occasions où il faut de la fermeté : c'est s'avilir de ménager un coquin. Il a trouvé en moi un homme qui le fera repentir jusqu'au dernier moment de sa vie ; j'ai de quoi le perdre ; vous pouvez l'en assurer. Adieu ; je suis fâché que la colère finisse une lettre dictée par l'amitié.

1. C'est-à-dire brûlé.
2. Moussinot.
3. La traduction des *Transactions philosophiques.*
4. C'est-à-dire la traduction du *Newtonianismo per le dame,* que Duperron de Castera venait de publier.
5. *Le Préservatif,* déjà cité dans la lettre du 24 novembre précédent, à Thieriot.

977. — A M. LE COMTE D'ARGENTAL.

Ce 6 décembre.

Le coche de Joinville part aujourd'hui, chargé de quatre petites bouteilles de liqueurs qui, Dieu merci, seront bues en France[1]. Elles sont adressées à M. d'Argental, à la Grange-Batelière. Recevez, mon cher ange gardien, ces petites libations que vous fait le mortel dont vous prenez soin.

Voici une autre sorte d'hommage : c'est une cinquième *Épître*[2], en attendant que les autres soient dûment corrigées. Lisez-la, ne la donnez point; dites ce qu'il faut réformer. Je voudrais qu'elle fût catholique et raisonnable; c'est un carré rond, mais, en égrugeant les angles, on peut l'arrondir. Je corrige actuellement la *Henriade*, *Brutus*, *Œdipe*, l'*Histoire* du roi de Suède. Puisque j'ai tant fait que d'être auteur, et que vous avez tant fait que de m'aimer, il faut au moins que vous aimiez en moi un auteur passable.

Je crois que le mieux est que Mlle Quinault donne *l'Envieux* sans le mettre sous le nom de Lamare. La pièce est un peu sérieuse, mais on dit que les honnêtes gens réussissent à présent à la Comédie mieux que les bouffons. C'est à vous à me le dire. J'ai peur que Thieriot n'ait vu *l'Envieux* autrefois; mais il est devenu discret : nous avons étoupé sa trompette.

J'ai écrit deux fois[3] à M. Hérault, pour avoir le désaveu de Jore; il m'est essentiel; comment faire pour l'obtenir? Qu'il est aisé de nuire! que le mal se fait promptement! qu'on est lent à faire le bien! Chez vous, c'est tout le contraire. Non ; je ne sais ce que je dis, car vous ne pouvez faire le mal, vous êtes le bon principe, vous êtes Oromasde.

Mme du Châtelet vous fait mille amitiés. Nous pourrions bien acheter l'hôtel Lambert à Paris, non comme palais, mais comme solitude, et solitude qui nous rapprocherait du plus aimable des hommes. Mes respects à votre adorable femme. Êtes-vous toujours sénateur de Paris?

---

1. M. le comte d'Argental, à la sollicitation de ses amis, s'était enfin déterminé à ne point accepter l'intendance de Saint-Domingue.
2. Le cinquième *Discours sur l'Homme*.
3. Voyez les lettres 956 et 963.

978. — A M. L'ABBÉ MOUSSINOT [1].

Ce 7 (décembre 1738).

Vous pouvez en toute sûreté mettre les trois cents louis bien empaquetés au coche, sans les déclarer, et sans rien payer, pourvu que la caisse soit bien et dûment enregistrée à l'adresse de madame la marquise, comme meubles précieux : cela suffira. Il faudra, je crois, tirer un reçu du bureau.

Je vous prie d'ajouter au petit paquet : deux petites houppes à poudrer; des ciseaux; un couteau; deux ou trois éponges fines.

Mille pardons, encore une fois, de ces détails.

Je persiste à demander la table des trente premiers tomes de l'*Histoire de l'Académie des sciences* par M. de Fontenelle. On vend cette table séparément.

Il ne faut pas manquer d'écrire, suivant le modèle, à M. le prince de Guise. Je vais écrire à M. de Richelieu.

N'oubliez pas non plus M. de Lézeau, auquel il faut demander une réponse définitive.

J'attends, pour vous envoyer le certificat de vie, que je sache s'il faut spécifier la rente.

J'attends aussi quelques nouvelles touchant ma pension.

Je vous embrasse de tout mon cœur.

Je crois que notre chimiste conduira le paquet à bon port.

979. — A M. L'ABBÉ MOUSSINOT [2].

9 décembre (1738).

Je vous prie, mon cher abbé, de vouloir bien avoir la bonté d'envoyer chez Prault, et de le faire un peu gronder par monsieur votre frère. Il ne m'envoie ni l'exemplaire de *l'Enfant prodigue*, que je demandais par la poste, ni les volumes qu'il me doit. Il n'y a aucun de ces volumes qu'on ne trouve à Paris en un demi-quart d'heure. Mais je suis honteux de vous gêner toujours pour des bagatelles.

L'affaire de M. de Guise n'est pas si bagatelle. Savez-vous bien que vous ne feriez pas mal d'aller voir M. Chopin dans quelque intervalle de la grand'messe et de vêpres ? Il me semble qu'on fait plus de choses dans une conversation avec le chef de la

---

1. Édition Courtat.
2. *Ibid.*

commission que par des rames de papier timbré. Vous diriez à ce M. Chopin que le sérénissime prince de Guise se moque de moi, chétif citoyen; qu'il fait bombance à Arcueil, et laisse mourir de faim ses créanciers; vous lui feriez un beau discours sur la révérence qu'on doit aux rentes viagères. Il est vrai que le roi a réduit les nôtres à la moitié, mais le prince de Guise n'est pas si modéré : il me retranche tout à fait les miennes. Je trouve ce procédé-là pire que les barricades de *Guise le Balafré*. Je souhaiterais que ce M. Chopin eût quelques rentes viagères, il verrait ce que c'est que de n'avoir point de quoi vivre de son vivant, et de laisser à ses hoirs trois ou quatre années à percevoir.

Je sais bien qu'il ne serait pas mal que je fusse à Paris ; mais je crois mes affaires mieux entre vos mains qu'entre les miennes.

Notre terre du Faou est un terrible embarras. Il s'agit de quatre mille livres de rente. Seriez-vous fâché de passer chez le notaire Lechanteur, rue Saint-Antoine, près de la Bastille? C'est un bon homme, vrai et franc. Il vous dirait si M. de Richelieu a d'autres biens libres. C'est l'ancien notaire de la maison. Vous enverrez d'ailleurs à M. de Surville la lettre pour ses étrennes. Elle peut servir et ne peut nuire : donc il faut l'envoyer.

Adieu, mon cher abbé; nous boirons à votre santé en mangeant le pâté.

980. — A M. THIERIOT.

Cirey, le 10 décembre.

Je me venge de vos critiques sur notre ami M. de La Bruère. Vous me donnez le fouet, et je le lui rends. Il est vrai que j'y vais plus doucement que vous ; mais c'est que je suis du métier, et je ne sais que douter quand vous savez affirmer. Je suis peut-être aussi exact que vous, mais je ne suis pas si sévère. Voici donc, mon cher ami, son opéra[1], que je lui renvoie avec mes apostilles et une petite lettre, le tout adressé à Père Mersenne.

Je me rends sur quelques-unes de vos censures. L'*Épître sur l'Homme*[2] est toute changée ; enfin je corrige tout avec soin. L'objet de ces six *Discours* en vers est peut-être plus grand que celui des satires et des épîtres de Boileau. Je suis bien loin de croire les personnes qui prétendent que mes vers sont d'un ton supérieur au sien. Je me contenterai d'aller immédiatement

---

1. Celui de *Dardanus*, joué en 1739.
2. Le sixième *Discours*.

après lui. Comment ne vous êtes-vous pas aperçu que l'*Épître sur la Nature du plaisir* est précisément celle dont la fin est adressée au prince royal? Comment n'avez-vous pas vu que le *plaisir* est le sujet de tout ce poëme? Comment enfin n'avez-vous pas reconnu les vers que je vous demandais? Grâce à Apollon, je les ai retrouvés et refaits pour vous épargner la peine de me les envoyer.

Je ne crois pas que Pollion soit fâché de mes contre-critiques; mais je crois que vous voyez tous deux combien l'art des vers et l'art de juger sont difficiles. Plus on connaît l'art, plus on en sent les épines.

Ne vous hâtez pas de juger M. Dufaï: cela est trop français; attendez du moins que vous ayez lu son factum. Je dois souhaiter qu'il ait tort, mais je suis bien loin de le condamner[1].

Je ne me rends point sur le Desfontaines, et je vous soutiens que le pied-plat dont vous me parlez, qui vous a si indignement accoutré dans son libelle *néologique*, c'est lui-même; mais je ne vous dis que ce que vous savez. Vous cherchez à ménager un monstre que vous détestez et que vous craignez. J'ai moins de prudence; je le hais, je le méprise, je ne le crains pas, et je ne perdrai aucune occasion de le punir. Je sais haïr, parce que je sais aimer. Sa lâche ingratitude, le plus grand de tous les vices, m'a rendu irréconciliable[2].

981. — A M. L'ABBÉ MOUSSINOT[3].

Ce 10 au soir (décembre 1738).

Je vous réitère, mon cher abbé, toutes mes petites volontés très-détaillées dans mes précédentes.

J'y joins seulement une nouvelle prière: outre les trois cents louis que j'attends dans la caisse, il faudra me faire tenir une rescription de deux mille quatre cents livres. Il n'y a qu'à envoyer monsieur votre frère chez le receveur général de Champagne. Tout financier vous indiquera son nom et sa demeure. On lui donnera un sac de deux mille quatre cents livres, et il donnera une rescription de pareille somme sur les tailles de Joinville. Je vous serai très-obligé.

---

1. Trompé par des expériences peu concluantes, M. Dufaï avait cru trouver quelques erreurs dans l'*Optique* de Newton. (K.)
2. Les deux alinéas qui terminent cette lettre dans Beuchot appartiennent à la lettre du 13 décembre.
3. Édition Courtat.

Je vous embrasse du meilleur de mon cœur.
Faites presser Hébert, je vous prie.

982. — A M. L'ABBÉ MOUSSINOT [1].

Ce (10 décembre 1738).

Mon très-cher abbé, Prault fils doit prendre quatre cents francs dans votre trésor. Il a donné de l'argent à Linant et à Lamare; mais je ne le sais que par lui, et ces messieurs gardent jusqu'ici un silence qui n'est pas, je crois, le *silence respectueux*, encore moins le silence reconnaissant, à moins que les grandes passions ne soient muettes. Leurs besoins sont éloquents; mais leurs remerciements sont cachés.

Voici un petit mot pour d'Arnaud. S'il est sage, il aura seul les petits secours dont je favorisais des ingrats.

Procope doit m'envoyer un paquet de friandises, marrons glacés, cachou, pastilles, à votre adresse. Je vous supplie de le faire payer.

J'ai toujours l'affaire de Jore à cœur; mais j'attends son désistement, qu'il a dû donner à M. Hérault.

J'ai eu le *Mercure* d'octobre. Il me faut novembre et décembre, et les feuilles que j'ai demandées.

Quand vous voudrez passer chez M. Renald, caissier de M. Bronod, il vous donnera de l'or pour des écus, tant que vous voudrez, et vous me l'enverrez par le coche.

Adieu, mon cher ami.

983. — A M. PRAULT.

A Cirey, ce 13 décembre.

J'ai reçu votre lettre, mon cher Prault; si vous étiez toujours aussi exact, je vous aimerais beaucoup. Vous avez donc donné cent vingt livres à M. de Lamare, et vous avez plus fait que je n'avais osé vous demander. Je me charge du payement, s'il ne vous paye pas.

Je vais vous rembourser et les cinquante livres que vous avez données à M. Linant, et quelque argent que je vous dois. Prenez, à bon compte, ces quatre cents livres que je vous envoie en un billet sur mon ami l'abbé Moussinot. Vous m'enverrez votre mémoire dans le courant de janvier.

1. Édition Courtat.

Sitôt la présente reçue, faites un ballot d'un *Bayle* entier, bien complet, et envoyez-le à M. l'abbé de Breteuil[1], grand-vicaire à Sens, avec une feuille de papier où vous mettrez : « A M. l'abbé de Breteuil, de la part de son très-humble et très-obéissant serviteur Voltaire; » le tout bien beau et bien emballé; c'est un petit présent d'étrennes.

Voici les vôtres ci-incluses. Tâchez d'imprimer, avec permission, cette nouvelle *Épître*[2] morale, en attendant que je vous envoie le recueil complet et corrigé. *La Henriade* est bientôt prête. Vous prendrez votre parti; je ne veux que vous faire plaisir.

984. — A M. THIERIOT[3].

Ce 13 décembre.

Je ne suis point du tout de l'avis de Mme du Châtelet sur le commencement de l'*Épître sur l'Égalité des conditions*, et les premiers vers,

Ami, dont la vertu toujours égale et pure, etc.,

satisfont mon cœur et mon esprit bien plus que la leçon que je faisais à Hermotime.

Le mot *affreux*, deux fois répété dans l'*Épître sur la Modération*, n'y est plus.

Vivre avec un ami toujours sûr de vous plaire
Exige en tous les deux une âme non vulgaire.

Ces deux vers, dont je n'ai jamais pris le parti, sont corrigés ainsi :

Ah! pour vous voir toujours sans jamais vous déplaire,
Il faut un cœur plus noble, une âme moins vulgaire, etc.

Je vous avais prié de donner à M. d'Argental une copie de l'*Épître sur la Nature du plaisir*, qui commence ainsi :

Jusqu'à quand verrons-nous ce rêveur fanatique, etc.

Elle demande encore des adoucissements; il faudra lui donner son passe-port. Je vous enverrai bientôt la tragédie de *Brutus*, entièrement réformée et défaite heureusement des églogues de Tullie.

1. A qui est adressée la lettre 465.
2. Le sixième *Discours sur l'Homme*.
3. Éditeurs, Bavoux et François.

Je vous enverrai *Œdipe* tout corrigé, et vous aurez encore bien autre chose : que Dieu me donne vie, et vous serez content de moi. Je brûle de vous faire voir les corrections sans fin de *la Henriade*. Si le royaume des cieux est pour les gens qui s'amendent, j'y aurai part; s'il est pour ceux qui aiment tendrement leurs amis, je serai un saint. Platon mettait dans le ciel les amis à la première place; j'y serais encore en cette qualité. Adieu, mon cher ami. L'Élu V.

Avez-vous reçu le paquet pour le père de *Dardanus* ? Mandez-moi l'adresse de M. Algarotti. Excusez-moi auprès du prince sur ma pauvre santé.

985. — A M. LE COMTE D'ARGENTAL.

Cirey.

Mon aimable ange gardien, si j'avais eu quelque chose de bon à dire, j'aurais écrit à MM. d'Ussé; mais écrire pour dire: J'ai reçu votre lettre, et j'ai l'honneur d'être, et des compliments, et du verbiage ; ce n'est pas la peine.

Je ne saurais écrire en prose quand je ne suis pas animé par quelque dispute, quelque fait à éclaircir, quelque critique, etc.; j'aime mieux cent fois écrire en vers; cela est beaucoup plus aisé, comme vous le sentez bien. Voici donc des vers que je leur griffonne ; qu'ils les lisent, mais qu'ils les brûlent.

Venons à l'*Épître* sur la preuve de l'existence de Dieu par le plaisir[1]. Ne pourrait-on pas y faire une sauce, pour faire avaler le tout aux dévots ?

Il est très-vrai que le plaisir a quelque chose de divin, philosophiquement parlant; mais, théologiquement parlant, il sera divin d'y renoncer. Avec ce correctif, on pourrait faire passer l'épître, car tout passe. J'ai corrigé encore beaucoup les autres. Un petit mot, s'il vous plaît, sur la dernière, sur l'aventure de la Chine[2]. J'aime vos critiques; elles sont fines, elles sont justes, elles m'encouragent ; poursuivez.

Je ne crois avoir fait qu'une action de bon chrétien, et non un bon ouvrage, dans ce que vous savez[3]; et, comme il faut que les bonnes œuvres soient secrètes, je vous prie de recommander à Lamare le plus profond secret. D'ailleurs, qu'il fasse tout ce que vous lui prescrirez : c'est ainsi que j'en userais, si j'étais à Paris.

---

1. Le cinquième *Discours* en vers.
2. Voyez le vers 41 du sixième *Discours*.
3. La comédie de *l'Envieux*, citée plus haut, dans la lettre n° 975.

Mme du Châtelet fait mille compliments à l'ange gardien, et à cet autre ange, Mme d'Argental.

Ce Blaise, c'est, ne vous en déplaise, Blaise Pascal[1] ; mais il faudrait un autre nom. Je vous prie d'engager M. d'Argenson à donner des ordres positifs pour que mes ouvrages n'entrent point en France. Je crains toujours qu'on y ait glissé quelque chose qui troublerait, je ne dis pas mon repos, mais celui d'une personne que je préfère à moi, comme de raison.

986. — A M. LE LIEUTENANT GÉNÉRAL DE POLICE[2].

C'est moi-même qui ai fait découvrir, comme vous le savez, l'édition qu'un nommé René Josse, libraire sur le pont Notre-Dame, faisait des *Lettres philosophiques*. Vous devez en être convaincu par les lettres qui vous sont tombées entre les mains.

Je vous ai fait remettre aussi toutes les instructions nécessaires pour les recherches de l'édition qu'on a débitée, et, de mon côté, j'ai fait promettre 500 livres de récompense à celui qui découvrirait l'éditeur. Il est certain que, depuis deux ans, je fais humainement ce qui est en moi pour supprimer ce livre.

Je suis bien malheureux qu'on ait pu m'accuser si cruellement auprès des ministres d'être moi-même l'auteur de l'édition que j'ai fait saisir. On a fait chez moi une visite qui n'a abouti qu'à ouvrir une armoire, la seule qui ait jamais été fermée chez moi, et dans laquelle on n'a trouvé que des papiers concernant mes affaires. Malheureusement, il s'en est trouvé de perdus, et cette cruelle affaire me coûtera peut-être une partie de mon bien.

Je me croirai trop heureux, et je croirai avoir beaucoup gagné, si vous daignez assurer monsieur le garde des sceaux de mon innocence, qui me paraît démontrée, au sujet de ces éditions. C'est une grâce que j'ose attendre de votre équité et de votre bonté, et dont je vous aurai toute ma vie une obligation bien sensible.

987. — A MADAME DEMOULIN[3].

A Cirey, décembre.

Je vous rends à l'un et à l'autre mon amitié ; je vois par vos démarches qu'en effet vous ne m'avez point trahi, et que, quand

---

1. Pascal est nommé dans le vers 7 du sixième *Discours*.
2. Éditeur, Léouzon Leduc.
3. Voyez la lettre 921.

vous m'avez dissipé vingt-quatre mille livres d'argent[1], il y a eu seulement du malheur, et non de mauvaise volonté. Je vous pardonne donc de tout mon cœur, et sans qu'il me reste la moindre amertume dans le cœur.

Tout mon regret est de me voir moins en état d'assister les gens de lettres comme je faisais. Je n'ai plus d'argent ; et, quand il a fallu, en dernier lieu, faire de petits plaisirs à M. Linant et à M. Lamare, j'ai été obligé de faire avancer les deniers par le sieur Prault jeune, libraire fort au-dessus de sa profession.

Je me flatte que M. Linant aura enfin heureusement fini cette tragédie dont je lui ai donné le plan il y a si longtemps[2]. Je lui souhaite un succès qui lui donne un peu de fortune et beaucoup de gloire. Ce serait avec bien du plaisir que je lui écrirais ; mais vous savez que de malheureuses plaintes domestiques et une juste indignation de Mme la marquise du Châtelet contre sa sœur me lient les mains. J'ai donné ma parole d'honneur de ne point lui écrire, je la tiens ; mais je ne l'ai point donnée de ne le point secourir, et je le secours. Passez donc chez M. Prault fils, et priez-le de donner encore cinquante livres à M. Linant. Surtout que M. Linant donne sa tragédie à imprimer à M. Prault : c'est une justice que ce libraire aimable mérite. Faites le marché vous-même ; quand je dis vous, je dis votre mari ; cela est égal.

Vous devriez engager M. Linant à écrire, sans griffonner, une lettre respectueuse, pleine d'onction et d'attachement, à M. le marquis du Châtelet, et autant à madame. Ce devoir, bien rempli, pourrait opérer une réconciliation peut-être nécessaire à la fortune de M. Linant.

Je voudrais qu'il pût dédier sa pièce à Mme la marquise du Châtelet. Je me ferais fort de l'en faire récompenser. L'aimable Prault a encore donné cent vingt livres pour moi au sieur Lamare. Je n'ai point de nouvelles de ce petit hanneton ; il est allé sucer quelques fleurs à Versailles.

---

1. « Je soussigné reconnais que M. de Voltaire ayant prêté à ma femme et à moi la somme de vingt-sept mille livres, et, vu le mauvais état de nos affaires, ayant bien voulu se restreindre à la somme de trois mille livres, par contrat obligatoire passé entre nous, chez Ballot, notaire, le 12 de juin 1736, il nous a remis et accordé sept cent cinquante livres, restant des trois mille livres à payer, et m'en a donné une rétrocession pleine et entière.

« Ce 19 de janvier 1743.

« Demoulin. »

2. *Ramessès.*

ANNÉE 1738.

988. — A M. L'ABBÉ MOUSSINOT [1].

Ce 18 (décembre 1738).

Puis-je vous prier d'ajouter encore à toutes vos bontés une garniture de feu? Je ne veux que les bronzes. Je ferai faire ici la grille, la pelle et les pincettes.

Je veux donc les bronzes d'environ vingt-quatre ou trente livres, et un soufflet à deux âmes.

Mon c.., jaloux de la beauté de mes meubles, demande aussi une jolie chaise percée avec de grands seaux de rechange. Vous me direz que mon c.. est bien insolent de s'adresser à vous, mais songez que ce c.. appartient à votre ami.

Voilà, je crois, l'affaire du duc de Richelieu finie; Dieu soit loué, et vous aussi.

Que devient celle de Demoulin?

Quelle nouvelle du sieur Tanevot?

Quoi! ne pourra-t-on pas demander au sieur d'Auneuil une autre délégation que celle dont il me prive? Cela n'est-il pas de toute équité? Je la veux avoir; il ne peut me la refuser; il faut absolument une délégation; il est ridicule de faire valeter cent fois chez lui, pour obtenir comme une grâce l'argent qu'il me doit : vous l'avez éprouvé. Pourquoi ne lui pas demander une délégation qui épargnerait à monsieur votre frère et à vous des peines si désagréables? Il faudra la demander au mois de janvier, en insistant sur les neuf cents livres qu'il doit depuis si longtemps.

Aurai-je réponse de Prault?

Aurai-je toutes les bagatelles dont je vous ai importuné?

La commode est-elle partie?

Je renvoie l'arquebuse à vent : elle ne vaut rien; l'air fuit. Bion doit la raccommoder.

Quid novi? — Vale et me ama.

Envoyez-nous une estampe coloriée de Vandeik, si cela vaut quelque chose. Vous devez en savoir des nouvelles.

989. — A M. THIERIOT [2].

A Cirey, 18 décembre.

Mon cher ami, je n'ai ni le temps ni la force de vous écrire; à peine ai-je celle de cacheter ces deux paquets, que je vous sup-

---

1. Édition Courtat.
2. Éditeurs, Bavoux et François.

plie de dépêcher, l'un à Remusberg, l'autre à la Grange-Batelière[1], deux asiles des arts et de la vertu, et à côté desquels je ne peux mettre que la maison aimable que vous habitez. Nous attendons de vos nouvelles, et sommes bien fâchés de donner succinctement des nôtres.

990. — A M. THIERIOT[2].

20 décembre.

En réponse à votre lettre du 14[3].

1° Je vous prie, mon cher ami, de lire les petits versiculets qui se trouvent dans ma lettre à *sir Isaac*[4]. C'est une petite formule de quête pour les Lapones, suivant les rites de bienfaisance de l'abbé de Saint-Pierre d'Utopie.

2° Écrivez-moi, de grâce, un peu de détail sur l'*Épître de l'Homme*.

3° Je suis confondu que vous n'avez pas reçu celle *sur la Nature du plaisir*. Elle était dans un gros paquet, et je me souviens très-bien que je vous priais de ne la pas envoyer sitôt au prince. Or voyez donc, en feuilletant notre *Commercium epistolicum*, si vous retrouverez la lettre en question : elle a été écrite il y a six semaines ou deux mois. La perte de ce gros paquet me donne de vives inquiétudes.

4° Je vous prie de répondre aux semeurs de zizanie que le Père Porée, mon ancien régent, est mon ami intime; qu'il m'écrivit il n'y a pas quinze jours, et qu'il est incapable de la lâche et scandaleuse noirceur qu'on lui impute.

5° Apparemment que le petit Lamare espère beaucoup de vous et peu de moi, car depuis que je lui ai donné cent livres d'une part et cent vingt de l'autre, je n'entends pas parler de lui; il ne m'en a pas seulement accusé la réception.

6° Comme j'en ai usé de même avec Linant, et que vous m'avez mandé il y a quelque temps qu'il avait tenu des discours fort insolents de Cirey, je vous prie de me mander quels sont ces discours. Rien n'est si triste qu'un soupçon vague. Il faut

1. C'est-à-dire l'un à Frédéric et l'autre à d'Argental.
2. Voici une version plus exacte d'une lettre à Thieriot, classée toujours à la date du 20 décembre. MM. Bavoux et François ont eu tort de remplacer cette date par celle du 29. Il est évident que dans cette lettre Voltaire tâte son ami, et n'a pas encore éclaté contre lui à cause de son silence sur le pamphlet de Desfontaines. (G. A.)
3. Les éditeurs de cette lettre ont lu : 24.
4. Voyez la lettre suivante à Maupertuis.

savoir sur quoi compter: demi-confidence est torture. Il faut tout ou rien, en cela comme en amitié.

7° Je n'ai nul empressement pour le palais Lambert, car il est à Paris. Si Mme du Châtelet veut l'acheter, il lui coûtera moins que vous ne dites. Je vivrai avec elle là, comme à Cirey; et dans un Louvre ou dans une cabane, tout est égal. Je ne crois pas que cette acquisition dérange trop sa fortune, et je crois que je pourrai toujours la voir jouir d'un état très-honorable, avec une sage économie qu'il faut recommander à sa générosité. Au reste, il faudrait que le public ne fût pas informé de cette acquisition avant le temps.

8° Envoyez-moi, je vous prie, la lettre de M. Algarotti. Mais pourquoi ne vous écrit-il point?

9° Dites au très-aimable M. Helvétius que je l'aime infiniment, et que je dis toujours en parlant de lui:

> Macte animo, generose puer! sic itur ad astra!
> (*Æn.*, l. IV.)

10° Je vous souhaite la bonne année, je vous embrasse tendrement. Dites à monsieur votre frère qu'il m'envoie un nota de ce que je lui redois; c'est un créancier trop paisible. Adieu, mon cher ami; portez-vous mieux que moi; excusez ma paresse auprès de Son Altesse royale sur ma mauvaise santé. Bonsoir.

991. — A M. DE MAUPERTUIS.

A Cirey, le 20 décembre.

Sir Isaac, Mme la marquise du Châtelet, et moi indigne, nous sommes si attachés à ce qui a du rapport à votre mesure de la terre et à votre voyage au pôle, nous sommes d'ailleurs si éloignés des mœurs de Paris, que nous regardons votre Lapone[1] trompée comme notre compatriote. Nous proposerions bien qu'on mît, en faveur de cette tendre Hyperboréenne, une taxe sur tous ceux qui ne croient pas la terre aplatie; mais nous n'osons exiger de contributions de nos ennemis. Demandons seulement des secours à nos frères. Faisons une petite quête. Ne trouverons-nous point quelques cœurs généreux que votre exemple et celui de Mme Clairaut[2] auront touchés? Mme du Châtelet, qui

---

1. Cette Lapone avait une sœur avec elle, et leur nom était *Plaiscont*. Voltaire, dans une lettre de mars 1754, à d'Argens, parle de la quête faite par Maupertuis en faveur de ces *deux habitantes de la zone glaciale*.
2. Mère du jeune académicien Clairaut, déjà cité plusieurs fois. Voyez plus bas une lettre de Voltaire à Frédéric, du commencement de novembre 1739.

n'est pas riche, donne cinquante livres ; moi, qui suis bien moins bon philosophe qu'elle, et pas si riche, mais qui n'ai point de grande maison à gouverner, je prends la liberté de donner cent francs. Voilà donc cinquante écus qu'on vous apporte ; que quelqu'un de vous tienne la bourse, et je parie que vous faites mille écus en peu de jours. Cette petite collecte est digne d'être à la suite de vos observations ; et la morale des Français leur fera autant d'honneur, dans le Nord, que leur physique.

Le Nord est fécond en infortunes amoureuses, depuis l'aventure de Calisto. Si Jupiter avait eu mille écus, je suis persuadé que Calisto n'eût point été changée en ourse.

Pour encourager les âmes dévotes à réparer les torts de l'amour, je serais d'avis qu'on quêtât à peu près en cette façon :

> La voyageuse Académie
> Recommande à l'humanité,
> Comme à la tendre charité,
> Un gros tendron de Laponie.
> L'amour, qui fait tout son malheur,
> De ses feux embrasa son cœur
> Parmi les glaces de Bothnie.
> Certain Français la séduisit :
> Cette erreur est trop ordinaire,
> Et c'est la seule que l'on fit
> En allant au cercle polaire.
> Français, montrez-vous aujourd'hui
> Aussi généreux qu'infidèles ;
> S'il est doux de tromper les belles,
> Il est doux d'être leur appui.
> Que les Lapons, sur leur rivage,
> Puissent dire dans tous les temps :
> Tous les Français sont bienfaisants ;
> Nous n'en avons vu qu'un volage.

Vous me direz que cela est trop long ; il n'y a qu'à l'exprimer en algèbre.

Adieu ; je n'ai point d'expression pour vous dire combien mon cœur et mon esprit sont les très-humbles serviteurs et admirateurs du vôtre.

M*me* du Châtelet, seule digne de vous écrire, ne vous écrit point, je crois, cet ordinaire.

VOLTAIRE.

N. B. Je vous supplie d'écrire toujours *français* par un *a*, car l'Académie *française* l'écrit par un *o*.

ANNÉE 1738.

992. — DE JORE [1].

A Paris, ce 20 décembre 1738.

Monsieur, je vous supplie d'excuser le mauvais état de ma fortune, et la soustraction de tous mes papiers, qui m'a empêché jusqu'ici de reconnaître le mauvais procédé de ceux qui ont abusé de mon malheur pour me forcer à vous faire un procès injuste, et à laisser imprimer un factum odieux [2]. Je les désavoue tous deux entièrement. La malice de vos ennemis n'a servi qu'à me faire connaître la bonté de votre caractère. Vous avez la bonté de me pardonner d'avoir écouté de mauvais conseils. Je vous jure que je m'en suis repenti au moment même que j'ai eu le malheur d'agir contre vous. J'ai bien reconnu combien on m'avait trompé. Vous n'ignorez pas la jalousie des gens de lettres; voilà à quoi elle s'est portée. On m'a aigri, on s'est servi de moi pour vous nuire; j'en suis si fâché que je vous promets de ne jamais voir ceux qui m'ont forcé à vous manquer à ce point; et je réparerai le tort extrême que j'ai eu, par l'attachement constant que je veux vous vouer toute ma vie.

Je vous prie, monsieur, de me rendre votre amitié, et de croire que mon cœur n'a jamais eu de part à la malice de vos ennemis, et que c'est mon cœur seul qui m'engage à vous le dire.

J'ai l'honneur d'être avec respect, monsieur, votre très-humble, etc.

JORE.

993. — A M. DE FORMONT.

A Cirey, ce 20 décembre.

J'ai lu, monsieur, la belle épître que vous avez bien voulu m'envoyer, avec autant de plaisir que si elle ne m'humiliait pas. Mon amitié pour vous l'emporte sur mon amour-propre. Vous faites des vers alexandrins comme on en faisait il y a cinquante ans, et comme j'en voudrais faire. Il est vrai que vos derniers vers me font tristement sentir que je ne peux me flatter que la *Henriade* ait jamais une place à côté des bons ouvrages du siècle passé; mais il faut bien que chacun soit à sa place. Je tâche au moins de rendre la mienne moins méprisable, en corrigeant chaque jour tous mes ouvrages. Je n'épargne aucune peine pour mériter un suffrage tel que le vôtre, et je viens encore d'ajouter

---

1. On voit par la lettre de Voltaire à Cideville, du 30 mai 1736, que Jore avait précédemment adressé à Voltaire des lettres autres que celles que l'on donne ici.

2. *Mémoire pour Claude-François Jore, contre le sieur François-Marie de Voltaire*, 1736, in-8°, réimprimé dans le *Voltairiana*: voyez ci-dessus n° 606.

et de réformer plus de deux cents vers pour la nouvelle édition de *la Henriade* qu'on prépare.

Je me flatte du moins que le compas des mathématiques ne sera jamais la mesure de mes vers ; et, si vous avez versé quelques larmes à *Zaïre* ou à *Alzire*, vous n'avez point trouvé parmi les défauts de ces pièces-là l'esprit d'analyse, qui n'est bon que dans un traité de philosophie, et la sécheresse, qui n'est bonne nulle part.

Il a couru quelques *Épîtres* très-informes sous mon nom. Quand je les trouverai plus dignes de vous être présentées, je vous les enverrai. En attendant, voici un de mes sermons[1] que je vous envoie, avant qu'il soit prêché publiquement. Je vous prie, comme théologien du monde, et comme connaisseur, et comme poëte, de m'en dire votre avis. Vous y verrez un peu le système de Pope, mais vous verrez aussi que c'est aux Anglais plutôt qu'à nous qu'il faut reprocher le ton éternellement didactique, et les raisonnements abstraits soutenus de comparaisons forcées.

Je vous supplie, que l'ouvrage ne sorte point de vos mains. Je compte sur votre critique autant que sur votre discrétion ; j'ai également besoin de l'une et de l'autre. Le fond du sujet est délicat, et pourrait être pris de travers ; je voudrais ne déplaire ni aux honnêtes gens ni aux superstitieux ; enseignez-moi ce secret-là.

Vous ne me dites rien de Mme du Deffant ni de M. l'abbé de Rothelin. Si pourtant vous voulez leur faire ma cour d'une lecture de mon ouvrage, vous me ferez un vrai plaisir. Avec vos critiques et les leurs, il faudra qu'il devienne très-bon, ou que je le brûle.

Je m'imagine que vous allez quelquefois chez Mme de Bérenger, et que c'est là que vous voyez le plus souvent M. l'abbé de Rothelin, qui m'a un peu renié devant les hommes ; mais je le forcerai à m'aimer et à m'estimer. Mandez-moi tout naïvement comment aura réussi mon Chinois[2] chez Mme de Bérenger, à qui je vous prie de présenter mes respects, si elle s'en soucie.

Pour vous, mon cher Formont (et non Fourmont, Dieu merci), aimez-moi hardiment, parlez-moi de même. Mme du Châtelet, pleine d'estime pour vous et pour vos vers, vous fait les plus sincères compliments. Je suis à vous pour jamais.

---

1. Le sixième *Discours*.
2. Personnage qui figure dans le sixième *Discours* déjà cité.

994. — A M. L'ABBÉ MOUSSINOT [1].

Reçue le 23 décembre 1728.

(Ce 20 décembre.)

En réponse à celle du 17, mon cher ami :

1° Tâchez d'avoir le bijou à meilleur marché, sinon je suis obligé de le renvoyer ;

2° Je vous supplie d'envoyer trois cents livres à M. Thieriot chez M. de La Popelinière ;

3° Si Laporte s'est trompé dans son premier calcul, comme il me le paraît, voulez-vous bien avoir la bonté de lui donner ses soixante-douze livres?

4° Mille tendres compliments au Père Brumoi, en lui donnant *Mérope*; mais lisez-la auparavant : elle vous édifiera ;

5° J'avais tout juste excepté l'abbé Lenglet, en demandant une *Chronologie*. Relisez ma lettre : vous verrez qu'il faut une *Chronologie* qui ne soit ni Lenglet, ni Buffier ;

6° A l'égard des sieurs de Lézeau et d'Auneuil, quelques lettres ne coûtent rien, et, quand on a rempli ses devoirs, on peut avoir recours aux lois ;

7° Je vous prie, sitôt la présente reçue, d'envoyer ces deux lettres ci-jointes, chacune à son adresse. Celle pour M. Hérault se met à la poste; l'autre, près du Palais-Royal, au suisse de M. d'Argenson. *Vale.*

Un Savoyard fait cette besogne ; mais il faut un homme sûr, et qui ne dise point d'où il vient.

Ce sont lettres qui ne peuvent produire aucun mauvais effet, autrement je ne vous en... (?)

995. — A M. BERGER.

Cirey, le 22 décembre.

Je vous prie, mon cher Berger, de vouloir bien me faire le plaisir

1° De lire l'incluse ;

2° De la porter secrètement au Père Castel, jésuite; de ne point lui dire que vous l'avez lue, mais de le prier de la lire avec vous, et, lecture faite, de lui demander la permission de la rendre

---

1. Edition Courtat.

publique. Votre prudence et votre amitié se tireront très-bien de cette négociation;

3° Je vous prie de dire à tous vos amis qu'il est très-vrai que non-seulement je n'ai aucune part au *Préservatif,* mais que je suis très-piqué de l'indiscrétion de l'auteur.

Je vous prie encore de voir Thieriot de vous-même, de lui représenter combien j'ai dû être affligé de ne point recevoir de ses nouvelles fréquemment, dans ces circonstances. L'abbé Desfontaines a enfin obtenu ce qu'il voulait, c'est de m'ôter l'amitié de Thieriot.

S'il y avait quelque nouvelle, faites-nous-en part. Comptez sur vos amis de Cirey. Il y avait un grand service à vous rendre, mais,....

996. — A M. L'ABBÉ MOUSSINOT [1].

Ce 25 décembre (1738).

Mon cher ami, en réponse à votre dernière non datée :

1° Tâchez de m'envoyer deux cent cinquante louis d'or bien empaquetés par le coche. Si deux cents sont portés, cinquante viendront une autre fois;

2° Cent livres à Mme Lebrun, sur reconnaissance;

3° Vous avez donné ou donnerez trois cents livres à Thieriot, n'est-ce pas?

4° Quand d'Arnaud emprunte trois francs, il faut lui en donner douze, l'accoutumer insensiblement au travail, et, s'il se peut, à bien écrire. Recommandez-lui ce point : c'est le premier échelon, je ne dis pas de la fortune, mais d'un état où l'on puisse ne pas mourir de faim ;

5° Quelles nouvelles de la *Mérope* et des jésuites? Je suis bien aise que la nature, sans mélange de galanterie, ait ému votre cœur dévot ;

Mais pour être dévot on n'en est pas moins homme [2].

6 J'attends, outre le paquet où sont les estampes de M. de Caylus, un autre paquet où il y a des plumes d'or, et qui devrait déjà être arrivé ;

---

1. Édition Courtat.
2. Duvernet, fidèle à son système de corrections *intelligentes,* avait substitué « car » à « mais ».

Molière a dit :

Ah! pour être dévot, je n'en suis pas moins homme.

7º Je vous souhaite la bonne année, et je vous aime de tout mon cœur ;

8º J'ajoute à ces sept articles, qu'il serait bon de se faire représenter tous les six mois un état des *décrets* du Châtelet, afin qu'on prévienne, de la part des hauts et puissants seigneurs, des tours semblables à celui de la vente du Faou. La liste des décrets s'imprime, je crois, tous les six mois. Cela est bon à avoir ;

9º Il faut bien nourrir nos tristes billets de loterie.

J'oubliais de vous dire que je ne veux pas donner plus de dix-huit louis du bijou : il n'en vaut que quinze, mais passe pour dix-huit. (?) ...il part. *Vale.*

997. — DE FRÉDÉRIC, PRINCE ROYAL DE PRUSSE.

Berlin, 25 décembre.

Mon cher ami, j'ai lu ces jours passés, avec beaucoup de plaisir, la lettre que vous adressez à vos infidèles libraires de Hollande[1]. La part que je prends à votre réputation m'a fait participer vivement à l'approbation dont le public ne saurait manquer de couronner votre moderation.

C'est cette modération qui doit être le caractere propre de tout homme qui cultive les sciences, la philosophie, qui éclaire l'esprit, fait faire des progrès dans la connaissance du cœur humain ; et le fruit le plus solide qui en revient doit être un support plein d'humanité pour les faiblesses, les defauts et les vices des hommes. Il serait à souhaiter que les savants dans leurs disputes, les théologiens dans leurs querelles, et les princes dans leurs différends, voulussent imiter votre modération. Le savoir, la véritable religion, les caractères respectables parmi les hommes, devraient élever ceux qui en sont revêtus au-dessus de certaines passions qui ne devraient être que le partage des âmes basses. D'ailleurs le mérite reconnu est comme dans un fort à l'abri des traits de l'envie. Tous les coups portés contre un ennemi inférieur déshonorent celui qui les lance.

> Tel, cachant dans les airs son front audacieux,
> Le fier Atlas[2] paraît joindre la terre aux cieux ;
> Il voit sans s'ébranler la foudre et le tonnerre,
> Brisés contre ses pieds, leur faire en vain la guerre.
> Tel du sage éclairé le repos précieux
> N'est point troublé des cris d'infâmes envieux.
> Il méprise les traits qui contre lui s'émoussent ;
> Son silence prudent, ses vertus, les repoussent ;
> Et contre ces titans le public outragé
> Du soin de les punir doit être seul chargé.

1. Voyez la lettre du 7 juillet 1738.
2. Le fier Athos. (Variante des *OEuvres posthumes.*)

L'art de rendre injure pour injure est le partage des crocheteurs. Quand même ces injures seraient des vérités, quand même elles seraient échauffées par le feu d'une belle poésie, elles restent toujours ce qu'elles sont. Ce sont des armes bien placées dans les mains de ceux qui se battent à coups de bâton, mais qui s'accordent mal avec ceux qui savent faire usage de l'épée.

Votre mérite vous a si fort élevé au-dessus de la satire et des envieux qu'assurément vous n'avez pas besoin de repousser leurs coups. Leur malice n'a qu'un temps, après quoi elle tombe avec eux dans un oubli éternel.

L'histoire, qui a consacré la mémoire d'Aristide, n'a pas daigné conserver les noms de ses envieux. On les connaît aussi peu que les persécuteurs d'Ovide [1]. En un mot, la vengeance est la passion de tout homme offensé; mais la générosité n'est la passion que des belles âmes. C'est la vôtre, c'est elle assurément qui vous a dicté cette belle lettre, que je ne saurais assez admirer, que vous adressez à vos libraires.

Je suis charmé que le monde soit obligé de convenir que votre philosophie est aussi sublime dans la pratique qu'elle l'est dans la spéculation.

Mes tributs accompagneront cette lettre. Les dissipations de la ville, certains termes inconnus à Cirey et à Remusberg, de devoir, de respects, de cour, mais d'une efficacité très-incommode dans la pratique, m'enlèvent tout mon temps. Vous vous en apercevrez sans doute, car je n'ai pas seulement pu abréger ma lettre.

A propos, comment se porte *Louis XIV?* Vous allez dire : « Quel importun! cet Acipius n'est jamais rassasié de mes ouvrages. »

Assurez, je vous prie, cette déesse qui transforma Newton en Vénus, de mes adorations; et si vous voyez un certain poëte philosophe, l'auteur de *la Henriade* et de l'*Épître à Uranie*[2], assurez-le que je l'estime et le considère on ne peut pas davantage.

Fédéric.

998. — A M. L'ABBÉ MOUSSINOT [3].

Ce 27 (décembre 1738).

Mon cher ami, en réponse à la vôtre du 24.

1° Soit : prenons donc le bijou pour vingt louis, mais attendez pour les payer qu'il ait été présenté et trouvé joli, car, s'il avait le malheur de déplaire (ce que je ne crois pas), il en faudrait un autre ;

2° Si la *Mérope* vous a plu, j'en suis plus flatté que du suffrage des jésuites. Le jugement de ces messieurs, trop accoutumés aux pièces de collège, m'est toujours un peu suspect ; mais je prie qu'on reporte au Père Brumoi cet ouvrage, et qu'on le prie

---

1. Voyez la note, tome XX, page 160.
2. Ou *le Pour et le Contre;* voyez tome IX.
3. Édition Courtat.

de le faire lire au Père Porée, mon ancien régent, à qui je dois cette déférence ;

3° Vienne donc le Lenglet, il sera bien reçu. Je viens de revoir mes capitulaires : c'est Buffier et Vallemont que j'exceptais, comme vous dites. Vous êtes plus exact que moi, dont bien me prend fort souvent ;

4° Vous avez très-bien fait, à votre ordinaire, de donner un peu de temps au fermier de Belle-Poule ;

5° Vous feriez encore mieux si vous pouviez, par votre prudence, obtenir délégation des d'Auneuil et Lézeau : cela vous épargnerait par chacun an des sollicitations désagréables ;

6° Si les deux cent cinquante louis arrivent ensemble, ils seront reçus très-favorablement, et on les recevra encore très-poliment s'ils arrivent par compagnies détachées ;

7° Si l'on vous apporte un journal de la part d'un fripon de jésuite apostat, qui est à présent libraire en Hollande, et qui se nomme Henri du Sauzet[1], vous donnerez cent livres pour ce coquin-là, attendu qu'il faut payer les services, même des méchants ;

8° Linant m'a écrit un mot de remerciement ; mais Lamare ne m'écrira probablement que quand il aura dépensé l'argent que je lui ai donné.

Adieu, mon cher ami. Je vous souhaite la bonne année, et suis tout à vous à jamais.

Surtout, que monsieur votre frère ne copie pas un seul vers de *Mérope*. Je vous le demande avec la dernière instance, et que, s'il en avait copié un seul, il le jette au feu. Faites-lui regarder cette discrétion comme le devoir le plus sacré.

999. — A M. L'ABBÉ MOUSSINOT[2].

Ce 29 décembre (1738).

Je vous prie, mon cher ami, de porter cette lettre au Père Porée, et d'en avoir réponse. Lisez la lettre et cachetez-la : vous verrez de quoi il est question.

Ayez la bonté, je vous prie, dès que vous aurez l'exemplaire de *Mérope* entre vos mains, d'en faire un paquet bien emballé, et de l'envoyer par le coche, port payé, à Rouen, à M. de Cideville, ancien conseiller au parlement. Adieu, mon cher ami.

---

1. Ci-devant rédacteur de la *Bibliothèque française* ; la lettre 929 lui est adressée.
2. Édition Courtat.

1000. — DE JORE.

A Paris, le 30 décembre 1738.

Monsieur, j'ai déjà eu l'honneur de vous écrire, le 20 du présent mois, dans l'amertume de mon cœur, pour vous demander pardon, et pour vous marquer le sincère repentir que j'éprouve du procès injuste que votre ennemi (que vous connaissez [1]) m'avait engagé de vous intenter. Je vous ai déjà marqué mon regret, et l'horreur que j'ai d'avoir attaqué si cruellement celui qui était mon bienfaiteur. Je vous disais que j'avais reconnu l'erreur où l'on m'avait mis. Soyez sûr, monsieur, que mon affliction est égale à ma faute. Daignez, monsieur, pousser votre générosité jusqu'à m'accorder le pardon que j'ose vous demander. Je désavoue le factum injuste et calomnieux que l'on a mis sous mon nom, et que j'ai eu le malheur de signer. J'étais aveuglé ; on m'a séduit. Je vous le répète encore, j'en suis au désespoir. J'en ai tombé malade. Il n'y a rien que je ne fasse, le reste de ma vie, pour réparer ma faute. Enfin, monsieur, si vous étiez témoin de mon affliction d'avoir été trompé par de mauvais conseils, vous auriez pitié de mon état. Ayez la bonté au moins de me faire dire que vous avez celle de me pardonner, si vous ne daignez m'écrire de votre main. Je payerais tous les frais du procès si j'avais de l'argent, et il n'y a rien que je ne fasse, tout le reste de ma vie, pour vous témoigner en particulier et en public le repentir, l'admiration pour votre caractère, et le très-profond respect avec lequel je suis, monsieur, votre très-humble, etc.

JORE.

1001. — THIERIOT A MADAME DU CHATELET,
AVEC LES ANNOTATIONS DE CELLE-CI [2].

Paris, le 31 décembre 1738.

Madame,

Je reconnais votre zèle pour vos amis dans la lettre que je viens d'avoir l'honneur de recevoir de vous, et quoique j'en sois extrêmement édifié je n'avais pas besoin de cette émulation pour m'intéresser, comme je le dois, à M. de Voltaire, au sujet de l'indigne libelle qu'on vient de répandre contre lui sous le titre de *Lettre d'un jeune avocat*.

Lorsque le *Préservatif* parut, j'en fus scandalisé, et mon amitié fut

Ne trouvez-vous pas qu'il est fort agréable pour moi d'avoir *édifié* Thieriot par mon zèle, et qu'il s'intéresse à M. de Voltaire par *émulation* pour moi ?

Il était édifié tout à l'heure, mais le voilà scandalisé à présent. Il est

---

1. Desfontaines.
2. *Mémoires sur Voltaire* par Longchamp et Wagnière, 1826, tome II, page 431.

vivement émue et alarmée de voir attribuer à M. de Voltaire ce libelle, dont je le tiens entièrement incapable. L'auteur de ce premier écrit y avait inséré le fragment d'une lettre de M. de Voltaire à M. le marquis Maffei [1], dans laquelle j'étais cité comme témoin d'un fait arrivé à la Rivière-Bourdet, chez feu M. le président de Bernières, vers 1724 ou 25. J'ai essuyé beaucoup de questions sur la vérité de ce fait, et voici quelle a été ma réponse : *que je me souvenais simplement du fait, mais que pour les circonstances, elles m'étaient si peu restées dans la mémoire que je ne pouvais en rendre aucun compte;* et cela n'est pas extraordinaire après tant d'années.

De là, l'auteur de la *Lettre d'un avocat* a pris occasion d'avancer et de me faire dire que je ne savais ce que c'était, et d'en conclure que le fait était imaginaire. C'est ainsi qu'il a abusé d'une réponse générale et très-sincère; et c'est ainsi qu'il a mérité le démenti de ses impostures et le mépris que je fais de ses éloges.

Tout l'éclaircissement que je puis donc vous donner, madame, c'est qu'il fut question à la Rivière-Bourdet, en ces temps-là, d'un écrit contre M. de Voltaire, qui, autant que je puis m'en souvenir, était en un cahier de 40 à 50 pages. L'abbé Desfontaines me le fit voir, et je l'engageai à le supprimer.

Quant à la date et au titre de cet écrit (circonstances très-importantes au fait), je proteste en honneur que je ne m'en souviens pas, non plus que des autres.

Telles sont toutes mes notions là-dessus, et c'est en quoi consiste la bien question de ce qui l'édifie ou de ce qui le scandalise. Ce qui me scandalise fort, moi, c'est qu'il laisse entendre par là qu'il soupçonne M. de Voltaire du *Préservatif*.

Il convient bien à Thieriot d'oublier les *circonstances* qui regardent M. de Voltaire. Il sentait bien d'ailleurs que les questions qu'on lui faisait étaient malicieuses, et sa réponse l'est assurément davantage.

L'auteur de la *Lettre d'un jeune avocat!* Il est le seul qui ne le connaisse pas, et qui n'ose pas le nommer.

Cette réponse *très-sincère* est pourtant fausse par ce qui suit.

On sent qu'il voudrait faire croire qu'il ignorait le nom de l'auteur de ce libelle. *Il fut question d'un libelle... l'abbé Desfontaines me le fit voir,* comme s'il n'osait dire que l'abbé Desfontaines était l'auteur de ce libelle, et que lui Thieriot, indigné de son ingratitude, le lui fit jeter au feu.

Que dites-vous de cette parenthèse (*circonstances très-importantes au fait*)? Elle est assurément très-malicieuse, car c'est dire : Vous ne pouvez tirer aucun avantage de ce que la force de la vérité me contraint d'avouer ici, car j'ignore la

---

1. Voyez tome XXII, page 386.

réponse que j'ai rendue et que je rends encore avec bien plus d'empressement, depuis ce dernier amas de calomnies et d'injures. Soyez très-persuadée, madame, que rien ne peut altérer une estime et une amitié de vingt-cinq années entre M. de Voltaire et moi. La reconnaissance m'attache encore à lui, et je m'en ferai toujours honneur. Il m'a également trouvé dans les temps heureux ou malheureux de sa vie *constantem in amicitia virum*. Vous pourriez en voir une preuve dans une lettre à M. le baron de Breteuil que M. de Voltaire lui adressa de Maisons, après sa petite vérole [1] ; et c'est avec bien du plaisir que j'ai l'honneur de déposer cette nouvelle preuve-ci entre les mains de son illustre fille.

Mes sentiments seront toujours les mêmes. La constance est dans mon caractère, comme la probité, le désintéressement, le goût des arts, sont dans ma philosophie. Ce sont les titres de l'estime que m'accordent tous les honnêtes gens, et je suis plus flatté de les mériter que d'en être loué, comme l'a prétendu l'auteur de cet infâme écrit ; écrit qui mérite la punition la plus sévère, et dont je suis d'autant plus indigné que je déteste en général tous les libelles, tels qu'ils puissent être, comme aussi nuisibles à la considération des lettres que la saine critique est utile à leurs progrès.

Je suis, en vous souhaitant une heureuse année, avec beaucoup de respect, madame, votre, etc.

date et le titre de cet écrit; or, l'abbé Desfontaines dit seulement que je nie qu'il ait fait en 1725 un libelle contre vous intitulé *Apologie de Voltaire*; je ne me souviens ni du temps ni du titre : donc l'abbé Desfontaines a raison, et la parenthèse est là pour en avertir, de crainte qu'on ne tire pas cette conséquence.

Il fait là un étalage de son amitié pour M. de Voltaire et des obligations que M. de Voltaire doit lui avoir de l'avoir gardé pendant sa petite vérole, mais il ne dit pas un mot de celles qu'il a à M. de Voltaire. Il fait plus : il a été jusqu'à les nier, et il a fallu les lui prouver.

Il est bien question de son caractère et de ce qu'il hait ou de ce qu'il aime ! Il prend là un petit air de magistrat qui lui sied tout à fait bien.

Il faut noter que ces *circonstances très-importantes* que le sieur Thieriot a oubliées sont, mot pour mot, dans vingt lettres de lui que l'on a encore, de 1725 à 1726. Ces lettres seront imprimées, de peur qu'il ne les oublie encore.

---

1. Lettre de décembre 1723, où l'on trouve ce passage : « Je jouissais de la douceur d'avoir auprès de moi un ami, je veux dire un homme qu'il faut compter parmi le très-petit nombre d'hommes vertueux qui seuls connaissent l'amitié dont le reste du monde ne connaît que le nom : c'est M. Thieriot, qui, sur le bruit de ma maladie, était venu en poste de quarante lieues pour me garder, et qui, depuis, ne m'a pas quitté un moment. »

ANNÉE 1738.

1002. — AU PERE TOURNEMINE [1].

(Décembre.)

Mon très-cher et très-révérend Père, est-il vrai que ma *Mérope* vous ait plu? Y avez-vous reconnu quelques-uns de ces sentiments généreux que vous m'avez inspirés dans mon enfance [2]? *Si placet tuum est* : ce que je dis toujours en parlant de vous et du Père Porée. Je vous souhaite la bonne année et une vie aussi longue que vous la méritez. Aimez-moi toujours un peu, malgré mon goût pour Locke et pour Newton. Ce goût n'est point un enthousiasme qui s'opiniâtre contre des vérités.

Nullius addictus jurare in verba magistri.

J'avoue que Locke m'avait bien séduit par cette idée que Dieu peut joindre quand il voudra le don le plus sublime de penser à la matière en apparence la plus informe. Il me semblait qu'on ne pouvait trop étendre la toute-puissance du Créateur. Qui sommes-nous, disais-je, pour la borner? Ce qui me confirmait dans ce sentiment, c'est qu'il semblait s'accorder à merveille avec l'immortalité de nos âmes : car, la matière ne périssant pas, qui pourrait empêcher la toute-puissance divine de conserver le don éternel de la pensée à une portion de matière qu'il ferait subsister éternellement? Je n'apercevais pas l'incompatibilité, et c'est en cela probablement que je me trompais. Les lectures assidues que j'ai faites de Platon, de Descartes, de Malebranche, de Leibnitz, de Wolff, et du modeste Locke, n'ont servi toutes qu'à me faire voir combien la nature de mon âme m'était incompréhensible, combien nous devons admirer la sagesse de cet Être suprême qui nous a fait tant de présents dont nous jouissons sans les connaître, et qui a daigné y ajouter encore la

---

1. Cette lettre, sans date, est postérieure à celle du Père Tournemine au Père Brumoi, du 23 décembre 1738, et qui est en tête de *Mérope* (voyez tome IV, page 177). Si elle n'est pas de décembre 1738, elle est, au plus tard, des premiers jours de 1739. (B.)

2. Le Père Tournemine avait été un des professeurs de Voltaire en rhétorique. Il écrivait à Voltaire, le 3 mai 1739, treize jours avant sa mort : « Je vous conjure d'exécuter le projet que vous m'écrivez avoir formé d'ôter de votre *Henriade* tout ce qui paraîtrait blesser la religion. Nous aurons alors un poëme héroïque que notre nation pourra opposer aux autres poëmes héroïques généralement estimés. Je suis toujours d'avis que vous imprimiez votre *Mérope*. » (*Catalogue d'autographes vendus à l'hôtel Drouot le 17 avril 1880, n° 106.*)

faculté d'oser parler de lui. Je me suis toujours tenu dans les bornes où Locke se renferme, n'assurant rien sur notre âme, mais croyant que Dieu peut tout. Si pourtant ce sentiment a des suites dangereuses, je l'abandonne à jamais de tout mon cœur.

Vous savez si le poëme de *la Henriade*, dont j'espère vous présenter bientôt une édition très-corrigée, respire autre chose que l'amour des lois et l'obéissance au souverain. Ce poëme enfin est la conversion d'un roi protestant à la religion catholique. Si dans quelques autres ouvrages qui sont échappés à ma jeunesse (ce temps de fautes) qui n'étaient pas faits pour être publics, que l'on a tronqués, que l'on a falsifiés, que je n'ai jamais approuvés, il se trouve des propositions dont on puisse se plaindre, ma réponse sera bien courte : c'est que je suis prêt d'effacer sans miséricorde tout ce qui peut scandaliser, quelque innocent qu'il soit dans le fond. Il ne m'en coûte point de me corriger. Je réforme encore ma *Henriade;* je retouche toutes mes tragédies ; je refonds l'*Histoire de Charles XII.* Pourquoi, en prenant tant de peine pour corriger des mots, n'en prendrais-je pas pour corriger des choses essentielles, quand il suffit d'un trait de plume ?

Ce que je n'aurai jamais à corriger, ce sont les sentiments de mon cœur pour vous et pour ceux qui m'ont élevé ; les mêmes amis que j'avais dans votre collége, je les ai conservés tous. Ma respectueuse tendresse pour mes maîtres est la même. Adieu, mon révérend Père ; je suis pour toute ma vie, etc.

1003. — A FRÉDÉRIC, PRINCE ROYAL DE PRUSSE.

A Cirey, le 1er janvier 1739 [1].

Jeune héros, esprit sublime,
 Quels vœux pour vous puis-je former ?
Vous êtes bienfaisant, sage, humain, magnanime ;
Vous avez tous les dons, car vous savez aimer.
Puissent les souverains qui gouvernent les rênes
De ces puissants États gémissant sous leurs lois,
Dans le sentier du vrai vous suivre quelquefois,
 Et, pour vous imiter, prendre au moins quelques peines !
Ce sont là tous mes vœux ; ce sont là les étrennes
 Que je présente à tous les rois.

Comme j'allais continuer sur ce ton, monseigneur, la lettre de Votre Altesse royale et l'*Épître* au prince qui a le bonheur

---

1. Réponse à la lettre du 22 novembre 1738.

d'être votre frère[1], sont venues me faire tomber la plume des mains. Ah! monseigneur, que vous avez un loisir singulièrement employé, et que le talent extraordinaire, dans tout homme né hors de France, de faire des vers français, et plus rare encore dans une personne de votre rang, s'accroît et se fortifie de jour en jour! Mais que ne faites-vous point! et, de la science des rois jusqu'à la musique et à l'art de la peinture, quelle carrière ne remplissez-vous pas! Quel présent de la nature n'avez-vous pas embelli par vos soins!

Mais quoi! monseigneur, il est donc vrai que Votre Altesse royale a un frère digne d'elle? C'est un bonheur bien rare; mais s'il n'en est pas tout à fait digne, il faudra qu'il le devienne, après la belle épître de son frère aîné; voilà le premier prince qui ait reçu une éducation pareille.

Il me semble, monseigneur, qu'il y a eu un des électeurs, vos ancêtres, qu'on surnomma *le Cicéron*[2] de l'Allemagne: n'était-ce pas Jean II? Votre Altesse royale est bien persuadée de mon respect pour ce prince; mais je suis persuadé que Jean II n'écrivait point en prose comme Frédéric; et, à l'égard des vers, je défie toute l'Allemagne, et presque toute la France, de faire rien de mieux que cette belle épître:

O vous en qui mon cœur, tendre et plein de retour,
Chérit encor le sang qui lui donna le jour!

Cet *encor* me paraît une des plus grandes finesses de l'art et de la langue: c'est dire bien énergiquement, en deux syllabes, qu'on aime ses parents une seconde fois dans son frère.

Mais, s'il plaît à Votre Altesse royale, n'écrivez plus *opinion* par un *g*, et daignez rendre à ce mot les quatre syllabes dont il est composé: voilà les occasions où il faut que les grands princes et les grands génies cèdent aux pédants.

Toute la grandeur de votre génie ne peut rien sur les syllabes, et vous n'êtes pas le maître de mettre un *g* où il n'y en a point. Puisque me voici sur les syllabes, je supplierai encore Votre Altesse royale d'écrire *vice* avec un *c*, et non avec deux *ss*. Avec ces petites attentions, vous serez de l'Académie française quand il vous plaira, et, principauté à part, vous lui ferez bien de l'honneur: peu de ses académiciens s'expriment avec autant de force que mon prince, et la grande raison est qu'il pense plus qu'eux.

---

1. Ce frère du prince royal se nommait Auguste-Guillaume ou Guillaume-Auguste. Né le 9 août 1722, il est mort le 12 juin 1758.
2. Voyez tome XIII, page 213.

En vérité, il y a dans votre épître un portrait de la calomnie qui est de Michel-Ange, et un de la jeunesse qui est de l'Albane. Que Votre Altesse royale redouble bien vivement l'envie que nous avons de lui faire notre cour! Nous nous arrangeons pour partir au mois d'avril[1], et il faudra que je sois bien malheureux si, des frontières de Juliers, je ne trouve pas un petit chemin qui me conduira aux pieds de Votre Altesse royale. Qu'elle me permette de l'instruire que probablement nous resterons une année dans ces quartiers-là, à moins que la guerre ne nous en chasse. Mme du Châtelet compte retirer tous les biens de sa maison qui sont engagés : cela sera long, et il faut même essuyer à Vienne et à Bruxelles un procès qu'elle poursuivra elle-même, et pour lequel elle a déjà fait des écritures avec la même netteté et la même force qu'elle a travaillé à cet ouvrage du *Feu*. Quand même ces affaires-là dureraient deux années, n'importe ; il faudrait abandonner Cirey pour deux années, les devoirs et les affaires sérieuses marchent avant tout ; et comment regretterait-on Cirey, quand on sera plus proche de Clèves et d'un pays qui sera probablement honoré de la présence de Votre Altesse royale! Ainsi peut-être, monseigneur, supplierons-nous Votre Altesse royale de suspendre l'envoi de ce bon vin dont votre générosité veut me faire boire. Il y a apparence que j'irai boire longtemps du vin du Rhin, entre Liége et Juliers. Votre Altesse royale est trop bonne ; elle a consulté des médecins pour moi, et elle daigne m'envoyer une recette qui vaut mieux que toutes leurs ordonnances.

> Ma santé serait rétablie
> Si je me trouvais quelque jour
> Près d'un tonneau de vin d'Hongrie,
> Et le buvant à votre cour,
> Mais le buvant près d'Émilie.

Je suis avec le plus profond respect, avec admiration, avec la tendresse que vous me permettez, etc.

1004. — A M. L'ABBÉ MOUSSINOT[2].

Cirey, 2 janvier 1739.

Mon très-cher abbé, une compote de marrons glacés, de dragées et de louis d'or, est arrivée avec tant de mélange, de bruit

---

1. Voltaire quitta Cirey le 8 mai 1739, pour aller à Bruxelles et à Beringen.
2. Édition Courtat.

et de sassements continuels, que la boîte a crevé. Tout ce qui n'était pas or est en cannelle, et cinq louis d'or se sont échappés dans les batailles ; ils ont fui si loin qu'on ne sait où ils sont. Bon voyage à ces messieurs.

Quand vous ferez tant, mon cher ami, que de m'en envoyer encore cinquante, pour Dieu! mettez-les à part bien empaquetés, à l'abri des culbutes.

Je vous demande mille pardons, mais ma délégation est un droit, et ce serait l'infirmer que de le soumettre au prince de Guise : point de politesses dangereuses.

Je vous recommande dans quelques jours les Lézeau, les d'Auneuil. Il est bon de les accoutumer à un payement exact, et de ne leur pas laisser contracter de mauvaises habitudes.

Je recommande la *Mérope*, la lettre au Père Porée, l'envoi à M. de Cideville.

Vous pourrez recevoir ce mois-ci de mon frère, de M. Clément, de M. le duc de Villars, de M. d'Auneuil, de M. d'Estaing, de M. de Lézeau.

Vale, et nos ama.

1005. — A M. THIERIOT.

Le 2 janvier.

Il y a vingt ans, mon cher ami, que je suis devenu homme public par mes ouvrages, et que, par une conséquence nécessaire, je dois repousser les calomnies publiques.

Il y a vingt ans que je suis votre ami, et que tous les liens qui peuvent resserrer l'amitié nous unissent l'un à l'autre. Votre réputation m'intéresse, comme je suis persuadé que la mienne vous touche; et mes lettres à Son Altesse royale font foi si j'ai bien rempli ce devoir sacré de l'amitié de donner de la considération à ses amis.

Aujourd'hui, un homme détesté universellement par ses méchancetés, un homme à qui on a justement reproché son ingratitude envers moi, ose me traiter de menteur impudent quand on lui dit que, pour prix de mes services, il a fait un libelle contre moi. Il cite votre témoignage, il imprime que vous désavouez votre ami, et que vous êtes honteux de l'être encore.

Je ne sais que de vous seul qu'en effet l'abbé Desfontaines, dans le temps de Bicêtre, fit contre moi un libelle; je ne sais que de vous seul que ce libelle était une ironie sanglante, intitulée *Apologie du sieur de Voltaire* [1]. Non-seulement vous nous en avez parlé dans votre voyage à Cirey, en présence de Mme la marquise du Châtelet, qui l'atteste ; mais, en rassemblant vos lettres, voici ce que je trouve dans celle du 16 août 1726 :

« Ce scélérat d'abbé Desfontaines veut toujours me brouiller avec vous ; il dit que vous ne lui avez jamais parlé de moi qu'en termes outrageants, etc.

« Il n'a que quatre cents livres de rente de chez lui ; et il gagne par an plus de mille écus par ses infidélités et par ses bassesses. Il avait fait contre vous un ouvrage satirique, dans le temps de Bicêtre, que je lui fis jeter dans le feu, et c'est lui qui a fait faire une édition du poëme de *la Ligue*, dans lequel il a inséré des vers satiriques de sa façon, etc. »

J'ai plusieurs lettres de vous où vous me parlez de lui d'une manière aussi forte.

Comment donc se peut-il faire qu'il ait l'impudence de dire que vous désavouez ce que vous m'avez dit, ce que vous m'avez écrit tant de fois? Qu'il démente une perfidie qu'il m'a avouée lui-même, dont il m'a demandé pardon, et dans laquelle il est retombé ensuite, cela est dans son caractère ; mais qu'il atteste contre moi le témoignage authentique de mon ami, qu'il me fasse passer pour un calomniateur, qu'il me déshonore par votre bouche : le pouvez-vous souffrir?

Ceci est un procès où il s'agit de l'honneur ; vous y intervenez comme témoin, comme partie, comme moitié de moi-même. Le public est juge, et il faut produire les pièces. Vous ne direz pas, sans doute : « Je n'ai que faire de cette querelle, je suis un particulier qui veut vivre paisiblement et dans des plaisirs tranquilles ; je ne me commettrai pas pour un ami. » Ceux qui vous donneraient de tels conseils voudraient vous faire commettre une action dont votre âme est incapable. Non, il ne sera pas dit que vous me trahirez, que vous désavouerez votre parole, votre seing, et la notoriété publique ; que vous abandonnerez l'honneur d'un ami de vingt ans, lié si étroitement avec le vôtre ; et pour qui? pour un scélérat qui est chargé de l'horreur publique, pour

---

1. Une note de Chaudon, transcrite par Barbier dans son *Dictionnaire des ouvrages anonymes*, attribue l'ouvrage à Pellegrin. A la fin de l'*Apologie* on lit, il est vrai, qu'elle est de l'auteur de la comédie du *Nouveau Monde*. Mais cette critique de *la Henriade* me paraît de Desfontaines. Elle fut, en 1726, réimprimée dans la *Bibliothèque française*, tome VII, page 257, avec la note : *Cette pièce est de l'abbé D.. F.*. L'édition de *la Henriade* qu'on y cite est précisément celle que Desfontaines avait donnée à Évreux avec des vers de sa façon ; et deux de ces vers sont rapportés dans l'*Apologie*. (B.) — Voyez aussi la note, tome XXIII, page 39.

votre ennemi même, pour celui qui vous a outragé cent fois, et dont les injures les plus avilissantes subsistent imprimées contre vous dans son *Dictionnaire néologique*. Quelles seraient la surprise et l'indignation du prince royal, qui m'honore d'une bonté si excessive et qui m'a lui-même daigné témoigner par écrit l'horreur que l'abbé Desfontaines lui inspire? Quels seraient les sentiments de Mme la marquise du Châtelet, de tous mes amis, j'ose dire de tout le monde? Consultez M. d'Argental. Demandez enfin à votre siècle, et voyez, peut-être (si on le peut), dans la postérité, voyez, dis-je, s'il serait glorieux pour vous d'avoir abandonné votre ami intime et la vérité pour Desfontaines, et d'avoir plus craint de nouvelles injures de ce misérable que la honte d'être publiquement infidèle à l'amitié, à la vérité, aux liens de la société les plus sacrés. Non, sans doute, vous n'aurez jamais ce reproche à vous faire. Vous montrerez la fermeté et la noblesse d'âme que je dois attendre de vous; l'honneur même de prendre publiquement le parti de l'amitié n'entrera pas dans vos motifs. L'amitié seule vous fera agir, j'en suis sûr, et mon cœur me le dit; il me répond du vôtre. L'amitié seule, sans d'autre considération, l'emportera. Il faut que l'amitié et la vérité triomphent de la haine et de la perfidie. C'est dans ces sentiments et dans ces justes espérances que je vous embrasse avec plus de tendresse que jamais.

1006. — A M. LE MARQUIS D'ARGENS.

Le 2 janvier.

Je reçois votre paquet, mon cher ami, et je vous félicite de deux choses qui me paraissent importantes au bonheur de votre vie : de votre raccommodement avec votre famille, et de votre ardeur pour l'étude. Mais songez à votre santé, modérez-vous, et n'étudiez dorénavant que pour votre plaisir. Tout ce qui sort de votre plume me fait grand plaisir; mais je fais plus de cas encore d'une bonne santé que d'une grande réputation.

Je ne désespère pas que vous ne reveniez un jour en France. Vous verrez qu'à la fin on aime à revoir sa patrie, ses proches, ses amis. Votre séjour dans les pays étrangers aura servi à vous orner l'esprit. Vous auriez peut-être été, en France, un officier débauché; vous serez un savant, et il ne tiendra qu'à vous d'être un savant respecté. Le temps fait oublier les fautes de jeunesse, et le mérite demeure.

Écrivez-moi, je vous en prie, ce que vous savez des Ledet.

Son Excellence M. Van Hoey, ambassadeur des États, leur a écrit vivement. Si vous avez quelques lumières à me donner, je n'en abuserai pas.

L'abbé Desfontaines, votre ennemi, le mien, et celui de tout le monde, vient de faire contre moi un libelle diffamatoire si horrible qu'il a excité l'indignation publique contre l'auteur, et la bienveillance pour l'offensé, peine ordinaire de la calomnie.

Rousseau est à Paris[1], sous le nom de Richer, caché chez le comte du Luc. Le dévot Rousseau a débuté à Paris par des épigrammes qui sentent le vieillard apoplectique, mais non le dévot. Il a fait une *Ode à la Postérité*, mais la postérité n'en saura rien ; le siècle présent l'a déjà oubliée. Il n'en sera pas de même de vos *Lettres*.

Je vous embrasse; je suis à vous pour jamais.

1007. — A M. LE COMTE D'ARGENTAL.

Cirey, le 7 janvier.

Mon cher ange gardien, faites tout ce qu'il vous plaira pour *l'Envieux*[2], mais tâchez que Prault présente à l'examen avec adresse l'*Épître*[3] *sur l'Homme*. Pourquoi ne sera-t-il pas permis à un Français de dire d'une manière gaie, et sous l'enveloppe d'une fable, ce qu'un Anglais[4] a dit tristement et sèchement dans des vers métaphysiques traduits lâchement ?

Je ne suis point fâché que feu Rousseau soit à Paris, mais il est un peu étrange qu'il ose y être après ce qu'il a fait contre le parlement. Il n'y a qu'heur et malheur en ce monde.

Enfin vous l'avez emporté ; je fais une tragédie[5], et il n'y a que vous qui le sachiez. C'est un père trahi par une fille dont il est l'idole, et qui en est idolâtrée. C'est une fille malheureuse, sacrifiant tout à un amour effréné, sauvant la vie à son amant, quittant tout pour lui, et abandonnée par lui ; c'est un combat perpétuel de passions ; c'est un père massacré par l'amant, qui abandonne cette fille infortunée ; ce sont des crimes presque involontaires, et des passions insurmontables. Figurez-vous un peu de Chimène, de Roxane, et d'Ariane ; ces trois situations s'y

---

1. J.-B. Rousseau, arrivé à Paris dans les derniers jours de novembre 1738, retourna à Bruxelles vers le commencement de février 1739.
2. Voyez cette pièce dans le tome III.
3. Le sixième *Discours*.
4. Pope.
5. *Zulime*, commencée vers le 15 décembre 1738.

trouvent; la même personne les éprouve. Il y a de l'action théâtrale, et nul embarras. Je ne réponds pas du reste, mais j'ai une envie démesurée de vous faire pleurer. Je fais les vers. Adieu pour trois mois, Euclide; adieu, physique. Revenez, sentiments tendres, vers harmonieux; revenez faire ma cour à M. et Mme d'Argental, à qui je suis dévoué pour toute ma vie avec la tendresse la plus respectueuse.

Mme du Châtelet reçoit dans le moment une nouvelle lettre de vous. Je suis touché aux larmes de vos bontés. Vous êtes le plus respectable, le plus charmant ami que j'aie jamais connu.

Soit, plus d'*Envieux*. Pour la tragédie, je veux la travailler si bien que vous ne l'aurez de longtemps; mais je vous en tracerai, si vous l'ordonnez, un petit plan. On dit qu'on va donner *Midus*[1]; je souhaite qu'il ait du succès, et que ma pièce en ait aussi.

Il est certain que c'est une chose bien cruelle qu'après vingt-cinq ans d'amitié Thieriot désavoue ce qu'il m'a dit cent fois en présence de témoins, et, en dernier lieu, en présence de Mme du Châtelet. Je vous jure que je n'ai jamais su que de lui que l'abbé Desfontaines, pour prix de mes services, avait fait un libelle ironique et sanglant, intitulé *Apologie de Voltaire*[2]. Tout ce que je crains, c'est que Thieriot n'ait envoyé le nouveau libelle[3] au prince royal pour se donner de la considération. Si cela est vrai (comme on me le mande), il hasarde plus qu'il ne pense. Mme du Châtelet peut vous dire que l'amitié dont ce prince honore Cirey est quelque chose de si vif et de si singulier que Thieriot serait à jamais perdu dans son esprit. Au reste, je crois encore que l'amitié et l'humanité l'ont empêché de faire à Son Altesse royale un présent si infâme.

En souhaitant la bonne année à M. de Maurepas, je lui demande, en passant, justice contre l'abbé Desfontaines, qui, après avoir avoué pendant trois ans la traduction de mon *Essai*[4] anglais, que j'ai eu la bonté de lui corriger, ose la mettre aujourd'hui sur le compte de feu M. de Plelo[5].

Il sera nécessaire de faire une espèce de réponse au libelle diffamatoire; il le faut pour les pays étrangers, et même pour beaucoup de Français. Je vous réponds que la réponse sera sage, attendrissante, appuyée sur des faits, sans autre injure que celle

1. Tragédie de F.-M.-Chr. Deschamps, jouée le 12 janvier 1739.
2. Voyez la note, page 92.
3. Thieriot avait effectivement envoyé *la Voltairomanie* à Frédéric.
4. *Essai sur la Poésie épique*, 1728, in-12.
5. Tué sous les murs de Dantzick en 1734.

qui résulte de la conviction de la calomnie ; je vous la soumettrai. Je suis trop heureux qu'enfin tout ayant été vomi il puisse s'ensuivre une guérison parfaite.

1008. — A M. L'ABBÉ MOUSSINOT [1].

(7 Janvier 1739.)

Mon cher abbé, voici un paquet qu'il faut sur-le-champ envoyer à M. le chevalier[2]... non : lisez-le, portez-le vous-même ; qu'il l'imprime ; qu'il n'y ait pas le moindre retardement. L'ouvrage est sage, intéressant et nécessaire. Il vaudra quelque argent au chevalier. On en peut tirer au moins cinq cents exemplaires ; qu'on corrige les fautes de copiste ; qu'on n'épargne rien ; que l'impression soit belle, sur le plus beau papier. Donnez cinquante livres d'avance à ce cher chevalier ; qu'il m'écrive régulièrement et amplement ; qu'il m'envoie les feuilles à corriger. Je vous conjure d'envoyer quelqu'un acheter la *Voltairomanie* chez Chaubert, en présence de deux témoins : cela suffira. Vous en ferez faire un petit procès-verbal, recordé des deux témoins, chez un commissaire, secrètement ; et nous poursuivrons en temps et lieu. Abouchez-vous avec le chevalier pour cela, je vous en prie.

Adieu ; je suis malade. Je vous embrasse.

Il est bon de ne tirer d'abord que cinq cents exemplaires.

J'espère que nous en aurons une seconde édition.

1009. — A M. THIERIOT.

7 janvier.

Pourquoi avez-vous écrit une lettre [3] sèche et peu convenable à Mme du Châtelet, dans les circonstances présentes ? Au nom de notre amitié, écrivez-lui quelque chose de plus fait pour son cœur. Vous connaissez la fermeté et la hauteur de son caractère ; elle regarde l'amitié comme un nœud si sacré que la moindre ombre de politique en amitié lui paraît un crime.

Comment lui dites-vous que vous haïssez les libelles autant que vous aimez la critique, après lui avoir envoyé la lettre manuscrite contre Moncrif, les vers contre Bernard, contre Mlle Sallé ? Que voulez-vous qu'elle pense ?

1. Édition Courtat.
2. De Mouhy.
3. Voyez lettre 1001.

Encore une fois, mandez-lui que vous ne balancez pas un moment entre Desfontaines et votre ami ; rendez gloire à la vérité. Non, vous n'avez point oublié le titre du libelle de Desfontaines ; il était intitulé *Apologie du sieur de Voltaire*. Elle en a ici la preuve dans deux de vos lettres ; nous en avons parlé dans votre dernier voyage. Paraître reculer, paraître se rétracter avec elle, c'est un outrage. Hélas! c'en serait un de ne pas engager le combat pour son ami. Que sera-ce de fuir dans la bataille!

Des amis de deux jours brûlent de prendre ma défense, et vous m'abandonnerez, tendre ami de vingt-cinq ans! Vous donnerez à M. de Richelieu le sujet de dire encore que je suis décrié par vous-même! Que dira le prince royal? Que diront ceux qui savent aimer?

> *Peut-être* qu'à souper, chez Laïs ou Catulle,
> Cet examen profond passe pour ridicule [1].

Mais, mon ami, n'est-on fait que pour souper? Ne vit-on que pour soi? N'est-il pas beau de justifier son goût et son cœur, en justifiant son ami?

Dites-moi tout naturellement si vous avez envoyé le libelle au prince royal. Cela est d'une importance extrême. Parlez à M. d'Argenson [2], dites-lui les choses les plus tendres pour moi. Voyez M. d'Argental. Écrivez au prince que je suis malade, et comptez sur votre ami pour jamais.

1010. — A M. L'ABBÉ MOUSSINOT [3].

Ce 8 (janvier 1739).

Mon cher abbé, c'est ici qu'il faut servir votre ami.

Mettons à quartier toute affaire, et ne songeons qu'à celle du libelle diffamatoire.

1° D'abord, voici mon nouveau mémoire, que je vous prie d'envoyer sur-le-champ, avec la lettre ci-jointe, à M. d'Argental.

2° Non-seulement je vous réitère la prière de parler fortement à Mme de Bernières, mais je vous conjure de prendre force fiacres, de dire à Demoulin qu'il me serve selon les lettres qu'il a reçues, et de le bien encourager.

3° Non-seulement il doit agir de son côté avec la dernière

---

1. Vers 16 du sixième *Discours sur l'Homme*.
2. Le marquis d'Argenson, auquel est adressée la lettre 1097.
3. Édition Courtat.

vivacité; mais tout est perdu si vous n'agissez pas du vôtre, et si vous ne chargez pas quelqu'un de chercher le libelle, d'en déposer un exemplaire chez un commissaire avec procès-verbal. Il faut charger un huissier intelligent de cette poursuite, sans aucun retardement.

Le chevalier de Mouhy ne sait ce qu'il dit.

4° Non-seulement encore Demoulin doit agir selon vos ordres, mais je vous prie très-instamment de passer de grand matin chez l'avocat Pitaval, chez Andry le médecin, chez Procope le médecin. Ils sont outragés dans *la Voltairomanie*. Il faut que le chevalier de Mouhy les ameute, les presse avec vous de signer une requête à monsieur le chancelier, requête simple et en deux mots :

« Les soussignés, N..., N..., demandent humblement à monsieur le chancelier, en leur nom et en celui de tous les honnêtes gens, justice d'un libelle diffamatoire intitulé *la Voltairomani*, dont l'auteur est trop connu, et qu'il a osé mettre sous le nom d'un avocat. »

Pareilles requêtes à M. de Maurepas, à M. d'Argenson, à M. Hérault, à monsieur le procureur général.

Cela est de la dernière importance.

Voyez si vous avez quelqu'un qui puisse se charger de faire toutes ces commissions au lieu de vous. Vous lui donnerez vos ordres, le payerez bien, et presserez le succès de ses démarches.

On a des nouvelles du médecin Andry chez Chaubert, le libraire, et chez tout libraire ; de Procope, au café chez son père ; de Pitaval, chez le libraire Cavelier.

Dès que M. d'Argental aura approuvé mon nouveau mémoire, il vous le renverra, et vous le donnerez au chevalier, pour le faire imprimer sur-le-champ. Il est meilleur que le premier, plus modéré, et peut-être plus touchant. On pourrait même demander un privilége, mais cela retarderait trop.

Vous pouvez adroitement faire venir d'Arnaud dans ces circonstances, le loger et le nourrir quelque temps, et le faire servir, non-seulement à courir partout, mais à écrire ; cela doit partir de vous-même ; un mot de lettre à Vincennes sur-le-champ fera tout.

Je vous prie d'envoyer chercher un jeune étudiant du collége de Montaigu, nommé l'abbé Dupré, et de lui donner six livres.

Je vous prie de m'envoyer les *Observations sur les écrits modernes* depuis le nombre 225 inclusivement ; mais qu'on ne sache pas que c'est pour moi.

Je reçois dans ce moment votre lettre.

Il faut rembarrer le chevalier, quand il parle d'imprimer à mon profit. Faites-lui sentir que c'est pour lui faire plaisir uniquement qu'on le charge d'un tel écrit, et qu'assez d'autres demandent la préférence.

Il n'y a rien à craindre, et un tel mémoire peut s'imprimer tête levée.

Dès que M. d'Argental vous l'aura renvoyé, vous en ferez faire cinq ou six copies par cinq ou six écrivains. Il faut qu'elles soient extrêmement correctes. Vous en enverrez à MM. de Maurepas, d'Argenson, Hérault, d'Aguesseau, avocat général.

C'est dès qu'on aura fait le procès-verbal du dépôt du libelle chez un commissaire qu'il faut obtenir monitoire ; chargez de cela un huissier adroit. N'épargnez point l'argent : cela m'est d'une conséquence extrême.

Surtout retirez tout papier chez le chevalier, je vous en supplie.

Non sans doute, vous ne paraîtrez pas dans le procès criminel. Je ne demande qu'un huissier, un homme d'affaires intelligent que vous aiguillonnerez.

Je vous conjure de suivre cette affaire avec la dernière vivacité. Point de *si*, point de *mais :* rien n'est difficile à l'amitié.

Vous pourriez très-bien écrire une lettre à un ami en l'air, dans laquelle vous marqueriez votre indignation contre tous ces libelles, et vous rendriez gloire à la vérité en connaissance de cause, comme un témoin oculaire, de ma conduite et de mes affaires depuis très-longtemps. Je laisse à votre cœur le soin de la composer.

Je vous embrasse.

1011. — DE FRÉDÉRIC, PRINCE ROYAL DE PRUSSE.

Berlin, 8 janvier[1].

Mon cher ami, je m'étais bien flatté que l'*Épitre sur l'humanité* pourrait mériter votre approbation par les sentiments qu'elle renferme ; mais j'espérais en même temps que vous voudriez bien faire la critique de la poésie et du style.

Je prie donc l'habile philosophe, le grand poëte, de vouloir bien s'abaisser encore, et de faire le grammairien rigide, par amitié pour moi. Je ne me rebuterai point de retoucher une pièce dont le fond a pu plaire à la mar-

---

1. Le 10 janvier 1739. (*OEuvres posthumes*.)

quise ; et, par ma docilité à suivre vos corrections, vous jugerez du plaisir que je trouve à m'amender.

Que mon *Épitre sur l'humanité* soit le précurseur de l'ouvrage [1] que vous avez médité, je me trouverai assez récompensé de ce que le mien a été comme l'aurore du vôtre. Courez la même carrière, et ne craignez point qu'un amour-propre mal entendu m'aveugle sur mes productions. L'humanité est un sujet inépuisable. J'ai bégayé mes pensées, c'est à vous à les développer.

Il paraît qu'on se fortifie dans un sentiment lorsqu'on repasse en son esprit toutes les raisons qui l'appuient. C'est ce qui m'a déterminé de traiter le sujet de l'humanité. C'est, selon mon avis, l'unique vertu, et elle doit être principalement le propre de ceux que leur condition distingue dans le monde. Un souverain, grand ou petit, doit être regardé comme un homme dont l'emploi est de remédier, autant qu'il est en son pouvoir, aux misères humaines ; il est comme le médecin qui guérit, non pas les maladies du corps, mais les malheurs de ses sujets. La voix des malheureux, les gémissements des misérables, les cris des opprimés, doivent parvenir jusqu'à lui. Soit par pitié pour les autres, soit par un certain retour sur soi-même, il doit être touché de la triste situation de ceux dont il voit les misères ; et, pour peu que son cœur soit tendre, les malheureux trouveront chez lui toutes sortes de miséricordes.

Un prince est, par rapport à son peuple, ce que le cœur est à l'égard de la structure mécanique du corps. Il reçoit le sang de tous les membres, et il le repousse jusqu'aux extrémités. Il reçoit la fidélité et l'obéissance de ses sujets, et il leur rend l'abondance, la prospérité, la tranquillité, et tout ce qui peut contribuer à l'accroissement et au bien de la société.

Ce sont là des maximes qui me semblent devoir naître d'elles-mêmes dans le cœur de tous les hommes ; cela se sent, pour peu qu'on raisonne, et l'on n'a pas besoin de faire un grand cours de morale pour les apprendre. Je crois que la compassion et le desir de soulager une personne qui a besoin de secours sont des vertus innées dans la plupart des hommes. Nous nous représentons nos infirmités et nos misères en voyant celles des autres, et nous sommes aussi actifs à les secourir que nous désirerions qu'on le fût envers nous, si nous étions dans le même cas.

Les tyrans pèchent ordinairement en envisageant les choses sous un autre point de vue ; ils ne considèrent le monde que par rapport à eux-mêmes ; et, pour être trop au-dessus de certains malheurs vulgaires, leurs cœurs y sont insensibles. S'ils oppriment leurs sujets, s'ils sont durs, s'ils sont violents et cruels, c'est qu'ils ne connaissent pas la nature du mal qu'ils font, et, pour ne point avoir souffert ce mal, ils le croient trop léger. Ces sortes d'hommes ne sont point dans le cas de Mutius Scévola, qui, se brûlant la main devant Porsenna, ressentait toute l'action du feu sur cette partie de son corps.

En un mot, toute l'économie du genre humain est faite pour inspirer

---

1. Le sixième *Discours sur l'Homme*.

l'humanité ; cette ressemblance de presque tous les hommes, cette égalité des conditions, ce besoin indispensable qu'ils ont les uns des autres, leurs misères qui serrent les liens de leurs besoins, ce penchant naturel qu'on a pour ses semblables, notre conservation qui nous prêche l'humanité, toute la nature semble se réunir pour nous inculquer un devoir qui, faisant notre bonheur, répand chaque jour des douceurs nouvelles sur notre vie.

En voilà bien suffisamment, à ce qu'il me paraît, pour la morale. Il me semble que je vous vois bâiller deux fois en lisant ce terrible verbiage, et la marquise s'en impatienter. Elle a raison, en vérité, car vous savez mieux que moi tout ce que je pourrais vous dire sur ce sujet, et, qui plus est, vous le pratiquez.

Nous ressentons ici les effets de la congélation de l'eau. Il fait un froid excessif. Il ne m'arrive jamais d'aller à l'air que je ne tremble que quelque partie nitreuse n'éteigne en moi le principe de la chaleur.

Je vous prie de dire à la marquise que je la prie fort de m'envoyer un peu de ce beau feu qui anime son génie. Elle en doit avoir de reste, et j'en ai grand besoin. Si elle a besoin de glaçons, je lui promets de lui en fournir autant qu'il lui en faudra pour avoir des eaux glacées pendant toutes les ardeurs de l'été.

Doctissimus Jordanus n'a pas vu encore l'*Essai* de la marquise ; je ne suis pas prodigue de vos faveurs. Il y a même des gens qui m'accusent de pousser l'avarice jusqu'à l'excès. Jordan verra l'*Essai sur le Feu*, puisque la marquise y consent, et il vous dira lui-même, s'il lui plaît, ce que cet ouvrage lui aura fait sentir. Tout ce que je puis assurer d'avance, c'est que, tous tant que nous sommes, nous ne connaissons point les préjugés. Les Descartes, les Leibnitz, les Newton, les Émilie, nous paraissent autant de grands hommes qui nous instruisent à proportion des siècles où ils ont vécu.

La marquise aura cet avantage que sa beauté et son sexe donnent sur le nôtre, lorsqu'il s'agit de persuader.

> Son esprit persuadera
> Que le profond Newton en tout est véritable ;
> Mais son regard nous convaincra
> D'une autre vérité plus claire et plus palpable :
> En la voyant, on sentira
> Tout ce que fait sentir un objet adorable.

Si les Grâces présidaient à l'Académie, elles n'auraient pas manqué de couronner l'ouvrage de leurs mains. Il paraît bien que messieurs de l'Académie, trop attachés à l'usage et à la coutume, n'aiment point les nouveautés, par la crainte qu'ils ont d'étudier ce qu'ils ne savent qu'imparfaitement. Je me représente un vieil académicien qui, après avoir vieilli sous le harnois de Descartes, voit, dans la décrépitude de sa course, s'élever une opinion. Cet homme connaît par habitude les articles de la foi philosophique ; il est accoutumé à sa façon de penser, il s'en contente, et il voudrait que tout le monde en fît autant. Quoi ! voudrait-on redevenir disciple à l'âge de cinquante, de soixante ans, et être exposé à la honte d'étudier soi-même, après avoir si longtemps enseigné aux autres, et d'un grand flambeau qu'on croit être, ne devenir qu'une faible lumière, ou plutôt s'obscurcir tout à fait? Ce n'est pas ainsi qu'on l'entend. Il est plus court de décrier un nouveau système que de l'approfondir. Il y a même de la fermeté héroïque de s'opposer aux nouveautés en tous genres, et à soutenir les anciennes opinions. Un autre ordre d'esprits raisonne d'une autre manière. Ils disent dans leur simplicité : Telle opinion fut celle de nos pères, pourquoi ne serait-elle pas la nôtre? Valons-nous mieux qu'ils ne valaient? N'ont-ils pas été heureux en suivant les sentiments d'Aristote et de Descartes? Pourquoi nous romprions-nous la tête à étudier les sentiments des novateurs? Ces sortes d'esprits s'opposeront toujours aux progrès des connaissances; aussi n'est-il pas étonnant qu'elles en fassent si peu.

Dès que je serai de retour à Remusberg, j'irai me jeter tête baissée dans la physique; c'est la marquise à qui j'en ai l'obligation; je me prépare aussi à une entreprise bien hasardeuse et bien difficile [1]; mais vous n'en serez instruit qu'après l'essai que j'aurai fait de mes forces.

Pour mon malheur le roi va ce printemps en Prusse, où je l'accompagnerai, le destin veut que nous jouions aux barres, et, malgré tout ce que je puis m'imaginer, je ne prévois pas encore comme nous pourrons nous voir; ce sera toujours trop tard pour mes souhaits; vous en êtes bien convaincu, à ce que j'espère, comme de tous les sentiments avec lesquels je suis, mon cher ami, votre inviolablement affectionné ami,

FÉDÉRIC.

1012. — A M. BERGER.

A Cirey, le 9 janvier.

Mon cher ami, une nièce [2], que j'ai mariée, a passé sept mois sans m'écrire, et au bout de ce temps elle me demande pardon. Je lui réponds en termes honnêtes, en l'envoyant faire .... avec ses pardons; car je ne suis point tyran, et, si je suis aimé, je crois tous les devoirs remplis. Venons à l'application : il est vrai que vous ne m'avez point marié; mais il y a longtemps que je ne vous ai écrit. Envoyez-moi faire...., et aimez-moi.

Grand merci de vos anecdotes. Rassemblez tout ce que vous pourrez, et, si vous voulez un jour conduire l'impression du beau *Siècle de Louis XIV*, ce sera pour vous fortune et gloire.

Je remercie l'abbé Desfontaines de s'être si bien démasqué, et d'avoir aussi démasqué Rousseau. Quand je l'aurais payé pour me servir, il n'aurait pu mieux faire.

Mais il y a un trait qui demande une très-grande attention, et

1. Une tragédie de *Nisus et Euryale*. Voyez la lettre 1053.
2. Mme de Fontaine.

qui me ferait un tort irréparable si je laissais sur cela le moindre doute : car le doute, en ce cas, est une honte certaine. Il ose avancer que mon ami Thieriot me désavoue sur l'article du libelle fait contre moi dans le temps de Bicêtre. M. Thieriot est, je ne dis pas trop mon ami, je dis trop homme de bien, pour désavouer ses paroles et sa signature, pour démentir ce qu'il m'a écrit vingt fois, ce que j'ai entre les mains, et que je suis forcé de produire. La crainte que lui peut inspirer l'abbé Desfontaines ne sera pas assez forte pour qu'il abandonne la vérité et l'amitié, pour qu'il se déshonore ; et pour qui ? pour un scélérat qui a fait à M. Thieriot même les plus sanglants outrages dans son *Dictionnaire néologique*.

Je vous prie d'aller voir les jésuites, le Père Brumoi surtout. Il vous recevra bien, et comme vous le méritez ; qu'il vous montre *Mérope*. Assurez-le de mon estime, de mon amitié, et de ma reconnaissance ; dites-lui que je lui écrirai incessamment. Il aime Rousseau, mais il aime encore plus la vérité et la paix. Il me paraît un homme d'un grand mérite. Mettez au net, en sa présence, les procédés de Rousseau et les miens ; faites-lui sentir que, depuis cinquante ans, Rousseau a déchiré maîtres, bienfaiteurs, amis, tous les gens de lettres, et que je suis le dernier à qui il a fait la guerre. Je sais me venger, mais je sais pardonner. J'ai eu des occasions d'exercer ma juste vengeance ; qu'on m'en donne de montrer que je peux oublier l'injure. Assurez surtout les jésuites d'une vérité qu'ils doivent savoir, c'est qu'il n'est pas dans ma manière d'être d'oublier mes maîtres et ceux qui m'ont élevé.

Dites, je vous prie, à M. Ortolani [1] qu'il passe par Bar-sur-Aube, en allant à Turin ; nous l'enverrons chercher. Il faut qu'il ait vu Mme la marquise du Châtelet ; il faut qu'il puisse dire qu'il a vu à Cirey l'honneur de son sexe et l'admiration du nôtre. Écrivez-moi tout ce que vous savez, tout ce que je dois savoir, et comptez sur une discrétion égale à mon amitié et à ma paresse. Adieu.

1013. — A M. LE COMTE D'ARGENTAL.

9 janvier.

Mon cher et respectable ami, je demanderais pardon à un autre cœur que le vôtre de mes importunités.

---

1. Traducteur de quelques chants de *la Henriade*, en italien. Voyez la lettre du 22 mars 1740, à d'Argental.

Mᵐᵉ du Châtelet reçoit votre lettre du 28 ; vous n'aviez point reçu la pièce¹, cependant elle était partie le 23 à minuit. Apparemment que messieurs des postes ont voulu se donner le plaisir de la lecture.

L'effort singulier et peut-être malheureux que j'ai fait de la composer en huit jours n'est dû qu'aux conseils que vous me donniez de confondre tant de calomnies par quelque ouvrage intéressant. Je suis très-aise d'avoir du temps jusqu'à Pâques. Dites-moi vos avis, et je corrigerai en huit semaines les fautes de huit jours.

Il y a une ressemblance avec *Bajazet*, je le sais bien ; mais sans cela point de pièce. Je n'ai rien pris. J'ai trouvé ma situation dans mon sujet, j'ai été inspiré, je ne suis point plagiaire.

Je conçois bien que le libelle n'excite que le mépris et l'indignation des honnêtes gens, et, surtout, de ceux qui sont au fait de ces calomnies ; mais il y a mille gens de lettres, il y a des étrangers sur qui ce libelle fait impression. Il est plein de faits, et ces faits seront crus s'ils ne sont pas réfutés. Je suppose que je voulusse être d'une académie, fût-ce de celle de Pétersbourg ; il est sûr que ce libelle, laissé sans réponse, m'en fermerait l'entrée. Il est clair que le sieur Guyot de Merville et les autres partisans de Rousseau font et feront valoir ces impostures. On imprime actuellement en Hollande le libelle de ce misérable ; il s'en est vendu deux mille exemplaires en quinze jours. Encore un coup, il ne me déshonorera pas dans votre esprit ; mais, joint à vingt autres libelles de cette espèce, il me flétrira dans la postérité, et fera une tache dans ma famille.

J'ai appris, par un ami que j'ai en Hollande, que Desfontaines et Jore sont ceux qui suscitent mes libraires contre moi. Il arrivera que mes libraires mêmes imprimeront ce libelle à la tête de mes œuvres, pour se venger de ce que je leur ai retiré mes bienfaits ; ainsi, tandis que je resterai tranquille, mes ennemis me diffameront dans l'Europe. N'est-ce donc pas pour moi le devoir le plus sacré de repousser et de confondre, quand je le peux, des calomnies si flétrissantes, et qui seraient accréditées par mon silence ?

Non-seulement j'ai besoin d'un mémoire sage, démonstratif et touchant, auprès des trois quarts des gens de lettres, mais il me faut, outre cela, un nombre considérable d'attestations par écrit qui démentent toutes ces impostures. Je les tiendrai prêtes

---

1. *Zulime.*

comme une défense sûre, en cas d'attaque, et même comme des pièces qui peuvent servir au procès.

Le procès criminel[1], indépendant de ce mémoire et de ces attestations, qui peuvent y servir et ne peuvent y nuire, m'est d'une nécessité absolue, et je veux et je dois m'y prendre par tous les sens pour atterrer cette hydre une bonne fois pour toutes. En un mot, il est toujours bon de commencer par mettre en cause ceux qui ont vendu le libelle, et c'est ce qu'on va faire.

J'apprends que MM. Andry, Procope, Pitaval, etc., présentent requête au chancelier. Il ne faut pas que ma famille se taise quand les indifférents éclatent. Il faut, je crois, que mon neveu[2] envoie ou donne son placet, qui ne peut que disposer favorablement, et qui n'empêche point les procédures juridiques que je vous supplie de lui conseiller fortement, car c'est un crime qui intéresse la société. « Pone *inimicos meos scabellum pedum tuorum*[3], *donec* faciam tragœdiam. »

Mme du Châtelet se moque de moi avec ses générosités d'âme et ses bienfaits cachés. Elle m'a enfin avoué et lu ce qu'elle vous avait envoyé. Plût à Dieu que cela fût aussi montrable qu'admirable !

Quand je vous envoyai copie d'une de mes lettres à Thieriot, l'original était parti. Lavez la tête à Thieriot ; faites-lui présent, pour ses étrennes, du livre *De Officiis* et *De Amicitia*. Respects à l'autre ange.

Adieu ; je baise vos ailes, et me mets dessous.

1014. — A M. THIERIOT.

À Cirey, le 9 janvier.

Mon cher ami, depuis ma dernière lettre écrite, vingt paquets arrivant à Cirey augmentent ma douleur et celle de Mme du Châtelet. Encore une fois, n'écoutez point quiconque vous donnera pour conseil de boire votre vin de Champagne gaîment et d'oublier tout le reste. Buvez, mais remplissez les devoirs sacrés et intéressants de l'amitié. Il n'y a pas de milieu, je suis déshonoré

---

1. Le procès criminel n'eut pas lieu. L'affaire fut étouffée au moyen du désaveu de Desfontaines, rapporté ci-après.
2. Mignot, conseiller-correcteur à la chambre des comptes, depuis 1737, et âgé de vingt-sept à vingt-huit ans, au commencement de 1739. Voyez plus haut la lettre 826.
3. Psaume CIX, v. 1.

si l'écrit de Desfontaines subsiste sans réponse, si l'infâme calomnie n'est pas confondue. Ouvrez les quarante tomes de Nicéron[1], la vie des gens de lettres est écrite sur de pareils mémoires. Je serais indigne de la vie présente si je ne songeais à la vie à venir, c'est-à-dire au jugement que la postérité fera de moi. Faudra-t-il que la crainte que vous inspire un scélérat vous force à un silence aussi cruel que son libelle? Et n'aurez-vous pas le courage d'avouer publiquement ce que vous m'avez tant de fois écrit, tant de fois dit devant tant de témoins? Songez-vous que j'ai quatre lettres de vous dans lesquelles vous m'avouez que ce misérable Desfontaines avait fait un libelle sanglant, intitulé *Apologie du sieur de Voltaire,* l'avait imprimé à Rouen, vous l'avait montré à la Rivière-Bourdet? Mon honneur, l'intérêt public, votre honneur enfin, vous pressent d'éclater. Que ne ferais-je point en votre place! Quel zèle ne m'inspirerait pas l'amitié! Quelle gloire j'acquerrais à défendre mon ami calomnié! Que je serais loin d'écouter quiconque me donnerait l'abominable conseil de me taire! Ah! mon ami, mon cher ami de vingt-cinq années, qu'avez-vous fait, quelle malheureuse lettre dictée par la politique avez-vous écrite à Mme du Châtelet, à cette âme magnanime qui n'a pour politique que la vérité, l'amitié et le courage? Réparez tout, il en est temps encore; écrivez-lui ce que votre cœur et non d'indignes conseils vous auront dicté. Ne sacrifiez pas votre ami à un scélérat que vous abhorrez, et qui vous a outragé. Je n'écris point au prince royal. Je veux savoir auparavant si vous lui avez envoyé ce malheureux libelle; c'est un point essentiel. Dites-nous franchement la vérité, et mettez le repos dans un cœur qui s'est donné à vous.

Les larmes me coulent des yeux en vous écrivant. Au nom de Dieu, courez chez le Père Brumoi; voyez quelques-uns de ces Pères, mes anciens maîtres, qui ne doivent jamais être mes ennemis. Parlez avec tendresse, avec force. Père Brumoi a lu *Mérope,* il en est content; Père Tournemine en est enthousiasmé. Plût à Dieu que je méritasse leurs éloges! Assurez-les de mon attachement inviolable pour eux; je le leur dois, ils m'ont élevé; c'est être un monstre que de ne pas aimer ceux qui ont cultivé notre âme.

Parlez de Rousseau et de nos procédés avec la sagesse que

sion qu'elle sera appuyée par des faits incontestables. Écrivez-moi, et comptez que notre cœur est encore plus rempli d'amitié pour vous que de douleur.

Voici une lettre pour le protecteur véritable de plusieurs beaux-arts, pour M. de Caylus ; donnez-la-lui ; accompagnez-la de ce zèle tendre qui donne l'âme à tout, et qui répand dans les cœurs le plus divin des sentiments, l'envie de rendre service. Je vous embrasse.

1015. — A M. LE COMTE DE CAYLUS.

Vous me comblez de joie et de reconnaissance, monsieur ; je m'intéresse presque autant que vous aux progrès des arts, et particulièrement à la sculpture et à la peinture, dont je suis simple amateur. M. Bouchardon est notre Phidias. Il y a bien du génie dans son idée de l'Amour qui fait un arc de la massue d'Hercule ; mais alors cet Amour sera bien grand ; il sera nécessairement dans l'attitude d'un garçon charpentier ; il faudra que la massue et lui soient à peu près de même hauteur. Car Hercule avait, dit-on, neuf pieds de haut, et sa massue environ six. Si le sculpteur observe ces dimensions, comment reconnaîtrons-nous l'Amour enfant, tel qu'on doit toujours le figurer ? Pensez-vous que l'Amour faisant tomber des copeaux à ses pieds à coups de ciseau soit un objet bien agréable ? De plus, en voyant une partie de cet arc qui sort de la massue, devinera-t-on que c'est l'arc de l'Amour ? L'épée aux pieds dira-t-elle que c'est l'épée de Mars ? et pourquoi de Mars plutôt que d'Hercule ? Il y a longtemps qu'on a peint l'Amour jouant avec les armes de Mars, et cela est en effet pittoresque ; mais j'ai peur que la pensée de Bouchardon ne soit qu'ingénieuse. Il en est, ce me semble, de la sculpture et de la peinture comme de la musique : elles n'expriment point l'esprit. Un madrigal ingénieux ne peut être rendu par un musicien ; et une allégorie fine, et qui n'est que pour l'esprit, ne peut être exprimée ni par le sculpteur ni par le peintre. Il faut, je crois, pour rendre une pensée fine, que cette pensée soit animée de quelque passion ; qu'elle soit caractérisée d'une manière non équivoque, et, surtout, que l'expression de cette pensée soit aussi gracieuse à l'œil que l'idée est riante pour l'esprit. Sans cela on dira : Un sculpteur a voulu caractériser l'Amour, et il a fait l'Amour sculpteur. Si un pâtissier devenait peintre, il peindrait l'Amour tirant de son four des petits pâtés. Ce serait à mes yeux un mérite si cela était gracieux ; mais la seule idée des calus que l'exercice de la sculpture donne souvent aux mains peut défigurer l'amant de Psyché. Enfin ma grande objection est que, si M. Bouchardon peut faire de son marbre deux figures, il est fort triste qu'une grande vilaine massue ou une petite massue sans proportion gâte son ouvrage. J'ai peut-être tort; je l'ai sûrement, si vous me condamnez; mais je vous demande, monsieur, ce qui fera la beauté de son ouvrage ? C'est l'attitude de l'Amour, c'est la noblesse et le charme de sa figure; le reste n'est pas fait pour les yeux. N'est-il pas vrai qu'une main bien faite, un œil animé vaut mieux que toutes les allégories ? Je voudrais que notre grand sculpteur fît quelque chose de passionné. Puget a si bien exprimé la douleur ! Un Apollon qui vient de tuer Hyacinthe; un Amour qui voit Psyché évanouie; une Vénus auprès d'Adonis expirant : ce sont là, à mon gré, de ces sujets qui peuvent faire briller toutes les parties de la sculpture. Je suis bien hardi de parler ainsi devant vous ; je vous supplie, monsieur, d'excuser tant de témérité.

Je n'ai rien à dire sur la belle fontaine[1] qui va embellir notre capitale, sinon qu'il faudrait que M. Turgot fût notre édile et notre préteur perpétuel. Les Parisiens devraient contribuer davantage à embellir leur ville, à détruire les monuments de la barbarie gothique, et particulièrement ces ridicules fontaines de village qui défigurent notre ville. Je ne doute pas que Bouchardon ne fasse de cette fontaine un beau morceau d'architecture ; mais qu'est-ce qu'une fontaine adossée à un mur, dans une rue, et cachée à moitié par une maison ? Qu'est-ce qu'une fontaine qui n'aura que deux robinets, où les porteurs d'eau viendront remplir leurs seaux ? Ce n'est pas ainsi qu'on a construit les fontaines dont Rome est embellie. Nous avons bien de la peine à nous tirer du goût mesquin et grossier. Il faut que les fontaines soient élevées dans les places publiques, et que les beaux monuments soient vus de toutes les portes. Il n'y a pas une seule place publique dans le vaste faubourg Saint-Germain : cela fait saigner le cœur. Paris est comme la statue de Nabuchodonosor, en partie or et en partie fange.

---

1. La fontaine dans la rue de Grenelle-Saint-Germain, dont Voltaire parle ailleurs (voyez tome XIV, page 152 ; XXI, 4 ; et XXIII, 297), fut construite en 1739. Le prévôt des marchands était Michel-Étienne Turgot, qui, élu en 1729, cessa ses fonctions en 1740, et mourut en 1751. Voltaire en parle encore avec éloge dans une note du *Temple du Goût* (voyez tome VIII, page 597), et aussi tome XIV, page 556. Il était père du contrôleur général à qui fut adressée, en 1776, l'épître *A un homme* (voyez tome X).

1016. — A M. L'ABBÉ MOUSSINOT [1].

Ce 10 (janvier 1739).

Mon cher ami, non-seulement il faut nous envoyer deux duplicata de la déclaration ci-jointe, que je vous supplie de signer; mais il faut faire publier un monitoire pour connaître l'imprimeur et l'auteur.

N'épargnez rien, je vous en conjure; présentez requête à M. Hérault, à monseigneur le chancelier. Surtout commencez par faire acheter le libelle chez Chaubert, et par établir un bon procès-verbal chez un commissaire.

Voici le modèle du placet à monsieur le chancelier :

« Moussinot, prêtre, docteur en théologie, etc.; Moussinot, bourgeois de Paris; Germain Dubreuil, bourgeois de Paris, anciens amis du sieur de Voltaire et chargés à Paris de sa procuration pour toutes ses affaires, présentent à monseigneur le chancelier une requête, qu'il présenterait lui-même s'il n'était pas très-malade, contre l'auteur d'un libelle diffamatoire qui paraît sous le nom de *la Voltairomanie*, libelle dans lequel ledit sieur de Voltaire est traité de voleur public, d'athée, etc.; monseigneur le chancelier en connaît l'auteur, quoiqu'il ne soit pas juridiquement convaincu. Le public, indigné, attend justice, et le sieur de Voltaire la demande très-humblement. »

Il n'y a qu'à écrire cela en forme de placet, l'envoyer par la poste à la boîte, à monseigneur le chancelier.

La grande affaire est surtout que quelqu'un achète un de ces libelles, chez Chaubert, devant un témoin, et fasse sur-le-champ un procès-verbal, secrètement, chez un commissaire : voilà pour l'essentiel.

Pressez le chevalier, je vous en prie; envoyez par un exprès un louis d'or à Vincennes chez d'Arnaud, s'il n'est pas à Paris. Assurez-le de mon amitié, et dites-lui qu'il vienne vous voir quelquefois

Adieu, mon cher ami.

1017. — A M. THIERIOT.

A Cirey, le 10 janvier.

Je suis bien étonné, mon cher ami, de ne point recevoir de vos nouvelles. Je voulais aller à Paris; M. et Mme du Châtelet

---

1. Édition Courtat.

m'en empêchent. Écrivez donc ; mandez-moi tout naturellement si vous avez envoyé au prince cet infâme libelle. Je ne peux le croire ; mais enfin si cela était, il faut le dire, afin que nous lui écrivions en conséquence, et sans commettre personne.

Le libelle de ce monstre est une affaire du ressort du lieutenant criminel, plutôt que des gens de lettres, et on prend toutes les mesures nécessaires pour avoir justice. Vingt personnes me mandent que ce scélérat et son libelle sont en exécration ; je n'en suis point surpris, je ne le suis que de votre silence ; mais je ne doute pas que vous ne remplissiez tous les devoirs de l'amitié. Mon cœur ne peut jamais être mécontent du vôtre. Je ne me persuaderai jamais que vous craigniez plus de déplaire à un coquin qui vous a tant outragé qu'à votre ami, qui vous a toujours été si tendrement et si essentiellement uni. Aucune suite de cette affaire ne m'embarrasse. La vérité, l'innocence, la générosité, sont de mon côté ; la calomnie, le crime, et l'ingratitude, sont de l'autre. Si je ne songe qu'à mes amis, je suis le plus heureux des hommes ; si je jette les yeux sur le public et sur la postérité, l'honneur, qui est dans mon cœur, et qui préside à mes écrits, m'assure que le public de tous les temps sera pour moi, si pourtant mes ouvrages, que je travaille nuit et jour, peuvent jamais me survivre.

M. le marquis du Châtelet, justement indigné, et qui prend en main ma cause avec les sentiments dignes de sa naissance et de son cœur, vous écrit[1], et à M. de La Popelinière. Il ne faut pas qu'il soit dit que vous m'ayez démenti pour un scélérat, et que les souscriptions de *la Henriade,* dont vous savez que je n'ai jamais reçu l'argent[2], n'aient pas été remboursées de mon argent. S'il restait une seule souscription dans Paris ; s'il y avait un homme qui, ayant eu la négligence de ne pas envoyer sa souscription en Angleterre, ait encore eu celle de ne pas envoyer chez moi ou chez les libraires préposés, je vous prie instamment de le rembourser de mon argent, quoique, par toutes les règles, souscription non réclamée à temps ne soit jamais payable. Ces règles ne sont point faites pour moi, et voilà le seul cas où je suis au-dessus des règles.

Mme du Châtelet, par parenthèse, a eu très-grand tort de

---

1. Sa lettre, datée du 10 janvier 1739, est dans le tome II des *Mémoires de Wagnière et Longchamp,* page 435. Dès la fin de 1738 Mme du Châtelet avait composé, à l'insu de Voltaire, une *Réponse à la Voltairomanie.* Cette *Réponse* est aussi dans le tome II des *Mémoires* cités ici.

2. Voyez, ci-après, une note de la lettre 1031.

m'avoir caché tout cela pendant huit jours. C'est retarder de huit jours mon triomphe, quoique ce soit un triomphe bien triste qu'une victoire remportée sur le plus méprisable ennemi. La justification la plus ample est d'une nécessité indispensable, et je peux vous répondre que vous approuverez la modération extrême et la vérité de mon *Mémoire*[1]. Il doit toucher et convaincre. Encore une fois, et encore mille fois, vous vous imaginez que je dois penser comme M. de La Popelinière, qui, étant à la tête d'une famille, d'une grande maison, ayant un emploi sérieux, et pouvant prétendre à des places, ne doit répondre que par le silence à un libelle intitulé *le Mentor cavalier*[2], ou aux vers impertinents de ce malheureux Rousseau, qui outrage tous les hommes en demandant pardon à Dieu, et qui s'avise d'offenser en lui un homme estimable qu'il n'a jamais connu. Ce silence convient très-bien à Pollion, mais il me déshonorerait. Je suis un homme de lettres, et l'envie a les yeux continuellement ouverts sur moi : je dois compte de tout au public éclairé, et me taire, c'est trahir ma cause. J'ai tout lieu d'espérer que ce sera pour la dernière fois, et que le reste de mes jours ne sera consacré qu'aux douceurs de l'amitié.

J'aurais souhaité que vous n'eussiez point envoyé tous ces libelles au prince royal, et, surtout, que vous eussiez écrit une autre lettre à Mme du Châtelet. C'est une âme si intrépide et si grande qu'elle prend pour le plus cruel de tous les affronts ce que mon cœur pardonne aisément. Comptez que mon intérêt a moins de part à tout ce que j'écris que mon amitié pour vous.

1018. — A M. LE DUC DE RICHELIEU.

A Cirey, le 12 janvier.

Il a mille vertus, et n'a point eu de *vices;*
Il était sous Louis *de toutes ses délices,*
Et la Septimanie *a vu ce même Othon*
Gouverner en César et juger en Caton.
Courtisan dans Versaille, et monarque *en province,*
De parfait *courtisan il s'est montré grand prince;*
Et goûtant le présent, prévoyant *l'avenir,*
Sut *faire également sa cour, et la tenir*[3].

1. C'est le *Mémoire* imprimé tome XXIII, page 27.
2. Voyez une note sur la lettre 651.
3. Parodie des vers mis par Corneille dans la bouche de Lacus, *Othon*, acte II, scène IV.

Il y a peu de choses, monsieur le duc, à changer dans les vers de Corneille pour faire votre caractère ; et c'était à son pinceau qu'il appartenait de vous peindre ; j'entends pour l'élévation de votre âme : car, pour tout le reste, prenez, s'il vous plaît, *La Fontaine*, et quelquefois même *l'Arétin*. Pour moi, chétif, je prends la liberté de vous envoyer pour vos étrennes un petit catéchisme qui convient fort à votre façon de penser. *La Dévotion aisée* du Père Lemoine m'a donné le sujet, et toute votre vie en fait l'application. L'ouvrage a été fait pour un grand prince qui pense comme vous sur tout, et qui régnera un jour, comme vous régneriez si la fortune avait été pour vous aussi loin que la nature. La seule différence présente entre ce prince et vous, c'est qu'il m'écrit souvent, et cette différence est accablante. Mais point de reproches ; ne pensez pas, monsieur le duc, que je me plaigne, ni même que je veuille que, dans la rapidité des affaires, des devoirs et des plaisirs, vous perdiez du temps à m'écrire. Dites-moi une fois par an : *Je vous aime et je vous aimerai;* cela suffira. Un mot de vous me reste dans le cœur une année pour le moins.

Non, encore une fois, ne m'écrivez point, mais continuez à être Othon. Votre gloire m'enchante, et mon cœur se joint à tous ceux que vous charmez.

Je vous en dis autant, princesse[1] adorable, née pour plaire aux grands comme aux petits, vous dont la passion dominante, après l'amour de votre mari, est celle de faire du bien.

Il y a dans le paradis terrestre de Cirey une personne qui est un grand exemple des malheurs de ce monde et de la générosité de votre âme : c'est Mme de Graffigny[2]. Son sort me ferait verser des larmes si elle n'était pas aimée de vous. Mais, avec cela, qu'a-t-elle désormais à craindre? Elle ira, dit-on, à Paris ; elle sera à portée de vous faire sa cour ; et, après Cirey, il n'y a que ce bonheur-là. Régnez en Languedoc, régnez partout, madame, et daignez dire, en lisant cette lettre : J'ai, outre mes sujets, un esclave idolâtre qui s'appelle

VOLTAIRE.

---

1. Mme de Richelieu, princesse de Guise ; voyez une note sur la lettre 398.
2. Arrivée chez Mme du Châtelet le 4 décembre 1738, Mme de Graffigny quitta Cirey vers le 10 février 1739. Ce fut pendant ce séjour de deux mois, et non de *six*, qu'elle écrivit à Devaux, lecteur de Stanislas, les lettres publiées, en 1820, sous le titre de *Vie privée de Voltaire et de Mme du Châtelet, ou Six Mois de séjour à Cirey.*

1019. — A M. LE COMTE D'ARGENTAL [1].

A Cirey, 12 janvier 1739.

Cher ange gardien, les mortels de Cirey ne feront rien sans vos inspirations. Mon neveu doit venir vous prier de souffler votre esprit sur lui; vous lui direz s'il est convenable qu'il présente un placet à monsieur le chancelier.

Le jeune Helvétius, qui paraît avoir bien de l'esprit et un cœur excellent, vous enverra un petit mémoire qui me paraît absolument nécessaire pour ce pays-ci, pour les étrangers et pour la postérité, si j'ose porter mes vues jusqu'à elle.

Croyez-vous que mes gens d'affaires fissent mal de rechercher l'auteur et l'imprimeur du libelle, et de faire secrètement, chez un commissaire, un procès-verbal qui servira en temps et lieu? Tout cela est éloigné d'une tragédie; mais, grâce à vous, nous y reviendrons. N'espérez-vous pas de celle de Linant?

Adieu. Malgré tous ces orages, j'aime les beaux-arts plus que jamais. Les serpents que je rencontre aux bords de l'Hippocrène ne m'empêchent point de boire. Rien ne me décourage, car Émilie et vous, vous m'aimez. Mille tendres respects à l'autre ange, Mme d'Argental.

Comment vont vos affaires cette année?

1020. — A MADEMOISELLE QUINAULT.

Cirey, ce 14 janvier.

Thalie, charme du théâtre et de la société, je ne suis pour vous qu'un vieux général hors de service. Mais j'ai des lieutenants généraux qui valent mieux que moi; et en attendant que vous me forciez quelque jour à reparaître avec les débris de mon camp, M. Linant demande à servir une campagne. Il y a longtemps que j'ai pris la liberté de lui fournir l'idée de sa tragédie; il doit avoir corrigé la stérilité de mon invention par les ressources de son esprit; et quand il sera guidé par vos conseils, et appuyé de votre bienveillance, je ne doute pas qu'il ne fasse sous vos drapeaux une campagne heureuse. Je lui envie le bonheur qu'il aura d'entretenir la personne de France qui entend le mieux son art, et celui de plaire.

Soyez persuadée, mademoiselle, de la tendre et respectueuse

---

1. Éditeurs, de Cayrol et François.

estime, de la sensible amitié de votre très-humble et obéissant serviteur. V.

1021. — A M. DE MAIRAN[1].

A Cirey, 14 janvier.

Notre très-aimable philosophe, tout Cirey vous fait les plus tendres compliments. Nous ne vous avons point écrit, parce que beaucoup d'occupations nouvelles nous ont extrêmement dérangés; mais nous vous étudions sans vous le dire. M. de Maupertuis est ici[2]. Il fait de vous le cas qu'un grand génie doit faire de son confrère. Les matières que nous traitons ici ne font que redoubler notre estime pour vous. Il y a surtout une certaine impulsion, un choc des corps qui pourrait bien être de première nécessité. Il y a longtemps qu'un mot que vous m'en avez dit dans votre dernière lettre m'a bien donné à penser. C'est un germe qui produit une moisson de physique et de métaphysique; mais je ne ferai jamais la moisson sans vous. Il me semble que l'éclaircissement d'une telle question est bien digne d'un esprit tel que le vôtre. Si jamais vous y travaillez, n'oubliez pas Cirey. Croyez qu'il n'y a aucun lieu sur la terre où l'on fasse plus de cas de vous, où la vérité soit plus chère, et où l'on aime mieux à la recevoir de votre plume. Plût à Dieu qu'on pût l'entendre de votre bouche!

Adieu, monsieur; tout Cirey est à vous plus que jamais, et je suis particulièrement, avec l'estime la plus tendre, votre admirateur, votre ami, votre très-humble et très-obéissant serviteur. V.

Cirey écrit peu aujourd'hui, parce qu'on n'a pas un moment à soi. Cela est étrange, à la campagne; mais cela est vrai.

1022. — A M. THIERIOT[3].

Ce scélérat d'abbé Desfontaines a donc enfin obtenu ce qu'il désirait! Il m'a ôté votre amitié. Voilà la seule chose que je lui

---

1. Éditeurs, de Cayrol et François.
— Mairan avait assisté à une lecture de *la Voltairomanie* faite par Desfontaines chez le marquis de Locmaria.
2. Il était arrivé le 12 à Cirey, se rendant à Bâle auprès de Bernouilli.
3. Cette lettre, datée dans Beuchot du 24 décembre 1738, ne peut être que de janvier 1739.

reproche. Je ne m'attendais pas que depuis le 14 décembre que son libelle a paru, je ne recevrais qu'une lettre de vous[1]. Si vous m'aviez écrit avec amitié, et tout uniment comme à l'ordinaire, je n'aurais point eu à me plaindre. Personne ne vous a jamais demandé de lettre ostensible[2]; mais, moi, je demandais à votre cœur des marques de votre amitié, et j'ai eu la mortification de n'en recevoir aucune, pendant que les plus indifférents m'écrivaient les choses les plus fortes et les plus touchantes, et m'offraient les plus grands services. Mme et M. du Châtelet, Mme de Champbonin, tout ce qui est ici, effrayés de votre silence, ne savent à quoi l'attribuer. Pour moi, qui ne pense pas seulement à Desfontaines, et qui ne pensais qu'à l'amitié, je ne me crois outragé que par l'inquiétude où vous me laissez.

1023. — A M. DE CIDEVILLE.

A Cirey, ce 14 janvier[3].

La *Mérope* est partie par le coche, mon charmant ami, je n'ai que le temps de vous le dire. Qui croirait qu'à la campagne on n'a pas un quart d'heure à soi? Mais cette campagne est Cirey. Lisez, amusez-vous avec le tendre philosophe Formont. S'il est à Rouen, qu'il vous montre mon *Épître sur l'homme;* montrez-lui la vôtre. Puissent mes écrits servir au moins à vos amusements! tout cela n'est point fait pour être public; eh! qu'importe ce malheureux public? les amis sont tout, il faudrait n'écrire que pour eux. Vous avez perdu un ami bien aimable; que ne puis-je vivre avec vous, et adoucir par mes soins les regrets de sa perte! Faut-il que nous soyons destinés à vivre loin l'un de l'autre! il me semble que j'en vaudrais mille fois mieux si je vivais avec vous. J'ai peur d'avoir embrassé trop d'étude; ma santé succombe, mes pas bronchent dans la carrière; soutenez-moi par vos avis, et par les marques d'une amitié qui fera toujours ma consolation la plus chère.

Mme du Châtelet vous fait bien des compliments. Je vous embrasse, mon cher ami.

---

1. Plus loin, lettre 1034, Voltaire dit que cette lettre de Thieriot fut écrite seize jours après le 14.
2. Allusion à la lettre 1001, écrite le 31 décembre par Thieriot à Mme du Châtelet.
3. L'original de cette lettre est ainsi daté; il est adressé à M. de Cideville, *ancien conseiller* au parlement, à Rouen: ce qui indique que l'ami de Voltaire, suivant les conseils de ce philosophe, avait quitté la carrière de la magistrature. (CL.)

1024. — AU PÈRE PORÉE.

A Cirey, ce 15 janvier.

Mon très-cher et très-révérend Père, je n'avais pas besoin de tant de bontés, et j'avais prévenu par mes lettres l'ample justification que vous faites, je ne dis pas de vous, mais de moi : car si vous aviez pu dire un mot qui n'eût pas été en ma faveur, je l'aurais mérité. J'ai toujours tâché de me rendre digne de votre amitié, et je n'ai jamais douté de vos bontés.

Le morceau que vous voulez bien m'envoyer me donne bien de l'envie de voir le reste. Le *non plane cæcus* est, à la vérité, un bien mince salaire pour un homme qui a créé une nouvelle optique, toute fondée sur l'expérience et sur le calcul, et qui seule suffirait pour mettre Newton à la tête des physiciens.

Je vous supplie de vouloir bien présenter mes hommages sincères à votre courageux confrère, qui a fait soutenir les rayons colorés. Il est bien étrange qu'il y ait quelqu'un qui soutienne autre chose.

Je vous devais *Mérope*, mon très-cher Père, comme un hommage à votre amour pour l'antiquité et pour la pureté du théâtre. Il s'en faut bien que l'ouvrage soit d'ailleurs digne de vous être présenté ; je ne vous l'ai fait lire que pour le corriger.

Messène n'est point une faute de copiste. Vous savez bien que le Péloponèse, aujourd'hui la Morée, se divisait en plusieurs provinces, l'Achaïe ou Argolide, où était Mycènes[1] ; la Messénie, dont la capitale était Messène ; la Laconie, etc.

Il faudra sans difficulté retrancher tout ce qui vous choque dans le suicide ; mais songez au quatrième livre de Virgile, et à tous les poëtes de l'antiquité.

Je ne peux m'empêcher de vous dire ici ce que je pense sur ces scènes d'attendrissement réciproque que vous demandez entre Mérope et son fils. C'est précisément ces sortes de scènes qu'il faut éviter avec un soin extrême : car, comme vous savez mieux que moi, jamais une passion réciproque n'émeut le spectateur ; il n'y a que les passions contredites qui plaisent. Ce qu'on s'imagine dans son cabinet devoir toucher entre une mère et un fils devient de la plus grande insipidité aux spectacles. Toute scène doit être un combat ; une scène où deux personnages craignent, désirent, aiment la même chose, serait le der-

---

1. L'*Argolide où était Mycènes* n'est pas la même chose que l'Achaïe, qu'elle avait au nord. (B.)

nier période de l'affadissement; le grand art doit être d'éviter ces lieux communs,· et il n'y a que l'usage du monde et du théâtre qui puisse rendre sensible cette vérité.

Le marquis Maffei en est si pénétré qu'il a poussé l'art jusqu'à ne jamais produire sur la scène la mère avec le fils que quand elle le veut tuer, ou pour le reconnaître à la dernière scène du cinquième acte; et je l'aurais imité si je n'avais trouvé la ressource de faire reconnaître le fils par la mère en présence du tyran même, ressource qui ne serait qu'un défaut si elle ne produisait un nouveau danger.

En un mot, le plus grand écueil des arts dans le monde, c'est ce qu'on appelle les lieux communs. Je n'entre pas dans un plus long détail. Songez seulement, mon cher Père, que ce n'est pas un lieu commun que la tendre vénération que j'aurai pour vous toute ma vie. Je vous supplie de conserver votre santé, d'être longtemps utile au monde, de former longtemps des esprits justes et des cœurs vertueux.

Je vous conjure de dire à vos amis combien je suis attaché à votre société. Personne ne me la rend plus chère que vous. Je suis, avec la plus tendre estime et avec une éternelle reconnaissance, mon très-cher et révérend Père, votre, etc.

1025. — A M. L'ABBÉ MOUSSINOT [1].

Ce 15 (janvier 1739).

Je vous prie, mon cher ami, de lire cette lettre ouverte que j'écris à Mme la présidente de Bernières, et de lire aussi sa lettre, que je lui renvoie. Puis vous enverrez, fût-ce à cinq heures du matin ou à minuit, un commissionnaire à M. d'Argental, pour lui demander un quart d'heure d'audience.

Vous rendrez à M. d'Argental la lettre qui est pour lui, et le paquet de Mme de Bernières; après quoi, s'il le juge à propos, vous porterez à Mme de Bernières le paquet pour elle cacheté. Vous en serez très-bien reçu; vous obtiendrez d'elle sur-le-champ une réponse telle que je la demande, et vous me l'enverrez. C'est ce que vous ferez, mon cher abbé, si vous m'aimez autant que je vous aime.

M. Helvétius, le fils du fermier général, doit vous avoir envoyé un mémoire; mais il n'en faut faire aucun usage. J'en fais un meilleur qui sera présenté à monsieur le chancelier.

1. Édition Courtat.

Si vous pouvez faire acheter une *Voltairomanie*, et faire un procès-verbal chez un commissaire, vous me rendrez service et à tous les honnêtes gens. Remettons les autres affaires. *Vale.*

Je vous prie, mon cher abbé, de vouloir bien faire dire à d'Arnaud que j'ai écrit à M. l'abbé Philippe.

J'attends les journaux de décembre. *Vale.*

Outre le paquet qui contient les lettres pour Mme de Bernières, envoyez-en encore un pour M. d'Argental.

La plus extrême diligence.

1026. — A M. THIERIOT[1].

15 janvier.

Je fais un effort, et je dérobe un instant aux douleurs d'une espèce de néphrétique dont je suis encore tourmenté, pour vous dire que ma plus grande douleur est de ne point recevoir de vos nouvelles. Plusieurs de mes amis parlent à monsieur le chancelier. Tout le monde me sert, hors vous ; j'ignore même si vous avez ou non envoyé cet exécrable libelle, plus fait contre vous que contre moi, au prince royal. Je calme autant que je peux le ressentiment inexprimable de Mme du Châtelet ; M. de Maupertuis se joint à moi, mais nous ne gagnons rien ; je vous demande en grâce de réparer votre faute.

Je ne sais pourquoi M. le marquis du Châtelet a voulu absolument vous écrire, et à M. de La Popelinière : il n'en était pas besoin ; mais M. et Mme du Châtelet sont des amis si vifs et si respectables qu'ils aiment mieux faire trop que trop peu. La lettre de Mme de Bernières est ce qu'on pouvait de plus fort[2]. En un mot, tout le monde a fait son devoir. Mon amitié m'assure que personne ne le fera mieux que vous ; cependant nous sommes au 15 janvier, et je n'entends point parler de vous.

Je reçois une lettre du Père Porée ; en voici les premières lignes :

« A Paris, ce 4 janvier 1739.

« Monsieur, je ne me pardonnerais pas si j'avais été assez lâche et assez perfide pour *trahir jamais, en public ou en particulier, les sentiments de respect, d'estime et d'amitié que j'ai pour vous....*

---

1. Éditeurs, de Cayrol et François.
2. Desfontaines accusait Voltaire d'avoir vécu aux crochets de cette dame. Une lettre de Mme de Bernières, qui démentait les calomnies de l'abbé, venait d'arriver à Cirey.

Je vous envoie l'endroit de mon discours qu'on a pu si injustement soupçonner. »

Et il me l'envoie; voilà comme des amis en usent. Votre cœur n'aura pas besoin d'exemple ; mais j'attends de vos nouvelles.

1027. — A M. LE COMTE D'ARGENTAL[1].

Ce 16 janvier.

Mon cher ange, envoyez chercher Berger ou le chevalier de Mouhy. Dites-leur ce qu'il faut que je sache; je crains les fausses démarches ; ne vous donnez pas la peine d'écrire, mais faites-moi écrire. Vous recevrez par Thieriot vers et prose pour votre amusement.

Cirey baise vos ailes. Envoyez, je vous prie, à M. Hérault la lettre du sieur Dulion, et faites-m'en tenir une copie. Mandez-nous comment vous aurez trouvé le cachet du paquet qui vous parviendra par Thieriot. Je vous demande en grâce de lui faire sentir combien sa conduite a été irrégulière, combien Mme du Châtelet a dû être outrée de sa lettre ostensible, dans laquelle il démentait ses anciennes lettres sur Desfontaines, et faisait le petit ministre là où il ne devait être qu'ami, combien il est mal d'avoir envoyé sa lettre au prince. Vous pouvez le gronder et lui plaire, car je vous connais. Je vous embrasse avec la plus vive tendresse.

P. S. Faites rage auprès de M. Hérault. Sans doute vous avez donné ma lettre à M. Defresne.

Je rouvre ma lettre, mon cher ange gardien, pour vous dire qu'en pareille affaire rien n'est à négliger; qu'il faut absolument que ce Thieriot respecte au moins d'anciens bienfaits et une vieille amitié; qu'il aille chez M. Hérault, qu'il y soutienne sa lettre du 16 août 1726, où il accuse Desfontaines du libelle intitulé *Apologie;* qu'il voie Déon; en un mot, qu'il me serve. Il le doit, et vous pouvez lui faire entendre que c'est le seul moyen de plaire au prince, dont il attend sa fortune. Tournez cette âme de boue du bon côté.

Je me flatte que M. de Pont-de-Veyle a bien voulu parler fortement à M. de Maurepas. J'ai écrit à Barjac[2], mon ami ; au curé de Saint-Nicolas, ami de M. Hérault; à M. Dufaï, qui le

---

1. Éditeurs, de Cayrol et François.
2. Premier valet de chambre du cardinal Fleury.

voit souvent; à Mme la princesse de Conti, accusée de protéger Desfontaines; à M. de Locmaria, soupçonné de pareille horreur; à Silva, à M. de Lézeau et à M. d'Argenson. Je mourrai, ou j'aurai justice. *Ora pro nobis.*

1028. — A M. THIERIOT [1].

16 ou 17 janvier 1739.

Mme de Champbonin partait; mais elle tombe malade. On ne veut pas que je parte, et d'ailleurs j'aime mieux hasarder mille fausses démarches que d'en faire une contre l'amitié, et que mon cœur me reprocherait. Je reste donc, et le procès criminel que je veux absolument qu'on intente ira comme il pourra. Je n'ai ni à rougir ni à craindre.

Je n'abandonnerai de ma vie aucune branche de cette affaire : elle me coûtera quelques quarts d'heure les jours de poste, mais ne prendra rien sur le repos de mon cœur; il n'y a que l'amitié à quoi il soit sensible.

Imitez Mme de Bernières, qui doit m'être moins attachée que vous; elle m'écrit la lettre la plus terrible contre Desfontaines, mais si terrible que je n'ose la montrer, et que je demande quelque chose de plus modéré. C'est quatre lignes seulement d'elle et de vous, pour mettre dans mon portefeuille, pour servir de réponse à force misérables qui abusent toujours de la calomnie, et qui prennent pour vraies les impostures auxquelles on n'a pas répondu.

Cela fait une fois, cela est fait pour jamais, et je jouis paisiblement de votre amitié.

Mais je vous conseille de ne pas aigrir M. et Mme du Châtelet, en tergiversant sur la lettre qu'ils demandent : inutile, d'accord; mais ils la demandent.

Je vous embrasse. V.

1029. — A M. L'ABBÉ MOUSSINOT [2].

Ce 17 (janvier 1739).

Mon cher abbé, je vous renouvelle mon instante prière de vous faire munir d'un de ces libelles, et d'avoir par devers vous un procès-verbal, qui servira en temps et lieu. Après avoir vu

---

1. Éditeurs, Bavoux et François.
2. Édition Courtat.

les personnes que je vous ai prié de voir, et après avoir procuré avec adresse et sans vous commettre ce procès-verbal, votre mission sera faite.

Recommandez surtout au chevalier de Mouhy de ne rien faire sans m'avertir; que l'ancien mémoire ne lui reste point entre les mains; qu'il attende le nouveau.

J'ai encore corrigé le mémoire pour la troisième fois.

Ainsi attendez cette troisième leçon, que j'envoie à M. d'Argental, et que j'enverrai à plusieurs magistrats, avant qu'il soit imprimé.

Écrivez-moi *que cette affaire demande absolument ma présence à Paris,* et brûlez ma lettre.

Je vous aime de tout mon cœur. Adieu.

Surtout que le chevalier de Mouhy détruise le ridicule soupçon qu'on a que je suis l'auteur du *Préservatif*.

Je vous prie de m'envoyer aussi les œuvres de l'abbé Nadal, qui se vendent chez Briasson.

Écrivez à M. d'Argental que, s'il y a quelque chose à faire copier, quelque course à faire, argent, carrosses, services, tout est prêt. *Vale.*

1030. — A FRÉDÉRIC, PRINCE ROYAL DE PRUSSE.

A Cirey, le 18 janvier.

Monseigneur, Votre Altesse royale est plus Frédéric[1] et plus Marc-Aurèle que jamais. Les choses agréables partent de votre plume avec une facilité qui m'étonne toujours. Votre instruction pastorale est du plus digne évêque. Vous montrez bien que ceux qui sont destinés à être rois sont en effet les *oints* du Seigneur. Votre catéchisme est toujours celui de la raison et du bonheur. Heureuses vos ouailles, monseigneur! le troupeau de Cirey reçoit vos paroles avec la plus grande édification.

Votre Altesse royale me conseille, c'est-à-dire m'ordonne de finir l'histoire du *Siècle de Louis XIV*. J'obéirai, et je tâcherai même de l'éclaircir avec un ménagement qui n'ôtera rien à la vérité, mais qui ne la rendra pas odieuse. Mon grand but, après tout, n'est pas l'histoire politique et militaire: c'est celle des arts, du commerce, de la police; en un mot, de l'esprit humain. Dans tout cela il n'y a point de vérité dangereuse. Je ne crois donc pas devoir m'interdire une carrière si grande et si sûre, parce

1. Voyez une note de la lettre 629.

qu'il y a un petit chemin où je peux broncher ; ce qui est entre les mains de Votre Altesse royale ne sera jamais que pour elle[1]. Le vulgaire n'est pas fait pour être servi comme mon prince.

J'ai réformé l'*Histoire de Charles XII* sur plusieurs mémoires qui m'ont été communiqués par un serviteur du roi Stanislas ; mais, surtout, sur ce que Votre Altesse royale a daigné me faire remettre. Je n'ai pris de ces détails curieux dont vous m'avez honoré que ce qui doit être su de tout le monde, sans blesser personne : le dénombrement des peuples, les lois nouvelles, les établissements, les villes fondées, le commerce, la police, les mœurs publiques ; mais pour les actions particulières du czar, de la czarine, du czarovitz, je garde sur elles un silence profond. Je ne nomme personne, je ne cite personne, non-seulement parce que cela n'est pas de mon sujet, mais parce que je ne ferais pas usage d'un passage de l'Évangile que Votre Altesse royale m'aurait cité, si vous ne l'ordonniez expressément.

Je réforme *la Henriade*, et je compte par le premier ordinaire soumettre au jugement de Votre Altesse royale quelques changements que je viens d'y faire. Je corrige aussi toutes mes tragédies ; j'ai fait un nouvel acte à *Brutus*, car enfin il faut se corriger et être digne de son prince et d'Émilie.

Je ne fais point imprimer *Mérope*, parce que je n'en suis pas encore content ; mais on veut que je fasse une tragédie nouvelle, une tragédie pleine d'amour et non de galanterie, qui fasse pleurer des femmes, et qu'on parodie à la Comédie italienne. Je la fais, j'y travaille il y a huit jours[2] : on se moquera de moi ; mais, en attendant, je retouche beaucoup les *Éléments de Newton* ; je ne dois rien oublier, et je veux que cet ouvrage soit plus plein et plus intelligible.

Je vous ai rendu, monseigneur, un compte exact de tous les travaux de votre sujet de Cirey ; vraiment, je ne dois pas omettre la nouvelle persécution que Rousseau et l'abbé Desfontaines me font. Tandis que je passe dans la retraite les jours et les nuits dans un travail assidu, on me persécute à Paris, on me calomnie, on m'outrage de la manière la plus cruelle. Mme la marquise du Châtelet a cru que Thieriot, qui envoie souvent ce qu'on fait contre moi à tout le monde, avait envoyé aussi à Votre Altesse royale un libelle affreux de l'abbé Desfontaines ; elle avait d'au-

---

1. Il s'agit peut-être de quelque passage relatif au Masque de fer. (B.)
2. *Zulime*, d'après la lettre 1007, dut être commencée vers le milieu de décembre 1738.

tant plus sujet de le croire qu'elle en avait écrit à Thieriot, qu'elle lui avait demandé la vérité, et que Thieriot n'avait point répondu. Aussitôt voilà le cœur généreux de Mme du Châtelet, cœur digne du vôtre, qui s'enflamme : elle écrit à Votre Altesse royale; elle vous fait entendre des plaintes bienséantes dans sa bouche, mais interdites à la mienne. Voici le fait :

Un homme, le chevalier de Mouhy, qui a déjà écrit contre l'abbé Desfontaines, fait une petite brochure[1] littéraire contre lui; et, dans cette brochure, il imprime une lettre que j'ai écrite il y a deux ans. Dans cette lettre j'avais cité un fait connu ; que l'abbé Desfontaines, sauvé du feu par moi, avait, pour récompense, fait sur-le-champ un libelle contre son bienfaiteur, et que Thieriot en était témoin. Tout cela est la plus exacte vérité, vérité bien honteuse aux lettres. Si Thieriot, dans cette occasion, craint de nouvelles morsures de l'abbé Desfontaines, s'il s'effraye plus de ce chien enragé qu'il n'aime son ami, c'est ce que j'ignore; il y a longtemps que je n'ai reçu de ses nouvelles. Je lui pardonne de ne se point commettre pour moi. Je fais un petit *Mémoire*[2] apologétique pour répondre à l'abbé Desfontaines. Mme du Châtelet l'a envoyé à Votre Altesse royale; je l'ai fort corrigé depuis. Je ne dis point d'injures; l'ouvrage n'est point contre l'abbé Desfontaines, il est pour moi ; je tâche d'y mêler un peu de littérature, afin de ne point fatiguer le public de choses personnelles.

Mais je sens que je fatigue fort Votre Altesse royale par tout ce bavardage. Quel entretien pour un grand prince! Mais les dieux s'occupent quelquefois des sottises des hommes, et les héros regardent des combats de cailles.

Je suis avec le plus profond respect, le plus tendre, le plus inviolable attachement, monseigneur, etc.

1031. — A M. LE COMTE D'ARGENTAL.

Cirey, ce 18 janvier.

Mon cher ange gardien, pourquoi faut-il que le chevalier de Mouhy, qui ne me connaît pas, agisse comme mon frère, et que Thieriot, qui me doit tout, se tienne les bras croisés dans sa lâche ingratitude ? Quoi ! Mouhy court déposer chez M. Hérault,

---

1. Voltaire voulait faire croire que *le Préservatif* (voyez tome XXII, page 371) était de Mouhy.
2. C'est le *Mémoire* imprimé tome XXIII, page 27.

et Thieriot se tait! lui qui a été traité avec tant de mépris par Desfontaines, lui qui m'a écrit cette lettre de 1726, et tant d'autres, où il avoue que Desfontaines fit un libelle contre moi au sortir de Bicêtre! Il a aujourd'hui l'insolence et la bassesse d'écrire, de publier une lettre à Mme du Châtelet, dans laquelle il désavoue ses anciennes lettres; il l'envoie au prince royal; et, pour se justifier, il dit tranquillement que les *Lettres philosophiques* ne lui ont valu que cinquante guinées, et qu'il ne m'a mangé que quatre-vingts souscriptions[1]. Y a-t-il une âme de boue aussi lâche, aussi méprisable? Ce malheureux dit froidement qu'il ne fera rien que vous ne lui ordonniez. Eh bien! ordonnez-lui donc sur-le-champ de courir chez M. Hérault, et de confirmer sa lettre du 16 août 1726, et les autres, dont voici copie. Cela m'est de la dernière importance, mon cher ami; il y va du repos de ma vie.

1032. — A M. BERGER.

A Cirey, le 18 janvier.

Mon cher ami, voulez-vous me rendre un signalé service? Il faut voir Saint-Hyacinthe. Je ne le connais pas, direz-vous. Il faut le connaître; on connaît tout le monde, quand il s'agit d'un ami. Mais Saint-Hyacinthe est un homme décrié; eh! qu'importe? Voici de quoi il s'agit. Il est cité dans le livre infâme de Desfontaines pour avoir écrit contre moi un libelle intitulé *Déification d'Aristarchus Masso*. Or je ne l'ai jamais offensé, ce Saint-Hyacinthe. Pourquoi donc imprimer contre moi des impostures si affreuses? Veut-il les soutenir? Je ne le crois pas. Que lui coûtera-t-il de signer qu'il n'en est pas l'auteur, ou qu'il les déteste, ou qu'il ne m'a point eu en vue? Exigez de lui un mot qui lave cet outrage, et qui prévienne les suites d'une querelle cruelle. Faites-lui écrire un petit mot dont il résulte la paix et l'honneur, je vous en conjure. Courez, rendez-moi ce service. Je ne demande que le repos; procurez-le à votre ami.

1033. — A M. THIERIOT.

Le 18 janvier.

Mon cher Thieriot, je reçois votre lettre du 14. Votre négligence à répondre, trois ou quatre ordinaires, a fait penser à

---

1. A *la Henriade*. Voltaire, dans sa lettre à Destouches, du 3 décembre 1744, parle de cent souscriptions à *la Henriade* dont Thieriot perdit, c'est-à-dire mangea l'argent.

Mᵐᵉ du Châtelet et à Mᵐᵉ de Champbonin que vous aviez envoyé à Son Altesse royale le libelle affreux d'un scélérat ; et Mᵐᵉ de Champbonin en était d'autant plus persuadée que vous lui aviez avoué à Paris que vous régaliez ce prince de tout ce qui se fait contre moi, qu'elle vous l'avait reproché, et qu'elle en était encore émue.

Votre silence, pendant que tout le monde m'écrivait, ne m'a point surpris, moi, qui suis accoutumé à des négligences souvent causées par votre peu de santé ; mais il a indigné au dernier point tout ce petit coin de la Champagne, et vous devez à Mᵐᵉ du Châtelet la réparation la plus tendre des idées cruelles que vous lui aviez données. Il est très-sûr qu'un mot de vous dans le *Pour et Contre*, si vous n'êtes point brouillé avec Prévost, vous eût fait et vous ferait un honneur infini : car rien n'en fait plus qu'une amitié courageuse.

Je ne sais pourquoi vous m'appelez *malheureux* et *homme à plaindre*. Je ne le suis assurément point, si vous êtes un ami aussi fidèle et aussi tendre que je le crois. Je suis au contraire très-heureux qu'un scélérat que j'ai sauvé me mette en état de prouver, papiers originaux en main, mes bienfaits et ses crimes ; et je le remercie de m'avoir donné l'occasion de me faire connaître, sans qu'on puisse m'imputer de la vanité. L'exemple de l'abbé Prévost n'est fait pour moi d'aucune sorte. Je souhaite que ceux qui répondront jamais à des libelles suivent mon exemple, et soient en état de me ressembler.

Mᵐᵉ du Châtelet et tous ceux, sans exception, qui ont vu ici votre lettre, en sont si mécontents qu'elle vous la renvoie. C'est à elle seule, à qui elle s'adresse, à savoir si elle doit être contente, et non à ceux qui l'ont, dites-vous, approuvée sans qu'ils sussent ce que Mᵐᵉ du Châtelet, qui est au fait de toutes les branches d'une affaire qu'ils ignorent, avait droit d'exiger de vous. Il n'y a que deux personnes à consulter en telles affaires, soi-même et la personne à qui l'on écrit.

Quant à l'article des souscriptions[1] que j'ai payées de mon argent, quoique la valeur ne soit jamais venue entre mes mains (comme vous savez), c'est une chose dont vous pouvez et devez très-bien vous charger, car je ne crois pas qu'il y ait deux souscripteurs qui n'aient eu ou le livre ou l'argent, et vous pouvez les payer de celui que vous avez à moi : cela est tout simple ; tout le reste est inutile.

1. Voyez la note de la lettre 1031.

Vos anciennes lettres où vous dites que « Desfontaines est un monstre, qu'il a fait contre moi un libelle intitulé *Apologie du sieur de Voltaire*[1]; qu'il a fait imprimer *la Henriade* à Évreux, avec des vers contre Lamotte; celles où vous dites que c'est un enragé qui, etc. ; » tout cela a été vu, lu, relu ici, signé par vingt personnes, déposé chez un notaire : ainsi nul besoin d'éclaircissement ; mais j'avais besoin, moi, d'un tégmoignage de votre amitié, de votre diligence, d'un zèle honorable pour tous deux, égal à celui que Mme de Bernières[2] a fait paraître. Je l'attendais non-seulement de votre tendresse, mais de votre honneur outragé par un malheureux qui vous a toujours traité avec le dernier mépris, et dont les outrages sont imprimés. Je n'ai jamais soupçonné que vous balançassiez entre l'ami tendre et solide de vingt-cinq années, et le scélérat dont vous ne m'avez jamais parlé qu'avec horreur.

Encore une fois, il ne s'agit que de vous et non de moi. Écrivez à Mme du Châtelet et au prince en termes qui leur persuadent votre amitié, autant que j'en suis persuadé : c'est tout ce que je veux. J'ai fait assez de bien à des ingrats ; j'ai fait d'assez bons ouvrages, et je les retouche avec assez d'assiduité pour ne rien craindre de la postérité, ni pour mon cœur, ni pour mon esprit, qu'on n'appellera ni l'un ni l'autre paresseux. J'ai assez d'amis et de fortune pour vivre heureux dans le temps présent. J'ai assez d'orgueil pour mépriser d'un mépris souverain les discours de ceux qui ne me connaissent pas. En un mot, loin d'avoir eu un instant de chagrin de l'absurde et sot libelle de Desfontaines, j'en ai été peut-être trop aise. Votre seul article m'a désespéré. Entendre dire par tout Paris que vous démentez votre ami, qui a preuve en main, en faveur de votre ennemi ; entendre dire que vous ménagez Desfontaines, c'était un coup de poignard pour un cœur aussi sensible que le mien. Je n'ai donc plus qu'à remercier mon bon ange de deux choses : de la fermeté intrépide de votre amitié, qui ne doit pas être négligente ; et de l'occasion admirable qu'on me donne de confondre mes ennemis.

Écrivez, vous dis-je, à Mme du Châtelet. Point de politique, point de ces lâches misères ; allez vous faire .... avec *vos gens de cour qui voient votre lettre*. Il est question de votre cœur ; il est question de vous attacher, pour le reste de votre vie, l'âme la plus noble qui existe au monde, et que vous adoreriez si vous saviez de quoi elle est capable.

---

1. Voyez la note de la lettre 1005.
2. Voyez la note 2 sur la lettre 1026.

Mme de Champbonin vous a écrit une lettre[1] trempée dans l'amertume de ses larmes. Elle m'aime si vivement qu'il faut que vous lui pardonniez. Mais, croyez-moi, parlez à Mme du Châtelet du ton qui convient à sa sensibilité. Je vous embrasse ; j'oublie tout, hors votre amitié.

Songez qu'en de telles circonstances ne pas écrire à son ami sur-le-champ, c'est le trahir. Négligence est crime.

1034. — A M. THIERIOT.
Le 19 janvier.

Je suis malade, je ne peux vous écrire moi-même. Je n'avais pas le temps, hier, de vous dire tout ; mais je ne dois vous laisser rien ignorer, et un ami a bien des droits. Croyez-moi, mon cher Thieriot, croyez-moi, je vous aime et je ne vous trompe point. Mme du Châtelet ne peut qu'être irritée tant que vous ne réparerez point, par des choses qui partent du cœur, la politique, l'inutile, l'outrageante lettre que je vous ai renvoyée par son ordre. Tout ce que vous m'avez écrit du 14 pour mal justifier cette lettre *ostensible*, et ce long et injurieux silence qui l'avait suivie, l'a indignée bien davantage : on n'écrit qu'à ses ennemis de ces lettres *ostensibles* où l'on craint de s'expliquer, où l'on parle à demi, où l'on élude, où l'on est froid.

Examinez vous-même la chose, je vous en conjure, et voyez combien il est indécent que vous paraissiez faire le politique avec Mme du Châtelet, quand elle vous écrit simplement et avec amitié. Vous me mettez en presse ; vous me réduisez à la nécessité de combattre ici pour vous contre ses ressentiments. Elle croit que vous me trahissez ; il faut que je lui jure le contraire.

---

1. Cette lettre, datée du 16 janvier 1739, est dans le tome II des *Mémoires de Wagnière et Longchamp*, page 438. Voici un court extrait des quatre pages qui la composent :

« ....Aujourd'hui * nous recevons une lettre de Mme la présidente de Bernières ;... elle dit formellement que, loin que M. de Voltaire fût nourri et logé par charité chez M. de Bernières, comme l'ose dire un calomniateur si punissable (Desfontaines), il louait un logement chez elle, pour lui et pour vous, payant sa pension et la vôtre. Elle le dit, monsieur, et vous laissez calomnier votre ami ! et quel ami ! un homme qui a hasardé le bonheur de sa vie, et qui porte encore la peine de ces malheureuses *Lettres philosophiques*... dont vous avez reçu deux cents guinées. Et c'est vous, monsieur, qui laissez dire que M. de Voltaire est accusé de rapines !.. Mme du Châtelet est pénétrée du plus vif ressentiment, et M. de Voltaire ne s'occupe qu'à l'apaiser. Voilà l'ami que vous êtes accusé publiquement de trahir... Il n'y a ici (à Cirey) que M. de Voltaire qui prenne votre parti.... »

* D'après la lettre 1026, dont la date est positive, cette lettre de la présidente avait été reçue au moins la veille.

Elle se fâche, ses amis prennent son parti; tout cela me rend malade, et un mot de vous eût prévenu tous ces combats.

Est-il possible, encore une fois, que quand nous avons ici dix lettres anciennes de vous, qui expliquent, qui détaillent tout le fait, toute l'horreur connue de l'abbé Desfontaines, vous affectiez aujourd'hui du mystère? Où diable avez-vous pris d'écrire une lettre *ostensible* à Mme du Châtelet? une lettre publique? La compromettre à ce point! montrer, dites-vous, votre lettre à deux cents personnes! à des gens de cour! vous faire dire qu'il y a de la dignité dans cette lettre! Vous, de la dignité! à Mme du Châtelet! Sentez-vous bien la force de ce terme? Je vous parle vrai, parce que je suis votre ami. Votre lettre *ostensible*, dont on ne voulait point; votre long silence, vos excuses, sont autant d'outrages à la bienséance, à l'amitié, et à Mme du Châtelet. Est-il possible que, dans cette occasion, vous ayez pu consulter autre chose que votre cœur? Voyez que de malentendus votre silence a causés! Enfin tout ceci était bien simple. Vous avez été cité avec raison, et comme j'en ai droit, dans une lettre publique[1]; vous vous trouvez entre votre ami et un monstre qui vous a mordu. Voudrez-vous fuir à la fois votre ami et ce monstre, de peur d'être mordu encore? Je suis un homme de lettres, et vous un amateur; j'ai de la réputation par mes travaux, et vous par votre goût; l'abbé Desfontaines nous a souvent attaqués l'un et l'autre: il est clair qu'il y aurait la plus extrême lâcheté à l'un de nous deux d'abandonner l'autre, de tergiverser, de craindre un scélérat qui offense un ami; il est clair qu'un silence de seize jours, en pareille occasion, est un outrage plus grand de la part d'un ami qu'un libelle n'est offensant de la part d'un coquin méprisé.

Voilà le point essentiel, voilà toute l'affaire, voilà ce qui a pensé faire prendre des résolutions extrêmes; et enfin, quand au bout de seize jours vous m'écrivez, que voulez-vous qu'on pense, sinon que vous avez attendu que l'exécration publique contre Desfontaines vous forçât enfin de revenir à l'amitié? C'est ce que je ne peux ôter de la tête de tout ce qui est ici, et il y a beaucoup de monde; mais c'est ce que je ne pense point. Je vous l'ai dit, je vous l'ai redit, je vous aime, et je compte sur vous; et c'est parce que je vous aime tendrement que je vous gronde très-sévèrement, et que je vous prie d'écrire comme par le passé, de rendre compte des petites commissions, de parler avec naïveté à Mme du Châtelet, qui peut vous servir infiniment

---

1. C'est la lettre rapportée dans le *Préservatif.* Voyez tome XXII, page 386.

auprès du prince. L'affaire des souscriptions, si elle dure encore, est essentielle ; et votre honneur, votre devoir, je dis le devoir le plus sacré, est de les payer de mon argent, s'il s'en trouve. Cela a paru si essentiel à M. et à Mme du Châtelet que vous les outrageriez en faisant sur cela la moindre représentation. Il ne faut rougir ni de faire son devoir, ni de promettre de le faire, surtout quand ce devoir est si aisé.

A l'égard de la lettre que M. du Châtelet exige de vous, il sera très-piqué si vous ne l'écrivez pas : il la faut écrire ; pour moi, je la trouve inutile. Je vous la renverrai, et n'en ferai point usage ; mais il faut contenter M. et Mme du Châtelet.

Tout le monde est indigné ici de l'exemple de dom Prévost[1], que vous citez toujours. Quand quelque dom Prévost aura refusé dix mille livres de pension d'un prince souverain[2], quand il aura donné quelquefois et partagé souvent le profit de ses ouvrages, quand il aura donné des pensions à plusieurs gens de lettres, quand il aura fait des ingrats et *la Henriade*, alors vous pourrez me citer dom Prévost. N'en parlons plus. Une lettre d'attachement à Mme du Châtelet, de la vigueur, et des lettres fréquentes à votre intime ami Voltaire, et tout est effacé, tout est oublié. Mais plus de politique : elle n'est faite ni pour vous ni pour moi, et je ne connais et n'aime que la franchise. Voilà tout ce que je veux, et comptez que mon cœur est à vous pour jamais. Il est vrai, il est tendre, vous le connaissez ; adieu.

[3] J'ai dicté tout cela bien à la hâte ; j'ajoute qu'on nous écrit, dans le moment, que votre malheureuse lettre à Mme du Châtelet va être publique dans le *Pour et Contre*[4]. Ah ! mon ami, serait-il vrai ? Ce serait le plus cruel outrage à Mme du Châtelet et à toute sa famille. De quoi vous êtes-vous avisé ? quelle malheureuse lettre ! qui vous la demandait ? pourquoi l'écrire ? pourquoi la montrer ?

S'il en est temps, volez chez le *Pour et Contre*, brûlez la feuille, payez les frais ; mais je ne crois pas que cela soit vrai. Voilà ce que c'est que de garder le silence dans de telles occasions. Il fallait écrire toutes les postes.

Je vous embrasse.

1. L'abbé Prévost avait été bénédictin; et l'on donnait le *dom* aux religieux de cet ordre.
2. Voyez tome XXXIII, page 579.
3. Ces dernières lignes sont de la main de M. de Voltaire. (K.)
4. De l'abbé Prévost.

1035. — A M. L'ABBÉ D'OLIVET.

A Cirey, ce 19 janvier.

Vous me faites goûter un plaisir bien rare, mon ancien maître, mon cher ami toujours mon maître ; vous devriez bien écrire plus souvent. Vous devriez plutôt venir prendre une cellule dans le couvent, ou plutôt dans le palais de Cirey. Celle que vient de quitter Archimède-Maupertuis [1] serait très-bien occupée par Quintilien-d'Olivet. Vous verriez si la masse multipliée par le carré de la vitesse, ou si les cubes des distances des planètes font oublier les *Tusculanes*, et si Locke fait négliger Virgile; vous verriez si l'histoire est méprisée. Vous passez volontiers vos hivers hors de Paris. Si vous alliez en Franche-Comté, souvenez-vous que Cirey est précisément sur la plus belle route.

Ne vous imaginez pas que la vie occupée et délicieuse de Cirey, au milieu de la plus grande magnificence et de la meilleure chère, et des meilleurs livres, et, ce qui vaut mieux, au milieu de l'amitié, soit troublée un seul instant par le croassement d'un scélérat qui fait, avec la voix enrouée du vieux Rousseau, un concert d'injures méprisées de tous les esprits, et détestées de tous les cœurs.

Pour punir l'abbé Desfontaines, je ne voudrais qu'une chose : lui démontrer que je n'ai pas plus de part que vous au *Préservatif*. L'auteur de cet écrit a fait usage de deux lettres que vous connaissez il y a longtemps : l'une, sur l'évêque de Cloyne, Berkeley, auteur de l'*Alciphron* ; l'autre, sur l'affaire de Bicêtre. Une ou deux personnes ont aidé l'auteur à brocher ce *Préservatif*, qui n'est qu'une table des matières, et non point un ouvrage. J'en ai en main la preuve démonstrative, que je vous ferais voir si l'abbé Desfontaines, qui me doit la vie, qui pour toute reconnaissance m'a tant outragé, était capable de sentir son tort et de se corriger ; il ne faudrait pas d'autre réponse.

Mais, si j'en fais une, elle sera aussi modérée que son libelle est emporté, aussi fondée sur des faits que son écrit est bâti sur des calomnies, aussi touchante peut-être que ses ouvrages sont révoltants. Tout le mal de cette affaire, c'est que ce sont deux ou trois jours arrachés à l'étude ; *amice, tres dies perdidi*. Je suis prêt

tié, à l'étude de la physique, aux corrections continuelles que je fais dans le poëme de *la Henriade*, dans l'*Histoire de Charles XII*, dans mes tragédies, dans tout ce que j'ai jamais écrit.

Que vous me seriez d'un grand secours, mon cher ami, si vous vouliez éclairer de votre sage critique ce que fait votre ancien disciple ! Je voudrais que ma plume et ma conduite, eussent en vous un ami attentif, un juge continuel. Vous savez par exemple, combien Rousseau m'a outragé depuis quinze ans; avec quel acharnement il a poursuivi contre moi ses querelles commencées, il y a quarante ans, avec tant de gens de lettres. Il est à Paris, il demande grâce au parlement, aux Saurin, au public. Il ose s'adresser à Dieu même. J'ai de quoi le démasquer, j'ai de quoi le couvrir d'opprobre, de quoi remplir la mesure de ses crimes. Tenez, lisez ; la pièce est authentique, je vous l'envoie; je pourrais la faire imprimer dans ma réponse, cependant je ne le fais pas. Je vous conjure de voir le Père Brumoi et vos autres amis. Si l'auteur de *la Henriade* leur déplaît, s'ils préfèrent des odes à un poëme épique, et des épigrammes à tous mes travaux, qu'ils préfèrent du moins ma modération à la rage éternelle de Rousseau, et ma franchise à son hypocrisie.

Vous, mon cher ami, aimez toujours un homme qui vous sera éternellement attaché. Je ne sais pourquoi M. Thieriot ne vous a pas montré la *Mérope*. Adieu ; je vous embrasse tendrement ; écrivez-moi, mandez-moi si vous voulez que je vous envoie mes drogues. Je ne vous écris point de ma main, étant assez malade.

1036. — DE FRÉDÉRIC, PRINCE ROYAL DE PRUSSE.

Berlin, 20 janvier.

> Du bonheur et de l'allégresse !
> Que votre esprit, joyeux, content,
> Trouve enfin ce bonheur suprême
> Qu'on cherche toujours vainement,
> S'il n'est pas dans notre cœur même [1].

On offrait aux dieux, dans le paganisme, les prémices des moissons et des récoltes; on consacrait au dieu de Jacob les premiers-nés d'entre le peuple d'Israël [2]; on voue aux saints patrons, dans l'Église romaine, non-seulement les prémices, non-seulement les cadets des maisons, mais des

---

1. Ces vers, omis dans toutes les éditions, se trouvent dans l'original de cette lettre, conservé à Saint-Pétersbourg.
2. *Exode*, XIII, 2.

royaumes entiers, témoin l'abdication de saint Louis [1] en faveur de la vierge Marie. Pour moi, je n'ai point de prémices de moissons, point d'enfants, point de royaume à vouer ; je vous consacre les prémices de ma poésie de l'année 1739. Si j'étais païen, je vous invoquerais sous le nom d'Apollon ; si j'étais juif, je vous eusse peut-être confondu avec le roi prophète et son fils ; si j'étais papiste, vous eussiez été mon saint et mon confesseur. N'étant rien de tout cela, je me contente de vous estimer très-philosophiquement, de vous admirer comme philosophe, de vous chérir comme poëte, et de vous respecter comme ami.

Je ne vous souhaite que de la santé, car c'est tout ce dont vous avez besoin. Partagé d'un génie supérieur, capable de vous suffire à vous-même et de pouvoir être heureux, et, pour surcroît, possédant Émilie, que mes vœux pourraient-ils ajouter à votre félicité ?

Souvenez-vous que sous une zone un peu plus froide que la vôtre, dans un pays voisin de la barbarie, en un lieu solitaire et retiré du monde, habite un ami qui vous consacre ses veilles, et qui ne cesse de faire des vœux pour votre conservation.

FÉDÉRIC.

1037. — A M. LE COMTE D'ARGENTAL.

20 janvier.

Mon cher ange, vous avez été bien étonné du dernier paquet de *Zulime;* mais qui emploie sa journée fait bien des choses. Je travaille, mais guidez-moi.

Je persiste dans l'idée de faire un procès criminel à l'abbé Desfontaines. Mon cher ange gardien, vous me connaissez. Les gens à poëme épique et à *Éléments de Newton* sont des gens opiniâtres. Je demanderai justice des calomnies de Desfontaines jusqu'au dernier soupir ; et ce même caractère d'esprit vous assure, je crois, de ma tendre et éternelle reconnaissance.

J'ai envoyé mon dernier *Mémoire*[2] à M. d'Argenson; mais je ne compte le faire imprimer qu'avec permission tacite, dans un recueil de quelques pièces. Il me semble qu'il sera alors très-convenable de laisser dans mon mémoire justificatif tout ce qui est littéraire : car, si l'avidité du public malin ne désire actuellement que du personnel, les amateurs un jour préféreront beaucoup le littéraire. J'ai fait cet ouvrage dans le goût de Pellisson, et peut-être de Cicéron. Je serais confondu si ce style était mauvais.

j'insiste qu'on commence le procès par une requête présentée au nom des gens de lettres, qu'ensuite mes parents en présentent une au nom de ma famille outragée, sauf à moi à m'y joindre, s'il est nécessaire.

J'espérais que, sans forme de procès, et indépendamment du châtiment que le magistrat de la police peut et doit infliger à l'abbé Desfontaines, je pourrais obtenir un désaveu des calomnies de ce scélérat, désaveu qui m'est nécessaire, désaveu qu'on ne peut refuser aux preuves que j'ai rapportées.

Enfin j'en reviens toujours là : point de preuves contre moi, sinon que j'ai écrit la lettre qui est dans *le Préservatif*. Or, cette lettre, que dit-elle? Que Desfontaines a été tiré de Bicêtre par moi, et qu'il m'a payé d'ingratitude. Encore une fois, cette lettre doit être regardée comme ma première requête contre Desfontaines. D'ailleurs, rien de prouvé contre moi, et tout démontré contre lui. Enfin j'insiste sur le désaveu de ses calomnies, et j'attends tout des bontés de mon cher ange gardien.

Je serais bien honteux de tant d'importunités, si vous n'étiez pas M. d'Argental.

Adieu; mon cœur ne peut suffire à mes sentiments pour vous, et à ma tendre reconnaissance.

1038. — A M. THIERIOT.

Ce 23 janvier.

M. du Châtelet étant absent, et madame la marquise ayant ordre d'ouvrir ses lettres, elle a heureusement lu la vôtre, et elle vous donne la marque d'amitié de vous la renvoyer. Elle n'est ni française, ni décente, ni intelligible, et M. du Châtelet, qui est très-vif, en eût été fort piqué. Je vous la renvoie donc, mon cher Thieriot; corrigez-la comme je corrige mes *Épîtres*[1]. Il faut tout simplement lui dire que « vous aviez prévenu tous ses désirs ; que, si vous avez été si longtemps sans écrire, c'est que vous avez été malade ; qu'il y a longtemps que vous savez qu'en effet j'ai remboursé toutes les souscriptions que les souscripteurs négligents n'avaient pas envoyées en Angleterre, et que vous ne croyez pas qu'il en reste ; mais que, s'il en restait, vous vous en chargeriez avec plaisir pour votre ami ; qu'à l'égard de l'abbé Desfontaines, vous pensez comme tout le public, qui le déteste

---

1. Alors publiées sous le titre d'*Épîtres*, et depuis sous celui de *Discours sur l'Homme*. Voyez tome IX.

et le méprise, et que vous n'avez pas cessé un moment d'être mon ami ».

Au reste, songez bien qu'on ne vous demande point la lettre *ostensible*. Voilà comme on apaise tout sans se compromettre, et non pas en entrant dans un détail de lettre à écrire à M. de La Popelinière. Ne parlez point de M. de La Popelinière. C'est à lui à rendre ce qu'il doit à M. le marquis du Châtelet, et il n'y manquera pas : il connaît trop les devoirs du monde.

Pour la centième fois, si vous aviez écrit tout d'un coup comme à l'ordinaire, et si vous n'aviez pas voulu mettre dans l'amitié une politique fort étrangère, il n'y aurait pas eu le moindre malentendu. Oublions donc toute cette mésintelligence.

Au reste, je poursuivrai Desfontaines à toute rigueur. Qui ne sait point confondre ses ennemis ne sait point aimer ses amis.

(Le même jour, ou cette même nuit.)

Mme du Châtelet est excessivement fâchée que vous ayez fait courir votre lettre à elle adressée : cela est contre toutes les règles, et un nom aussi respectable doit être plus ménagé. Je suis encore à comprendre comment cela peut vous être venu dans la tête, et pourquoi vous lui avez écrit une prétendue lettre *ostensible* qu'elle ne demandait assurément pas, et pourquoi vous avez consulté tant de gens sur la manière de faire une chose qu'il ne fallait pas faire du tout. Si jamais il arrivait que cette lettre compromît Mme la marquise du Châtelet avec l'abbé Desfontaines, il n'y a peut-être point d'extrémités où sa famille et elle ne se portassent. Encore une fois, et encore cent fois, il fallait écrire tout simplement comme à l'ordinaire, ne point faire attendre, mander si vous aviez envoyé ou non cette horreur[1] au prince, instruire tout Cirey par vous-même de ce qui se passait, de ce qu'il convenait de faire, prier votre ami de prendre votre défense, et contre trente personnes qui disaient que vous le trahissiez, et contre l'abbé Desfontaines, qui vous traite comme un colporteur et comme un faquin ; vous joindre à nous avec le zèle le plus intrépide pour délivrer la société d'un monstre, écrire lettre sur lettre, au lieu de vous en laisser écrire ; envoyer copie de votre lettre au prince, épargner tous les soupçons, et remplir tous les devoirs. Vos péchés sont grands : que la pénitence le soit, et que je

# ANNÉE 1739.

1039. — DE M. PRAULT FILS [1],

LIBRAIRE A PARIS,

A MADAME DE CHAMPBONIN, A VASSY.

Paris, le 24 janvier 1739.

Madame, vous savez que c'est à un magistrat connu par sa vertu et son mérite que j'ai l'obligation de connaître M. de Voltaire, dont il est ami. J'ai souhaité pendant longtemps illustrer mon commerce des ouvrages d'un homme que je ne connaissais encore que par les talents de son esprit, et qui depuis m'a si fort attaché à lui par les qualités de son cœur. Ma jeunesse, ma bonne volonté, ma sincérité, titres qui valent toujours auprès de lui, ont achevé ce que la recommandation avait commencé. Depuis ce temps, sa confiance m'a rendu l'instrument de tant d'actions de générosité qu'autant par justice pour lui que par reconnaissance pour celle dont je me suis particulièrement ressenti je me crois obligé d'en rendre partout un témoignage authentique, et de répondre à l'injuste accusation du libelle intitulé *la Voltairomanie*, que tous les honnêtes gens ne voient qu'avec indignation.

Voici l'histoire des ouvrages de M. de Voltaire depuis que je le connais, et je suis en état de la prouver par des pièces justificatives.

J'ai commencé par imprimer *la Henriade* avec des corrections considérables; et M. de Voltaire, en me la donnant, en abandonna le profit à un jeune homme [2] que ses talents lui ont attaché, et à qui il a fait encore présent de sa tragédie de *la Mort de César*. Il permit dans un autre temps, à un autre libraire, de réimprimer *Zaïre*, dont le privilége était expiré. Il m'a donné, à moi, ses tragédies d'*Œdipe*, *Mariamne*, et *Brutus*. J'ai imprimé *l'Enfant prodigue* : celui qui fut chargé d'en faire le marché m'en demanda un prix si honnête, que, bien loin de contester avec lui, je lui donnai cent francs au-dessus du prix qu'il m'en avait demandé. Quelques jours après, M. de Voltaire m'écrivit qu'il n'exigerait jamais d'argent [3] pour le prix de ses pièces, ni pour aucun autre de ses ouvrages, mais seulement des livres. Enfin il a fait présent de ses *Éléments de Newton* à ses libraires de Hollande. Peu de temps après, on en a fait une édition sous le titre de Londres; et je sais que le libraire qui l'avait faite, à l'insu de M. de Voltaire, crut cependant, avant de la faire paraître, lui devoir l'attention de la lui communiquer, et de se soumettre à ses corrections. L'édition en état de paraître, M. de Voltaire en a acheté cent cinquante exemplaires pour faire des présents à Paris, qu'il a payés, et qui lui reviennent, avec la reliure, à près de cent pistoles.

Voilà, madame, ce que les ouvrages de M. de Voltaire lui ont produit;

---

1. Cette lettre est celle qui est mentionnée dans la lettre au chancelier d'Aguesseau, du 11 février 1739, n° 1066. C'est à Prault que sont adressées les lettres 834 et 983.
2. Lamare.
3. C'est-à-dire pour lui-même. (K.)

voilà plutôt de quoi confondre le calomniateur, et vous voyez quelle foi on peut ajouter aux impostures dont son ouvrage est tissu.

J'ai l'honneur d'être, avec un très-profond respect, etc.

PRAULT fils.

1040. — A M. LE COMTE D'ARGENTAL.

25 janvier.

Mon cher ami, je travaille le jour à *Zulime*, et le soir je revois mon procès avec l'honnête homme Desfontaines.

Vous savez de quoi il est question à présent, vous avez vu ma lettre à M. Hérault. Il n'y a plus qu'un mot qui serve. M. de Meinières[1] peut-il vous dire tout net ce que j'ai à espérer de M. Hérault? Un outrage pareil, toléré par la magistrature, est un affront éternel aux belles-lettres ; une réparation convenable ferait honneur au ministère.

Suivant vos sages avis, je réforme tout le *Mémoire*, qui est d'une nécessité indispensable. Point de numéro, de peur de ressembler au *Préservatif*; plus de modération, encore plus d'ordre et de méthode ; c'est ce qu'il faut tâcher de faire. Puissé-je dire au public :

> Et mea facundia, si qua est,
> Quæ nunc pro Domino, pro vobis
> Sæpe locuta est !

J'y ajoute un extrait de la lettre d'un prince destiné à gouverner une grande monarchie. Si cela pouvait faire quelque effet, à la bonne heure; sinon, brûlez-le. Mais, après tout, point d'entreprise sans faveur, point de succès sans protection, et je crois qu'il faut avoir raison de ce scélérat. Je demande que M. Hérault fasse une petite réponse, ou la fasse faire en marge de mes questions.

J'imagine qu'il serait bon que Mme de Bernières m'écrivît un mot qui attestât, en général, l'horreur des calomnies du libelle. Je vous supplie d'en exiger autant de Thieriot. Sa conduite est insupportable ; il négocie avec Cirey ; il s'avise de faire le poli-

---

1. Jean-Baptiste-François Durey de Meinières (ou Mesnières), président de la seconde chambre des requêtes et beau-frère de René Hérault, lieutenant général de police. Il épousa, en secondes noces, Octavie Guignard, veuve de l'avocat Bellot, dame connue, sous ce dernier nom, par plusieurs ouvrages. Le président de Meinières est mort le 27 septembre 1785; il était né le 21 avril 1705. Voltaire fut en correspondance avec ce magistrat.

tique. Il doit savoir qu'en pareil cas la politique est un crime. Il a passé près d'un mois sans m'écrire; enfin il a fait soupçonner qu'il me trahissait. S'il veut réparer tout cela par un écrit plein de tendresse et de force dans le *Pour et Contre*, à la bonne heure; mais qu'il ne s'avise pas de parler du *Préservatif*; on ne lui demande pas son avis; et s'il parle de moi, il faut qu'il en parle avec reconnaissance, attachement, estime, qu qu'il se taise, et, surtout, qu'il ne commette point M™ª du Châtelet. Qu'il imprime ou non cette lettre dans le *Pour et Contre*, il est essentiel qu'il m'envoie un mot conçu à peu près en ces termes : « Le sieur T., ayant lu un libelle intitulé *la Voltairomanie*, dans lequel on avance qu'il désavoue M. de V., et dans lequel on trouve un tissu de calomnies atroces, est obligé de déclarer, sur son honneur, que tout ce qui y est avancé sur le compte de M. de V. et sur le sien est la plus punissable imposture ; qu'il a été témoin oculaire de tout le contraire, pendant vingt-cinq ans, et qu'il rend ce témoignage à l'estime, à l'amitié et à la reconnaissance qu'il doit à..... Fait à.... THIERIOT. »

S'il refuse cela, indigne de vivre ; s'il le fait, je pardonne. Je vous prie de recommander à mon neveu[1] de faire un bon procès-verbal, si faire se peut. Cela peut servir et ne peut me nuire; cela tient le crime en respect, prévient la riposte, finit tout.

Ah! ma tragédie, ma tragédie! quand te commencerai-je?

Pardon de tant de misères, mais il y va du bonheur de ma vie, et d'une vie qui vous est dévouée. Mon ange, *eripe me a fæce*, je n'ai recours qu'à vous.

1041. — A M. L'ABBÉ MOUSSINOT[2].

Ce 26 (janvier 1739).

Mon cher abbé, je reçois votre lettre du 21, et celle du 23 au 24.

Grand merci, grand merci ; mais le point principal sera de commencer le procès criminel. Il serait bon que le chevalier de Mouhy se chargeât de le poursuivre en son nom, comme pour son ami, si cela se peut. Mais si les lois s'y opposent, ce que je ne crois pas, voici une procuration que je vous envoie.

Vous la donnerez à quelque bon praticien, qui agira en mon

---

1. Mignot, conseiller correcteur à la chambre des comptes depuis 1737, et mort en juin 1740.
2. Édition Courtat.

nom, s'il ne peut agir au nom du chevalier de Mouhy; mais ce praticien ne doit jamais agir qu'au préalable vous n'ayez vu brûler tous les papiers que le chevalier de Mouhy conserve, et qui pourraient me nuire, comme mon premier mémoire justificatif dont je ne suis pas content, et l'original du *Préservatif*, où il avait mis des choses très-fortes, dont je suis encore plus mécontent. Il faut surtout qu'il m'écrive une lettre ostensible, par laquelle il demeure indubitable que je n'ai aucune part au *Préservatif*, et, dès qu'il vous dira qu'il m'a écrit cette lettre, et que le tout sera brûlé, le praticien commencera la procédure.

J'ai reçu les deux mémoires. Ne m'en envoyez plus, mais brûlez-les, car je garde copie de tout.

Promettez de l'argent au chevalier, mais qu'il ne se presse point, et qu'il ne mette point de montre en gage. On n'a rien commencé ; il n'a rien eu à débourser ; il a gagné au *Préservatif*, dont il est l'auteur en partie ; il a eu cinquante livres ; il en aura encore, mais patience ; il n'y a point eu de feuille tirée, et l'imprimeur devrait rendre l'argent ; mais il n'en a pas reçu. Ne montrez point mes lettres au chevalier, mais assurez-le qu'il est impossible qu'il ait déboursé un sou, puisque le contre-ordre vint en même temps que le manuscrit ; et, quand on aurait commencé, la journée d'un ouvrier vaut un écu, et non pas cent cinquante livres. Si on agit au nom du chevalier de Mouhy dans le procès, que ce ne soit pas lui qui fasse les démarches : j'aimerais mieux ne rien entreprendre. Il faut un homme du palais.

Dites au petit d'Arnaud que j'écrirai pour lui à M. Helvétius.

Il faut, je vous en supplie, demander si les libelles achetés l'ont été devant témoins. Je crois qu'il faut d'abord rendre plainte contre les distributeurs et vendeurs, et leur intenter procès, afin qu'ils nomment l'auteur. Je crois qu'outre cette démarche nécessaire on peut encore très-bien rendre plainte contre l'abbé Desfontaines, comme ayant un intérêt personnel au libelle, comme ayant nécessairement fourni des anecdotes qui ne pouvaient être sues que de lui, telles que des lettres à lui écrites, sa généalogie, son alliance avec Mme de Louraille[1], ses défenses littéraires, enfin comme ayant déjà subi en 1736 une condamnation pour un libelle de cette espèce à la chambre de l'Arsenal, et surtout comme atteint de celui-ci par la notoriété publique. Il faudra faire lever les procès-verbaux de ses écrous au Châtelet en 1724

---

1. Cousine de l'abbé Desfontaines, si on l'en croit. Voyez le *Voltairiana*, deuxième édition, page 36.

ou 1725, à Bicêtre, et le commencement du procès criminel chez M. Rossignol, si faire se peut. L'abbé ne sera pas longtemps protégé par monsieur le duc, mais écrivez toujours qu'on ne peut rien faire sans ma présence, et recommandez à Demoulin de m'écrire de même, et cela de la manière la plus forte.

Je vous prie d'envoyer sur-le-champ cette lettre à M. d'Argental avec un des libelles, le tout cacheté.

Je vous embrasse bien tendrement.

1042. — A M. THIERIOT [1].

Ce ..., au matin.

J'ai oublié, mon cher ami, dans ma lettre du 26, de vous faire souvenir qu'étant à Paris en 1736, je vous montrai, aussi bien qu'à plusieurs personnes, un écrit où la lettre sur Bicêtre, la lettre de M. Pracontal sur la bataille de Spire, etc., se trouvaient; l'abbé d'Olivet porta même cet écrit à Desfontaines, pour l'exciter à repentance. Cet écrit courut; il a servi en dernier lieu à fabriquer le *Préservatif*. Souvenez-vous de cet écrit encore une fois, car je vous citerai vous et l'abbé d'Olivet, et tous ceux qui l'ont vu. Au nom de Dieu, ayez de la mémoire! Vous avez oublié l'*Apologie de V*. Ce libelle à vous montré, ce libelle dont il s'est débité quelques exemplaires, ce libelle cité par Desfontaines même dans son *Dictionnaire néologique*, où vous êtes si joliment traité, enfin vous vous en êtes souvenu. Je demande à votre amitié de la mémoire [2] et de la vivacité. J'ai Desfontaines en tête. Je ne quitterai pas Cirey pour lui; mais je le punirai sans bouger. Si vous avez un cœur, remuez-vous. J'ai envoyé une espèce d'apologie à M. d'Argenson; vous pouvez engager M. de Moncrif à vous la montrer. Il y a du littéraire; mais j'ai voulu faire un ouvrage pour la postérité, non un simple *factum*. Soyez la dixième partie aussi vif pour moi que vous l'avez été pour Mlle Sallé, qui vous aimait dix fois moins que moi. Ne vous adressez qu'à Moncrif.

1043. — DE FRÉDÉRIC, PRINCE ROYAL DE PRUSSE.

Berlin, 27 janvier [3].

Subitement, d'un vol rapide,
La mort fondait sur moi;

L'affreuse douleur qui la guide
Dans peu m'eût abimé sous soi.
De maux carnassiers avidement rongée,
La trame de mes jours allait être abrégée,
Et la débile infirmité
Précipitait ma triste vie,
Hélas! avec trop de furie,
Au gouffre de l'éternité.
Déjà la mort, qui sème l'épouvante,
Avec son attirail hideux,
Faisait briller sa faux tranchante,
Pour éblouir mes faibles yeux;
Et ma pensée évanouie
Allait abandonner mon corps.
Je me voyais finir; mes défaillants ressorts,
Du martyre souffrant la fureur inouïe,
Faisaient leurs derniers efforts.
L'ombre de la nuit éternelle
Dissipait à mes yeux la lumière du jour;
L'espérance, toujours ma compagne fidèle,
Ne me laissait plus voir la plus faible étincelle
D'un espoir de retour.
Dans des tourments sans fin, d'une angoisse mortelle,
Je désirais l'instant qu'éteignant mon flambeau
La mort, assouvissant sa passion cruelle,
Me précipitât au tombeau.
C'est par vous, propice jeunesse,
Que plein de joie et d'allégresse,
Des tourments de la mort je suis sorti vainqueur.
Oui, cher Voltaire, je respire,
Oui, je respire encor pour vous,
Et des rives du sombre empire,
De notre attachement le souvenir si doux
Me transporta comme en délire
Chez Émilie auprès de vous.
Mais, revenant à moi, par un nouveau martyre,
Je reconnus l'erreur où me plongeaient mes sens.
Faut-il mourir? disais-je; ô vous, dieux tout-puissants!
Redoublez ma douleur amère,
Et redoublez mes maux cuisants;
Mais ne permettez pas, fiers maîtres du tonnerre,
Que les destins impatients,
Jaloux de mon bonheur, m'arrachent de la terre
Avant que d'avoir vu Voltaire.

Ces quarante et quelques vers se réduisent à vous apprendre qu'une affreuse crampe d'estomac [1] faillit à vous priver, il y a deux jours, d'un ami qui vous est bien sincèrement attaché, et qui vous estime on ne saurait davantage. Ma jeunesse m'a sauvé : les charlatans disent que c'est leur médecine, et, pour moi, je crois que c'est l'impatience de vous voir avant que de mourir.

1. Voyez une note de la lettre de Frédéric du 26 février 1740.

J'avais lu le soir, avant de me coucher, une très-mauvaise ode de Rousseau, adressée *à la Postérité :* j'en ai pris la colique, et je crains que nos pauvres neveux n'en prennent la peste. C'est assurément l'ouvrage le plus misérable qui me soit de la vie tombé entre les mains.

Je me sens extrêmement flatté de l'approbation que vous donnez à la dernière épître [1] que je vous ai envoyée. Vous me faites grand plaisir de me reprendre sur mes fautes; je ferai ce que je pourrai pour corriger mon orthographe, qui est très-mauvaise; mais je crains de ne pas parvenir sitôt à l'exactitude qu'elle exige. J'ai le défaut d'écrire trop vite, et d'être trop paresseux pour copier ce que j'ai écrit. Je vous promets cependant de faire ce qui me sera possible pour que vous n'ayez pas lieu de composer, dans le goût de Lucien, un dialogue des *lettres* qui plaident devant le tribunal de Vaugelas, et qui accusent les defraudations que je leur ai faites.

Si, en se corrigeant, on peut parvenir à quelque habileté; si, par l'application, on peut apprendre à faire mieux; si les soins des maîtres de l'art ne se lassent point à former des disciples, je puis espérer, avec votre assistance, de faire un jour des vers moins mauvais que ceux que je compose à présent.

J'ai bien cru que la marquise du Châtelet était en affaires sérieuses ce qu'elle est en physique, en philosophie, et dans la société; le propre des sciences est de donner une justesse d'esprit qui prévient l'abus qu'on pourrait faire de leur usage. J'aime à entendre qu'une jeune dame a assez d'empire sur ses passions pour quitter tous ses goûts en faveur de ses devoirs; mais j'admire encore plus un philosophe qui se résout d'abandonner la retraite et la paix en faveur de l'amitié. Ce sont des exemples que Cirey fournira à la postérité, et qui feront infiniment plus d'honneur à la philosophie que l'abdication de cette femme singulière [2] qui descendit du trône de Suède pour aller occuper un palais à Rome.

Les sciences doivent être considérées comme des moyens qui nous donnent plus de capacité pour remplir nos devoirs. Les personnes qui les cultivent ont plus de méthode dans ce qu'elles font, et agissent plus conséquemment. L'esprit philosophique établit des principes; ce sont les sources du raisonnement et la cause des actions sensées. Je ne m'étonne point que vous autres habitants de Cirey fassiez ce que vous devez faire; mais je m'étonnerais beaucoup si vous ne le faisiez pas, vu la sublimité de vos génies et la profondeur de vos connaissances.

Je vous prie de m'avertir de votre départ pour Bruxelles, et d'aviser, en même temps, sur la voie la plus courte pour accélérer notre correspondance. Je me flatte de pouvoir recevoir de vous tous les huit jours des lettres, lorsque vous serez si voisin de nos frontières. Je pourrai peut-être vous être de quelque utilité dans ce pays, car je connais très-particulièrement le prince d'Orange [3], qui est souvent à Bréda, et le duc d'Arem-

---

1. Celle que Frédéric avait adressée à son frère, le prince Auguste-Guillaume.
2. Christine.
3. Guillaume-Charles-Henri Friso, prince d'Orange et stathouder des Pays-Bas, né en 1711, mort en 1751. Il était cousin de Frédéric par sa femme la princesse

berg¹, qui demeure à Bruxelles. Peut-être pourrai-je aussi, par le ministère du prince de Lichtenstein, abréger à la marquise les longueurs qu'on lui fera souffrir à Bruxelles et à Vienne. Les juges de ces pays ne se pressent point dans leurs jugements. On dit que si la cour impériale devait un soufflet à quelqu'un, il faudrait solliciter trois ans avant que d'en obtenir le payement. J'augure de là que les affaires de la marquise ne se termineront pas aussi vite qu'elle le pourrait desirer.

Le vin de Hongrie vous suivra partout où vous irez. Il vous est beaucoup plus convenable que le vin du Rhin, duquel je vous prie de ne point boire, parce qu'il est fort malsain.

Ne m'oubliez pas, cher Voltaire; et si votre santé vous le permet, donnez-moi plus souvent de vos nouvelles, de vos censures, et de vos ouvrages. Vous m'avez si bien accoutumé à vos productions que je ne puis presque plus revenir à celles des autres. Je brûle d'impatience d'avoir la fin du *Siecle de Louis XIV;* cet ouvrage est incomparable, mais gardez-vous bien de le faire imprimer.

Je suis avec toute l'estime imaginable et l'amitié la plus sincère, mon cher ami, votre très-affectionné ami,

FÉDÉRIC.

1044. — A M. L'ABBÉ MOUSSINOT².

Ce 28 janvier (1739).

Mon cher abbé, voici une cinquième fournée.

J'espère qu'enfin M. d'Argental sera content. S'il l'est, faites-en faire vite trois copies pour les principaux magistrats, car j'en ferai faire aussi trois, et surtout une pour le chevalier de Mouhy, qui en fera l'usage qu'il croira le plus convenable, c'est-à-dire que, dès que M. d'Argental aura approuvé, vous mettrez le Mouhy en besogne.

Je vous prie d'aller voir mon neveu chez M. de Montigny, rue Cloche-Perce, près de votre logis, et de lui dire que des étrangers ayant présenté requête, il est indispensable qu'il en donne aussi une. Parlez-lui fortement et tendrement.

Une des choses les plus essentielles, c'est que l'on engage le bâtonnier et les anciens avocats à désavouer, au nom du corps, le libelle qui est mis si impudemment sous le nom d'un avocat.

Voyez si quelque avocat voudrait s'en charger. Il y a un M. Pageau qui demeure dans votre quartier, et qui était intime mon cher abbé. Il faut sortir de là tout à fait à notre honneur. C'est le plus grand service que vous puissiez rendre à votre intime ami.

J'ai reçu des lettres de M. d'Argenson, de M. de Maurepas, et de M. Hérault, au commencement de l'année.

Allons notre train.

1045. — A M. HELVÉTIUS.

A Cirey, ce 28 janvier.

Mon cher ami, tandis que vous faites tant d'honneur aux belles-lettres, il faut aussi que vous leur fassiez du bien; permettez-moi de recommander à vos bontés un jeune homme d'une bonne famille, d'une grande espérance, très-bien né, capable d'attachement et de la plus tendre reconnaissance, qui est plein d'ardeur pour la poésie et pour les sciences, et à qui il ne manque peut-être que de vous connaître pour être heureux. Il est fils d'un homme que des affaires, où d'autres s'enrichissent, ont ruiné; il se nomme d'Arnaud; beaucoup de mérite et de malheur font sa recommandation auprès d'un cœur comme le vôtre. Si vous pouviez lui procurer quelque petite place, soit par vous, soit par M. de La Popelinière, vous le mettriez en état de cultiver ses talents, et vous rempliriez votre vocation, qui est de faire du bien. Vous m'en faites à moi, car vous avez réchauffé une âme tiède; jamais votre illustre père n'a fait de si belle cure.

Je lui[1] ai envoyé un autre *Mémoire* où je sacrifie enfin le littéraire au personnel; mais M. d'Argental pense que c'est une nécessité; vous le pensez aussi, et je me rends. Ma présence serait nécessaire à Paris; mais je ne peux quitter mes amis pour mes propres affaires. Mme du Châtelet vous fait bien des compliments; on ne peut avoir plus d'estime et d'amitié qu'elle en a pour vous. Nous attendons de vous des choses qui feront l'agrément de notre retraite, et qui nous consoleront, si cela se peut, de votre absence.

Je vous embrasse avec les transports les plus vifs d'amitié, d'estime, et de reconnaissance.

1046. — A M. THIERIOT.

Ce 28 janvier, au matin.

Je vous envoie mon *Mémoire* tel que je compte le présenter aux magistrats. J'en avais envoyé un exemplaire à M. d'Argenson;

1. A Thieriot, dont Helvétius venait de réchauffer l'*âme tiede*.

mais on dit que le littéraire occupait trop de place. J'ai retranché tout ce qui ne servirait qu'à justifier mon esprit, et j'ai laissé tout ce qui est nécessaire pour venger l'honnête homme des attaques d'un scélérat.

Je mande à M. Helvétius que je vous envoie cet écrit ; vous pourrez le lire avec lui, s'il n'en est pas fatigué. Mais je vous prie de le lire avec l'abbé d'Olivet, qui se connaît très-bien à ces sortes d'ouvrages, et aux personnes que vous croirez les plus capables d'en juger. Après cela, vous en pourrez présenter une copie de ma part à M. de Maurepas. Cela fera honneur à notre amitié dans son esprit. Il m'a écrit ; il est très-bien disposé. Je suis servi dans cette affaire avec autant de vivacité et de zèle par mes amis que si j'étais à Paris. J'espère que le plus ancien de tous sera aussi le plus tendre, et qu'il réparera sa négligence et sa lettre *ostensible* à Mme du Châtelet par la vigilance que donne l'amitié. Vous nous avez donné de terribles alarmes quand vous avez fait penser que cette malheureuse lettre allait être publique. Compromettre Mme du Châtelet dans cette affaire ! j'en tremble encore. Ce sont des gens bien peu instruits de l'état des choses qui ont pu vous conseiller une démarche si condamnable. Pardon ! j'en suis encore ému. Mme du Châtelet vous prie instamment de retirer toutes les copies que vous avez données de cette malheureuse lettre. Pourquoi l'avez-vous envoyée au prince royal ? Qu'y pouvait-il comprendre, s'il n'avait pas vu le libelle ? Que vouliez-vous lui faire savoir ? Vouliez-vous lui faire entendre que je suis l'auteur du *Préservatif,* que vous êtes un médiateur, que Mme du Châtelet est trop vive, que vous avez oublié votre lettre du 16 août 1726 ? Quel galimatias ! quelle conduite ! A quoi vous exposez-vous ? Ne connaissez-vous point Mme du Châtelet, et pensez-vous que vous puissiez jamais avoir une autre protection qu'elle auprès du prince ? Si ce prince, qui peut faire votre fortune, savait jamais que sur une lettre où je vous mandais *qu'il avait envoyé exprès un de ses favoris à Mme du Châtelet,* vous récrivîtes : *Il nous en a envoyé un aussi;* si Mme du Châtelet, dans sa colère, l'avait fait savoir au prince, que seriez-vous devenu ? Quel démon a pu vous conseiller d'envoyer à Son Altesse royale cette lettre *ostensible* dont Mme du Châtelet est furieuse ? C'est donc un factum que vous écrivez au prince royal contre Mme du Châtelet ?

et à qui je ne crois pas avoir donné, en ma vie, la valeur de cent écus, m'envoya, il y a trois semaines, une réponse à l'abbé Desfontaines, et me demanda la permission de l'imprimer ; je le refusai. La réponse était trop forte ; et, d'ailleurs, comme ce jeune homme n'avait point été cité dans le libelle, je ne voulus pas qu'il se mêlât de la querelle ; mais je lui en aurai obligation toute ma vie.

Un autre jeune homme, à qui j'ai rendu encore de moindres services[1], s'est proposé de me venger, et je l'ai refusé encore : c'est le jeune d'Arnaud. Je vous l'adresserai, celui-là. Il viendra vous voir. Je lui ai donné une lettre de recommandation pour M. Helvétius. Il a du mérite, et il est malheureux : il doit être protégé.

Or çà, voilà qui est fait ; je compte sur vous ; mon amitié est la même ; mais que votre négligence ne soit point la même. Je vous embrasse aussi tendrement que jamais.

1047. — A M. L'ABBÉ D'OLIVET [2].

Ce 29.

On m'apporte dans le moment le libelle de l'abbé Desfontaines contre vous[3], mon cher maître. Je crois que le public en pensera comme votre Académie. En vérité, ce misérable n'a voulu que gagner de l'argent : car quel est le but de son livre, s'il vous plaît? De prouver qu'on pardonne en poésie des tours hardis, des phrases incorrectes, que la prose ne souffre pas? Eh! n'est-ce pas précisément ce que vous avez dit? à cela près que vous l'avez dit le premier, et en homme qui possède sa langue et qui est un des plus grands maîtres. Ou il vous combat mal à propos, ou il retourne vos idées. Était-ce la peine de faire un livre? Il l'a imprimé à Avignon ;

> Mais je crois qu'il n'est pas sauvé,
> Quoiqu'il soit en terre papale [4].

M. Thieriot vous a sans doute fait voir le *Mémoire*[5] que je suis obligé de publier contre cet ennemi de la probité et de la vérité.

---

1. Depuis le mois de mars 1736, Voltaire faisait souvent remettre de l'argent à d'Arnaud, qui finit par être ingrat envers son bienfaiteur comme Linant et Lamare.
2. Lettre mise à tort, croyons-nous, en décembre 1738.
3. *Racine vengé, ou Examen des remarques grammaticales de M. l'abbé d'Olivet sur les Œuvres de Racine, à Avignon* (Paris), 1739, in-12.
4. Voyez le *Voyage de Bachaumont et Chapelle*.
5. Voyez tome XXIII, page 27.

Je viens d'y ajouter un article qui vous regarde ; c'est dans l'énumération des gens de mérite qu'il a attaqués. Voici les paroles : « Il s'honorait de l'amitié et des instructions de M. l'abbé d'Olivet. Il fait imprimer furtivement un livre contre lui ; il ose l'adresser à l'Académie française, et l'Académie flétrit à jamais dans ses registres le livre, la dédicace, et l'auteur. »

Je vous prie de vous souvenir de ce que je vous ai mandé au sujet de l'écrit que je vous communiquai, il y a quelques années, et duquel on a tiré les matériaux du *Préservatif*.

Pour vous faire voir que l'abbé Desfontaines ne me prend pas tout mon temps, je vous envoie un des nouveaux morceaux qui entreront dans la belle édition qu'on prépare à Paris de *la Henriade*. J'y joins le commencement de l'*Histoire du Siècle de Louis XIV*. Ne souffrez pas qu'on en prenne copie. Envoyez-moi, en échange, votre préface sur Cicéron, car j'aime à gagner à mes marchés. Communiquez tout cela, je vous en prie, à vos amis, et surtout à M. l'abbé Dubos, et tâchez de tirer de lui quelques bonnes instructions sur mon histoire, à laquelle je consacrerai les dernières années de ma vie.

Je vous prie de me faire avoir le *Coup d'État* de Silhon[1] ; vous avez cela dans votre bibliothèque de l'Académie ; M. Thieriot me l'enverra. Dites-moi en quelle année le *Testament* prétendu du cardinal de Richelieu commença à paraître. J'ai de bonnes preuves que ce testament n'est pas plus de lui que le *Testament* de Colbert, de Louvois, du duc de Lorraine Charles, et tant d'autres testaments, ne sont de ceux à qui on en fait honneur. Celui qu'on attribue à Richelieu est, comme tous les autres, plein de contradictions. Adieu ; je vous embrasse.

1048. — A M. THIERIOT[2].

29 janvier.

Enfin Mme de Champbonin est partie pour Paris ; elle vous rendra compte de toutes les inquiétudes que votre long silence et votre conduite avaient causées à Cirey ; mais tout est oublié si vous savez aimer.

Voici un paquet pour l'abbé d'Olivet, et donnez cela vite. Je ne sais abandonner ni mes amis ni mon honneur ; ainsi je reste à Cirey, et je fais poursuivre l'abbé Desfontaines, et je ne quit-

1. Ou plutôt Sirmond, auteur du *Coup d'Estat de Louis XIII*, 1631, in-8°.
2. MM. Bavoux et François, éditeurs de cette lettre, lui ont donné par erreur la date du 29 novembre.

terai jamais cette affaire de vue. Il y aurait trop de lâcheté à souffrir ce que l'on doit repousser.

Je me flatte que ni dans cette occasion, ni dans aucune, vous ne direz : *Eh! mordieu, qu'on me laisse souper, digérer et ne rien faire!*

Soyez très-persuadé que des amis comme Mme du Châtelet et moi en valent peut-être d'autres, que tout change dans la vie, mais que vous nous retrouverez toujours.

L'affaire du palais Lambert va se consommer ; mais il faut auparavant que je sois sûr de rester en France.

Je reçois votre billet et la lettre du prince, qui m'envoie du vin de Tokay, et qui vous l'adresse.

Portez-vous mieux que vous ne faites, et mieux que moi.

Ce 29 au soir ; je vous embrasse.

1049. — A M. LÉVESQUE DE BURIGNY [1].

Janvier.

J'ai bien des grâces à vous rendre, monsieur, de tous vos bons documents ; il faudrait avoir l'honneur de vivre avec vous pour mettre fin à la grande entreprise à laquelle je travaille. Je suis malheureusement détourné de mes travaux et persécuté dans ma retraite par la haine de certains écrivains, par la calomnie, par la plus cruelle ingratitude. Je ne me plains point de l'abbé Desfontaines, il fait son métier : il est né pour le crime ; mais qu'ai-je fait à M. de Saint-Hyacinthe? L'abbé Desfontaines cite un libelle de lui contre moi ; je ne sais ce que c'est ; j'en crois M. de Saint-Hyacinthe incapable ; il est votre ami, et un homme honoré de l'amitié d'un homme aussi estimable que vous ne peut écrire un libelle diffamatoire. Il est de l'honneur de M. de Saint-Hyacinthe de s'en disculper. J'ose espérer qu'une âme comme la vôtre l'intéressera à se laver de cet opprobre. Voudrait-il se mettre au rang de ceux qui déshonorent les belles-lettres et l'humanité? Voudrait-il partager hautement la scélératesse de l'abbé Desfontaines, et outrager ma famille, une famille

1. Jean-Lévesque de Burigny (dont il est déjà parlé plus haut, lettre 950), était né en 1692, et mourut en 1785. Il était membre de l'Académie des inscriptions et belles-lettres, et auteur de plusieurs savants ouvrages. Le plus intéressant pour un éditeur de Voltaire est sa *Lettre de M. de Burigny à M. l'abbé Mercier, abbé de Saint-Léger de Soissons, sur les démêlés de M. de Voltaire avec M. de Saint-Hyacinthe;* Londres (Paris), Valade, 1780, in-8°, d'où j'ai extrait cette lettre (qui y est sans date) ainsi que celles du 4 février suivant, et du 14 février 1757. (B.)

d'honnêtes gens, nombreuse, et pouvant se venger ? Je me flatte, monsieur, que vous préviendrez les suites éternelles qui peuvent en résulter ; je vous le demande au nom de l'estime qui m'attache à vous depuis si longtemps. Je suis, avec un zèle infini, monsieur, votre très-humble et très-obéissant serviteur.

1050. — A M. L'ABBÉ MOUSSINOT [1].

29 au soir (janvier 1739).

Mon cher abbé, voilà qui est fait : il faut mettre les fers au feu, et commencer la procédure. Vous avez sans doute un praticien habile que vous avez chargé de tout ; vous avez ma procuration : il n'y a plus qu'à présenter requête au lieutenant criminel, et obtenir permission d'informer.

Vous avez des exemplaires du libelle ; ils ont été achetés devant témoins. Mon neveu Mignot, et Montigny, son cousin, ont ouï dire à Chaubert qu'il en avait vendu, mais qu'il n'en avait plus. Ils en ont acheté chez Mérigot.

Le chevalier de Mouhy en a déposé un chez le commissaire Lecomte.

Il faut donc, sitôt la commission d'informer obtenue, faire assigner Chaubert, Mérigot, Mouhy, Montigny, votre frère, et quiconque sait des nouvelles.

On remontera aisément de Chaubert à l'auteur, et la chose me paraît en très-bon train.

Tout va bien du côté du chevalier de Mouhy : ainsi commençons, sans perdre un moment de temps.

Je compte que M. d'Argental est content enfin de mon mémoire, lequel ne nuira en rien à la procédure : au contraire.

Je vous prie d'en faire transcrire deux belles copies.

Ayez la bonté de faire ajouter dans la première partie, à l'endroit où l'on fait une espèce de dénombrement de ceux que Desfontaines a outragés, après ces mots : « Là où les autres hommes cherchent à s'instruire, » ce qui suit : « Il s'honorait de l'amitié et des instructions de M. l'abbé d'Olivet : il vient, tout récemment, de faire un livre contre lui ; il ose le dédier à l'Académie française, et l'Académie flétrit à jamais, dans ses registres, et le livre, et la dédicace, et l'auteur.

« Avec quel acharnement, » comme dans le manuscrit.

1. Édition Courtat.

Je crois, mon cher ami, que vous voilà délivré de cette affaire. Mettez-moi aux mains avec le praticien.

Avez-vous envoyé il y a quelques mois un *Newton* à M. d'Argental pour un président de ses amis?

Avez-vous passé douze cents livres à l'ordre de Mme de La Neuville?

Il y aura aussi environ sept cents livres à payer à l'ordre de M. Denis, et cent livres pour du Sauzet.

Nous parlerons des autres affaires temporelles une autre fois.

Voici un paquet pour M. d'Argental. Envoyez-le sur-le-champ.

Je vous embrasse de tout mon cœur.

1051. — A M. HELVÉTIUS.

Janvier.

Mon cher ami, toutes lettres écrites, tous mémoires brochés, toute réflexion faite, voici à quoi je m'arrête : je vous prends pour avocat et pour juge.

Thieriot avait oublié que l'abbé Desfontaines l'avait traité de *colporteur* et de *faquin* dans son *Dictionnaire néologique*; il avait peut-être aussi oublié un peu les marques de mon amitié; il avait surtout oublié que j'avais dix lettres de lui, par lesquelles il me mandait autrefois que Desfontaines est un *monstre;* qu'à peine sauvé de Bicêtre par mon secours il fit un libelle contre moi, intitulé *Apologie*[1]; qu'il le *lui montra*, etc. Thieriot, ayant donc oublié tant de choses, et le vin de Champagne de La Popelinière lui ayant servi de fleuve Léthé, il se tenait coi et tranquille; faisait le petit important, le petit ministre avec Mme du Châtelet; s'avisait d'écrire des lettres équivoques, *ostensibles*, qu'on ne lui demandait pas; et, au lieu de venger son ami et soi-même, de soutenir la vérité, de publier par écrit que *la Voltairomanie* est un tissu de calomnies; enfin, au lieu de remplir les devoirs les plus sacrés, il buvait, se taisait, et ne m'écrivait point. Mme de Bernières, mon ancienne amie, outrée du libelle, m'écrit, il y a huit jours, une lettre pleine de cette amitié vigoureuse dont votre cœur est si capable, une lettre où elle avoue hautement tout ce que j'ai fait, tout ce que j'ai payé entre ses mains par[2]

---

1. Voyez tome XXIII, pages 35, 39 et 59, et ci-dessus, lettre 1005.

2. On doit probablement lire ici *pour*, au lieu de *par*. En 1723 et 1724, Voltaire payait chez le président de Bernières 1,800 livres de pension, dont moitié *pour* Thieriot.

Thieriot même, tous les services que j'ai rendus à Desfontaines. La lettre est si forte, si terrible, que je la lui ai renvoyée, ne voulant pas la commettre; j'en attends une plus modérée, plus simple, un petit mot qui ne servira qu'à détruire, par son témoignage, les calomnies du libelle sans nommer et sans offenser personne.

Que Thieriot en fasse autant; qu'il ait seulement le courage d'écrire dix lignes par lesquelles il avoue que, depuis vingt ans qu'il me connaît, il ne m'a connu qu'honnête homme et bienfaisant[1]; que tout ce qui est dans le libelle, et en particulier ce qui le regarde, est faux et calomnieux; qu'il est très-loin d'avoir pu désavouer ce que j'ai jamais avancé, etc.

Voilà tout ce que je veux; je vous prie de l'engager à envoyer cet écrit à peu près dans cette forme. Quand même cela ne servirait pas, au moins cela ne pourrait nuire; et, en vérité, dans ces circonstances, Thieriot me doit dix lignes au moins; s'il veut faire mieux, à lui permis. C'est une chose honteuse que son silence. Vous devriez en parler fortement à M. de La Popelinière, qui a du pouvoir sur cette âme molle, et qui a quelque intérêt que la mollesse n'aille point jusqu'à l'ingratitude.

De quoi Thieriot s'avise-t-il de négocier, de tergiverser, de parler du *Préservatif?* Il n'est pas question de cela. Il est question de savoir si je suis un imposteur ou non; si Thieriot m'a écrit ou non, en 1726, que l'abbé Desfontaines avait fait, pour récompense de mes bienfaits, un libelle contre moi; si M. et Mme de Bernières m'ont logé par charité; si je ne leur ai pas payé ma pension et celle de Thieriot, etc. Voilà des faits; il faut les avouer, ou l'on est indigne de vivre.

Belle âme, je vous embrasse.

Gratior et pulchro veniens in corpore virtus.
(Virg., Æn., V, 344.)

Je suis à vous pour ma vie.

1052. — A M. L'ABBÉ MOUSSINOT[2].

Ce 2 février (1739).

Je reçois ce 2 février, à sept heures du soir, votre lettre du 31 janvier, mon cher abbé. Je suis extrêmement affligé que l'on n'ait pas commencé la procédure.

---

1. Voltaire, par délicatesse, ne parlait pas des 50 louis qu'il avait glissés, en octobre 1738, dans la malle de Thieriot, quand celui-ci retourna de Cirey à Paris.
2. Édition Courtat.

Si M. de Montigny a acheté en effet, comme il est très-vrai, chez Mérigot le libraire, un de ces libelles ; si Chaubert lui en a promis un longtemps ; si le chevalier de Mouhy en a déposé un chez le commissaire Lecomte ; si le gendre de votre frère et une autre personne en ont acheté, et si votre frère connaît les vendeurs, n'en voilà-t-il pas assez pour commencer, sans perdre un moment? Il est affreux qu'on ne veuille pas me laisser aller ; mais enfin l'amitié l'emporte. Au nom de l'amitié, mon cher abbé, secondez-moi, et réparez mon absence.

Voici ma réponse à M. Bégon.

A l'égard du chevalier de Mouhy, il a trop d'esprit pour penser que je croie aujourd'hui qu'on a travaillé quatre ou cinq jours, puisqu'il me manda lui-même qu'on n'avait travaillé qu'un soir. Si on avait travaillé cinq jours, le tout eût été fait. Qu'il vous montre l'ouvrage des cinq jours. Je suis bien aise de lui faire plaisir ; mais je suis très-aise aussi de ne faire que ce que je dois et que ce que je veux. Jamais on n'a donné douze livres à un commissaire pour une plainte, mais je passe par-dessus cette bagatelle. Vous lui avez donné cinquante livres et deux louis, cela est quelque chose : je tâcherai de lui donner encore, dès que j'aurai de l'argent ; mais à présent que vous n'en avez point, je vous prie de le lui dire tout simplement. Si M. d'Argental est d'avis qu'on imprime, vous pourrez alors donner un exemplaire bien exact au chevalier, avec les corrections que je vous ai envoyées ; mais vous le lui donnerez, non pas comme un service que je le prie de me rendre, mais comme un plaisir que je lui fais : il en fera ce qu'il voudra ; je ne le prie de rien ; je lui fournis une occasion de gagner de l'argent s'il le veut, et c'est tout.

M. Bégon est bon pour être procureur dans l'affaire ; mais il s'en faut bien que cela suffise. Il faut quelqu'un qui sollicite, qui agisse, qui fournisse des pièces, des témoins, qui se donne des peines continuelles : ce que l'on appelle un solliciteur de procès, qui, moyennant une certaine somme, conduise l'affaire. M. Bégon ne fera que ses écritures. Votre frère ne connaîtrait-il personne qui pût être mon homme ? Proposez-le à Demoulin.

Je vais lui en écrire, mais encore une fois, je vous supplie, mon cher ami, de me rendre une réponse positive sur ce que je vous demande depuis longtemps.

Votre neveu, disiez-vous, avait acheté de ces libelles ; vous en aviez six exemplaires, et vous ne me dites pas d'où ils sont venus. M. Bégon me mande qu'on ne peut rien faire sans témoins. Votre frère en a, et ni lui ni vous ne m'en parlez.

Je vous demande en grâce de me mettre au fait, car jusqu'ici cette affaire ne sert qu'à me désespérer.

Où d'Arnaud a-t-il pris le libelle? Je vous prie de le lui demander et de ne pas oublier. Je vous le demande en grâce.

Je prie monsieur votre frère de m'envoyer une nouvelle édition de mes œuvres, qui aurait été, dit-on, imprimée à Rouen cette année, et dont M. d'Arnaud me parle.

Je le prie d'y joindre la dernière édition de *Mathanasius*, avec la *Vie d'Aristarchus*.

1053. — DE FRÉDÉRIC, PRINCE ROYAL DE PRUSSE.

A Berlin, le 3 février[1].

Mon cher ami, vous recevez mes ouvrages avec trop d'indulgence. Une prévention trop favorable à l'auteur vous fait excuser leur faiblesse et les fautes dont ils fourmillent.

Je suis comme le Prométhée de la fable; je dérobe quelquefois de votre feu divin dont j'anime mes faibles productions. Mais la différence qu'il y a entre cette fable et la vérité, c'est que l'âme de Voltaire, beaucoup plus grande et plus magnanime que celle du roi des dieux, ne me condamne point au supplice que souffrit l'auteur du célèbre larcin. Ma santé, languissante encore, m'empêche d'exécuter les ouvrages que je roulais dans ma tête; et le médecin, plus cruel que la maladie même, me condamne à prendre journellement de l'exercice, temps que je suis obligé de prendre sur mes heures d'étude.

Ces charlatans veulent m'interdire de m'instruire; bientôt ils voudront que je ne pense plus. Mais, tout bien compté, j'aime mieux être malade de corps que d'esprit[2]. Malheureusement l'esprit ne semble être que l'accessoire du corps; il est dérangé en même temps que l'organisation de notre machine, et la matière ne saurait souffrir sans que l'esprit ne s'en ressente également. Cette union si étroite, cette liaison intime, est, ce me semble, une très-forte preuve du sentiment de Locke. Ce qui pense en nous est assurément un effet ou un résultat de la mécanique de notre machine animée. Tout homme sensé, tout homme qui n'est point imbu de prévention ou d'amour-propre, doit en convenir.

Pour vous rendre compte de mes occupations, je vous dirai que j'ai fait quelque progrès en physique. J'ai vu toutes les expériences de la pompe pneumatique, et j'en ai indiqué deux nouvelles qui sont : 1° de mettre une montre ouverte dans la pompe, pour voir si son mouvement sera accéléré ou retardé; s'il restera le même ou s'il cessera; la seconde expérience regarde la vertu productrice de l'air. On prendra une portion de terre dans laquelle on plantera un pois, après quoi on l'enfermera dans le récipient;

---

1. Berlin, 2 février 1739. (*OEuvres posthumes*.) — Cette lettre, à laquelle Voltaire répondit le 28 février, est une réponse à celle du 18 janvier.
2. Que d'être perclus d'esprit. (*OEuvres posthumes*.)

on pompera l'air, et je suppose que le pois ne croîtra point, parce que j'attribue à l'air cette vertu productrice et cette force qui développe les semences.

J'ai donné de plus quelque besogne à nos académiciens ; il m'est venu une idée sur la cause des vents, que je leur ai communiquée, et notre célèbre Kirch pourra me dire, au bout d'un an [1], si mon assertion est juste, ou si je me suis trompé. Je vous dirai en peu de mots de quoi il s'agit. On ne peut considérer que deux choses comme les mobiles du vent : la pression de l'air et le mouvement. Or je dis que la raison qui fait que nous avons plus de tempêtes vers le solstice d'hiver, c'est que le soleil est plus voisin de nous, et que la pression de cet astre sur notre hémisphère produit les vents. De plus, la terre, étant dans son périgée, doit avoir un mouvement plus fort, en raison inverse du carré de sa distance, et ce mouvement, influant sur les parties de l'air, doit nécessairement produire les vents et les tempêtes. Les autres vents peuvent venir des autres planètes avec lesquelles nous sommes dans le périgée. De plus, lorsque le soleil attire beaucoup d'humidités de la terre, ces humidités, qui s'élèvent et se rassemblent dans la moyenne région de l'air, peuvent, par leur pression, causer également des vents et des tourbillons [2]. M. Kirch observera exactement la situation de notre terre, à l'égard du monde planétaire ; il remarquera les nuages, et il examinera avec soin pour voir si la cause que j'assigne aux vents est véritable.

En voilà assez pour la physique. Quant à la poésie, j'avais formé un dessein ; mais ce dessein est si grand qu'il m'épouvante moi-même lorsque je le considère de sang-froid. Le croiriez-vous ? j'ai fait le projet d'une tragédie ; le sujet est pris de *l'Énéide;* l'action de la pièce devait représenter l'amitié tendre et constante de Nisus et d'Euryale. Je me suis proposé de renfermer mon sujet en trois actes, et j'ai déjà rangé et digéré les matériaux ; ma maladie est survenue, et *Nisus et Euryale* me paraissent plus redoutables que jamais.

Pour vous, mon cher ami, vous m'êtes un être incompréhensible. Je doute s'il y a un Voltaire dans le monde ; j'ai fait un système pour nier son existence. Non, assurément, ce n'est pas un homme qui fait le travail prodigieux qu'on attribue à M. de Voltaire. Il y a à Cirey une académie composée de l'élite de l'univers ; il y a des philosophes qui traduisent Newton ; il y a des poëtes héroïques, il y a des Corneille, il y a des Catulle, il y a des Thucydide ; et l'ouvrage de cette académie se publie sous le nom de Voltaire, comme l'action de toute une armée s'attribue au chef qui la commande. La Fable nous parle d'un géant qui avait cent bras ; vous avez mille génies. Vous embrassez l'univers entier, comme Atlas, qui le portait.

Ce travail prodigieux me fait craindre, je l'avoue. N'oubliez point que, si votre esprit est immense, votre corps est très-fragile. Ayez quelque égard,

---

1. Christfried Kirch mourut un an après la date de cette lettre, c'est-à-dire le 9 mars 1740. Voyez la fin de la lettre de Frédéric, du 3 mai, même année.

2. Dans sa lettre à Voltaire, du 22 mars 1739, Frédéric reconnaît lui-même que cet article de physique renferme des erreurs.

je vous prie, à l'attachement de vos amis, et ne rendez pas votre champ aride, à force de le faire rapporter. La vivacité de votre esprit mine votre santé, et ce travail exorbitant use trop vite votre vie.

Puisque vous me promettez de m'envoyer les endroits de la Henriade que vous avez retouchés, je vous prie de m'envoyer la critique de ceux que vous avez rayés.

J'ai le dessein de faire graver la Henriade (lorsque vous m'aurez communiqué les changements que vous avez jugé à propos d'y faire) comme l'*Horace*[1] qu'on a gravé à Londres. Knobelsdorff, qui dessine très-bien, fera les dessins des estampes; l'on pourrait y ajouter l'*Ode à Maupertuis*[2], les *Épîtres morales*[3], et quelques-unes de vos pièces qui sont dispersées en différents endroits. Je vous prie de me dire votre sentiment, et quelle serait votre volonté.

Il est indigne, il est honteux pour la France, qu'on vous persécute impunément. Ceux qui sont les maîtres de la terre doivent administrer la justice, récompenser et soutenir la vertu contre l'oppression et la calomnie. Je suis indigné de ce que personne ne s'oppose à la fureur de vos ennemis. La nation devrait embrasser la querelle de celui qui ne travaille que pour la gloire de sa patrie, et qui est presque le seul homme qui fasse honneur à son siècle. Les personnes qui pensent juste méprisent le libelle diffamatoire qui paraît[4]; elles ont en horreur ceux qui en sont les abominables auteurs. Ces pièces ne sauraient attaquer votre réputation; ce sont des traits impuissants, des calomnies trop atroces, pour être crues si légèrement.

J'ai fait écrire à Thieriot tout ce qu'il convient qu'il sache, et l'avis qu'on lui a donné touchant sa conduite fructifiera, à ce que j'espère.

Vous savez que la marquise et moi nous sommes vos meilleurs amis; chargez-nous, lorsque vous serez attaqué, de prendre votre défense. Ce n'est pas que nous nous en acquittions avec autant d'éloquence et de dignité que si vous preniez ce soin vous-même; mais tout ce que nous dirons pourra être plus fort, parce qu'un ami, outré du tort qu'on fait à son ami, peut dire beaucoup de choses que la modération de l'offensé doit supprimer. Le public même est plutôt ému par les plaintes d'un ami compatissant qu'il n'est attendri par l'*oppressé* qui crie vengeance.

Je ne suis point indifférent sur ce qui vous regarde, et je m'intéresse avec zèle au repos de celui qui travaille sans relâche pour mon instruction et pour mon agrément.

Je suis avec tous les sentiments que vous inspirez à ceux qui vous connaissent, votre très-fidèlement affectionné ami,

FÉDÉRIC.

Mes assurances d'estime à la marquise.

---

1. C'est l'*Horace* gravé par l'Anglais John Pine, de 1733 à 1737, 2 vol. in-8°. — Frédéric songea encore, pendant quelque temps, à faire graver la Henriade; mais, étant devenu roi, il renonça à ce projet.
2. L'ode à *MM. de l'Académie des sciences*.
3. Ou *Discours sur l'Homme*.
4. *La Voltairomanie*.

1054. — A M. LÉVESQUE DE BURIGNY[1].

A Cirey, ce 4 février.

Si vous daignez, monsieur, prévenir les suites les plus cruelles d'une affaire dans laquelle plusieurs officiers de mes parents s'intéressent jusqu'à sacrifier leur vie, ayez la bonté d'obtenir une réponse de Saint-Hyacinthe, je vous en conjure. Il vous doit beaucoup; il ne peut rien ou du moins ne doit rien vous refuser, et je crois qu'il n'osera point n'être pas vertueux devant vous; vous ne sauriez croire les obligations que je vous aurai.

Souffrez que je vous adresse cette lettre pour lui : le plus grand service que vous puissiez me rendre est de me faire avoir une réponse qui prévienne des suites qui seraient affreuses.

1055. — A M. THIERIOT[2].

Ce 4 février.

Tout est-il enfin éclairci, et ce monstre de Desfontaines pourra-t-il se vanter d'avoir répandu des nuages sur une amitié si respectable et si tendre?

Avez-vous enfin compris combien votre silence avait dû alarmer Cirey, dans un temps où un seul mot de vous eût dû tout prévenir? Êtes-vous revenu du malheureux soupçon qui vous a passé par la tête, au sujet des souscriptions? Il ne s'agissait que de fermer la bouche à quiconque dirait que je n'ai pas tout remboursé : est-ce là une commission désagréable? Un mot, de grâce, d'amitié à M. du Châtelet; dites-lui que vous avez fait tout ce qu'il a demandé, que vous l'aviez prévenu, et tout est fini.

Songez bien à la récrimination de l'abbé Desfontaines sur les *Lettres philosophiques.*

Je voudrais avoir un désaveu de Saint-Hyacinthe au sujet du libelle dont il est question dans *la Voltairomanie*. C'est un point essentiel. Je voudrais le désaveu fort et authentique. J'en écris à M. le chevalier d'Aidie, à M. d'Argental, à Mme de Champbonin. On pourrait se venger dans le sang de ce coquin de Saint-Hyacinthe; mais on retient le zèle indiscret des personnes qui voulaient lui aller couper les oreilles. Les larmes respectables de la meilleure amie qui ait jamais été me retiennent ici malgré

---

1. Voyez la note sur la lettre 1049.
2. Éditeurs, de Cayrol et François.

moi. Je devrais être à Paris. Je veux avoir raison de tout cela, je l'aurai. Ne connaissez-vous personne qui ait vendu la *Voltairomanie?* Vous devriez bien m'en instruire ; les procédures sont commencées, et tout peut servir.

Je vous prie de dire à M. d'Argenson que j'ai beaucoup corrigé mon mémoire. Qu'en pense-t-il ?

Je devais écrire à M. le chevalier de Brassac ; j'ignore sa demeure.

A qui faut-il s'adresser pour avoir raison de Saint-Hyacinthe ? A-t-il des amis ?

Au reste, je compte que vous réparerez le tort que vous m'avez fait en montrant cette malheureuse lettre ostensible, qui a fait croire que j'avais part au *Préservatif.* Je me flatte que votre santé est raffermie.

1056. — A M. THIERIOT [1].

A Cirey, le 5...

Je puis vous envoyer faire.... aussi, car je vous aime plus que vous ne m'aimez, et j'ai la fièvre aussi serré que vous.

Une autre fois je vous parlerai d'affaires. En attendant, je vous prie de ne pas perdre un moment pour envoyer à l'abbé d'Olivet, rue de la Sourdière, et le gros paquet, et mon mémoire : cela m'est d'une très-grande conséquence.

Prenez du quinquina pour vous et de la fermeté pour ce qui me regarde, et tout ira bien.

1057. — A M. L'ABBÉ MOUSSINOT [2].

Ce 5 février 1739.

Je reçois votre lettre du 2 février.

Je suis très-aise que M. de La Roque [3] ait refusé la lettre, et fâché qu'on l'ait présentée sans me consulter.

Je me suis très-bien consulté, moi, et je veux absolument que le procès soit fait, mais à condition que le chevalier de Mouhy vous jurera qu'il n'a aucun papier qui puisse me faire tort. Vous n'avez point d'argent ; je lui en ferai toucher d'ailleurs. Dites que vous n'en avez point.

1. Éditeurs, Bavoux et François. — Ce billet, qu'ils ont daté du 5... 1738, appartient à l'année 1739, et peut-être faut-il lire 3 au lieu de 5. (G. A.)
2. Édition Courtat.
3. Il avait le privilége du *Mercure.*

M. d'Argental croit que c'est assez que monsieur le chancelier ôte à l'abbé Desfontaines son privilége [1] ; et moi, je dis que ce n'est point assez, et que, quand même ce privilége lui serait ôté, on ne saurait pas que c'est pour moi qu'il est puni. J'ajoute que ses calomnies ne subsisteraient pas moins, et que les faits qu'il avance doivent être détruits et confondus.

Si donc M. Bégon et M. de Pitaval pensent que nous avons un commencement de preuves assez fort dans la déposition de M. de Montigny, qui est prêt à déposer, aussi bien que mon neveu, qu'il a acheté un libelle chez Mérigot, et a entendu dire à Chaubert qu'il en vendait, et dans les dépositions du gendre de votre neveu, dans la plainte du chevalier de Mouhy chez le commissaire Lecomte, il faut agir sur-le-champ sans difficulté, et avec toute la vigueur imaginable.

Un des grands services que vous m'ayez jamais rendus, c'est d'obtenir cette lettre, ou ce certificat, du bâtonnier des avocats. Je l'attends avec la dernière impatience. Heureusement ce bâtonnier est chargé d'une affaire de M. le marquis du Châtelet, qui va lui écrire pour l'encourager. J'espère bientôt lui écrire pour le remercier. Voici une lettre pour M. Pageau. Je vous prie de m'envoyer sans remise le petit livre intitulé *Mathanasius*, avec la *Déification d'Aristarchus*. Cela m'est nécessaire ; faites-le chercher par votre frère. Montrez à M. Pageau et à monsieur le bâtonnier cette lettre de Mme de Bernières.

Réponse, je vous prie, sur la consultation à M. Pageau.

1058. — A M. PAGEAU [2].

A Cirey, ce 5 février.

Je reconnais, monsieur, l'ancien ami de mon père et de toute ma famille à la bonté avec laquelle vous vous intéressez en ma faveur, au sujet de cet infâme libelle de l'abbé Desfontaines. Je suis bien loin de demander ni acte par-devant notaire, ni mention sur les registres des avocats, ni rien d'approchant. Mais il serait infiniment flatteur pour moi que je pusse obtenir seulement une lettre de votre bâtonnier et de quelques anciens, par

---

1. Celui des *Observations modernes*, qui fut retiré à Desfontaines en 1743, par arrêt du conseil d'État.

2. C'est à tort que les éditeurs de cette lettre, MM. de Cayrol et François, la croient adressée à M. Deniau. Ils ont confondu ce bâtonnier de l'ordre des avocats avec l'avocat Pageau. (G. A.)

laquelle on marquerait qu'après s'être informé à tous les avocats de Paris, ils avaient tous répondu qu'il n'y en avait aucun de capable de faire un si infâme libelle. Si on pouvait ajouter un mot en ma faveur, j'en serais plus honoré mille fois que je ne suis affligé des insultes d'un scélérat comme Desfontaines. Au reste, l'honneur qu'on daignerait me faire ne tomberait, monsieur, que sur un homme pénétré d'estime et de respect pour votre profession, et qui se repent tous les jours de ne l'avoir point embrassée. Mais, monsieur, dans cette profession, il n'y a personne que j'honore plus que vous, et dont j'ambitionne plus l'amitié et le suffrage. Je suis, monsieur, avec une estime infinie, votre très-humble et très-obéissant serviteur.

P. S. Ne pourrais-je point, par le moyen de quelques conseillers au parlement de mes amis, demander qu'on fasse brûler le libelle? Le bâtonnier ne pourrait-il pas le requérir lui-même? Il me semble qu'il y en a des exemples, et qu'on pourrait, au nom du corps des avocats, en requérir le châtiment comme d'un libelle scandaleux, imputé aux avocats.

1059. — A M. D*** [1].

En marge d'une copie de l'*Épître sur la Nature du Plaisir*:

Février 1739.

Ne croyez pas, monsieur, que tout ceci m'empêche de travailler, et, puisque vous aimez mes vers, voici une nouvelle épître, mais qui n'est que pour vous et pour vos amis intimes. Une seule copie en serait dangereuse. Cette épître est un sermon du Père Voltaire pour un petit troupeau choisi, à la tête duquel vous êtes.

1060. — A M. LE COMTE D'ARGENTAL.

A Cirey, le 5 février.

Mon respectable ami, je rougis, mais il faut que je vous importune. Les lettres se croisent, on prend des partis que l'événement imprévu fait changer; on donne un ordre à Paris, il est mal exécuté; on ne s'entend point, tout se confond. Deux jours

---

1. Cette pièce nous a été communiquée par M. Le Serurier, conseiller à la Cour de cassation. Nous n'aurions pas publié ce fragment, s'il ne prouvait une fois de plus la prudence discrète avec laquelle Voltaire répandait ses écrits philosophiques. (H. B.)

de ma présence mettraient tout en règle, mais enfin je suis à Cirey. *Te rogamus, audi nos*[1].

Premièrement, vous saurez que M. Deniau, bâtonnier des avocats, a fait courir des billets dans tous les bancs des avocats, et est prêt à donner une espèce de certificat par lettres qu'aucun avocat n'est assez lâche et assez coquin pour avoir fait un tel libelle. Je vous prie de faire encourager ce M. Deniau.

2° J'insiste fortement sur le commencement d'un procès criminel, qu'on poursuivra si on a beau jeu. Qu'on n'intente d'abord que contre les distributeurs. J'ai des preuves assez fortes pour le commencer. Je ne crains rien d'aucune récrimination. On pourrait, sous main, réveiller l'affaire des *Lettres philosophiques*[2], mais il n'y a nulle preuve; et si Thieriot, qui connaît un substitut du procureur général, veut faire une procédure en l'air par Ballot[3], le décret sera purgé en quinze jours.

3° Indépendamment de tout cela, j'ai donc envoyé mon *Mémoire* manuscrit à monsieur le chancelier; je lui fais présenter, et le placet signé par cinq gens de lettres, et celui de mon neveu, et la lettre de Mme de Bernières.

4° Comme il faut se servir de tous les moyens qui peuvent s'entr'aider sans pouvoir s'entre-nuire, si monsieur le premier président pouvait, sur la requête à lui présentée, et sur le certificat du bâtonnier, faire brûler le libelle[4], ce serait une chose bien favorable.

5° Je ne sais si je dois faire paraître mon *Mémoire* ou isolé ou accompagné de quelques ouvrages fugitifs; mais je crois qu'il faut qu'il paraisse, car je ne peux sortir de ce principe que si l'on doit laisser tomber les injures, il faut relever les faits. Je voudrais le mettre à la suite de la préface et du premier chapitre de l'*Histoire de Louis XIV*, si cet ouvrage vous paraît sage. J'y ajouterais les *Épîtres* bien corrigées, une *Lettre*[5] à M. de Maupertuis, une dissertation[6] sur les journaux. Je tâcherais que le recueil se fît lire.

6° Ce que j'ai infiniment à cœur, c'est le désaveu le plus authentique et le plus favorable de la part de Saint-Hyacinthe; je crois qu'il ne sera pas difficile à obtenir.

1. Litanies des saints.
2. La condamnation est du 10 juin 1734. Voyez tome XXII, page 78.
3. Ballot, notaire.
4. Voltaire ne pensait pas que c'était là le moyen d'accroître le nombre des lecteurs de *la Voltairomanie*.
5. C'est la lettre 940.
6. Voltaire veut probablement parler ici de l'opuscule qui fait partie des *Mélanges* (tome XXII, page 241), sous le titre de *Conseils à un journaliste*.

7° Mme du Châtelet vous prie très-instamment de parler ferme à Thieriot. Votre douceur et votre bonté le gâtent. Il s'imagine que vous l'approuvez, et il a l'insolence d'écrire qu'il n'a rien fait que de votre aveu. Comptez que c'est une âme de boue, et que vous la tournerez en pressant fort. Mme du Châtelet ne lui pardonnera jamais d'avoir fait courir cette malheureuse lettre *ostensible* qu'elle n'avait jamais demandée, lettre ridicule en tout point, dans laquelle il dit qu'il ne souvient pas *du temps où l'abbé Desfontaines lui montra le libelle ancien intitulé* Apologie. Il devait pourtant se souvenir que c'était en 1725, et qu'il me l'avait écrit vingt fois dans les termes les plus forts.

Ce n'est pas tout; il fait entendre que j'ai part au *Préservatif*; il fait le petit médiateur, le petit ministre, lui qui, m'ayant tant d'obligations, et attaché par mes bienfaits et par ses fautes, aurait dû s'élever contre Desfontaines avec plus de force que moi-même. Il garde avec moi le silence; on lui écrit vingt lettres de Cirey, point de réponse; on lui demande si, selon sa louable coutume d'envoyer au prince de Prusse tout ce qui se fait contre moi, il ne lui a point envoyé le *Mémoire*[1], il ne répond rien; enfin il mande qu'il a envoyé au prince sa belle lettre à Mme du Châtelet. Je vous avoue que ce procédé lâche m'est plus sensible que celui de Desfontaines. Encore une fois, Mme du Châtelet vous demande en grâce de représenter à Thieriot ses torts: car, après tout, il peut servir dans cette affaire. Nous le connaissons bien: si on lui laisse entendre qu'il a raison, il demeurera dans son indolence; si on le convainc de ses fautes, il les réparera, et sûrement il fera ce que vous voudrez; mais, encore une fois, nous vous supplions de lui parler ferme.

Je suis bien assurément de cet avis; nous n'avons de recours qu'en vous, mon cher ami; donnez-nous vos conseils comme à Thieriot. J'espère que votre amitié m'épargnera une séparation qui me coûterait bien des larmes. Rangez Thieriot à son devoir, aimez-nous toujours, et épargnez-nous le chagrin de nous quitter; votre amitié peut tout.

1061. — A MADEMOISELLE QUINAULT.

A Cirey, ce 6 février.

J'avais bien raison, mademoiselle, quand je vous suppliais de vouloir bien arrêter les libelles du sieur de Merville; il s'est

---

1. Celui que Jore désavoue dans ses lettres des 20 et 30 décembre 1738.

joint à l'abbé Desfontaines, pour composer ce malheureux libelle diffamatoire, qui mérite assurément la punition la plus exemplaire. Ayant le malheur d'être devenu un homme public par mes ouvrages, je suis obligé de repousser les calomnies publiques.

L'abbé Desfontaines, dans son libelle diffamatoire, cite un autre libelle du sieur de Saint-Hyacinthe, dans lequel ce Saint-Hyacinthe dit que j'ai eu une querelle à la Comédie avec un officier nommé Beauregard, et que cet officier m'insulta en présence d'un acteur. Je vous demande en grâce, mademoiselle, de vouloir bien faire signer par vos camarades le certificat ci-joint; il m'est absolument nécessaire. Vous voyez quelle est la rage des gens de lettres, et quelle funeste récompense je recueille de tant de travaux; mon honneur m'est plus cher que mes écrits, et je me flatte que vous ne me refuserez pas un certificat dans lequel je ne demande que la plus exacte vérité.

Tous ceux qui sont cités dans cet infâme libelle m'en ont donné : c'est la meilleure manière de répondre aux calomnies. Je voudrais bien mériter votre amitié par mes talents, mais je n'en suis digne que par ma reconnaissance. Je vous conjure de m'obtenir un certificat qui me fasse honneur, je vous aurai une obligation infinie.

« Nous soussignés, instruits qu'il court un libelle diffamatoire, également horrible et méprisable, intitulé *la Voltairomanie*, dans lequel on ose avancer que M. de Voltaire a usé de rapines à l'occasion de ses pièces de théâtre, et dans lequel on fait dire au sieur de Saint-Hyacinthe que ledit sieur de Voltaire a été insulté en notre présence par un officier, nous déclarons sur notre honneur, tous unanimement, que M. de Voltaire en a toujours agi avec nous généreusement à l'occasion de ses pièces, et que l'affaire prétendue entre lui et un officier est une calomnie qui n'a pas le moindre fondement, etc. »

1062. — A M. LE COMTE D'ARGENTAL.

6 février.

Pardon de tant d'importunités. Je reçois votre lettre, mon respectable ami; vous me liez les mains. Je suspends les procédures, je ne veux rien faire sans vos conseils; mais souffrez au moins que je sois toujours à portée de suivre ce procès. En quoi peut me nuire une plainte contre les distributeurs du libelle, par laquelle on pourra, quand on voudra, remonter à la source ? Tout sera suspendu.

Mon généreux ami, il est certain qu'il me faut une réparation, ou que je meure déshonoré. Il s'agit de faits, il s'agit des plus horribles impostures. Vous ne savez pas à quel point l'abbé Desfontaines est l'oracle des provinces.

On me crie à Paris que mon ennemi est méprisé; et moi, je vois que ses *Observations* se vendent mieux qu'aucun livre. Mon silence le désespère, dites-vous. Ah! que vous êtes loin de le connaître! Il prendra mon silence pour un aveu de sa supériorité, et, encore une fois, je resterai flétri par le plus méprisable des hommes, sans en pouvoir tirer la moindre vengeance, sans me justifier. Je suis bien loin de demander le certificat de Mme de Bernières pour en faire usage en justice; mais je voulais l'avoir par-devers moi, comme j'en ai déjà sept ou huit autres, pour avoir en main de quoi opposer à tant de calomnies, un jour à venir.

J'espère surtout avoir un désaveu authentique au nom des avocats. Le bâtonnier l'a promis. La lettre de Mme de Bernières me servira de certificat, et je la ferai lire à tous les honnêtes gens. A l'égard de mon *Mémoire,* je le refondrai encore, je le ferai imprimer dans un recueil intéressant de pièces de prose et de vers, dans lequel seront les *Épîtres,* que je crois enfin corrigées selon votre goût.

De grâce, ne me citez point M. de Fontenelle: il n'a jamais été attaqué comme moi, et il s'est assez bien vengé de Rousseau en sollicitant plus que personne contre lui.

Encore une fois, j'arrête mon procès; mais, en le poursuivant, qu'ai-je à craindre? Quand il serait prouvé que j'ai reproché à l'abbé Desfontaines des crimes pour lesquels il a été repris de justice, n'est-il pas de droit que c'est une chose permise, surtout quand ce reproche est nécessaire à la réputation de l'offensé? Je lui reproche quoi? des libelles; il a été condamné pour en avoir fait. Je lui reproche son ingratitude. Je ne l'ai point calomnié; je prouve, papiers en main, tout ce que j'avance. J'ai fait consulter des avocats; ils sont de mon avis, mais enfin tout cède au vôtre. Je ne veux me conduire que par vos ordres.

A l'égard de Saint-Hyacinthe, je veux réparation; je ne souffrirai pas tant d'outrages à la fois. Où est donc la difficulté qu'on exige un désaveu d'un coquin tel que lui? Pourrait-on dire que cela n'est rien? Je suis donc un homme bien méprisable; je suis donc dans un état bien humiliant, s'il faut qu'on ne me considère que comme un bouffon du public, qui doit, déshonoré ou non, amuser le monde à bon compte, et se montrer sur le théâtre avec ses blessures! La mort est préférable à un état si ignominieux. Voilà une récompense bien horrible de tant de travail! et cependant Desfontaines jouira tranquillement du privilége de médire; et on insultera à ma douleur. Au nom de Dieu, que j'obtienne quelque satisfaction! Ne pourrais-je pas du moins obtenir qu'on brûlât le libelle? Ne pourrai-je pas présenter ma requête contre Chaubert[1], et obtenir qu'en attendant des preuves justice soit faite de ce libelle infâme, sans nom d'auteur?

Je vous réitère mes instantes prières sur Saint-Hyacinthe, si vous voulez que je reste en France.

Je suis honteux de vous faire voir tant de douleur, et désespéré de vous donner tant de soins; mais vous me tenez lieu de tout à Paris.

J'ai encore assez de liberté dans l'esprit pour corriger *Zulime*, puisqu'elle vous plaît. J'attends vos ordres. J'ai quelque chose de beau[2] dans la tête; mais j'ai besoin de tranquillité, et mes ennemis me l'ôtent.

1063. — DE M. LE MARQUIS D'ARGENSON.

Paris, le 7 de février 1739.

C'est un vilain homme que l'abbé Desfontaines, monsieur; son ingratitude est assurément pire encore que les crimes qui vous avaient donné lieu de l'obliger. N'appréhendez point de n'avoir pas les puissances pour vous. Une fois il m'arriva, en dînant chez M. le cardinal[3], d'avancer la proposition qu'il était curé d'une grosse cure en Normandie; je révoltai toute l'assistance contre moi. Son Éminence me le fit répéter trois fois. Je me voyais perdu d'estime et de fortune, sans le prévôt des marchands, qui me témoigna ce fait. M. le chancelier pense de même sur le compte de ce.... de police. M. Hérault doit penser de même, ou il serait justiciable de ceux qu'il justicie. M. le chancelier estime vos ouvrages; il m'en a parlé plusieurs fois dans des promenades à Fresnes. Mais, de tous les chevaliers, le plus prévenu contre votre ennemi, c'est mon frère[4]. J'ai été le voir à la réception de votre lettre; il m'a dit que l'affaire en était à ce que M. le chancelier avait ordonné que l'abbé Desfontaines serait mandé pour déclarer si les libelles en question étaient de lui, et pour signer l'affirmatif ou le négatif; sinon, contraint. Je vous assure que cela sera bien mené. Je solliciterai M. le chancelier en mon particulier, ces jours-ci.

---

1. Libraire de Desfontaines. On le soupçonnait de vendre et de faire colporter *la Voltairomanie*.
2. La tragédie de *Mahomet*, à laquelle Voltaire fait allusion dans la lettre 1096, et qu'il cite positivement dans la lettre 1121.
3. Le cardinal de Fleury.
4. Le comte d'Argenson.

J'embrasse vos intérêts avec chaleur et avec plaisir. La chose est bien juste. Je vous ai toujours connu ennemi de la satire ; vous vous indignez contre les fripons, vous riez des sots ; je compte en faire tout autant, tout de mon mieux, et je me crois honnête homme. Ce n'est là que juger ; faire part de son jugement à ses amis, c'est médire : la religion le défend, ainsi que le bon sens, et même l'instinct. Ainsi vous m'avez toujours paru éloigné d'un si mauvais penchant ; vos écrits avoués et dignes de vous, et vos discours, m'y ont toujours confirmé. Travaillez en repos, monsieur, vingt-cinq autres ans ; mais faites des vers, malgré votre serment qui est dans la préface de Newton[1]. Avec quelque clarté, quelque beauté, quelque dignité que vous ayez entendu et rendu le système philosophique de cet Anglais, ne méprisez pas pour cela les poëmes, les tragédies, et les épîtres en vers : nous serons toujours éclairés et nourris dans la scène physique ; mais nous ne lirons bientôt plus pour nous amuser, et nous n'irons plus à la Comédie, faute de bons auteurs en vers et en prose.

Adieu, monsieur ; pourquoi allez-vous parler de protection et de respect à un ancien ami, et qui le sera toujours[2] ?

1064. — A M. L'ABBÉ MOUSSINOT[3].

Ce lundi (7 ou 8 février 1739).

Mon cher abbé, je vous demande en grâce de faire en sorte que M. Bégon tienne toutes ses batteries prêtes, pour entamer les procédures.

Informez-vous de M. Pageau si, en me plaignant seulement du Mémoire, je pourrais obtenir qu'il fût brûlé.

Je vous embrasse tendrement.

Je vous recommande le désaveu des avocats. J'obéis à M. d'Argental ; mais, au nom de Dieu, que tout soit prêt pour assigner Chaubert. Écrivez à M. d'Argental pour savoir quel mal il y aurait à le mettre en cause, ce Chaubert seul.

Je prie monsieur votre frère de me chercher, et de m'envoyer la *Déification d'Aristarchus*, petit ouvrage joint au chef-d'œuvre d'un inconnu.

---

1. Ce que le marquis d'Argenson appelle la Préface de Newton est l'épître à Mme du Châtelet (voyez tome X, page 299), qui était en tête des *Éléments de la Philosophie de Newton*, et dans laquelle on lit :

> Je quitte Melpomène et les jeux du théâtre,
> Ces combats, ces lauriers, dont je fus idolâtre ;
> De ces triomphes vains mon cœur n'est plus touché.

2. La fin de cette lettre prouve qu'elle est une réponse à une lettre de Voltaire, qui est perdue.

3. Édition Courtat.

1065. — A M. L'ABBÉ MOUSSINOT [1].

Ce 8 (février 1739).

Mon cher abbé, je vous adresse cette lettre pour mon neveu. Je vous prie de la lui faire rendre sur-le-champ, et de vous joindre à lui et à Mme de Champbonin. Je vous fais à tous les mêmes prières; ne parlez pas de ce que j'écris (à mon neveu sur Mme de Champbonin, sur Thieriot, sur Mouhy), mais agissez, ameutez les Procope, les Andry, rue de Seine, et même l'indolent Pitaval, rue d'Anjou, les abbés Séran de Latour, les Castera du Perron. Qu'ils voient M. d'Éon, M. Hérault; qu'ils signent une nouvelle requête. Ne négligeons rien; poussons le scélérat par tous les bouts.

Je prie mon neveu d'ameuter quelques-uns de mes parents pour se joindre à lui, pour signer cette nouvelle requête à M. Hérault : cela est important; parlez-lui-en; offrez-lui des carrosses, le payement de tous ses faux frais, avec votre adresse ordinaire. J'ai fait tenir cent livres à Mouhy. Trollez-le (?), mais point d'argent.

Quelle personne pourrait servir auprès du curé de Saint-Nicolas-des-Champs, qui est ami de M. Hérault. Je lui ai écrit : je vous l'ai mandé.

J'agis aussi vivement que si j'étais à Paris, et *violenti rapiunt illud. Vale.*

1066. — AU CHANCELIER D'AGUESSEAU [2].

Cirey, ce 11 février.

Monseigneur, je commence par vous demander très-humblement pardon de vous avoir envoyé un si gros mémoire; mais je crois avoir rempli le devoir d'un citoyen, en m'adressant au chef de la justice et des belles-lettres, pour obtenir réparation des calomnies de l'abbé Desfontaines. Je ne dois parler ici que de celles dont j'ose vous présenter les réfutations authentiques que voici.

Mme de Champbonin, ma cousine, a les originaux entre ses mains; elle aura l'honneur de les présenter à monseigneur.

---

1. Édition Courtat.
2. Voyez son article, tome XIV, page 59; et aussi tome XXII, page 398.

1° La copie d'une partie de la lettre[1] de l'abbé Desfontaines, signée de lui, par laquelle il convient de mes services, et par laquelle il est démontré que monsieur le lieutenant de police, loin de lui demander pardon de l'avoir enfermé à Bicêtre, exécuta l'ordre mitigé du roi, par lequel il fut exilé, etc. ;

2° La lettre de Mme de Bernières, qui prouve que tout ce que Desfontaines avance sur feu M. de Bernières et sur mes services est calomnieux ;

3° Extraits des lettres[2] du sieur Thieriot, qui confirment que l'abbé Desfontaines fit, au sortir de Bicêtre, un libelle intitulé *Apologie de V.;*

4° Une lettre[3] de Prault fils, libraire, qui prouve que, loin d'être coupable des rapines dont l'abbé Desfontaines m'accuse, j'ai toujours eu une conduite opposée ;

5° L'attestation du sieur Demoulin, négociant, dont les registres prouvent que, loin de mériter les reproches de Desfontaines, j'ai fait au moins le bien qui a dépendu de moi ;

6° L'attestation d'un jeune homme de lettres, qui, ayant été du nombre de ceux que ma petite fortune m'a permis d'aider, s'est empressé de donner ce témoignage public, que jamais je ne produirais si je n'y étais forcé.

Enfin, monseigneur, je suis traité, dans le libelle de Desfontaines, d'*athée*, de *voleur*, de *calomniateur*. Tout ce que je demande, c'est un désaveu authentique de sa part, désaveu qu'il ne peut refuser aux preuves ci-jointes.

[4] Je n'implore point vos bontés, monseigneur, pour son châtiment, mais pour ma justification.

Je vous supplie, monseigneur, de considérer que je ne suis point l'auteur du *Préservatif;* qu'il a été fait en partie sur une de mes lettres qui courut manuscrite en 1736, et que l'abbé d'Olivet montra même à Desfontaines pour l'engager à être sage. Je n'ai jamais fait de libelle ; je cultive les lettres sans autre vue que celle de mériter votre suffrage et votre protection,

Pour l'abbé Desfontaines, il n'est connu que par le service que je lui rendis et par ses satires. M. d'Argental a encore entre les mains l'original d'une lettre qui prouve que l'abbé Desfontaines fit un libelle contre moi, dans le temps même qu'il était

---

1. Voyez, tome XXXIII, la lettre 110.
2. Voyez ces extraits, tome XXIII, pages 39 et 63.
3. Cette lettre de Prault est adressée à Mme de Champbonin ; nous l'avons donnée plus haut, sous le n° 1039.
4. Toute cette fin a été publiée par MM. de Cayrol et François.

condamné à la chambre de l'Arsenal pour la distribution d'une feuille scandaleuse, en 1736.

Vous savez, monseigneur, qu'il s'est joint en dernier lieu au sieur Rousseau, et qu'il a rempli son libelle de nouveaux vers satiriques de cet homme; vous savez à quel point ces vers sont méprisables de toutes façons.

Il ne m'appartient pas de vous en dire davantage; je soumets mes ressentiments à votre équité et à vos ordres.

Je suis avec un profond respect, monseigneur, etc.

1067. — A M. THIERIOT.

A Cirey, le 12 février.

M. de Maupertuis m'envoie aujourd'hui de Bâle votre lettre, que vous lui aviez donnée. Apparemment que, voyant à Cirey[1] la douleur excessive et l'indignation de Mme du Châtelet, jointe à l'effet que faisait la lettre de Mme de Bernières, il n'osa donner la vôtre; cependant elle m'aurait fait grand plaisir, et, sachant alors de quoi il était question, je vous aurais empêché de faire la malheureuse démarche de rendre publique et d'envoyer au prince royal cette lettre dont Mme du Châtelet est si cruellement outrée.

Ce qui lui a fait le plus de peine, c'est que vous avez cherché à faire valoir cette lettre, qui la compromet. Vous avez voulu vous vanter auprès d'elle des suffrages de personnes qui, n'étant point au fait, ne pouvaient savoir si cette lettre était convenable.

Ne sentiez-vous pas qu'elle n'était qu'une espèce de factum contre Mme du Châtelet; que vous essayiez de persuader que l'abbé Desfontaines ne vous avait point outragé; que j'étais auteur du *Préservatif;* que vous ne vous ressouveniez pas d'un fait important? Enfin vous démentiez par ce malheureux écrit vos anciennes lettres, et certainement ceux que vous prétendez qui approuvaient cette lettre politique n'avaient pas vu ces anciennes lettres sincères où vous parliez si différemment. Que diraient-ils, s'ils les avaient vues? Et pourquoi mettre Mme du Châtelet dans la nécessité douloureuse de montrer, papier sur table, que vous vous démentez vous-même pour l'outrager? A quoi bon vous faire de

1. Maupertuis avait passé quelques jours à Cirey, du 12 au 16 janvier précédent, en allant à Bâle, pour visiter Jean Bernouilli, qui mourut au commencement de 1748. (CL.)

gaieté de cœur une ennemie respectable? Pourquoi me forcer à me jeter à ses pieds pour l'apaiser? Et comment l'apaiser, quand elle apprend que vous vous vantez d'avoir écrit *à Mme la marquise du Châtelet avec dignité,* et qu'enfin vous envoyez un factum contre elle au prince? A quoi me réduisez-vous? Pourquoi me mettre ainsi en presse entre elle et vous? Je me soucie bien de l'abbé Desfontaines ; voilà un plaisant scélérat, pour troubler mon repos! Si vous saviez à quel point les hommes de Paris les plus respectables pressent la vengeance publique contre ce monstre, vous seriez bien honteux d'avoir balancé, d'avoir cru des personnes qui vous ont inspiré la neutralité et la *décence*. Non, l'abbé Desfontaines n'est rien pour moi ; mais j'avais le cœur percé que mon ami de vingt-cinq ans, mon ami outragé par ce monstre, ne fît pas au moins ce qu'a fait Mme de Bernières.

Il ne s'agit entre nous que de faits, et le fait est que vous avez alarmé tous mes amis. Mme de Champbonin, qui a beaucoup d'esprit, qui écrit mieux que moi, et que vous connaissez bien peu ; Mme de Champbonin vous écrivit avec effusion de cœur[1], et sans me consulter. M. du Châtelet vous écrivit, à ma prière, au sujet des souscriptions, non pas des souscriptions dont vous dissipâtes l'argent, chose que je n'ai jamais dite à personne, et que Mme du Châtelet a avouée à un seul homme dans sa douleur, mais au sujet de quelques souscriptions à rembourser ; je vous ai parlé sur cela assez à cœur ouvert. Jamais en ma vie, encore une fois, je n'ai parlé à qui que ce soit des souscriptions mangées[2]. Il ne s'agissait que de rembourser une ou deux personnes que vous pourriez rencontrer. Voyez que de malentendus! et tout cela pour avoir été un mois sans m'écrire, quand tout le monde m'écrivait ; tout cela, pour avoir fait le politique, quand il fallait être ami ; pour avoir mis un art, qui vous est étranger, où il ne fallait mettre que votre naturel, qui est bon et vrai. Ne laissez point ainsi frelater votre cœur, et donnez-le-moi tel qu'il est.

Vous me parlez d'une disgrâce auprès du prince, que vous craignez que je ne vous attire. Eh ! morbleu, ne voyez-vous pas que je ne lui écris point sur tout cela parce que je ne sais que lui mander, après votre malheureuse lettre? Encore une fois, et cent fois, vous me mettez entre Mme du Châtelet et vous. Si vous

---

1. Voyez une note de la lettre 1033.
2. Voyez la lettre 1031.

me disiez : Voici ce que j'ai écrit au prince, je saurais alors que lui mander ; mais vous me liez les mains.

Vous m'écrivez mille choses vagues; il faut des faits. Vous avez fait une faute presque irréparable dans tout ceci. Vous auriez tout prévenu d'un seul mot. Vous vous seriez fait un honneur infini, en vous joignant à mes amis, en parlant vous-même à monsieur le chancelier, en confirmant vos lettres, qui déposent le fait de l'*Apologie de Voltaire*, en 1725 ; en ne craignant point un coquin qui vous a insulté publiquement; voilà ce qu'il fallait faire. Il est temps encore; monsieur le chancelier décidera seul de tout cela. Mais que faut-il faire à présent? Ce que M. d'Argenson, l'aîné ou le cadet, ce que Mme de Champbonin, ce que M. d'Argental, vous diront, ou plutôt ce que votre cœur vous dira. En un mot, il ne faut pas réduire votre ami à la nécessité de vous dire : Rendez-moi le service que des indifférents me rendent.

Tout va très-bien, malgré les dénonciations contre les *Lettres philosophiques* et contre l'*Épître à Uranie*, par lesquelles Desfontaines a consommé ses crimes. J'aurai, je crois, justice par monsieur le chancelier; je l'ai déjà par le public. J'eusse été heureux si vous aviez paru le premier; mais je suis consolé, si vous revenez de bonne foi, et si vous reprenez votre véritable caractère.

Mon *Mémoire* est infiniment approuvé; mais je ne veux point qu'il paraisse sitôt. Je ne ferai rien sans l'aveu de monsieur le chancelier, et sans les ordres secrets de M. d'Argenson.

1068. — A M. L'ABBÉ MOUSSINOT [1].

Ce 12 (février 1739).

Mon cher abbé, quand toute cette affaire de Desfontaines, dont j'aurai, je crois, raison, sera finie, je vous parlerai d'affaires. En attendant, je vous réitère ce que je vous mandais par ma dernière, qu'il faut suspendre le procès et conserver les preuves.

Je vous apprends que MM. d'Argenson, conseillers d'État, dont l'un est à la tête de la littérature, sont nos protecteurs dans cette affaire; que monsieur l'avocat général, fils de M. d'Aguesseau, s'intéresse pour moi auprès de son père; que M. le chancelier a déjà commencé même à agir.

Mais voici ce qu'il faut faire pour consommer l'ouvrage. Il faut vous joindre à M. Mignot, à M. de Montigny, à Mme de Champ-

---

1. Édition Courtat.

bonin, amener avec vous le gendre de votre frère, qui déposera avoir acheté le libelle chez Chaubert; il faut vous dire mon parent, comme Mme de Champbonin; aller tous à l'audience de M. le chancelier, et le remercier en général de la justice qu'il me rendra. Rien ne fait un si grand effet que ces apparitions de famille sur l'esprit d'un juge bien disposé. N'épargnons point les frais; envoyez savoir le jour de l'audience; allez prendre en carrosse de remise Mme de Champbonin à l'hôtel Modène, rue du Colombier, ou servez-vous du sien; écrivez-lui un billet, la veille ou l'avant-veille, pour savoir son heure. Écrivez de même à mon neveu Mignot, rue Cloche-Perce, chez M. de Montigny; engagez-le à y mener son cousin. Il faut remuer les hommes; il faut les exciter.

Encore une fois, cette démarche réussira. Je vous prie de la regarder comme une chose essentielle.

Je ne m'endors pas, et j'espère que j'aurai justice. Souvenez-vous, et faites souvenir Mme de Champbonin et mon neveu, que l'abbé Desfontaines a avoué à M. Hérault[1] qu'il était l'auteur du libelle.

Je songe encore qu'il sera très-bon que Thieriot vienne avec vous chez M. le chancelier, pour confirmer par son témoignage ses anciennes lettres, par lesquelles il demeure constant que l'abbé Desfontaines fit contre moi un libelle au sortir de Bicêtre.

Envoyez cela (?), je vous prie, au Père Brumoi, au collége des jésuites.

1069. — A M. LE COMTE D'ARGENTAL.

12 février.

Au nom de Dieu, mon respectable, mon cher ami, rendez-moi à mes études, à Émilie, et à *Zulime*. J'ai le cœur pénétré de douleur. Desfontaines m'a prévenu, et a obtenu du lieutenant-criminel permission d'informer contre moi; il m'a dénoncé comme auteur de l'*Épître à Uranie* et des *Lettres philosophiques;* il a écrit au cardinal; il remue ciel et terre; et moi, je n'ai pas seulement la lettre de Mme de Bernières ni celle de M. Dulion, qui prouveraient au moins son ingratitude, et qui disposeraient le public et les magistrats en ma faveur; et j'apprends, pour comble

me perdre. Quelle protection puis-je avoir auprès de lui? Hélas! faudrait-il de la protection contre un Desfontaines?

J'ai suspendu mes procédures, puisque vous me l'avez ordonné; mais j'ai bien peur d'être obligé de me voir mis en justice par le scélérat même qui me persécute, et que j'épargne.

Saint-Hyacinthe m'a donné un désaveu dont je ne suis pas encore content. Engagez, je vous en conjure, par un mot de lettre, le chevalier d'Aidie à arracher de lui le désaveu le plus authentique. Je demande aussi à Mlle Quinault un certificat des comédiens qui détruise la calomnie[1] de Saint-Hyacinthe, rapportée dans le libelle de Desfontaines. Tout cela est important à mon honneur.

Je songe que l'abbé Desfontaines, qui a toute l'activité des scélérats et toute la chicane des Normands, a fait entendre à M. Hérault que ma lettre rapportée dans le *Préservatif* est un libelle. M. Hérault ne songera peut-être pas que c'est au contraire une très-juste plainte contre un libelle.

Je n'ai point le temps de vous parler de *Zulime*; je suis tout entier à mon affaire; j'ai le cœur percé. Quelle récompense! Quoi! ne pouvoir obtenir justice d'un Desfontaines! *Regnum meum non est hinc*[2].

Enfin je n'ai d'espérance qu'en vous, mon cher ange gardien; *sub umbra alarum tuarum*[3].

1070. — A M. LE COMTE D'ARGENTAL[4].

Ce 14 février.

Il faut me les pardonner, toutes ces importunités; c'est un des fardeaux attachés à la charge d'ange gardien.

Vous avez dû, mon respectable ami, recevoir un paquet, par Thieriot, contenant des remerciements, des prières, et une lettre de M. d'Argenson. M. de Caylus m'écrit que M. de Maurepas croit l'affaire portée au Châtelet, et qu'ainsi il a les mains liées; et

---

1. Dans sa lettre à Mlle Quinault, du 18 février 1739, Voltaire la prie de démentir *je ne sais quelle querelle arrivée à la Comédie*. A la page 31 de *la Voltairomanie* était transcrit un extrait de la *Déification du docteur Aristarchus* (par Saint-Hyacinthe, voyez tome XXII, page 257), qui donne le récit d'une aventure d'un officier français, nommé Beauregard (voyez tome XXXIII, les lettres 59, 60, 63, 66), avec un poëte qu'on attendit et maltraita au détour d'une rue par où il devait passer *pour aller parler à un comédien*. (B.)
2. Saint Jean, XVIII, 36.
3. Psaume, XVI, 8.
4. Éditeurs, de Cayrol et François.

moi, je mande aujourd'hui sur-le-champ qu'il n'en est rien, et j'ai obéi entièrement à vos sages conseils, et que, si M. Hérault est chargé de l'affaire, j'implore les bontés de M. de Maurepas et la sollicitation de M. de Caylus. J'écris en conformité à M. de Maurepas, et je compte bien que mon ange gardien ou son frère dira quelque chose à M. de Maurepas.

Mais aussi ne me trompé-je point? L'affaire est-elle renvoyée à M. Hérault? Je suis à cinquante lieues; les lettres se croisent; les nouvelles se détruisent l'une l'autre; je passe les jours et les nuits à prendre des partis hasardés, à faire, à défaire, et mon ennemi est victorieux dans Paris.

Mon cher ange gardien, ne puis-je espérer qu'il soit forcé à donner un désaveu de ses calomnies qui sont prouvées? Ne pourriez-vous pas faire condamner au moins le libelle comme scandaleux, sans nommer l'auteur? monsieur l'avocat général pourrait-il s'en charger? La lettre de M. Deniau, que j'attends, et qui servira de désaveu de la part des avocats, ne pourrait-elle pas servir à faire condamner le libelle? Je n'ai que des doutes à proposer; c'est à vous à décider. Tout ce que je sais, c'est que mon honneur m'engage à avoir raison de Desfontaines et de Saint-Hyacinthe.

Zulime se plaint bien plus que moi de tout ce malheureux procès; elle dit que si son auteur reste dans cette affliction, elle est découragée. Ranimez la fille et le père, mon cher ami; rendez le repos à Cirey. Mme du Châtelet vous dit qu'elle vous aime de tout son cœur.

Mille respects à Mme d'Argental.

Songez, je vous prie, que j'ai envoyé mon mémoire à monsieur le chancelier, mais uniquement comme une espèce de requête; je ne le ferai imprimer que quand il le trouvera bon, et que vous le jugerez à propos. Le chevalier de Mouhy, qui est un homme d'un zèle un peu ardent, s'empressait de l'imprimer; je lui ai écrit fortement de n'en rien faire. Je voudrais que mon mémoire pût paraître avec la satisfaction qui me serait procurée, et qui en paraîtrait la suite; mais cela se peut-il?

Voulez-vous permettre que je vous envoie Berger, les jours de poste? Il vous soulagera du fardeau d'écrire trop souvent; il m'instruira de vos ordres; il fera ce que vous ordonnerez; il est très-sage.

Mme de Champbonin doit vous instruire de mes démarches; elle doit, comme ma parente, se trouver à l'audience de monsieur le chancelier, avec Mignot et même Thieriot. Dites à ce Thieriot, je vous prie, qu'il fasse tout ce que Mᵐᵉ de Champbonin lui dira, comme je fais tout ce que vous me dites.

Adieu. J'ai le cœur percé de tout cela ; mais aussi il est pénétré de tendresse et de reconnaissance pour vous. V.

P. S. L'abbé d'Olivet doit vous avoir envoyé le commencement de l'*Essai sur Louis XIV*. Ne vous effrayez point de l'article de Rome : on le corrigera ; il sera très-décent, sans rien perdre de la vérité.

Donnez vos ordres à *Zulime*. A propos, l'abbé d'Olivet, qui a vu mon mémoire, me dit : « Il est écrit avec une simplicité meilleure en pareil cas que de l'oratoire. »

1071. — A FRÉDÉRIC, PRINCE ROYAL DE PRUSSE.

A Cirey, le 15 février [1].

Monseigneur, j'ai reçu les étrennes. Je vous en ai donné en sujet, et Votre Altesse royale m'en a donné en roi. Votre lettre[2] sans date, vos jolis vers :

> Quelque démon malicieux
> Se joue assurément du monde, etc.

ont dissipé tous les nuages qui se répandaient sur le ciel serein de Cirey. Les peines viennent de Paris, et les consolations viennent de Remusberg. Au nom d'Apollon, notre maître, daignez me dire, monseigneur, comment vous avez fait pour connaître si parfaitement des états de la vie qui semblent être si éloignés de votre sphère ? Avec quel microscope les yeux de l'héritier d'une grande monarchie ont-ils pu démêler toutes les nuances qui bigarrent la vie commune ? Les princes ne savent rien de tout cela ; mais vous êtes homme autant que prince.

L'abbé Alary demandait un jour à notre roi permission d'aller à la campagne pour quelques jours, et de partir sur-le-champ. « Comment! dit le roi, est-ce que votre carrosse à six chevaux est dans la cour ? » Il croyait alors que tout le monde avait un carrosse à six chevaux, au moins.

Vous me feriez croire, monseigneur, à la métempsycose. Il faut que votre âme ait été longtemps dans le corps de quelque particulier fort aimable, d'un La Rochefoucauld, d'un La Bruyère.

---

1. La réponse à cette lettre est datée du 8 mars suivant.
2. Cette lettre n'est pas dans la *Correspondance*.

Quelle peinture des riches accablés de leur bonheur insipide, des querelles et des chagrins qui en effet troublent les mariages les plus heureux en apparence! Mais quelle foule d'idées et d'images! Avec une petite lime de deux liards, que tout cet or-là serait parfaitement travaillé! Vous créez, et je ne sais plus que raboter: c'est ce qui fait que je n'ose pas encore envoyer à Votre Altesse royale ma nouvelle tragédie[1]; mais je prends la liberté de lui offrir un des petits morceaux que j'ai retouchés depuis peu dans *la Henriade*.

Mme la marquise du Châtelet vient de recevoir une lettre de Votre Altesse royale qui prouve bien que Remusberg va devenir une Académie des sciences. Il faut, monseigneur, que j'aime bien la vérité pour convenir qu'Émilie se trompe; mais cette vérité l'emporte sur les rois, et même sur les Émilie.

Je pense que vous avez grande raison, monseigneur, sur ce feu causé par un vent d'ouest. Si les humains avaient attendu après Borée pour se chauffer, ils auraient couru grand risque de mourir de froid. Les plus grands vents passant par les branches d'arbres y perdent beaucoup de leur force: si ces branches sont sèches, elles tombent; si elles sont vertes, leur froissement éternel ne produirait pas une étincelle. Le tonnerre a bien plus l'air d'avoir embrasé des forêts que le vent, et les différents volcans dont la terre est pleine ont été nos premières fournaises.

Le mémoire d'ailleurs est plein de recherches curieuses et de pensées aussi hardies que philosophiques: c'est le système de Boerhaave, c'est celui de Musschenbroeck, c'est très-souvent celui de la nature. Notre Académie a donné le prix à des gens dont l'un[2] dit que le feu est un composé de bouteilles, et l'autre, que c'est une machine de cylindre. Voilà le goût de notre nation: ce qui tient au roman a la préférence sur la simple nature. Aussi ne donnerai-je point *Mérope*; mais je vais donner une tragédie toute romanesque; quand on est dans le pays d'Arlequin, il faut avoir un habit de toutes couleurs, avec un petit masque noir.

> Me si fata meis paterentur ducere vitam
> Auspiciis, et sponte mea componere curas!
> (*Æneid.*, IV, v. 340.)

Si je vivais sous mon prince, je ne ferais pas de tels ouvrages; je tâcherais de me conformer à sa façon mâle et vigoureuse de

---

1. *Zulime*.
2. M. Euler; mais ce n'est pas à cette hypothèse de *bouteilles*, c'est à une fort belle formule pour la propagation du son que l'Académie donna le prix. (K.)

penser; je ressusciterais mon feu mourant aux étincelles de son génie. Mais que puis-je faire en France, malade, persécuté, et toujours distrait par la crainte qu'à la fin l'envie et la persécution ne m'accablent? Le désert où je me suis réfugié auprès de Minerve, qui a pris pour me protéger la figure de Mme du Châtelet; ce désert, qui devrait être inaccessible aux persécuteurs, n'a pu empêcher leur fureur d'y venir trouver un solitaire languissant, qui ne vivait que pour Votre Altesse royale, pour Émilie, et pour l'étude.

Je suis avec le plus profond respect et le plus tendre attachement, etc.

1072. — A M. L'ABBÉ MOUSSINOT[1].

Ce 16 (février 1739).

Il faut donc, mon cher ami, solliciter puissamment M. Hérault. Il faut y aller comme mon parent avec Mignot, Montigny, Mme de Champbonin. Il faut tous aller en corps et chez lui et chez M. d'Éon. N'épargnez point les frais; faites parler, si vous pouvez, cet homme qui est chez lui, et avec qui j'ai eu affaire pour M. d'Estaing : je n'ai que le temps de vous dire cela à la hâte. Il faut aller prendre Procope, Andry, Castera, l'abbé Séran de Latour, les mener tous chez ce magistrat, ne point démordre, ne pas perdre un instant. J'ai cette affaire en tête, je veux en devoir le succès à vos soins et à votre tendre amitié. En vain l'abbé Desfontaines se plaindrait de ma lettre qu'on a imprimée dans le *Préservatif:* c'est comme si Cartouche se plaignait qu'on l'eût accusé d'avoir volé. Voilà ce qu'il faut que mon neveu représente fortement avec vous. Dites, redites-lui, allez, courez, écrasez un monstre, servez votre intime ami.

1073. — A M. BERGER.

A Cirey, ce 16 février.

Je vous supplie, monsieur, sitôt la présente reçue, d'aller chez M. d'Argental. C'est l'ami le plus respectable et le plus tendre que j'aie jamais eu. Il fait toute ma consolation et toute mon espérance dans cette affaire, et sa vertu prend le parti de l'innocence contre l'homme le plus scélérat, le plus décrié, mais le plus dangereux qui soit dans Paris. Comme il n'a pas toujours

---

1. Édition Courtat.

le temps de m'écrire, et que j'ai un besoin pressant d'être instruit à temps, de peur de faire de fausses démarches, et que, d'ailleurs, il demeure trop loin de la grande poste, il pourra vous instruire des choses qu'il faudra que je sache. Il connaît votre probité; parlez-lui, écrivez-moi, et tout ira bien.

Il s'en faut bien que je sois content de Saint-Hyacinthe. Il n'a pas plus réparé l'infâme outrage qu'il m'a fait qu'il n'est l'auteur du *Mathanasius*. N'avez-vous pas vu l'un et l'autre ouvrage? N'y reconnaissez-vous pas la différence des styles? C'est Sallengre et S'Gravesande qui ont fait le *Mathanasius*[1]; Saint-Hyacinthe n'y a fourni que la chanson. Il est bien loin, ce misérable, de faire de bonnes plaisanteries. Il a escroqué la réputation d'auteur de ce petit livre, comme il a volé Mme Lambert. Infâme escroc et sot plagiaire, voilà l'histoire de ses mœurs et de son esprit. Il a été moine, soldat, libraire, marchand de café, et il vit aujourd'hui du profit du biribi. Il y a vingt ans qu'il écrit contre moi des libelles; et, depuis *Œdipe*, il m'a toujours suivi comme un roquet qui aboie après un homme qui passe sans le regarder. Je ne lui ai jamais donné le moindre coup de fouet; mais enfin je suis las de tant d'horreurs, et je me ferai justice d'une façon qui le mettra hors d'état d'écrire.

Si vous voulez prévenir les suites funestes d'une affaire très-sérieuse, parlez-lui de façon à obtenir qu'il signe au moins un désaveu par lequel il proteste qu'il ne m'a jamais eu en vue, et que ce qui est rapporté dans l'abbé Desfontaines est une calomnie horrible; je ne l'ai jamais offensé, je le défie de citer un mot que j'aie jamais dit de lui. Faites-lui parler par M. Rémond de Saint-Mard. Il y a à Paris une Mme de Champbonin qui demeure à l'hôtel de Modène; c'est une femme serviable, active, capable de tout faire réussir; voulez-vous l'aller trouver, et agir de concert? Comptez sur moi, mon cher Berger, comme sur votre meilleur ami.

1074. — A MADEMOISELLE QUINAULT.

Ce 18 février 1739.

Je reçois, mademoiselle, votre lettre du 12, et vous ne doutez pas combien je suis sensible à vos bontés et à vos sages conseils. Je conçois que le certificat pourrait aboutir à quelque ridicule: car c'est en France le sort de toutes les choses publiques. Mais

1. Voyez la note 4, tome XXII, page 257.

vous me feriez un très-sensible plaisir si vous m'écriviez une lettre ostensible qui contiendrait à peu près ce qui suit :

« J'ai lu l'infâme libelle attribué par tout le public à un homme qui dès longtemps est votre ennemi ; et j'ai jugé, comme le public, que c'est un ouvrage également calomnieux et méprisable. Parmi les impostures atroces qui m'ont révoltée, celles des rapines qu'on vous impute sur vos ouvrages, et de je ne sais quelle querelle arrivée à la Comédie, sont celles qui m'ont le plus frappée, parce que j'ai la connaissance du contraire. Tous mes camarades partagent mon indignation contre l'auteur, quel qu'il soit, de ces abominables calomnies.

« Quinault. »

Cette lettre, qui ne vous commet en rien, peut me servir auprès d'une seule personne que je veux mettre au pied du mur, et cette personne, c'est Saint-Hyacinthe, dont j'aurai, ou les oreilles, ou un désaveu.

Je ne vous demande, ma chère et estimable Thalie, que ce que les principaux des avocats ont fait ; ils m'ont envoyé une lettre à peu près semblable, au nom de leur corps. J'espère que j'aurai justice de ce scélérat. Votre ami m'a servi comme il sait servir ; mais il faudrait un peu de sollicitation auprès de M. Hérault. Vous avez d'illustres amis, ne pourriez-vous point faire parler? Je vous aurais une obligation que deux tragédies et deux comédies ne pourraient acquitter.

Je suis bien fâché de votre indisposition : vous portez-vous mieux à présent ? Mais comment pouvez-vous avoir de la santé avec vos travaux et vos plaisirs ?

Vous voyez bien que les horreurs de Desfontaines ne me troublent guère, puisqu'au milieu de l'embarras d'une espèce de procès criminel, qu'il faut soutenir de cinquante lieues loin, j'ai fait, en dix jours, une tragédie. Le sujet m'a subjugué ; c'est un tourbillon qui m'a emporté, je ne peux travailler que quand j'ai une matière qui se rend maîtresse de moi. Il m'est venu hier un sujet de comédie admirable ; je le traiterai, j'y suis résolu. Nous allons, dans deux mois, dans le Brabant, et sur les frontières de l'Allemagne, plaider pour des successions, et moi, je vous ferai une comédie, charmante Thalie. Vous êtes l'âme du théâtre et la mienne. J'attends vos ordres sur *Zulime*. Vous êtes comme le cardinal de Richelieu avec les cinq auteurs ; je suis un Colletet, mais je vous aime comme Corneille même ou Molière vous eussent aimée.

Mme la marquise du Châtelet vous fait mille compliments. *Alzire* est grosse de *Zamore*. Voulez-vous que le premier-né s'appelle *Ramire?*

M. de Caylus me comble de bontés, je crois que je vous en ai l'obligation. Encore une fois et cent fois, j'ai bien raison de vous prier de dire à ce malheureux Merville combien les libelles diffamatoires sont odieux.

Adieu, mademoiselle; je suis attaché à votre char pour jamais. V.

1075. — A M. HELVÉTIUS.

Ce 19 février.

Mon cher ami, si vous faites des lettres métaphysiques[1], vous faites aussi de belles actions de morale. Mme du Châtelet vous regarde comme quelqu'un qui fera bien de l'honneur à l'humanité, si vous allez de ce train-là. Je suis pénétré de reconnaissance et enchanté de vous. Il est bien triste que les misérables libelles viennent troubler le repos de ma vie et le cours de mes études. Je suis au désespoir, mais c'est de perdre trois ou quatre jours de ma vie; je les aurais consacrés à apprendre et peut-être à faire des choses utiles.

Si l'abbé Desfontaines savait que je ne suis pas plus l'auteur du *Préservatif* que vous, et s'il était capable de repentir, il devrait avoir bien des remords.

Cependant la chose est très-certaine, et j'en ai la preuve en main. L'auteur du *Préservatif*, piqué dès longtemps contre Desfontaines, a fait imprimer plusieurs choses que j'ai écrites, il y a plus d'un an, à diverses personnes; encore une fois, j'en ai la preuve démonstrative; et, sur cela, ce monstre vomit ce que la calomnie a de plus noir;

> Et là-dessus on voit Oronte qui murmure,
> *Qui* tâche *sourdement* d'appuyer *cette injure,*
> Lui qui d'un honnête homme *ose chercher* le rang[2].
>
> Tête-bleu! ce me sont de mortelles blessures
> De voir qu'avec le vice on garde des mesures[3].

Mais je ne veux pas me fâcher contre les hommes; et, tant qu'il y aura des cœurs comme le vôtre, comme celui de M. d'Ar-

---

1. Allusion aux épîtres d'Helvétius, qui sont le sujet des *Remarques de Voltaire* imprimées tome XXIII, pages 5-16.
2. *Misanthrope*, acte I, scène I.
3. *Ibid.*, acte I, scène I.

gental, de Mme du Châtelet, j'imiterai le bon Dieu, qui allait pardonner à Sodome, en faveur de quelques justes¹. Je suis presque tenté de pardonner à un sodomite en votre faveur. A propos de cœurs justes et tendres, je me flatte que mon ancien ami Thieriot est du nombre ; il a un peu une âme de cire, mais le cachet de l'amitié y est si bien gravé que je ne crains rien des autres impressions, et d'ailleurs vous le remouleriez.

Adieu ; je vous embrasse tendrement, et je vous quitte pour travailler.

Non, je ne vous quitte pas ; Mme du Châtelet reçoit votre charmante lettre. Pour réponse, je vous envoie le *Mémoire*² corrigé ; il est indispensablement nécessaire, la calomnie laisse toujours des cicatrices quand on n'écrase pas le scorpion sur la plaie. Laissez-moi la lettre³ au Père de Tournemine. Il la faut plus courte, mais il faut qu'elle paraisse ; vous ne savez pas l'état où je suis. Il n'est pas question ici d'une intrépidité anglaise ; je suis Français, et Français persécuté. Je veux vivre et mourir dans ma patrie avec mes amis, et je jetterai plutôt dans le feu les *Lettres philosophiques* que de faire encore un voyage à Amsterdam, au mois de janvier⁴, avec un flux de sang, dans l'incertitude de retourner auprès de mes amis. Il faut, une bonne fois pour toutes, me procurer du repos ; et mes amis devraient me forcer à tenir cette conduite, si je m'en écartais ; *primum vivere*.

Comptez, belle âme, esprit charmant, comptez que c'est en partie pour vivre avec vous que je sacrifie à la bienséance. Je vous embrasse avec transport, et suis à vous pour jamais. Envoyez sur-le-champ, je vous en prie, *Mémoire* et lettre à M. d'Argental ; ranimez le tiède Thieriot du beau feu que vous avez ; qu'il soit ferme, ardent, imperturbable dans l'amitié, et qu'il ne se mêle jamais de faire le politique, et de négocier quand il faut combattre. Adieu, encore une fois.

1076. — A M. LE COMTE D'ARGENTAL.

Ce 20 février.

Cher ange, voici une troisième fournée ; j'ai presque prévenu ou suivi tous vos avis ; je vous demande en grâce de souffrir le *Mémoire* à peu près tel qu'il est ; je n'ai plus de temps ; je suis au

---

1. *Genèse*, xvii, 32.
2. Voyez ce *Mémoire*, tome XXIII, page 27.
3. Voyez la lettre 1002.
4. Lisez *février*.

désespoir de le consumer à ces horreurs nécessaires. Au nom de Dieu, présentez-le bien transcrit à monsieur l'avocat général [1]; je vais en envoyer un double à M. de Fresnes [2], un à M. d'Argenson [3], un à M. de Maurepas, un à Thieriot, même à M. Hérault. S'il y a quelque chose à corriger pour l'impression, je le corrigerai.

La lettre au Père Tournemine est essentielle. Helvétius raisonne en jeune philosophe hardi qui n'a point tâté du malheur, et moi, en homme qui ai tout à craindre. Les esprits forts me protégeront à souper, mais les dévots me feront brûler.

Mon cher et respectable ami, faites faire des copies du *Mémoire*. Je vous en conjure, n'épargnez aucuns frais; l'abbé Moussinot a l'argent tout prêt, mon neveu est à vos ordres. Trouvez-vous des longueurs? élaguez, disposez; mais présenter le *Mémoire* est une chose indispensable.

Que j'ai d'envie de me mettre tout de bon à ma tragédie [4], et de noyer dans les larmes du parterre le souvenir des crimes de Desfontaines! Faites un peu sentir à monsieur l'avocat général *l'Allégorie de Pluton* [5] et *du juge Sizame*, et *du procureur général des enfers*.

Adieu; je baise vos deux ailes,
Et me mets à l'ombre d'icelles.

1077. — A M. LE LIEUTENANT GÉNÉRAL DE POLICE [6].

Cirey en Champagne, 20 février 1739.

Je ne puis empêcher que plusieurs gens de lettres vous présentent des requêtes contre l'abbé Desfontaines; aussi bien que tout le public, mes parents peuvent s'y joindre pour l'honneur de toute une famille outragée. Mais moi, monsieur, qui regarde plus ma réputation que ma vengeance, j'ai l'honneur de vous supplier instamment de me faire accorder un désaveu des calomnies du sieur Desfontaines, qui soit aussi authentique que son libelle. Vous avez entre les mains, monsieur, la lettre de Mme de Bernières, celles du sieur Thieriot, celle du libraire Prault, le certificat de Demoulin, la lettre du sieur Dulion, enfin celle de

---

1. D'Aguesseau de Plainmon, fils du chancelier; nommé avocat général au parlement en 1736.
2. D'Aguesseau de Fresnes, autre fils du chancelier.
3. Le marquis d'Argenson.
4. *Zulime*.
5. *Allégorie* II, livre II, intitulée *le Jugement de Pluton*, par J.-B. Rousseau.
6. Éditeur, Léouzon Leduc.

l'abbé Desfontaines même écrite au sortir de Bicêtre[1]. Puis-je moins demander, monsieur, que le désaveu de ces calomnies si hostiles et si prouvées? Et quand vous êtes prêt à punir le coupable, n'aurez-vous pas quelque bonté pour le citoyen offensé? Je parle à l'homme autant qu'au juge. Je parle à mon protecteur aussi bien qu'au magistrat. Songez que le moment où j'ai servi autrefois l'abbé Desfontaines est l'époque de ses fureurs contre moi. Voyez la lettre du sieur Dulion, voyez celle de Thieriot, du 16 août 1726, dans laquelle il m'avertit que Desfontaines, pour récompense, a fait, contre moi, un libelle. Considérez, monsieur, je vous en conjure, qu'il m'a persécuté, calomnié pendant des années; écoutez la voix publique. Songez qu'un écrit intitulé le *Préservatif*, que je n'ai ni imprimé, ni fait, a été le prétexte de son libelle, qu'il a fait et imprimé, distribué et avoué publiquement. Je sais ses récriminations; mais, monsieur, est-ce un crime de se plaindre d'un ingrat et d'un calomniateur? Je porte à votre tribunal les mêmes plaintes qu'à tous les honnêtes gens. Est-ce à lui à m'accuser d'avoir écrit, il y a deux ans, qu'en effet il avait payé mes bienfaits d'un libelle? Oui, monsieur, c'est précisément de quoi je demande vengeance. Je la demande, et de ce libelle fait en 1726, et de vingt autres, et surtout du dernier[2]. Je la demande avec tous les gens de lettres, avec tout le public, qui vous en aura obligation; mais cette vengeance n'est autre chose qu'un désaveu nécessaire à mon honneur. Il ne m'appartient pas de vous prier de punir, mais je dois vous supplier de faire cesser un si horrible scandale. Je vous demande ce désaveu, monsieur, et par cette lettre, et par ce placet ci-joint.

Requête du sieur de Voltaire.

1° Le sieur de Voltaire représente très-humblement qu'il est très-vrai qu'en 1725 il fit tous ses efforts auprès de feu M. le maréchal de Villars pour faire tirer de Bicêtre le sieur Desfontaines, qui y était enfermé pour avoir corrompu plusieurs ramoneurs; et M. le comte de Maurepas peut se souvenir de tous les soins que le sieur de Voltaire se donna pour lors;

2° Il est très-vrai que l'abbé Desfontaines pour toute récompense fit un libelle contre le sieur de Voltaire;

3° Il est très-vrai qu'il n'a cessé d'attaquer pendant dix ans

---

1. Cette lettre est du 31 mai 1724; nous l'avons donnée sous le n° 110.
2. *La Voltairomanie.*

le sieur de Voltaire et plusieurs gens de lettres par des injures atroces ;

4° Dans les *Observations*[1] même, quoique corrigées exactement par le sieur abbé Trublet, il a toujours glissé des calomnies personnelles : tantôt disant, à propos de *la Henriade*, que le sieur de Voltaire avait intérêt à *ménager les Juifs;* tantôt l'accusant de *bassesses,* d'*irréligion,* quoique indirectement ;

5° Il est prouvé par la lettre du sieur Dulion, qui est entre les mains de M. d'Argental, conseiller au parlement, que le dit Desfontaines faisait un libelle contre le sieur de Voltaire dans le temps même qu'il était condamné à la chambre de l'Arsenal pour avoir vendu à Ribou une feuille scandaleuse ;

6° Le sieur de Voltaire a fait parler vingt fois à l'abbé Desfontaines par M. de Bernières, par l'abbé Asselin, proviseur de Harcourt, par le sieur Thieriot, pour l'engager à cesser tant de noirceurs et d'ingratitudes ;

7° Il a souffert dix années avant de se plaindre soit en vers, soit en prose, et quand il s'est plaint, il a dit simplement le fait ; il a fait voir ses bienfaits et l'ingratitude ;

8° Aujourd'hui l'abbé Desfontaines inonde Paris et les pays étrangers d'un libelle diffamatoire[2] qui perdrait d'honneur le sieur de Voltaire s'il demeurait sans satisfaction ;

9° Le sieur de Voltaire ne demande qu'un désaveu aussi authentique que l'outrage ; il espère que ceux qui veillent au maintien des mœurs et des lois daigneront lui faire obtenir ce désaveu, puisque les attestations authentiques qu'il a réunies entre leurs mains sont des preuves de la fausseté des accusations contenues dans le libelle.

Le sieur de Voltaire attend tout des bontés et de l'équité de M. Hérault.

1078. — A M. L'ABBÉ MOUSSINOT[3].

Ce 21 (février 1739).

Mon cher ami, c'est pour vous dire que j'ai reçu aujourd'hui une lettre très-polie de M. Hérault, et très-encourageante. Elle ferait entreprendre vingt procès. Cependant je me tiens encore sur la réserve. Une lettre de son juge est une grande tentation à laquelle il faut de la force pour résister.

1. Titre de la collection des lettres de Desfontaines sur les écrits modernes.
2. *La Voltairomanie.*
3. Édition Courtat.

M. de Maurepas m'écrit, M. d'Argenson m'écrit; tout le monde me dit : « Agissez. » Mais malgré tant de raisons d'agir, malgré l'assurance où je suis que le *Préservatif* ne peut m'être imputé, je persiste encore à faire présenter requête, signée de procureur, par MM. de Castera, Andry, Procope, Mouhy, etc. Deux noms suffiraient : je me charge du reste. L'audience de monsieur le chancelier devient inutile, mais la requête de mes parents devient nécessaire. Vous verrez par la lettre de M. Hérault, qui est entre les mains de Mme de Champbonin, qu'on ne peut ni ne doit agir par lettres de cachet, voie toujours infiniment odieuse, et que moi-même je déteste. Représentez, je vous prie, très-fortement à M. d'Argental que toutes les preuves étant contre Desfontaines et rien contre moi, c'est me manquer à moi-même que de ne pas agir vigoureusement. Tenez, je vous supplie, les preuves contre Chaubert prêtes.

Je n'ai que le temps de vous embrasser.

1079. — A M. LE LIEUTENANT GÉNÉRAL DE POLICE [1].

21 février.

Je suis assurément bien plus touché, bien plus consolé de vos bontés, que je ne suis sensible aux impostures abominables d'un homme dont les iniquités de toute espèce sont si bien connues de vous. Je vous parle, monsieur, et comme au juge qui peut le punir selon les lois, et comme au protecteur des lettres, au pacificateur des citoyens et au père de la ville de Paris; comme à mon juge, je ne balancerai pas à vous présenter requête, et c'est à votre tribunal seul que j'ai souhaité de recourir, parce que j'en connais la prompte justice, que vous êtes instruit du procès, et que vous avez déjà condamné cet homme en pareil cas.

Mais, monsieur, daignez considérer comme juge que, si l'abbé Desfontaines défend ses calomnies par de nouvelles impostures, il faut que je vienne à Paris pour me défendre. Il y a plus de trois mois que je suis hors d'état d'être transporté; vous connaissez ma santé languissante. Si je pouvais me flatter que vous pussiez nommer un juge du voisinage pour recevoir et vous renvoyer juridiquement mes défenses, et pour se transporter à cet effet au château de Circy, je suis prêt à former la plainte en mon nom. Cependant, c'est une grâce que je n'ose pas demander, car je sens très-bien, malgré toute l'indulgence qu'on peut avoir pour

1. Éditeur, Léouzon Leduc.

ma mauvaise santé, quel respect on doit aux lois et aux formes.

On m'a mandé que la plupart de ceux qui sont outragés dans ce libelle ont rendu plainte, et je ne sais si cela est suffisant.

Pour moi, monsieur, qui ne demande ni la punition de personne, ni dommage, ni intérêts, et qui n'ai pour but que la réparation de mon honneur, ce que j'ose vous demander ici avec plus d'instances, c'est que vous daigniez interposer votre autorité de magistrat de la police et de père des citoyens, sans forme judiciaire à mon égard, et sans employer contre le sieur Desfontaines l'usage de la puissance du roi. Je vous conjure donc, monsieur, d'envoyer chercher l'abbé Desfontaines (si vous trouvez la chose convenable), et de lui faire signer un désaveu des calomnies horribles dont son libelle est plein.

Ne peut-il pas déclarer qu'il se repent de s'être porté à cet excès, et que lui-même, après avoir revu sa propre lettre au sortir de Bicêtre (que j'ai fait présenter à M. le chancelier, et dont vous, monsieur, vous avez copie), après avoir vu le témoignage de tant d'honnêtes gens qui déposent contre ses calomnies, ne peut-il pas reconnaître qu'il m'a injustement outragé, et promettre de ne plus tomber à l'avenir dans de semblables crimes? Voilà, monsieur, tout mon but. Ce que je demande est-il juste? C'est-il raisonnable? Je m'en remets à vous. Un procès criminel peut achever de ruiner ma santé, et troublera tout le cours de mes études, qui sont mon unique consolation.

Je sens, monsieur, toute la hardiesse de mes prières, et combien il est singulier de prendre mon juge pour mon conseil. Mais enfin je ne puis pas en avoir d'autre. Je me mets entre vos bras, je vous regarde comme mon protecteur. Je ne ferai que comme vous me prescrirez. Je ne veux point abuser de vos moments, mais si vous voulez me faire savoir vos ordres par M. d'Éon, dont je connais la probité, je m'y conformerai. Je lui renverrai sa lettre.

Je serai toute ma vie, etc.

1080. — A M. L'ABBÉ MOUSSINOT[1].

Lettre que M. Moussinot fera voir à M. Bégon.

Ce 22 (février 1739).

Je ne perds point de vue du tout la juste réparation que je suis en droit d'exiger de ce malheureux abbé Desfontaines.

1. Édition Courtat.

Monsieur le chancelier, M. d'Argenson, M. Hérault, ont conclu qu'il fallait l'assigner au tribunal de la commission de M. Hérault.

M. de Maurepas et M. Hérault m'ont fait l'honneur sur cela de m'écrire.

J'ai eu l'honneur de leur répondre que je ne souhaitais, en mon particulier, qu'un désaveu des calomnies, aussi authentique que les calomnies mêmes ; que d'ailleurs je n'empêchais point qu'une requête signée de plusieurs gens de lettres, et avec la signature d'un procureur, fût présentée juridiquement ; que sur cette requête M. Hérault pouvait agir et déployer sa justice ; qu'ensuite mes parents interviendraient ;

Que, s'il était nécessaire, je ferais présenter la requête en mon nom ; mais qu'alors M. Hérault serait peut-être obligé de m'assigner pour être ouï ; qu'en ce cas, ma santé ne me permettant pas d'aller à Paris, ni de me transporter, il faudrait qu'un juge voisin vînt recevoir mes dépositions à Cirey, ce qui peut-être est difficile à obtenir ;

Qu'enfin je m'en rapportais uniquement à M. Hérault.

Voilà où en est l'affaire. Si MM. Andry et Procope, etc., qui ont déjà signé une requête inutile, en veulent signer aujourd'hui une nécessaire, c'est un point capital, et que je supplie M. Moussinot et M. Bégon de presser et de faire réussir.

Le tribunal de M. Hérault m'est plus avantageux que celui du Châtelet :

1° Parce qu'il n'y a point d'appel ;

2° Parce qu'il est plus expéditif ;

3° Qu'il n'y a pas de factums ;

4° Que je n'ai pas à y craindre de dénonciations étrangères au sujet ;

5° Que M. d'Aguesseau, M. de Maurepas, M. d'Argenson, M. de Meinières, beau-frère de M. Hérault, me protégeant ouvertement, M. le cardinal désirant surtout la punition de Desfontaines, et en ayant parlé à M. Hérault, ce serait me manquer à moi-même de ne pas profiter de tant de circonstances heureuses.

6° Parce qu'il n'y a aucune preuve contre moi, et que les preuves fourmillent contre l'abbé Desfontaines, appuyées de l'horreur publique. Donc il faut presser l'affaire auprès de M. Hérault, faire présenter une requête signée par deux personnes, le chevalier de Mouhy en fût-il une, et sur-le-champ une requête signée par M. Mignot, M. de Montigny, et Mme de Champbonin, mes parents.

Je vous dis, je vous certifie que, sur ces requêtes préliminaires, M. Hérault est obligé d'agir d'office; qu'alors il doit procéder contre Desfontaines, Chaubert, etc., non-seulement pour avoir débité des calomnies, mais pour avoir imprimé sans permission. C'est là une matière très-criminelle dont M. Hérault connaît expressément.

Je vous réponds en ce cas de la punition de Desfontaines.

Présentez donc sur-le-champ une requête au nom de Mouhy, Procope, Séran de Latour.

Que M. Mignot, M. Montigny et Mme de Champbonin en signent aussi une. Encore une fois, le moindre ressort mettra en mouvement cette machine.

Ne perdez pas un moment : il y a un mois que cela devrait être fait.

Surtout ne laissez pas dépérir les preuves; que les noms de ceux qui ont acheté le livre chez Chaubert et Mérigot soient présentés à M. Hérault.

Comptez que cela sera très-sommaire, et qu'on aura bonne justice. Mais, je vous en conjure, agissez sans perdre un instant.

Il faut savoir surtout si c'est comme lieutenant de police ou comme commissaire du conseil que M. Hérault agit.

1081. — A M. L'ABBÉ MOUSSINOT [1].

(24 février 1739.)

Mon cher abbé, vous savez de quoi il est question par la lettre de M. Hérault, que Mme de Champbonin a dû vous montrer.

Il n'y a, je crois, nul inconvénient à tenter de présenter requête au nom de Procope et de l'abbé Séran de Latour : il se peut faire qu'ils ne signent pas; mais il se peut faire qu'ils signent.

Mon neveu doit présenter aussi la sienne, signée de procureur, sans difficulté. S'il est nécessaire, il faut présenter la mienne.

Encore une fois, je n'ai rien à craindre. Je veux avoir raison : mon honneur y est intéressé. Je ne crois pas qu'on me refuse justice.

Je vous embrasse tendrement.

Portez, je vous en supplie, cette lettre à M. Pageau, et renvoyez-la-moi répondue.

1. Édition Courtat.

1082. — A M. HELVÉTIUS.

A Cirey, le 25 février.

Mon cher ami, l'ami des Muses et de la vérité, votre *Épître*[1] est pleine d'une hardiesse de raison bien au-dessus de votre âge, et plus encore de nos lâches et timides écrivains, qui riment pour leurs libraires, qui se resserrent sous le compas d'un censeur royal, envieux ou plus timide qu'eux. Misérables oiseaux à qui on rogne les ailes, qui veulent s'élever, et qui retombent en se cassant les jambes! Vous avez un génie mâle, et votre ouvrage étincelle d'imagination. J'aime mieux quelques-unes de vos sublimes fautes que les médiocres beautés dont on nous veut affadir. Si vous me permettez de vous dire, en général, ce que je pense pour les progrès qu'un si bel art peut faire entre vos mains, je vous dirai : Craignez, en atteignant le grand, de sauter au gigantesque; n'offrez que des images vraies, et servez-vous toujours du mot propre. Voulez-vous une petite règle infaillible pour les vers? la voici. Quand une pensée est juste et noble, il n'y a encore rien de fait : il faut voir si la manière dont vous l'exprimez en vers serait belle en prose; et si votre vers, dépouillé de la rime et de la césure, vous paraît alors chargé d'un mot superflu; s'il y a dans la construction le moindre défaut, si une conjonction est oubliée; enfin si le mot le plus propre n'est pas employé, ou s'il n'est pas à sa place, concluez alors que l'or de cette pensée n'est pas bien enchâssé. Soyez sûr que des vers qui auront l'un de ces défauts ne se retiendront jamais par cœur, ne se feront point relire; et il n'y a de bons vers que ceux qu'on relit et qu'on retient malgré soi. Il y en a beaucoup de cette espèce dans votre *Épître*, tels que personne n'en peut faire à votre âge, et tels qu'on en faisait il y a cinquante ans. Ne craignez donc point d'honorer le Parnasse de vos talents; ils vous honoreront sans doute, parce que vous ne négligerez jamais vos devoirs; et puis voilà de plaisants devoirs! Les fonctions de votre état ne sont-elles pas quelque chose de bien difficile pour une âme comme la vôtre? Cette besogne se fait comme on règle la dépense de sa maison et le livre de son maître d'hôtel. Quoi! pour être fermier général on n'aurait pas la liberté de penser! Eh, morbleu! Atticus était fermier général, les chevaliers romains étaient fermiers généraux, et pensaient en Romains. Continuez donc, Atticus.

1. L'*Épître sur l'amour de l'étude*.

Je vous remercie tendrement de ce que vous avez fait pour d'Arnaud. J'ose vous recommander ce jeune homme comme mon fils; il a du mérite, il est pauvre et vertueux, il sent tout ce que vous valez, il vous sera attaché toute sa vie. Le plus beau partage de l'humanité, c'est de pouvoir faire du bien ; c'est ce que vous savez, et ce que vous pratiquez mieux que moi. Mme du Châtelet vous remerciera des éloges[1] qu'elle mérite, et moi, je passerai ma vie à me rendre moins indigne de ceux que vous m'adressez. Pardon de vous écrire en *vile* prose, mais je n'ai pas un instant à moi. Les jours sont trop courts. Adieu; quand pourrai-je en passer quelques-uns avec vous! Buvez à ma santé avec $x\ x$ Montigny[2]. Est-il vrai que la *Philosophie de Newton* gagne un peu?

1083. — A M. L'ABBÉ MOUSSINOT[3].

Ce 25 (février 1739).

Mon cher ami, 207 liv. 10 s. sont à donner à M. Ours (?), environ 800 liv. à l'ordre de M. Denis, 100 liv. à l'ordre de M. du Sauzet, un louis d'or à d'Arnaud et cette lettre ci-jointe : voilà pour le temporel.

A l'égard de ce triste spirituel, si aucun de ceux qui ont signé ne présente requête, si mes parents n'en présentent point, ou si elle est insuffisante, requête en mon propre et privé nom à M. Hérault. Reste à savoir s'il faut se désister dans les vingt-quatre heures, ou poursuivre en son nom, et si c'est à la police ou à la chambre de l'Arsenal qu'on poursuivra cette affaire. Je crois qu'il n'est pas question du ministère des avocats. Consultez; répondez. *Vale.*

Consultez Pageau ; faites-lui part *secreto* de ma petite intelligence avec M. Hérault, et allons en avant.

Faites-moi la grâce de m'envoyer la nouvelle édition de mes œuvres en trois volumes.

1084. — A M. DE CIDEVILLE.

Ce 25 février.

Mon cher ami, et quoi! malgré votre sagesse, vous tâtez aussi de l'amertume de cette vie! Ne pourrais-je verser une goutte de

1. Il paraît, d'après cette phrase, que, sur l'observation qu'avait faite Voltaire (voyez la dernière note, page 23 du tome XXIII), Helvétius avait ajouté, en l'honneur de Mme du Châtelet, quelques vers dans son *Épître sur l'amour de l'étude,* adressée à cette dame. (B.)
2. Étienne Mignot de Montigny fut reçu à l'Académie des sciences en 1739.
3. Édition Courtat.

miel dans ce calice? Nous sommes bien éloignés, mais l'amitié rapproche tout. M. de Lézeau me doit environ mille écus, accommodez-vous-en sans façon; je vous ferai le transport, envoyez-moi le modèle. Si j'avais plus, je vous offrirais plus.

Mérope est trop heureuse. Puisse-t-elle vous amuser! J'aime mieux qu'un ami en ait les prémices que de les donner au parterre.

Je suis accablé de maladies, de calomnies, de chagrins; mais enfin je vis dans le sein de l'amitié, loin des hommes cruels, envieux et trompeurs. Cideville, mon cher Cideville m'aime toujours; je suis consolé.

Pardon de vous dire si peu de choses; mon cœur est plein, et je voudrais le répandre avec vous; je voudrais passer un jour entier à vous écrire; mais les affaires, les travaux, m'emportent; je n'ai pas un moment, et l'homme du monde qui vous aime le mieux est celui qui vous écrit le moins. L'adorable Émilie vous fait mille compliments.

1085. — A M. DEVAUX [1].

Je vous ai aimé depuis que je vous ai connu, monsieur, et vos mœurs aimables m'ont charmé pour le moins autant que vos talents. Je reconnais les bontés pleines d'attention de Mme de Graffigny au soin qu'elle a eu de vous envoyer une lettre que je reçus de Mme de Bernières il y a quelque temps. Cette lettre détruisait, en effet, les calomnies infâmes que le malheureux abbé Desfontaines avait vomies contre moi. La justice s'est mêlée du soin de le punir, et le lieutenant de police procède actuellement contre lui. Je crois bien qu'il sera difficile de le convaincre, et qu'il échappera à la rigueur des lois; mais il essuiera le châtiment que le public prononce toujours contre les ingrats et contre les calomniateurs : ce châtiment, c'est l'exécration où il est; et, quelque abîmé qu'on soit dans le crime, on est toujours

---

1. Devaux, cité plus haut comme lecteur du roi de Pologne Stanislas, lettre 1018, dans la note relative à Mme de Graffigny, son amie d'enfance, naquit à Lunéville et fut membre de l'académie de Nancy. On a de lui une comédie en un acte, en prose, jouée au Théâtre-Français en 1752, sous le titre de : *les Engagements indiscrets*. Il avait reçu, étant jeune, le surnom de *Panpan*, et c'est ainsi que l'appelle souvent Mme de Graffigny dans ses lettres. Voltaire lui donne le même surnom de société dans quelques lettres de 1750 et de 1751; et c'est aussi de cette manière que Devaux est désigné dans plusieurs petites pièces du chevalier de Boufflers.

sensible à cette punition. Pour moi, je suis plus flatté de votre suffrage qu'il ne peut être accablé par la haine publique.

M*"* de Graffigny est actuellement¹ dans une ville qui est le rendez-vous des talents, et où vous devriez être. Dès que j'aurai mis au net quelques-uns des ouvrages dont vous me parlez, je ne manquerai pas de vous en faire part. J'ambitionne votre suffrage et votre amitié, et c'est dans ces sentiments, monsieur, que je serai toujours bien véritablement votre très-humble et très-obéissant serviteur.

VOLTAIRE.

1086. — A FRÉDÉRIC, PRINCE ROYAL DE PRUSSE.

A Cirey, le 26 février².

O nouvelle effroyable ! ô tristesse profonde !
Il était un héros nourri par les vertus,
L'espérance, l'idole, et l'exemple du monde ;
    Dieu ! peut-être il n'est plus !

Quel envieux démon, de nos malheurs avide,
Dans ces jours fortunés tranche un destin si beau !
A mes yeux égarés quelle affreuse Euménide
    Vient ouvrir ce tombeau !

Descendez, accourez du haut de l'empyrée,
Dieu des arts, dieu charmant, mon éternel appui,
Vertus, qui présidez à son âme éclairée,
    Et que j'adore en lui,

Descendez, refermez cette tombe entr'ouverte ;
Arrachez la victime aux destins ennemis ;
Votre gloire en dépend, sa mort est votre perte :
    Conservez votre fils.

Jusqu'au trône enflammé de l'empire céleste
La Terre a fait monter ces douloureux accents :
« Grand Dieu ! si vous m'ôtez cet espoir qui me reste,
    Sapez mes fondements.

---

1. M*"* de Graffigny, comme nous l'avons déjà dit (voyez lettre 1018), avait quitté Cirey vers le 10 février 1739, après y être demeurée environ neuf semaines, et était allée à Paris.

2. Cette lettre, à laquelle Frédéric ne répondit que le 15 avril suivant, est elle-même la réponse à la lettre de Frédéric, du 27 janvier 1739.

Vous le savez, grand Dieu ! languissante, affaiblie
Sous le poids des forfaits, je gémis de tout temps ;
Fédéric me console, il vous réconcilie
    Avec mes habitants. »

Le Ciel entend la Terre, il exauce ses plaintes ;
Minerve, la Santé, les Grâces, les Amours,
Revolent vers mon prince, et dissipent nos craintes,
    En assurant ses jours.

Rival de Marc-Aurèle, âme héroïque et tendre,
Ah ! si je peux former le désir et l'espoir
Que de mes jours encor le fil puisse s'étendre,
    Ce n'est que pour vous voir.

Je suis né malheureux ; la détestable envie,
Le zèle impérieux des dangereux dévots,
Contre les jours usés de ma mourante vie
    Arment la main des sots.

Un lâche [1] me trahit, un ingrat [2] m'abandonne,
Il rompt de l'amitié le voile décevant ;
Misérables humains, ma douleur vous pardonne ;
    Fédéric est vivant.

Il les faut excuser, monseigneur, ces vers sans esprit, que le cœur seul a dictés au milieu de la crainte où je suis encore de votre danger, dans le même temps que j'avais la joie d'apprendre votre résurrection de votre propre main.

Votre Altesse royale est donc comme le cygne du temps passé ; elle chante au bord du tombeau. Ah ! monseigneur, que vos vers m'ont rassuré ! On a bien de la vie quand l'esprit fait de ces choses-là, après une crampe dans l'estomac. Mais, monseigneur, que de bontés à la fois ! Je n'ai de protecteurs que vous et Émilie. Non-seulement Votre Altesse royale daigne m'aimer, mais elle veut encore que les autres m'aiment. Eh ! qu'importent les autres ? Après tout, je n'aurai pas la malheureuse faiblesse de rechercher le suffrage de Vadius, quand je suis honoré des bontés de Fédéric ; mais le malheur est que la haine implacable des Vadius est souvent suivie de la persécution des Séjan.

Je suis en France parce que Mme du Châtelet y est ; sans elle, il y a longtemps qu'une retraite plus profonde me déroberait à la

1. Desfontaines.
2. Thieriot.

persécution et à l'envie. Je ne hais point mon pays ; je respecte et j'aime le gouvernement sous lequel je suis né ; mais je souhaiterais seulement pouvoir cultiver l'étude avec plus de tranquillité et moins de crainte.

Si l'abbé Desfontaines et ceux de sa trempe, qui me persécutent, se contentaient de libelles diffamatoires, encore passe ; mais il n'y a point de ressorts qu'ils ne fassent jouer pour me perdre. Tantôt ils font courir des écrits scandaleux, et me les imputent ; tantôt des lettres anonymes aux ministres, des histoires forgées à plaisir par Rousseau, et consommées par Desfontaines ; de faux dévots se joignent à eux, et couvrent du zèle de la religion leur fureur de nuire. Tous les huit jours je suis dans la crainte de perdre la liberté ou la vie ; et, languissant dans une solitude, et dans l'impuissance de me défendre, je suis abandonné par ceux même à qui j'ai fait le plus de bien, et qui pensent qu'il est de leur intérêt de me trahir. Du moins, un coin de terre dans la Hollande, dans l'Angleterre, chez les Suisses ou ailleurs, me mettrait à l'abri, et conjurerait la tempête ; mais une personne trop respectable a daigné attacher sa vie heureuse à des jours si malheureux ; elle adoucit tous mes chagrins, quoiqu'elle ne puisse calmer mes craintes.

Tant que j'ai pu, monseigneur, j'ai caché à Votre Altesse royale la douleur de ma situation, malgré la bonté qu'elle avait elle-même d'en plaindre l'amertume ; je voulais épargner à cette âme généreuse des idées si désagréables ; je ne songeais qu'aux sciences, qui font vos délices ; j'oubliais l'auteur que vous daignez aimer ; mais enfin ce serait trahir son protecteur de lui cacher sa situation. La voilà telle qu'elle est. Horace dit :

> Durum ! sed levius fit patientia.
> (Liv., I, od. xxiv, v. 19.)

et moi, je dis : « Durum ! sed levius fit *per Federicum*. »

Votre Altesse royale promet encore sa protection pour les affaires que Mme du Châtelet doit discuter vers les confins de votre souveraineté. Elle vous en remercie, monseigneur ; il n'y a qu'elle qui puisse exprimer le prix de vos bienfaits. Sera-t-il possible que Votre Altesse royale soit en Prusse, quand nous serons près de Clèves ? J'espère au moins que nous y serons si longtemps qu'enfin nous y verrons *salutare meum*[1].

Je suis avec un profond respect, etc.

---

1. Cantique de Siméon ; évangile de saint Luc, II, 30.

1087. — A M. LE COMTE D'ARGENTAL.

27 février [1].

Je vous envoie, mon cher ange gardien, qui *liberas nos a malo*, la correction pour l'*Épître sur l'Envie*. Je vous sacrifie le plus plaisant de tous mes vers :

Tout fuit, jusqu'aux enfants, et l'on sait trop pourquoi.

Je ne suis pas né fort plaisant, et ce vers me faisait rire quelquefois ; mais qu'il périsse, puisque vous ne croyez pas que je puisse rendre, comme dit Rabelais :

Fèves pour pois, et pain blanc pour fouace.

L'endroit du charlatan est un peu lourd chez notre cher d'Olivet, et son petit *Scazon* est *horridus*. Figurez-vous ce que c'est qu'une indigestion de Cerbère ; et c'est du résultat de cette indigestion qu'on a formé le cœur de Desfontaines.

On me mande que ce monstre est partout en exécration, et cependant, quoi qu'en dise d'Olivet, le traître a des amis. M. de Lezonnet m'écrit qu'il veut faire un accommodement entre Desfontaines et moi, et les jésuites aussi. Hélas! qu'ai-je fait à M. de Lezonnet pour me proposer quelque chose de si infâme? Il a lu, je le sais, sa *Voltairomanie* chez M. de Locmaria, en présence de MM. de La Chevaleraie, Algarotti, l'abbé Prévost. J'ai écrit à M. de Locmaria, et je n'ai point eu de réponse. Il y a encore un avocat du conseil qui est son confident ; mais j'ai oublié son nom.

Ce que je n'oublie pas, c'est vos bontés. Cet ardent chevalier de Mouhy a vite imprimé mon *Mémoire*, quitte à le supprimer ; il faudra que j'en paye les frais. Je me console si on me fait quelque réparation.

Je voulais faire imprimer ce *Mémoire*, avec les *Épitres*, au commencement de l'*Histoire du Siècle de Louis XIV*. Il y a près d'un mois que Thieriot, ou l'abbé d'Olivet, avaient dû vous remettre ce commencement d'histoire ; mais Thieriot ne se presse pas de remplir ses devoirs. Je suis, je vous l'avoue, très-affligé de sa conduite. Il devait assurément prendre l'occasion du libelle de Desfontaines pour réparer, par les démonstrations d'amitié les plus courageuses, tous les tours qu'il m'a joués, et que je lui

---

1. C'est à tort que cette lettre a toujours été datée jusqu'ici du 27 janvier.

ai pardonnés avec une bonté que vous pouvez appeler faiblesse. Non-seulement il avait mangé tout l'argent des souscriptions[1] qu'il avait en dépôt, non-seulement j'avais payé du mien et remboursé tous les souscripteurs petit à petit; mais il me laissait tranquillement accuser d'infidélité sur cet article, et il jouissait du fruit de sa lâcheté et de mon silence. Le comble à cette infâme conduite est d'avoir ménagé Desfontaines, dont il avait été outragé, et qu'il craignait, afin de me laisser accabler, moi, qu'il ne craignait pas. Ce que j'ai éprouvé des hommes me met au désespoir, et j'en ai pleuré vingt fois, même en présence de celle qui doit arrêter toutes mes larmes. Mais enfin, mon respectable ami, vous qui me raccommodez avec la nature humaine, je cède au conseil sage que vous me donnez sur Thieriot. Il faut ne me plaindre qu'à vous, lui retirer insensiblement ma confiance, et ne jamais rompre avec éclat.

Mais, mon cher ami, qu'y a-t-il donc encore dans ce morceau *de Rome*[2], et dans le commencement de cet *Essai*, qui ne soit pas plus mesuré mille fois que *Fra-Paolo*, que le *Traité du Droit ecclésiastique*, que *Mézerai*, que tant d'autres écrits? S'il y a encore quelques amputations à faire, vous n'avez qu'à dire; ce morceau-là a déjà été bien taillé, et le sera encore quand vous voudrez.

Je ne perds pas *Zulime* de vue, et mon respectable et judicieux conseil aura bientôt les écrits de son client.

Émilie vous regarde toujours comme notre sauveur[3].

1088. — A M. LÉVESQUE DE POUILLY[4].

A Cirey, le 27 février.

Mon cher Pouilly, je n'ai aucun droit sur monsieur votre frère[5] que celui de l'estime que je ne puis lui refuser; mais j'en ai peut-être sur vous, parce que je vous aime tendrement depuis vingt années.

Les affaires deviennent quelquefois plus sérieuses et plus cruelles qu'on ne pense. M. de Saint-Hyacinthe m'outrage depuis

1. Celles de *la Henriade*.
2. Voyez le passage intitulé *de Rome*, dans le chapitre II du *Siècle de Louis XIV*.
3. A propos de l'affaire Desfontaines.
4. Louis-Jean Lévesque de Pouilly, né à Reims en 1691, frère de Lévesque de Burigny auquel la lettre 1049 est adressée. Voyez la lettre 128, dans laquelle Pouilly est cité avec son autre frère Lévesque de Champeaux.
5. Lévesque de Burigny.

vingt ans sans que jamais je lui en aie donné le moindre sujet, ni même que j'aie proféré la moindre plainte. Depuis la satire qu'il fit contre moi, au sujet d'*Œdipe*, il n'a cessé de m'accabler d'injures dans le *Journal littéraire* et dans tous ceux où il a eu part. Étant à Londres, il publia une brochure contre moi. Je sais que tout cela est ignoré du public ; mais un outrage sanglant[1], imprimé à la suite de la plaisanterie du *Mathanasius* (que S'Gravesande, Sallengre, et autres, ont fait de concert avec tant de succès); un outrage, dis-je, de cette nature, attribué au sieur de Saint-Hyacinthe, est une injure d'autant plus cruelle qu'elle est plus durable.

Encore une fois, je défie M. de Saint-Hyacinthe de citer un mot que j'aie jamais prononcé contre lui. On m'a envoyé de Hollande et d'Angleterre des mémoires aussi terribles qu'authentiques dont je n'ai fait ni ne ferai aucun usage. Pour peu que vous soyez instruit de ses procédés publics dans ces pays, vous sentirez que j'ai en main ma vengeance. Les héritiers de Mme Lambert ne se sont pas tus, et j'ai des lettres des personnes les plus respectables et de la plus haute considération qui, après avoir assisté souvent M. de Saint-Hyacinthe, l'ont reconnu, et ont fait succéder la plus violente indignation à leurs bontés. J'oppose donc, monsieur, la plus longue et la plus discrète patience aux affronts les plus répétés et les plus impardonnables. Malheureusement j'ai des parents qui prennent cette affaire à cœur, et je ne cherche qu'à prévenir un éclat : c'est dans ce principe que je vous ai déjà écrit, et à monsieur votre frère[2], et même à M. de Saint-Hyacinthe. Je n'ai point obtenu, il s'en faut beaucoup, la satisfaction nécessaire à un honnête homme. Il est bien étrange et bien cruel que M. de Saint-Hyacinthe veuille partager l'opprobre et les fureurs de l'abbé Desfontaines, contre lequel la justice procède actuellement. Que lui coûterait-il de réparer tant d'injustices par un mot? Je ne lui demande qu'un désaveu. Je suis content s'il dit qu'il ne m'a point eu *en vue*[3]; que tout ce qu'avance l'abbé Desfontaines est calomnieux; qu'il pense de moi *tout le contraire de ce qui est avancé dans le libelle en question :* en un mot, je me tiens outragé de la manière la plus cruelle par Saint-Hyacinthe, que je n'ai jamais offensé, et je demande

1. Voyez une note de la lettre 1069.
2. Voyez les lettres 1049 et 1054.
3. Saint-Hyacinthe adressa, le 2 mai suivant, à Burigny, une lettre (n° 1150) où il dit que la *Déification* était un ouvrage d'imagination; mais Burigny raconte qu'il s'est toujours refusé à désavouer cet opuscule, comme le désirait Voltaire. (B.)

une juste réparation. Je vous conjure, monsieur, de lui procurer comme à moi un repos dont nous avons besoin l'un et l'autre. Je vous supplie instamment d'envoyer ma lettre à monsieur votre frère; j'en vais faire une copie que j'enverrai à plusieurs personnes, afin que, s'il arrivait un malheur que je veux prévenir, on rende justice à ma conduite, et que rien ne puisse m'être imputé.

Je connais trop, mon cher ami, la bonté et la générosité de votre cœur pour ne pas compter que vous ferez finir une affaire qui peut-être perdra deux hommes dont l'un a subsisté quelque temps de vos bienfaits, et dont l'autre vous est attaché par tant d'amitié.

1089. — A M. L'ABBÉ MOUSSINOT [1].

Ce (28 février 1739.)

Je vous prie, mon cher abbé, de donner cent livres au chevalier de Mouhy, sitôt la présente reçue. Il vous donnera son récépissé. Je suis fâché de n'avoir que cela à lui donner pour le présent. Je vous prie de lui en faire mes très-humbles excuses, mais de ne lui montrer aucune de mes lettres.

Je lui avais écrit, et à Mme de Champbonin, que je souhaitais passionnément qu'un de ceux qui avaient déjà signé la requête la signât, au moins en forme, avec un procureur, et je souhaitais que ce fût un autre que M. de Mouhy, parce qu'il y aura récrimination contre ce Mouhy, et non pas contre les autres, qui n'ont rien à démêler avec Desfontaines.

Quoi qu'il en soit, me voici plus embarrassé que jamais. J'ai lieu de croire que M. Hérault peut me favoriser; mais j'ai aussi beaucoup à craindre du procureur du roi.

J'ai mandé à mon neveu que, quelque chose que son procureur pût lui dire, il faut absolument qu'il dresse une requête en son propre et privé nom, dans laquelle il se plaigne d'un libelle intitulé *Voltairomanie,* où son grand-père est attaqué, etc. Je vous prie de l'y encourager. C'est une chose juste et nécessaire ; il ne risque rien : il se désiste dans les vingt-quatre heures ; sa démarche ne peut nuire, et peut servir beaucoup. Allez donc le voir; proposez-lui la chose fortement; obtenez cela de son amitié

d'État, ambassadeur en Portugal. Dites-lui où en est l'affaire, et demandez-lui conseil et protection auprès du procureur du roi, que l'abbé Desfontaines a prévenu contre moi.

Je vous prie d'instruire M. d'Argental, par un mot de lettre, que j'ai un besoin extrême de protection auprès de M. Moreau, procureur du roi.

1090. — A FRÉDÉRIC, PRINCE ROYAL DE PRUSSE.

28 février.

Monseigneur, je reçois la lettre de Votre Altesse royale du 3 février, et je lui réponds par la même voie. Nous avons sur-le-champ répété l'expérience de la montre dans le récipient; la privation d'air n'a rien changé au mouvement qui dépend du ressort. La montre est actuellement sous la cloche; je crois m'apercevoir que le balancier a pu aller peut-être un peu plus vite, étant plus libre dans le vide; mais cette accélération est très-peu de chose, et dépend probablement de la nature de la montre. Quant au ressort, il est évident, par l'expérience, que l'air n'y contribue en rien; et, pour la *matière subtile* de Descartes, je suis son très-humble serviteur. Si cette matière, si ce torrent de tourbillons va dans un sens, comment les ressorts qu'elle produirait pourraient-ils s'opérer de tous les sens? Et puis qu'est-ce que c'est que des tourbillons?

Mais que m'importe la machine pneumatique? C'est votre machine, monseigneur, qui m'importe; c'est la santé du corps aimable qui loge une si belle âme. Quoi! je suis donc réduit à dire à Votre Altesse royale ce qu'elle m'a si souvent daigné dire : Conservez-vous; travaillez moins. Vous le disiez, monseigneur, à un homme dont la conservation est inutile au monde; et moi, je le dis à celui dont le bonheur des hommes doit dépendre. Est-il possible, monseigneur, que votre accident ait eu de telles suites? J'ai eu l'honneur d'écrire à Votre Altesse royale par M. Plötz; j'ai écrit aussi en droiture; hélas! je ne puis être au nombre de ceux qui veillent auprès de votre personne. Nisus et Euryalus[1] amuseront peut-être plus votre convalescence que ne feraient des calculs. Je ne m'étonne pas que le héros de l'amitié ait choisi un tel sujet; j'en attends les premières scènes avec impatience. Scipion, César, Auguste, firent des tragédies, *cur non Federicus?*

Votre Altesse royale me fait trop d'honneur; elle oppose trop

---

1. Voyez plus haut la lettre 1053.

de bonté à mes malheurs; j'ai fait tant de changements à *la Henriade* que je suis obligé de lui envoyer l'ouvrage tout entier, avec les corrections. Si elle ordonne la voie par laquelle il faut lui faire tenir l'ouvrage qu'elle protége, elle sera obéie. Je suis trop heureux, malgré mes ennemis; je la remercie mille fois, et tout ce que vous daignez me dire pénètre mon cœur. Que je bavarderais si ma déplorable santé me permettait d'écrire davantage ! Je suis à vos pieds, monseigneur. Je ne respire guère, mais c'est pour Émilie et pour mon dieu tutélaire.

Je suis avec le plus profond respect et la plus tendre reconnaissance, etc.

1091. — A M. THIERIOT.

Le 28 février.

Je compte recevoir bientôt les livres pour Mme du Châtelet, et celui que M. le prince Cantemir[1] veut bien me prêter. Je vous renverrai exactement les *Épîtres* de Pope, le *S'Gravesande* de la Bibliothèque du roi, la petite bague que Mme du Châtelet a voulu garder quelque temps, et je souhaite qu'elle vous rappelle le souvenir d'un ancien ami qui vous a toujours aimé.

Si vous savez, à Paris, des choses que j'ignore, j'en sais, peut-être, à Cirey, qui vous sont encore inconnues. Éclaircissez-les, et voyez si je suis bien informé. Il y a environ douze jours que Desfontaines rencontra Jore dans un café borgne, et qu'il l'excita à vous faire un procès sur une prétendue dette. Il lui donna le projet d'un factum contre vous, dont ce procès serait le prétexte. Huit pages entières contenaient ce projet de factum. Ils riaient en le lisant, et mon nom, comme vous croyez bien, n'y était pas épargné. Ils nommèrent le procureur qui devait agir contre vous. Depuis ce temps, Jore a revu deux fois Desfontaines, et probablement vous avez reçu une assignation devant le lieutenant civil. Je n'en sais pas davantage; c'est à vous à m'apprendre la suite de cette affaire. Desfontaines, qui n'est capable que de crimes, se servit, il y a quelques années, contre moi, d'un aussi lâche artifice, et Jore eut l'impudence de dire à M. d'Argental : « Je sais bien que M. de Voltaire ne me doit rien ; mais j'aurai le plaisir de regagner, par un factum contre lui, l'argent qu'il devait me faire gagner d'ailleurs. » M. d'Argental

1. Antiochus Cantemir, né à Constantinople en 1709, mort le 11 avril 1744, à Paris, où il était ministre plénipotentiaire de l'impératrice de Russie Élisabeth. Ce jeune prince était fils de Démétrius Cantemir. Voyez tome XVI, pages 273 et 521.

me conseilla de n'être pas assez faible pour acheter le silence d'un scélérat, et je vous conseille aujourd'hui la même chose. Il y a trop de honte à céder aux méchants.

Vous n'êtes point surpris sans doute de la conduite de Desfontaines, et vous devez vous apercevoir qu'on ne peut réprimer ses iniquités que par l'autorité. Tous vos ménagements n'ont jamais servi qu'à nourrir ses poisons et son insolence. Vous savez que, depuis douze ans, il a mis au nombre de ses perfidies celle de vouloir nous diviser; et ce qu'il y a eu d'horrible, c'est qu'il a réussi à le faire croire à quelques personnes, et presque à me le faire craindre.

Je comptais vivre heureux. L'amitié inaltérable de la femme du monde la plus respectable et la plus éclairée m'assurait mon bonheur à Cirey; et la sûreté d'avoir en vous un ami intime à Paris, un correspondant fait pour mon esprit et pour mon cœur, me consolait de la rage de l'envie et des taches dont l'imposture noircit toujours les talents. J'avoue que j'eus le cœur percé quand vous me mandâtes que les injures infâmes dont l'abbé Desfontaines vous avait autrefois harcelé n'étaient pas de lui; moi, qui sais aussi bien que vous qu'il en était l'auteur, je fus au désespoir de voir que vous ménagiez ce monstre. Je sus d'ailleurs qu'il vous avait montré ses mauvaises remarques[1] contre l'abbé d'Olivet, et que vous l'aviez proposé à Algarotti pour traduire *le Newtonianisme des Dames;* vous voilà bien payé. Vous auriez bien dû sentir qu'il y a certaines âmes féroces, incapables du moindre bien, et dont il faut s'éloigner pour jamais avec horreur; mais aussi il y en a d'autres qui méritent un attachement sans variation et sans faiblesse.

Je vous prie de me mander comment vous vous portez, et de compter toujours sur des sentiments inébranlables de ma part. Le même caractère qui m'a rendu inflexible pour les cœurs mal faits me rend tendre pour les âmes sensibles auxquelles il ne manque qu'un peu de fermeté.

Avez-vous enfin donné le commencement de mon *Essai*[2] à M. d'Argental?

Qu'est-ce que *Mahomet*[3]? *Quid novi*[4]?

---

1. *Racine vengé...* Voyez la lettre du 29 décembre 1738 à d'Olivet.
2. L'*Essai sur le Siècle de Louis XIV.*
3. *Mahomet II*, tragédie de La Noue, jouée pour la première fois le 23 février 1639.
4. Après cette lettre est placée dans quelques éditions la lettre à M. ***, signée MALICORNE, qui se trouve dans le tome II des *Mélanges*, page 25.

1092. — A M. L'ABBÉ MOUSSINOT [1].

A Cirey, ce 1er mars.

Mon cher ami, je reçois votre lettre du 27.

J'exige plus que jamais la requête de mon neveu à M. Hérault, et je vous prie de lui envoyer ma lettre, avec la copie de celle que M. Hérault reçoit de moi.

Il est très-certain que si j'avais poursuivi l'affaire criminellement, moi-même, j'aurais eu raison de l'abbé Desfontaines, car vous avez sans doute conservé les preuves qui existent contre Chaubert, et, de Chaubert, je remontais aisément à ce scélérat. Je n'ai rien à craindre de ses récriminations vagues, ni sur le *Préservatif,* qui est prouvé n'être pas de moi, ni sur tout ce qu'il m'impute sans preuve; il aurait succombé, comme calomniateur et comme auteur de libelles diffamatoires : mais il fallait aller à Paris, et je n'ai pu faire ce voyage.

Soit que M. le marquis du Châtelet accommode cette affaire d'une manière honorable pour moi, soit qu'il la laisse à la justice, je prie toujours mon neveu de signer la requête, et de faire ce qu'a fait un étranger. Je vous conjure surtout de conserver par écrit les preuves que vous avez contre Chaubert. Songez-y : cela est de la dernière conséquence.

Je ne dois pas un sou à Lebrun.

Je vous embrasse.

Si mon neveu ne présente pas la requête, présentez sur-le-champ la mienne à M. Hérault, sans rémission. Adieu.

Je suppose que vous avez envoyé au procureur du roi les noms de ceux qui ont acheté le libelle.

Je vous prie de cacheter d'un petit pain la lettre pour mon neveu.

1093. — A M. LE LIEUTENANT GÉNÉRAL DE POLICE [2].

Ce 2 mars.

Permettez que je vous renouvelle encore mes très-humbles prières et ma reconnaissance. Je crois toujours le bon ordre dont vous êtes le soutien intéressé dans l'affaire de l'abbé Desfontaines. Il me paraît encore (en me soumettant toujours à vos

---

1. Édition Courtat.
2. Éditeur Léouzon Leduc.

lumières et à vos ordres), qu'il est plus décent pour moi que quelqu'un de ma famille, mon neveu, par exemple, officier à la chambre des comptes, dont le grand'père est traité de paysan, etc., vous rende plainte contre le libelle, en se désistant dans les vingt-quatre heures, et en laissant agir votre justice. C'est dans cette vue que je lui écris de vous présenter requête. Je suis toujours prêt à vous en présenter une en mon nom, si vous le jugez à propos.

J'aurai d'ailleurs l'honneur de vous avertir que l'abbé Desfontaines, agissant puissamment auprès de monsieur le procureur du roi, prétend que vous ne pouvez pas être son juge.

Mais moi, monsieur, tout ce que je souhaite et tout ce que je demande, c'est que cette affaire se termine par votre autorité, soit de juge, soit d'homme du roi, chargé du repos et de l'honneur des citoyens.

Vous avez, monsieur, en main les preuves qui démontrent les calomnies du sieur Desfontaines; vous ne doutez pas qu'il ne soit l'auteur du libelle infâme; vous connaissez l'homme, vous l'avez déjà puni.

J'oserais vous demander en grâce, monsieur, de daigner au moins lui parler au nom du roi, qui vous confie une partie de son autorité, et d'exiger de lui un désaveu des calomnies infâmes répandues dans ce libelle. La juste crainte où il est d'un châtiment plus sévère, et son respect pour vous, ne lui permettront pas de se soustraire à des ordres si équitables et si modérés.

D'ailleurs, monsieur, j'ai remis sur cela mes intérêts entre les mains de M. le marquis du Châtelet, qui veut bien avoir la bonté de s'en charger, et qui joindra aux bontés infinies dont il m'honore celle de vous présenter ma respectueuse reconnaissance.

1094. — A M. BERGER.

Cirey, le 6 mars.

Je ne fais, mon cher monsieur, dans l'affaire de Desfontaines, que ce que mes amis et mes parents ont voulu; et je cède aux bienséances rigoureuses qui ordonnent de confondre certaines calomnies. Je vous prie d'aller, à votre loisir, consulter l'oracle[1] à la Grange-Batelière.

Je suis bien aise que la pièce[2] de M. de La Noue ait réussi.

---

1. D'Argental.
2. *Mahomet II.*

C'est un homme de mérite et de talent, à ce qu'il me paraît. Il faut que la pièce soit bien bonne pour faire tant d'effet avec un si triste dénoûment.

Je comptais vous envoyer le commencement de l'*Essai* sur l'histoire de Louis XIV; mais, puisqu'on m'a prévenu, je n'ai autre chose à vous dire sinon qu'on le corrige encore.

Qu'est-ce que ce *Brutus* de Pontchavrau, et cette *Porcie* de Conscierge? Nous valons en cela les Anglais, mais ne nous en vantons pas comme eux dans les gazettes.

Je vous embrasse.

1095. — A M. L'ABBÉ MOUSSINOT [1].

7 mars (1739).

Mon cher abbé, vous m'annoncez de bonnes nouvelles : vous êtes un ange de paix; mais surtout ne perdons jamais nos preuves contre Chaubert et Desfontaines; elles serviront en temps et lieu.

Vous avez donc donné cent livres au chevalier? Je vous prie, quand vous le verrez, de lui dire que vous n'en aviez pas davantage.

Je vous prie d'envoyer monsieur votre frère chez Prault, à qui il donnera deux cents livres sur son reçu, avec excuse du peu; plus, vous donnerez deux cents livres à Mme de Champbonin; plus, vingt-quatre ou trente livres au sieur d'Arnaud : cela fait cinq cent trente livres.

Avez-vous reçu l'année 1738 de mon frère?

Je vais bientôt en Flandre avec Mme du Châtelet. Il nous faudra bien de l'argent. En avons-nous beaucoup?

Adieu, mon cher ami.

Ayez la bonté d'envoyer les incluses au collége des jésuites.

1096. — A M. DE CIDEVILLE.

A Cirey, ce 7 mars.

Mon cher ami, vite un petit mot. Je reçois votre aimable lettre. Je vais vous envoyer le commencement de cet *Essai sur le Siècle de Louis XIV*. Votre suffrage est toujours le premier que j'ambitionne.

Embrassez pour moi mon confrère de La Noue. On dit que sa pièce est excellente. J'y prends part de tout mon cœur, et par

---

1. Édition Courtat.

cette raison que la pièce est bonne, et par cette autre raison, si persuasive pour moi, que vous aimez l'auteur. Si vous pouviez l'engager à l'envoyer à l'abbé Moussinot, cloître Saint-Merry, par le coche je l'aurais au bout de sept jours. Ce sont des fêtes pour Cirey : car, quoique entourés de sphères et de compas, nous aimons les beaux vers comme vous. Si la pièce ne vous était pas dédiée, je voudrais qu'elle pût l'être à Mme du Châtelet. Cela pourrait nous lier avec M. de La Noue, quand nous habiterons Paris. Je sais que c'est un garçon très-estimable. Mme du Châtelet ne sait pas un mot de ce que je vous écris ; mais voici mon idée, mon cher ami. Vous savez peut-être que, quand je dédiai *Alzire* à Mme du Châtelet, quelques personnes murmurèrent, que des hommages publics déplurent à quelques yeux malins ; or, si un étranger lui dédiait une pièce de théâtre, qu'aurait la malignité à dire ? Je vous avoue que je serais enchanté, et que M. de La Noue pourrait compter sur ma reconnaissance ; enfin, s'il est à Rouen, je mets cette négociation entre vos mains.

Mes compliments, je vous prie, à ce jeune chirurgien[1]. Je sais ses quatre prix, et je connais son mérite. J'attends son livre avec une impatience que j'ai pour tous les beaux-arts.

Ce que j'ai entre les mains[2] de l'illustre marquis est toujours au service de mon cher et tendre ami Cideville. Mes lettres sont courtes, mais mes travaux sont longs, et c'est pour vous, ingrat[3], que je travaille ; vous verrez, vous verrez[4]. Mme du Châtelet vous fait les plus sincères compliments.

Adieu, mon très-cher ami. V.

1097. — A M. LE MARQUIS D'ARGENSON[5].

A Cirey, le 7 mars.

Que direz-vous de moi, monsieur ? Vous me faites sentir vos bontés de la manière la plus bienfaisante, vous ne semblez me

---

1. Claude-Nicolas Lecat, né dans l'ancienne province de Picardie le 6 septembre 1700, chirurgien en chef de l'Hôtel-Dieu, à Rouen. Il remporta, de 1734 à 1738, les premiers prix décernés par l'Académie royale de chirurgie, et publia, vers la fin de 1739, une brochure intitulée *Dissertation sur le dissolvant de la pierre,* ouvrage dont parle sans doute ici Voltaire, à moins qu'il n'ait voulu faire allusion au *Traité des Sens,* qui parut peu de temps après la *Dissertation.* (Cl.)
2. Les mille écus dus à Voltaire par le marquis de Lézeau. Voyez la lettre 1084.
3. Les éditeurs ont ajouté après *ingrat* le mot *public* (ingrat public), qui n'est pas dans l'original autographe.
4. Voltaire travaillait en secret à sa tragédie de *Mahomet.*
5. Voyez une note sur la lettre 854.

laisser de sentiments que ceux de la reconnaissance, et il faut, avec cela, que je vous importune encore. Non, ne me croyez pas assez hardi ; mais voici le fait. Un grand garçon bien fait, aimant les vers, ayant de l'esprit, ne sachant que faire, s'avise de se faire présenter, je ne sais comment, à Cirey. Il m'entend parler de vous comme de mon ange gardien. « Oh! oh! dit-il, s'il vous fait du bien, il m'en fera donc; écrivez-lui en ma faveur. — Mais, monsieur, considérez que j'abuserais... — Eh bien! abusez, dit-il ; je voudrais être à lui, s'il va en ambassade ; je ne demande rien, je le servirai à tout ce qu'il voudra : je suis diligent, je suis bon garçon, je suis de fatigue ; enfin donnez-moi une lettre pour lui. » Moi, qui suis bon homme, je lui donne la lettre. Dès qu'il la tient, il se croit trop heureux. « Je verrai M. d'Argenson! » Et voilà mon grand garçon qui vole à Paris.

J'ai donc, monsieur, l'honneur de vous en avertir. Il se présentera à vous avec une belle mine et une chétive recommandation. Pardonnez-moi, je vous en conjure, cette importunité ; ce n'est pas ma faute. Je n'ai pu résister au plaisir de me vanter de vos bontés, et un passant a dit : « J'en retiens part. »

S'il arrivait, en effet, que ce jeune homme fût sage, serviable, instruit, et qu'allant en ambassade vous eussiez par hasard besoin de lui, informez-vous-en au noviciat des jésuites. Il a été deux ans novice, malgré lui[1]. Son père, congréganiste de la congrégation des *Messieurs*[2] (vous connaissez cela), voulait en faire un saint de la compagnie de Jésus ; mais il vaut mieux vivre à votre suite que dans cette compagnie.

Pour moi, je vivrai pour vous être à jamais attaché avec la plus respectueuse et la plus tendre reconnaissance.

1098. — A M. LE COMTE D'ARGENTAL[3].

Ce 7 mars.

Mon cher ange gardien, voilà donc votre oncle[4] devenu un thrône... une domination, *unus ex altissimis*. *La santa Chiesa è una bella cosa, per Dio!* Et vous, serez-vous toujours conseiller au parlement? Non ; je veux vous voir aussi une *domination* parmi les profanes. Oh! par Dieu! vous aurez des places majeures;

---

1. Cet apprenti jésuite est nommé Degouve, à la fin des lettres 1100 et 1116.
2. Les jésuites avaient deux congrégations dans leurs colléges : celle des écoliers, et celle des sots du quartier, qu'on appelait *Congrégation des Messieurs*. (K.)
3. Éditeurs, de Cayrol et François.
4. M. de Tencin, qui venait d'être nommé cardinal.

mais ce ne sera point en Amérique. Si parmi le fracas des compliments et des cérémonies vous avez du temps pour *Zulime*, je vous l'envoie par Thieriot, cachetée de trois cachets, des armes de Mme du Châtelet.

Voilà quatre fois que je vous dis qu'il y a six semaines que Thieriot devait vous faire tenir le commencement de l'*Essai sur Louis XIV*.

Je baise vos ailes, mon cher ange, et celles de l'ange Mme d'Argental, si elle daigne le permettre.

1099. — A MADEMOISELLE QUINAULT.

7 mars, à Cirey.

Thalie, qui gouvernez Melpomène, parmi les *Mahomets*, les *Warvick* et les *Alméides*, ce que vous savez trouvera-t-il sa place? Vous en aviez vu l'ébauche; je l'envoie avec quelques coups de pinceau, qui sont le fruit de vos judicieux conseils; il m'est venu de si terriblement beaux sujets dans la tête que j'ai peur de ne plus rien faire que des pièces de théâtre. De façon ou d'autre, je suis à vous, mademoiselle, ou comme admirateur ou comme auteur. J'ai l'honneur de vous avertir qu'un grand jeune homme bien fait[1], qui idolâtre la comédie, et qui voudrait mériter d'approcher de vous, est venu exprès me trouver à Cirey; il s'est d'ailleurs imaginé qu'il pourrait entrer dans les écuries du roi, qu'on pourrait le présenter à M. le prince Charles; enfin il m'a pressé, conjuré de lui donner une lettre pour vous. Je n'ai pu résister à la vanité que je sentais de passer pour avoir auprès de vous quelque crédit. Je lui ai donné cette lettre, il est parti sur-le-champ pour Paris, il est peut-être à présent à votre porte; c'est là où je serais, si je n'étais à Cirey. Pourquoi me refusez-vous le petit mot que je vous ai demandé? Vous savez pourtant quel est mon tendre, mon éternel dévouement pour vous. V.

1100. — A M. THIERIOT[2].

Ce 7 mars.

J'ai reçu aujourd'hui le ballot et l'estampe. J'écrirai au prince Cantemir pour le remercier. Mon Dieu! que la figure du Bacchus de Bouchardon est admirable de tout point! Je vous prie, mon

---

1. Degouve.
2. Éditeurs, Bavoux et François, qui ont daté à tort ce billet du 7 novembre 1738.

cher ami, de dépêcher ce paquet à M. d'Argental.... Non, point de paquet.... Je vais faire partir incessamment *Pope, S'Gravesande, Bocon,* etc.

Il y a un grand garçon aimant les vers, et, pour ce, banni de la maison paternelle; il se nomme Degouve; il veut vous voir.

Je répondrai à M. des Alleurs; mais je n'ai pas un moment à moi, et nous partons bientôt pour la Flandre. Comment va votre santé ?

1101. — A MADEMOISELLE QUINAULT.

A Cirey, ce .... mars 1739.

Voici, mademoiselle, le jeune homme dont j'ai eu l'honneur de vous parler.

Il y a un homme de mérite, nommé M. Devilliers, qui s'intéresse pour lui, à ce que j'apprends, auprès de M. le prince Charles.

Mais quelle recommandation serait plus puissante que la vôtre! Pour moi, je sais bien que si j'étais prince mon conseil ne serait composé que de vous : car, quand j'ai mis des princes sur le théâtre, c'est à vos avis qu'ils ont dû tout leur succès. Enfin, mademoiselle, ce jeune homme a des talents et admire les vôtres; il est, comme de raison, passionné pour les spectacles, et s'il pouvait vous avoir obligation il vous serait aussi attaché que moi-même; c'est assurément beaucoup dire. Vous savez avec quel dévouement j'ai l'honneur d'être, mademoiselle, votre, etc.

VOLTAIRE.

1102. — A M. L'ABBÉ D'OLIVET.

Cirey, *nonis martis.*

Elegans et sapiens Olivete, Tullius ille laudum amator nunc, opinor, gloriatur quod ingenio tuo clarior et diligentia tua accuratior prodeat. Tullia nostra, Æmilia du Châtelet, in omni genere artium instructa et vera operum tuorum æstimatrix, novo operi[1] tuo gratulatur, et commentarios tuos enixe desiderat. Sed tibi fateor, notæ ad textum in ipsis paginis accommodatæ non illi displicerent. Arduum est et operosum notas ad finem libri rejec-

---

1. D'Olivet venait de publier (mars 1739) la préface latine de son édition des œuvres de Cicéron, dont les 9 volumes in-4° parurent, à Paris, de 1740 à 1742, avec un choix de commentaires anciens et des notes de lui.

tas quærere. Ut ut, vir doctissime, incumbe labori tuo, et Ciceronem Olivetanum cum voluptate legemus. Hæc tibi scribunt Æmilia et Volterius.

Le scazon[1] ne m'avait paru que plaisant et digne du personnage. Cerbère est sans doute le nom de baptême de ce misérable. C'est une âme infernale.

> Un jour Satan, pour égayer sa bile,
> Voulut créer un homme à sa façon;
> Il le forma des membres de Chausson,
> Et le pétrit de l'âme de Zoïle.
> L'homme fut fait, et Guyot[2] fut son nom.
> A ses parents en tout il est semblable.
> Son fessier large, à Bicêtre étrillé,
> Devers Saint-Jean doit être en bref grillé.
> Mais ce qui plus lui semble insupportable,
> C'est que Paris de bon cœur donne au diable
> Chacun écrit par Guyot barbouillé.

On me fait espérer qu'on arrachera quelque satisfaction de ce monstre, ennemi du genre humain. J'avais de quoi le perdre, mais il eût fallu venir à Paris, et quitter mes amis pour un coquin. Mon cœur en est incapable; l'amitié m'est plus chère que la vengeance. Est-ce que vous n'avez point reçu mon nouveau morceau sur *Rome?* Est-ce que vous ne l'avez point communiqué à l'abbé Dubos, après l'avoir reçu de Thieriot? Enfin n'avez-vous pas envoyé à M. d'Argental le petit *Essai*[3]?

J'ai de bonnes raisons pour penser que Silhon a fait le *Testament* du cardinal. L'abbé de Bourzeis n'y a pas plus de part que vous. Comment! cet abbé de Bourzeis écrivait comme Pellisson! Son *Traité des Droits de la Reine* est un chef-d'œuvre; son style d'ailleurs est moins antique que celui du cardinal. Les *aucunement, d'autant que, si est-ce*, etc., ne se trouvent point chez Bourzeis. Enfin, j'attends mon Silhon pour confronter.

J'ai idée qu'on a écrit quelque chose pour prouver que le cardinal de Richelieu n'a pas fait son *Testament*. Faites-moi la grâce, mon aimable maître, de donner sur cela quelques instructions *tuo addictissimo discipulo et amico* Voltaire.

---

1. Ce poëme, en dix vers scazons, fut imprimé à la suite de la *Lettre de l'abbé d'Olivet au président Bouhier*, du 6 juillet 1738. Retranché de la seconde édition de cette lettre, il a été conservé dans la réimpression qui fait partie du *Recueil d'opuscules littéraires*, Amsterdam, 1767, in-12.
2. Nom de famille de Desfontaines.
3. L'*Essai sur le Siècle de Louis XIV.*

1103. — DE FRÉDÉRIC, PRINCE ROYAL DE PRUSSE.

Remusberg, 8 mars.

Mon cher ami, depuis la dernière lettre que je vous ai écrite, ma santé a été si languissante que je n'ai pu travailler à quoi que ce pût être. L'oisiveté m'est un poids beaucoup plus insupportable que le travail et que la maladie. Mais nous ne sommes formés que d'un peu d'argile, et il serait ridicule au suprême degré d'exiger beaucoup de santé d'une machine qui doit, par sa nature, se détraquer souvent, et qui est obligée de s'user pour périr enfin.

Je vois, par votre lettre[1], que vous êtes en bon train de corriger vos ouvrages. Je regrette beaucoup que quelques grains de cette sage critique ne soient pas tombés sur la pièce que je vous ai adressée. Je ne l'aurais point exposée au soleil si ce n'avait été dans l'intention qu'il la purifiât. Je n'attends point de louanges de Cirey, elles ne me sont point dues; je n'attends de vous que des avis et de sages conseils. Vous me les devez assurément, et je vous prie de ne point ménager mon amour-propre.

J'ai lu avec un plaisir infini le morceau de *la Henriade* que vous avez corrigé. Il est beau, il est superbe. Je voudrais bien, indépendamment de cela, avoir fait celui que vous retranchez. Je suis destiné, je crois, à sentir plus vivement que les autres les beautés dont vous ornez vos ouvrages; ces beaux vers que je viens de lire m'ont animé de nouveau du feu d'Apollon. Telle est la force de votre génie qu'il se communique à plus de deux cents lieues. Je vais monter mon luth pour former de nouveaux accords.

Il n'y a point lieu de douter que vous réussirez dans la nouvelle tragédie[2] que vous travaillez. Lorsque vous parlez de la gloire, on croit en entendre discourir Jules César. Parlez-vous de l'humanité, c'est la nature qui s'explique par votre organe. S'agit-il d'amour, on croit entendre le tendre Anacréon ou le chantre divin qui soupira pour Lesbie. En un mot, il ne vous faut que cette tranquillité d'âme que je vous souhaite de tout mon cœur, pour réussir et pour produire des merveilles en tout genre.

Il n'est point étonnant que l'Académie royale ait préféré quelque mauvais ouvrage de physique à l'excellent *Essai*[3] de la marquise. Combien d'impertinences ne se sont pas dites en philosophie! De quelles absurdités l'esprit humain ne s'est-il point avisé dans les écoles! Quel paradoxe reste-t-il à débiter qu'on n'ait point soutenu? Les hommes ont toujours penché vers le faux; je ne sais par quelle bizarrerie la vérité les a toujours moins frappés. La prévention, les préjugés, l'amour-propre, l'esprit superficiel, seront, je crois, pendant tous les siècles, les ennemis qui s'opposeront aux progrès des sciences; et il est bien naturel que des savants de profession aient

---

1. Celle du 15 février précédent.
2. *Zulime.* Voltaire n'en était qu'aux premiers actes de *Mahomet*, et il n'en avait encore parlé que vaguement.
3. Voyez tome XXII, page 279; et tome XXIII, page 65.

quelque peine à recevoir les lois d'une jeune et aimable dame qu'ils reconnaîtraient tous pour l'objet de leur admiration, dans l'empire des grâces, mais qu'ils ne veulent point reconnaître pour l'exemple de leurs études, dans l'empire des sciences. Vous rendez un hommage vraiment philosophique à la vérité. Ces intérêts, ces raisons petites ou grandes, ces nuages épais, qui obscurcissent pour l'ordinaire l'œil du vulgaire, ne peuvent rien sur vous, et les vérités s'approchent autant de votre intelligence que les astres que nous considérons par un télescope se manifestent plus clairement à notre vue [1].

Il serait à souhaiter que les hommes fussent tous au-dessus des corruptions de l'erreur et du mensonge; que le vrai et le bon goût servissent généralement de règles, dans les ouvrages sérieux et dans les ouvrages d'esprit. Mais combien de savants sont capables de sacrifier à la vérité les préjugés de l'étude, et le prix de la beauté, et les ménagements de l'amitié? Il faut une âme forte pour vaincre d'aussi puissantes oppositions, et le triomphe qu'on remporte en ce sens-là sur l'amitié est plus grand que celui qu'on remporte sur soi-même [2]. Les vents sont très-bien, comme vous en convenez, dans la caverne d'Éole, d'où je crois qu'il ne faut les tirer que pour cause.

J'ai été vivement touché des persécutions qu'on vous a suscitées; ce sont des tempêtes qui ôtent pour un temps le calme à l'Océan, et je souhaiterais bien d'être le Neptune de *l'Énéide*, afin de vous procurer la tranquillité que je vous souhaite très-sincèrement. Souffrez que je vous rappelle ces deux beaux vers de l'*Épître à Émilie*, où vous vous faites si bien votre leçon :

> Tranquille au haut des cieux que Newton s'est soumis,
> Il ignore en effet s'il a des ennemis.

Laissez au-dessous de vous, croyez-moi, cet essaim méprisable et abject d'ennemis aussi furieux qu'impuissants. Votre mérite, votre réputation, vous servent d'égide. C'est en vain que l'envie vous poursuivra; ses traits s'émousseront et se briseront tous contre l'auteur de *la Henriade*, en un mot contre Voltaire. De plus, si le dessein de vos ennemis est de vous nuire, vous n'avez pas lieu de les redouter, car ils n'y parviendront jamais; et, s'ils cherchent à vous chagriner, comme cela paraît plus apparent, vous ferez très-mal de leur donner cette satisfaction. Persuadé de votre mérite, enveloppé de votre vertu, vous devez jouir de cette paix douce et heureuse qui est ce qu'il y a de plus désirable en ce monde. Je vous prie d'en prendre la résolution. Je m'y intéresse par amitié pour vous, et par cet intérêt que je prends à votre santé et à votre vie.

Mandez-moi, je vous prie, où, par qui et comment je dois faire parvenir

---

1. Les dernières lignes de cet alinéa, depuis « et les vérités », omises par Beuchot, sont tirées des *OEuvres posthumes*.
2. Le passage qui commence par « et le triomphe » est également tiré des *OEuvres posthumes*.

ce que je vous destine ¹ et à la marquise. Tout est emballé ; agissez rondement, et mandez-moi, comme je le souhaite, ce que vous trouvez de plus expédient.

La marquise me demande si j'ai reçu l'extrait de Newton, qu'elle a fait. J'ai oublié de lui répondre sur cet article. Dites-lui, je vous prie, que Thieriot me l'avait envoyé, et qu'il m'a charmé comme tout ce qui vient d'elle. En vérité elle en fait trop ; elle veut nous dérober à nous autres hommes tous les avantages dont notre sexe est privilégié. Je tremble que, si elle se mêle de commander des armées, elle ne fasse rougir les cendres des Condé et des Turenne. Opposez-vous à des progrès qui nous en font encore envisager d'autres dans l'éloignement, et faites du moins qu'une sorte de gloire nous reste.

Césarion, qui me tient compagnie, vous assure mille fois de son amitié ; il ne se passe point de jour que nous ne nous entretenions sur votre sujet.

Je suis rempli de projets ; pour peu que ma santé revienne, vous serez inondé de mes ouvrages, à Cirey, comme le fut l'Italie par l'invasion des Goths. Je vous prie d'être toujours mon juge, et non pas mon panégyriste. Je suis avec l'estime la plus fervente, mon cher ami, votre très-fidèlement affectionné ami,

FÉDÉRIC.

1104. — AU PRINCE ANTIOCHUS CANTEMIR ².

Monseigneur, j'ai à Votre Altesse bien des obligations. Elle daigne me faire connaître plus d'une vérité dont j'étais assez mal informé, et elle m'instruit d'une manière pleine de bonté, qui vaut bien autant que la vérité même. Je lis actuellement l'*Histoire ottomane* de feu M. le prince Cantemir, votre père, que j'aurai l'honneur de vous renvoyer incessamment, et dont je ne puis trop remercier Votre Altesse³. Vous me pardonnerez, s'il vous plaît, d'avoir été trompé sur votre origine. La multiplicité des talents de monsieur le prince votre père, et des vôtres, m'avait fait penser que vous deviez descendre des anciens Grecs, et je vous aurais soupçonné de la race de Périclès plutôt que de celle de Tamerlan ⁴. Quoi qu'il en soit, ayant toujours fait profession de rendre hommage au mérite personnel plus qu'à la naissance,

1. Du vin de Hongrie, et quelques *bagatelles* d'ambre.
2. Lettre publiée d'après l'original de la Bibliothèque impériale de Pétersbourg, par J.-Édouard Gardet. *Bulletin du Bibliophile*, 1860. 14ᵉ série, page 1120.
3. Dans une lettre adressée à M. de La Noue, et datée de Cirey le 3 avril 1739, Voltaire dit : « *L'Histoire de Charles XII* m'a mis dans la nécessité de lire quelques ouvrages historiques concernant les Turcs. J'ai lu, entre autres, *depuis peu*, l'*Histoire ottomane* du prince Cantemir, etc., etc. »
4. Voyez tome XVI, pages 273 et 521.

je prends la liberté de vous envoyer la copie de ce que j'insère sur votre illustre père dans mon *Histoire de Charles XII*, qu'on réimprime actuellement, et je ne l'enverrai en Hollande que quand j'aurai appris d'un de vos secrétaires que vous m'en donnez la permission.

Je trouve dans l'*Histoire ottomane* écrite par le prince Demetrius Cantemir[1], ce que je vois avec douleur dans toutes les histoires : elles sont les annales des crimes du genre humain ; je vous avoue surtout que le gouvernement turc me paraît absurde et affreux. Je félicite votre maison d'avoir quitté ces barbares en faveur de Pierre le Grand, qui cherchait au moins à extirper la barbarie, et j'espère que ceux de votre sang qui sont en Moscovie serviront à y faire fleurir les arts que toute votre maison semble cultiver ; vous n'avez pas peu contribué sans doute à introduire la politesse qui s'établit chez ces peuples, et vous leur avez fait plus de bien que vous n'en avez reçu. Ne serait-ce pas trop abuser de vos bontés, monseigneur, que d'oser prendre la liberté de vous faire quelques questions sur ce vaste empire, qui joue actuellement un si beau rôle dans l'Europe et dont vous augmentez la gloire parmi nous?

On me mande que la Russie est trente fois moins peuplée qu'elle ne l'était il y a sept ou huit cents ans. On m'écrit qu'il n'y a qu'environ cinq cent mille gentilshommes, dix millions d'hommes payant la taille, en comptant les femmes et les enfants; environ cent cinquante mille ecclésiastiques; et c'est en ce dernier point que la Russie diffère de bien d'autres pays de l'Europe, où il y a plus de prêtres que de nobles ; on m'assure que les Cosaques de l'Ukraine, du Don, etc., ne montent avec leurs familles qu'à huit cent mille âmes, et qu'enfin il n'y a pas plus

---

1. *Histoire de l'agrandissement et de la décadence de l'empire ottoman.* L'original latin est demeuré manuscrit ; il fut traduit pour la première fois en anglais par Nicolas Tindal (Londres, 1734; 2 vol. in-folio). De Jonquières l'a traduit en français sur la version anglaise (Paris, 1743, in-folio), et, deux ans plus tard, Schmidt l'a traduit en allemand (Hambourg, 1745, in-4°). C'est donc la traduction anglaise que Voltaire avait entre les mains en 1739, à moins que le prince Antiochus Cantemir ne lui eût confié le manuscrit original latin, ce que nous serions tenté de croire à l'empressement avec lequel Voltaire achève sa lecture, au soin qu'il prend de le retourner exactement à son propriétaire, et aux précautions dont il use pour que le précieux volume ne s'égare pas (voyez la lettre du 19 avril). On trouve dans la préface placée en tête de l'*Histoire de Charles XII*, édition de 1751, un passage où il est question de l'*Histoire ottomane* du prince Cantemir : « Consultez, y est-il dit, les véritables annales turques recueillies par le prince Cantemir, vous verrez combien ces mensonges sont ridicules. » Ce passage, omis dans toutes les éditions suivantes, a été rétabli dans l'édition Beuchot.

de quatorze millions d'habitants dans ces vastes pays soumis à l'autocratrice[1]; cette dépopulation me paraît étrange, car enfin je ne vois pas que les Russes aient été plus détruits par la guerre que les Français, les Allemands, les Anglais, et je vois que la France seule a environ dix-neuf millions d'habitants. Cette disproportion est étonnante. Un médecin m'a écrit que cette disette de l'espèce humaine devait être attribuée à la vérole, qui y fait plus de ravages qu'ailleurs, et que le scorbut rend incurable. En ce cas, les habitants de la terre sont bien malheureux. Faut-il que la Russie soit dépeuplée parce qu'un Génois s'avisa de découvrir l'Amérique il y a deux cents ans.

J'entends dire d'ailleurs que toutes les grandes idées du czar Pierre sont suivies par le présent gouvernement; comme parmi ses projets celui de montrer de la bonté aux étrangers était un des principaux, je me flatte, monseigneur, que vous l'imiterez, et que vous pardonnerez toutes ces questions qu'un étranger ose vous adresser. Il y a peu de princes auxquels on demande de pareilles grâces, et vous êtes du très-petit nombre de ceux qui peuvent instruire les autres hommes.

Je suis avec un profond respect, monseigneur, de Votre Altesse le très-humble et très-obéissant serviteur.

VOLTAIRE.

A Cirey en Champagne, ce 13 mars 1739.

1105. — A M.***.

Ce 13 mars 1739.

Monsieur, la lettre, ou plutôt l'ouvrage dont vous m'honorez, est peut-être ce que la raison toute seule pouvait produire de mieux. Je suis à peu près comme ces directeurs qui admirent l'esprit et les objections d'un incrédule, et qui prient Dieu de lui donner un peu de foi.

La foi que j'oserais vous demander, c'est pour certains calculs indispensables, pour certaines propositions démontrées; après quoi nous serons de la même religion, et j'aurai l'honneur de douter avec vous de sept ou huit mille propositions, pourvu que vous m'accordiez seulement une douzaine de vérités fondées sur l'expérience. La première de ces vérités est que le feu et la lumière sont le même être; et, si vous en doutez, vous n'avez qu'à rassembler de la lumière (c'est-à-dire des rayons lumineux)

---

1. L'impératrice Anne Ivanowna.

au foyer d'un verre ardent, et à y mettre le bout de votre doigt. Il est bien vrai que cet être (quel qu'il soit) n'échauffe pas toujours, et n'illumine pas toujours. La bouche ne parle pas, ne baise pas, et ne mange pas sans cesse ; cependant c'est avec la bouche seule qu'on mange, qu'on baise, et qu'on parle.

Serait-on bien venu à nier ces attributs-là, sous prétexte qu'ils ne sont pas renfermés dans l'idée qu'un philosophe pourrait se faire d'une bouche ? Le feu contenu dans les corps n'éclaire pas toujours, sans doute ; mais mettez ce feu un peu plus en mouvement, et il vous éclairera ; rassemblez bien des rayons, et vous serez échauffé [1].

En un mot, on ne connaît les corps ni le reste que par leurs effets : or l'effet d'un corps lumineux est, je crois, d'éclairer et de brûler dans l'occasion.

2° Vous doutez de la propagation de la lumière ; doutez donc aussi de la propagation du son. M. Römer a vu, a fait voir, a démontré, et M. Bradley a redémontré, d'une manière encore plus admirable, que la lumière vient à nous en un temps que vous appellerez long ou court, comme il vous plaira : car il semble court, si vous considérez qu'en sept minutes et demie un rayon arrive du soleil à nous ; il paraît long, si vous faites attention que la lumière arrive en trente-six ans au moins d'une étoile de la sixième grandeur. Il n'y a rien de long, rien de court, rien de grand, rien de petit en soi, comme vous savez [2].

3° Toutes les observations de Bradley font connaître que la lumière n'est aucunement retardée dans son cours d'une étoile à nous. Vous conclurez de là s'il est possible qu'il y ait un plein absolu : car assurément ce sont des conclusions qu'il ne faut tirer que d'après le calcul et l'expérience. Un vrai newtonien ne fait pas la plus petite supposition, et il n'en faut jamais faire.

4° Mais comment le soleil envoie-t-il tant de lumière sans s'épuiser, et comment votre cerveau produit-il tant d'idées sans les perdre, et n'en est même que plus lumineux ? Moi ! que je vous dise comment cela se fait, monsieur ? Dieu m'en garde ! je n'en sais rien, ni moi, ni personne. Je sais que la lumière arrive en un temps calculé ; que les rayons, venant d'environ 33 millions de lieues, sont presque parallèles ; que je fonds du plomb

---

1. Voici une idée de Voltaire qui semble être un pressentiment de celles qu'on a aujourd'hui sur la lumière et la chaleur. (D.)

2. Voltaire ne pouvait avoir que des présomptions sur la distance des étoiles à la terre. (D.)

avec ces rayons-là quand il m'en prend envie, qu'ils sont colorés, qu'ils se réfractent suivant des lois immuables, etc. Mais combien d'onces il en sort du soleil par an, c'est ce que j'ignore ; et comment il répare ses pertes, je n'en sais pas davantage. Je sais très-bien qu'une comète peut tomber dans ce globe, mais je ne dis point : *Cela peut être, donc cela est.* Vous faites un calcul qui m'épouvante pour le soleil. J'ai dit qu'un rayon de 33 millions de lieues n'a pas probablement un pied de matière, mis bout à bout ; vous vous effrayez du nombre de pieds de roi que le soleil perd ; mais, monsieur, ces pieds de roi ne sont pas des pieds cubiques. L'épaisseur d'un rayon est infiniment petite par rapport à l'épaisseur d'un cheveu, et le soleil ne perd peut-être pas en un an la valeur de quatre livres.

5° Cet être singulier, qui produit la chaleur, la lumière, les couleurs, est-il pesant comme les autres êtres connus ? c'est-à-dire a-t-il la propriété de tendre vers le centre du globe où il se trouve, etc.? Pèse-t-il sur le soleil, pèse-t-il sur la terre ? Certes, s'il pèse, il ne pèse guère. Toutes les expériences que j'ai vues et que j'ai faites ne prouvent pas grand'chose. J'ai fait peser du fer enflammé depuis une once jusqu'à 2,000 livres; j'ai fait peser ce même fer refroidi, nulle différence dans le poids. Il se pourrait, à toute force, que le feu n'eût pas cette propriété ; il se pourrait même qu'il fût pénétrable : c'est ce que pensent certains physiciens. Mme la marquise du Châtelet, dans son *Essai* plein d'excellentes choses sur la nature du feu, lequel a concouru pour le prix[1], dit hardiment que le feu, la lumière, n'a ni la propriété de la gravitation vers un centre, ni celle d'être impénétrable. Cette proposition a révolté nos cartésiens, et a fait manquer le prix à un ouvrage qui le méritait d'ailleurs. Pour moi, qui vois que la lumière, le feu est matière, qu'il presse, qu'il divise, qu'il se propage, etc., je ne vois pas qu'il y ait d'assez fortes raisons pour le priver des deux principales propriétés dont la matière est en possession, et je suis ici comme le Père Bauny et Escobar, dans le cas des opinions probables[2].

Au reste ne vous effrayez point que, malgré cette gravitation probable des petites particules du feu sur le centre du soleil, elles s'échappent pourtant avec une si prodigieuse célérité. Voyez dans une fournaise de forge ; ce que les forgerons appellent la

la fournaise. Sa flamme s'échappe en rond de tous les côtés, malgré la tendance que l'air lui imprime en haut ; et l'on peut apercevoir ce globe de feu de six lieues, sans que cette prodigieuse quantité de particules qu'il envoie lui fasse perdre sensiblement de son poids. Or qu'est-ce que ce petit pâté par rapport au soleil? Le soleil tourne en 25 jours et demi sur lui-même, et la terre en un jour sur elle-même. Or, pour que le soleil ne tournât pas plus vite que la terre, il faudrait que sa rotation sur son axe s'accomplît en 10,000 de nos jours, qui font plus de 27 ans ; mais il tourne en 25 jours. Jugez donc, par cette prodigieuse célérité, de la force avec laquelle il envoie la lumière, et ne vous étonnez de rien ; ou bien étonnez-vous de tout. Au reste, quand je dis que la lumière s'échappe du soleil, je me sers de cette expression dans le même sens qu'on dit que la pierre s'échappe de la fronde, et la balle du canon.

6° Quand on dit que la matière lumineuse vient du soleil à nous en ligne droite, on ne dit rien que de très-vrai, et cela n'est contesté par personne. *Jusqu'à nous* veut dire jusqu'à notre globe ; et notre globe est composé d'air et de terre. Il arrive à la surface de l'air ce qui arrive à la surface de nos yeux ; les rayons se brisent en passant du vide dans l'air, et c'est pourquoi on ne voit aucun astre à sa place. Il y a des tables de la réfraction depuis l'horizon jusqu'au quarantième degré ; mais au méridien il n'y a plus de réfraction.

Vous devriez, monsieur, lire quelque traité sur ces matières, comme S'Gravesande, ou Keill, ou Wolffius ; vous pourriez même vous en tenir à Bion. Un esprit comme le vôtre n'aura que la peine de feuilleter ces ouvrages, qui vous mettraient au fait de bien des minuties nécessaires, et qui vous abrégeraient le chemin infiniment. Par exemple le moindre livre d'optique résoudra vos difficultés sur la réflexion de la lumière, quant au géométrique et au mécanique ; mais, quant à ce qui tient à la nature intime des choses, comment les rayons ne se confondent pas en se croisant, comment ils rebondissent sans toucher aux surfaces, pourquoi ils s'infléchissent vers les bords des objets, pourquoi le bleu est plus réfrangible que le rouge, vous demanderez tout cela à Dieu, qui, je crois, est le seul qui en sache des nouvelles positives.

7° Quand vous aurez, monsieur, jeté un coup d'œil sur les moindres éléments de physique géométrique, vous ne serez plus révolté de cette idée très-commune que tout point visible est le sommet d'un cône dont la base est dans nos yeux. Vous prenez le corps du soleil pour un point visible; voici, monsieur, le fait en deux mots. Je vois le corps A, B sous l'angle A, C, B ;

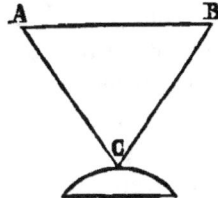

mais je vois les points D, E, G de cette manière :

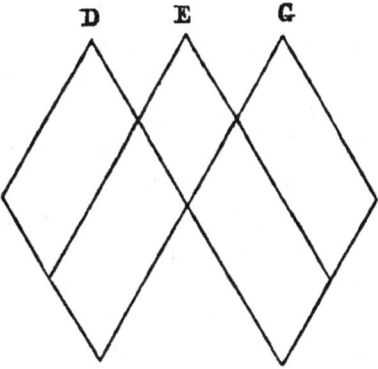

chacun de ces points est le sommet d'un cône.

En trois ou quatre conversations, je vous mettrais au fait de ces petits détails géométriques, qui, quoique peu considérables par eux-mêmes, sont des principes nécessaires sans lesquels on ne peut se former aucune idée nette.

8° « Qui ne rirait, dites-vous, de voir les philosophes déterminer la grandeur, la figure, la distance réelle des corps célestes, et ne pouvoir déterminer la grandeur réelle d'un grain de sable? » Je vous conjure de ne point les accuser d'une sottise dont ils ne sont point coupables ; il y en a assez à leur reprocher. Vous savez, encore une fois, qu'il n'y a que des grandeurs relatives ; or les philosophes ont très-bien trouvé la grandeur relative de la terre par rapport à celle de Vénus, de la lune, etc. Votre difficulté du microscope s'évanouit, car une mouche sera toujours plus grande qu'une puce, vue à l'œil ou au microscope. Il serait triste que de pareilles difficultés vous arrêtassent dans le chemin des sciences. Le scepticisme est très-bon avec des faiseurs d'hypothèses, avec des rêveurs théologiens ; Bayle n'a guère couru sus qu'à ces messieurs, mais c'était un pauvre géomètre, et il ne savait presque rien en physique : il y a des choses sur lesquelles le doute même n'est pas permis.

9° Il se mêle à l'optique mathématique un jugement de l'âme fondé sur l'expérience : c'est ce qui fait que nous nous formons des idées des distances, sans nous servir d'aucune mesure ; c'est pourquoi nous jugeons qu'un objet que nous voyons plus petit qu'à l'ordinaire est plus éloigné ; c'est ainsi que nous jugeons qu'un homme est en colère quand il grince les dents, qu'il roule les yeux, qu'il jure Dieu, et qu'il veut tuer son prochain. Si quelquefois les signes des passions nous trompent, ce qui arrive cependant rarement aux connaisseurs, les signes des distances nous trompent aussi quelquefois ; mais quand on les mesure mathématiquement, il n'y a plus d'erreur.

10° Dans les objections que vous faites sur la gravitation, sur l'attraction de la matière, vous faites voir, monsieur, toute la sagacité d'un homme qui eût mieux expliqué que moi toutes ces vérités s'il avait voulu s'y appliquer un peu. Mais, monsieur, ayez d'abord la bonté de croire que nous ne supposons rien du tout. Vous nous reprochez des hypothèses, nous n'en admettons pas la moindre. Newton a démontré, comme deux fois deux font quatre, que la même force qui fait retomber une pierre sur la terre retient les astres dans leurs orbites ; il a calculé cette force depuis Saturne jusqu'à nous ; il en a démontré les effets. Tout cela est une affaire de pure géométrie ; et de tous ceux qui ont étudié ces découvertes aucun n'a osé les nier. Quelques vieux cartésiens s'avisent de dire que Newton n'a vu tout cela qu'en mathématicien ; et ils se servent des tourbillons, de la matière subtile, et de tous ces misérables êtres de raison, pour expliquer un fait, un phénomène constant que Newton a découvert. On leur a prouvé que leurs tourbillons sont des chimères, et l'Europe se moque d'eux. N'importe : les bonnes gens n'en démordent point ; il leur en coûterait trop de retourner à l'école.

Turpe putant parere minoribus, et quæ
Imberbes didicere, senes perdenda fateri.

(Hor., lib. II, ép. I.)

Reste à présent à savoir si cette attraction de la matière, cette gravitation établie par Newton et démontrée par lui, est un effet ou une cause : elle sera ce qu'on voudra. La chose existe ; et c'est bien assez pour des hommes d'avoir été jusque-là. Il y a, à la vérité, grande apparence que cette gravitation, qui fait la pesanteur, est une propriété de la matière. Cet univers paraît fondé sur plus d'un principe, et je crois que nous sommes bien loin de les connaître. Nous savons très-bien que les tourbillons ne peuvent causer la pesanteur ; nous savons ce qui n'est pas, et Dieu sait ce qui est.

11° Ne comparez point, monsieur, l'attraction de l'aimant avec cette loi universelle par laquelle tous les corps gravitent les uns vers les autres. L'attraction de l'aimant est d'un tout autre genre.

Celle de l'électricité est encore toute différente, et n'a rien de commun avec les lois découvertes par Newton.

L'attraction de la lumière et des corps est peut-être encore d'une autre espèce. Qu'est-ce que tout cela prouve? Que la matière agit dans plusieurs cas selon toute autre règle que les lois d'impulsion, et qu'il faut étendre la sphère de la nature beaucoup plus qu'on ne faisait. Mais, diront les vieux philosophes, il y aura donc des mystères dont nous ne pourrons rendre raison par les lois des chocs des corps? Oui, messieurs, il y en a peut-être des millions; et, sans aller plus loin, dites-nous pourquoi vous pensez, et pourquoi votre pensée fait remuer votre jambe.

12° Vous faites un reproche à Newton de ce qu'il suppose, dites-vous, ce qui est en question, que chaque partie de la matière a également le pouvoir de la gravitation. Il me semble qu'il ne suppose rien. Il a prouvé que les astres sont retenus dans leurs orbites par la même force qui fait tendre ici tous les corps au centre de la terre. Or les corps tendent tous également à ce centre : donc la même chose arrive à tous les astres. *Eadem causa, idem effectus.*

L'expérience dans le vide est une des démonstrations de cette vérité. Vous ne me ferez pas longtemps l'objection des nues et des exhalaisons qui flottent dans l'air si vous voulez lire dans le premier mathématicien qui vous tombera sous la main les lois des fluides. Vous sentez, sans doute, tout d'un coup la prodigieuse différence entre un corps abandonné librement à la force de la gravitation dans un espace non résistant, et le même corps dans l'eau ou dans l'air dont il faut déplacer les parties. Encore une fois, qu'un génie comme le vôtre daigne lire Keill ou S'Gravesande, ou Musschenbroeck : sans principes vous ne pouvez faire un pas.

13° Vous confondez toujours le centre de gravité d'un corps, qui est le point par lequel, étant suspendu, il n'inclinerait d'aucun côté, avec le foyer de l'orbe que décrivent les planètes : ce sont deux choses qui n'ont aucune ressemblance.

14° Je ne sais quel impitoyable pyrrhonien vous induit à penser que les mathématiques n'influent point dans la physique, sous prétexte que les mathématiques considèrent l'étendue en général, etc. Ce pyrrhonien n'avait apparemment jamais vu la pompe de Notre-Dame, la machine de Marly, le pyromètre, les moulins à vent, les machines à élever les fardeaux, les coupes des voussures, les cadrans au soleil, les pendules, les planétaires, les bas au métier, etc.; tout cela cependant est fondé sur les rigoureuses lois de la physique mathématique.

Il est bien vrai que, parmi les propositions de la géométrie, il y en a beaucoup qui sont de pure curiosité, et toutes les sciences sont dans ce cas-là. Aussi n'est-il pas nécessaire qu'un honnête homme sache toutes les propriétés de la cycloïde. Mais je maintiens qu'avec les *Éléments d'Euclide* et un peu de sections coniques tout esprit droit en sait assez pour être un très-bon physicien, et pour savoir en gros, assez rondement, ce que c'est que le newtonianisme.

Je voudrais que vous daignassiez donc commencer par les premiers principes. Lisez seulement la *Géométrie de Pardies*; c'est l'affaire d'un mois tout au plus pour vous. Après cela je ne sais quel livre français vous devez consulter : nous n'avons pas encore une bonne physique ; mais lisez Musschenbroeck : il est un peu pesant, et vous ne serez peut-être pas content de sa préface ; mais enfin c'est la meilleure physique que je connaisse. Il faut que les mathématiques domptent les écarts de notre raison ; c'est le bâton des aveugles, on ne marche point sans elles ; et ce qu'il y a de certain en physique est dû à elles et à l'expérience. Entre nous, la métaphysique n'est qu'un jeu d'esprit : c'est le pays des romans ; toute la *Théodicée* de Leibnitz ne vaut pas une expérience de Nollet.

Vous pourriez un jour avoir un cabinet de physique, et le faire diriger par un artiste; c'est un des grands amusements de la vie. Nous en avons un assez beau ; mais, hélas! il faut quitter tout cela. Il faut aller en Flandre plaider, et peut-être à Vienne. Le temporel l'emporte, et il faut céder.

Mme du Châtelet vous fait les plus sincères compliments : elle est pleine d'estime pour vous; mais qui peut vous refuser la sienne? Souffrez, monsieur, que je joigne à celle que je vous ai vouée le plus tendre et le plus respectueux attachement, avec lequel je serai toute ma vie votre très-humble et très-obéissant serviteur.

VOLTAIRE.

1106. — A M. L'ABBÉ MOUSSINOT [1].

Ce 14 (mars 1739).

J'attends, mon cher abbé, cette lettre de M. Deniau, de laquelle d'ailleurs je ne ferai point un usage public. Je vous fais toutes les mêmes prières que par ma dernière. J'arrête toute procédure : je crois que vous en avez averti M. Bégon, et je m'en remets uniquement à monsieur le chancelier. Mandez-moi ce que vous aurez fait avec Mme de Champbonin et mon neveu. Il faudrait tâcher d'avoir justice par monsieur le chancelier. Cela finirait tout, et me rendrait mon repos.

Je vous prie, mon cher ami, de m'envoyer les livres que vous m'avez promis.

Dites à Mme de Champbonin que si elle a besoin d'argent vous en avez à son service, tout pauvres que nous sommes.

Je vous embrasse bien tendrement.

Ordre donné sans doute à M. Bégon de tout suspendre.

Envoyez, je vous prie, sur-le-champ ce paquet à M. d'Argental.

1107. — A M. HELVÉTIUS,

A PARIS.

A Cirey, ce 14 mars.

Vous êtes une bien aimable créature; voilà tout ce que je peux vous dire, mon cher ami. On me mande que vous venez bientôt à Cirey. Je remets à ce temps-là à vous parler des deux leçons de votre belle *Épître sur l'Étude* [2]. Vous pouvez de ces deux dessins faire un excellent tableau avec peu de peine. Continuez à remplir votre belle âme de toutes les vertus et de tous les arts. Les femmes pensent que vous devez tout à l'amour; la poésie vous revendique, la géométrie vous offre des x x, l'amitié veut tout votre cœur, et messieurs des fermes voudraient aussi que vous ne fussiez qu'à eux ; mais vous pouvez les satisfaire tous à la fois. Mettez-moi toujours, mon cher ami, au nombre des choses que vous aimez ; et, dans votre immensité, n'oubliez point Cirey, qui ne vous oubliera jamais.

Est-il possible que vous ayez daigné aller chez Saint-Hyacinthe ! Vous profanez vos bontés. Je ne sais comment vous remercier.

1. Édition Courtat.
2. L'*Épître sur l'amour de l'étude.*

1108. — A M. L'ABBÉ MOUSSINOT[1].

Du 19 (mars 1739).

Voici, mon cher abbé, mon certificat de vie pour toucher ma pension viagère sur la Ville, de l'année 1738.

Vous me mandez que vous avez fait recette depuis le mois de septembre de 31,586 livres, et que vous avez déboursé 14,410 livres. Donc, dites-vous, il vous reste 21,500 livres ; ce *donc*-là me paraît peu arithmétique, car avec un donc il ne doit rester que 17,174[2] livres ; mais apparemment qu'il ressort 4,326 livres au mois de septembre ; peu importe : c'est ce qu'on possède qui importe.

Je voudrais bien que M. de Lézeau nous donnât une bonne délégation sur l'un de ses fermiers, afin qu'on ne fût plus obligé de lui faire la cour pour le faire payer. A l'égard des autres rentes échues, elles viendront petit à petit. Il y a un M. de Goesbriant qui me néglige terriblement. Il me doit bientôt neuf années, cela est fort.

J'enverrai la décharge à monsieur votre frère quand vous voudrez, et de la façon que vous voudrez ; mais comment voulez-vous que, n'étant chargé de rien, et ayant seulement prêté son nom, il soit tenu de quelque chose ? Ni vous ni lui ne pouvez être recherchés : vos livres ne font-ils pas foi ? Comment d'ailleurs voulez-vous que je le décharge d'un argent qu'il n'a pas donné ? Voyez cependant, et dictez-moi cette décharge qui me paraît une pièce hors-d'œuvre, puisque ou il a reçu et recevra encore, et en ce cas votre livre suffit ; ou il n'a point reçu et ne recevra point, et en ce cas il n'a point de décharge à demander. Je crois donc qu'il vaut mieux qu'il ait un billet par lequel je déclarerai que, quoiqu'il ait ma procuration, cependant il n'est que votre prête-nom ; que vous voulez bien avoir la bonté de conduire mes petites affaires, et que je m'en rapporte uniquement à vos livres, ou à votre parole, au défaut de vos livres, priant mes héritiers de s'en rapporter uniquement à votre parole. C'est ce que j'ai déjà bien expressément établi dans mon testament, et ce que je vous enverrai signé quand vous voudrez.

Une partie de l'argent que nous avons servira à notre voyage qui se prépare ; l'autre, à acheter des meubles pour le palais

1. Édition Courtat.
2. Non : 17,176.

Lambert, que nous achèterons dans quelques années. Ainsi quand vous trouverez quelque emploi qui vous plaira, vous pouvez avertir votre ami et votre serviteur V., qui vous aime tendrement.

M. le marquis du Châtelet me mande toujours qu'il va finir mon affaire avec Desfontaines; mais elle ne finit point. Ne perdons point nos preuves.

Donnez donc encore cent livres au chevalier de Mouhy, mais dites-lui que c'est tout ce que vous avez, et demandez-lui bien pardon du peu : après tout, cela lui fera plaisir.

Je vous en conjure, deux cents livres à Prault et pour vingt mille livres de compliments.

Je vous embrasse.

1109. — A M. LE LIEUTENANT GÉNÉRAL DE POLICE [1].

Ce 20 mars.

Je vous ai toujours conjuré de vouloir bien rendre le repos à un citoyen aussi indignement traité que je le suis par le sieur Desfontaines. Je n'ai demandé justice qu'à vous. Je vous la demande encore. L'exécration publique contre mon ennemi, la voix des honnêtes gens et votre justice vous parlent en ma faveur. Souffrez, monsieur, que je joigne la reconnaissance aux sentiments qui m'attachent à vous depuis si longtemps.

1110. — A M. L'ABBÉ MOUSSINOT [2].

Ce 21 (mars 1739).

Cher abbé, avez-vous eu la bonté d'envoyer cent livres et mille excuses au chevalier, et deux cents livres et deux mille excuses à Prault?

Votre frère voudrait-il m'envoyer le *Mercure* de février et les journaux, le livre sur le *Langage des bêtes* du Père Bougeant, et celui de Darius sur le change?

Ayez la bonté d'envoyer chez.M. l'abbé Nollet, pour le faire souvenir de moi.

Adieu, mon cher ami.

Où demeure M. d'Argenson? Voulez-vous envoyer chez lui aux nouvelles?

1. Éditeur, Léouzon Leduc.
2. Édition Courtat.

1111. — A M. HELVÉTIUS.

A Cirey, 21 mars [1].

Ce que j'apprends est-il possible ? Belle âme, née pour faire plaisir, et qui agissez comme vous pensez, vous êtes allé, et vous avez encore retourné chez ce Saint-Hyacinthe ? *Generose puer*, ne profanez pas votre vertu avec ce monstre. C'en est trop, mon cœur est pénétré de vos soins. Si vous saviez ce que c'est que Saint-Hyacinthe, vous auriez eu horreur de lui parler. Je ne l'ai connu qu'en Angleterre, où je lui ai fait l'aumône ; il la recevait de qui voulait ; il prenait jusqu'à un écu. Il s'était échappé de la Hollande, où il avait volé le libraire Catuffe, son beau-frère ; et il n'avait auprès de moi d'autre recommandation que de m'avoir déchiré dans plusieurs libelles. Il avait eu part au *Journal littéraire*[2], où il m'avait maltraité, mais je l'ignorais, et il se donnait pour l'auteur du *Mathanasius*[3] ; ce qui faisait que je lui pardonnais ses anciens péchés. Se faire honneur du *Mathanasius*, qui était de MM. de Sallengre et S'Gravesande, etc., était la moindre de ses fourberies. Il se servit à Londres de l'argent de mes charités, et de celui que je lui avais procuré, pour imprimer un libelle[4] contre *la Henriade* ; enfin mon laquais le surprit me volant des livres, et le chassa de chez moi avec quelques bourrades. Je ne l'ai jamais revu, jamais je n'ai proféré son nom. Je sais seulement qu'il a volé, en dernier lieu, feu Mme de Lambert[5], et que ses héritiers en savent des nouvelles. Enfin voilà l'homme qui, dans un libelle[6] impertinent et digne de la plus vile canaille, ose m'insulter avec tant d'horreur. C'est trop s'abaisser, mon cher ami, d'exiger une satisfaction d'un scélérat qui ne doit me satisfaire qu'une torche à la main ou sous le bâton. Évitez ce malheureux, qui souillerait l'air que vous respirez.

Je vous avoue que mon cœur est saisi quand je vois les belles-lettres déshonorées à ce point ; mais aussi que vous me consolez ! Venez donc à Cirey avant que nous partions pour la Flandre. J'espère qu'un jour nous nous reverrons tous dans le beau palais[7]

---

1. On a cru jusqu'ici que cette lettre était du 21 janvier. C'est au mois de mars, selon nous, qu'elle appartient. (G. A.)
2. 1713-1737.
3. Il l'est effectivement.
4. *Lettres critiques sur la Henriade;* Londres, 1728.
5. La marquise de Lambert, morte en 1733.
6. La *Déification d'Aristarchus Masso;* voyez la note 4, tome XXII, page 257.
7. L'hôtel Lambert.

digne d'Émilie. Il est voisin de votre bureau des fermes, mais nos cœurs seront bien plus près de vous. Dites donc quand vous viendrez, aimable enfant.

1112. — DE FRÉDÉRIC, PRINCE ROYAL DE PRUSSE.

Remusberg, 22 mars [1].

Mon cher ami, je me suis trop pressé de vous découvrir mes projets de physique. Il faut l'avouer, ce trait sent bien le jeune homme qui, pour avoir pris une légère teinture de physique, se mêle de proposer des problèmes aux maîtres de l'art. J'en fais amende honorable en rougissant, et je vous promets que vous ne m'entendrez plus parler de périhelies, ni d'aphélies, qu'après m'en être bien instruit préalablement. Passez cependant à un ignorant de vous faire une petite objection sur ce vide que vous supposez entre le soleil et nous.

Il me semble que, dans le *Traité de la lumière,* Newton dit que les rayons du soleil sont de la matière, et qu'ainsi il fallait qu'il y eût un vide, afin que ces rayons pussent parvenir à nous en si peu de temps. Or, comme ces rayons sont matériels, et qu'ils occupent cet espace immense, tout cet intervalle se trouve donc rempli de cette matière lumineuse; ainsi il n'y a point de vide, et la matière subtile de Descartes, ou l'éther, comme il vous plaira de la nommer, est remplacée par votre lumière. Que devient donc le vide? Après ceci, n'attendez plus de moi un seul mot de physique.

Je suis un volontaire en fait de philosophie; je suis très-persuadé que nous ne découvrirons jamais les secrets de la nature, et, restant neutre entre les sectes, je peux les regarder sans prévention, et m'amuser à leurs dépens.

Je ne regarde point avec la même indifférence ce qui concerne la morale; c'est la partie la plus nécessaire de la philosophie, et qui contribue le plus au bonheur des hommes. Je vous prie de vouloir corriger la pièce que je vous envoie sur la *tranquillité* [2]; ma santé ne m'a pas permis de faire grand'chose. J'ai, en attendant, ébauché cet ouvrage. Ce sont des idées croquées que la main d'un habile peintre devrait mettre en exécution.

J'attends le retour de mes forces pour commencer ma tragédie; je ferai ce que je pourrai pour réussir. Mais je sens bien que la pièce tout achevée ne sera bonne qu'à servir de papillotes à la marquise.

Je médite un ouvrage [3] sur *le Prince* de Machiavel; tout cela roule encore dans ma tête, et il faudra le secours de quelque divinité pour débrouiller ce chaos.

J'attends avec impatience *la Henriade;* mais je vous demande instamment de m'envoyer la critique des endroits que vous retranchez. Il n'y aurait rien de plus instructif ni de plus capable de former le goût que ces remarques.

1. La réponse de Voltaire est du 15 avril suivant.
2. *Stances irrégulières sur la tranquillité.*
3. Voyez tome XXIII, page 147; et la *Correspondance,* année 1740.

Servez-vous, s'il vous plaît, de la voie de Michelet[1] pour me faire tenir vos lettres : c'est la meilleure de toutes.

Mandez-moi, je vous prie, des nouvelles de votre santé; j'appréhende beaucoup que ces persécutions et ces affaires continuelles qu'on vous fait ne l'altèrent plus qu'elle ne l'est déjà. Je suis avec bien de l'estime, mon cher ami, votre très-affectionné et fidèle ami,

FÉDÉRIC.

1113. — A M. LE MARQUIS D'ARGENSON.

Le 24 mars.

J'envoie, monsieur, sous le couvert de monsieur votre frère[2], le commencement de l'*Histoire du Siècle de Louis XIV*. Elle ne sera pas plus honorée de la cire d'un privilége que les deux *Épîtres*[3]; mais, si elle vous plaît, c'est là le plus beau des priviléges. Or, j'ai grande envie de vous plaire, et vous verrez que, si je n'en viens pas à bout, ce ne sera pas faute de travailler dans les genres que vous aimez. Laissez-moi faire, et vous serez au moins content de mes efforts.

Hélas! monsieur, est-il possible que le prix de tant de travaux soit la persécution! et quelle persécution encore! la plus acharnée et la plus longue. Il paraît que mon affaire contre Desfontaines prend un fort méchant train. N'importe, j'ai la gloire que vous avez daigné vous y intéresser : c'est la plus belle des réparations. Vous m'aimez, Desfontaines est assez puni.

Voilà comme la vengeance est douce. Mon cœur est pénétré de vos bontés pour jamais.

1114. — A M. THIERIOT.

Le 24 mars.

Un des meilleurs géomètres[4] de l'univers, et sans contredit aussi un des plus aimables hommes, quitte Cirey pour Paris;

Et c'est la seule faute où tomba ce grand homme.
(*La Mort de César*, acte II, sc. iv.)

---

1. Michelet était un marchand cité plus haut, dans la lettre 939, à Keyserlingk.
2. Le comte d'Argenson, ministre de la guerre.
3. *Sur la Nature du Plaisir, et sur la Nature de l'Homme*. Ce sont les cinquième et sixième *Discours*.
4. Clairaut, que Voltaire cite encore, avec des éloges très-mérités, dans la lettre 1214. M. Lacroix dit dans la *Biographie universelle*, article CLAIRAUT, que ce jeune savant alla avec Maupertuis à Bâle visiter Jean Bernouilli, qui était alors le Nestor des géomètres, et que, de retour à Paris, il se retira avec Maupertuis au Mont Valérien pour s'y livrer plus entièrement à l'étude. Ce fut là que Mme du

Il vous rapporte le *S'Gravesande* en maroquin, appartenant à Louis XV, les *Satires* de Pope, qui persécute ses ennemis autant que je suis persécuté des miens, et le portrait d'un homme fort malheureux à Paris, mais fort heureux dans sa solitude, et qui compte toujours sur votre amitié, malgré les injustices qu'il essuie. Nous avons reçu tous les livres. Nous vous prions d'envoyer *le Langage des bêtes*[1]. Je ne sais si c'est un bon livre, mais c'est un sujet charmant. J'envie aux bêtes deux choses, leur ignorance du mal à venir, et de celui qu'on dit d'elles. Elles ont de plus de fort bonnes choses ; elles ont même des amis, et par là je me console avec elles, car j'en ai aussi, et je compte sur vous.

1115. — A M. L'ABBÉ MOUSSINOT[2].

(25 mars 1739.)
Ce mercredi, à six heures du soir.

Mon cher abbé, à propos, ne montrez point mes lettres à Mme de Champbonin. Je vous ai prié de lui offrir un peu d'argent; mais, pour les lettres, c'est secret de confession.

Enfin j'apprends que le procureur du roi poursuit Desfontaines, et que tout est en branle : Dieu soit loué ! je n'ai plus de corvée, ni de procès à poursuivre. Envoyez vite le gendre de votre frère déposer qu'il a acheté *la Voltairomanie* chez Chaubert.

Que votre frère dépose, que lui ou un autre dépose que M. de Montigny a su par Chaubert même qu'il en vendait, et qu'il en acheta chez Mérigot.

Voilà tout, et nous avons du repos.

Je vous embrasse mille fois.

1116. — A MADEMOISELLE QUINAULT.

Cirey, ce 26 mars.

Je suis pénétré de vos bontés, mademoiselle. Eh bien ! connaissez-moi donc. Vous croyez que le poison dont mes ennemis répandent des tonneaux sur moi est un poison froid qui glace mon faible génie : non ; il l'échauffe, et je me ranime par leur

---

Châtelet alla souvent, à cheval, en septembre et octobre 1737, prendre de lui des leçons qu'il retoucha plus tard, et qu'il publia sous le titre d'*Éléments de géométrie*.

1. *L'Amusement philosophique sur le langage des bêtes* est du Père Bougeant, jésuite; sa Compagnie, pour le punir d'avoir publié cet ouvrage, le condamna à ne plus faire que des catéchismes. (K.)

2. Édition Courtat.

rage. *Zulime* a été faite au milieu des mouvements où ils m'ont forcé, et à travers cent lettres à écrire par semaine. La douleur d'être accablé par ceux qui devaient me défendre s'est tournée en sentiments tragiques, et les conseils de M. d'Argental, joints aux vôtres, m'ont fait naître l'envie de donner une tragédie intéressante pour me venger. Le secret n'a point transpiré, et j'attends tous les jours vos leçons. Vous craignez, mademoiselle, que je n'aie pas l'esprit assez libre pour corriger *Zulime!* Sachez que j'ai été si impatienté de ne point recevoir vos critiques que j'ai commencé une autre tragédie dans l'intervalle; sachez qu'il y a quatre actes d'ébauchés. Vous serez terriblement étonnée du sujet; en un mot, je suis dans vos fers, jouissez de votre victoire, et accablez-moi si vous voulez; mais apprenez que vous l'avez emporté sur les Bernouilli, les Maupertuis, et les plus grands géomètres de l'Europe qui viennent de partir de Cirey. J'ai fait des vers à leur nez, et j'ai chaussé le cothurne en dépit des machines de l'abbé Nollet, qui remplissent ma galerie. Connaissez donc un peu la vie de votre esclave : ou je souffre ou j'étudie; et quand mes maladies me persécutent au point de m'empêcher de lire, j'ai la ressource des vers. Tous mes moments sont consacrés au travail. Est-il juste qu'une telle vie soit si cruellement persécutée? Vous me parlez des grimauds qui écrivent contre mes ouvrages. J'ai toujours ignoré les sifflements de ces petits serpents cachés sous terre. Mais je me plains des monstres qui veulent flétrir mes mœurs, et des magistrats qui laissent ces horreurs impunies. Je n'ai jamais répondu à une critique. Mais, en vérité, j'ai l'amour-propre de croire que je méritais d'être un peu autrement traité dans ma patrie. Je vous assure, mademoiselle, que vous me consolez bien de tant de chagrins; si on me proposait de perdre à la fois mes ennemis et votre suffrage, je n'accepterais pas le marché. Pour que je puisse mériter ce suffrage, dites-moi donc ce que vous trouvez à refaire à *Zulime*. J'ai, me semble, obéi à une partie de vos ordres; mais ne vous rebutez point d'en donner, je ne me lasserai point de les suivre. Mme du Châtelet vous fait ses compliments. J'aurai l'honneur de vous envoyer un Ramire, et vous nous donnerez la merveille des chiens que vous promettez. Adieu, mademoiselle; vous connaissez mon tendre et sincère attachement pour vous; je vous aime autant que je vous estime.

Ma foi, ce grand Degouve doit se faire comédien; débauchez-moi ce grand drôle-là, il ne déclame pas mal, vous me le dégourdirez. Il a été jésuite.

1117. — A M. PRAULT[1].

26....

Faites-vous imprimer *la Henriade*, mon cher Prault? quand et comment?

Je serai fort aise que vous donniez incessamment un petit recueil contenant mes épîtres, quelques odes, le commencement de l'*Histoire de Louis XIV*, une lettre sur Newton, etc. Je travaille encore les *Épîtres*, et tous ces petits morceaux; ce sera pour votre Quasimodo.

Est-il vrai que vous avez acheté du sieur Degouve mon *Essai sur la Vie de Molière* et un catalogue raisonné de ses ouvrages? Je suis fâché que vous ayez acheté cette bagatelle : je vous l'aurais donnée; mais je ne vous en aurais fait présent que pour l'imprimer à la tête des *Œuvres de Molière*, seule place qui lui convienne, et je vous avoue que je serais bien mortifié qu'elle parût séparément : comptez que cet ouvrage ne peut faire honneur ni à vous, ni à moi. Imprimez-vous *Mahomet*[2]? *Quid novi?*

Je vous prie de rendre l'incluse à M. Degouve.

1118. — A M. THIERIOT[3].

A Cirey, ce 26 mars.

Je vous prie de me déterrer quelque ouvrage d'un vieil académicien nommé Silhon. J'ai envie d'avoir quelque chose de ce bavard, qui a eu part, dit-on, au *Testament* prétendu du cardinal de Richelieu. Envoyez-moi, mon cher Thieriot, ce Silhon avec *le Langage des bêtes* chez Moussinot. Je vous ai renvoyé par M. de Maupertuis[4] des livres et mon portrait. Comment vous portez-vous? Je travaille toujours, mais je me meurs.

1119. — A M. L'ABBÉ MOUSSINOT[5].

Ce 27 (mars 1739).

S'il est vrai, mon cher abbé, qu'on instrumente sans moi contre ce scélérat d'abbé Desfontaines, si le procureur du roi du

---

1. MM. de Cayrol et François, éditeurs de cette lettre, lui donnent pour date le 26.... 1740. C'est une erreur. Elle ne peut être que de 1739. (G. A.)
2. Le *Mahomet II*, de La Noue.
3. Éditeurs, Bavoux et François. Ils ont daté cette lettre du 16 mars; nous la croyons du 26. (G. A.)
4. Revenant de Bâle.
5. Édition Courtat.

Châtelet informe, comme on me l'a mandé, je ne doute pas que monsieur votre frère n'ait envoyé à monsieur le procureur du roi les noms de ceux qui ont acheté le libelle, et dont le témoignage peut précipiter la condamnation du livre et de l'auteur.

On peut encore envoyer un mémoire cacheté chez monsieur le procureur du roi et chez M. Hérault, par lequel ils sont avertis que l'abbé Desfontaines a lu et avoué son libelle en présence de l'abbé Prévost, sauf à monsieur le procureur du roi à faire ce qu'il jugera convenable. Une autre fois, je vous parlerai de nos affaires temporelles.

Je vous embrasse bien tendrement.

Si le procureur du roi agit, nous voilà tous heureux : nous goûterons le repos.

1120. — A M. BERGER.

Cirey, le 29 mars.

Mon cher Berger, je viens d'écrire à M. Pallu ce que j'ai cru de plus engageant, en faveur de M. de Billy, que je crois à Lyon. Continuez, je vous prie, à m'écrire. Vous savez que mes occupations et l'uniformité de ma vie me laissent peu de choses à vous mander. Il faut que votre fécondité supplée à ma disette.

Le couplet contre M. est sanglant. N'est-ce pas Roi qui en est l'auteur? Comment va *Mahomet*[1]? Comment va le monde? Est-il vrai que vous ayez vu Saint-Hyacinthe? Ce malheureux n'en vaut pas la peine. C'est un de ceux qui déshonorent le plus les lettres et l'humanité. Il n'a guère vécu à Londres que de mes aumônes et de ses libelles. Il m'a volé, et il a osé m'outrager. Escroc public, plagiaire qui s'est attribué le *Mathanasius* de Sallengre et de S'Gravesande; fait pour mourir par le bâton ou par la corde, je ne dis rien de trop. Dieu merci, je n'ai des ennemis que de cette espèce, et des amis de la vôtre. Comptez sur moi pour jamais.

1121. — A M. LE COMTE D'ARGENTAL.

2 avril.

Mon respectable ami, j'aime mieux encore succomber sous le libelle de Desfontaines que de signer un compromis qui me couvrirait de honte. Je suis plus indigné de la proposition que du libelle.

1. *Mahomet II.*

Tout ce malentendu vient de ce que M. Hérault, qui a tant d'autres affaires plus importantes, n'a pas eu le temps de voir ce que c'est que ce *Préservatif*, qu'on veut que je désavoue comme un libelle, purement et simplement.

Ce *Préservatif*, publié par le chevalier de Mouhy, contient une lettre de moi [1] qui fait l'unique fondement de tout le procès. Cette lettre authentique articule tous les faits qui démontrent mes services et l'ingratitude du scélérat qui me persécute. Désavouer un écrit qui contient cette lettre, c'est signer mon déshonneur, c'est mentir lâchement et inutilement. L'affaire, ce me semble, consiste à savoir si Desfontaines m'a calomnié ou non. Si je désavoue ma lettre, dans laquelle je l'accuse, c'est moi qui me déclare calomniateur. Tout ceci ne peut-il finir qu'en me chargeant de l'infamie de ce malheureux ? Comment veut-on que je désavoue, que je condamne la seule chose qui me justifie, et que je mente pour me déshonorer ?

M. de Meinières ne pourrait-il pas faire à M. Hérault ces justes représentations ? Qu'il promette une obéissance entière à ses ordres, mais qu'il obtienne des ordres plus doux ; qu'il ait la bonté de faire considérer à M. Hérault que pendant dix années l'abbé Desfontaines m'a persécuté, moi et tant de gens de lettres, par mille libelles; que j'ai été plus sensible qu'un autre, parce qu'il a joint la plus noire ingratitude aux plus atroces calomnies envers moi. Il a fait entendre à M. Hérault que j'ai rendu outrage pour outrage, que j'ai fait graver une estampe dans laquelle il est représenté à Bicêtre ; mais l'estampe a été dessinée à Vérone, gravée à Paris, et l'inscription [2] est à peine française ; m'en accuser, c'est une nouvelle calomnie.

Enfin, mon cher ange gardien, je suis persuadé qu'une représentation forte de M. de Meinières, jointe à la vivacité de M. d'Argenson, qui ne démord pas, emportera la place. C'est une réparation authentique, non un compromis.

Si vous pouviez faire dire un petit mot à M. Hérault, par

---

1. Voyez tome XXII, page 386.
2. Voici l'inscription de cette estampe où Desfontaines est représenté à genoux et recevant le fouet d'un homme qui le donne à tour de bras :

> Jadis curé, jadis jésuite,
> Partout connu, partout chassé,
> Il devint auteur parasite,
> Et le public en fut lassé.
> Pour réparer le temps passé,
> Il se déclare sodomite.
> A Bicêtre il fut bien fessé :
> Dieu récompense le mérite.

M. de Maurepas, l'affaire n'en irait pas plus mal. Ah ! mon cher et respectable ami, que de persécutions, que de temps perdu ! *Eripe me a dentibus eorum.*

Mon autre ange, celui de Cirey, vous écrit [1] ; ainsi je quitte la plume : je m'en rapporte à tout ce qu'elle vous dit. L'auteur de *Mahomet II* m'a envoyé sa pièce ; elle est pleine de vers étincelants ; le sujet était bien difficile à traiter. Que diriez-vous si je vous envoyais bientôt *Mahomet Ier* ? Paresseux que vous êtes ! j'ai plus tôt fait une tragédie [2] que vous n'avez critiqué *Zulime*.

Ah ! mettez mon âme en repos, et que tous mes travaux vous soient consacrés.

Faites lire à vos amis l'*Essai sur Louis XIV* ; je voudrais savoir si on le goûtera, s'il paraîtra vrai et sage.

Adieu, mon cher ange gardien ; mille respects à Mme d'Argental.

1122. — MADAME LA MARQUISE DU CHATELET
A M. LE COMTE D'ARGENTAL.

2 avril 1739.

Mme de Champbonin est arrivée, mon cher ami ; et, après avoir bien pesé dans notre petit triumvirat ce qu'on propose à votre ami, voici quelles sont nos résolutions. 1° L'affaire étant au point où elle est, et M. Hérault l'envisageant d'un côté où assurément nous n'avions jamais pensé [3], ce que nous désirerions le plus, c'est que l'on rompît tout, qu'il ne fût plus question de désaveu, et que notre ami fît paraître son Mémoire dans une quinzaine de jours ; car je vous avoue que toute idée de réciprocité me révolte. M. du Châtelet, qui est chargé de son pouvoir [4], pourrait rompre avec hauteur, en disant qu'il ne veut point qu'un homme pour qui il s'intéresse signe une chose si honteuse. Par là M. Hérault n'aurait rien à reprocher à M. de Voltaire, sur qui rien ne roulerait. 2° Si cette voie ne peut réussir, et qu'on craigne de fâcher M. Hérault, voici le parti qu'on pourrait prendre. Votre ami s'engagerait, parole d'honneur, envers vous, envers M. d'Argenson, M. Hérault, M. du Châtelet, etc., même par écrit, de faire paraître dans quelque ouvrage périodique, dans l'espace de six semaines, un

---

1. Nous donnons à la suite de cette lettre celle de Mme du Châtelet, écrite évidemment sous l'inspiration de Voltaire.

2. Voltaire donne ici, pour la première fois, le titre de sa tragédie de *Mahomet* à laquelle il fait seulement allusion à la fin de sa lettre 1062, dix-sept jours avant la première représentation de *Mahomet II*.

3. C'est-à-dire comme un compromis dans lequel, si Desfontaines désavouait d'un côté la *Voltairomanie*, Voltaire, lui, désavouerait le *Préservatif*, ainsi que l'estampe qui l'accompagne et où Desfontaines était représenté recevant le fouet de la main d'un homme vigoureux.

4. Le marquis du Châtelet était parti pour Paris le 24 février.

désaveu du *Préservatif*, où, sans le qualifier de libelle, il dirait *qu'il n'est point de lui, et l'a toujours soutenu; qu'il a été très-fâché de cet ouvrage et surtout qu'on y ait inséré une lettre* [1] *de lui qui ne devait jamais être publique*. Et l'abbé Desfontaines mettra, dans huit jours, son désaveu dans les *Observations*, où il insérera le mot de *reconnaissance*. Toutes les raisons pour lesquelles on l'en a exclu ne valent rien : car, comme il s'agit d'ingratitude, le mot de *reconnaissance* est le fait. Ce que je propose là est non-seulement le *nec plus ultra* de mon crédit, mais aussi tout ce à quoi je puis consentir. Je vous avoue que j'ai, pour toute espèce de réciprocité avec ce scélérat, une si terrible répugnance qu'elle surpasse peut-être encore celle de votre ami. 3° Enfin, jamais je ne souffrirai qu'il signe un désaveu pur et simple du *Préservatif*, car il entraînerait tacitement celui d'une lettre qui est de lui, et qui contient des faits qu'il démontre vrais, papiers originaux sur table, et qu'enfin cette lettre forme le corps du délit contre Desfontaines au tribunal des honnêtes gens, puisqu'elle contient l'histoire de son ingratitude. Voici donc les deux points de mon sermon : 1° rompre tout à fait, qui est ce que j'aime le mieux, et 2° placer dans quelque ouvrage le désaveu du *Préservatif*, la lettre exceptée, et cela six semaines après que celui de Desfontaines aura paru. Il n'y en a pas un troisième; et, si M. Hérault était assez injuste pour se fâcher, j'aimerais mieux que M. de Voltaire passât sa vie dans les pays étrangers que d'acheter par son déshonneur la permission de vivre dans un pays qui doit faire sa plus grande gloire de l'avoir produit. Je vous avoue, mon cher ami, et vous vous en apercevrez assez, que l'indignité de la conduite et des propos de certaines gens a poussé ma patience à bout, et que mon amitié extrême pour vous a besoin de toute sa force sur mon cœur pour me soumettre aux sages avis que vous me donnez, et pour ne pas conseiller les partis les plus violents; mais

J'aime encor plus Cinna que je ne hais Auguste [2].

Je veux que votre ami et moi nous puissions vivre quelques jours avec vous au palais Lambert, qui est à présent l'hôtel du Châtelet.

J'écris les mêmes choses à M. d'Argenson et à M. du Châtelet.

Si notre ami se trouve dans la triste situation de déplaire à M. Hérault, ou de signer une chose honteuse, c'est par déférence pour vous qu'il s'y est mis : ainsi c'est à vous à l'en tirer.

1123. — A M. HELVÉTIUS.

Ce 2 avril.

Mon cher confrère en Apollon, mon maître en tout le reste, quand viendrez-vous voir la nymphe de Cirey et votre tendre

---

1. La lettre à Maffei, qui forme le vingt-septième numéro du *Préservatif*, et où Voltaire raconte au poëte italien l'affaire de Bicêtre et l'ingratitude de Desfontaines; voyez tome XXII, page 386.
2. Corneille, *Cinna*, acte I, scène II.

ami ? Ne manquez pas, je vous prie, d'apporter votre dernière *Épître*¹. Mme du Châtelet dit que c'est moi qui l'ai perdue ; moi, je dis que c'est elle. Nous cherchons depuis huit jours. Il faut que Bernouilli l'ait emportée pour en faire une équation. Je suis désespéré, mais vous en avez sans doute une copie. Je suis très-sûr de ne l'avoir confiée à personne. Nous la retrouverons, mais consolez-nous. Ce grand garçon d'Arnaud veut vous suivre dans vos royaumes de Champagne ; il veut venir à Cirey. J'en ai demandé la permission à madame la marquise : elle le veut bien; présenté par vous, il ne peut être que bienvenu.

Je serai charmé qu'il s'attache à vous. Je suis le plus trompé du monde, s'il n'est né avec du génie et des mœurs aimables. Vous êtes un enfant bien charmant de cultiver les lettres à votre âge avec tant d'ardeur, et d'encourager encore les autres. On ne peut trop vous aimer. Amenez donc ce grand garçon. Mme du Châtelet et Mme de Champbonin² vous font mille compliments.

Adieu, jusqu'au plaisir de vous embrasser.

1124. — A M. L'ABBÉ MOUSSINOT³.

Ce 3 avril 1739.

Mon cher abbé, j'ai d'abord à vous dire qu'au lieu de recevoir deux mille livres de M. Michel, je vous prie de l'engager à prendre dix mille livres pour un an, lesquelles, avec les deux mille qu'il me doit, feront douze mille livres. Le reste sera pour notre voyage dans les Pays-Bas, et ces dites douze mille livres entre les mains de M. Michel serviront dans un an ou deux, si je suis en vie, à acheter quelques meubles pour le palais Lambert⁴.

1. C'était sans doute une nouvelle leçon de l'*Épître sur l'amour de l'étude*.
2. Cette dame, depuis le commencement de février jusqu'à la fin d'avril 1739, fit au moins deux voyages de Cirey à Paris, pour des affaires personnelles, et sans doute aussi pour des démarches relatives à Voltaire. C'est ce qui explique pourquoi celui-ci parle d'elle tantôt comme présente, tantôt comme absente, dans ses lettres de cette époque. (CL.)
3. Édition Courtat.
4. M. Clogenson pense que Voltaire n'alla jamais occuper son appartement (voyez la lettre 1130) dans l'hôtel Lambert. « Lorsque, dit-il, Voltaire vint à Paris, au commencement de septembre 1739, il descendit à *l'hôtel de Brie*, rue *Cloche-Perce*, et non à *l'hôtel Lambert*. Sa lettre de janvier 1743 à Mme de Champbonin prouve qu'il n'avait pas encore habité cette magnifique maison, à cette époque; et, dans sa lettre du 27 juin 1743, à Cideville, il fait allusion à sa *petite retraite* de la rue *Traversière*, qu'il occupa de 1743 à 1750, dans ses divers voyages à Paris. » (B.)

Monsieur votre frère fait des pas très-inutiles auprès de M. de Goesbriant. Je vous ai déjà dit que ce n'est pas avec les pieds, mais avec la main qu'on fait des affaires. On ne trouve jamais M. de Goesbriant. Une lettre est rendue sûrement, et cent voyages sont inutiles. On perd quatre heures de temps et toute sa journée à courir; on ne perd qu'un quart d'heure à écrire. Il peut donc écrire à M. de Goesbriant, mais il ne doit jamais y aller.

Il faut en user ainsi avec M. d'Auneuil, lui demander la permission par lettre de s'adresser à ses locataires, afin de ne le pas importuner. Il faut de même un petit mot à M. de Lézeau, lui demander une délégation ou permission de s'adresser à ses fermiers, et agir en conséquence. Tout cela ne doit coûter qu'une demi-heure d'écriture.

Quant à M. le duc de Villars, on doit attendre son retour.

Un mot de lettre à M. Clément est nécessaire. M. le duc de Richelieu doit payer par les mains des fermiers de son duché. Cette affaire ne fera pas difficulté : voilà ce que c'est que d'avoir une délégation. Si nous pouvons en obtenir, ou plutôt nous en donner, sur les biens des autres débiteurs, nos affaires seront dorénavant bien faciles.

Faites-moi l'amitié, mon cher abbé, d'envoyer encore trois louis au chevalier de Mouhy, mais c'est à condition que vous lui écrirez ces propres mots : *M. de Voltaire, mon ami, me presse toutes les semaines de vous envoyer de l'argent; mais je n'en toucherai pour lui peut-être de six mois. Voici trois louis qui me restent, en attendant mieux.*

Envoyez chercher le grand d'Arnaud, et dites-lui qu'il peut venir à Cirey, quand il voudra, avec M. Helvétius; que Mme la marquise du Châtelet le trouve bon.

Voici une autre affaire. Je voudrais au moins présenter requête au lieutenant criminel, pour être à deux de jeu avec Desfontaines. C'est, comme vous savez en général, contre *la Voltairomanie* qu'il la faut présenter, avec demande de permission d'informer. Cela ne peut nuire et peut servir.

Je vous prie, mon cher ami, d'aller chez M. d'Argenson, l'ambassadeur; de lui dire que cette démarche ne s'oppose point à ses vues, que ce n'est qu'une précaution sage, et que je ne veux la faire que par ses ordres. Je vous prie d'en écrire autant à M. d'Argental et à M. du Châtelet, en les assurant que ce n'est qu'une précaution. Je vous embrasse du meilleur de mon cœur.

Comptez que voilà la dernière corvée de cette indigne affaire.

1125. — A M. THIERIOT.

A Cirey, le 3 avril.

Plus de *Langage des bêtes*, je vous prie; je viens de le lire : c'est un ouvrage dont le fond chimérique n'est pas assez orné par les détails. Il n'y a rien de ce qu'il fallait à un tel ouvrage, ni esprit, ni bonne plaisanterie. Si un autre qu'un jésuite en était l'auteur, on n'en parlerait pas.

Au lieu de cela, Cirey vous demande un *Démosthène* grec et latin, un *Euclide* grec et latin, et le *Démosthène* de Tourreil[1].

1126. — A M. DE CIDEVILLE.

A Cirey, ce 3 avril.

Mon cher ami, je vous remercie d'un des plus grands plaisirs que j'aie goûtés depuis longtemps. Je viens de lire des morceaux admirables dans une tragédie pleine de génie, et où les ressources sont aussi grandes que le sujet était ingrat. Mon cher Pollion, ami des arts, qui vous connaissez si bien en vers, qui en faites de si aimables, je vous adresse mes sincères remerciements pour M. de La Noue. Si vous trouviez que mes petites idées[2] valussent la peine de paraître à la queue de sa pièce, je m'en tiendrais honoré. Dites, je vous prie, à l'auteur, que je suis à jamais son partisan et son ami. Vous savez, mon cher Cideville, si mon cœur est capable de jalousie, si les arts ne me sont pas plus chers que mes vers. Je ressens vivement les injures, mais je suis encore plus sensible à tout ce qui est bon. Les gens de lettres devraient être tous frères; et ils ne sont presque tous que des faux frères.

J'espère de la pièce[3] de Linant. Elle n'est pas au point où je la voudrais, mais il y a des beautés. Elle peut être jouée, et il en a besoin.

Adieu, mon très-cher ami. Mme du Châtelet vous fait mille compliments; vous lui êtes présent, quoiqu'elle ne vous ait jamais vu. Adieu.

1. Dans l'édition Beuchot cette lettre se terminait par le billet que nous avons donné sous le n° 1118.
2. Voyez la lettre suivante adressée à La Noue.
3. *Ramessès*.

1127. — A M. DE LA NOUE [1].

A Cirey, le 3 avril.

[2] Votre belle tragédie, monsieur, est arrivée à Cirey, comme les Maupertuis et les Bernouilli en partaient. Les grandes vérités nous quittent ; mais à leur place les grands sentiments et de très-beaux vers, qui valent bien des vérités, nous arrivent.

Mme la marquise du Châtelet a lu votre ouvrage avec autant de plaisir que le public l'a vu. Je joins mon suffrage au sien, quoiqu'il soit d'un bien moindre poids, et j'y ajoute mes remerciements du plaisir que vous me faites, et de la confiance que vous voulez bien avoir en moi.

Je crois que vous êtes le premier parmi les modernes qui ayez été à la fois acteur et auteur tragique [3] : car celui qui donna *Hercule* sous son nom n'en était pas l'auteur ; d'ailleurs cet *Hercule* est comme s'il n'avait point été.

Ce double mérite n'a guère été connu que chez les anciens Grecs, chez cette nation heureuse de qui nous tenons tous les arts, qui savait récompenser et honorer tous les talents, et que nous n'estimons et n'imitons pas assez [4].

Je vous avoue, monsieur, que je sens un plaisir incroyable quand je vois des vers de génie, des vers nobles, pleins d'harmonie et de pensées : c'est un plaisir rare, mais je viens de le goûter avec transport.

1. Jean Sauvé de La Noue, avec lequel Voltaire fut en correspondance, naquit à Meaux en 1701, et mourut en 1761. Il n'a donné qu'une tragédie, *Mahomet II*, représentée, pour la première fois, le 23 février 1739. La plus connue de ses comédies est *la Coquette corrigée*.
2. Le texte de cette lettre était très-défiguré dans l'impression de 1776, à la fin du *Commentaire historique*, et par suite dans les éditions de Kehl ; il a été rétabli dans l'impression qu'on en fit à la suite de *Mon Séjour auprès de Voltaire*, etc., par Colini, 1807, in-8° ; les altérations y sont indiquées, et je les donne pour échantillon des mutilations faites. (B.)
3. « ...tragique ; car La Thuilerie, qui donna *Hercule* et *Soliman* sous son nom, n'en était pas l'auteur ; et d'ailleurs ces deux pièces sont comme si elles n'avaient point été. Connaissez-vous l'épitaphe de ce La Thuilerie ?

Ci-gît un fiacre nommé Jean,
Qui croyait avoir fait *Hercule* et *Soliman*.

« Le double mérite d'être (si on ose le dire) peintre et tableau à la fois n'a été en honneur que chez les anciens Grecs, etc. » (*Texte de l'édition de Kehl.*)
4. «....assez. Votre ouvrage étincelle de vers de génie et de traits d'imagination ; c'est presque un nouveau genre. Il ne faut sans doute rien de trop hardi, etc. » (*Texte des éditions de Kehl.*)

Tranquille maintenant, l'amour qui le séduit
Suspend son caractère, et ne l'a point détruit.
. . . .
Sur les plus turbulents j'ai versé les faveurs;
A la fidélité réservant la disgrâce,
Mon adroite indulgence a caressé l'audace.

(Acte I, scène i.)

. . . .
Dans leurs sanglantes mains le tonnerre s'allume,
Sous leurs pas embrasés la terre se consume [1].
. . . .
J'ai vaincu, j'ai conquis, je gouverne à présent.

(Acte I, scène iv.)

. . . .
Parmi tant de dangers ma jeunesse imprudente
S'égarait et marchait aveuglée et contente.

(Acte II, scène iv.)

. . . .
La gloire et les grandeurs n'ont pu remplir mes vœux;
Un instant de vertu vient de me rendre heureux.

(Acte II, scène v.)

. . . .
Tout autre bruit se tait lorsque la foudre gronde;
Tonne sur ces cruels, et rends la paix au monde.

(Acte III, scène vi.)

. . . .
Cruel aga! pourquoi dessillais-tu mes yeux?
Pourquoi, dans les replis d'un cœur ambitieux,
Avec des traits de flamme aiguillonnant la gloire,
A l'amour triomphant arracher la victoire?

(Acte IV, scène i.)

Il me semble que votre ouvrage étincelle partout de ces traits d'imagination; et, lorsque vous aurez achevé de polir les autres vers qui enchâssent ces diamants brillants, il doit en résulter une versification très-belle, et même d'un nouveau genre. Il ne faut sans doute rien de trop hardi dans les vers d'une tragédie; mais aussi les Français n'ont-ils pas souvent été un peu trop timides? A la bonne heure qu'un courtisan poli, qu'une jeune princesse, ne mettent dans leurs discours que de la simplicité et

---

1. Ces deux vers n'ont pas été conservés dans la pièce dont La Noue avait envoyé le manuscrit à Voltaire, dans la dernière quinzaine de mars 1739.

de la grâce ; mais il me semble que certains héros étrangers, des Asiatiques, des Américains, des Turcs, peuvent parler sur un ton plus fier, plus sublime :

> Major e longinquo...

J'aime un langage hardi, métaphorique, plein d'images[1], dans la bouche de Mahomet II. Ces idées superbes sont faites pour son caractère : c'est ainsi qu'il s'exprimait lui-même. Savez-vous bien qu'en entrant dans Sainte-Sophie, qu'il venait de changer en mosquée, il s'écria en vers persans qu'il composa sur-le-champ : « Le palais impérial est tombé ; les oiseaux qui annoncent le carnage ont fait entendre leurs cris sur les tours de Constantin » ?

On a beau dire que ces beautés de diction sont des beautés épiques ; ceux qui parlent ainsi ne savent pas que Sophocle et Euripide ont imité le style d'Homère. Ces morceaux épiques, entremêlés avec art parmi des beautés plus simples, sont comme des éclairs qu'on voit quelquefois enflammer l'horizon, et se mêler à la lumière douce et égale d'une belle soirée. Toutes les autres nations aiment, ce me semble, ces figures frappantes. Grecs, Latins, Arabes, Italiens, Anglais, Espagnols, tous nous reprochent une poésie un peu trop prosaïque. Je ne demande pas qu'on outre la nature, je veux qu'on la fortifie et qu'on l'embellisse. Qui aime mieux que moi les pièces de l'illustre Racine ? Qui les sait plus par cœur ? Mais serais-je fâché que Bajazet, par exemple, eût quelquefois un peu plus de sublime ?

> Elle veut, Acomat, que je l'épouse. — Eh bien !
> (Acte II, scène III.)

> . . . .
> Tout cela finirait par une perfidie !
> J'épouserais ! et qui ? (s'il faut que je le die)
> Une esclave attachée à ses seuls intérêts...

> . . . .
> Si votre cœur était moins plein de son amour,
> Je vous verrais, sans doute, en rougir la première ;
> Mais, pour vous épargner une injuste prière,

---

[1] «...dans la bouche de Mahomet II, comme dans Mahomet le Prophète. Ces idées superbes sont faites pour leurs caractères ; c'est ainsi qu'ils s'exprimaient eux-mêmes. On prétend que le conquérant de Constantinople, en entrant dans Sainte-Sophie, qu'il venait de changer en mosquée, récita deux vers sublimes du Persan Sadi : *Le palais impérial*, etc. » (*Texte des éditions de Kehl.*)

Adieu ; je vais trouver Roxane de ce pas,
Et je vous quitte. — Et moi, je ne vous quitte pas.
(Acte II, scène v.)

. . . .
Que parlez-vous, madame, et d'époux, et d'amant?
O ciel! de ce discours quel est le fondement?
Qui peut vous avoir fait ce récit infidèle?
. . . .
Je vois enfin, je vois qu'en ce même moment
Tout ce que je vous dis vous touche faiblement.
Madame, finissons et mon trouble et le vôtre;
Ne nous affligeons point vainement l'un et l'autre.
Roxane n'est pas loin, etc.
(Acte III, scène iv.)

Je vous demande, monsieur, si à ce style, dans lequel tout le rôle de ce Turc est écrit, vous reconnaissez autre chose qu'un Français[1] qui s'exprime avec élégance et avec douceur? Ne désirez-vous rien de plus mâle, de plus fier, de plus animé dans les expressions de ce jeune Ottoman qui se voit entre Roxane et l'empire, entre Atalide et la mort? C'est à peu près ce que Pierre Corneille disait, à la première représentation de *Bajazet*, à un vieillard qui me l'a raconté : « Cela est tendre, touchant, bien écrit; mais c'est toujours un Français qui parle. » Vous sentez bien, monsieur, que cette petite réflexion ne dérobe rien au respect que tout homme qui aime la langue française doit au nom de Racine. Ceux qui désirent un peu plus de coloris à Raphaël et au Poussin ne les admirent pas moins. Peut-être qu'en général cette maigreur, ordinaire à la versification française, ce vide de grandes idées, est un peu la suite de la gêne de nos phrases[2] et de notre poésie. Nous avons besoin de hardiesse, et nous devrions ne rimer que pour les oreilles : il y a vingt ans que j'ose le dire. Si un vers finit par le mot *terre*, vous êtes sûr de voir *la guerre* à la fin de l'autre; cependant prononce-t-on *terre* autrement que *père* et *mère*? Prononce-t-on *sang* autrement que *camp*? Pourquoi donc craindre de faire rimer aux yeux ce qui rime aux oreilles? On doit songer, ce me semble, que l'oreille n'est juge que des sons, et non de la figure des caractères. Il ne faut point multiplier les obstacles sans nécessité, car alors c'est diminuer les beautés.

1. « ... Français qui appelle sa Turque *madame*, et qui s'exprime, etc. » (*Texte des éditions de Kehl.*)
2. « ... de nos phrases et de notre rime. Nous avons besoin. » (*Texte des éditions de Kehl.*)

Il faut des lois sévères, et non[1] un vil esclavage. De peur d'être trop long je ne vous en dirai pas davantage sur le style; j'ai d'ailleurs trop de choses à vous dire sur le sujet de votre pièce. Je n'en sais point qui fût plus difficile à manier; il n'était conforme, par lui-même, ni à l'histoire, ni à la nature. Il a fallu assurément bien du génie pour lutter contre ces obstacles.

Un moine, nommé Bandelli, s'est avisé de défigurer l'histoire du grand Mahomet II par plusieurs contes incroyables; il y a mêlé la fable de la mort d'Irène, et vingt autres écrivains l'ont copiée. Cependant il est sûr que jamais Mahomet n'eut de maîtresse connue des chrétiens sous ce nom d'Irène; que jamais les janissaires ne se révoltèrent contre lui, ni pour une femme ni pour aucun autre sujet, et que ce prince, aussi prudent, aussi savant, et aussi politique qu'il était intrépide, était incapable de commettre cette action d'un[2] forcené, que nos historiens lui reprochent si ridiculement. Il faut mettre ce conte avec celui des quatorze icoglans auxquels on prétend qu'il fit ouvrir le ventre pour savoir qui d'eux avait mangé ses figues ou ses melons. Les nations subjuguées imputent toujours des choses horribles et absurdes à leurs vainqueurs : c'est la vengeance des sots et des esclaves.

L'*Histoire de Charles XII* m'a mis dans la nécessité de lire quelques ouvrages historiques concernant les Turcs. J'ai lu entre autres, depuis peu, l'*Histoire ottomane* du prince Cantemir[3], vaivode de Moldavie, écrite à Constantinople. Il ne daigne, ni lui ni aucun auteur turc ou arabe, parler seulement de la fable d'Irène; il se contente de représenter Mahomet comme le plus grand homme et le plus sage de son temps. Il fait voir que Mahomet, ayant pris d'assaut, par un malentendu, la moitié de Constantinople, et ayant reçu l'autre à composition, observa religieusement le traité, et conserva même la plupart des églises de cette autre partie de la ville, lesquelles subsistèrent trois générations après lui.

Mais qu'il eût voulu épouser une chrétienne, qu'il l'eût égorgée, voilà ce qui n'a jamais été imaginé de son temps. Ce que je dis ici, je le dis en historien, non en poëte. Je suis très-loin de vous condamner; vous avez suivi le préjugé reçu, et un préjugé

---

1. « ... et non un vil esclavage. Les Anglais pensent ainsi; mais de peur, etc. » (*Texte des éditions de Kehl.*)
2. « ... d'un imbécile forcené. » (*Texte des éditions de Kehl.*)
3. Démétrius Cantemir, père d'Antiochus Cantemir, mort en 1723; voyez la note de la page 211. — Frédéric semble citer une petite-fille de Démétrius, à la fin de sa lettre du 3 février 1740.

suffit pour un peintre et pour un poëte. Où en seraient Virgile et Horace si on les avait chicanés sur les faits? Une fausseté qui produit au théâtre une belle situation est préférable, en ce cas, à toutes les archives de l'univers[1]; elle devient vraie pour moi, puisqu'elle a produit le rôle de votre aga des janissaires, et la situation aussi frappante que neuve et hardie de Mahomet levant le poignard sur une maîtresse dont il est aimé. Continuez, monsieur, d'être du petit nombre de ceux qui empêchent que les belles-lettres ne périssent en France. Il y a encore et de nouveaux sujets de tragédie, et même de nouveaux genres. Je crois les arts inépuisables : celui du théâtre est un des plus beaux comme des plus difficiles. Je serais bien à plaindre si je perdais le goût de ces beautés parce que j'étudie un peu d'histoire et de physique. Je regarde un homme qui a aimé la poésie, et qui n'en est plus touché, comme un malade qui a perdu un de ses sens. Mais je n'ai rien à craindre avec vous, et, eussé-je entièrement renoncé aux vers, je dirais en voyant les vôtres :

. . . . . Agnosco veteris vestigia flammæ.

(Virg., Æn., IV, 23.)

Je dois sans doute, monsieur, la faveur que je reçois de vous à M. de Cideville, mon ami de trente années; je n'en ai guère d'autres. C'est un des magistrats de France qui a le plus cultivé les lettres; c'est un Pollion en poésie, et un Pylade en amitié. Je vous prie de lui présenter mes remerciements, et de recevoir les miens. Je suis, monsieur, avec une estime dont vous ne pouvez douter, votre, etc.

1128. — DÉCLARATION DE L'ABBÉ DESFONTAINES

REMISE A M. HÉRAULT.

Je déclare que je ne suis point l'auteur d'un libelle imprimé, qui a pour titre : *la Voltairomanie*, et que je le désavoue en son entier, regardant comme calomnieux tous les faits qui sont imputés à M. de Voltaire dans ce libelle, et que je me croirais déshonoré si j'avais eu la moindre part à cet écrit, ayant pour lui tous les sentiments d'estime dus à ses talents, et que le public lui accorde si justement[2].

Fait à Paris, ce 4 avril 1739.

Signé Desfontaines.

1. Toute la fin de cette lettre n'était pas dans les éditions de Kehl.
2. Ce désaveu de Desfontaines, qui devait rester secret, parut dans la *Gazette*

1129. — MADAME LA MARQUISE DU CHATELET
A M. LE COMTE D'ARGENTAL.

6 avril 1739.

Mon cher ami, ce qu'on exige de nous nous tourne la tête. J'aime mieux que votre ami sorte de France que de signer un écrit double avec l'abbé Desfontaines, et je ne faiblirai jamais sur cela. Mais je ne vois pas pourquoi on l'exigerait. Nous avons demandé une réparation : on nous denie la justice ; nous n'en voulons plus ; cela me paraît tout simple. Il n'y a qu'à rendre à l'abbé Desfontaines son désaveu, et qu'il n'en soit plus parlé. M. du Châtelet peut prendre cela sur lui, et dire qu'il ne le veut pas : cela ôtera à M. Hérault tout prétexte de se fâcher ; et puis, après tout, je ne vois pas qu'il en eût sujet, et qu'il puisse être plus notre ennemi qu'il l'est. Je vous prie, engagez M. du Châtelet à nous tirer de ce labyrinthe ; il n'y a que lui qui le puisse, et, si vous le voulez, il le fera. Son honneur et celui de tous les amis de M. de Voltaire y est engagé : voilà une triste fin. Je lui écris lettre sur lettre pour l'y déterminer.

N'êtes-vous pas indigné de toutes les misérables brochures qui courent ? En verité, M. d'Argenson se moque de nous. Mais detruisez donc, vous et Mlle Quinault, et tous les comediens, cette calomnie que *Mérope* a été refusée [1]. Envoyez vos avis sur *Zulime* ; ils seront suivis. Il faut que votre ami travaille pour ne pas se désoler ; et, tout indigne que le public en est, je crois qu'il faut se dépêcher de lui donner une bonne tragédie.

Adieu, mon cher ami. Croyez que, sur cette infamie de signature, c'est moi qu'il faut prêcher plutôt que M. de Voltaire ; mais jamais je n'y consentirai : je l'aime mieux absent que déshonoré ; cela ferait trop rire ceux qui osent être ses envieux. Ah ! mon Dieu ! il eût fallu tout rompre à la première proposition. Comment cela peut-il s'imaginer ?

Je vous embrasse, mon cher ami, bien tendrement et bien tristement.

Votre ami ne sait rien de toutes les indignités qui courent.

1130. — A M. L'ABBÉ MOUSSINOT [2].

Ce 6 (avril 1739).

Je vous prie, mon cher ami, d'envoyer cent cinquante livres à M. l'abbé Nollet sur-le-champ, et de lui demander quand et à

---

de Hollande, et Voltaire en reçut avis par une lettre du marquis d'Argenson du 28 mai.

1. Composée de 1736 à 1738, la tragédie de *Mérope* ne fut jouée que le 20 février 1743. Mme de Turpin, dans son *Précis* de la vie de Voisenon, raconte que les comédiens refusèrent d'abord *Mérope,* mais que Voisenon les ayant fait rougir de leur peu de jugement, ils la reçurent ensuite. (*OEuvres de Voisenon*, 1781, tome Ier.)

2. Édition Courtat.

qui il faut envoyer le reste pendant son absence. Je vous prie de lui faire dire, ou de lui dire, ou de lui écrire, que ces cent cinquante livres sont tout ce que vous avez pour le présent.

J'attends de vos nouvelles. Avez-vous envoyé une lettre à un M. de Sainourd? Mon cher abbé, je vous donne rendez-vous un jour au palais Lambert. Ah! que de tableaux et de curiosités, si j'ai de l'argent! Allez donc voir mon appartement. C'est celui où est la galerie adossée à la bibliothèque.

Je vous embrasse.

Avez-vous fait parler à ce M. d'Escazaux?

1131. — MADAME LA MARQUISE DU CHATELET
A M. LE COMTE D'ARGENTAL.

10 avril 1739.

Mon cher ami, enfin M. d'Argenson nous rend la vie par sa lettre d'aujourd'hui, car il nous dispense de rien signer. Le tout est que M. Hérault ne s'en fâche pas. Voici la lettre de votre ami pour lui. M. de Meinières, pour qui je vous envoie aussi un mot, voudra bien la donner. Mandez-nous comment nous devons nous conduire pour tirer quelque avantage de ce desaveu [1] signé dans les mains de M. Hérault, et pour ne le point fâcher. Je crains que les expédients que propose M. d'Argenson ne soient dangereux. Nous ne voulons rien faire sans avoir votre avis. Votre ami retravaille son Memoire; il en veut faire une dissertation contre les libelles, et y mêler son apologie sans nommer seulement l'abbé Desfontaines. Je ne l'ai pas encore vu, mais il vous le soumettra; il ne veut pas faire un pas sans que vous ne le dirigiez. Si vous n'êtes pas content de sa lettre à M. Herault, vous nous la renverrez; mais je crois que vous la trouverez assez adroite. Il écrira des *lanturelus* polis à d'Éon par la première poste. Enfin, mon cher ami, il s'agit de ne rien signer pour l'abbé Desfontaines, de ne point fâcher M. Hérault, de tirer, si l'on peut, quelque avantage du désaveu de l'abbé, signé entre les mains de M. Hérault, et de faire paraître une apologie. Aidez-nous à faire tout cela prudemment et utilement. Nous attendons vos ordres. Donnez-nous-les aussi pour *Zulime*, car je crois qu'un grand succès serait bien appliqué, et il ne doit pas tenir à grand'chose, et il le faut promptement.

Adieu, mon cher ami, je vous aime comme vous méritez de l'être, c'est-à-dire avec une tendresse extrême.

Votre ami baise vos ailes, et Mme de Champbonin vous fait mille compliments.

P. S. Il renaît des velléités de procès. Au nom de Dieu, prévenez-les. Pas seulement une requête au lieutenant criminel. Si vous le défendez, il ne le fera pas.

1. Nous l'avons donné plus haut, sous le n° 1128.

1132. — A M. LE COMTE D'ARGENTAL[1].

Eh bien, saint Michel, vous écrasez donc le dragon Desfontaines! Grand merci, protecteur des justes!

Si l'abbé de Breteuil[2] est par votre moyen conclaviste de votre oncle, vous serez l'ange de tout le monde. Je peux vous assurer que M. le cardinal de Tencin ne peut s'attacher à un homme plus aimable, qui sache mieux ce qu'il faut savoir, et qui soit plus capable de faire ce qu'il faut faire.

Adieu, cher ange, je baise aussi le bout des ailes de votre angélique moitié avec bien du respect.

1133. — A M. THIERIOT.

A Cirey, le 13 avril.

Ma santé est toujours bien mauvaise, quoi qu'en dise Mme du Châtelet; mais ce n'est que demi-mal, puisque la vôtre va mieux. Mme la marquise vous a demandé *le Coup d'État*[3], que je crois de Bourzeis, et *l'Homme du Pape et du Roi*, que je crois du bavard Silhon. Nous attendons aussi le *Démosthène* grec et l'*Euclide*. Il est triste de quitter ces lectures et Cirey, pour des procès et pour les Pays-Bas. Je vous demande instamment de remercier pour moi *Varron*-Dubos; je voudrais être à portée de le consulter. Cet homme-là a tous les petits événements présents à l'esprit comme les plus grands. Il faut avoir une mémoire bien vaste et bien exacte pour se souvenir que M. de Charnacé[4] commandait un régiment français au service des États. La mémoire n'est pas son seul partage; il y a longtemps que je le regarde comme un des écrivains les plus judicieux que la France ait produits.

---

1. Éditeurs, de Cayrol et François. Ces éditeurs ont réuni cette lettre à celle qui forme le n° 1098. Il y a là évidemment deux lettres distinctes. Pour la date de cette dernière, voyez les lettres de Mme du Châtelet à d'Argental du 12 et du 15 avril. Elle a été écrite nécessairement dans l'intervalle de ces deux lettres.

2. Frère de Mme la marquise du Châtelet.

3. Cet ouvrage est de Jean Sirmond, l'un des premiers membres de l'Académie française, comme Jean Silhon. Quant à *l'Homme du Pape*, il est attribué, dans le *Dictionnaire des Anonymes* de M. Barbier, à Bénigne Milletot, doyen du parlement de Dijon en 1626, et ami intime de saint François de Sales, qui ne put empêcher qu'on mît à l'*Index*, à Rome, quelques ouvrages du magistrat bourguignon. (CL.)

4. Hercule Girard, baron de Charnacé, tué d'un coup de mousquet, en 1637, cité dans le chapitre II du *Siècle de Louis XIV*.

J'ai écrit à M. Lefranc. Il y a de très-belles choses dans son *Épître*, et il paraît qu'il y en a de fort bonnes dans son cœur. Je vous prie de m'envoyer une *Lettre*[1] qui paraît sur l'ouvrage du Père Bougeant, et une lettre sur le *vide*[2], dont vous m'avez déjà parlé.

Mille respects, je vous prie, à tous ceux qui veulent bien se souvenir de moi. *Vale.*

1134. — A M. LEFRANC.

A Cirey, le 14 avril.

Vous me faisiez des faveurs, monsieur, quand je vous payais des tributs. Votre *Épître*[3] sur les gens qu'on respecte trop dans ce monde venait à Cirey quand mes rêveries sur l'*Homme*[4] et sur le monde allaient vous trouver à Montauban. J'avoue sans peine que mon petit tribut ne vaut pas vos présents.

Quid verum atque decens *curas, atque* omnis in hoc *es.*
(Hor., lib. I, ep. I, v. 11.)

Vous montrez avec plus de liberté encore qu'Horace

Quo tandem pacto deceat majoribus uti;
(Lib. I, ep. xvii, v. 2.)

et c'est à vous, monsieur, qu'il faut dire :

Si bene te novi, metues, liberrime *Lefranc,*
Scurrantis speciem præbere, professus amicum.
(Lib. I, ep. xviii, v. 2.)

J'ignore quel est le duc assez heureux pour mériter de si belles épîtres. Quel qu'il soit, je le félicite de ce qu'on lui adresse ce vers admirable :

Vertueux sans effort, et sage sans système.
(Vers 12.)

---

1. *Lettre à Mme la comtesse D****, 1739, in-12, attribuée à Aubert de La Chesnaie, capucin réfugié en Hollande.
2. *Examen du vuide, ou espace newtonien, relativement à l'idée de Dieu;* Paris, 1739, in-12 de 24 pages; attribué à de La Fautrière.
3. Liv. I, *Épître* ii, à M. L. D***; édition de 1784.
4. Voyez, tome IX, les *Discours sur l'Homme.*

Votre épître, écrite d'un style élégant et facile, a beaucoup de ces vers frappés sans lesquels l'élégance ne serait plus que de l'uniformité.

Que je suis bien de votre avis, surtout quand vous dites :

> Malheureux les États où les honneurs des pères
> Sont de leurs lâches fils les biens héréditaires !
> (Vers 48.)

J'ai été inspiré un peu de votre génie, il y a quelque temps, en corrigeant une vieille tragédie de *Brutus*, qu'on s'avise de réimprimer : car je passe actuellement ma vie à corriger. Il faut que je cède à la vanité de vous dire que j'ai employé à peu près la même pensée que vous. Je fais parler le vieux président Brutus comme vous l'allez voir :

> Non, non, le consulat n'est point fait pour mon âge, etc.
> (*Brutus*, acte II, scène IV.)

Plût à Dieu, monsieur, qu'on pensât comme Brutus et comme vous. Il y a un pays, dit l'abbé de Saint-Pierre, où l'on achète le droit d'entrer au conseil; et ce pays, c'est la France[1]. Il y a un pays où certains honneurs sont héréditaires, et ce pays, c'est encore la France. Vous voyez bien que nous réunissons les extrêmes.

Que reste-t-il donc à ceux qui n'ont pas cent mille francs d'argent comptant pour être maîtres des requêtes, ou qui n'ont pas l'honneur d'avoir un manteau ducal à leurs armes ? Il leur reste d'être heureux, et de ne pas s'imaginer seulement que cent mille francs et un manteau ducal soient quelque chose.

Vous dites en beaux vers, monsieur :

> Ce qu'on appelle un grand, pour le bien définir,
> Ne cherche, ne connaît, n'aime que le plaisir[2].

Mais, sauf votre respect, je connais force petits qui en usent ainsi. Ce serait alors, ma foi, que les grands auraient un terrible avantage s'ils avaient ce privilége exclusif.

Je vous le dis du fond de mon cœur, monsieur, votre prose et vos vers m'attachent à vous pour jamais.

Ce n'est pas des écussons de trois fleurs de lis qu'il me faut,

---

1. Voltaire s'est toujours élevé contre la vénalité des charges : voyez la note, tome XXI, page 6.
2. Ces deux vers n'ont pas été conservés dans l'*Épître* de Lefranc de Pompignan, tome II, édition de 1784.

ni des masses de chancelier, mais un homme comme vous à qui je puisse dire :

Lefranc, nostrarum nugarum candide judex...
. . . .
Quid voveat dulci nutricula majus alumno
Qui sapere et fari possit quæ sentiat; et cui
Gratia, fama, valetudo contingat abunde?
(Hor., lib. I, ep. iv, v. 1 et 8.)

Je me flatte que nous ne serons pas toujours à six ou sept degrés l'un de l'autre, et qu'enfin je pourrai jouir d'une société que vos lettres me rendent déjà chère. J'espère aller, dans quelques années[1], à Paris. Mme la marquise du Châtelet vient de s'assurer une autre retraite délicieuse: c'est la maison[2] du président Lambert. Il faudra être philosophe pour venir là. Nos petits-maîtres ne sont point gens à souper à la pointe de l'Ile, mais M. Lefranc y viendra.

J'entends dire que Paris a besoin plus que jamais de votre présence. Le bon goût n'y est presque plus connu ; la mauvaise plaisanterie a pris sa place. Il y a pourtant de bien beaux vers dans la tragédie de *Mahomet II*. L'auteur a du génie ; il y a des étincelles d'imagination, mais cela n'est pas écrit avec l'élégance continue de votre *Didon*[3]. Il corrige à présent le style. Je m'intéresse fort à son succès, car, en vérité, tout homme de lettres qui n'est pas un fripon est mon frère. J'ai la passion des beaux-arts, j'en suis fou. Voilà pourquoi j'ai été si affligé quand les gens de lettres m'ont persécuté: c'est que je suis un citoyen qui déteste la guerre civile, et qui ne la fais qu'à mon corps défendant.

Adieu, monsieur ; Mme du Châtelet vous fait les plus sincères compliments. Elle pense comme moi sur vous, et c'est une dame d'un mérite unique. Les Bernouilli[4] et les Maupertuis, qui sont venus à Cirey, en sont bien surpris. Si vous la connaissiez, vous verriez que je n'ai rien dit de trop dans ma préface d'*Alzire*. C'est dans de tels lieux qu'il faudrait que des philosophes comme vous vécussent : pourquoi sommes-nous si éloignés[5] ?

1. Voltaire alla de Bruxelles à Paris vers le commencement de septembre 1739.
2. L'hôtel Lambert.
3. Voyez, sur *Didon*, tome XX, page 563 ; XXII, 231 ; XXXIV, 58.
4. Jean Bernouilli, mort en 1748 ; père de Jean Bernouilli, dans les bras duquel Maupertuis mourut, à Bâle, en 1759.
5. Cette lettre d'éloges ne fait guère pressentir les facéties que Voltaire écrira vingt ans plus tard contre ledit Lefranc de Pompignan. (G. A.)

1135. — A FRÉDÉRIC, PRINCE ROYAL DE PRUSSE.

A Cirey, le 15 avril [1].

Monseigneur, en attendant votre *Nisus et Euryale*, Votre Altesse royale essaye toujours très-bien ses forces dans ses nobles amusements. Votre style français est parvenu à un tel point d'exactitude et d'élégance que j'imagine que vous êtes né dans le Versailles de Louis XIV, que Bossuet et Fénelon ont été vos maîtres d'école, et Mme de Sévigné votre nourrice. Si vous voulez cependant vous asservir à nos misérables règles de versification, j'aurai l'honneur de dire à Votre Altesse royale qu'on évite autant qu'on le peut chez nos timides écrivains de se servir du mot *croient*, en poésie, parce que, si on le fait de deux syllabes, il résulte une prononciation qui n'est pas française, comme si on prononçait *croyint*; et, si on le fait d'une syllabe, elle est trop longue. Ainsi, au lieu de dire :

Ils croient réformer, stupides téméraires...

les Apollons de Remusberg diront tout aussi aisément :

Ils pensent réformer, stupides téméraires...

Ce qui me charme infiniment, c'est que je vois toujours, monseigneur, un fonds inépuisable de philosophie dans vos moindres amusements.

Quant à cette autre philosophie plus incertaine qu'on nomme physique, elle entrera sans doute dans votre sanctuaire, et vos objections sont déjà des instructions.

Il faut bien que les rayons de lumière soient de la matière, puisqu'on les divise, puisqu'ils échauffent, qu'ils brûlent, qu'ils vont et viennent, puisqu'ils poussent un ressort de montre exposé près du foyer de verre du prince de Hesse. Mais si c'est une matière précisément comme celle dont nous avons trois ou quatre notions, si elle en a toutes les propriétés, c'est sur quoi nous n'avons que des conjectures assez vraisemblables.

A l'égard de l'espace que remplissent les rayons du soleil, ils sont si loin de composer un plein absolu dans le chemin qu'ils traversent que la matière qui sort du soleil en un an ne con-

---

1. Cette lettre répond à celle du 22 mars, et celle du 16 mai répond à celle du 15 avril, que voici.

tient peut-être pas deux pieds cubes et ne pèse peut-être pas deux onces.

Le fait est que Römer a très-bien démontré, malgré les Maraldi, que la lumière vient du soleil à nous en sept minutes et demie ; et, d'un autre côté, Newton a démontré qu'un corps qui se meut dans un fluide de même densité que lui perd la moitié de sa vitesse après avoir parcouru trois fois son diamètre, et bientôt perd toute sa vitesse : donc il résulte que la lumière, en pénétrant un fluide plus dense qu'elle, perdrait sa vitesse beaucoup plus vite, et n'arriverait jamais à nous; donc elle ne vient qu'à travers l'espace le plus libre.

De plus, Bradley a découvert que la lumière qui vient de Sirius à nous n'est pas plus retardée dans son cours que celle du soleil. Si cela ne prouve pas un espace vide, je ne sais pas ce qui le prouvera.

Votre idée, monseigneur, de réfuter Machiavel est bien plus digne d'un prince tel que vous que de réfuter de simples philosophes : c'est la connaissance de l'homme, ce sont ses devoirs qui font votre étude principale; c'est à un prince comme vous à instruire les princes. J'oserais supplier, avec la dernière instance, Votre Altesse royale de s'attacher à ce beau dessein, et de l'exécuter.

Cette bonté que vous conservez, monseigneur, pour *la Henriade* ne vient sans doute que des idées très-opposées au machiavélisme que vous y avez trouvées. Vous avez daigné aimer un auteur également ennemi de la tyrannie et de la rébellion. Votre Altesse royale est encore assez bonne pour m'ordonner de lui rendre compte des changements que j'ai faits[1]. J'obéis.

1° Le changement le plus considérable est celui du comba de d'Ailly[2] contre son fils. Il m'a paru que cette aventure, touchante par elle-même, n'avait pas une juste étendue, qu'on n'émeut point les cœurs en ne montrant les objets qu'en passant. J'ai tâché de suivre le bel exemple que Virgile donne dans Nisus et Euryale. Il faut, je crois, présenter les personnages assez longtemps aux yeux pour qu'on ait le temps de s'y attacher. J'aime les images rapides, mais j'aime à me reposer quelque temps sur des choses attendrissantes.

Le second changement le plus important est au dixième chant. Le combat de Turenne et d'Aumale me semblait encore

---

1. Voyez les lettres 1053 et 1112.
2. *La Henriade*, chant VIII.

trop précipité. J'avais évité la grande difficulté qui consiste à peindre les détails ; j'ai lutté depuis contre cette difficulté, et voici les vers :

> O Dieu, cria Turenne, arbitre de mon roi, etc.
> (Vers 107.)

Je suis, je crois, monseigneur, le premier poëte qui ait tiré une comparaison de la réfraction de la lumière, et le premier Français qui ait peint des coups d'escrime portés, parés, et détournés :

> In tenui labor ; at tenuis non gloria, si quem
> Numina læva sinunt, auditque vocatus Apollo.
> (*Georg.*, IV, v. 6.)

Numina læva, ce sont ceux qui me persécutent, et *vocatus Apollo,* c'est mon protecteur de Remusberg.

Pour achever d'obéir à mon Apollon, je lui dirai encore que j'ai retranché ces quatre vers qui terminent le premier chant :

> Surtout en écoutant ces tristes aventures,
> Pardonnez, grande reine, à des vérités dures
> Qu'un autre eût pu vous taire, ou saurait mieux voiler,
> Mais que Bourbon jamais n'a pu dissimuler.

Comme ces *vérités dures,* dont parle Henri IV, ne regardent point la reine Élisabeth, mais des rois qu'Élisabeth n'aimait point, il est clair qu'il n'en doit point d'excuses à cette reine ; et c'est une faute que j'ai laissée subsister trop longtemps. Je mets donc à sa place :

> Un autre, en vous parlant, pourrait avec adresse, etc.
> (Vers 385.)

Voici, au sixième chant, une petite addition ; c'est quand Potier demande audience :

> Il élève la voix ; on murmure, on s'empresse, etc.
> (Vers 75.)

J'ai cru que ces images étaient convenables au poëme épique ;

> Ut pictura poesis erit. . . . .
> (*De Arte poet.*, v. 361.)

Au septième chant, en parlant de l'enfer, j'ajoute :

> Êtes-vous en ces lieux, faibles et tendres cœurs,
> Qui, livrés aux plaisirs, et couchés sur des fleurs,
> Sans fiel et sans fierté couliez dans la paresse
> Vos inutiles jours filés par la mollesse ?
> Avec les scélérats seriez-vous confondus,
> Vous, mortels bienfaisants, vous, amis des vertus,
> Qui, par un seul moment de doute ou de faiblesse,
> Avez séché les fruits de trente ans de sagesse ?
>
> (Vers 199.)

Voilà de quoi inspirer peut-être, monseigneur, un peu de pitié pour les pauvres damnés, parmi lesquels il y a de si honnêtes gens. Mais le changement le plus essentiel à mon poëme, c'est une invocation qui doit être placée immédiatement après celle que j'ai faite à une déesse étrangère, nommée la Vérité. A qui dois-je m'adresser, si ce n'est à son favori, à un prince qui l'aime et qui la fait aimer, à un prince qui m'est aussi cher qu'elle, et aussi rare dans le monde ? C'est donc ainsi que je parle à cet homme adorable, au commencement de *la Henriade*.

> Et toi, jeune héros, toujours conduit par elle,
> Disciple de Trajan, rival de Marc-Aurèle,
> Citoyen sur le trône, et l'exemple du Nord,
> Sois mon plus cher appui, sois mon plus grand support :
> Laisse les autres rois, ces faux dieux de la terre,
> Porter de toutes parts ou la fraude ou la guerre :
> De leurs fausses vertus laisse-les s'honorer ;
> Ils désolent le monde, et tu dois l'éclairer [1].

Je demande en grâce à Votre Altesse royale, je lui demande à genoux de souffrir que ces vers soient imprimés dans la belle édition qu'elle ordonne qu'on fasse de *la Henriade*. Pourquoi me défendrait-elle, à moi, qui n'écris que pour la vérité, de dire celle qui m'est la plus précieuse ?

Je compte envoyer à Votre Altesse royale de quoi l'amuser, dès que je serai aux Pays-Bas. Je n'ai pas laissé de faire de la besogne, malgré mes maladies ; Apollon-Rémus et Émilie me soutiennent. Mme du Châtelet ne sait encore ni comment remer-

---

1. Je ne connais aucune édition de *la Henriade* qui ait ces vers dans le texte. Voltaire, dans sa lettre du 25 avril 1739, demande encore au prince la permission d'imprimer ces vers ; mais il les rétracta deux ans après les avoir faits ; voyez la lettre à Thieriot du 21 juin 1741. (B.)

cier Votre Altesse royale, ni comment donner une adresse pour ce bon vin de Hongrie. Nous comptons partir au commencement de mai ; j'aurai l'honneur d'écrire à Votre Altesse royale dès que nous nous serons un peu orientés.

Comme il faut rendre compte de tout à son maître, il y a apparence qu'au retour des Pays-Bas nous songerons à nous fixer à Paris[1]. Mme du Châtelet vient d'acheter une maison bâtie par un des plus grands architectes de France, et peinte par Lebrun et par Lesueur : c'est une maison faite pour un souverain qui serait philosophe ; elle est heureusement dans un quartier de Paris qui est éloigné de tout ; c'est ce qui fait qu'on a eu pour deux cent mille francs ce qui a coûté deux millions à bâtir et à orner ; je la regarde comme une seconde retraite, comme un second Cirey. Croyez, monseigneur, que les larmes coulent de mes yeux quand je songe que tout cela n'est pas dans les États de Marc-Aurèle-Frédéric. La nature s'est bien trompée en me faisant naître bourgeois de Paris. Mon corps seul y sera ; mon âme ne sera jamais qu'auprès d'Émilie et de l'adorable prince dont je serai à jamais, avec le plus profond respect, et, si Son Altesse royale le permet, avec tendresse, etc.

1136. — DE FRÉDÉRIC, PRINCE ROYAL DE PRUSSE.

Remusberg, 15 avril.

J'ai été sensiblement attendri du récit touchant que vous me faites[2] de votre déplorable situation. Un ami à la distance de quelques centaines de lieues paraît un homme assez inutile dans le monde ; mais je prétends faire un petit essai en votre faveur, dont j'espère que vous retirerez quelque utilité. Ah ! mon cher Voltaire, que ne puis-je vous offrir un asile, où assurément vous n'auriez rien de semblable à souffrir que le sont les chagrins que vous donne votre ingrate patrie ! Vous ne trouveriez chez moi ni envieux, ni calomniateurs, ni ingrats ; on saurait rendre justice à vos mérites, et distinguer parmi les hommes ce que la nature a si fort distingué parmi ses ouvrages.

Je voudrais pouvoir soulager l'amertume de votre condition ; je vous assure que je pense aux moyens de vous servir efficacement. Consolez-vous toujours de votre mieux, mon cher ami, et pensez que, pour établir une égalité de *conditions*[3] parmi tous les hommes, il vous fallait des revers

---

1. Voltaire y passa seulement les mois de septembre et d'octobre 1739 ; mais Mme du Châtelet descendit alors à l'hôtel de Richelieu, et Voltaire à celui de Brie, rue Cloche-Perce, et non à l'hôtel Lambert, dont il est question ici. (CL.)
2. Dans la lettre du 15 février précédent.
3. Allusion à l'*Épître* (ou *Discours*) sur *l'Égalité des conditions*.

capables de balancer les avantages de votre génie, de vos talents, et de l'amitié de la marquise.

C'est dans des occasions semblables qu'il nous faut tirer de la philosophie des secours capables de modérer les premiers transports de douleur, et de calmer les mouvements impétueux que le chagrin excite dans nos âmes. Je sais que ces conseils ne coûtent rien à donner, et que la pratique en est presque impossible; je sais que la force de votre génie est suffisante pour s'opposer à vos calamités; mais on ne laisse point que de tirer des consolations du courage que nous inspirent nos amis.

Vos adversaires sont d'ailleurs des gens si méprisables qu'assurément vous ne devez pas craindre qu'ils puissent ternir votre réputation. Les dents de l'envie s'émousseront toutes les fois qu'elles voudront vous mordre. Il n'y a qu'à lire sans partialité les écrits et les calomnies qu'on sème sur votre sujet pour en connaître la malice et l'infamie. Soyez en repos, mon cher Voltaire, et attendez que vous puissiez goûter les fruits de mes soins.

J'espère que l'air de Flandre vous fera oublier vos peines, comme les eaux du Léthé en effaçaient le souvenir chez les ombres.

J'attends de vos nouvelles pour savoir quand il serait agréable à la marquise que je lui envoyasse une lettre pour le duc d'Aremberg. Mon vin de Hongrie et l'ambre languissent de partir; j'enverrai le tout à Bruxelles, lorsque je vous y saurai arrivé.

Ayez la bonté de m'adresser les lettres que vous m'écrirez de Cirey par le marchand Michelet; c'est la voie la plus courte. Mais, si vous m'ecrivez de Bruxelles, que ce soit sous l'adresse du général Borcke, à Vesel. Vous vous étonnerez de ce que j'ai été si longtemps sans vous répondre; mais vous débrouillerez facilement ce mystère quand vous saurez qu'une absence de quinze jours m'a empêché de recevoir votre lettre, qui m'attendait ici.

Je vous prie de ne jamais douter des sentiments d'amitié et d'estime avec lesquels je suis votre très-fidèle ami,

FÉDÉRIC.

1137. — A M. LE MARQUIS D'ARGENSON.

Le 16 avril.

J'apprends avec bien du chagrin que le meilleur protecteur que j'aie à Paris, celui qui m'encourage davantage, et à qui je suis le plus redevable, va faire les affaires du roi très-chrétien dans la triste cour du Portugal, et contreminer les Anglais, au lieu de me défendre contre l'abbé Desfontaines. Mon protecteur, mon ancien camarade de collége, monsieur l'ambassadeur, je suis au désespoir que vous partiez[1]. Ma lettre, pour un homme[2] dont je n'ai nul sujet de me louer, vous a donc paru bien; et

---
1. Voyez, tome XXXIV, une note sur la lettre 854.
2. Cet homme était probablement Hérault.

vous me croyez si politique que vous me proposez tout d'un coup pour aller amuser le futur roi de Prusse. Si j'étais homme à prétendre à l'une de ces places-là, ce serait sûrement auprès de ce prince que j'en briguerais une.

Vous avez lu, monsieur, une de ses lettres; vous avez été sensiblement touché d'un mérite si rare. Connaissez-le donc encore plus à fond; en voici une autre que j'ai l'honneur de vous confier : vous verrez à quel point ce prince est homme. Mais, malgré l'excès de ses bontés et de son mérite, je ne quitterais pas un moment les personnes à qui je suis attaché pour l'aller trouver. J'aime bien mieux dire : *Émilie ma souveraine,* que *le roi mon maître.*

Si jamais il est roi, et que M. du Châtelet puisse être envoyé auprès de lui avec un titre honorable et convenable, à la bonne heure. En ce cas, je verrai le modèle des rois; mais, en attendant, je resterai avec le modèle des femmes.

Je n'osais vous envoyer le *Mémoire* que j'ai composé depuis peu, parce que je craignais de vous commettre; mais il me paraît si mesuré que je crois que je vous l'enverrais, fussiez-vous M. Hérault. Enfin vous me l'ordonnez par votre lettre à M. du Châtelet, et j'obéis. Daignez en juger; *quidquid ligaveris et ego ligabo* [1].

Maintenant, monsieur, prenez, s'il vous plaît, des arrangements pour que je puisse vous amuser un peu à Lisbonne. Je veux payer vos bontés de ma petite monnaie. Je vous enverrai des chapitres de *Louis XIV*, des tragédies, etc. Je suis à vous en vers et en prose, et c'est à vous que je dois dire :

> O toi, mon support et ma gloire,
> Que j'aime à nourrir ma mémoire
> Des biens que ta vertu m'a faits,
> Lorsqu'en tout lieu l'ingratitude
> Se fait une *farouche* étude
> De l'oubli honteux des bienfaits!

C'est le commencement d'une ode[2]; mais peut-être n'aimez-vous pas les odes.

Aimez du moins les sentiments de reconnaissance qui m'attachent à vous depuis si longtemps, et dites à ce chancelier[3],

---

1. *Quodcumque ligaveris super terram, erit ligatum et in cœlis.* (Matth., xvi, 19.)
2. Voyez l'*Ode* au duc de Richelieu.
3. M. le comte d'Argenson, chancelier du duc d'Orléans. (*Miger.*)

qui devrait être le seul chancelier, qu'il doit bien m'aimer aussi un peu, quoiqu'il n'écrive guère, et qu'il n'aime pas tant les belles-lettres que son aîné.

Mme du Châtelet vous fait les plus tendres compliments; elle a brûlé les cartes géographiques qui lui ont prouvé que votre chemin n'est pas par Cirey.

Adieu, monsieur; ne doutez pas de ma tendre et respectueuse reconnaissance.

1138. — AU PRINCE ANTIOCHUS CANTEMIR [1].

A Cirey, ce 19 avril 1739.

Monseigneur, j'apprends avec chagrin que l'édition des Ledet est déjà faite. Je leur ordonne de faire un carton concernant ce qui regarde votre illustre père, mais les ordres des auteurs ne sont pas plus exécutés par les libraires que ceux du divan ne le sont par les Arabes voleurs. J'ai écrit et je vais écrire encore, mais je ne réponds pas de l'autorité de mon divan. J'ai l'honneur de renvoyer à Votre Altesse l'*Histoire ottomane* qu'elle a bien voulu me prêter[2], et c'est avec regret que je la rends. J'y ai appris beaucoup de choses. J'en apprendrais encore davantage dans votre conversation, car je sais que vous êtes *doctus sermonis cujuscumque linguæ et cujuscumque artis*.

Je renvoie l'*Histoire ottomane* par le carrosse public de Bar-sur-Aube, qui part mercredi prochain 22 du mois; le paquet est à votre adresse à votre hôtel, et les registres du bureau public en sont chargés à Bar-sur-Aube; si on ne le porte pas chez vous, monseigneur, vous pouvez envoyer vos ordres au bureau de Paris.

J'ai plus d'une raison de me plaindre de la précipitation de mes libraires: ils s'empressent de servir des fruits qui ne sont pas mûrs; mais, de quelque mauvais goût qu'ils soient, j'aurai l'honneur, monseigneur, de vous les présenter dès que je pourrai en avoir. Je sais que vous faites [naître?] sous vos mains les fruits et les fleurs de tous les climats; les langues modernes et les anciennes, la philosophie et la poésie, vous sont également familières, votre esprit est comme l'empire de votre autocratrice, qui s'étend sur des climats opposés, et qui tient la moitié d'un cercle de notre globe.

1. Même source que la lettre 1104.
2. Voyez la note de la page 211.

Parmi les Français qui connaissent votre mérite, il n'y en a point, monseigneur, qui soit avec plus de respect que je suis, votre très-humble et très-obéissant serviteur,

VOLTAIRE.

1139. — A MADEMOISELLE QUINAULT.

Cirey, le 19 avril.

J'abuse de votre patience, mademoiselle; je vous regarde comme un premier ministre des États de Thalie et de Melpomène, qui reçoit tous les jours vingt plans. Comédie, tragédie, petite et grande pièce, tout vous est soumis. Je suis de votre département; et cette pauvre *Zulime* attend votre lettre de cachet. Vous ne daignez pas me faire avertir des ordres que vous donnez dans l'empire dont je suis sujet. On me mande pourtant que l'on apprend les rôles: serait-il encore temps de faire une petite correction? Ne vous effrayez pas, c'est peu de chose: il s'agit de deux vers, deux vers seulement; c'est au cinquième acte, c'est à la mort de Zulime; elle disait à son amant:

> Dans ces derniers moments apprends à me connaître;
> Vois quelle était Zulime, et rougis d'être un traître.

Ces deux vers-là sont froids; et de la froideur dans un endroit vif, c'est le frisson de la fièvre; cela est intolérable. Mais si nous mettions:

> Je t'aimais innocent, je t'aimai parricide;
> Je t'aime encor, barbare, et je te laisse Atide.

Il me semble que cela est plus passionné, plus vrai, et moins commun. Daignez faire mettre ce changement sur le rôle; et mandez-moi un peu de mes nouvelles. Hélas! on sait, on dit que je suis auteur de *Zulime;* en voilà assez pour la faire tomber. Vous aurez une belle assemblée le premier jour, mais assemblée de critiques. Tâchons de dépayser le public pour *Mahomet :* il la faudra donner sous un autre titre; aussi bien Mahomet n'est pas le rôle intéressant. J'ai l'honneur, ma souveraine, de vous donner avis que j'ai enfin trouvé un cinquième acte à ce *Mahomet;* que j'ai encore refondu les autres, et même le quatrième. Je vous supplie de faire souvenir M. de Pont-de-Veyle qu'il doit me renvoyer tout ce qu'il a entre les mains de toutes les leçons premières, secondes et troisièmes de ce *Mahomet;* je renverrai une copie de la dernière leçon. Je vous serai à jamais obligé d'avoir été un peu difficile; je commence à croire que *Mahomet* ne sera pas tout à fait indigne des soins que vous avez bien voulu prendre. J'ai encore quelque chose à votre service; pressez-vous, car je sens que je suis à la dernière pinte de mon eau d'Hippocrène; mais je ne verrai jamais, mademoiselle, la fin de mes sentiments pour vous. Comptez sur mon tendre attachement pour jamais, et sur l'amitié de Mme du Châtelet, qui vous fait mille compliments. V.

1140. — A M. THIERIOT[1].

POUR LE PORTRAIT DE MADEMOISELLE LECOUVREUR[2].

Seule de la nature elle a su le langage;
Elle embellit son art, elle en changea les lois;
L'esprit, le sentiment, le goût fut son partage;
L'amour fut dans ses yeux et parla par sa voix.

Cette leçon est, je crois, meilleure que la première. Faites donc vite graver cela, car je le changerais. Adieu. Je suis bien rarement content des vers des autres et des miens. — Ce jeudi soir.

P. S. Comment est-ce donc qu'on a imprimé ma lettre à l'abbé Dubos? J'en suis très-mortifié. Il est dur d'être toujours un homme public. Je vous embrasse.

1141. — A M. THIERIOT[3].

Ce 20...

Je n'ai que le temps, mon ami, de vous adresser ce petit mot en vous envoyant la tragédie de M. Linant, que je vous prie de lui rendre, sans souffrir qu'il en soit tiré de copie. Il me paraît qu'il y a de très-beaux vers, et qu'il mérite toutes sortes d'encouragements.

1142. — A M. L'ABBÉ MOUSSINOT[4].

Ce 20 avril 1739.

Mon cher abbé, je vous prie de joindre, à l'envoi que j'attends incessamment, le troisième tome de mes prétendues œuvres, que l'on vend chez Bauche.

1. Éditeurs, de Cayrol et François.
2. On peut voir d'autres vers sur le même sujet, tome XXXII, page 404.
3. Éditeurs, Bavoux et François.
4. Édition Courtat.

A l'égard de l'affaire du chevalier de Mouhy, le bonhomme qui a quatre mille francs en a déjà donné deux à M. le marquis de Rennepont, voisin de Cirey; les deux autres sont tout prêts pour notre cher chevalier, et j'en réponds; je veux absolument lui procurer ce petit plaisir. Je me chargerai de payer au bonhomme la rente de cent livres, et le chevalier se chargera seulement de faire ratifier l'emprunt, soit par sa mère, soit par sa tante. En un mot, il faut absolument qu'une personne ayant un bien libre se charge d'assurer le payement de ces deux mille livres, au moins après sa mort. Par exemple, la mère ou la tante pourrait servir de caution à son fils ou neveu, et hypothéquer ses biens pour l'assurance du payement de ces deux mille livres, après la mort de la mère ou de la tante. Moyennant cet accommodement, notre chevalier aurait ses deux mille livres franches et quittes, et elles ne seraient payables qu'à la mort de sa mère ou de sa tante. Envoyez ce projet au chevalier, et qu'il voie comment on peut s'arranger avec les lois pour que mon amitié puisse le servir.

Adieu, mon cher abbé. Une autre fois, je vous parlerai de mes petites affaires, qui ne sont pas trop bonnes, car personne ne daigne me payer. Joignez, je vous prie, à l'envoi une *Lettre sur le vide,* qu'on attribue au Père Castel, et une suite du *Langage des bêtes* avec la réponse.

Voici un petit mot pour d'Arnaud, à qui je vous prie de donner un louis d'or.

1143. — A M. LE COMTE D'ARGENTAL[1].

Le 21 avril.

Mon aimable ange gardien, vous me donnerez donc le temps de vous envoyer ma seconde tragédie, avant de me faire tenir vos remarques sur la première[2].

Vous me laissez dans une grande incertitude sur ma prose et sur mes vers. Vous savez que toute la négociation, dont M. Hérault voulait bien être l'arbitre, étant rompue, et n'ayant pu obtenir une satisfaction convenable, il faut au moins que j'aie une justification publique. Il me paraît que l'écrit que le chevalier de Mouhy vous a présenté de ma part est plus modéré que celui de l'abbé d'Olivet[3], qui a été imprimé avec approba-

---

1. Éditeurs, de Cayrol et François.
2. Toujours *Mahomet* et *Zulime.*
3. Le Scazon contre Desfontaines

tion; en un mot, je ne vois pas que le chevalier de Mouhy risque rien en demandant une permission tacite. Vous sentez bien qu'il serait cruel de me refuser la permission d'une défense si légitime contre des attaques si odieuses.

Si vous trouvez l'écrit encore trop fort, voudrez-vous bien passer un quart d'heure de votre temps à y mettre en marge des coups de crayon? J'entendrai bien vos réflexions à demi-mot. Voilà comme il en faudrait user avec *Zulime*. Vous n'auriez qu'à renvoyer les deux manuscrits à deux ordinaires l'un de l'autre, à l'adresse de Mme du Châtelet. Vous pouvez faire tenir le tout à Mme de Champbonin, au bureau des fortifications, rue du Hasard, chez M. de Nemsau, directeur des fortifications du royaume, lequel contresigne pour M. le maréchal d'Asfeld.

J'attends vos ordres, mon cher ange. On me mande que ces deux chapitres sur le *Siècle de Louis XIV* pourraient me faire des affaires. Ah! mon cher ami, où faut-il donc aller? Quoi! un monument que j'ai cru élever à la gloire de la France ne servirait qu'à m'écraser! O Émilie, pourquoi êtes-vous Française?... O liberté!... Adieu.

1144. — A M. THIERIOT.

A Cirey, le 23 avril.

Je reçois le 21 une lettre de vous du 12; cela n'est pas extraordinaire, si vous êtes négligent à envoyer à la poste, ou bien s'il y a des gens à la poste très-diligents à s'informer des secrets de leurs chers concitoyens.

Je vous prie de faire une petite réflexion avec moi : qui pourrait faire des épigrammes contre Danchet et contre l'abbé d'Olivet, si ce n'est l'abbé Desfontaines? Croyez-vous que, s'il y en a contre vous, elles partent d'une autre source? L'abbé Desfontaines fait plus de vers qu'on ne pense; il en a fait *incognito* toute sa vie, et je sais qu'il est l'auteur de l'épigramme ancienne contre le cardinal de Fleury, dans laquelle il y a un bon vers qu'on m'a fait le cruel honneur de m'imputer :

Fourbe dans le petit, et dupe dans le grand [1].

---

[1]. Si Desfontaines a fait ce vers, c'est son chef-d'œuvre en poésie; mais que Voltaire soit ou ne soit pas le véritable auteur de l'épigramme qu'il lui attribue, la voici en entier; elle peint bien, sous plusieurs rapports, le vieux ministre à chapeau rouge :

Du passé conservant un léger souvenir;
Ébloui du présent, sans prévoir l'avenir;

C'est un monstre comme le sphinx; il joint la fureur à l'adresse; mais il pourra enfin succomber sous ses méchancetés.

Envoyez à l'abbé Moussinot l'*Euclide* seulement et le *Brémond*[1]; mais envoyez vite, car nous partons. Jamais Mme d'Aiguillon[2] n'a eu l'*Épître sur l'Homme,* dont je ne suis pas encore content.

Pour celle du *Plaisir*, je l'avais envoyée en Languedoc; mais M. le duc de Richelieu l'avait trouvée extrêmement mauvaise. Au reste, vous me ferez plaisir de me dire ce qu'on reprend dans celle de *l'Homme*. Je crois savoir distinguer les bonnes critiques des mauvaises. Surtout dites-moi si l'on n'a pas tâché d'empoisonner ces ouvrages innocents. Je crains toujours, comme le lièvre, qu'on ne prenne mes oreilles pour des cornes[3].

A l'égard d'un opéra, il n'y a pas d'apparence qu'après l'enfant mort-né[4] de *Samson*, je veuille en faire un autre; les premières couches m'ont trop blessé.

1145. — A M. L'ABBÉ MOUSSINOT[5].

Ce 25 (avril 1739).

Mon cher abbé, je reçois votre lettre du 24 avril.

D'Arnaud est venu ici sur un cheval de louage. Il a fort mal fait de venir ainsi de sa tête chez une dame aussi respectable, dont il n'a pas l'honneur d'être connu[6]; mais il faut pardonner une imprudence attachée à sa jeunesse et à son peu d'éducation. La lettre que je vous envoyais pour lui doit être non avenue.

Vous pourrez peut-être me faire tenir encore une lettre à Cirey, si vous répondez sur-le-champ à celle-ci; mais, passé ce temps, ne m'écrivez plus jusqu'à ce que vous ayez de mes nouvelles.

Dans l'art de gouverner, décrépit et novice,
Punissant la vertu, récompensant le vice,
Fourbe dans le petit, et dupe dans le grand,
Malgré son air altier, accablé de son rang;
L'on connaît à ces traits, même sans qu'on le nomme,
Le maître de la France et le valet de Rome.

1. Auteur de la traduction des *Transactions philosophiques,* dont les deux premiers tomes paraissaient alors.

Je n'ai rien à ajouter sur l'affaire du chevalier.

Si M. Thieriot vous donne pour moi un *Démosthène* grec et un *Euclide* grec et latin, je vous prie de prendre l'*Euclide* et de renvoyer le *Démosthène*, comme j'en suis convenu avec le sieur Thieriot. Envoyez toujours le ballot à Cirey.

Ne donnez d'argent à personne sans un petit mot de ma part, excepté au sieur Hébert le joaillier, avec qui je vous prie de terminer un compte. Il n'y aurait qu'à l'aller voir et lui proposer un petit accommodement d'argent pour des choses qu'il m'a vendues fort cher. Je crois qu'il demande six cents livres, et qu'il faut lui en donner quatre cents. J'abandonne cette négociation à votre prudence.

Voici un modèle de lettre que je prie monsieur votre frère d'écrire dans quelques jours à M. le président d'Auneuil. Si l'on vient de la part de du Sauzet, dites que je me charge moi-même de cette affaire.

Je suis extrêmement mortifié que monsieur votre frère, qui ne fait que vous prêter son nom, ait pu me commettre au point de dire de ma part à M. le président d'Auneuil que je pouvais le contraindre à me rembourser. Je n'ai jamais chargé monsieur votre frère de dire ces paroles, qui me paraissent dures, ni rien d'approchant.

Vous savez que je m'en remets absolument à l'équité et à la bonté de M. le président d'Auneuil et sur la délégation qu'il a promise, et sur le payement des cent pistoles qu'il est clair qu'il me doit. Je serais très-fâché qu'il pensât que je doute un moment de sa bonté pour moi.

Si vous lui aviez parlé, vous vous seriez servi de termes plus doux et plus convenables à votre politesse aimable.

Adieu, mon cher ami.

1146. — A FRÉDÉRIC, PRINCE ROYAL DE PRUSSE.

A Cirey, le 25 d'avril.

Monseigneur, j'ai donc l'honneur d'envoyer à Votre Altesse royale la lie de mon vin. Voici les corrections d'un ouvrage qui ne sera jamais digne de la protection singulière dont vous l'honorez. J'ai fait au moins tout ce que j'ai pu ; votre auguste nom fera le reste. Permettez encore une fois[1], monseigneur, que le nom du plus éclairé, du plus généreux, du plus aimable de tous

1. Voyez la lettre du 15 avril, n° 1135, et la note de la page 251.

les princes, répande sur cet ouvrage un éclat qui embellisse jusqu'aux défauts mêmes ; souffrez ce témoignage de mon tendre respect, il ne pourra point être soupçonné de flatterie. Voilà la seule espèce d'hommages que le public approuve. Je ne suis ici que l'interprète de tous ceux qui connaissent votre génie. Tous savent que j'en dirais autant de vous si vous n'étiez pas l'héritier d'une monarchie.

J'ai dédié Zaïre à un simple négociant[1] ; je ne cherchais en lui que l'homme ; il était mon ami, et j'honorais sa vertu. J'ose dédier la Henriade à un esprit supérieur. Quoiqu'il soit prince, j'aime plus encore son génie que je ne révère son rang.

Enfin, monseigneur, nous partons incessamment, et j'aurai l'honneur de demander les ordres de Votre Altesse royale dès que la chicane qui nous conduit nous aura laissé une habitation fixe. Mme du Châtelet va plaider pour de petites terres tandis que probablement vous plaiderez pour de plus grandes, les armes à la main. Ces terres sont bien voisines du théâtre de la guerre que je crains :

> Mantua væ miseræ nimium vicina Cremonæ !
> (VIRG., *ecl.* IX, v. 28.)

Je me flatte qu'une branche de vos lauriers, mise sur la porte du château de Beringen[2], le sauvera de la destruction. Vos grands grenadiers ne me feront point de mal, quand je leur montrerai de vos lettres. Je leur dirai : *Non hic in prælia veni*[3]. Ils entendent *Virgile*, sans doute, et s'ils voulaient piller je leur crierais : *Barbarus has segetes*[4] ! Ils s'enfuiraient alors pour la première fois. Je voudrais bien voir qu'un régiment prussien m'arrêtât ! « Messieurs, dirais-je, savez-vous bien que votre prince fait graver *la Henriade*, et que j'appartiens à Émilie ? » Le colonel me prierait à souper ; mais, par malheur, je ne soupe point.

Un jour, je fus pris pour un espion par les soldats du régiment de Conti ; le prince[5], leur colonel, vint à passer, et me pria à souper au lieu de me faire pendre. Mais actuellement, monseigneur, j'ai toujours peur que les puissances ne me fassent pendre, au lieu de boire avec moi. Autrefois, le cardinal de Fleury m'aimait, quand je le voyais chez Mme la maréchale de Villars ;

---

1. Falkener.
2. Les lettres 1165 et 1166 sont datées de Beringen.
3. Virgile, Æn., X, 901, dit : *Nec sic ad prælia veni*.
4. Virgile, églog. I, vers 72.
5. Louis-Armand de Bourbon, prince de Conti, mort en 1727.

altri tempi, altre cure. Actuellement c'est la mode de me persécuter, et je ne conçois pas comment j'ai pu glisser quelques plaisanteries dans cette lettre, au milieu des vexations qui accablent mon âme, et des perpétuelles souffrances qui détruisent mon corps. Mais votre portrait, que je regarde, me dit toujours : *Macte animo.*

> Durum, sed levius fit patientia
> Quidquid corrigere est nefas.
> (Hor., lib. I, od. xxiv, v. 19.)

J'ose exhorter toujours votre grand génie à honorer Virgile dans *Nisus* et dans *Euryalus*, et à confondre Machiavel. C'est à vous à faire l'éloge de l'amitié, c'est à vous de détruire l'infâme politique qui érige le crime en vertu. Le mot *politique* signifie, dans son origine primitive, *citoyen;* et aujourd'hui, grâce à notre perversité, il signifie *trompeur de citoyens*. Rendez-lui, monseigneur, sa vraie signification. Faites connaître, faites aimer la vertu aux hommes.

Je travaille à finir un ouvrage[1] que j'aurai l'honneur d'envoyer à Votre Altesse royale dès que j'aurai reposé ma tête. Votre Altesse royale ne manquera pas de mes frivoles productions, et tant qu'elles l'amuseront, je suis à ses ordres.

Mme la marquise du Châtelet joint toujours ses hommages aux miens.

Je suis, avec le plus profond respect et la plus grande vénération, monseigneur, etc.

1147. — A M. BERGER.

A Cirey.

Mon cher Berger, que ma négligence ne vous rebute point. Croyez que je sens le prix de vos lettres et de votre amitié, comme si je vous écrivais tous les jours.

Je vous assure que mon Histoire du Siècle de Louis XIV serait plus intéressante si je trouvais des anecdotes aussi agréables que celles dont vos lettres sont remplies. Je suis toujours dans l'incertitude du chemin que nous prendrons pour aller en Flandre. Si je passe par Paris, vous croyez bien qu'un de mes plus grands plaisirs sera de vous embrasser. On me mande qu'on fait courir dans ce vilain Paris le commencement[2] de mon Histoire

---

1. *Le Fanatisme, ou Mahomet le prophète.*
2. *L'Essai sur le Siècle de Louis XIV.* Voyez l'Avertissement de Beuchot en tête du tome XIV.

de Louis XIV, et deux *Épitres*[1] morales très-incorrectes. Je vous enverrais tout cela, et vous auriez la bonne leçon, si le port n'était pas effrayant. Je crois que vous verrez dans l'*Essai sur le Siècle de Louis XIV* un bon citoyen plutôt qu'un bon écrivain. L'objet que je me propose a, me semble, un grand avantage : c'est qu'il ne fournit que des vérités honorables à la nation. Mon but n'est pas d'écrire tout ce qui s'est fait, mais seulement ce qu'on a fait de grand, d'utile, et d'agréable. C'est le progrès des arts et de l'esprit humain que je veux faire voir, et non l'histoire des intrigues de cour et des méchancetés des hommes. Toutes les cabales des courtisans et toutes les guerres se ressemblent assez, mais le siècle de Louis XIV ne ressemble à rien.

On a fait courir une lettre de moi à l'abbé Dubos : c'est une copie bien infidèle[2] ; mais il faut que je sois toujours ou calomnié ou mutilé, et qu'on persécute le père et les enfants.

Je vous embrasse.

1148. — MADAME LA MARQUISE DU CHATELET
A M. LE COMTE D'ARGENTAL.

27 avril 1739.

Mon cher ami, vous nous rendez la vie. Je me suis bien doutée que vous ne nous abandonneriez pas dans ces cruelles circonstances. Enfin, tout est apaisé, tout est fini : votre ami vous envoie le désaveu dont vous nous avez envoyé le modèle, et la lettre pour M. Hérault. Ce que vous proposez est si raisonnable qu'il n'y a pas moyen de ne s'y pas rendre ; mais ce n'était pas ainsi que M. d'Éon l'avait d'abord proposé. Enfin, mon cher ami, le voilà : nous nous mettons sous l'ombre de vos ailes : gardez-nous, mon cher ange. J'espère qu'avec cette précaution tout ira bien, et que l'on ne nous inquiétera point sur ces *Épitres,* qui, après tout, sont sages. Le chevalier de Mouhy a le désaveu, et je crains qu'il ne l'ait répandu. Votre ami ne m'a pas consultée pour le lui envoyer. Je ne puis pas tout parer. J'écris à ce chevalier pour lui défendre d'en faire usage ; mais je crains que le mal ne soit fait : je l'ai appris trop tard. Ce sont les conseils de M. d'Argenson qui nous ont entraînés dans cette faute ; mais j'espère que ce que nous vous envoyons la réparera. Envoyez chercher ce chevalier, ou bien passez-y : car je crois qu'il ne peut sortir. Défendez-lui l'usage du désaveu : vous saurez par lui le chemin que cela a fait. Qu'il ne dise point surtout qu'il le tient de notre ami ; qu'il se taise, et, je vous prie, exhortez-le à ne rien laisser paraître. Il me mande qu'il y a deux éditions des mémoires commencées ; il faut de

---

1. *Sur la Nature du Plaisir* et *sur la Nature de l'Homme* (cinquième et sixième *Discours sur l'Homme*).
2. Voyez la note sur la lettre 952.

l'argent pour les retirer : je lui en aurais envoyé si votre ami ne m'avait assuré l'avoir fait ; mais, s'il ne l'a pas fait, je lui enverrai cent écus qu'il lui faut pour cela, à condition qu'il vous remettra tous les exemplaires et autres choses, pour nous mettre en repos.

Mon cher ami, vous nous manderez la réussite de ce que nous vous envoyons, et vous nous tranquilliserez.

Nous partons, mais ce ne sera pas sans vous le mander ; ainsi, nous comptons recevoir encore de vos nouvelles.

Si vous voyiez les états où toutes ces misères mettent votre ami, vous excuseriez ma douleur et mes inquiétudes. S'il pensait comme moi, il ne s'en soucierait guère. Je lui ai dérobé la connaissance de toutes les brochures qui ont paru depuis *la Voltairomanie;* je voudrais lui cacher l'horreur de ses libraires de Hollande ; il serait au désespoir. Priez M. de Meinières de ne se point lasser de m'obliger. Mon Dieu ! que j'ai envie de le connaître et de le remercier !

Pour vous, mon cher ami, quels termes vous exprimeront jamais mon amitié et ma reconnaissance ?

Nous avons relu *Zulime;* nous avons fondu en larmes ; elle est digne de vos soins. Je crois que, dans les circonstances présentes, il serait prudent de la donner. On corrigera tout ce que vous voudrez.

Il faut que M. de Meinières se dépêche, parce qu'on a mandé au Mouhy de rendre la lettre. Ce Mouhy est un bon garçon, trop zélé, et qu'il faut ménager.

1149. — A M. HELVÉTIUS.

Ce 29 avril.

Mon cher ami, j'ai reçu de vous une lettre sans date, qui me vient par Bar-sur-Aube, au lieu qu'elle devait arriver par Vassy. Vous m'y parlez d'une nouvelle *Épître*[1] : vraiment, vous me donnez de violents désirs ; mais songez à la correction, aux liaisons, à l'élégance continue ; en un mot, évitez tous mes défauts. Vous me parlez de Milton ; votre imagination sera peut-être aussi féconde que la sienne, je n'en doute même pas ; mais elle sera aussi plus agréable et plus réglée. Je suis fâché que vous n'ayez lu ce que j'en dis que dans la malheureuse traduction[2] de mon *Essai* anglais. La dernière édition de *la Henriade*, qu'on trouve chez Prault, vaut bien mieux ; et je serais fort aise d'avoir votre avis sur ce que je dis de Milton dans l'*Essai* qui est à la suite du poëme.

---

1. C'était probablement l'*Épître sur l'Orgueil et la Paresse de l'esprit.*
2. Cette traduction, de l'abbé Desfontaines, parut en 1728, avec le titre d'*Essai sur la Poésie épique*; mais Voltaire, traduisant lui-même son premier *Essai* composé en anglais, le corrigea, l'augmenta, et le divisa en neuf chapitres dont le dernier est consacré à Milton ; voyez tome VIII.

« You learn english, for ought I know. Go on; your lot is to be eloquent in every language, and master of every science. I love, I esteem you, I am yours for ever[1]. »

Je vous ai écrit en faveur d'un jeune homme[2] qui me paraît avoir envie de s'attacher à vous. J'ai mille remerciements à vous faire; vous avez remis dans mon paradis les tièdes que j'avais de la peine à vomir de ma bouche[3]... Cette tiédeur m'était cent fois plus sensible que tout le reste[4]. Il faut à un cœur comme le mien des sentiments vifs, ou rien du tout.

Tout Cirey est à vous.

1150. — M. DE SAINT-HYACINTHE A M. DE BURIGNY.

A Belleville, le 2 mai 1739.

Je vous renvoie, monsieur, le manuscrit que vous m'avez fait la grâce de me confier. Vous croyez peut-être que je l'ai lu avec plaisir : vous ne vous trompez pas; mais si vous concluez que j'ai été content après l'avoir lu, vous vous trompez. Charmé de ce que j'avais vu, je n'ai que mieux senti le besoin que j'avais du reste; au plaisir de la lecture a succédé beaucoup de colère contre l'auteur.

Votre indolence, monsieur, ou, pour parler plus franchement, votre paresse, doit exciter contre vous tous ceux qui savent juger de ce que vous êtes capable de faire. Si vous êtes assez indifférent à la gloire pour dédaigner les applaudissements qui vous reviendraient de la perfection de cet ouvrage, la justice que le public vous a rendue sur ce que vous lui avez donné vous engage à lui donner encore une chose qu'il attend et qu'il souhaite avec impatience. Personne n'a remonté avec plus de justesse ni avec plus de finesse jusqu'aux sources, personne ne les a expliquées avec plus de délicatesse et d'exactitude. Je vais ameuter tous vos amis pour vous persécuter jusqu'à ce que vous ayez donné l'ouvrage complet. Je mettrai à la tête cette comtesse sur les lèvres de laquelle les Grâces ont mis la persuasion ; après quoi nous verrons si nous vous laisserons être à votre aise paresseux pour quelque temps.

Vous m'avez rendu justice, monsieur, lorsque vous avez assuré que je n'étais en nulle liaison avec l'auteur de *la Voltairomanie,* quel qu'il soit; et je vous proteste encore à présent que je n'ai point lu cette pièce en son entier. J'y jetai simplement les yeux, parce qu'on me dit que l'auteur m'y

---

1. *Traduction :* Vous apprenez l'anglais, à ce qu'il me paraît. Continuez; votre destin est d'être éloquent dans toutes les langues, et maître dans toutes les sciences. Je vous aime, je vous estime, et je suis à vous pour toujours.
2. D'Arnaud.
3. *Apocalypse,* III, 16.
4. Cette phrase, qui semble avoir subi quelque altération, est relative à Thieriot. (Cl.)

avait cité au sujet de M. de Voltaire : ce que je ne vis pas sans indignation. Je voudrais bien savoir de quel droit on cite le nom de M. de Voltaire et le mien, lorsque ni l'un ni l'autre ne se trouvent dans l'ouvrage qu'on cite. On fait plus; eh! qu'en avez-vous pensé, monsieur? on y décide de mon intention. La *Déification* dont on parle n'est qu'un ouvrage d'imagination, un tissu de fictions qu'on a liées ensemble pour en faire un récit suivi. On y a eu en vue de marquer en général les défauts où tombent les savants de divers genres et de diverses nations. On y a donc été obligé d'imaginer des choses qui, quoique rapportées comme des choses particulières, ne doivent être regardées que comme des généralités applicables à tous les savants qui peuvent tomber dans ces défauts. On ne peut faire une allégorie ni un caractère que l'imagination d'un lecteur ne puisse appliquer à quelqu'un que l'auteur même n'aura jamais connu. Ainsi ce qui n'aura, dans un ouvrage de fiction, qu'un objet général, en devient un particulier par la malignité d'une fausse interprétation. Si cela est permis, monsieur, il ne faut plus songer à écrire, à moins que le public, plus réservé, ne juge de l'intention d'un auteur conformément au but général de l'ouvrage, et qu'il ne fasse retomber sur l'interprète la malignité de l'interprétation.

Quand je vis de quelle manière l'écrivain de *la Voltairomanie* décidait de mon intention, je vous avoue, monsieur, que je fus extrêmement surpris que celui qu'on en disait l'auteur pût ainsi manquer à tous les égards. Ma surprise égala mon indignation et sa témérité, pour ne pas me servir d'un terme plus dur. Il est vrai que, par la nature de l'ouvrage, on doit s'attendre à tout.

J'appris que M. de Voltaire méprisait cette pièce au point de n'y pas répondre. Il fait à merveille : le sort de ces sortes d'ouvrages est de périr en naissant; c'est les conserver que d'en parler. M. de Voltaire a quelque chose de mieux à faire : cultivant à présent les *Musas severiores,* il apprend d'elles à s'élever dans ces régions tranquilles où les vapeurs de la terre ne s'élèvent point : *Sapientum templa serena.*

Voici, monsieur, les deux madrigaux de M. de Bignicourt, que je ne pus vous dire qu'imparfaitement la dernière fois que j'eus l'honneur de vous voir à Paris :

> Des traits d'une injuste colère
> Vous payez mes feux en ce jour :
> Iris, pourquoi voulez-vous faire
> La Haine fille de l'Amour?

AUTRE.

> Iris, vous dédaignez les feux
> Qu'en moi vos charmes ont fait naître :
> Mon destin n'est pas d'être heureux,
> Mais mon cœur méritait de l'être.

Faites-moi savoir, je vous prie, si vous connaissez le manuscrit sur les tournois que M. de Rieux a acheté; et quand le temps sera conforme à la saison, n'oubliez point, monsieur, que vous avez à Belleville un très-humble et très-obéissant serviteur,

SAINT-HYACINTHE.

1151. — DÉCLARATION DE VOLTAIRE

REMISE A M. HÉRAULT.

J'ai toujours désavoué le *Préservatif*, et je n'ai eu aucune part à la collection des pièces qui sont dans ce petit écrit, parmi lesquelles il y en a qui n'étaient point destinées à être publiques.

A Cirey, ce 2 mai 1739[1].

1152. — A M. LE MARQUIS D'ARGENSON.

Le 2 mai.

Je ne sais pas pourquoi j'ai toujours manqué, monsieur, à vous appeler *excellence*, car vous êtes assurément et un excellent négociateur, et un excellent consolateur des affligés, et un excellent juge; mais j'étais si plein des choses que vous avez bien voulu faire pour moi que j'ai oublié les titres, comme vous les oubliez vous-même. Quand j'ai parlé de *chancelier*[2], je n'ai fait que jouer sur le mot, car vous avez chez moi tous les droits d'aînesse.

Vous êtes un homme admirable (chargé d'affaires comme vous l'êtes) de vouloir bien encore vous charger de mes misères. Vous êtes donc *magnus in magnis et in minimis*.

Vous pouvez garder le manuscrit[3] que j'ai eu l'honneur de vous faire tenir, et de soumettre à votre jugement : car, si vous en êtes un peu content, il faut qu'il ait place au moins dans le sottisier. Je garde copie de tout, et, s'il est imprimable, il paraîtra avec quelques autres guenilles littéraires.

Vous aimez donc aussi les odes, monsieur. Eh bien ! en voici une[4] qui me paraît convenable à un ministre de paix tel que vous êtes.

A l'égard de M. de Valori[5], cet autre ministre fait pour dîner

---

1. Desnoiresterres, *Voltaire à Cirey*, page 218, note 1. Comparez ce désaveu à celui de l'abbé Desfontaines, donné sous le n° 1128.
2. Voyez la fin de la lettre 1137.
3. Celui de l'*Essai sur le Siècle de Louis XIV*.
4. L'*Ode sur la paix de 1736*.
5. Le marquis de Valori, auquel est adressée une lettre du 2 mai 1741. Il était alors envoyé de France auprès de Frédéric-Guillaume Ier. Voltaire cite le marquis de Valori, et l'abbé de Valori, frère aîné de celui-ci, dans une lettre du 30 mars 1740, au marquis d'Argenson.

avec le roi de Prusse, et pour souper avec le prince royal, je vous prie de me recommander à lui auprès de cet aimable prince ; et moi, je me vanterai auprès de Son Altesse royale de devoir les bontés de M. de Valori à celles dont vous m'honorez. Ainsi toute justice sera accomplie.

Il y a près d'un an que j'ai dit en vers au prince royal[1] ce que vous me dites en prose, et que je lui ai cité *la reine Jacques*[2] (*regina Jacobus*), qui dédiait ses ouvrages à *l'enfant Jésus*, et qui n'osait secourir le Palatin, son gendre. Mon prince me paraît d'une autre espèce ; il ne tremble point à la vue d'une épée, comme Jacques, et il pense comme il le doit sur la théologie. Il est capable d'imiter Trajan dans ses conquêtes, comme il l'imite dans ses vertus. Si j'étais plus jeune, je lui conseillerais de songer à l'empire, et à le rendre au moins alternatif entre les protestants et les catholiques. Il se trouvera, à la mort de son père, le plus riche monarque de la chrétienté en argent comptant ; mais je suis trop vieux, ou trop raisonnable, pour lui conseiller de mettre son argent à autre chose qu'à rendre ses sujets et lui les plus heureux qu'il pourra, et à faire fleurir les arts. C'est, ce me semble, sa façon de penser. Il me paraît qu'il n'a point l'ambition d'être le roi le plus puissant, mais le plus humain et le plus aimé.

Adieu, monsieur ; quand vous voudrez quelques amusements en prose ou en vers, j'ai un gros portefeuille à votre service. Je voudrais vous témoigner autrement ma respectueuse reconnaissance ; mais *parvi, parva damus*.

A jamais à vous *ex toto corde meo*[3], etc.

1153. — A M. LE PRÉSIDENT BOUHIER.

Cirey, *pridie nonas* (6 mai).

Tibi gratias ago quam plurimas, vir doctissime et optime, de tuo quem mihi promittis *Petronio*[4]. Jam in te miratus sum, priscorum, qui litteras restituerunt et bonas artes, senatorum Budæorum et Thuanorum elegantem et peritissimum æmulatorem, scientiæ pene oblitæ restitutorem, et ætatis tuæ ornamentum.

1. C'est dans l'épître *Sur l'usage de la science dans les princes*, année 1736.
2. Jacques Ier, roi d'Angleterre.
3. *Deutéronome*, vi, 5.
4. *Poëme de Pétrone sur la guerre civile avec deux épîtres d'Ovide, le tout traduit en vers français ;* Paris, 1738, in-12. Une première édition avait paru à Londres, 1737, in-4°. (B.)

Nunc iter ad Belgas facio, et cras proficiscor cum illustrissima muliere quæ, latinæ linguæ perita, nunc ad græcas litteras avidum doctrinæ animum applicare inchoat, et quæ, geometriæ et physicæ potissimum addicta, eloquentiæ et poeseos lepores non dedignatur, quæque acuto judicio et summa cum voluptate Virgilium, Miltonum et Tassum perlegit, Ciceronem et Addisonum.

Si alicujus libri opus tibi est, qui in his tantum provinciis ad quas pergo reperiundus sit, jubere potes, et mandata tua exequar. Te veneror, et tuus esse velim.

Mais si vous aviez quelques ordres à donner, quelques commissions pour la Hollande, mon adresse sera à Bruxelles, sous le couvert de Mme la marquise du Châtelet, qui vous estime beaucoup.

1154. — MADAME LA MARQUISE DU CHATELET

A M. LE COMTE D'ARGENTAL.

7 mai 1739.

Mon cher ange, je vais monter en carrosse dans une demi-heure; mais je veux avant vous demander votre bénédiction. La santé de votre ami est dans un état si déplorable que je n'ai plus d'espérance, pour le rétablir, que dans le fracas du voyage et le changement d'air. Il bien triste d'en être réduit là par un Desfontaines. Cependant, si l'affaire finit par vos bontés, comme nous l'espérons, cela lui donnera peut-être un peu plus de tranquillité, pourvu qu'il n'aille pas savoir l'infamie de ses libraires de Hollande. Écrivez-lui une lettre de consolation à Bruxelles, et dites-lui que l'ambassadeur de Hollande s'intéresse vivement pour lui. Nous ne saurons que là si l'affaire de Desfontaines est finie. Saint-Hyacinthe a enfin écrit une lettre à M. de Saint-Mard[1] sur cette horrible calomnie insérée dans *la Voltairomanie,* dont je suis assez contente. Je ne sais quand elle sera publique; je crains que les *Épîtres* et ce commencement de *Louis XIV,* qui courent, et que mille gens ont, que cette nouvelle édition de ses œuvres qui paraît en Hollande, que tout cela ne fasse une bombe; je voudrais qu'elle crevât pendant que nous sommes hors de sa portée. Il envoie des *Miscellanées* à Prault. Qu'il vous rende compte de tout, et retirez-lui, je vous prie, l'*Ode sur la Superstition,* dont je tremble; prêchez la sagesse et la tranquillité : car ce n'est pas le tout d'aller, il faut revenir. Vous nous direz les choses, et j'espère bien vous embrasser à Paris avant de revenir ici.

Le chevalier de Mouhy, avec qui j'ai un petit commerce clandestin, me fait de telles peurs en me représentant sans cesse l'impatience du libraire,

1. Ce n'était pas, comme le dit par erreur Mme du Châtelet, à Rémond de Saint-Mard (1682-1757), imitateur de Fontenelle dans ses *Nouveaux Dialogues des dieux,* mais à Lévesque de Burigny que la lettre (n° 1150) de Saint-Hyacinthe était adressée.

qui a chez lui deux différentes éditions du Mémoire de M. de Voltaire que je vous envoie un billet de 300 livres sur mon notaire, à vue. Je vous prie de l'employer à retirer tout ce qui concerne cette malheureuse affaire. Le chevalier vous remettra le tout, et vous payerez le libraire : car je ne me fie à ce chevalier que de bonne sorte ; et je ne puis confier cela qu'à vous. Votre ami n'en sait rien, et je ne le lui dirai point ; vous en sentez la nécessité. Envoyez chercher le chevalier ; faites-lui faire choses et autres ; mais retirez tout, et ne nous retirez jamais votre cœur charmant, qui fait la consolation de ma vie. Écrivez *à l'Impératrice,* à Bruxelles.

1155. — A M. THIERIOT.

A Cirey, le 7 mai.

Je pars demain, ou après-demain, pour les Pays-Bas, et je ne sais quand je reviendrai dans ma charmante solitude. Je pars malade, et ne reviendrai peut-être point ; je compte sur votre amitié, quand je serais encore plus éloigné et plus malade. Je renvoie à M. Moussinot les livres de la Bibliothèque du roi. Je vous prie de vouloir bien présenter mes remerciements à l'abbé Sallier[1].

Le *Démosthène* grec est venu, et je l'emporte, quoique je ne l'entende guère. J'entends Euclide plus couramment, parce qu'il n'y a guère que des présents et des participes, et que d'ailleurs le sens de la proposition est toujours un dictionnaire infaillible.

Pour égayer la tristesse de ces études, si cependant il y a quelque étude triste, je vous prie, mon cher ami, de m'envoyer *le Janus*[2] de M. Lefranc ; il m'a donné avis qu'il doit arriver par votre canal.

Je vous prie de me conserver dans les bonnes grâces de MM. des Alleurs, Dubos, Mairan, et du petit nombre d'êtres pensants qui ne blasphèment point contre la philosophie, et qui veulent bien penser à moi.

1156. — A M. BERGER.

Cirey, le 7 mai.

Nous partons demain, mon cher correspondant. Dans quelque pays que l'amitié nous conduise, vos lettres me feront tou-

1. Claude Sallier, chargé de la garde des manuscrits de la Bibliothèque du roi ; mort au commencement de 1761. Il prêtait des livres à Voltaire et à la marquise du Châtelet, comme on le voit dans une lettre de cette dame à Thieriot, du 16 janvier 1738, qui fait partie des *Pièces inédites* publiées, en 1820, par MM. Decroix et Jacobsen.
2. Opéra non représenté.

jours du plaisir. Je vous adresse un mot pour M. de Billy dont je ne sais pas la demeure. N'oubliez pas vos amis qui vont plaider dans les Pays-Bas. Adressez, je vous prie, vos lettres à Mme la marquise du Châtelet, à l'*Impératrice*, à Bruxelles.

Je n'ai que le temps de vous renouveler les assurances de mon amitié. Je vais m'arranger pour partir. Adieu !

1157. — A M. LE MARQUIS D'ARGENSON.

A Cirey, ce 8 mai, *en partant.*

La Providence m'a fait rester, monsieur, un jour de plus que nous ne pensions, pour me faire recevoir la plus agréable lettre que j'aie reçue depuis que Mme du Châtelet ne m'écrit plus[1]. Je viens de lui lire l'extrait que vous voulez bien nous faire d'un ouvrage dont on doit dire, à plus juste titre que de *Télémaque*, que le bonheur du genre humain naîtrait de ce livre[2] si un livre pouvait le faire naître.

En mon particulier jugez où vous poussez ma vanité : je trouve toutes mes idées dans votre ouvrage[3]. Ce ne sont point ici seulement les *rêves d'un homme de bien*[4], comme les chimériques projets du bon abbé de Saint-Pierre, qui croit qu'on lui doit des statues parce qu'il a proposé que l'empereur gardât Naples et qu'on lui ôtât le Mantouan, tandis qu'on lui a laissé le Mantouan et qu'on lui a ôté Naples. Ce n'est pas ici un *projet de paix perpétuelle*[5], que Henri IV n'a jamais eu ; ce n'est point un sermon contre Jules César, qui, selon le bon abbé, n'était qu'un sot parce qu'il n'entendait pas assez *la méthode de perfectionner le scrutin* ; ce n'est pas non plus la colonie de Salente, où M. de Fénelon veut qu'il n'y ait point de pâtissiers, et qu'il y ait sept façons de s'habiller ; c'est ici quelque chose de plus réel, et que l'expérience prouve de la manière la plus éclatante. Car, si vous en exceptez le pouvoir monarchique, auquel un homme de votre nom et de votre état ne peut souhaiter qu'un pouvoir immense, aux bornes près, dis-je, de ce pouvoir monarchique aimé et respecté par nous, l'Angleterre n'est-elle pas un témoignage subsis-

---

1. Voltaire n'avait pas quitté Cirey depuis les premiers jours de mars 1737, et Mme du Châtelet ne s'en était pas absentée.
2. C'est l'abbé Terrasson qui disait cela ; voyez tome XXIII, page 161.
3. *Considérations sur le gouvernement ancien et present de la France*, ouvrage qui ne fut imprimé pour la première fois qu'en 1764, in-8°.
4. Expression du cardinal Dubois. Voyez tome XXIII, page 128.
5. Titre d'un ouvrage de l'abbé de Saint-Pierre, dont J.-J. Rousseau a fait un *Extrait*.

tant de la sagesse de vos idées ? Le roi avec son parlement est législateur, comme il l'est ici avec son conseil. Tout le reste de la nation se gouverne selon des lois municipales, aussi sacrées que celles du parlement même. L'amour de la loi est devenu une passion dans le peuple, parce que chacun est intéressé à l'observation de cette loi. Tous les grands chemins sont réparés, les hôpitaux fondés et entretenus, le commerce florissant, sans qu'il faille un arrêt du conseil. Cette idée est d'autant plus admirable dans vous que vous êtes vous-même de ce conseil, et que l'amour du bien public l'emporte dans votre âme sur l'amour de votre autorité.

Mme du Châtelet, qui, en vérité, est la femme en qui j'ai vu l'esprit le plus universel et la plus belle âme, est enchantée de votre plan. Vous devriez nous le faire tenir à Bruxelles. Je vous avertis que nous sommes les plus honnêtes gens du monde, et que nous le renverrons incessamment à l'adresse que vous ordonnerez, sans en avoir copié un mot. Je vous étais attaché par les liens d'un dévouement de trente années, et par ceux de la reconnaissance ; voici l'admiration qui s'y joint.

Je reçois, cet ordinaire, une lettre[1] d'un prince dont vous seriez le premier ministre, si vous étiez né dans son pays. Il a pris tant de pitié des vexations que j'essuie qu'il a écrit à M. de La Chétardie[2] en ma faveur. Il l'a prié de parler fortement ; mais il ne me mande point à qui il le prie de parler. J'ignore donc les détails du bienfait, et je connais seulement qu'il y a des cœurs généreux. Vous êtes du nombre, *et in capite libri*[3]. Je vous supplie donc de vouloir bien parler à M. de La Chétardie, et de lui dire ce qui conviendra, car vous le savez mieux que moi.

A l'égard de M. Hérault, c'est M. de Meinières, son beau-frère, qui avait depuis longtemps la bonté de le presser pour moi, et il y était engagé par M. d'Argental, mon ancien ami de collége : car j'ai de nouveaux ennemis et d'anciens amis. Depuis dix jours, je n'ai point de leurs nouvelles; mais depuis votre dernière lettre je n'ai plus besoin d'en recevoir de personne.

M. et Mme du Châtelet vous font les plus tendres compliments. Je suis à vous pour jamais, avec la reconnaissance la plus respectueuse, avec tous les sentiments d'estime et d'amitié.

---

1. Il paraît que cette lettre de Frédéric a été perdue.
2. Joachim-Jacques Trotti, marquis de La Chétardie, né en 1705, ministre du roi de France auprès de celui de Prusse, de 1734 à 1739, année où il fut nommé ambassadeur auprès de l'impératrice de Russie.
3. Psalm. xxxix, 9.

1158. — A M. LE LIEUTENANT GÉNÉRAL DE POLICE [1].

Je comptais passer par Paris, comme j'avais eu l'honneur de vous le mander ; mais les affaires des personnes avec qui j'ai l'honneur de vivre sont si pressantes qu'il faut nécessairement aller en Flandre. Je me flatte qu'au moins, à mon retour, je pourrai avoir le plaisir de vous faire ma cour et de vous renouveler les assurances du respect et de la reconnaissance avec lesquels je serai toute ma vie, etc., etc.

1159. — DE FRÉDÉRIC, PRINCE ROYAL DE PRUSSE.

Ruppin, 16 mai.

Mon cher ami, j'ai reçu deux de vos lettres [2] presque en même temps, et sur le point de mon départ pour Berlin, de façon que je ne puis répondre qu'en gros à toutes les deux.

Je vous ai une obligation infinie de ce que vous m'avez communiqué les changements que vous avez faits à *la Henriade*. Il n'y a que vous qui soyez supérieur à vous-même ; tous les changements que je viens de lire sont très-bons, et je ne cesse de m'étonner de la force que la langue française prend dans vos ouvrages. Si Virgile fût né citoyen de Paris, il n'aurait pu rien faire d'approchant du *combat de Turenne*. Il y a un feu, dans cette description, qui m'enlève. Avouez-nous la vérité ; vous y fûtes présent à ce combat, vous l'avez vu de vos yeux, et vous avez écrit sur vos tablettes chaque coup d'épée porté, reçu, et paré ; vous avez noté chacun des gestes des champions, et, par cette force supérieure qu'ont les grands génies, vous avez lu dans leurs cœurs ce que pensaient ces vaillants combattants.

Le Carrache n'eût pas mieux dessiné les attitudes difficiles de ce duel ; et Lebrun, avec tout son coloris, n'aurait assurément rien fait de semblable au petit portrait de la réfraction que fait l'aimable, le cher poëte philosophe.

L'endroit ajouté au chant septième est encore admirable, et très-propre à occuper une place dans l'édition que je fais préparer de *la Henriade*. Mais, mon cher Voltaire, ménagez la race des bigots, et craignez vos persécuteurs ; ce seul article est capable de vous faire des affaires de nouveau ; il n'y a rien de plus cruel que d'être soupçonné d'irréligion. On a beau faire tous les efforts imaginables pour sortir de ce blâme, cette accusation dure toujours ; j'en parle par expérience, et je m'aperçois qu'il faut être d'une circonspection extrême sur un article dont les sots font un point principal [3].

Vos vers sont conformes à la raison, ils doivent ainsi l'être à la vérité ; et c'est justement pourquoi les idiots et les stupides s'en formaliseront. Ne

---

1. Éditeur, Léouzon Leduc.
2. Les lettres 1090 et 1135.
3. Voyez la lettre de Frédéric, du 14 mai 1737.

les communiquez donc point à votre ingrate patrie; traitez-la comme le soleil traite les Lapons. Que la vérité et la beauté de vos productions ne brillent donc que dans un endroit où l'auteur est estimé et vénéré, dans un pays enfin où il est permis de ne point être stupide, où l'on ose penser et où l'on ose tout dire.

Vous voyez bien que je parle de l'Angleterre. C'est là que j'ai trouvé convenable de faire graver *la Henriade*. Je ferai l'avant-propos [1], que je vous communiquerai avant que de le faire imprimer. Pine [2] composera les tailles-douces, et Knobelsdorff [3] les vignettes. On ne saurait assez honorer cet ouvrage, et on n'en peut assez estimer l'auteur respectable. La postérité m'aura l'obligation de *la Henriade* gravée, comme nous l'avons à ceux qui nous ont conservé *l'Énéide*, ou les ouvrages de Phidias et de Praxitèle.

Vous voulez donc que mon nom entre dans vos ouvrages. Vous faites comme le prophète Élie, qui, montant au ciel, à ce qu'en dit l'histoire, abandonna son manteau au prophète Élisée [4]. Vous voulez me faire participer à votre gloire. Mon nom sera comme ces cabanes qui se trouvent placées dans de belles situations : on les fréquente à cause des paysages qui les environnent.

Après avoir parlé de *la Henriade* et de son auteur, il faudrait s'arrêter et ne point parler d'autres ouvrages; je dois cependant vous tenir compte de mes occupations.

C'est actuellement Machiavel qui me fournit de la besogne. Je travaille aux notes sur son *Prince*, et j'ai déjà commencé un ouvrage qui réfutera entièrement ses maximes, par l'opposition qui se trouve entre elles et la vertu, aussi bien qu'avec les véritables intérêts des princes. Il ne suffit point de montrer la vertu aux hommes, il faut encore faire agir les ressorts de l'intérêt, sans quoi il y en a très-peu qui soient portés à suivre la droite raison.

Je ne saurais vous dire le temps où je pourrai avoir rempli cette tâche, car beaucoup de dissipations me viendront à présent distraire de l'ouvrage. J'espère cependant, si ma santé le permet, et si mes autres occupations le souffrent, que je pourrai vous envoyer le manuscrit d'ici à trois mois. *Nisus et Euryale* attendront, s'il leur plaît, que Machiavel soit expédié. Je ne vas que l'allure de ces pauvres mortels qui cheminent tout doucement, et mes bras n'embrassent que peu de matière.

Ne vous imaginez pas, je vous prie, que tout le monde ait cent bras comme Voltaire-Briarée. Un de ses bras saisit la physique, tandis qu'un autre s'occupe avec la poésie, un autre avec l'histoire, et ainsi à l'infini. On

---

1. Il porte le titre d'*Éloge de la Henriade*. Frédéric envoya cet *Éloge* à Voltaire avec sa lettre 1197.
2. J. Pine, artiste anglais, après avoir gravé un Horace entier, qui parut de 1733 à 1737, en deux volumes in-8°, s'occupait de la gravure d'un Virgile. Les *Bucoliques* et les *Géorgiques* sont les seules parties qui aient été publiées par Robert Pine, son fils, en 1774. Quant à *la Henriade*, Frédéric, devenu roi, changea de dessein; voyez les lettres 1249, 1265 et 1274.
3. Voyez tome XXXIV, page 242.
4. *Rois*, livre II, chap. II, verset 13.

dit que cet homme a plus d'une intelligence unie à son corps, et que lui seul fait toute une académie. Ah! qu'on se sentirait tenté de se plaindre de son sort, lorsqu'on réfléchit sur le partage inégal des talents qui nous sont échus! On me parlerait en vain de l'*égalité des conditions;* je soutiendrai toujours qu'il y a une différence infinie entre cet homme universel dont je viens de parler, et le reste des mortels.

Ce me serait une grande consolation, à la vérité, de le connaître; mais nos destins nous conduisent par des routes si différentes qu'il paraît que nous sommes destinés à nous fuir.

Vous m'envoyez des vers pour la nourriture de mon esprit, et je vous envoie des recettes pour la convalescence de votre corps. Elles sont d'un très-habile médecin que j'ai consulté sur votre santé; il m'assure qu'il ne désespère point de vous guérir; servez-vous de ses remèdes, car j'ai l'espérance que vous vous en trouverez soulagé.

Comme cette lettre vous trouvera, selon toutes les apparences, à Bruxelles, je peux vous parler plus librement sur le sujet de Son Éminence[1] et de toute votre patrie. Je suis indigné du peu d'égard qu'on a pour vous, et je m'emploierai volontiers pour vous procurer du moins quelque repos. Le marquis de La Chétardie, à qui j'avais écrit, est malheureusement parti de Paris; mais je trouverai bien le moyen de faire insinuer au cardinal ce qui est bon qu'il sache, au sujet d'un homme que j'aime et que j'estime.

Le vin de Hongrie et l'ambre partiront dès que je saurai si c'est à Bruxelles que vous fixerez votre étoile errante et la chicane. Mon marchand de vin, Honi[2], vous rendra cette lettre; mais, lorsque vous voudrez me répondre, je vous prie d'adresser vos lettres au général Borcke, à Vesel.

Le cher Césarion, qui est ici présent, ne peut s'empêcher de vous réitérer tout ce que l'estime et l'amitié lui font sentir sur votre sujet.

Vous marquerez bien à la marquise jusqu'à quel point j'admire l'auteur de l'*Essai sur le Feu,* et combien j'estime l'amie de M. de Voltaire.

Je suis, avec ces sentiments que votre mérite arrache à tout le monde, et avec une amitié plus particulière encore, votre très-fidèle ami,

FÉDÉRIC.

1160. — DE FRÉDÉRIC, PRINCE ROYAL DE PRUSSE.

Mai[3].

Mon cher ami, je n'ai qu'un moment à moi pour vous assurer de mon amitié, et pour vous prier de recevoir l'écritoire d'ambre et les bagatelles que je vous envoie. Ayez la bonté de donner l'autre boite, où il y a le jeu de quadrille, à la marquise. Nous sommes si occupés ici qu'à peine a-t-on le temps de respirer. Quinze jours me mettront en situation d'être plus prolixe.

1. Le cardinal de Fleury.
2. Voyez la lettre de Frédéric II à Voltaire, du 5 septembre 1740.
3. Cette lettre, à laquelle répond la lettre 1180, doit être du 22 ou du 23 mai, Mathurin Veyssière de La Croze, qui y est cité, étant mort le 21 mai 1739.

Le vin de Hongrie ne peut partir qu'à la fin de l'été, à cause des chaleurs qui sont survenues. Je suis occupé à présent à régler l'édition de *la Henriade*. Je vous communiquerai tous les arrangements que j'aurai pris là-dessus.

Nous venons de perdre l'homme le plus savant de Berlin, le répertoire de tous les savants d'Allemagne, un vrai magasin de sciences : le célèbre M. de La Croze vient d'être enterré avec une vingtaine de langues différentes, la quintessence de toute l'histoire, et une multitude d'historiettes dont sa mémoire prodigieuse n'avait laissé échapper aucune circonstance. Fallait-il tant étudier pour mourir au bout de quatre-vingts ans, ou plutôt ne devait-il point vivre éternellement pour récompense de ses belles études ?

Les ouvrages qui nous restent de ce savant prodigieux ne le font pas assez connaître, à mon avis. L'endroit par lequel M. de La Croze brillait le plus, c'était, sans contredit, sa mémoire : il en donnait des preuves sur tous les sujets, et l'on pouvait compter qu'en l'interrogeant sur quelque objet qu'on voulût il était présent, et vous citait les éditions et les pages où vous trouviez tout ce que vous souhaitiez d'apprendre. Les infirmités de l'âge n'ont diminué en rien les talents extraordinaires de sa mémoire, et, jusqu'au dernier moment de sa vie, il a fait amas de trésors d'érudition, que sa mort vient d'enfouir pour jamais avec une connaissance parfaite de tous les systèmes philosophiques, qui embrassait également les points principaux des opinions jusqu'aux moindres minuties.

M. de La Croze était assez mauvais philosophe ; il suivait le système de Descartes, dans lequel on l'avait élevé, probablement par prévention, et pour ne point perdre la coutume qu'il avait contractée, depuis une *septantaine* d'années, d'être de ce sentiment. Le jugement, la pénétration, et un certain feu d'esprit qui caractérise si bien les esprits originaux et les génies supérieurs, n'étaient point du ressort de M. de La Croze ; en revanche, une probité égale en toutes ses fortunes le rendait respectable et digne de l'estime des honnêtes gens.

Plaignez-nous, mon cher Voltaire ; nous perdons de grands hommes, et nous n'en voyons pas renaître. Il paraît que les savants et les orangers sont de ces plantes qu'il faut transplanter dans ce pays, mais que notre terrain ingrat est incapable de reproduire, lorsque les rayons arides du soleil ou les gelées violentes des hivers les ont une fois fait sécher. C'est ainsi qu'insensiblement et par degrés la barbarie s'est introduite dans la capitale de l'univers, après le siècle heureux des Cicéron et des Virgile. Lorsque le poëte est remplacé par le poëte, le philosophe par le philosophe, l'orateur par l'orateur, alors on peut se flatter de voir perpétuer les sciences ; mais, lorsque la mort les ravit les uns après les autres sans qu'on voie ceux qui peuvent les remplacer dans les siècles à venir, il ne semble point qu'on enterre un savant, mais plutôt les sciences.

Je suis, avec tous les sentiments que vous faites si bien sentir à vos amis, et qu'il est si difficile d'exprimer, votre très-fidèle ami,

FÉDÉRIC.

1161. — A FRÉDÉRIC, PRINCE ROYAL DE PRUSSE.

A Louvain, ce 30 mai[1].

Monseigneur, en partant de Bruxelles, j'ai reçu tout ce qui peut flatter mon âme et guérir mon corps, et c'est à Votre Altesse royale que je le dois.

. . . . . Deus nobis hæc *munera* fecit.
(VIRG., ecl. I, v. 6.)

Vous voulez que je vive, monseigneur ; j'ose dire que vous avez quelque raison de ne pas vouloir que le plus tendre de vos admirateurs, le fidèle témoin de ce qui se passe dans votre belle âme, périsse sitôt. La Henriade et moi nous vous devrons la vie. Je suis bien plus honoré que ne le fut Virgile ; Auguste ne fit des vers pour lui qu'après la mort de son poëte, et Votre Altesse royale fait vivre le sien, et daigne honorer *la Henriade* d'un avertissement[2] de sa main. Ah! monseigneur, qu'ai-je affaire de la misérable bienveillance d'un cardinal que la fortune a rendu puissant? Qu'ai-je besoin des autres hommes? Plût à Dieu que je restasse dans l'ermitage du comte de Loo, où je vais suivre Émilie ! Nous arrivâmes avant-hier à Bruxelles. Nous voici en route ; je ne commencerai que dans quelques jours à jouir d'un peu de loisir ; dès que j'en aurai, je mettrai en ordre de quoi amuser quelques quarts d'heure mon protecteur, tandis qu'il s'occupera à ce bel ouvrage, si digne d'un prince comme lui. S'il daigne écrire comme Machiavel, ce sera Apollon qui écrasera le serpent Python. Vous êtes certainement mon Apollon, monseigneur, vous êtes pour moi le dieu de la médecine et celui des vers ; vous êtes encore Bacchus, car Votre Altesse royale daigne envoyer de bon vin[3] à Émilie et à son malade. Ayez donc la bonté d'ordonner, monseigneur, que ce présent de Bacchus soit voituré à l'adresse d'un de ses plus dignes favoris : c'est M. le duc d'Aremberg ; tout vin doit lui être adressé, comme tout ouvrage vous doit hommage. Il y a certaines cérémonies à Bruxelles pour le vin, dont il nous sauvera. J'espère que je boirai, avec lui, à la santé

---

1. Cette lettre répond à celle de Frédéric, du 16 mai. Voltaire, parti de Cirey le 8 avec Mme du Châtelet, voyagea lentement, et passa quatre jours à Valenciennes. Il arriva le 28 à Bruxelles, qu'il quitta le 30 pour se rendre à Beringen, en passant par Louvain.
2. Voyez la note 1 de la page 275.
3. Voyez la lettre 1193.

de mon cher souverain, du vrai maître de mon âme, dont je suis plus réellement le sujet que du roi sous lequel je suis né. Il faut partir ; je finis une lettre que mon cœur très-bavard ne m'eût point permis de finir sitôt. Quand je serai arrivé, je donnerai une libre carrière à mes remerciements, et la digne Émilie aura l'honneur d'y joindre les siens. Je ferai serment de docilité au médecin dont Votre Altesse royale a eu la bonté de m'envoyer la consultation. J'écrirai à votre aimable favori, M. de Keyserlingk ; je remplirai tous les devoirs de mon cœur ; je suis à vos pieds, grand prince,

O et præsidium et dulce decus meum !
(Hor., lib. I, od. I, v. 2.)

Je suis en courant, mais avec les sentiments les plus inébranlables de respect, d'admiration, de tendre reconnaissance, monseigneur, etc.

1162. — A FRÉDÉRIC, PRINCE ROYAL DE PRUSSE.

Mai.

Votre Altesse royale prend le parti des citadelles contre Machiavel ; il paraît que l'empire pense de même, car on a tiré vraiment *douze cents* florins de la caisse pour les réparations de Philipsbourg, qui en exigent, dit-on, plus de *douze mille,*

Il n'y a guère de places dans les Deux-Siciles : voilà pourquoi ce pays change si souvent de maître. S'il y avait des Namur, des Valenciennes, des Tournai, des Luxembourg, dans l'Italie,

Ch' or giù dall' Alpi non vedrei torrenti
Scender d'armati, nè di sangue tinta.
Bever l'onda del Pò gallici armenti ;

Nè *la* vedrei del non *suo* ferro cinta
Pugnar col braccio di straniere genti,
Per servir sempre, o vincitrice, o vinta.

Il faudra bien qu'au printemps prochain l'empereur et les Anglais reprennent ce beau pays ; il serait trop longtemps sous la même domination. Ah ! monseigneur, heureux qui peut vivre sous vos lois !

J'ai commencé, monseigneur, à prendre de votre poudre. Ou il n'y a point de Providence, ou elle me fera du bien. Je n'ai point d'expression pour remercier Marc-Aurèle devenu Esculape.

Je suis avec le plus profond respect et la plus tendre reconnaissance, etc.

1163. — MADAME LA MARQUISE DU CHATELET
A M. LE COMTE D'ARGENTAL.

1er juin 1739.

Nous voilà en Flandre, mon cher ami, et je voudrais bien y recevoir de vos nouvelles. Nous ne savons point à quoi en sont nos affaires ; mais nous savons bien qu'elles sont en bonnes mains, puisque vous vous en mêlez : vous nous en instruirez sans doute incessamment. Je ne sais combien nous resterons ici ; mais ce que je sais bien, c'est qu'il ne tient qu'à moi de faire traîner cela en longueur, et je me déciderai à revoir mes pénates de Cirey, ou à m'en faire de nouveaux à Bruxelles, selon la tranquillité que nous pourrons espérer en France. C'est à vous à nous en instruire, mon cher ami. Je crains la publicité de ces deux *Épîtres,* qui, étant dans les mains de beaucoup de personnes, ne peuvent manquer d'être publiques incessamment ; je crains qu'il n'en soit de même du commencement de l'*Histoire de Louis XIV*. L'avidité de l'argent et de ses ouvrages est grande ; mais vous m'avouerez qu'il est triste de craindre le malheur de sa vie des mêmes choses qui en devraient faire la gloire. Je voudrais aussi que cette édition des œuvres de Hollande, qui se débite à Francfort, eût fait son entrée à Paris ; je crains tout de la malignité des hommes ; ainsi, vous voyez que ce seront les affaires de notre ami, bien plus que les miennes, qui décideront de mon séjour ici. J'ai été très-visitée et très-festoyée à Bruxelles, où je n'ai fait que passer : on n'y parle non plus de Rousseau que s'il était mort. Tout le monde s'est empressé à festoyer M. de Voltaire.

Je suis actuellement à dix lieues de Bruxelles, dans une terre de M. du Châtelet[1]. Je ne sais comment nos affaires iront ; mais elles ne peuvent pas aller mal.

En vous remerciant de votre expédition avec le Mouhy. Me voilà en repos de ce côté-là, car je le crois de bonne foi.

Adieu, mon cher ami ; consolez-moi dans mon exil ; vous savez que votre amitié m'est nécessaire partout. Nous avons vu à Valenciennes M. de Séchelles[2], qui nous a fait les honneurs de la ville avec une galanterie infinie : nous n'avons pu nous dispenser d'y rester quatre jours. Il y avait force colonels. Nous avons eu bal, ballet et comédie. Il a écrit à M. Hérault[3], sur M. de Voltaire, d'une façon très-agréable. Il me paraît infiniment aimable. Je pourrais bien, dans l'intervalle de quelques délais, retourner à

---

1. A Beringen.
2. Jean Moreau, seigneur de Séchelles, fils de Pierre Moreau, secrétaire du roi, et d'Hélène Charon, né le 10 mai 1690, maître des requêtes en 1719, intendant de Hainaut en 1727, intendant de Lille en 1743, contrôleur général en 1754, mort le 31 décembre 1760.
3. Le lieutenant de police Hérault était son gendre.

Valenciennes pendant que M. Hérault y sera : c'est une connaissance très-utile à faire.

Votre ami vous dit les choses les plus tendres : il recommence à travailler à *Mahomet;* mais n'oubliez pas *Zulime;* elle ferait à merveille dans les circonstances présentes : son sort est entre vos mains.

1164. — A M. LE LIEUTENANT GÉNÉRAL DE POLICE¹.

Je ne puis m'empêcher encore, monsieur, de saisir cette nouvelle occasion de vous remercier de toutes vos bontés. Je me flatte que ma lettre, parvenue sous le couvert de M. de Séchelles, sera favorablement reçue, et que la bienveillance dont il m'honore depuis longtemps fortifiera les sentiments de bonté que vous avez toujours eus pour moi ; il ne me reste que le regret de n'avoir pu vous faire ma cour à Paris comme je l'espérais.

1165. — A MADAME DE CHAMPBONIN.

De Beringen, juin.

Mon aimable *gros chat*, j'ai reçu votre lettre à Bruxelles. Nous voici en fin fond de Barbarie, dans l'empire de Son Altesse monseigneur le marquis de Trichâteau², qui, je vous jure, est un assez vilain empire. Si Mme du Châtelet demeure longtemps dans ce pays-ci, elle pourra s'appeler la reine des sauvages. Nous sommes dans l'auguste ville de Beringen, et demain nous allons au superbe château de Ham, où il n'est pas sûr qu'on trouve des lits, ni des fenêtres, ni des portes. On dit cependant qu'il y a ici une troupe de voleurs. En ce cas, ce sont des voleurs qui font pénitence ; je ne connais que nous de gens volables. Le plénipotentiaire Montors avait assuré M. du Châtelet que les citoyens de son auguste ville lui prêteraient beaucoup d'argent; mais je doute qu'ils pussent prêter de quoi envoyer au marché. Cependant Émilie fait de l'algèbre, ce qui lui sera d'un grand secours dans le cours de sa vie, et d'un grand agrément dans la société. Moi, chétif, je ne sais encore rien, sinon que je n'ai ni principauté ni procès, et que je suis un serviteur fort utile.

P. S. Il faut à présent, gros chat, que vous sachiez que nous

1. Éditeur, Léouzon Leduc.
2. Marc-Antoine du Châtelet, marquis de Trichâteau, seigneur de Ham et de Beringen, cousin germain de Florent-Claude du Châtelet, mort à Cirey en 1740.

revenons du château de Ham, château moins orné que celui de Cirey, et où l'on trouve moins de bains et de cabinets bleu et or; mais il est logeable, et il y a de belles avenues. C'est une assez agréable situation ; mais fût-ce l'empire du Catai, rien ne vaut Cirey. Mme du Châtelet travaille à force à ses affaires. Si le succès dépend de son esprit et de son travail, elle sera fort riche ; mais malheureusement tout cela dépend de gens qui n'ont pas autant d'esprit qu'elle. Mon cher gros chat, je baise mille fois vos pattes de velours. Adieu, ma chère amie.

1166. — A M. LE MARQUIS D'ARGENSON.

A Beringen, ce 4 juin

Je reçois la lettre dont Votre Excellence m'honore, du 28 mai. Je ne savais pas un mot de ce que vous avez vu[1] dans la gazette d'Amsterdam. Nous sommes ici, monsieur, dans un pays barbare, ou, du moins, qui l'a toujours été jusqu'à ce qu'Émilie en soit devenue la souveraine. La gazette de Hollande n'y est pas même connue. Si vous pouviez donc, monsieur, faire entendre à M. Hérault que je n'ai aucune part à la publication du *désaveu*, que je m'en suis toujours tenu à ses bontés, que j'ai supprimé même tout ce que j'avais fait en ma défense, et que j'espère encore plus que jamais qu'il forcera l'abbé Desfontaines à publier son *désaveu* dans ses *Observations*, vous achèveriez bien dignement cette négociation.

Il est vrai que Rousseau ayant fait, le 10 mai, un voyage à Amsterdam, exprès pour y faire imprimer le libelle de Desfontaines, le gazetier de Hollande m'a rendu un très-grand service en donnant ce contre-poison ; mais, encore une fois, je n'ai appris ce service que par vous.

Puisque vous aimez les odes,

O et præsidium, et dulce decus meum !
(Hor., liv. I, od. I, v. 2.)

vous en aurez donc. Mandez-moi seulement si vous avez l'ode *sur la Superstition*[2], celle *sur l'Ingratitude*, celle *sur le Voyage des Académiciens*. Mais, je vous en prie, n'allez pas préférer une déclamation vague, d'une centaine de vers, à une tragédie dans

---

1. Le désaveu de l'abbé Desfontaines; voyez le n° 1128.
2. C'est-à-dire l'*Ode sur le Fanatisme*. Les deux autres, que cite ici Voltaire, sont les odes VI et VIII.

laquelle il faut créer, conduire, intriguer, et dénouer une action intéressante : ouvrage d'autant plus difficile que les sujets sont plus rares, et qu'il demande une plus grande connaissance du cœur humain. Il est vrai que, puisque ce spectacle est représenté et vu par des hommes et par des femmes, il faut absolument de l'amour. On peut s'en sauver tristement une ou deux fois, mais

> Naturam expellas furca, tamen ipsa redibit.
> (Hor., lib. I, ep. x, v. 24.)

Que diront de jeunes actrices ? qu'entendront de jeunes femmes, s'il n'est pas question d'amour? On joue souvent *Zaïre*, parce qu'elle est tendre; on ne joue point *Brutus*, parce que cette pièce n'est que forte.

Ne croyez pas que ce soit Racine qui ait introduit cette passion au théâtre ; c'est lui qui l'a le mieux traitée, mais c'est Corneille qui en a toujours défiguré ses ouvrages. Il n'a presque jamais parlé d'amour qu'en déclamateur, et Racine en a parlé en homme.

Promettez-moi un secret de ministre, et j'aurai l'honneur d'envoyer à Lisbonne plus d'une tragédie, à condition que vous leur donnerez la préférence sur les odes.

Nous n'avons point encore reçu l'essai politique[1] dont vous nous favorisez. Il faut le faire adresser à Bruxelles, et il nous sera fidèlement rendu chez nos Algonquins.

Vous avez grande raison, monsieur, sur notre récitatif. On peut faire de la symphonie italienne, on le doit même ; mais on ne doit déclamer à Paris qu'en français, et le récitatif est une déclamation. C'est presque toujours, au reste, la faute du poëte, quand le récitatif ne vaut rien : car peut-on bien déclamer de mauvaises paroles ?

J'avais fait, il y a quelques années[2], des paroles pour Rameau, qui probablement n'étaient pas trop bonnes, et qui d'ailleurs parurent à de grands ministres avoir le défaut de mêler le sacré avec le profane. J'ose croire encore que, malgré le faible des paroles, cet opéra était le chef-d'œuvre de Rameau. Il y avait surtout un certain contraste de guerriers qui venaient présenter des armes à Samson, et de p...... qui le retenaient, lequel faisait

---

1. Il s'agit probablement de l'*Essai de l'exercice du tribunal européen pour la France seule*, qui, dans l'édition de 1765, termine les *Considérations*.
2. En 1731 et 1732. Voyez les lettres 233 et 243.

un effet fort profane et fort agréable. Si vous voulez, je vous enverrai encore cette guenille. Quant aux autres misères que vous avez vues dans le portefeuille d'un de vos amis[1], je puis vous assurer qu'il n'y en a peut-être pas une qui soit de bon aloi; et si vous voulez m'en envoyer copie, je les corrigerai, et j'y mettrai ce qui vous manque, afin que vous ayez mes impertinences complètes.

Il y a trois mois que l'auteur de *Mahomet II* m'envoya son manuscrit. Je trouve qu'il faut beaucoup de génie pour faire porter une tragédie à un terrain si aride et si ingrat. La prétendue barbarie de Mahomet II, accusé d'avoir tué sa maîtresse pour plaire à ses janissaires, est un conte des plus absurdes et des plus ridicules que les chrétiens aient inventés. Cette sottise, et toutes celles qu'on a débitées sur Mahomet II, sont le fruit de la cervelle d'un moine nommé Bandelli. Ces gens-là ne sont bons qu'à tout gâter.

Adieu, monsieur; bon voyage. Puis-je avoir l'honneur de vous faire ma cour à votre retour? N'allez pas vieillir en Portugal[2]. Mme du Châtelet, entourée de barbares, va bientôt avoir la consolation de vous écrire; et moi, je ne cesserai en aucun instant de ma vie de vous être attaché avec la plus tendre et la plus respectueuse reconnaissance.

1167. — A FRÉDÉRIC, PRINCE ROYAL DE PRUSSE.

De Bruxelles.

Monseigneur, en revenant de ces tristes terres[3], dans le voisinage desquelles Votre Altesse royale n'a point été, j'ai l'honneur de lui écrire pour me consoler. J'espère que Votre Altesse royale m'enverra longtemps ses ordres à Bruxelles; je les recevrai beaucoup plus tôt, et plus sûrement que quand ils faisaient tant de cascades de Paris à Bar-le-Duc et à Cirey. Je recevrai au moins vos ordres directement, dans l'espérance qu'un jour, avant de mourir, *videbo dominum meum* facie ad faciem[4].

Je prends la liberté d'adresser à Votre Altesse royale une petite relation, non pas de mon voyage, mais de celui de M. le baron de *Gangan*[5]. C'est une fadaise philosophique qui ne doit être lue

1. Sans doute d'Argental.
2. D'Argenson n'y alla pas.
3. Celles de Beringen et de Ham. Voyez la lettre 925.
4. Ce fut ainsi que Dieu parla à Moïse. (*Exode*, xxxiii, v. 11.)
5. Cet ouvrage n'a jamais été connu, du moins sous ce titre. (K.) — Decroix,

que comme on se délasse d'un travail sérieux avec les bouffonneries d'Arlequin. Le véritable ennemi de Machiavel aura-t-il quelques moments pour voyager avec ce baron de *Gangan?* Il y verra au moins un petit article[1] plein de vérité sur les choses de la terre. Je compte vous présenter bientôt un autre tribut de bagatelles poétiques, car je me tiens comptable de mon temps à mon vrai souverain. Les biens des sujets appartiennent, dit-on, aux autres rois; mon cœur et mes moments appartiennent au mien. Mme du Châtelet, son autre sujette, et plus digne ornement de sa cour, lui présente ses respects, selon la permission qu'il nous en a donnée. Elle ne fera ici que plaider; elle trouvera peu de personnes à qui elle puisse parler de philosophie. Les arts n'habitent pas plus à Bruxelles que les plaisirs. Une vie retirée et douce est ici le partage de presque tous les particuliers; mais cette vie douce ressemble si fort à l'ennui, qu'on s'y méprend très-aisément. L'ennui n'approchera point d'une maison qu'Émilie habite, et qui est honorée des lettres de notre prince. Nous sommes dans le quartier le plus retiré, dans la rue de la Grosse-Tour. C'est là que nous nous entretenons tous les jours de ce prince, qui sera l'amour de la terre comme il est le nôtre; et de M. le baron de Keyserlingk, si digne de lui plaire et de le voir; et du savant M. Jordan, à qui je porte envie.

Je suis avec le plus profond respect et la plus vive reconnaissance, monseigneur, de Votre Altesse royale, le très-humble, etc.

1168. — A M. BERGER.

Bruxelles, le 17 juin.

J'ai fait mille tours; je suis à présent fixé à Bruxelles, et réformé à la suite d'un procès.

Rien ne peut mieux, mon cher monsieur, égayer l'ennui de la chicane que vos agréables lettres. Les nouvelles de Paris en deviennent plus intéressantes quand elles passent par vos mains. Ma vie est ici aussi uniforme et aussi tranquille qu'elle l'était à Cirey, à cela près qu'on y parle beaucoup moins de Rousseau, qui ne se montre nulle part, et dont on ne m'a pas prononcé le

---

l'un des éditeurs de Kehl, a cru pendant un temps qu'il s'agissait de *Micromégas;* mais il avait abandonné cette idée. Beuchot a mentionné le *Voyage de Gangan* dans l'avertissement placé en tête des romans de Voltaire; voyez tome XXI, page VII.

1. Dans *Micromégas* on ne trouve aucune trace de ce *petit article* qui concernait Frédéric.

nom. M. Pallu m'a écrit, en dernier lieu, qu'il était très-disposé à faire à M. de Billy tous les plaisirs qui dépendront de lui, et cela est, je vous assure, très-indépendant de ma chétive recommandation. Adieu, mon cher ami.

Mes lettres sont aussi stériles que les nouvelles de ce pays-ci. Je vous embrasse de tout mon cœur, et j'attends de vous des lettres aussi longues que la mienne est courte : car qui écrit bien doit écrire beaucoup.

1169. — A M. LE MARQUIS D'ARGENS.

A Bruxelles, 21 juin.

Je reçois, mon cher ami, dans une ville voisine de votre habitation, une de vos très-aimables et très-rares lettres, adressée à Cirey. J'espère que je converserai avec vous incessamment autrement que par lettres.

En attendant, voici, mon cher ami, de quoi vous confirmer dans la bonne opinion que vous avez de Mme du Châtelet. Vous pouvez insérer sous mon nom ce petit *Mémoire*[1] que je vous envoie ; je n'y parle que de sa dissertation. Il faut que ma petite planète disparaisse entièrement devant son soleil.

Nous avions travaillé tous deux pour les prix de l'Académie des sciences ; les juges nous ont fait l'honneur au moins d'imprimer nos pièces : celle de Mme du Châtelet est le n° vi, et la mienne était le n° vii. M. de Maupertuis, si fameux par sa mesure de la terre et par son voyage au cercle polaire, était un des juges[2]. Il adjugea le prix au n° vii ; mais les autres académiciens, qui malheureusement ne sont pas du sentiment de s'Gravesande et de Boerhaave, ne furent pas de son avis. Au reste on ne soupçonna jamais que le n° vi fût d'une dame. Sans l'opinion trop hardie que le feu n'est point matière, cette dame méritait le prix. Mais le prix véritable, qui est l'estime de l'Europe savante, est bien dû à une personne de son sexe, de son âge et de son rang, qui a le courage, et la force, et le temps, de faire de si bons et de si pénibles ouvrages au milieu des plaisirs et des affaires.

Savez-vous bien que, pendant quelques jours, nous avons séjourné dans une terre[3] qui n'est qu'à huit lieues de Maestricht[4] ? Mais la multitude prodigieuse des affaires qui accablaient notre

---

1. *Mémoire sur un ouvrage de physique.*
2. Voyez la lettre du 15 juin 1738, à Maupertuis.
3. Celle de Beringen.
4. D'Argens était à Maestricht.

héroïne nous a empêchés de profiter du voisinage. Son intention était bien de vous prier de la venir voir; mais ce qui est différé est-il perdu?

Parmi les fausses nouvelles dont on est inondé, il faut ranger la prétendue impression de ma prétendue histoire littéraire du siècle de Louis XIV. La vérité est que j'ai commencé, il y a plusieurs années, une histoire de ce siècle qui doit être le modèle des âges suivants; mais mon projet embrasse tout ce qui s'est fait de grand et d'utile : c'est un tableau de tout le siècle, et non pas d'une partie.

Je vous enverrai le commencement[1], et vous jugerez du plan de mon ouvrage; mais il faut des années pour qu'il soit en état de paraître. Ne croyez pas que dans cette histoire, ni dans aucun autre ouvrage, je marque du mépris pour Bayle et Descartes : je serais trop méprisable.

J'avoue, à la vérité, avec tous les vrais physiciens sans exception, avec les Newton, les Halley, les Keill, les S'Gravesande, les Musschenbroeck, les Boerhaave, etc., que la véritable philosophie expérimentale et celle du calcul ont absolument manqué à Descartes. Lisez sur cela une petite *Lettre*[2] que j'ai écrite à M. de Maupertuis, et que du Sauzet a imprimée. Il y a une grande différence entre le mérite d'un homme et celui de ses ouvrages. Descartes était infiniment supérieur à son siècle, j'entends au siècle de France, car il n'était pas supérieur aux Galilée, aux Kepler. Ce siècle-ci, enrichi des plus belles découvertes inconnues à Descartes, laisse la faible aurore de ce grand homme absorbée dans le jour que les Newton et d'autres ont fait luire. En un mot, estimons la personne de Descartes, cela est juste; mais ne le lisons point : il nous égarerait en tout. Tous ses calculs sont faux, tout est faux chez lui, hors la sublime application qu'il a faite le premier de l'algèbre à la géométrie.

A l'égard de Bayle, ce serait une grande erreur de penser que je voulusse le rabaisser. On sait assez en France comment je pense sur ce génie facile, sur ce savant universel, sur ce dialecticien aussi profond qu'ingénieux.

Par le fougueux Jurieu Bayle persécuté
Sera des bons esprits à jamais respecté;
Et le nom de Jurieu, son rival fanatique,
N'est aujourd'hui connu que par l'horreur publique.

1. Qui parut la même année.
2. C'est le n° 940.

Voilà ce que j'en ai dit dans une *Épître sur l'Envie*[1], que je vous enverrai si vous voulez.

Quel a donc été mon but en réduisant en un seul tome le bel esprit de Bayle? De faire sentir ce qu'il pensait lui-même, ce qu'il a dit et écrit à M. Desmaiseaux, ce que j'ai vu de sa main; qu'il aurait écrit moins s'il eût été le maître de son temps. En effet, quand il s'agit simplement de goût, il faut écarter tout ce qui est inutile, écrit lâchement et d'une manière vague.

Il ne s'agit pas d'examiner si les articles de deux cents professeurs plaisent aux gens du monde ou non, mais de voir que Bayle, écrivant si rapidement sur tant d'objets différents, n'a jamais châtié son style. Il faut qu'un écrivain tel que lui se garde du style étudié et trop peigné; mais une négligence continuelle n'est pas tolérable dans des ouvrages sérieux. Il faut écrire dans le goût de Cicéron, qui n'aurait jamais dit qu'*Abélard* s'amusait à tâtonner[2] *Héloïse, en lui apprenant le latin*. De pareilles choses sont du ressort du goût, et Bayle est trop souvent répréhensible en cela, quoique admirable d'ailleurs. Nul homme n'est sans défaut; le dieu du goût remarque jusqu'aux petites fautes échappées à Racine, et c'est cette attention même à les remarquer qui fait le plus d'honneur à ces grands hommes. Ce ne sont pas les grandes fautes des Boyer, des Danchet, des Pellegrin, ces fautes ignorées qu'il faut relever, mais les petites fautes des grands écrivains: car ils sont nos modèles, et il faut craindre de ne leur ressembler que par leur mauvais côté.

Je vais chercher ici vos *Mémoires de la république des lettres*, et tous vos ouvrages. Les cérémonies par lesquelles on passe en France, avant de pouvoir avoir dans sa bibliothèque un livre de Hollande, sont terribles. Il est aussi difficile de faire venir certains bons livres que d'arrêter l'inondation des mauvais qu'on imprime à Paris, avec approbation et privilége.

On m'a mandé qu'un jésuite, nommé Brumoi, a fait imprimer un certain *Tamerlan*[3] d'un certain jésuite nommé Margat. L'auteur est mort, et l'éditeur exilé, à ce qu'on dit, parce que ce *Tamerlan* est, dit-on, plein des plus horribles calomnies qu'on ait jamais vomies contre feu M. le duc d'Orléans, régent du royaume.

---

1. Voyez le troisième *Discours sur l'Homme*.
2. *Dictionnaire historique* de Bayle, article ABÉLARD. Voyez ce que Voltaire dit dans les *Conseils à un journaliste* (tome XXII, page 263).
3. *Histoire de Tamerlan, empereur des Mogols, par le Père de Margat;* Paris, 1739, 2 vol. in-12.

Je connais l'ouvrage fanatique du petit jésuite[1] contre Bayle. Vous faites très-bien de le réfuter et de confondre les bavards syllogismes d'un autre vieux pédant. Il est bon de faire voir que les honnêtes gens ne sont pas gouvernés par ces pédagogues raisonneurs, éternels ennemis de la raison. Mais je vous prie de bien distinguer entre les disciples d'un grand homme qui trouvent des fautes dans celui qu'ils aiment, et des ennemis jurés qui voudraient ruiner à la fois la réputation du philosophe et la bonne philosophie. Ne confondez donc pas celui qui trouve que Raphaël manque de coloris, et celui qui brûle ses tableaux.

Ce mot *brûler* me rappelle toujours Desfontaines. Vous savez peut-être que, par surcroît de reconnaissance, il avait fait contre moi, ou plutôt contre lui, un libelle affreux[2], il y a quelques mois. Il niait dans ce libelle jusqu'à l'obligation qu'il m'a de n'avoir pas été brûlé vif, et il y ajoutait les plus infâmes calomnies. Tout le public, révolté contre ce misérable, voulait que je le poursuivisse en justice; mais je n'ai pas voulu perdre mon repos, et quitter mes amis pour faire punir un coquin. M. Hérault a pris ma défense, que j'abandonnais, l'a fait comparaître à la police, et, après l'avoir menacé du cachot, lui a fait signer la rétractation que vous avez pu voir dans les papiers publics.

Adieu, mon cher ami ; je vous embrasse avec le plaisir d'un homme qui voit d'aussi beaux talents que les vôtres consacrés aux belles-lettres, et avec l'espérance que les petites fautes de la jeunesse ne vous empêcheront point de jouir du sort heureux que vous méritez.

1170. — A M. LE MARQUIS D'ARGENSON.

A Bruxelles, ce 21 juin.

Je viens, monsieur, de lire un ouvrage[3] qui m'a consolé de la foule des mauvais dont on nous inonde. Vous m'avez fait bien des plaisirs ; mais voici le plus grand de vos bienfaits. Il ne s'agit pas ici de vous louer ; je suis trop pénétré pour y songer. Je ne crains que d'être trop prévenu en faveur d'un ouvrage où je retrouve la plupart de mes idées. Vous m'avez défendu de vous donner des louanges, mais vous ne m'avez pas défendu de m'en donner. Je vais donc me donner, à moi, de grands coups d'en-

---

1. Jean Le Febure, ou Le Febvre, mort à Valenciennes en 1755. Son ouvrage est intitulé *Bayle en petit, ou Anatomie de ses ouvrages*; Douai, 1737, in-12.
2. *La Voltairomanie*.
3. Les *Considérations*, dont il est parlé dans la lettre 1157.

censoir ; je vais me féliciter d'avoir toujours pensé que le gouvernement féodal était un gouvernement de barbares et de sauvages un peu à leur aise ; encore les sauvages aiment-ils l'égalité.

Il ne faut que des yeux pour voir que les villes gouvernées municipalement sont riches, et que la Pologne n'a que des bourgades pauvres. Je suis fâché de ne pouvoir me louer sur les pensionnaires perpétuels ; mais, en vérité, cette idée m'a charmé, comme si elle était de moi. Il me semble que vous avez éclairci, dans un système très-bien suivi, les idées confuses et les souhaits sincères de tout bon citoyen. En mon particulier, je vous remercie des belles choses que vous dites sur la vénalité des charges : malheureuse invention qui a ôté l'émulation aux citoyens, et qui a privé les rois de la plus belle prérogative du trône.

Comme j'avais peu de bien quand j'entrai dans le monde, j'eus l'insolence de penser que j'aurais une charge comme un autre, s'il avait fallu l'acquérir par le travail et par la bonne volonté. Je me jetai du côté des beaux-arts, qui portent toujours avec eux un certain air d'avilissement, attendu qu'ils ne donnent point d'exemptions, et qu'ils ne font point un homme conseiller du roi en ses conseils. On est maître des requêtes avec de l'argent ; mais avec de l'argent on ne fait pas un poëme épique, et j'en fis un.

Grand merci encore de ce que l'indigne éloge donné à cette vénalité, dans le *Testament politique* attribué au cardinal de Richelieu, vous a fait penser que ce testament n'était point de ce ministre. Je crois, en dépit de toute l'Académie française, que cet ouvrage fut fait par l'abbé de Bourzeis, dont j'ai cru reconnaître le style.

Il y a de plus des contradictions évidentes dans ce livre, lesquelles ne peuvent être attribuées au cardinal de Richelieu ; des idées, des projets, des expressions indignes, ce me semble, d'un ministre. Croira-t-on que le cardinal de Richelieu ait appelé la dame d'honneur de la reine *la Dufargis*, en parlant au roi ? qu'il ait appelé le duc de Savoie *ce pauvre prince ?* qu'il ait, dans un tel ouvrage, parlé à un roi de quarante-deux ans comme on apprend le catéchisme à un enfant ? qu'un ministre ait nommé les rentes à sept pour cent *les rentes au denier sept ?*

Tout l'écrit fourmille de ces manques de bienséance, ou de fautes grossières. On trouve, dans un chapitre, que le roi n'avait que trente-trois millions de revenu ; on trouve tout autre chose dans un autre. Je devrais remarquer d'abord qu'il est question, dès le commencement, d'une paix générale qui n'a jamais été faite, et que le cardinal n'avait nulle envie ni nul intérêt de faire. C'est une preuve assez forte, à mon sens, que tout cela fut écrit par un homme savant et oisif, qui comptait qu'on allait faire la paix. Songeons encore que ce *Testament*, autant qu'il m'en souvient, commence par faire ressouvenir le roi que le cardinal, *en entrant au conseil*, promit à Louis XIII d'abaisser les grands, les huguenots, et la maison d'Autriche. Je soutiens, moi, qu'un tel projet, *en entrant au conseil*, est d'un fanfaron peu fait pour l'exécuter ; et j'ajoute qu'en 1624, quand Richelieu entra au conseil par la faveur de la reine mère, il était fort loin encore d'être premier ministre.

Je me suis un peu étendu sur cet article ; le temps qui presse m'empêche de suivre en détail votre ouvrage d'Aristide ; Mme du Châtelet le lit à présent. Nous vous en parlerons plus au long, si vous le permettez ; mais tout se réduira à regarder l'auteur comme un excellent serviteur du roi, et comme l'ami de tous les citoyens.

Comment avez-vous eu le courage, vous qui êtes d'une aussi ancienne maison que M. de Boulainvilliers, de vous déclarer si généreusement contre lui et contre ses fiefs? J'en reviens toujours là ; vous vous êtes dépouillé du préjugé le plus cher aux hommes en faveur du public.

Nous résistons à l'envie la plus forte de faire une copie de ce bel ouvrage ; nous sommes aussi honnêtes gens que vous, dignes de votre confiance, et nous ne ferons pas transcrire un mot sans votre permission. Nous vous demanderions celle d'envoyer l'ouvrage au prince royal de Prusse, si vous étiez disposé à l'accorder. Faire connaître cet ouvrage au prince, ce serait lui rendre un très-grand service. Je m'imagine que je contribuerais par là au bonheur de tout un peuple.

On m'annonce une nouvelle qui ne contribuera pas à mon bonheur particulier. On m'écrit que l'abbé Desfontaines a eu la permission de désavouer son *désaveu* même ; qu'il a assuré, dans une de ses feuilles, que ce prétendu *désaveu* était une pièce supposée. Cette nouvelle, qui me vient de la Hollande, m'a l'air d'être très-fausse[1] ; du moins je le souhaite.

Comment Desfontaines aurait-il eu l'insolence de nier un *désaveu* minuté de votre main, écrit et signé de la sienne, et

1. Cette nouvelle était fausse en effet.

déposé au greffe de la police? Comment oserait-il s'avouer, dans ses feuilles, auteur d'un libelle infâme? Et si, en effet, il est capable d'une pareille turpitude, comment pourrait-il désobéir aux ordres de M. Hérault, et nier dans ses feuilles un *désaveu* que M. Hérault lui ordonnait d'y insérer?

Si vous êtes encore à Paris, monsieur, j'ose vous supplier d'en dire un mot.

Je me sers de l'adresse que vous m'avez donnée, dans l'incertitude où je suis de votre départ. Mme du Châtelet, entourée de devoirs, de procès, et de tout ce qui accompagne un établissement, a bien du regret de ne pouvoir vous écrire aujourd'hui, et vous marquer elle-même ce qu'elle pense de l'ouvrage et de l'auteur.

Adieu, monsieur, allez faire aimer les Français en Portugal, et laissez-moi l'espérance de revoir un homme qui fait tant d'honneur à la France. Un Anglais fit mettre sur son tombeau : CI-GÎT L'AMI DE PHILIPPE SIDNEY ; permettez-moi que mon épitaphe soit : CI-GÎT L'AMI DU MARQUIS D'ARGENSON.

Voilà une charge qu'on n'a point avec de la finance, et que je mérite par le plus respectueux attachement et la plus haute estime.

1171. — DE FRÉDÉRIC, PRINCE ROYAL DE PRUSSE.

Remusberg, 26 juin[1].

Mon cher ami, je souhaiterais beaucoup que votre étoile errante se fixât, car mon imagination déroutée ne sait plus de quel côté du Brabant elle doit vous chercher. Si cette étoile errante pouvait une fois diriger vos pas du côté de notre solitude, j'emploierais assurément tous les secrets de l'astronomie pour arrêter son cours; je me jetterais même dans l'astrologie; j'apprendrais le grimoire, et je ferais des invocations à tous les dieux et à tous les diables, pour qu'ils ne vous permissent jamais de quitter ces contrées. Mais, mon cher Voltaire, Ulysse, malgré les enchantements de Circé, ne pensait qu'à sortir de cette île, où toutes les caresses de la déesse magicienne n'avaient pas tant de pouvoir sur son cœur que le souvenir de sa chère Pénélope. Il me paraît que vous seriez dans le cas d'Ulysse, et que le puissant souvenir de la belle Émilie et l'attraction de son cœur auraient sur vous un empire plus fort que mes dieux et mes démons. Il est juste que les nouvelles amitiés le cèdent aux anciennes; je le cède donc à la marquise, toutefois à condition qu'elle maintiendra mes droits de second contre tous ceux qui voudraient me les disputer.

1. La réponse de Voltaire est du 1er septembre 1739.

J'ai cru que je pourrais aller assez vite dans ce que je m'étais proposé d'écrire contre Machiavel; mais j'ai trouvé que les jeunes gens ont la tête un peu trop chaude. Pour savoir tout ce qu'on a écrit sur Machiavel, il m'a fallu lire une infinité de livres, et, avant que d'avoir tout digéré, il me faudra encore quelque temps. Le voyage que nous allons faire en Prusse ne laissera pas que de causer encore quelque interruption à mes études, et retardera *la Henriade, Machiavel,* et *Euryale.*

Je n'ai point encore de réponse d'Angleterre; mais vous pouvez compter que c'est une chose résolue, et que *la Henriade* sera gravée. J'espère pouvoir vous donner des nouvelles de cet ouvrage et de l'avant-propos à mon retour de Prusse, qui pourra être vers le 15 d'août.

Un prince oisif est, selon moi, un animal peu utile à l'univers. Je veux du moins servir mon siècle en ce qui dépend de moi; je veux contribuer à l'immortalité d'un ouvrage qui est utile à l'univers; je veux multiplier un poëme où l'auteur enseigne le devoir des grands et le devoir des peuples, une manière de régner peu connue des princes, et une façon de penser qui aurait ennobli les dieux d'Homère autant que leurs cruautés et leurs caprices les ont rendus méprisables.

Vous faites un portrait vrai, mais terrible, des guerres de religion, de la méchanceté des prêtres, et des suites funestes du faux zèle. Ce sont des leçons qu'on ne saurait assez répéter aux hommes, que leurs folies passées devraient du moins rendre plus sages dans leur façon de se conduire à l'avenir.

Ce que je médite contre le machiavélisme est proprement une suite de *la Henriade.* C'est sur les grands sentiments de Henri IV que je forge la foudre qui écrasera César Borgia.

Pour *Nisus et Euryale,* ils attendront que le temps et vos corrections aient fortifié ma verve.

J'envoie par L. Schilling [1] le vin de Hongrie, sous l'adresse du duc d'Aremberg. Il est sûr que ce duc est le patriarche des bons vivants; il peut être regardé comme père de la joie et des plaisirs. Silène l'a doué d'une physionomie qui ne dément point son caractère, et qui fait connaître en lui une volupté aimable et décrassée de tout ce que la débauche a d'obscénités.

J'espère que vous respirerez en Brabant un air plus libre qu'en France, et que la sécurité de ce séjour ne contribuera pas moins que les remèdes à la santé de votre corps. Je vous assure qu'il m'intéresse beaucoup, et qu'il ne se passe aucun jour que je ne fasse des vœux, en votre faveur, à la déesse de la santé.

J'espère que tous mes paquets vous seront parvenus. Mandez-m'en, s'il vous plaît, quelques petits mots. On dit que les Plaisirs se sont donné rendez-vous sur votre route;

> Que la Danse et la Comédie,
> Avec leur sœur la Mélodie,
> Toutes trois firent le dessein
> De vous escorter en chemin,

---

1. J'envoie par le lieutenant Schilling. (*OEuvres posthumes.*)

Suivies [1] de leur bande joyeuse ;
Et qu'en tous lieux leur troupe heureuse,
Devant vos pas semant des fleurs,
Vous a rendu tous les honneurs
Qu'au sommet de la double croupe,
Gouvernant sa divine troupe,
Apollon reçoit des neuf Sœurs.

On dit aussi

Que la Politesse et les Grâces
Avec vous quittèrent Paris ;
Que l'Ennui froid a pris les places
De ces déesses et des Ris ;
Qu'en cette région trompeuse,
La Politique frauduleuse
Tient le poste de l'Équité ;
Que la timide Honnêteté,
Redoutant le pouvoir inique
D'un prélat fourbe et despotique [2]
Ennemi de la liberté,
S'enfuit avec la Vérité.

Voilà une gazette poétique de la façon qu'on les fait à Remusberg. Si vous êtes friand de nouvelles, je vous en promets en prose ou en vers, comme vous les voudrez, à mon retour.

Mille assurances d'estime à la divine Émilie, ma rivale dans votre cœur. J'espère que vous tiendrez les engagements de docilité que vous avez pris avec Superville [3]. Césarion vous dit tout ce qu'un cœur comme le sien pense, lorsqu'il a été assez heureux pour connaître le vôtre ; et moi, je suis plus que jamais votre fidèle ami,

FÉDÉRIC.

1172. — A M. LE MARQUIS D'ARGENS [4].

Bruxelles, ce 27 juin.

Si mes sentiments décidaient de mes marches, je serais allé à Maestricht à la réception de votre lettre, mon cher ami ; je vous aurais embrassés tous deux [5] ; j'aurais été témoin de votre nouvel établissement ; j'aurais raisonné avec vous sur vos nouvelles vues. J'ai fait ce que j'ai pu pour partir ; mes amis me retiennent ; on ne veut plus me laisser aller. Nous avons perdu une belle occasion dans la ville de Beringen : nous n'étions qu'à huit lieues. Réparons donc ce contre-temps, et que j'aie la consolation de

1. Ce mot ne peut entrer dans un vers, à moins qu'il ne le termine. Voyez ce que Voltaire dit, dans la lettre 1135, au sujet du mot *croient*.
2. Le cardinal de Fleury.
3. Médecin nommé dans la lettre 1178.
4. Éditeurs, de Cayrol et François.
5. C'est-à-dire d'Argens et Mlle Cochois.

vous voir. Vous allez, dites-vous, dans les pays chauds; mais qui sont-ils, ces pays? Est-ce la Provence, l'Italie, ou l'Asie, ou l'Afrique? Partout où vous serez, vous ferez honneur à l'esprit humain. Avant votre départ, ne pourrions-nous pas nous voir à Saint-Tron? C'est la moitié du chemin; pouvez-vous vous arranger pour y être dans huit ou dix jours¹? . . . .
. . . .

Je ne puis concevoir ce qui leur a donné la rage de se servir contre moi de mes bienfaits : leur imbécillité a été dirigée par quelqu'un de bien méchant. Vous me feriez un grand plaisir d'écrire sur cela fortement à vos correspondants.

Si vous avez besoin de quelques pièces fugitives pour vos journaux, je suis à votre service.

Ce malheureux Rousseau est ici, mais il est toujours chassé de chez M. le duc d'Aremberg, en punition de ses calomnies. Je donne demain un grand souper à M. le duc d'Aremberg : Rousseau n'y sera pas; mais je voudrais bien que vous y fussiez. Adieu. Faites toujours honneur aux belles-lettres, et ayez autant d'envie de me voir que j'en ai de vous embrasser.

1173. — A M. LE COMTE D'ARGENTAL².

Bruxelles, 28 juin.

Quand je serais en Laponie, vous seriez toujours mon ange gardien. Envoyez-moi donc, à Bruxelles, vos derniers ordres pour *Zulime*. Que dites-vous de Rousseau, qui est allé en Hollande faire imprimer le libelle de Desfontaines? On en a fait une édition dont toute l'Allemagne est inondée. Ce dernier trait ne doit-il pas indigner ceux qui sont à portée de rendre justice, et peut-on différer d'obliger Desfontaines à publier le désaveu nécessaire de calomnies si horribles?

Je vous prie de me faire savoir à quoi on se détermine. Il y a six mois qu'on me lie les mains et qu'on m'empêche de publier la réponse la plus modérée et la plus décisive, dans l'espérance d'un équivalent qui n'est pas encore venu. Je vous avoue que, sans votre amitié, je n'aurais pas la force de résister à tant d'amertumes. Mettez-moi donc un peu au fait de cette affaire, mon respectable ami; mais n'oubliez pas la tendre *Zulime;* elle m'est chère depuis que vous vous y intéressez. Je la recoiffais un

---

1. Deux lignes manquent.
2. Éditeurs, de Cayrol et François.

peu à la hâte dernièrement; mais j'étais pressé, il fallait partir. A présent que je me sens un peu plus de loisir, je la remettrai à sa toilette; mais c'est le miroir de la vérité qu'il me faut, et c'est vous qui l'avez.

Si vous voulez m'écrire sous le couvert de Mme la marquise du Châtelet, à Bruxelles, *à l'Impératrice*, vous êtes le maître; sinon, vous pouvez vous servir de l'adresse du chevalier de M...; il vous la donnera.

Mme du Châtelet vous fait les plus tendres compliments. Mille respects, je vous prie, à Mme d'Argental, à monsieur votre frère, et à MM. d'Ussé : c'est presque tout ce que je regrette à Paris, et je n'y reviendrai jamais que pour vous. Adieu, mon respectable ami.

1174. — A M. BERGER.

A Bruxelles.

Je reçois vos lettres du 25 ; vous ne pouvez ajouter, monsieur, au plaisir que me font vos lettres, qu'en détruisant le bruit qui se répand que j'ai envoyé mon *Siècle de Louis XIV* à Prault. Je sais qu'on n'en a que des copies très-infidèles, et je serais fâché que les copies ou l'original fussent imprimés.

Je n'aurai jamais d'aussi brillantes nouvelles à vous apprendre que celles que vous nous envoyez; c'est ici le pays de l'uniformité. Bruxelles est si peu bruyant que la plus grande nouvelle d'aujourd'hui est une très-petite fête que je donne à Mme du Châtelet, à Mme la princesse de Chimai, et à M. le duc d'Aremberg. Rousseau, je crois, n'en sera pas. C'est sûrement la première fête qu'un poëte ait donnée à ses dépens, et où il n'y ait point de poésie. J'avais promis une devise fort galante pour le feu d'artifice, mais j'ai fait faire de grandes lettres bien lumineuses qui disent : *Je suis du jeu, va tout;* cela ne corrigera pas nos dames, qui aiment un peu trop le brelan; je n'ai pourtant fait cela que pour les corriger.

Si vous voyez M. Bouchardon, qui élève des monuments[1] un peu plus durables pour sa gloire et pour celle de sa nation, je vous prie de lui faire mes sincères compliments; vous savez que les Phidias me sont aussi chers que les Homères.

Continuez, mon cher ami, à m'écrire de très-longues lettres qui me dédommagent de tout ce que je ne vois pas à Paris. Mille compliments à M. de Crébillon[2], à M. de La Bruère. N'oubliez

---

1. La fontaine de la rue de Grenelle.
2. Crébillon fils.

pas de dire à l'abbé Dubos combien je l'estime et je l'aime. Adieu.

1175. — A M. THIERIOT.

Enghien, le 30 juin.

Vous devriez bien me mander des nouvelles de votre santé et de la république des lettres. Avez-vous encore un Smith[1]?

Il y a un Gordien d'Afrique dans les médailles dont je vous ai parlé; informez-en l'abbé de Rothelin, je vous en prie.

Je vous écris d'une maison dont Rousseau a été chassé pour jamais, en juste punition de ses calomnies. Je vous dirais bien des choses, mais je suis encore tout malade d'un saisissement qui me fit presque évanouir, en voyant tomber à mes pieds, du haut d'un troisième étage, deux charpentiers que je faisais travailler. Je m'avisai avant-hier, à Bruxelles, de donner une fête à Mme du Châtelet, à Mme la princesse de Chimai[2], et à M. le duc d'Aremberg. Figurez-vous ce que c'est que de voir choir deux pauvres artisans, et d'être tout couvert de leur sang. Je vois bien que ce n'est pas à moi de donner des fêtes. Ce triste spectacle corrompit tout le plaisir de la plus agréable journée du monde. Je regrette beaucoup celles que je passais avec vous à Cirey, et je compte vous revoir à Paris, l'hiver prochain.

Mes compliments, je vous prie, aux êtres pensants qui pensent à moi, surtout à *sir Isaac*[3].

1176. — A M. LE MARQUIS D'ARGENS[4].

A Bruxelles, 4 juillet.

Mon cher marquis philosophe, quelle étoile nous sépare avant de nous avoir réunis? Vous êtes encore à Maestricht, comme je le vois par votre lettre du 30 août; et moi, je pars sur la fin de cette semaine pour aller faire un tour à Paris, où je resterai près de trois semaines. Vous retrouverai-je à mon retour? Pourrai-je avoir le plaisir de relire vos ouvrages et de revoir l'auteur, que j'aime encore plus qu'eux?

1. C'est sans doute Robert Smith, physicien anglais cité par Voltaire dans une lettre du 18 septembre 1740, à Maupertuis.
2. Charlotte de Rouvroi, née en 1696, fille du duc de Saint-Simon si connu par ses *Memoires* et sa vanité nobiliaire; mariée, en 1722, à Charles-Louis-Antoine Galéas de Hennin-Bossu, prince de Chimai, parent du duc Léopold-Philippe d'Aremberg. (CL.)
3. Prénom de Newton donné ici à Maupertuis.
4. Éditeurs, de Cayrol et François.

Vous me demandez si je sais que Milton a fait autre chose que des vers. Vous n'avez donc pas lu ce que j'en dis dans l'article qui le regarde, à la fin de *la Henriade*? Pour vous en punir, les Ledet et Desbordes ont ordre de vous présenter leur nouvelle édition, en grand papier, qui m'a paru très-belle.

Permettez-moi, en vous remerciant tendrement de ce que vous avez fait, de vous envoyer encore les pièces ci-jointes que je vous prie de recommander à Paupie. J'ai extrêmement à cœur que des choses si vraies et si authentiques soient publiées, et j'ai un plaisir bien sensible à me voir défendu par vous contre un scélérat.

Les Français deviennent plus Romains que jamais, j'entends Romains du Bas-Empire. Adieu; j'ai pour vous l'estime que je dois à ceux qui pensent comme les Romains de la république. Je suis ici dans un pays où il n'y a ni Scipions, ni Cicérons; mais j'y joue au brelan, j'y fais grande chère, et je me dépique avec les plaisirs de l'abandon où je vois ici les lettres. *Vale et me ama.*

1177. — A M. HELVÉTIUS.

A Enghien, ce 6 juillet.

Je vois, mon charmant ami, que je vous avais écrit d'assez mauvais vers, et qu'Apollon n'a pas voulu qu'ils vous parvinssent. Ma lettre était adressée à Charleville, où vous deviez être, et j'avais eu soin d'y mettre une petite apostille, afin que la lettre vous fût rendue, en quelque endroit de votre département que vous fussiez. Vous n'avez rien perdu, mais moi j'ai perdu l'idée que vous aviez de mon exactitude. Mon amitié n'est point du tout négligente. Je vous aime trop pour être paresseux avec vous. J'attends, mon bel Apollon, votre ouvrage[1], avec autant de vivacité que vous le faites. Je comptais vous envoyer de Bruxelles ma nouvelle édition[2] de Hollande, mais je n'en ai pas encore reçu un seul exemplaire de mes libraires. Il n'y en a point à Bruxelles, et j'apprends qu'il y en a à Paris. Les libraires de Hollande, qui sont des corsaires maladroits, ont sans doute fait beaucoup de fautes dans leur édition, et craignent que je ne la voie assez tôt pour m'en plaindre et pour la décrier. Je ne pourrai en être instruit que dans quinze jours. Je suis actuellement, avec Mme du

---

1. L'*Épître* dont il s'agit dans la lettre 1149.
2. *Amsterdam, aux dépens de la compagnie*; 1739, 3 vol. petit in-8°.

Châtelet, à Enghien, chez M. le duc d'Aremberg, à sept lieues de Bruxelles. Je joue beaucoup au brelan; mais nos chères études n'y perdent rien. Il faut allier le travail et le plaisir; c'est ainsi que vous en usez, et c'est un petit mélange que je vous conseille de faire toute votre vie, car, en vérité, vous êtes né pour l'un et pour l'autre.

Je vous avoue, à ma honte, que je n'ai jamais lu l'*Utopie* de Thomas Morus; cependant je m'avisai de donner une fête, il y a quelques jours, dans Bruxelles, sous le nom de l'envoyé d'*Utopie*. La fête était pour Mme du Châtelet, comme de raison; mais croiriez-vous bien qu'il n'y avait personne dans la ville qui sût ce que veut dire *Utopie*? Ce n'est pas ici le pays des belles-lettres. Les livres de Hollande y sont défendus, et je ne peux pas concevoir comment Rousseau a pu choisir un tel asile. Ce doyen des médisants, qui a perdu depuis longtemps l'art de médire, et qui n'en a conservé que la rage, est ici[1] aussi inconnu que les belles-lettres. Je suis actuellement dans un château[2] où il n'y a jamais eu de livres que ceux que Mme du Châtelet et moi nous avons apportés; mais, en récompense, il y a des jardins plus beaux que ceux de Chantilly, et on y mène cette vie douce et libre qui fait l'agrément de la campagne. Le possesseur de ce beau séjour vaut mieux que beaucoup de livres; je crois que nous allons y jouer la comédie; on y lira du moins les rôles des acteurs.

J'ai bien un autre projet en tête; j'ai fini ce *Mahomet* dont je vous avais lu l'ébauche. J'aurais grande envie de savoir comment une pièce d'un genre si nouveau et si hasardé réussirait chez nos galants Français; je voudrais faire jouer la pièce, et laisser ignorer l'auteur. A qui puis-je mieux me confier qu'à vous? N'avez-vous pas en main cet ami de Paris, qui vous doit tout, et qui aime tant les vers? Ne pourriez-vous pas la lui envoyer? Ne pourrait-il pas la lire aux comédiens? Mais lit-il bien? car une belle prononciation et une lecture pathétique sont une bordure nécessaire au tableau. Voyez, mon cher ami; donnez-moi sur cela vos réflexions.

1. A Bruxelles, où Rousseau était revenu au commencement de février 1739, après avoir séjourné *incognito* à Paris pendant quelques semaines.

2. Ce château, habité par Rousseau et par Voltaire, a été démoli; il n'en subsistait plus, en avril 1826, quand je visitai Enghien, qu'une grande tour carrée servant autrefois de chapelle, près de la salle de spectacle. Les jardins, qui appartiennent au duc Prosper-Louis d'Aremberg, avec un château bâti à l'une de leurs extrémités, sont immenses et encore magnifiques. On y voit un *Mont-Parnasse*, où Voltaire monta sans doute, et de très-anciens berceaux en charmilles sous lesquels il se promenait avec Émilie. (CL.)

Quelle est donc cette Mme Lambert à qui je dois des compliments? Vous me faites des amis des gens qui vous aiment; je serai bientôt aimé de tout le monde.

Adieu. Mme du Châtelet vous estime, vous aime, vous n'en doutez pas. Nos cœurs sont à vous pour jamais; elle vous a écrit comme moi à Charleville. Adieu; je vous embrasse du meilleur de mon âme.

1178. — DE FRÉDÉRIC, PRINCE ROYAL DE PRUSSE.

Berlin, 7 juillet.

Mon cher ami, j'ai reçu l'ingénieux *Voyage du baron de Gangan*[1], à l'instant de mon départ de Remusberg; il m'a beaucoup amusé, ce voyageur céleste; et j'ai remarqué en lui quelque satire et quelque malice qui lui donne beaucoup de ressemblance avec les habitants de notre globe, mais qu'il ménage si bien qu'on voit en lui un jugement plus mûr et une imagination plus vive qu'en tout autre être pensant. Il y a, dans ce *Voyage*, un article où je reconnais la tendresse et la prévention de mon ami en faveur de l'éditeur de *la Henriade*. Mais souffrez que je m'étonne qu'en un ouvrage où vous rabaissez la vanité ridicule des mortels, où vous réduisez à sa juste valeur ce que les hommes ont coutume d'appeler grand; qu'en un ouvrage où vous abattez l'orgueil et la présomption, vous vouliez nourrir mon amour-propre, et fournir des arguments à la bonne opinion que je puis avoir de moi-même.

Tout ce que je puis me dire à ce sujet peut se réduire à ceci qu'un cœur pénétré d'amitié voit les objets d'une autre manière qu'un cœur insensible et indifférent.

J'espère que ma dernière lettre[2] vous sera parvenue en compagnie du vin de Hongrie. Votre séjour de Bruxelles n'accélérera guère notre correspondance, durant quelque temps, car je pars incessamment pour un voyage aussi ennuyeux que fatigant. Nous parcourrons, en cinq semaines, plus de mille milles d'Allemagne; nous passerons par des endroits peu habités, et qui me conviennent à peu près comme le pays des Gètes, qui servait d'exil à Ovide. Je vous prie de redoubler votre correspondance, car il ne faut pas moins que deux de vos lettres toutes les semaines pour me garantir d'un ennui insupportable.

Bruxelles et presque toute l'Allemagne se ressentent de leur ancienne barbarie; les arts y sont peu en honneur, et par conséquent peu cultivés. Les nobles servent dans les troupes, ou, avec des études très-légères, ils entrent dans le barreau, où ils jugent, que c'est un plaisir. Les gentillâtres bien rentés vivent à la campagne, ou plutôt dans les bois, ce qui les rend aussi féroces que les animaux qu'ils poursuivent. La noblesse de ce pays-ci res-

---

1. Voyez la lettre 1167, à laquelle celle-ci répond.
2. La lettre 1171.

semble en gros à celle des autres provinces d'Allemagne, mais à cela près qu'ils ont plus d'envie de s'instruire, plus de vivacité, et, si j'ose dire, plus de génie que la plus grande partie de la nation, et principalement que les Westphaliens, les Franconiens, les Souabes, et les Autrichiens : ce qui fait qu'on doit s'attendre un jour à voir ici les arts tirés de la roture, et habiter les palais et les bonnes maisons. Berlin principalement contient en soi (si je puis m'exprimer ainsi) les étincelles de tous les arts; on voit briller le génie de tous côtés, et il ne faudrait qu'un souffle heureux pour rendre la vie à ces sciences qui rendirent Athènes et Rome plus fameuses que leurs guerres et leurs conquêtes.

Vous devez trouver la différence de la vie de Paris et de Bruxelles bien plus sensible qu'un autre, vous qui ne respiriez qu'au centre des arts, vous qui aviez réuni à Cirey tout ce qu'il y a de plus voluptueux, de plus piquant dans les plaisirs de l'esprit.

La gravité espagnole de l'archiduchesse [1], le cérémonial guindé de sa petite cour n'inspirera guère de vénération à un philosophe qui apprécie les choses selon leur valeur intrinsèque ; et je suis sûr que le baron de *Gangan* en sentira le ridicule, s'il pousse ses voyages jusqu'à Bruxelles.

Adieu, mon cher ami; je pars. Fournissez-moi, je vous prie, de tout ce que votre plume produira, car mon esprit court grand risque de mourir d'inanition, à moins que vos soins ne lui conservent la vie.

Je travaillerai, autant que le temps me le permettra, contre Machiavel et pour *la Henriade*; et j'espère de pouvoir vous envoyer de Königsberg l'avant-propos [2] de la nouvelle édition.

Mille assurances d'estime à la divine Émilie. Je ne comprends point comment on peut plaider contre elle, et de quelle nature peut être le procès qu'on lui intente. Je ne connaîtrais d'autres intérêts à discuter avec elle que ceux du cœur.

Ménagez votre santé ; n'oubliez point que je m'intéresse beaucoup à votre conservation, et que j'ai lié d'une manière indissoluble mon contentement à votre prospérité. Je suis à jamais, mon cher ami, votre très-fidèlement affectionné ami,

Fédéric.

Le médecin que je vous ai recommandé s'appelle Superville. C'est un homme sur l'expérience et le savoir duquel on peut faire fond. Adressez-moi les lettres que vous lui écrirez, je vous ferai tenir ses réponses; mais surtout ne négligez point ses avis, et j'ai lieu d'espérer qu'on redressera la faiblesse de votre tempérament, et les infirmités dont votre vie serait rongée.

1. Marie-Élisabeth-Lucie, née en 1680, fille de l'empereur Léopold; morte en 1741.
2. Voyez cet avant-propos, en tête de *la Henriade*, tome VIII.

1179. — A M. L'ABBÉ MOUSSINOT [1].

A Enghien, près de Bruxelles (ce 9 juillet 1739).

Mon cher abbé, j'aurai donc le plaisir de vous voir : apportez votre petit paquet, s'il n'est pas envoyé à M. de Séchelles. Vous achèterez pour ce qu'il vous plaira de tableaux ; mais je vous prie de me procurer environ deux cent cinquante louis en lettres de change sur Bruxelles. Avant de partir, voulez-vous bien voir ce diable d'Hébert, et demander s'il n'a point fini un très-joli ouvrage [2] qu'il promet depuis six mois à Mme du Châtelet.

Cette lettre vous sera envoyée ou mise à la poste par un homme de Berlin, et elle est écrite avec une plume d'ambre que le prince royal vient de nous envoyer.

Encore vingt livres à d'Arnaud, et conseils de sagesse.

1180. — A FRÉDÉRIC, PRINCE ROYAL DE PRUSSE.

A Bruxelles (juillet).

Monseigneur, Émilie et moi chétif, nous avons reçu, au milieu des plaisirs d'Enghien, le plus grand plaisir dont nous puissions être flattés. Un homme [3], qui a eu le bonheur de voir mon jeune Marc-Aurèle, nous a apporté de sa part une lettre charmante, accompagnée d'écritoires d'ambre et de boîtes à jouer.

> Avec combien d'impatience
> Monsieur Gérard nous vit saisir
> Ces instruments de la science,
> Aussi bien que ceux du plaisir !
> Tout est de notre compétence.

Nous jouons donc, monseigneur, avec vos jetons, et nous écrivons avec vos plumes d'ambre.

> Cet ambre fut formé, dit-on,
> Des larmes que jadis versèrent
> Les sœurs du brillant Phaéton,
> Lorsqu'en pins elles se changèrent,

---

1. Édition Courtat.
2. Dans la lettre du 5 juin 1737 (n° 756) il est question d'un nécessaire ; voyez tome XXXIV, page 274. Dans la lettre à d'Argental, du 12 mars 1740 (n° 1251), il est question d'une écritoire destinée au prince royal de Prusse.
3. David Gérard.

Pour servir, sans doute, au bûcher
Du plus infortuné cocher
Que jamais les dieux renversèrent.

Ces dieux renversent tous les jours de ces cochers qui se mêlent de nous conduire, et ils trouvent rarement des amis qui les pleurent.

A notre retour d'Enghien, à peine arrivons-nous à Bruxelles qu'une nouvelle consolation m'arrive encore, et je reçois, par la voie d'Amsterdam, une lettre du 7 juillet, de Votre Altesse royale. Il paraît qu'elle connaît le pays où je suis. J'y vois beaucoup de princes et peu d'hommes, c'est-à-dire d'hommes pensants et instruits.

Que vont donc devenir, monseigneur, dans votre ville de Berlin, ces sciences que vous encouragez, et à qui vous faites tant d'honneur? Qui remplacera M. de La Croze? Ce sera sans doute M. Jordan; il me semble qu'il est dans le vrai chemin de la grande érudition. Après tout, monseigneur, il y aura toujours des savants; mais les hommes de génie, les hommes qui, en communiquant leur âme, rendent savants les autres; ces fils aînés de Prométhée, qui s'en vont distribuant le feu céleste à des masses mal organisées, il y en aura toujours très-peu, dans quelque pays que ce puisse être. La marquise jette à présent tout son feu sur ce triste procès qui lui a fait quitter sa douce solitude de Cirey; et moi, je réunis mes petites étincelles pour former quelque chose de neuf qui puisse plaire au moderne Marc-Aurèle.

Je prends donc la liberté de lui envoyer ce premier acte d'une tragédie[1] qui me paraît, sinon dans un bon goût, au moins dans un goût nouveau. On n'avait jamais mis sur le théâtre la superstition et le *fanatisme*. Si cet essai ne déplaît pas à mon juge, il aura le reste, acte par acte.

Je comptais avoir l'honneur de lui envoyer ce commencement par M. de Valori[2], qui va résider auprès de Sa Majesté. Il est digne, à ce qu'on dit, d'avoir l'honneur de dîner avec le père, et de souper avec le fils[3]. Je l'attends de jour en jour à Bruxelles; j'espère que ce sera un nouveau protecteur que j'aurai auprès de Votre Altesse royale.

Les *mille milles* d'Allemagne qu'elle va faire[4] retarderont un

---

1. *Le Fanatisme, ou Mahomet le Prophète.*
2. Le marquis de Valori.
3. Voyez la lettre 1152.
4. Voyez le troisième alinéa de la lettre 1178.

peu la défaite de Machiavel, et les instructions que j'attends de la main la plus respectable et la plus chère. J'ignore si M. de Keyserlingk a le bonheur d'accompagner Votre Altesse royale ; ou je le plains, ou je l'envie.

J'écrirai donc à M. de Superville. Je n'ai de foi aux médecins que depuis que Votre Altesse royale est l'Esculape qui daigne veiller sur ma santé.

Émilie va quitter ses avocats pour avoir l'honneur d'écrire au patron des arts et de l'humanité. Je suis, etc.

1181. — A M. LE MARQUIS D'ARGENS [1].

A Enghien, ce 10 juillet.

Je suis encore à Enghien, mon cher ami, et je ne serai libre que vers la fin du mois. Mandez-moi donc de vos nouvelles, et que je sache où je pourrai avoir l'honneur de vous embrasser. Vous êtes aussi paresseux avec vos amis que vous êtes diligent avec le public. La réputation est votre première divinité, si ce n'est Léontine [2] ; mais que l'amitié soit au moins la troisième ; elle est chez moi la première : je sacrifie à cette idole tout, jusqu'à l'étude. Depuis quinze jours, figurez-vous que ma philosophie passe ici ses journées à jouer la comédie, et la nuit à jouer au brelan.

Cependant il en faut revenir au travail, car le temps perdu dans le plaisir laisse l'esprit vide, et les heures employées à l'étude laissent l'âme toute pleine. Vous savez passer si bien du plaisir au travail que vous donneriez là-dessus des leçons. Mars, Apollon, Vénus, sont des saints que vous savez très-bien fêter. Faites-moi donc un peu part de vos desseins, de vos études, de vos amusements, et regardez-moi comme le plus tendre de vos amis.

Mon adresse est rue de la Grosse-Tour, à Bruxelles.

1182. — A M. LE MARQUIS D'ARGENS.

A Bruxelles, ce 18 juillet.

Êtes-vous parti ? Pour moi, je pars dans la minute. Mes compliments, mon cher ami, au révérend Père Janssens [3], jésuite de

---

1. Éditeurs, de Cayrol et François.
2. Mlle Cochois.
3. Ou Yancin. (K.)

Bruxelles, lequel a persuadé à la pauvre Mme Viana que son mari était mort hérétique, et que, par conséquent, elle ne pouvait en conscience garder de l'argent chez elle, et qu'il fallait remettre tout entre les mains de son confesseur. La dame Viana, pleine de componction, lui a confié tout son argent. Le cocher qui a aidé le révérend Père à porter les sacs dépose juridiquement contre le révérend Père. Le bon homme dit qu'il ne sait ce que c'est, et prie Dieu pour eux. Le peuple cependant veut lapider le saint. On va juger l'affaire[1]. Il faut ou le pendre ou le canoniser, et peut-être sera-t-il l'un et l'autre.

Adieu, mon ami ; ne soyons ni l'un ni l'autre.

1183. — A M. PRAULT[2].

A Bruxelles, 21 juillet.

Depuis que j'ai vu la nouvelle édition de Ledet, je suis plus que jamais, mon cher Prault, dans la résolution de vous en procurer une qui vous soit utile et honorable. Je crois que vous pouvez compter sur la protection de M. d'Argenson, comme sur mon zèle. Je serais trop fâché que les étrangers profitassent seuls de mon travail, et que le libraire de Paris que j'estime le plus n'eût de moi que des offres inutiles de service. Je suis donc tout prêt; parlez, quand commencerez-vous ? Je vous offre et mon travail et de l'argent.

Je ne crois pas que vous gagniez à débiter ce petit *Essai sur Molière*, qui n'a été fait que pour être joint à l'édition de ses œuvres. M. Pallu m'avait prié d'y travailler; mais quand l'ouvrage fut fait, on donna la préférence, comme de raison, à M. de La Serre, qui avait commencé avant moi, et qui, d'ailleurs, retirait de son travail un profit que j'aurais été au désespoir de lui ôter.

S'il est vrai que mes *Épîtres* et le commencement du *Siècle de Louis XIV* paraissent, je vous prie de les chercher et de me les envoyer. Au reste, vous ne ferez rien qu'avec prudence, et je m'en rapporte à vous.

My services to your lady. Si vous voyez le père du *Sopha*, je suis son ami pour la vie.

---

1. Voyez, sur cette affaire, l'*Essai sur les probabilités en fait de justice*, tome XXVIII. Voyez aussi la lettre à d'Argenson du 21 mai 1740.
2. Éditeurs, de Cayrol et François.

1184. — A MADEMOISELLE QUINAULT.

Juillet 27, à Bruxelles.

On m'a apporté de Paris, mademoiselle, l'arrêt prononcé tout au long dans votre cour : je l'ai trouvé d'un juge non moins éclairé que sévère ; et quoique je commence à être d'un âge où l'amour-propre devient un peu rétif, j'ai lu l'arrêt avec docilité. Suspendez pour un moment, je vous prie, l'attention que vous donnez peut-être à présent à trois ou quatre pièces nouvelles, et écoutez-moi.

La première chose que j'ai faite, c'est de relire la pièce que beaucoup d'autres occupations avaient presque effacée de ma mémoire. J'ai éprouvé précisément le même sentiment sur lequel est fondée la critique ; j'ai été attendri par les trois premiers actes, embarrassé à la fin du troisième, et révolté des deux autres. Mais je suis très-loin de croire qu'il soit impossible de tirer parti de ce sujet. Je pense, au contraire, qu'il est très-aisé de rendre les derniers actes aussi intéressants que les premiers, et vais, au moins, le tenter ; et si je réussis, ce sera à vous et à votre ami que j'en aurai l'obligation. Je m'étais tellement refroidi sur cet ouvrage, fait avec précipitation, que j'avais besoin des coups d'aiguillon que vous venez de me donner. Je vous avoue que la multitude des occupations que je me suis faite est très-capable de m'égarer. Il faut donner son âme tout entière à une tragédie ; il faut le plus profond recueillement, l'enthousiasme le plus vif, et la patience la plus docile. Encouragez-moi donc pour suppléer à ce qui me manque ; vous savez que je ne veux que le bien de la chose. Je m'intéresse à *Zulime*, non parce qu'elle est de moi, mais parce qu'elle est tragédie. La physique et l'histoire peuvent me rendre un mauvais poëte ; mais j'aimerai toujours les vers. Souvenez-vous donc de *Zulime* quand vous n'aurez rien de prêt.

J'ai peut-être encore dans mon portefeuille de quoi exercer la supériorité de votre critique ; en un mot, je suis à vous en cothurne et en brodequin. Que dites-vous du goût de Compiègne? On a joué *l'Héritier ridicule* devant le roi : c'est M. le duc de Richelieu qui l'avait demandé.

Je lis actuellement *le Siège de Calais*; j'y trouve un style pur et naturel que je cherchais depuis longtemps.

On vient de faire en Hollande une magnifique édition de mes

sottises; j'aurai l'honneur de vous la présenter. Toutes mes pièces sont corrigées ; vous trouverez dans *Œdipe :*

> Entre un pontife et vous je ne balance pas;
> Un prêtre, quel qu'il soit, quelque dieu qui l'inspire,
> Doit prier pour son prince, et jamais le maudire, etc.

Je vous supplierai bien un jour de faire jouer mes pièces selon la nouvelle leçon.

Voulez-vous bien assurer M. de Pont-de-Veyle de la tendre et respectueuse estime que j'aurai pour lui toute ma vie ? C'est avec les mêmes sentiments, mademoiselle, que je vous suis attaché. V.

Mme du Châtelet vous embrasse et vous regarde comme la personne de France qui a le plus de goût.

1185. — DE FRÉDÉRIC, PRINCE ROYAL DE PRUSSE.

Insterbourg, 27 juillet.

Mon cher ami, nous voici enfin arrivés, après trois semaines de marche, dans un pays que je regarde comme le *non plus ultra* du monde civilisé. C'est une province peu connue de l'Europe, mais qui mériterait cependant de l'être davantage, parce qu'elle peut être regardée comme une création du roi mon père.

La Lithuanie prussienne est un duché qui a trente grandes lieues d'Allemagne de long, sur vingt de large, quoiqu'il aille en se rétrécissant du côté de la Samogitie. Cette province fut ravagée par la peste, au commencement de ce siècle, et plus de trois cent mille habitants périrent de maladie et de misère. La cour, peu instruite des malheurs du peuple, négligea de secourir une riche et fertile province, remplie d'habitants, et féconde en toute espèce de productions. La maladie emporta les peuples; les champs restèrent incultes, et se hérissèrent de broussailles. Les bestiaux ne furent point exempts de la calamité publique. En un mot, la plus florissante de nos provinces fut changée en la plus affreuse des solitudes.

Frédéric Ier mourut sur ces entrefaites, et fut enseveli avec sa fausse grandeur, qu'il ne faisait consister qu'en une vaine pompe, et dans l'étalage fastueux de cérémonies frivoles.

Mon père, qui lui succéda [1], fut touché de la misère publique. Il vint ici sur les lieux, et vit lui-même cette vaste contrée dévastée, avec toutes les affreuses traces qu'une maladie contagieuse, la disette, et l'avarice sordide des ministres, laissent après eux. Douze ou quinze villes dépeuplées, et quatre ou cinq cents villages inhabités et incultes, furent le triste spectacle qui s'offrit à ses yeux. Bien loin de se rebuter par des objets aussi fâcheux, il se sentit pénétré de la plus vive compassion, et résolut de rétablir les

---

1. Le 25 février 1713.

hommes, l'abondance et le commerce, dans cette contrée qui avait perdu jusqu'à la forme d'un pays.

Depuis ce temps-là il n'est aucune dépense que le roi n'ait faite pour réussir dans ses vues salutaires. Il fit d'abord des règlements remplis de sagesse; il rebâtit tout ce que la peste avait désolé; il fit venir des milliers de familles de tous les côtés de l'Europe. Les terres se défrichèrent, le pays se repeupla, le commerce fleurit de nouveau, et à présent l'abondance règne dans cette fertile contrée plus que jamais.

Il y a plus d'un demi-million d'habitants dans la Lithuanie; il y a plus de villes qu'il n'y en avait, plus de troupeaux qu'autrefois, plus de richesses et plus de fécondité qu'en aucun endroit de l'Allemagne. Et tout ce que je viens de vous dire n'est dû qu'au roi, qui non-seulement a ordonné, mais qui a présidé lui-même à l'exécution, qui a conçu les desseins, et qui les a remplis lui seul; qui n'a épargné ni soins, ni peines, ni trésors immenses, ni promesses, ni récompenses, pour assurer le bonheur et la vie à un demi-million d'êtres pensants, qui ne doivent qu'à lui seul leur félicité et leur établissement.

J'espère que vous ne serez point fâché du détail que je vous fais. Votre humanité doit s'étendre sur vos frères lithuaniens comme sur vos frères français, anglais, allemands, etc., et d'autant plus qu'à mon grand étonnement j'ai passé par des villages où l'on n'entend parler que français.

J'ai trouvé je ne sais quoi de si héroïque dans la manière genereuse et laborieuse dont le roi s'y est pris pour rendre ce désert habité, fertile et heureux, qu'il m'a paru que vous sentiriez les mêmes sentiments [1] en apprenant les circonstances de ce rétablissement.

J'attends tous les jours de vos nouvelles d'Enghien. J'espère que vous y jouirez d'un repos parfait, et que l'ennui, ce dieu lourd et pesant, n'osera point passer par les bras d'Émilie pour aller jusqu'à vous. Ne m'oubliez point, mon cher ami, et soyez persuadé que mon éloignement ne fait qu'augmenter l'impatience de vous voir et de vous embrasser. Adieu.

FÉDÉRIC.

Mes compliments à la marquise et au duc [2] qu'Apollon dispute à Bacchus.

1186. — A M. LE MARQUIS D'ARGENSON.

A Bruxelles, 28 juillet.

Monsieur, un Suisse, passant par Bruxelles pour aller à Paris, était désigné pour être dépositaire du plus instructif et du meilleur ouvrage [3] que j'aie lu depuis vingt ans; mais la crainte de

1. Voltaire dit, dans ses *Mémoires*, que Frédéric-Guillaume Ier *était un véritable Vandale,* et il parle du même roi, dans sa lettre du 31 octobre 1740 au président Hénault, comme d'*un ogre couronné.*
2. Le duc d'Aremberg; voyez lettre 1171.
3. Les *Considérations*, dont il est parlé dans les lettres 1157, 1166 et 1170.

tous les accidents qui peuvent arriver à un étranger inconnu m'a déterminé à ne confier l'ouvrage qu'à l'abbé Moussinot, qui aura l'honneur de vous le rendre.

On m'assure que l'auteur de cet ouvrage unique ne va point enterrer à Lisbonne les talents qu'il a pour conduire les hommes et pour les rendre heureux. Puisse-t-il rester à Paris, et puissé-je le retrouver dans un de ces postes où l'on a fait, jusqu'ici, tant de mal et si peu de bien! Si je suivais mon goût, je vous jure bien que je ne remettrais les pieds dans Paris que quand je verrais M. d'Argenson à la place[1] de son père, et à la tête des belles-lettres.

La décadence du bon goût, le brigandage de la littérature, me font sentir que je suis né citoyen; je suis au désespoir de voir une nation si aimable si prodigieusement gâtée. Figurez-vous, monsieur, que M. de Richelieu inspira au roi, il y a quatre ans, l'envie de voir la comédie de *l'Héritier ridicule*[2], et cela sur une prétendue anecdote de la cour de Louis XIV. On prétendait que le roi et Monsieur avaient fait jouer cette pièce deux fois en un jour. Je suis bien éloigné de croire ce fait; mais ce que je sais bien, c'est que cette malheureuse comédie est un des plus plats et des plus impertinents ouvrages qu'on ait jamais barbouillés. Les comédiens français eurent tant de honte que Louis XV la leur demandât qu'ils refusèrent de la jouer. Enfin Louis XV a obtenu cette belle représentation des bateleurs de Compiègne; lui et les siens s'y sont terriblement ennuyés. Qu'arrivera-t-il de là? Que le roi, sur la foi de M. de Richelieu, croira que cette pièce est le chef-d'œuvre du théâtre, et que, par conséquent, le théâtre est la chose la plus méprisable.

Encore passe, si les gens qui se sont consacrés à l'étude n'étaient pas persécutés; mais il est bien douloureux de se voir maîtrisé, foulé aux pieds par des hommes sans esprit, qui ne sont pas nés assurément pour commander, et qui se trouvent dans de très-belles places qu'ils déshonorent.

Heureusement il y a encore quelques âmes comme la vôtre;

1. Le marquis d'Argenson fut nommé, non pas garde des sceaux, mais ministre des affaires étrangères en 1744.
2. Comédie en cinq actes, en vers, de Scarron (1649). On lit dans le *Dictionnaire des théâtres*, par Antoine de Léris, que Louis XIV fit, dit-on, jouer cette pièce *trois* fois de suite, sans interruption, le même jour. Voici le treizième vers de *l'Héritier ridicule;* il sort de la bouche d'une soubrette :

Pour moi, je ne vais plus quasi que d'une fesse.

mais c'est bien rarement dans ce petit nombre qu'on choisit les dispensateurs de l'autorité royale, et les chefs de la nation. Un fripon, de la lie du peuple[1] et de la lie des êtres pensants, qui n'a d'esprit que ce qu'il en faut pour nouer des intrigues subalternes et pour obtenir des lettres de cachet, ignorant et haïssant les lois, patelin et fourbe, voilà celui qui réussit, parce qu'il entre par la chatière ; et l'homme digne de gouverner vieillit dans des honneurs inutiles.

Ce n'était pas à Bruxelles, c'était à Compiègne qu'il fallait que votre livre fût lu. Quand il n'y aurait que cette seule définition-ci, elle suffirait à un roi : « Un parfait gouvernement est celui où toutes les parties sont également protégées. » Que j'aime cela ! « Les savantes recherches sur le droit public ne sont que l'histoire des anciens abus. » Que cela est vrai ! Eh ! qu'importe à notre bonheur de savoir les *Capitulaires de Charlemagne?* Pour moi, ce qui m'a dégoûté de la profession d'avocat, c'est la profusion de choses inutiles dont on voulut charger ma cervelle : *Au fait!* est ma devise.

Que ce que vous dites sur la Pologne[2] me plaît encore ! J'ai toujours regardé la Pologne comme un beau sujet de harangue, et comme un gouvernement misérable : car, avec tous ses beaux privilèges, qu'est-ce qu'un pays où les nobles sont sans discipline, le roi un zéro, le peuple abruti par l'esclavage, et où l'on n'a d'argent que celui qu'on gagne à vendre sa voix ? Je vous ai déjà parlé, je crois, de la vieille barbarie du gouvernement féodal.

Votre article sur la Toscane[3] : *Ils viennent de tomber entre les mains des Allemands,* etc., est bien d'un homme amoureux du bonheur public ; et je dirai avec vous :

Barbarus has segetes !. . . . .
(Virg., ecl. I, v. 72.)

Je suis fâché de ne pouvoir relire tout le livre, pour marquer toutes les beautés de détail qui m'ont frappé, indépendamment de la sage économie et de l'enchaînement de principes qui en fait le mérite.

---

1. C'est probablement René Hérault, lieutenant général de police, que Voltaire désigne ici. Le père de René se nommait Louis Hérault ; c'était un riche marchand de bois, natif de Rouen, qui fut taxé, comme *traitant*, à 200,000 livres en 1716. Voyez la *Vie privée de Louis XV*, par Moufle d'Angerville, vol. I, page 165. Le *Dictionnaire de la noblesse* fait remonter l'origine des Hérault à 1739. (Cl.)
2. Article 6 du chapitre iii des *Considérations*.
3. Article 17 du même chapitre.

Il y a une anecdote dont je ne puis encore convenir, c'est que les nouvelles rentes ne furent pas proposées par M. Colbert[1]. J'ai toujours ouï dire que ce fut lui-même qui les proposa, étant à bout de ses ressources, et je ne crois pas que Louis XIV consultât d'autres que lui[2].

Avant de finir ma lettre, j'ai voulu avoir encore le plaisir de relire le chapitre vi[3] et la fin du précédent : « Un monarque qui n'a plus à songer qu'à gouverner gouverne toujours bien. » Cette admirable maxime se trouve à la suite de choses très-édifiantes. Mais, pour Dieu, que ce monarque songe donc à gouverner!

Je ne sais si on songe assez à une chose dont j'ai cru m'apercevoir. J'ai manqué souvent d'ouvriers à la campagne; j'ai vu que les sujets manquaient pour la milice; je me suis informé en plusieurs endroits s'il en était de même : j'ai trouvé qu'on s'en plaignait presque partout, et j'ai conclu de là que les moines et les religieuses ne font pas tant d'enfants qu'on le dit, et que la France n'est pas si peuplée (proportion gardée) que l'Allemagne, la Hollande, la Suisse, l'Angleterre. Du temps de M. de Vauban nous étions dix-huit millions : combien sommes-nous à présent? C'est ce que je voudrais bien savoir.

Voilà l'abbé Moussinot[4] qui va monter en chaise, et moi je vais fermer votre livre; mais je ferai avec lui comme avec vous, je l'aimerai toute ma vie.

On me mande que Prault vient d'imprimer une petite Histoire[5] de Molière et de ses ouvrages, de ma façon. Voici le fait : M. Pallu me pria d'y travailler, lorsqu'on imprimait le Molière in-4°; j'y donnai mes petits soins; et, quand j'eus fini, M. de Chauvelin donna la préférence à M. de La Serre :

  Sic vos non vobis!. . . . .
        (Virg.)

Ce n'est pas d'aujourd'hui que Midas a des oreilles d'âne. Mon manuscrit est enfin tombé à Prault, qui l'a imprimé, dit-on, et défiguré; mais l'auteur vous est toujours attaché avec la plus respectueuse estime et le plus tendre dévouement.

---

1. Article 10 du chapitre v des *Considérations*.
2. Elles furent proposées à Colbert par des membres du parlement, et il les adopta par faiblesse et malgré lui. (K.)
3. Le chapitre vi des *Considérations* est intitulé *Dispositions à étendre la démocratie en France*. Il contient, page 189 de l'édition de 1765, la maxime citée par Voltaire.
4. Voyez plus haut la lettre 1179 à cet abbé.
5. Voyez cette *Vie de Molière*, tome XXIII, page 87.

Mme du Châtelet, aussi enchantée que moi, vous louera bien mieux.

1187. — DE FRÉDÉRIC, PRINCE ROYAL DE PRUSSE.

Königsberg, 9 août [1].

Sublime auteur, ami charmant,
Vous dont la source intarissable
Nous fournit si diligemment
De ce fruit rare, inestimable,
Que votre muse hardiment,
Dans un séjour peu favorable,
Fait éclore à chaque moment ;

Au fond de la Lithuanie,
J'ai vu paraître, tout brillant,
Ce rayon [2] de votre génie
Qui confond, dans la tragédie,
Le fanatisme, en se jouant.

J'ai vu de la philosophie,
J'ai vu le *baron* [3] voyageur,
Et j'ai vu la pièce accomplie,
Où les ouvrages et la *Vie* [4]
De Molière vous font honneur.

A la France, votre patrie,
Voltaire, daignez épargner
Les frais que pour l'Académie
Sa main a voulu destiner.

En effet, je suis sûr que ces quarante têtes, qui sont payées pour penser, et dont l'emploi est d'écrire, ne travaillent pas la moitié autant que vous. Je suis certain que, si l'on pouvait apprécier la valeur des pensées, toutes celles de cette nombreuse société, prises ensemble, ne tiendraient pas l'équilibre aux vôtres. Les sciences sont pour tout le monde, mais l'art de penser est le don le plus rare de la nature.

Cet art fut banni de l'école,
Des pédants il est inconnu.
Par l'Inquisition frivole
L'usage en serait défendu,
Si le pouvoir saint de l'étole
S'était à ce point étendu.
Du vulgaire la troupe folle
A penser juste a prétendu;

1. La réponse de Voltaire est la lettre 1200.
2. Le premier acte du *Fanatisme*.
3. Le *baron de Gangan*.
4. Ouvrage cité à la fin de la lettre précédente.

> Du vil flatteur l'encens vendu
> En a parfumé son idole;
> Et l'ignorant a confondu
> Le froid non-sens d'une parole,
> Et l'enflure de l'hyperbole,
> Avec l'art de penser, cet art si peu connu.

Entre cent personnes qui croient penser, il y en a une à peine qui pense par elle-même. Les autres n'ont que deux ou trois idées qui roulent dans leur cerveau, sans s'altérer, et sans acquérir de nouvelles formes; et le centième pensera peut-être ce qu'un autre a déjà pensé; mais son génie, son imagination ne sera pas créatrice. C'est cet esprit créateur qui sait multiplier les idées, qui saisit les rapports entre des choses que l'homme inattentif n'aperçoit qu'à peine; c'est cette force du bon sens qui fait, selon moi, la partie essentielle de l'homme de génie.

> Ce talent précieux et rare
> Ne saurait se communiquer;
> La nature en paraît avare.
> Autant que l'on a pu compter,
> Tout un siècle elle se prépare
> Lorsqu'elle nous le veut donner;
> Mais vous le possédez, Voltaire;
> Et ce serait vous ennuyer
> Qu'apprécier et calculer
> L'héritage de votre père.

Trois sortes d'ouvrages me sont parvenus de votre plume, en six semaines de temps. Je m'imagine qu'il y a quelque part en France une société choisie de génies égaux et supérieurs, qui travaillent tous ensemble, et qui publient leurs ouvrages sous le nom de Voltaire [1], comme une autre société en publie sous le nom de Trévoux. Si cette supposition est sensée, je me fais trinitaire, et je commencerai à voir jour à ce mystère, que les chrétiens ont cru jusqu'à présent sans le comprendre.

Ce qui m'est parvenu de *Mahomet* me paraît excellent. Je ne saurais juger de la charpente de la pièce, faute de la connaître; mais la versification est, à mon avis, pleine de force, et semée de ces portraits et caractères qui font faire fortune aux ouvrages d'esprit.

Vous n'avez pas besoin, mon cher Voltaire, de l'éloquence de M. de Valori; vous êtes dans le cas qu'on ne saurait détruire ni augmenter votre réputation.

> Vainement l'envieux, desséché de fureur,
> L'ennemi des humains, qu'afflige leur bonheur,
> Cet insecte rampant qui naît avec la gloire,
> Dont le toucher impur salit souvent l'histoire,
> Sur vos vers immortels répandant ses poisons,
> De vos lauriers naissants retarde les moissons.

---

1. Frédéric a déjà dit cela dans sa lettre du 3 février (n° 1053).

> Votre âme, à tous les arts par son penchant formée,
> Par vingt ans de travaux fonda sa renommée ;
> Sous les yeux d'Émilie, élève de Newton,
> Vous effacez de Thou, vous surpassez Maron.
> En tout genre d'écrits, en toute carrière,
> C'est le même soleil et la même lumière.
> Cet esprit, ces talents, ces qualités du cœur,
> Peuvent plus sur mes sens que tout ambassadeur[1].

Je suis avec une estime parfaite, mon cher Voltaire, votre très-affectionné ami,

FÉDÉRIC.

Si vous voyez le duc d'Aremberg, faites-lui bien mes compliments, et dites-lui que deux lignes françaises de sa main me feraient plus de plaisir que mille lettres allemandes, dans le style des chancelleries.

1188. — A FRÉDÉRIC, PRINCE ROYAL DE PRUSSE

(Bruxelles), 12 août[2].

Monseigneur, j'ai pris la liberté d'envoyer à Votre Altesse royale le second acte de *Mahomet*, par la voie des sieurs David Gérard et compagnie. Je souhaite que les Musulmans réussissent auprès de Votre Altesse royale, comme ils font sur la Moldavie. Je ne puis au moins mieux prendre mon temps pour avoir l'honneur de vous entretenir sur le chapitre de ces infidèles, qui font plus que jamais parler d'eux.

Je crois à présent Votre Altesse royale sur les bords où l'on ramasse ce bel ambre dont nous avons, grâce à vos bontés, des écritoires, des sonnettes, des boîtes de jeu. J'ai tout perdu au brelan, quand j'ai joué avec de misérables fiches communes ; mais j'ai toujours gagné, quand je me suis servi des jetons de Votre Altesse royale.

> C'est Frédéric qui me conduit,
> Je ne crains plus disgrâce aucune :
> Car il préside à ma fortune,
> Comme il éclaire mon esprit.

Je vais prier le bel astre de Frédéric de luire toujours sur moi, pendant un petit séjour que je vais faire à Paris, avec la

---

1. Ces quatre derniers vers, omis par Beuchot, sont tirés des *OEuvres posthumes*.
2. La réponse à cette lettre est du 9 septembre suivant.

marquise votre sujette. Voilà une vie bien ambulante pour des philosophes; mais notre grand prince, plus philosophe que nous, n'est pas moins ambulant. Si je rencontre dans mon chemin quelque grand garçon haut de six pieds, je lui dirai : Allez vite servir dans le régiment de mon prince. Si je rencontre un homme d'esprit, je lui dirai : Que vous êtes malheureux de n'être point à sa cour !

En effet, il n'y a que sa cour pour les êtres pensants; Votre Altesse royale sait ce que c'est que toutes les autres; celle de France est un peu plus gaie, depuis que son roi a osé aimer[1]. Le voilà en train d'être un grand homme, puisqu'il a des sentiments. Malheur aux cœurs durs! Dieu bénira les âmes tendres. Il y a je ne sais quoi de réprouvé à être insensible : aussi sainte Thérèse définissait-elle le diable, *le malheureux qui ne sait point aimer.*

On ne parle à Paris que de fêtes, de feux d'artifice; on dépense beaucoup en poudre et en fusées. On dépensait autrefois davantage en esprit et en agréments, et quand Louis XIV donnait des fêtes, c'était les Corneille, les Molière, les Quinault, les Lulli, les Lebrun, qui s'en mêlaient. Je suis fâché qu'une fête ne soit qu'une fête passagère, du bruit, de la foule, beaucoup de bourgeois, quelques diamants, et rien de plus; je voudrais qu'elle passât à la postérité. Les Romains, nos maîtres, entendaient mieux cela que nous; les amphithéâtres, les arcs de triomphe, élevés pour un jour solennel, nous plaisent et nous instruisent encore. Nous autres, nous dressons un échafaud dans la place de Grève, où, la veille, on a roué quelques voleurs; on tire des canons de l'Hôtel de Ville. Je voudrais qu'on employât plutôt ces canons-là à détruire cet Hôtel de Ville qui est du plus mauvais goût du monde, et qu'on mît, à en rebâtir un beau, l'argent qu'on dépense en fusées volantes. Un prince qui bâtit fait nécessairement fleurir les autres arts; la peinture, la sculpture, la gravure, marchent à la suite de l'architecture. Un beau salon est destiné pour la musique, un autre pour la comédie. On n'a à Paris ni salle de comédie, ni salle d'opéra; et, par une contradiction trop digne de nous, d'excellents ouvrages sont représentés sur de très-vilains théâtres. Les bonnes pièces sont en France, et les beaux vaisseaux en Italie.

---

1. Louis XV, par l'entremise du duc de Richelieu, venait de prendre pour maîtresse la comtesse de Mailly, sœur aînée de mesdames de Vintimille, de Lauraguais, et de Châteauroux, avec lesquelles il coucha successivement. (Cl.)

Je n'entretiens Votre Altesse royale que de plaisirs, tandis qu'elle combat sérieusement Machiavel pour le bonheur des hommes ; mais je remplis ma vocation, comme mon prince remplit la sienne ; je peux tout au plus l'amuser, et il est destiné à instruire la terre.

Je suis, etc.

1189. — DE FRÉDÉRIC, PRINCE ROYAL DE PRUSSE.

Aux haras de Prusse (Trakehnen), 15 août [1].

Enfin, hors du piége trompeur,
Enfin, hors des mains assassines
Des charlatans que notre erreur
Nourrit souvent pour nos ruines,
Vous quittez votre empoisonneur :
Du Tokai, des liqueurs divines
Vous serviront de médecines,
Et je serai votre docteur.
Soit ; j'y consens si, par avance,
Voltaire, de ma conscience
Vous devenez le directeur.

Je suis bien aise d'apprendre que le vin de Hongrie est arrivé à Bruxelles. J'espère apprendre bientôt de vous-même que vous en avez bu, et qu'il vous a fait tout le bien que j'en attends. On m'écrit que vous avez donné une fête charmante, à Enghien, au duc d'Aremberg, à Mme du Châtelet, et à la fille du comte de Lannoi ; j'en ai été bien aise, car il est bon de prouver à l'Europe, par des exemples, que le savoir n'est pas incompatible avec la galanterie.

Quelques vieux pédants radoteurs,
Dans leurs taudis toujours en cage,
Hors du monde et loin de nos mœurs,
Effarouchaient, d'un air sauvage,
Ce peuple fou, léger, volage [2],
Qui turlupine les docteurs.
Le goût ne fut point l'apanage
De ces misérables rêveurs
Qui cherchent les talents du sage
Dans les rides de leurs visages,
Et dans les frivoles honneurs
D'un *in-folio* de cent pages.
Le peuple, fait pour les erreurs,
De tout savant crut voir l'image
Dans celle de ces plats auteurs.
Bientôt, pour le bien de la terre,

---

1. La lettre 1200 est aussi la réponse à celle-ci.
2. Cet auteur fou, léger, volage. (Variante des *OEuvres posthumes*, éditions de Berlin et de Londres.)

Le ciel daigna former Voltaire;
Lors, sous de nouvelles couleurs,
Et par vos talents ennoblie,
Reparut la philosophie.

En pénétrant les profondeurs
Que Newton découvrit à peine,
Et dont cent auteurs à la gêne
En vain furent commentateurs;
En suivant les divines traces
De ces esprits universels,
Agents sacrés des immortels,
Vos mains sacrifièrent aux Grâces,
Vos fleurs parèrent leurs autels.
Pesants disciples des Saumaises,
Disséqueurs de graves fadaises,
Suivez ces exemples charmants;
Quittez la région frivole,
D'où l'air empesté de l'école
A proscrit tous les agréments.

J'attends, avec bien de l'impatience, les actes suivants de *Mahomet*. Je m'en rapporte bien à vous, persuadé que cette tragédie singulière et nouvelle brillera de charmes nouveaux.

Ta muse, en conquérant, asservit l'univers;
La nature a payé son tribut à tes vers.
L'Amérique et l'Europe ont servi ton génie;
L'Afrique était domptée, il te fallait l'Asie[1].
Dans ses fertiles champs cours moissonner des fleurs,
Au Théâtre-Français combattre les erreurs,
Et frapper nos bigots, d'une main indirecte,
Sur l'auteur insolent d'une infidèle secte.

On m'avait dit que je trouverais la défaite de Machiavel dans les *Notes politiques*[2] d'Amelot de La Houssaie, et dans la traduction du chevalier Gordon[3]: j'ai lu ces deux ouvrages judicieux et excellents dans leur genre; mais j'ai été bien aise de voir que mon plan était tout à fait différent du leur. Je travaillerai à l'exécuter dès que je serai de retour. Vous serez le premier qui lirez l'ouvrage, et le public ne le verra point, à moins que vous ne l'approuviez. J'ai cependant travaillé autant que me l'ont pu permettre les distractions d'un voyage, et ce tribut que la naissance est obligée de payer, à ce que l'on dit, à l'oisiveté et à l'ennui.

1. L'Amérique désigne *Alzire;* l'Afrique, *Zulime;* l'Asie, *Mahomet;* mais déjà *Zaïre* avait, pour employer l'expression du prince, *dompté l'Asie*. (B.)
2. Ces *Notes* font partie de la traduction des *Annales de Tacite*, par Amelot de La Houssaie.
3. Thomas Gordon. Il publia, en 1728, une traduction anglaise de *Tacite*, précédée de *Discours politiques* remarquables par beaucoup d'amour pour la liberté et beaucoup de haine contre la tyrannie des prêtres. (CL.)

Je serai le 18 à Berlin, et je vous enverrai de là ma préface de *la Henriade,* afin d'obtenir le sceau de votre approbation.

Adieu, mon cher Voltaire ; faites, s'il vous plaît, mes assurances d'estime à la marquise du Châtelet ; grondez un peu, je vous prie, le duc d'Aremberg de sa lenteur à me répondre. Je ne sais qui de nous deux est le plus occupé, mais je sais bien qui est le plus paresseux.

Je suis, avec toute l'affection possible, mon cher Voltaire, votre parfait ami,

FÉDÉRIC.

1190. — A M. LE MARQUIS D'ARGENSON [1].

Bruxelles, 17 août.

Il y a plus de quinze jours, monsieur, que nous avons le pied à l'étrier. J'ai toujours différé à avoir l'honneur de vous écrire, parce que je comptais venir aussitôt qu'une lettre. Nous partons enfin demain à petites journées ; nous arriverons le 27 ou le 28. C'est au roi de Portugal, qui ne vous verra point, à être fâché, et c'est à moi à me réjouir. Je vous réponds que je regarderai comme un des beaux jours de ma vie celui où je verrai l'auteur d'un ouvrage qui tient tout ce que les titres de l'abbé de Saint-Pierre promettent, et où je pourrai vous dire combien je suis sensible à vos bontés, combien je vous suis attaché pour jamais avec la plus tendre et la plus respectueuse reconnaissance.

Mme du Châtelet fait peu de cas des fusées, des illuminations ; mais elle sent tout le prix de votre connaissance, et pense sur vous comme moi.

1191. — A M. THIERIOT.

Bruxelles, 17-18 août.

Enfin, nous partons pour Paris [2] ; nous sommes des étrangers qui venons voir ce que c'est que cette ville dont on disait autrefois tant de bien. J'espère au moins y retrouver votre amitié, qui

1. Éditeurs, de Cayrol et François.
2. Voltaire avait quitté Paris vers le 6 juillet 1736 ; il n'y rentra que vers le 4 septembre 1739, après plus de trois ans d'absence. Il descendit seul, non pas à l'hôtel *Lambert,* mais à l'hôtel de *Brie,* rue Cloche-Perce, où il tomba malade. Mme du Châtelet, pendant ce temps-là, occupa un appartement à l'hôtel *Richelieu.* Voltaire resta deux mois à Paris, qu'il ne quitta que dans les premiers jours de novembre ; et, après être passé par Langres et Cirey, où il demeura une semaine ou deux avec Mme du Châtelet, il accompagna de nouveau cette dame à Bruxelles au commencement de décembre 1739. (CL.)

me dédommagera de ce que je n'y trouverai pas. On dit qu'on y reçoit assez bien les étrangers qui voyagent : nous y serons un mois, tout au plus ; après quoi je retourne à la suite d'un procès triste et long, mais à la suite de l'amitié, qui rend tout agréable. Je ne sais pas encore où je logerai ; mais, quel que soit le baigneur ou le cabaret qui hébergera mon ambulante personne, j'ai lieu de croire que rien ne m'aura privé de la douceur d'être aimé de vous.

1192. — A MADAME DE CHAMPBONIN [1].

De Cambrai.

Mon cher *gros chat* est dans sa gouttière, et nous courons les champs. Nous voici à Cambrai, marchant à petites journées. Nous n'avons pas trouvé la moindre petite fête sur la route. Nous sommes traités en médecins de village, qu'on envoie chercher en carrosse, et qu'on laisse retourner à pied. Si vous me demandez pourquoi nous allons à Paris, je ne peux vous répondre que de moi. J'y vais parce que je suis Émilie. Mais pourquoi Émilie y va-t-elle ? je ne le sais pas trop. Elle prétend que cela est nécessaire, et je suis destiné à la croire comme à la suivre. Vous jugez bien que la première chose que je ferai sera de voir monsieur votre fils. Mais pourquoi la mère n'y serait-elle pas ? pourquoi n'aurions-nous pas le plaisir de nous voir rassemblés ? Voici une belle occasion pour quitter sa gouttière. On ne vous soupçonnera point d'être venue à Paris pour les feux d'artifice [2]. On sait assez que vous ne faites de ces voyages-là que pour vos amis. Où êtes-vous à présent, cher *gros chat* ? Êtes-vous à la Neuville ? Y renouez-vous les nœuds d'une ancienne amitié, et Mme de La Neuville jouit-elle un peu de l'interrègne ? Elle sera trop heureuse de vous avoir retrouvée ; mais nous aurons notre tour, et nous espérons toujours revoir Cirey avant d'habiter le palais de la pointe de l'Ile. Nous les verrons bien tard, ce Cirey et ce Champbonin. Hélas ! nous avons acheté des meubles à Bruxelles ; c'est la transmigration de Babylone. Je ne suis pas trop content de mon séjour dans ce pays-là. Je me suis ruiné ; et, pour dernier trait, les commis de la douane ont saisi des tableaux qui m'ap-

1. Cette lettre a toujours été classée au mois de janvier 1743, et les éditeurs l'y ont laissée, tout en déclarant que cette place ne lui convenait guère. Nous avons cru devoir la placer au mois d'août 1739.
2. A l'occasion du mariage de la fille de Louis XV avec l'infant d'Espagne, le 26 août.

partiennent. Il y a, comme vous savez, beaucoup de princes à Bruxelles, et peu d'hommes. On entend à tout moment : *Votre Altesse, Votre Excellence.* Mme du Châtelet ne sera princesse que quand sa généalogie sera imprimée; mais, fût-elle bergère, elle vaut mieux que tout Bruxelles. Elle est plus savante que jamais; et, si sa supériorité lui permet encore de baisser les yeux sur moi, ce sera une belle action à elle, car elle est bien haute. Il faut qu'elle cligne les yeux en regardant en bas pour me voir. On va souper; adieu, cher *gros chat.* J'embrasse vos pattes de velours.

1193. — A FRÉDÉRIC, PRINCE ROYAL DE PRUSSE.

A Bruxelles, 1er septembre

Ce nectar jaune de Hongrie
Enfin dans Bruxelle est venu;
Le duc d'Aremberg l'a reçu
Dans la nombreuse compagnie
Des vins dont sa cave est fournie;
Et quand Voltaire en aura bu
Quelques coups avec Émilie,
Son misérable individu,
Dans son estomac morfondu
Sentira renaître la vie;
La faculté, la pharmacie,
N'auront jamais tant de vertu.
Adieu, monsieur de Superville [1];
Mon ordonnance est du bon vin,
Frédéric est mon médecin,
Et vous m'êtes fort inutile.
Adieu; je ne suis plus tente
De vos drogues d'apothicaire,
Et tout ce qui me reste à faire,
C'est de boire à votre santé.

Monseigneur, c'est M. Schilling qui m'apprit, il y a quelques jours, la nouvelle du débarquement de ce bon vin, dans la cave du patron de cette liqueur; et M. le duc d'Aremberg nous donnera ce divin tonneau, à son retour d'Enghien; mais la lettre de Votre Altesse royale, datée du 26 juin, et rendue par ledit M. Schilling, vaut tout le canton de Tokai.

O prince aimable et plein de grâce,
Parlez; par quel art immortel,

---

1. Voyez la fin de la lettre 1178.

Avec un goût si naturel,
Touchez-vous la lyre d'Horace,
De ces mains dont la sage audace
Va confondre Machiavel ?
Le ciel vous fit expressément
Pour nous instruire et pour nous plaire.
O monarques que l'on révère,
Grands rois, tâchez d'en faire autant;
Mais, hélas! vous n'y pensez guère.

Et avec toutes ces grâces légères dont votre charmante lettre est pleine, voilà M. Schilling qui jure encore que le régiment de Votre Altesse royale est le plus beau régiment de Prusse, et, par conséquent, le plus beau régiment du monde, car

Omne tulit punctum. . . . .
(Hor., *de Arte poet.*, v. 343.)

est votre devise.

Votre Altesse royale va visiter ses peuples septentrionaux, mais elle échauffera tous ces climats-là; et je suis sûr que quand j'y viendrai (car j'irai sans doute, je ne mourrai point sans lui avoir fait ma cour), je trouverai qu'il fait plus chaud à Remusberg qu'à Frascati. Les philosophes auront beau prétendre que la terre s'est approchée du soleil, ils feront de vains systèmes, et je saurai la vérité du fait.

Votre Altesse royale me dit qu'il lui a fallu lire bien des livres pour son *Anti-Machiavel* : tant mieux, car elle ne lit qu'avec fruit; ce sont des métaux qui deviendront or dans votre creuset. Il y a des *Discours politiques* de Gordon, à la tête de sa traduction de *Tacite*, qui sont bien dignes d'être vus par un lecteur tel que mon prince ; mais d'ailleurs quel besoin Hercule a-t-il de secours pour étouffer Antée ou pour écraser Cacus?

Je vais vite travailler à achever le petit tribut que j'ai promis à mon unique maître ; il aura, dans quinze jours, le second acte de *Mahomet;* le premier doit lui être parvenu par la même voie des sieurs Gérard et compagnie.

On a achevé une nouvelle édition de mes ouvrages en Hollande ; mais Votre Altesse royale en a beaucoup plus que les libraires n'en ont imprimé. Je ne reconnais plus d'autre *Henriade* que celle qui est honorée de votre nom et de vos bontés; ce n'est pas moi, sûrement, qui ai fait les autres *Henriade*. Je quitte mon prince pour travailler à *Mahomet*, et je suis, etc., etc.

1194. — A M. CÉSAR DU MISSY [1].

J'ai lu avec un plaisir bien vif votre estimable lettre, et Mme la marquise du Châtelet y a été aussi sensible que moi; nous voudrions que tous les gens de votre robe vous ressemblassent.

> Vous êtes prêtre d'Apollon
> Autant que de la sainte Église :
> Sans doute votre main baptise
> Avec l'eau du sacré vallon.
> Les vers dont le dieu d'Hélicon
> Si pleinement vous favorise
> Sont bien au-dessus d'un sermon.
> La brillante inspiration,
> Dont l'esprit s'enivre au Parnasse,
> Est un des beaux coups de la grâce,
> Et voilà ma dévotion.

Si on avait pensé à peu près dans ce goût-là, monsieur, les hommes eussent vécu plus doucement; il n'y eût eu ni concile de Constance, ni de Saint-Barthélemy.

> Ah! laissons le pape et Calvin
> Disputer, en mauvais latin,
> A qui peut, d'une main plus sûre,
> Ouvrir et fermer la serrure
> Des portes du jardin d'Éden.
> Vivons sans crainte et sans chagrin
> Dans le jardin de la nature;
> En tout temps, sous d'égales lois,
> Cette adorable souveraine
> Unit les peuples et les rois;
> La religion, moins humaine,
> Les a divisés quelquefois.

Je vais passer deux ou trois mois en France, après quoi je reviendrai à Bruxelles; je remets à ce temps-là à vous parler de la littérature. Je vous prie, monsieur, de me continuer votre amitié; la dernière lettre que vous m'avez écrite me rend cette

---

1. César du Missy, chapelain de l'église française de Saint-James à Londres, était né à Berlin d'une famille de réfugiés, et mourut à Londres au mois d'auguste 1775. On a de lui des Dissertations sur les trois témoins célestes (dans le *Journal britannique*, de Maty), et des Fables. Cette lettre ne porte aucune date dans le volume d'où je l'ai extraite. Je la crois de septembre 1739. (B.)

amitié si précieuse que je me dispense déjà des cérémonies qui ne sont pas faites pour elle.

1195. — A M. DE CIDEVILLE.

A Paris, le 5 septembre [1].

Mon cher ami, je suis bien coupable, mais comptez que quand on ne vous écrit point, et qu'on ne reçoit point de vos nouvelles, on est bien puni de sa faute. La première chose que je fais en arrivant à Paris, c'est de vous dire combien j'ai tort. Cependant, si je voulais, je trouverais bien de quoi m'excuser ; je vous dirais que j'ai mené une vie errante, et que dans les moments de repos que j'ai eus, j'ai travaillé dans l'intention de vous plaire. Quoique l'air de Bruxelles n'ait pas la réputation d'inspirer de bons vers, je n'ai pas laissé de reprendre ma lime et mon rabot; et, ne me sentant pas encore tout à fait *apoplectique*[2], j'ai voulu mettre à profit le temps que la nature veut bien encore laisser à mon imagination.

J'étais en beau train, quand un maudit cartésien, nommé Jean Banières, m'est venu harceler par un gros livre[3] contre Newton. Adieu les vers ; il faut répondre aux hérétiques, et soutenir la cause de la vérité. J'ai donc remis ma lyre dans mon étui, et j'ai tiré mon compas. A peine travaillais-je à ces tristes discussions que la divine Émilie s'est trouvée dans la nécessité de partir pour Paris, et me voilà.

J'ai appris, quelques jours avant mon arrivée en cette bruyante ville, que notre Linant avait gagné le prix[4] de l'Académie française. Je lui en ai fait mon compliment, et je m'en réjouis avec vous. C'est vous qui l'avez fait poëte, et la moitié du prix vous appartient. J'espère que cet honneur éveillera sa paresse et fortifiera son génie. Il m'a envoyé son discours, dans lequel j'ai trouvé de très-bonnes choses, et, surtout, ce qui caractérise l'écrivain d'un esprit au-dessus du commun, images et précision. Je lui souhaite de la gloire et de la fortune. J'espère qu'on jouera

---

1. Voltaire data cette lettre, par distraction, du 5 *aoust;* les allusions qu'elle contient prouvent qu'elle est du 5 septembre.

2. J.-B. Rousseau se ressentait toujours d'une attaque de paralysie qu'il avait eue à la fin de janvier 1738, et il composait encore des vers qui, selon Voltaire, étaient fort médiocres et *sentaient le vieillard apoplectique.*

3. *Examen et Réfutation des Éléments de la Philosophie de Newton;* voyez tome XXII, page 398.

4. Le sujet donné pour le prix de poésie, en 1739, était *les Progrès de l'Éloquence sous le règne de Louis le Grand.*

sa tragédie cet hiver ; on dit qu'il l'a beaucoup corrigée. Je n'en sais rien, je ne l'ai point encore vu ; je n'ai vu personne. Tout ce que je sais, c'est que s'il travaille et s'il est honnête homme, je lui rends toute mon amitié.

Je vais chercher Formont dans le palais de Plutus[1] ; je vais lui parler de vous. Il n'aura peut-être pas la tête tournée, comme l'ont tous les gens de ce pays-ci, qui ne parlent que de feux d'artifice et de fusées volantes, et d'une *Madame*[2] et d'un *Infant* qu'ils ne verront jamais. Les hommes sont de grands imbéciles ! Tout le monde paraît occupé profondément d'une marmotte qui n'est point jolie ; mais il faut leur pardonner.

Depuis que le père de la mariée est amoureux[3], on dit que tout le monde est gai, et qu'il y a du plaisir, même à Versailles.

Chimon aima, puis devint honnête homme[4].

Bonjour, mon ancien ami ; je vais courir par cette grande ville, et chercher, pour un mois, quelque gîte tranquille où je puisse vous écrire quelquefois. Que dites-vous de Voltaire, qui a des meubles à Bruxelles, et qui loge en chambre garnie à Paris ? Si vous avez quelques ordres à me donner, adressez-les à l'hôtel de Richelieu. Je vous embrasse tendrement.

1196. — A MADEMOISELLE QUINAULT.

Samedi, septembre 1739, à l'hôtel Richelieu.

Adorable Thalie, j'ai une pièce de résistance à vous donner, et vous me demanderiez de la crème fouettée ! J'ai relu *Mahomet*, j'ai relu *Zulime*; cette *Zulime* est bien faible, et l'autre est peut-être ce que j'ai fait de moins mal. J'espère que la bonne foi avec laquelle je condamne mon Africaine servira à faire passer le peu de bien que j'ose penser de mon prophète.

Enfin voilà *Mahomet*. Lamare, qui a su ce secret comme il avait extorqué celui de *l'Enfant prodigue*, nous gardera la même fidélité ; il l'a lu, il s'y connaît : je le pense ainsi, car il en est tout enthousiasmé, et il espère un long succès.

Vous craignez les horreurs : eh bien ! chef aimable de mon

---

1. Formont s'était fait *sous-fermier* en 1738.
2. Louise-Élisabeth, née en 1727, fille de Louis XV ; mariée, le 26 auguste 1739, à don Philippe, né en 1720, l'un des fils du roi d'Espagne Philippe V. (Cl.)
3. Amoureux de la comtesse de Mailly. Voyez page 315.
4. Vers 24 de *la Courtisane amoureuse,* conte de La Fontaine, liv. III.

conseil, pourquoi donner de suite *Atrée*, *Œdipe* et *Mahomet?* N'avez-vous pas des *Bérénices* et des *Zaïres?* Et s'il arrivait un malheur à la Palmire, où serait le mal de donner l'*Alzire*, et de garder *Œdipe* pour la rentrée de Pâques ?

Décidez, je m'en remets à vous ; nul que vous n'aura le manuscrit. Ne le laissez jamais un quart d'heure entre les mains de Minet; il ne manque jamais d'en faire des copies, et de les vendre aux comédiens de campagne.

Sachez, ma belle Thalie, qu'en vous envoyant mon prophète, je corrigerai encore beaucoup ; mais je corrigerai bien davantage quand j'aurai reçu vos avis. Vous savez que vous êtes mon oracle.

Je suis à vos pieds. V.

1197. — DE FRÉDÉRIC, PRINCE ROYAL DE PRUSSE.

A Potsdam, le 9 septembre.

Mon cher ami, j'ai reçu deux de vos lettres à la fois, auxquelles je vous réponds, savoir celles du 12 d'août et du 17 [1]. J'ai très-bien reçu de même le second acte de *Mahomet*, qui me paraît fort beau ; mais, à vous parler franchement, moins travaillé, moins fini que le premier. Il y a cependant un vers, dans le premier acte, qui m'a fait naître un doute : je ne sais si l'usage veut qu'on dise *écraser des étincelles* ; j'ai cru qu'il fallait dire *éteindre* ou *étouffer* [2] des étincelles.

Souvenez-vous, je vous prie, de ce beau vers :

> Et vers la vérité le doute les conduit.
> (*Henriade*, ch. VII, v. 376.)

Toujours sais-je bien que mes sens sont affectés d'une manière bien plus aimable par vos magnifiques vers de vos Musulmans que par les massacres que ces barbares font, à Belgrade, de nos pauvres Allemands.

> Quand, de soufre enflammés, deux nuages affreux,
> Obscurcissant les cieux et menaçant la terre,
> Agités par les vents dans leur cours orageux,
> De leurs flancs entr'ouverts vomissant le tonnerre,
> D'un choc impétueux se frappent dans les airs,
> Semblent nous abîmer aux gouffres des enfers,
> La nature frémit ; ce bruit épouvantable
> Paraît dans le chaos plonger les éléments,
> Et du monde ébranlé les fondements durables
> Craignent, en tressaillant, pour ses derniers moments.

---

1. Cette lettre a été perdue.
2. Voltaire a fait la correction proposée par le prince ; voyez tome IV, page 107.

Ainsi, quand le démon, altéré de carnage,
Sous ses drapeaux sanglants rassemble les humains;
Que la destruction, la mort, l'aveugle rage,
Des vaincus, des vainqueurs a fixé les destins,
De haine et de fureur follement animées,
S'égorgent de sang-froid deux puissantes armées;
La terre de leur sang s'abreuve avec horreur,
L'enfer de leurs succès empoisonne la source,
Le ciel au loin gémit du cri de leur clameur,
Et les flots pleins de morts interrompent leur course.

Ciel! d'où part cette voix de vaincus, de trépas?
O ciel! quoi! de l'enfer un monstre abominable
Traîne ces nations dans l'horreur des combats,
Et dans le sang humain plonge leur bras coupable!
Quoi! l'aigle des Césars, vaincu des Musulmans,
Quitte d'un vol hâté ces rivages sanglants!
De morts et de mourants les plaines sont couvertes;
Le trépas, qui confond toutes les nations,
Dans ce climat fatal, de leurs communes pertes
Assemble avidement les cruelles moissons.

Fatale Moldavie! ô trop funestes rives!
Que de sang des humains répandu sur vos bords,
Rougissant de vos eaux les ondes fugitives,
Au loin porte l'effroi, le carnage et les morts!
Du trépas dévorant vos plaines empestées
D'un mal contagieux déjà sont infectées.
Par quel monstre inhumain, par quels affreux tyrans
Ces douces régions sont-elles désolées,
Et tant de légions de braves combattants
Sur l'autel de la mort sont-elles immolées?

Tel que le mont Athos qui, du fond des enfers,
S'élevant jusqu'aux cieux, au-dessus des nuages,
Contemple avec mépris les aquilons altiers
A l'entour de ses pieds rassemblant les orages;
Tel, en sa grandeur vaine, au-dessus des humains,
Un monarque indolent maîtrise les destins :
Du fardeau de l'État il charge son ministre,
D'un foudre destructeur il arme ses héros;
L'autre, au fond d'un sérail signant l'ordre sinistre,
De sang-froid de la guerre allume les flambeaux.

Monarques malheureux, ce sont vos mains fatales
Qui nourrissent les feux de ces embrasements;
La Haine, l'Intérêt, déités infernales,
Précipitent vos pas dans ces égarements.
Accablés sous le poids de nombreuses provinces,
Vous en voulez encor ravir [1] à d'autres princes!
Payez de votre sang les frais de votre orgueil;
Laissez le fils tranquille et le père à ses filles;

---

1. Quinze mois plus tard Frédéric partit de Berlin pour conquérir la Silésie.

Qu'ainsi que les succès, les malheurs et le deuil
Ne touchent de l'État que vos seules familles.

Ce globe spacieux qu'enferme l'univers,
Ce globe, des humains la commune patrie,
Où cent peuples nombreux, de cent climats divers,
Ne forment rassemblés, qu'une ample colonie,
Distingués par leurs traits, par leurs religions,
Leurs coutumes, leurs mœurs, et leurs opinions,
Du ciel, qui les forma sur un même modèle,
Reçurent tous des cœurs, et c'était pour s'aimer.
Détestez, insensés, votre rage cruelle;
L'amour ne pourra-t-il jamais vous désarmer?

De leur destin cruel mon âme est attendrie;
Et d'un sort si funeste aveugles artisans,
Dieu! quel acharnement! avec quelle furie
Les voit-on retrancher la trame de leurs ans!
Européens, Chinois, habitants de l'Afrique,
Et vous, fiers citoyens des bords de l'Amérique,
Mon cœur, également ému de vos malheurs,
Condamne les combats, déplore les misères
Où vous plongent sans fin vos barbares fureurs,
Et je ne vois en vous que mon sang et mes frères.

Que l'univers enfin dans les bras de la paix,
Réprouvant ses erreurs, abandonne les armes,
Et que l'ambition, les guerres, les procès,
Laissent le genre humain sans trouble et sans alarmes!
Qu'ils descendent des cieux, pour remplir leurs désirs,
Ces volages enfants, les Ris et les Plaisirs,
Le Luxe fortuné, la prodigue Abondance,
Et tous ces arts heureux par qui furent polis
Memphis, Athènes, Rome, et Paris et Florence,
Dont même à votre tour vous fûtes ennoblis.

Venez, arts enchanteurs, par vos heureux prestiges,
Étaler à nos yeux vos charmes tout-puissants;
Des sujets de terreur, par vos nouveaux prodiges,
Se changent en vos mains et plaisent à nos sens.
Tels, des gouffres profonds, inconnus du tonnerre,
Où mille affreux rochers se cachent sous la terre,
Où roulent en grondant des orageux torrents,
Des hommes ont tiré, guidés par l'industrie,
Ces métaux précieux, ces riches diamants,
Compagnons fastueux des grandeurs de la vie.

Ainsi, possédant l'art des magiques accords,
Voltaire sait orner des fleurs qu'il fait éclore
Ces tragiques sujets, ces carnages, ces morts,
Que, sans ces traits savants, l'œil délicat abhorre.
C'est là qu'on peut souffrir ces massacres affreux;
Les malheurs des humains ne plaisent qu'en ces jeux
Où des auteurs divins tracent à la mémoire

Les règnes détestés de barbares tyrans,
D'un illustre courroux la malheureuse histoire,
Où les crimes des morts corrigent les vivants.

Poursuivez donc ainsi, fiers enfants de Solime,
A nous faire admirer vos triomphes heureux ;
Et, bientôt surpassant Mithridate et Monime,
Au Théâtre-Français attirez tous nos vœux.
Allez donc, sur les pas de César et d'Alzire,
Sous le nom de Zopire, à Paris vous produire,
Sans avoir des rivaux moins craints, moins redoutés,
Mais plus sûrs du bonheur de toucher et de plaire.
Je vois déjà briller l'éclat de vos beautés,
Couronnés des lauriers que vous cueillit Voltaire.

Je vous envoie, en même temps, la *Préface de la Henriade*. Il faut sept années pour la graver; mais l'imprimeur anglais assure qu'il l'imprimera de manière qu'elle ne le cédera en rien à la beauté de son *Horace* latin. Si vous trouvez quelque chose à changer ou à corriger dans cette préface, il ne dépendra que de vous de le faire. Je ne veux point qu'il s'y trouve rien qui soit indigne de *la Henriade* ou de son auteur. Je vous prie cependant de me renvoyer l'original, ou de le faire copier, car je n'en ai point d'autre.

Après un petit voyage de quelques jours, qui me reste à faire, je me mettrai sérieusement en devoir de combattre Machiavel. Vous savez que l'étude veut du repos, et je n'en ai aucun depuis trois mois; j'ai même été obligé de quitter trois fois la plume, n'ayant pas le temps d'achever cette lettre ; et l'ouvrage que je me suis proposé de faire demandant du jugement et de l'exactitude, je l'ai réservé pour mon loisir, dans ma retraite philosophique.

Je vous vois avec plaisir mener une vie presque tout aussi errante que la mienne. Thieriot m'avertit de votre arrivée à Paris. J'avoue que, si j'avais le choix des fêtes que célèbrent les Français d'aujourd'hui, et de celles qu'on célébrait du temps de Louis XIV, je serais pour celles où l'esprit a plus de part que la vue; mais je sais bien que je préférerais à toutes ces brillantes merveilles le plaisir de m'entretenir deux heures avec vous....

On m'interrompt encore ; *au diable les fâcheux*[1]!....

Me voici de retour. Vous me parlez de grands hommes et d'engagements[2]; on vous prendrait pour un enrôleur. Vous sacrifiez donc aussi aux dieux de notre pays? Si l'on est à Paris dans le goût des plaisirs, et qu'on se trompe quelquefois sur le choix, on est ici dans le goût des *grands hommes ;* on mesure le mérite à la toise, et l'on dirait que quiconque a le malheur d'être né d'un demi-pied de roi moins haut qu'un géant ne saurait avoir du bon sens, et cela fondé sur la règle des proportions. Pour moi, je ne sais ce qui en est; mais, selon ce qu'on dit, Alexandre n'était pas grand, César non plus. Le prince de Condé, Turenne, milord Marlborough, et le prince Eugène[3] que j'ai vu, tous héros à juste titre, brillaient moins par l'extérieur que par cette force d'esprit qui trouve des ressources en soi-même dans les dangers, et par un jugement exquis qui leur faisait toujours prendre avec promptitude le parti le plus avantageux.

J'aime cependant cette aimable manie des Français; j'avoue que j'ai du plaisir à penser que quatre cent mille habitants d'une grande ville ne pensent qu'aux charmes de la vie, sans en connaître presque les désagréments; c'est une marque que ces quatre cent mille hommes sont heureux.

Il me semble que tout chef de société devrait penser sérieusement à rendre son peuple content, s'il ne le peut rendre riche : car le contentement peut fort bien subsister sans être soutenu par de grands biens. Un homme, par exemple, qui se trouve dans un spectacle, à une fête, dans un endroit où une nombreuse assemblée de monde lui inspire une certaine satisfaction; un homme, dans ces moments-là, dis-je, est heureux, et il s'en retourne chez lui l'imagination remplie d'agréables objets qu'il laisse régner dans son âme. Pourquoi donc ne point s'étudier davantage à procurer au public de ces moments agréables qui répandent des douceurs sur toutes les amertumes de la vie, ou qui du moins leur procurent quelques moments de distraction de leurs chagrins? Le plaisir est le bien le plus réel de cette vie; c'est donc assurément faire du bien, et c'est en faire beaucoup que de fournir à la société les moyens de se divertir.

Il paraît que le monde se met assez en goût des fêtes, car jusqu'au voisinage de la Nouvelle-Zemble et des mers Hyperborées, on ne parle que de réjouissances. Les nouvelles de Pétersbourg ne sont remplies que de bals, de festins, et de fêtes qu'ils y font, à l'occasion du mariage du prince de Brunswick [1]. Je l'ai vu à Berlin, ce prince de Brunswick, avec le duc de Lorraine [2]; et je les ai vus badiner ensemble d'une manière qui ne sentait guère le monarque. Ce sont deux têtes que je ne sais quelle nécessité ou quelle providence paraît destiner à gouverner la plus grande partie de l'Europe.

Si la Providence était tout ce qu'on en dit, il faudrait que les Newton et les Wolff, les Locke, les Voltaire, enfin les êtres qui pensent le mieux, fussent les maîtres de cet univers; il paraîtrait alors que cette sagesse infinie, qui préside à tous les événements, par un choix digne d'elle, place dans ce monde les êtres les plus sages d'entre les humains pour gouverner les autres; mais, de la manière que les choses vont, il paraît que tout se fait assez à l'aventure. Un homme de mérite n'est point estimé selon sa valeur; un autre n'est point placé dans un poste qui lui convient; un faquin sera illustré, et un homme de bien languira dans l'obscurité; les rênes du gouvernement d'un empire seront commises à des mains novices, et des hommes experts seront

---

1. Antoine-Ulric de Brunswick-Bevern, marié, le 15 juillet 1739, à la nièce de l'impératrice Anne; père de l'empereur Iwan VI détrôné au berceau, et poignardé en 1764. (CL.)
— Ce prince était beau-frère de Frédéric.
2. François-Étienne, duc de Lorraine jusqu'en juillet 1737, époque où il devint grand-duc de Toscane; empereur d'Allemagne en 1745.

éloignés des charges. Qu'on me dise là-dessus tout ce qu'on voudra, on ne pourra jamais m'alléguer une bonne raison de cette bizarrerie des destins.

Je suis fâché que ma destinée ne m'ait point placé de manière que je puisse vous entretenir tous les jours, que je puisse bégayer quelques mots de physique à Mme la marquise du Châtelet, et que le pays des arts et des sciences ne soit pas ma patrie. Peut-être que ce petit mécontentement de la Providence a causé mes plaintes, peut-être que mes doutes se montrent avec trop de témérité; mais je ne pense point cependant que ce soit tout à fait sans raison.

Dites, je vous prie, à la belle Émilie que j'étudierai, cet hiver, cette partie de la philosophie qu'elle protége, et que je la prie d'échauffer mon esprit d'un rayon de son génie.

Ne m'oubliez point, mon cher Voltaire; que les charmes de Paris, vos amis, les sciences, les plaisirs, les belles, n'effacent point de votre mémoire une personne qui devrait y être conservée à perpétuité. Je crois y mériter une place par l'estime et l'amitié avec laquelle je suis à jamais, mon cher Voltaire, votre très-parfait ami,

FÉDÉRIC.

1198. — A M. HELVÉTIUS [1].

Septembre.

J'ai trop de remerciements, trop de compliments à vous faire, trop d'éloges à vous donner, mon charmant ami, pour vous écrire. Il faut que je vous voie; il faut que je vous embrasse. On dit que vous venez à Paris, et que peut-être ma lettre ne vous trouvera pas à Montbard. Si vous y êtes encore, tâchez de quitter M. de Buffon, si cela se peut. Je sens combien il vous en coûtera à tous deux.

Mme du Châtelet vous désire avec la même vivacité que moi. J'ai vu M. de Montmirel; je n'ai rien vu ici de plus aimable que lui et ce qu'il m'a apporté. Faites souvenir de moi le très-philosophe M. de Buffon, à qui je suis bien véritablement attaché. Adieu, je vous embrasse de tout mon cœur. Venez, l'espérance et le modèle des philosophes et des poëtes.

1199. — A M. L'ABBÉ DU RESNEL [2].

Je suis aux ordres de la beauté et de l'esprit, et je profiterai, quand Mme Dupin voudra, des bontés dont elle veut bien m'ho-

---

1. Éditeurs, de Cayrol et François. Cette lettre a été, à tort, classée par eux en septembre 1741.
2. L'autographe de cette lettre n'est ni daté ni signé. Mme Dupin, qui y est

norer. Je compte aussi sur celles de mon grand abbé. Vous n'aurez qu'à disposer du jour, à compter depuis lundi. *Farewel and let us be merry.*

Je suis bien coupable envers M. et Mme Dupré; mais je demeure au bout du monde, et il n'y a plus ni devoir ni plaisir pour moi. Tout cela changera quand nous nous reverrons un peu à notre aise. Je n'ai pas encore vécu, depuis mon retour; je n'ai que couru.

1200. — A FRÉDÉRIC, PRINCE ROYAL DE PRUSSE.

Paris, septembre.

Monseigneur, j'ai reçu à Paris les deux plus grandes consolations dont j'avais besoin dans cette ville immense, où règnent le bruit, la dissipation, l'empressement inutile de chercher ses amis, qu'on ne trouve point; où l'on ne vit que pour soi-même, où l'on se trouve tout d'un coup enveloppé dans vingt tourbillons, plus chimériques que ceux de Descartes, et moins faits pour conduire au bonheur que les absurdités cartésiennes ne font connaître la nature. Mes deux consolations, monseigneur, sont les deux lettres dont Votre Altesse royale m'a honoré, du 9 et du 15 août, qui m'ont été renvoyées à Paris. Il a fallu d'abord, en arrivant, répondre [1] à beaucoup d'objections que j'ai trouvées répandues à Paris contre les découvertes de Newton. Mais ce petit devoir dont je me suis acquitté ne m'a point fait perdre de vue ce *Mahomet* dont j'ai déjà eu l'honneur d'envoyer les prémices à Votre Altesse royale. Voici deux actes à la fois. Si j'avais attendu que cela fût digne de vous être présenté, j'aurais attendu trop longtemps. Je les envoie comme une preuve de mon empressement à vous plaire, et, pour meilleure preuve, je vais les corriger. Votre Altesse royale verra si les horreurs que le *fanatisme* entraîne y sont peintes d'un pinceau assez ferme et assez vrai. Le malheureux Séide, qui croit servir Dieu en égorgeant son père, n'est point un portrait chimérique. Les Jean Châtel, les Clément, les Ravaillac, étaient dans ce cas, et, ce qu'il y a de plus horrible, c'est qu'ils étaient tous dans la bonne foi. N'est-ce donc pas rendre service à l'humanité de distinguer toujours, comme

---

citée, est nommée dans la lettre 953; quant à Dupré (de Saint-Maur), voyez la lettre 420.

1. Voyez, tome XXIII, page 71, la *Réponse aux objections principales contre la philosophie de Newton.*

j'ai fait, la religion de la superstition ; et méritais-je d'être persécuté pour avoir toujours dit, en cent façons différentes, qu'on ne fait jamais de bien à Dieu en faisant du mal aux hommes? Il n'y a que les suffrages, les bontés, et les lettres de Votre Altesse royale, qui me soutiennent contre les contradictions que j'ai essuyées dans mon pays. Je regarde ma vie comme la fête de Damoclès chez Denis. Les lettres de Votre Altesse royale et la société de Mme la marquise du Châtelet sont mon festin et ma musique.

>Mais de la persécution
>Le fer, suspendu sur ma tête,
>Corrompt les plaisirs de la fête
>Que, dans le palais d'Apollon,
>Le divin Fréderic m'apprête.
>Sans cela, ma muse, enhardie
>Par vos héroïques chansons,
>Prendrait une nouvelle vie,
>Et, suivant de loin vos leçons,
>Aux concerts de votre harmonie
>Oserait mêler quelques sons.
>Mais, quoi! sous la serre cruelle
>De l'impitoyable vautour
>Voit-on la tendre Philomèle
>Chanter les plaisirs et l'amour ?

A peine suis-je arrivé à Paris qu'on a été dire à l'oreille d'un grand ministre[1] que j'avais composé l'histoire de sa vie, et que cette histoire critique allait paraître dans les pays étrangers. Cette calomnie a été bien confondue, mais elle pouvait porter coup. Votre Altesse royale sait ce que c'est que le pouvoir despotique, et elle n'en abusera jamais ; mais elle voit quel est l'état d'un homme qu'un seul mot peut perdre. C'est continuellement ma situation. Voilà ce que m'ont valu vingt années consumées à tâcher de plaire à ma nation, et quelquefois peut-être à l'instruire. Mais, encore une fois, Votre Altesse royale m'aime, et je suis bien loin d'être à plaindre; elle daigne faire graver *la Henriade*; quel mal peut-on me faire qui ne soit au-dessous d'un tel honneur? Je viens d'acheter un Machiavel complet, exprès pour être plus au fait de la belle réfutation que j'attends avec ce que vous allez en écrire. Je ne crois pas qu'il y en ait jamais de meilleure réfutation que votre conduite. Les hommes sem-

---

[1]. Le cardinal de Fleury.

blent tous occupés, à présent, à se détruire; et, depuis le Mogol jusqu'au détroit de Gibraltar, tout est en guerre ; on croit que la France dansera aussi dans cette vilaine pyrrhique. C'est dans ce temps que Votre Altesse royale enseigne la justice, avant d'exercer sa valeur. M'est-il permis de lui demander quand je serai assez heureux pour voir ces leçons d'équité et de sagesse?

J'ai vu les fusées volantes qu'on a tirées à Paris avec tant d'appareil; mais je voudrais toujours qu'on commençât par avoir un hôtel de ville, de belles places, des marchés magnifiques et commodes, de belles fontaines, avant d'avoir des feux d'artifice. Je préfère la magnificence romaine à des feux de joie ; ce n'est pas que je condamne ceux-ci : à Dieu ne plaise qu'il y ait un seul plaisir que je désapprouve! mais, en jouissant de ce que nous avons, je regrette un peu ce que nous n'avons pas.

Votre Altesse royale sait sans doute que Bouchardon et Vaucanson font des chefs-d'œuvre, chacun dans leur genre. Rameau travaille à mettre à la mode la musique italienne. Voilà des hommes dignes de vivre sous Frédéric; mais je les défie d'en avoir autant d'envie que moi.

Je suis avec le plus profond respect et la plus tendre reconnaissance, de Votre Altesse royale, etc.

1201. — A MADEMOISELLE QUINAULT.

Paris, septembre 1739.

Je n'ai pas trois semaines à rester ici ; je voudrais bien, avant de partir, voir la première représentation de ce que vous savez; voyez donc, mademoiselle, si vous pouvez la faire lire demain à l'assemblée, faire distribuer sur-le-champ les rôles, et envoyer à cette maudite police, ou plutôt, faire comme on a fait pour *Alzire*.

J'ai fait à la pièce tout ce que j'ai pu ; mes affaires ne me permettent pas d'y travailler davantage : je crois qu'une prompte exécution conviendra à tous vos arrangements, et principalement à MM. Destouches et Lachaussée, dont je ne voudrais pas assurément faire reculer les ouvrages. Pressez donc, mademoiselle, pour le bien commun, qui me paraît votre passion dominante ; avec toutes les bontés que vous avez pour moi, ma passion dominante est vous, et le désir de mériter vos attentions. V.

Vous aurez ce soir la pièce transcrite.

1202. — A M. DE CIDEVILLE,

AU CHATEAU DE TOURNEBU, ROUTE DE GAILLON.

Ce 26 septembre.

Tibulle de la Normandie,
Vous qui, ne vivant qu'à la cour
Du dieu des vers et de Lesbie,
Ne voyageâtes de la vie
Que sur les ailes de l'Amour,
Venez à Paris, je vous prie,
Sur les ailes de l'Amitié;
Voltaire et la reine Émilie,
S'ils n'écoutaient que leur envie,
Du chemin feraient la moitié.

Ah! mon cher ami, par quel contre-temps cruel ne vous verrai-je qu'un moment! Je pars mercredi pour Richelieu. Sera-t-il dit que nous ressemblerons aux deux héros du roman de *Zaïde*[1], qui se virent de loin une fois, et s'éloignèrent pour un temps si long? Quand nous retrouverons-nous? quand passerai-je avec vous le soir tranquille de ce jour nébuleux qu'on nomme la vie?

1203. — A M.*** [2].

Paris, 26 septembre 1739.

Malgré votre prodigieuse indifférence, Mme la duchesse de Richelieu vous prie à souper aujourd'hui samedi. Seriez-vous assez malheureux pour n'être point à Paris? Pour moi, je le suis fort de n'avoir pu vous faire ma cour. C'était bien la peine de quitter Bruxelles! V.

1204. — A MADAME DE CHAMPBONIN.

De Paris.

Ma chère amie, Paris est un gouffre où se perdent le repos et le recueillement de l'âme, sans qui la vie n'est qu'un tumulte importun. Je ne vis point; je suis porté, entraîné loin de moi dans des tourbillons. Je vais, je viens; je soupe au bout de la ville, pour souper le lendemain à l'autre. D'une société de trois

---

1. Par Mme de La Fayette.
2. Éditeurs, Bavoux et François.

ou quatre intimes amis il faut voler à l'Opéra, à la Comédie, voir des curiosités comme un étranger, embrasser cent personnes en un jour, faire et recevoir cent protestations; pas un instant à soi, pas le temps d'écrire, de penser, ni de dormir. Je suis comme cet ancien qui mourut accablé sous les fleurs qu'on lui jetait.

De cette tempête continuelle, de ce roulis de visites, de ce chaos éclatant, j'allais encore à Richelieu, avec Mme du Châtelet; je partais en poste, ou à peu près, et nous revenions de même, pour aller enterrer à Bruxelles toute cette dissipation. Mme la duchesse de Richelieu s'avise de faire une fausse couche, et voilà un grand voyage de moins. Nous partons probablement au commencement d'octobre, pour aller plaider tristement, après avoir été ballottés ici assez gaiement, mais trop fort. C'est avoir la goutte après avoir sauté.

Voilà notre vie, mon cher *gros chat*; et vous, tranquille dans votre gouttière, vous vous moquez de nos écarts; et moi, je regrette ces moments pleins de douceur où l'on jouissait à Cirey de ses amis et de soi-même.

Qu'est-ce donc que ce ballot de livres arrivé à Cirey? Est-ce un paquet d'ouvrages contre moi? Je vous dirai, en passant, qu'il n'est pas plus question ici des horreurs de l'abbé Desfontaines que si lui ni les monstres ses enfants n'avaient jamais existé. Ce malheureux ne peut pas plus se fourrer dans la bonne compagnie, à Paris, que Rousseau, à Bruxelles. Ce sont des araignées qu'on ne trouve point dans les maisons bien tenues.

Mon cher *gros chat*, je baise mille fois vos pattes de velours.

1205. — A M. HELVÉTIUS.

A Paris, le 3 octobre.

Mon jeune Apollon, j'ai reçu votre charmante lettre. Si je n'étais pas avec Mme du Châtelet, je voudrais être à Montbard[1]. Je ne sais comment je m'y prendrai pour envoyer une courte et modeste réponse[2] que j'ai faite aux anti-newtoniens. Je suis l'enfant perdu d'un parti dont M. de Buffon est le chef, et je suis assez comme les soldats qui se battent de bon cœur, sans trop

---

1. Petite ville où Georges-Louis Le Clerc de Buffon demeurait, et où il naquit le 7 septembre 1707. Voltaire cite Buffon avec éloge dans une autre lettre, du 27 octobre 1740, à Helvétius. Il sera question plus tard du refroidissement survenu entre ces deux grands écrivains, au sujet des coquilles du sommet des Alpes. Ils finirent par se réconcilier, et, à cette occasion, ils s'écrivirent quelques lettres.
2. Voyez tome XXIII, page 71.

entendre les intérêts de leur prince. J'avoue que j'aimerais infiniment mieux recevoir de vos ouvrages que vous envoyer les miens. N'aurai-je point le bonheur, mon cher ami, de voir arriver quelque gros paquet de vous avant mon départ? Pour Dieu, donnez-moi au moins une épître. Je vous ai dédié ma quatrième *Épître sur la Modération*; cela m'a engagé à la retoucher avec soin. Vous me donnez de l'émulation ; mais donnez-moi donc de vos ouvrages. Votre métaphysique n'est pas l'ennemie de la poésie. Le Père Malebranche était quelquefois poëte en prose; mais vous, vous savez l'être en vers. Il n'avait de l'imagination qu'à contre-temps. Mme du Châtelet a amené avec elle à Paris son Koenig[1], qui n'a de l'imagination en aucun sens, mais qui, comme vous savez, est ce qu'on appelle grand métaphysicien. Il sait à point nommé de quoi la matière est composée, et il jure, d'après Leibnitz, qu'il est démontré que l'étendue est composée de monades non étendues, et la matière impénétrable composée de petites monades pénétrables. Il croit que chaque monade est un miroir de son univers. Quand on croit tout cela, on mérite de croire aux miracles de saint Pâris. D'ailleurs il est très-bon géomètre, comme vous savez ; et, ce qui vaut mieux, très-bon garçon. Nous irons bientôt philosopher à Bruxelles ensemble, car on n'a point sa raison à Paris. Le tourbillon du monde est cent fois plus pernicieux que ceux de Descartes. Je n'ai encore eu ni le temps de penser, ni celui de vous écrire. Pour Mme du Châtelet, elle est toute différente : elle pense toujours, elle a toujours son esprit ; et, si elle ne vous a pas écrit, elle a tort. Elle vous fait mille compliments, et en dit autant à M. de Buffon.

Le d'Arnaud espère que vous ferez un jour quelque chose pour lui, après Montmirel[2] s'entend ; car il faut que chaque chose soit à sa place.

Si je savais où loge votre aimable Montmirel, si j'avais achevé *Mahomet*, je me confierais à lui *in nomine tuo*; mais je ne suis pas encore prêt, et je pourrai bien vous envoyer de Bruxelles mon Alcoran.

Adieu, mon cher ami ; envoyez-moi donc de ces vers dont un seul dit tant de choses. Faites ma cour, je vous en prie, à M. de Buffon ; il me plaît tant que je voudrais bien lui plaire. Adieu ; je suis à vous pour le reste de ma vie.

1. Samuel Koenig. Voyez la note 4, tome XXIII, page 560.
2. Mondion de Montmirel, nommé dans la lettre 1198, et la lettre du 14 auguste 1741, à Helvétius, comme venant de remporter le prix d'éloquence.

ANNÉE 1739.

1206. — A M. L'ABBÉ DU RESNEL.

Ce mercredi[1], onze heures du matin, à l'hôtel de Brie.

L'abbé de Voisenon me mande, mon cher abbé, que vous voulez me venir voir ce matin ; mais, tout malade que je suis, il faut que je sorte. Savez-vous bien ce qu'il faut faire? Il faut être chez moi, à neuf heures précises, avec l'aimable Cideville, qu'on dit être arrivé. Vous mangerez la poularde du malade ; vous permettrez que je me couche de bonne heure. Si vous voulez venir avec M. Dupré de Saint-Maur[2], il vous ramènerait. Mais où loge M. de Cideville? Vous le savez apparemment.

Bonjour, mon cher grand abbé. V.

1207. — DE FRÉDÉRIC, PRINCE ROYAL DE PRUSSE.

Remusberg, 10 octobre[3].

Mon cher ami, j'avais cru, avec le public, que vous aviez reçu le meilleur accueil du monde de tout Paris, qu'on s'empressait de vous rendre des honneurs et de vous faire des civilités, et que votre séjour dans cette ville fameuse ne serait mêlé d'aucune amertume. Je suis fâché de m'être trompé sur une chose que j'avais fort souhaitée; et il paraît que votre sort et celui de la plupart des grands hommes et d'être persécutés pendant leur vie, et adorés comme des dieux après leur mort. La vérité est que ce sort, quelque brillant qu'il vous peigne l'avenir, vous offre le seul temps dont vous pouvez jouir sous une face peu agréable. Mais c'est dans ces occasions où il faut se munir d'une fermeté d'âme capable de résister à la peur et à tous les fâcheux accidents qui peuvent arriver. La secte des stoïciens ne fleurit jamais davantage que sous la tyrannie des méchants empereurs. Pourquoi? parce que c'était alors une nécessité, pour vivre tranquille, de savoir mépriser la douleur et la mort.

Que votre stoïcisme, mon cher Voltaire, aille au moins à vous procurer une tranquillité inaltérable. Dites avec Horace : *In virtute mea involvo*[4] : Ah! s'il se pouvait, je vous recueillerais chez moi; ma maison vous serait un asile contre tous les coups de la fortune, et je m'appliquerais à faire le

---

1. Le 7 octobre, très-probablement.
2. Voyez tome XXXIII, page 441.
3. Réponse à la lettre 1200.
4. . . . . Mea
   Virtute me involvo. . . . .
   (Lib. III, od. XXIX, v. 55.)

bonheur d'un homme dont les ouvrages ont répandu tant d'agréments sur ma vie.

J'ai reçu les deux nouveaux actes de *Zopire*. Je ne les ai lus qu'une fois; mais je vous réponds de leur succès. J'ai penser versé des larmes en les lisant; la scène de Zopire et de Séide, celle de Séide et de Palmire, lorsque Séide s'apprête à commettre le parricide, et la scène où Mahomet, parlant à Omar, feint de condamner l'action de Séide, sont des endroits excellents. Il m'a paru, à la vérité, que Zopire venait se confesser exprès sur le théâtre pour mourir en règle, que le fond du théâtre ouvert et fermé sentait un peu la machine; mais je ne saurais en juger qu'à la seconde lecture. Les caractères, les expressions des mœurs, et l'art d'émouvoir les passions, y font connaître la main du grand, de l'excellent maître qui a fait cette pièce; et, quand même Zopire ne viendrait pas assez naturellement sur le théâtre, je croirais que ce serait une tache qu'on pourrait passer sur le corps d'une beauté parfaite, et qui ne serait remarquée que par des vieillards qui examinent avec des lunettes ce qui ne doit être vu qu'avec saisissement et senti qu'avec transport.

Vos fêtes de Paris n'ont satisfait que votre vue : pour moi, je serais pour les fêtes dont l'esprit et tous nos sens peuvent profiter. Il me semble qu'il y a de la pédanterie en savoir et en plaisir; que de choisir une matière pour nous instruire, un goût pour nous divertir, c'est vouloir rétrécir la capacité que le Créateur a donnée à l'esprit humain, qui peut contenir plus d'une connaissance, et c'est rendre inutile l'ouvrage d'un Dieu qui paraît épicurien, tant il a eu soin de la volupté des hommes.

> J'aime le luxe et même la mollesse,
> Et les plaisirs.... de toute espèce ;
> . . . .
> Tout honnête homme a de tels sentiments.
> (*Le Mondain*, v. 9.)

C'est Moïse apparemment qui dit cela ? Si ce n'est lui, c'est toujours un homme qui serait meilleur législateur que ce Juif imposteur, et que j'estime plus mille fois que toute cette nation superstitieuse, faible et cruelle.

Nous avons eu ici milord Baltimore [1] et M. Algarotti, qui s'en retournent en Angleterre. Ce lord est un homme très-sensé, qui possède beaucoup de connaissances, et qui croit, comme vous, que les sciences ne dérogent point à la noblesse, et ne dégradent point un rang illustre.

J'ai admiré le génie de cet Anglais comme un beau visage à travers un voile. Il parle très-mal français, mais on aime pourtant à l'entendre parler ; et l'anglais, il le prononce si vite qu'il n'y a pas moyen de le suivre. Il appelle un Russien [2] un animal mécanique ; il dit que Petersbourg est l'œil de la Russie, avec lequel elle regarde les pays policés; que si on lui éborgnait cet œil, elle ne manquerait pas de retomber dans la barbarie dont elle

---

1. Voyez plus bas la lettre 1214, qui est la réponse à celle-ci.
2. « Un Prussien. » (*OEuvres posthumes*, édit. de Berlin.)

est à peine sortie. Il est grand partisan de *la* soleil, et je ne le crois pas trop éloigné des dogmes de Zoroastre, touchant cette planète. Il a trouvé ici des gens avec lesquels il pouvait parler sans contrainte, ce qui m'a fait composer l'*Épître* [1] ci-jointe, que je vous prie de corriger impitoyablement.

Le jeune Algarotti, que vous connaissez, m'a plu on ne saurait davantage. Il m'a promis de revenir ici aussitôt qu'il lui serait possible. Nous avons bien parlé de vous, de géométrie, de vers, de toutes les sciences, de badineries, enfin de tout ce dont on peut parler. Il a beaucoup de feu, de vivacité et de douceur, ce qui m'accommode on ne saurait mieux. Il a composé une cantate qu'on a mise aussitôt en musique, et dont on a été très-satisfait. Nous nous sommes séparés avec regret, et je crains fort de ne revoir de longtemps dans ces contrées d'aussi aimables personnes.

Nous attendons, cette semaine, le marquis de La Chétardie, duquel il faudra prendre encore un triste congé. Je ne sais ce que c'est que ce M. Valori; mais j'en ai ouï parler comme d'un homme qui n'avait pas le ton de la bonne compagnie. Monsieur le cardinal aurait bien pu se passer de nous envoyer cet homme et de nous ôter La Chétardie, qui est, en tous sens, un très-aimable garçon.

Soyez sûr qu'ici, à Remusberg, nous nous embarrassons aussi peu de guerre que s'il n'y en avait point dans le monde. Je travaille actuellement à *Machiavel,* interrompu quelquefois par des importuns dont la race n'est pas éteinte, malgré les coups de foudre que leur lança Molière. Je réfute Machiavel, chapitre par chapitre; il y en a quelques-uns de faits, mais j'attends qu'ils soient tous achevés pour les corriger. Alors vous serez le premier qui verrez l'ouvrage, et il ne sortira de mes mains qu'après que le feu de votre génie l'aura épuré.

J'attends vos corrections sur la *Préface de la Henriade,* afin d'y changer ce que vous avez trouvé à propos; après quoi *la Henriade* volera sous la presse.

J'ai fait construire une tour au haut de laquelle je placerai un observatoire. L'étage d'en bas devient une grotte; le second, une salle pour des instruments de physique; le troisième, une petite imprimerie. Cette tour est attachée à ma bibliothèque par le moyen d'une colonnade au haut de laquelle règne une plate-forme.

Je vous en envoie le dessin pour vous amuser, en attendant que l'on construise l'Hôtel de Ville et les marchés de Paris.

J'attends de vos nouvelles avec beaucoup d'impatience, et je vous prie de me croire de vos amis, autant qu'il est possible de l'être,

FÉDÉRIC.

Césarion ne veut pas que je sois son interprète ; il aime mieux vous écrire lui-même.

---

1. *Épître sur la Liberté,* adressée à milord Baltimore.

1208. — DU BARON DE KEYSERLINGK.

Quoique rien ne saurait être ajouté aux sentiments de tendresse et à mon parfait attachement pour vous, monsieur, il est pourtant hors de doute que, s'il avait plu à mon auguste maître de vous les dépeindre, vous en auriez été convaincu d'une manière bien plus agréable. Je suis en savoir comme une jeune beauté passée qui doit la plupart de ses charmes à ses ajustements. Déshabillée, vous déplairait-elle ? Je pense que non, et j'ose hardiment vous faire voir toute nue l'amitié avec laquelle je serai toute ma vie, monsieur, tout à vous, et votre, etc.,

DE KEYSERLINGK.

Faites agréer, je vous en supplie, mes assurances de respect à madame la marquise. Je serais au comble de mes souhaits si, à la suite de mon adorable maître, je pouvais me transporter à Paris[1] pendant que Mme du Châtelet, M. le prince de Nassau, et vous, monsieur, contribuez à en embellir le séjour. Mais, monsieur, jugez-moi, s'il vous plaît, par vous-même : seriez-vous disposé à quitter madame la marquise pour venir nous trouver à Remusberg ?

1209. — A M. DE CIDEVILLE,

CHEZ M. L'ABBÉ BIGNON, OU AU CHATEAU DE TOURNEBU,
ROUTE DE ROUEN.

A Paris, le 11 octobre.

Mon cher ami, je tombai malade le jour même que je devais partir avec M. le duc de Richelieu, et me voici entre MM. Silva et Morand. On ne disait pas trop de bien d'abord de mon cul et de ma vessie ; mais, Dieu merci, ces deux parties misérables ne sont pas offensées. On me saigne, on me baigne. Si vous êtes encore dans le voisinage de Paris, et dans le dessein d'y faire un tour, votre ancien ami gît rue *Cloche-Perce,* à l'hôtel de *Bri* et Émilie plane à l'hôtel Richelieu.

Je vous embrasse mille fois.

RÉPONSE DE CIDEVILLE AU BAS DE LA LETTRE.

Le 12.

Oui, j'irai, cher ami, dans peu,
Mais tard au gré de mon envie,
Adorer Émilie
A cet hôtel de Richelieu,
Vous baiser à celui de Brie,
Sans m'enivrer du vin du lieu.

1. Keyserlingk devait faire ce voyage, qui n'eut pas lieu.

1210. — A M. DE CIDEVILLE.

A Paris, ce jeudi 15 octobre.

Mon cher Cideville, voici un jeune homme qui fait des vers, et qui veut en déclamer. Ce serait, je crois, une bonne acquisition pour la troupe de La Noue. Voyez si vous pouvez le recommander ; je souhaite qu'il serve, cet hiver, à vos plaisirs. En vous remerciant de celui que vous me fîtes hier.

Il faudra, mon cher ami, pour voir bien à votre aise la divine Émilie, que vous fassiez un souper chez moi avec elle et Mme d'Argental. J'arrangerai cette partie aujourd'hui, sans préjudice du plaisir de vous mener chez elle auparavant, et de dîner ensemble, avec cet opéra que j'ai tant d'impatience de voir.

Si vous voulez passer demain chez moi, à midi, nous irons ensemble chez Mme du Châtelet ; elle loge à l'hôtel Richelieu. Si elle était chez elle, vous y eussiez soupé le jour même de votre arrivée. En vérité, si Paris a besoin de bonne compagnie, vous devez y rester. Est-il possible que vous viviez ailleurs, et toujours loin de moi !

Bonjour, ami charmant. V.

1211. — A M. L'ENVOYÉ DE...[1].

A Paris, le 18 octobre.

J'avais peur, monsieur, qu'il n'entrât trop d'amour-propre dans le plaisir que m'a fait la traduction italienne de *la Henriade* de M. Nenci ; mais puisque vous en êtes content, je ne dois plus douter du jugement que j'en ai porté, et je n'ai qu'à remercier l'auteur qui m'a embelli. Je compte avoir l'honneur de vous faire ma cour dès que j'aurai un peu de santé. Vous connaissez mon tendre et respectueux attachement pour vous.

1212. — A FRÉDÉRIC, PRINCE ROYAL DE PRUSSE.

De Paris, le 18 octobre.

Monseigneur, je renvoie à Votre Altesse royale le plus grand monument de vos bontés et de ma gloire[2]. Je n'ai de véritable gloire que du jour que vous m'avez protégé, et vous y avez mis

1. Éditeurs, de Cayrol et François.
2. La *Préface de la Henriade*, par Frédéric ; voyez cette pièce dans le tome VIII.

le comble par l'honneur que vous daignez faire à *la Henriade*. Deux véritables amis, que j'ai dans Paris, ont lu ce morceau de prose qui vaut mieux que tous mes vers. Ils ont été prêts à verser des larmes quand ils ont vu qu'à peine il y a une ligne de votre main qui ne parte d'un cœur né pour le bonheur des hommes, et d'un esprit fait pour les éclairer. Ils ont admiré avec quelle énergie Votre Altesse royale écrit dans une langue étrangère. Ils ont été étonnés du goût singulier qu'elle a pour des choses dont tant de nos princes ont si peu de connaissance. Tout cela les frappait, sans doute; mais les sentiments d'humanité qui règnent dans cet ouvrage ont enlevé leur âme. Tout ce qu'ils peuvent faire, c'est de garder le secret sur cette *Préface*; mais le garder sur le prince adorable qui pense avec tant de grandeur et avec tant de bonté, cela est impossible; ils sont trop émus; il faut qu'ils disent avec moi :

> Ne verrons-nous jamais ce divin Marc-Aurèle,
> Cet ornement des arts et de l'humanité,
>   Cet amant de la vérité,
> Qui chez les rois chrétiens n'a point eu de modèle,
> Et qui doit en servir dans la postérité ?

Je n'ai rien fait de nouveau, depuis les deux derniers actes de *Mahomet*. Me voici les mains vides devant mon maître : mais il faut qu'il me pardonne; tous mes maux m'ont repris. Si mes ennemis, qui m'ont persécuté, savaient ce que je souffre, je crois qu'ils seraient honteux de leur haine et de leur envie : car comment envier un homme dont presque toutes les heures sont marquées par des tourments, et pourquoi haïr celui qui n'emploie les intervalles de ses souffrances qu'à se rendre moins indigne de plaire à ceux qui aiment les arts et les hommes ? Mme du Châtelet ne part pour les Pays-Bas que vers le commencement de novembre, et je ne crois pas que ma santé pût me permettre de l'accompagner, quand même elle partirait plus tôt. Je relis Machiavel dans le peu de temps que mes maux et mes études me laissent. J'ai la vanité de penser que ce qui aura le plus révolté dans cet auteur, c'est le chapitre[1] de *la Crudeltà*, où ce monstre ingénieux et politique ose dire : *Deve per tanto un principe non si curare dell' infamia di crudele;* mais surtout le chapitre XVIII : *In che modo i principi debbiano osservare la fede*. Si j'osais dire mon sentiment devant Votre Altesse royale, qui est assurément le juge

---

1. Chapitre XVII.

né de ces matières, par son cœur, par son esprit, et par son rang, je dirais que je ne trouve ni raison, ni esprit dans ce chapitre. Ne voilà-t-il pas une belle preuve qu'un prince doit être un fripon, parce qu'Achille a été nourri, selon la Fable, par un animal moitié bête et moitié homme! Encore si Ulysse avait eu un renard pour précepteur, l'allégorie aurait quelque justesse; mais qu'en conclure pour Achille, qui n'est représenté que comme le plus impétueux et le moins politique des hommes?

Dans le même chapitre : il faut être un perfide, *perchè gli uomini sono tristi*; et, le moment d'après, il dit : *Sono tanto semplici gli uomini..., che colui che inganna troverà sempre chi si lascerà ingannare.*

Il me semble que le docteur du crime méritait de tomber ainsi en contradiction.

Je n'ai point encore eu les *Notes* d'Amelot de La Houssaie; mais quel commentaire faut-il à mon prince pour démêler le faux et pour confondre l'injuste? Béni soit le jour où ses aimables mains auront achevé un ouvrage dont dépendra le bonheur des hommes, et qui devra être le catéchisme des rois.

Je ne sais pas comment, dans ce catéchisme, le manifeste de l'empereur contre son général[1] et contre son plénipotentiaire[2] serait reçu; mais ce n'est pas à moi à porter mes vues si haut :

> . . . . Pastorem, Tityre, pingues
> Pascere oportet oves, *nec regum bella referre.*
> (VIRG., ecl. VI, v. 4.)

J'ai reçu ici une visite du fils de M. Gramkan[3], qui me paraît un jeune homme de mérite, digne de vous servir et d'entendre Votre Altesse royale.

Je n'entends plus parler du voyage que M. de Keyserlingk devait faire à Paris, et j'ai peur de partir sans avoir vu celui avec qui j'aurais passé les jours entiers à parler d'un prince qui fait honneur à l'humanité. Mme du Châtelet a écrit à Votre Altesse royale.

Je suis avec le plus profond respect et la plus tendre reconnaissance, etc.

---

1. Charles VI, qui, après avoir destitué son feld-maréchal, le comte de Seckendorff, voulut le faire mourir *par commissaires*.
2. Le feld-maréchal comte de Neipperg.
3. Probablement *Grumbkow*.

1213. — A MADEMOISELLE QUINAULT.

Paris, 19.

Je me sers plus, mademoiselle, d'une plume que d'un crayon; j'ai déjà fait une partie des choses que vous avez voulues ; plus je réfléchis, plus je suis de votre avis, et plus je suis honteux de ne m'être pas rendu tout d'un coup sur bien des choses.

Je pars soumis plus que jamais à vos conseils, charmé plus que jamais de vos bontés. J'ai laissé aux deux frères les deux pièces sur lesquelles vous avez, comme sur moi, autorité absolue. Adieu, mademoiselle, adieu ; l'Afrique, l'Arabie et moi, nous sommes à vos pieds.

1214. — A FRÉDÉRIC, PRINCE ROYAL DE PRUSSE.

(Paris), novembre [1].

Brûlez votre vaisseau, vagabond Baltimore [2],
Qui, du détroit du Sund au rivage du Maure,
Du Bengale au Pérou, fendez le sein des mers ;
Vous, jeune citoyen de ce *plat* [3] univers,
Vous, de nouveaux plaisirs et de science avide,
Élève de Socrate, et d'Horace, et d'Euclide,
Cessez, Algarotti, d'observer les humains,
Les phrynés de Venise, et les gitons de Rome,
Les théâtres français, les tables des Germains,
Les ministres, les rois, les héros, et les saints ;
Ne vous fatiguez plus, ne cherchez plus un homme ;
Il est trouvé. Le ciel, qui forma ses vertus,
  Le ciel au haut du mont Rémus
A placé mon héros, l'exemple des vrais sages ;
Il commande aux esprits, il est roi sans pouvoir ;
Au pied du mont Rémus finissez vos voyages,
L'univers n'est plus rien, vous n'avez rien à voir.
Ciel ! quand arriverai-je à la montagne auguste
Où règne un philosophe, un bel esprit, un juste,
Un monarque fait homme, un Dieu selon mon cœur ?
Mont sacré d'Apollon, double front du Parnasse ;
Olympe, Sinaï, Thabor, disparaissez ;
Oui, par ce mont Rémus vous êtes effacés,

---

1. Cette réponse à la lettre 1207 est du premier ou du second jour de novembre au plus tard.
2. Milord Baltimore, nommé plus haut, lettre 1207.
3. Allusion au voyage de Maupertuis et de Clairaut au pôle.

Autant que Frédéric efface
Et les héros présents, et tous les dieux passés.

J'en demande pardon, monseigneur, à Sinaï et à Thabor; la verve m'a emporté; j'ai dit plus que je ne devais dire. D'ailleurs, les foudres et les tonnerres du mont Sinaï n'ont point de rapport à la vie philosophique qu'on mène au mont Rémus, et la transfiguration du Thabor n'a rien à démêler avec l'uniformité de votre charmant caractère. Enfin, que Votre Altesse royale pardonne à l'enthousiasme; n'est-il pas permis d'en avoir un peu, quand on vient de lire la belle épître dont votre muse française a régalé milord Baltimore?

Je vois que mon prince a mis encore la connaissance de la langue anglaise dans ses trésors. *Dulces sermones cujuscunque linguæ*[1]. Je crois que ce lord Baltimore aura été bien surpris de voir un prince allemand écrire en vers français à un Anglais; mais que voulez-vous? je suis encore plus surpris que lui. Je n'entends rien à ce prodige de la nature. Comment se peut-il faire, encore une fois, qu'on écrive si bien dans la langue d'un pays où l'on n'a jamais été? Pour Dieu! monseigneur, dites donc votre secret.

J'enverrais bien aussi des vers à Votre Altesse royale, si j'osais : elle aurait le cinquième acte de *Mahomet*; mais c'est qu'il n'est pas encore transcrit, et, pour les quatre premiers, ils sont actuellement repolis. Si votre beau génie a été un peu content de cette faible ébauche, j'ose espérer qu'elle aura encore la même indulgence pour l'ouvrage achevé. Elle ne trouvera plus certaines répétitions, certains vers lâches et décousus, qui sont des pierres d'attente. Elle verra l'amour paternel et le secret de la naissance des enfants de Zopire jouer un rôle plus grand et bien plus intéressant. Zopire, près d'être assassiné par ses enfants mêmes, n'adresse au ciel ses prières que pour eux, et il est frappé de la main de son fils, tandis qu'il prie les dieux de lui faire connaître ce fils même. Le *fanatisme* est-il peint à votre gré? Ai-je assez exprimé l'horreur que doivent inspirer les Ravaillac, les Poltrot, les Clément, les Felton, les Salcède[2], les Aod, j'ai pensé dire les Judith? En effet, monseigneur, quel bon roi serait à l'abri d'un assassinat, si la religion enseignait à tuer un prince qu'on croit ennemi de Dieu?

1. On lit dans Horace, livre III, ode VIII : *Docte sermones utriusque linguæ*.
2. Salcedo ou Salcède, assassin espagnol, cité comme Français, dans l'*Essai sur les mœurs*, chap. CLXIV.

Voilà la première tragédie où l'on ait attaqué la superstition. Je voudrais qu'elle pût être assez bonne pour être dédiée à celui de tous les princes qui distingue le mieux le culte de l'Être infiniment bon, et l'infiniment détestable fanatisme.

Je viens de voir d'autres ouvrages sur des matières bien différentes, mais plus dignes de Votre Altesse royale. C'est un cours de géométrie[1], par M. Clairaut ; c'est un jeune homme qui fit un ouvrage sur les courbes, à l'âge de quatorze ans, et qui a depuis peu, comme le sait Votre Altesse royale, mesuré la terre sous le cercle polaire. Il traite les mathématiques comme Locke a traité l'entendement humain ; il écrit avec la méthode que la nature emploie ; et comme Locke a suivi l'âme dans la situation de ses idées, il suit la géométrie dans la route qu'ont tenue les hommes pour découvrir par degrés les vérités dont ils ont eu besoin. Ce sont donc, en effet, les besoins que les hommes ont eus de mesurer qui sont chez Clairaut les vrais maîtres de mathématiques. L'ouvrage n'est pas près d'être fini, mais le commencement me paraît de la plus grande facilité, et, par conséquent, très-utile.

Mais, monseigneur, le plus utile de ces ouvrages, c'est celui que j'attends d'une main faite pour rendre les hommes heureux.

Je vais, moi chétif, me rendre aux *Éléments de Newton*, dont on demande à Paris une nouvelle édition ; mais ce travail sera pour Bruxelles. Je pars, je suis Émilie et Mme la duchesse de Richelieu à Cirey ; de là je vais en Flandre, etc.

1215. — DE FRÉDÉRIC, PRINCE ROYAL DE PRUSSE.

Remusberg, 6 de novembre [2].

Mon cher ami, j'ai été aussi mortifié de l'état infirme de votre santé que j'ai été réjoui par la satisfaction que vous me témoignez de ma *Préface*. J'en abandonne le style à la critique de tous les zoïles de l'univers ; mais je me persuade en même temps qu'elle se soutiendra, puisqu'elle ne contient que des vérités, et que tout homme qui pense sera obligé d'en convenir.

Cette réfutation de Machiavel, à laquelle vous vous intéressez, est achevée. Je commence à présent à la reprendre par le premier chapitre, pour corriger, et pour rendre, si je le puis, cet ouvrage digne de passer à la pos-

---

1. Ce cours parut, en 1741, in-8°, sous le titre d'*Éléments de géométrie*. Alexis-Claude Clairaut, dont la mère est nommée dans la lettre 991, naquit à Paris le 7 mai 1713.

2. Réponse à la lettre 1212.

térité. Pour ne vous point faire attendre, je vous envoie quelques morceaux de ce marbre brut qui ne sont pas encore polis.

J'ai envoyé, il y a huit jours, l'*Avant-Propos* à la marquise; vous recevrez tous les chapitres corrigés et dans leur ordre, lorsqu'ils seront achevés. Quoique je ne veuille point mettre mon nom à cet ouvrage, je voudrais cependant, si le public en soupçonnait l'auteur, qu'il ne pût me faire du tort. Je vous prie, par cette considération, de me faire l'amitié de me dire naturellement ce qu'il y faut corriger. Vous sentez que votre indulgence, en ce cas, me serait préjudiciable et funeste.

Je m'étais ouvert à quelqu'un du dessein que j'avais de réfuter Machiavel; ce quelqu'un m'assura que c'était peine perdue, puisque l'on trouvait, dans les *Notes politiques* d'Amelot de La Houssaie, sur Tacite, une réfutation complète du *Prince* politique. J'ai donc lu Amelot et ses *Notes*, mais je n'y ai point trouvé ce qu'on m'avait dit; ce sont quelques maximes de ce politique dangereux et détestable qu'on réfute, mais ce n'est pas l'ouvrage en corps.

Où la matière me l'a permis, j'ai mêlé l'enjouement au sérieux, et quelques petites digressions dans les chapitres qui ne présentaient rien de fort intéressant au lecteur. Ainsi, les raisonnements, qui n'auraient pas manqué d'ennuyer par leur sécheresse, sont suivis de quelque chose d'historique, ou de quelques remarques un peu critiques, pour réveiller l'attention du lecteur. Je me suis tu sur toutes les choses où la prudence m'a fermé la bouche, et je n'ai point permis à ma plume de trahir les intérêts de mon repos.

Je sais une infinité d'anecdotes sur les cours de l'Europe, qui auraient à coup sûr diverti mes lecteurs; mais j'aurais composé une satire d'autant plus offensante qu'elle eût été vraie; et c'est ce que je ne ferai jamais. Je ne suis point né pour chagriner les princes, je voudrais plutôt les rendre sages et heureux. Vous trouverez donc dans ce paquet cinq chapitres de *Machiavel*, le plan de Remusberg, que je vous dois depuis longtemps, et quelques poudres qui sont admirables pour vos coliques. Je m'en sers moi-même, elles me font un bien infini. Il les faut prendre le soir, en se couchant, avec de l'eau pure.

Adieu, cher ami toujours malade et toujours persécuté; je vous quitte pour reprendre mon ouvrage, et noircir le caractère infâme et scélérat de l'avocat du crime, de la même plume qui fit l'éloge de l'incomparable auteur de *la Henriade*: mais elle confondra plus facilement le corrupteur du genre humain qu'elle n'a pu louer le précepteur de l'humanité. C'est une chose fâcheuse pour l'éloquence que, lorsqu'elle a de grandes choses à dire, elle soit toujours inférieure à son sujet.

Mes amitiés à la marquise, mes compliments à vos amis, qui doivent être les miens, puisqu'ils sont dignes d'être les vôtres. Je suis avec toute l'amitié et la tendresse possible, mon cher Voltaire, votre très-fidèle ami,

FÉDÉRIC.

1216. — A M. DE PONT-DE-VEYLE.

Ce 16 de novembre, *en courant*.

Huc quoque *clara tui* pervenit fama triumphi,
Languida quo fessi vix venit aura noti.
(Ovid., epist., ex Ponto, II, 1,)

J'apprends dans un village de Liége, en revenant à Bruxelles, que l'homme du monde le plus aimable va être aussi un des plus à son aise. Vous êtes, dit-on, monsieur, intendant des classes de la marine [1]. Il y a longtemps que je suis dans la *classe* des gens qui vous sont le plus tendrement attachés, et je vous jure qu'il n'y a personne qui sente plus de plaisir, quand il vous arrive des événements agréables, que les deux voyageurs flamands qui vous font ces compliments très-sincères et très à la hâte. Mme du Châtelet va vous écrire; mais je l'ai devancée, afin d'avoir un avantage sur elle, une fois en ma vie. Ce sont des hommes comme vous qu'il faut mettre en place, et non pas des animaux qui ne sont graves que par sottise, et qui ne savent ni donner ni recevoir du plaisir. Je vois que M. de Maurepas aime à placer les gens qui lui ressemblent, et qu'il est bon ami comme bon connaisseur.

Adieu, monsieur l'intendant; il n'est doux de l'être qu'à Versailles et à Paris. Je vous suis attaché pour jamais avec la tendresse la plus respectueuse.

1217. — DE FRÉDÉRIC, PRINCE ROYAL DE PRUSSE.

Berlin, 4 décembre.

Mon cher ami, vous me promettez votre nouvelle tragédie tout achevée; je l'attends avec beaucoup de curiosité et d'impatience. J'etais déjà charmé de ce premier feu qu'avait jeté votre génie immortel, et je juge de *Zopire* achevé par la belle ébauche que j'en ai vue. C'est un saint Jean qui promet beaucoup de l'ouvrage qui va le suivre. Je serais content, et très-content, si de ma vie j'avais fait une tragédie comme celle des Musulmans, sans correction; mais il n'est pas permis à tout le monde d'aller à Athènes.

---

1. L'Almanach royal, de 1746 à 1749 inclusivement, porte que Pont-de-Veyle fut nommé intendant général des classes de la marine dès 1739; c'est ce qui m'a autorisé à donner la même date à la lettre ci-dessus, laquelle est imprimée à la date de 1740 dans l'édition de Kehl. Cette rectification s'accorde d'ailleurs avec le quatrième alinéa de la lettre du 16 février 1740, à d'Argental, où Voltaire cite *monsieur l'intendant des classes,* en faisant allusion à Pont-de-Veyle. (CL.)

Je vous soumets les douze premiers chapitres de mon *Anti-Machiavel*, qui, quoique je les aie retouchés, fourmillent encore de fautes. Il faut que vous soyez le père putatif de ces enfants, et que vous ajoutiez à leur éducation ce que la pureté de la langue française demande pour qu'ils puissent se présenter au public. Je retoucherai, en attendant, les autres chapitres, et les pousserai à la perfection que je suis capable d'atteindre. C'est ainsi que je fais l'échange de mes faibles productions contre vos ouvrages immortels, à peu près comme les Hollandais, qui troquent des petits miroirs et du verre contre l'or des Américains; encore suis-je bien heureux d'avoir quelque chose à vous rendre.

Les dissipations de la cour et de la ville, des complaisances, des plaisirs, des devoirs indispensables, et quelquefois des importuns, me distraient de mon travail; et Machiavel est souvent obligé de céder la place à ceux qui pratiquent ses maximes, et que je réfute, par conséquent. Il faut s'accommoder à ces bienséances qu'on ne saurait éviter, et, quoi qu'on en ait, il faut sacrifier au dieu de la coutume, pour ne point passer pour singulier ou pour extravagant.

Ce M. de Valori, si longtemps annoncé par la voix du public, si souvent promis par les gazettes, si longtemps arrêté à Hambourg, est arrivé enfin à Berlin. Il nous fait beaucoup regretter La Chétardie. M. de Valori nous fait apercevoir tous les jours ce que nous avons perdu au premier. Ce n'est à présent qu'un cours théorique des guerres du Brabant, des bagatelles et des minuties de l'armée française; et je vois sans cesse un homme qui se croit vis-à-vis de l'ennemi et à la tête de sa brigade. Je crains toujours qu'il ne me prenne pour une contrescarpe ou pour un ouvrage à cornes, et qu'il ne me livre malhonnêtement un assaut. M. de Valori a presque toujours la migraine; il n'a point le ton de la société; il ne soupe point; et l'on dit que le mal de tête lui fait trop d'honneur de l'incommoder, et qu'il ne le mérite point du tout.

Nous venons de faire ici l'acquisition d'un très-habile homme. Il s'appelle Célius; il est habile physicien, et très-renommé pour les expériences. On lui donne pour vingt mille écus d'instruments. Il achèvera, cette année, un ouvrage qui lui fera beaucoup d'honneur: c'est une machine mécanique qui démontre parfaitement tous les mouvements des étoiles et des planètes, selon le système de Newton. Vous ne connaissez peut-être pas non plus un jeune homme qui commence à paraître; il se nomme Lieberkühn. C'est un génie admirable pour les mécaniques. Il a fait par l'optique des découvertes étonnantes, et il pousse son art à un point de perfection qui surpasse tout ce qu'on a vu avant lui. Il reviendra ici cet automne, après avoir vu Paris. Il a passé trois années à Londres, et il a été très-estimé de tous les savants d'Angleterre. Je vous parlerai plus en détail sur son chapitre, lorsque je l'aurai vu après son retour.

Je suis ravi de voir de ces heureuses productions de ma patrie; ce sont comme des roses qui croissent parmi les ronces et les orties; ce sont comme des bluettes de génie qui se font jour à travers des cendres où malheureusement les arts sont ensevelis. Vous vivez en France dans l'opulence de ces arts ; nous sommes ici indigents de science, ce qui fait peut-être que nous estimons plus le peu que nous avons.

Vous trouverez peut-être que je bavarde beaucoup ; mais souvenez-vous qu'il y a quatre semaines que je ne vous ai écrit, et que les pluies ne sont jamais plus abondantes qu'après une grande stérilité.

Je vous suis à Cirey, mon cher Voltaire, et je partage avec vous vos chagrins comme vos plaisirs. Profitez des plaisirs de ce monde autant que vous le pouvez : c'est ce qu'un homme sage doit faire. Instruisez-nous, mais que ce ne soit pas aux dépens de votre santé et de votre vie.

Quand est-ce que les Voltaire et les Émilie voyageront vers le Nord ? Je crains fort que ce phénomène, quoique impatiemment attendu, n'arrive pas sitôt. Il ne sera pas dit cependant que je mourrai avant de vous avoir vu ; dussé-je vous enlever, j'en tenterai l'aventure. Avouez que vous seriez bien étonné si vous entendiez arriver de nuit, à Cirey, des gens masqués, des flambeaux, un carrosse, et tout l'appareil d'un enlèvement. Cette aventure ressemblerait un peu à celle de la *Pentecôte* [1], à la différence près qu'on ne vous ferait d'autre mal que de vous séparer d'Émilie ; j'avoue que ce serait beaucoup. Il me semble que ni vous ni cette Émilie n'êtes point nés pour la chicane, et que tant que Paris se trouvera sur la route de la marquise, son affaire pourrait bien être jugée par contumace.

Le pauvre Césarion, accablé de goutte, n'a pas levé son piquet de Remusberg ; et, quoique je le revendique sans cesse, son mal ne veut point encore me le renvoyer. Il vous aime comme un ami, et vous estime comme un grand homme. Souffrez que je lui serve d'organe, et que je vous exprime ce que les douleurs et l'impuissance dans laquelle il se trouve l'empêchent de vous dire lui-même.

Je ne vous parle point des riens de la ville, des nouvelles frivoles du temps et des bagatelles du jour, qui ne méritent pas de sortir de notre horizon. Je ne devrais vous parler que de vous-même ou de la marquise, mais je craindrais d'ennuyer en faisant ou le miroir ou l'écho de ce que l'on doit admirer en vous. Faites, s'il vous plaît, mes compliments à la marquise, et soyez persuadé que je vous aime et vous estime autant qu'il est possible, étant à jamais votre très-fidèle ami,

Frédéric.

1218. — A M. LE LIEUTENANT GÉNÉRAL DE POLICE [2].

Rethel.

En quelque pays du monde que je sois, je compte toujours sur les bontés dont vous m'avez honoré. J'ai appris en chemin qu'on avait saisi un petit recueil que le sieur Prault fils, libraire, faisait de quelques-uns de mes ouvrages. Je puis vous assurer, monsieur, qu'il n'y a aucune des pièces de ce recueil qui n'ait

1. Voyez la pièce intitulée *la Bastille*, tome IX.
2. Éditeur, Léouzon Leduc.

été imprimée plusieurs fois, soit à la suite de *la Henriade,* soit dans des ouvrages périodiques.

A l'égard d'une espèce d'*introduction ou de plan raisonné de l'histoire du Siècle de Louis XIV,* il y a plusieurs mois que cela est public, dans les journaux étrangers, comme j'ai déjà eu l'honneur de vous le dire.

Je ne crois pas qu'on trouve dans cet essai rien qui ne soit d'un bon citoyen. Et si, par malheur, il s'était glissé quelque chose qui pût déplaire, je suis prêt à le corriger. Cette entreprise a, ce me semble, l'approbation de tous les honnêtes gens, mais il me faut une protection comme la vôtre pour m'encourager à finir un si grand ouvrage, qui demande en même temps beaucoup de tranquillité et de travail.

Il n'y a que la modestie de M. le cardinal de Fleury qui peut, je crois, l'indisposer contre mon histoire, dont il fera un des principaux ornements.

J'ai l'honneur de vous représenter encore que les petites pièces que Prault avait jointes à cet essai sont faites il y a près de trente ans pour la plupart, et qu'ainsi s'il s'y trouvait, je ne dis pas des expressions licencieuses, car je n'en ai jamais hasardé, mais quelques idées peu mesurées, je me flatte qu'on ne les traiterait pas plus sévèrement que les poésies de Chaulieu, ou même que celles de Rousseau, qu'on imprime à Paris sans privilége.

En un mot, monsieur, il ne m'appartient pas de vous demander une grâce pour Prault[1], mais seulement pour moi-même, pour votre ancien courtisan, qui ne cessera jamais d'être avec la reconnaissance la plus respectueuse, etc.

---

1. *Extrait des registres du Conseil d'État :* « Vû par le Roy, estant en son Conseil, le procès-verbal du Commissaire Lespinay, en date du 24 novembre dernier, contenant qu'en exécution des ordres de Sa Majesté, il se seroit transporté dans une maison sise sur le Pont-au-Change occupée par le nommé Desfères, marchand jouaillier, sur l'avis qui auroit esté donné que dans ladite maison il y avoit un dépôt d'imprimez prohibez ; où estant monté au troisième estage, il seroit entré dans une chambre, dans laquelle il auroit en effet trouvé une quantité considérable de feuilles imprimées, et entr'autres, un grand nombre d'exemplaires d'un ouvrage intitulé *Recueil de Pièces fugitives, en prose et en vers, par M. de Voltaire.* Et le dit sieur Commissaire ayant requis le dit Desfères de déclarer à qui il avoit loué la dite chambre, il auroit dit que c'étoit le nommé Prault fils, libraire, son gendre, qui l'avoit prié de la luy prester, pour y mettre différens imprimez et livres qu'il luy avoit assuré estre permis. Et Sa Majesté voulant réprimer une contravention qui blesse également l'ordre public et les bonnes mœurs, soit par la nature de l'ouvrage, soit par la témérité du dit Prault fils, libraire, qui, au préjudice des règlements de la librairie, a fait imprimer sans privilège ni permission l'ouvrage dont il s'agit, et a entreposé clandestinement

1219. — A M. L'ABBÉ MOUSSINOT [1].

Ce 26 (décembre 1739).

Eh bien, mon cher ami, vous avez donc employé les cent vieux louis; soit. Tout ce que vous faites est bien, *et vidit quod esset: bonum, et est bonum* d'avoir trois mille livres de rente de plus. Il faudra un peu pâtir, cette année 1740, mais aussi, si Dieu permet que je vive, je vivrai à mon aise.

J'ai laissé deux tasses de porcelaine montées avec leurs soucoupes chez M. le duc de Richelieu. Peut-être les aura-t-on laissées dans la chambre, et, en ce cas, vous pourrez les faire redemander par un billet à son concierge dans la maison du Temple; ou bien vous les avez, et, en ce cas, je vous supplie de me les envoyer par le coche. Je vous prie d'y joindre un énorme pot de pâte liquide, que vous enverrez prendre chez Provost, rue Saint-Antoine, et un très-petit pot de pommade de concombre, belles commissions encore! Quatre bouteilles d'esprit-de-vin, et puis c'est tout, et pardon.

A l'égard de l'affaire du sieur Collens, je persiste dans mon idée qu'il faut m'en tenir uniquement à me faire rembourser de l'argent que j'ai avancé, compter votre voyage uniquement pour une partie de plaisir qui n'a pas trop coûté, et engager Collens à se charger du remboursement de la façon que je propose. Toute l'affaire est tellement embrouillée que Collens peut encore me demander (?) de la fausse déclaration, parce qu'il a un billet de moi, écrit à son correspondant de Valenciennes, par lequel

---

l'édition dans un magasin non déclaré aux officiers de la Librairie; à quoi voulant pourvoir : Oüy le rapport, LE ROY ESTANT EN SON CONSEIL, de l'avis de M. le Chancelier, a ordonné et ordonne que les exemplaires du dit livre intitulé *Recueil de Pièces fugitives en prose et en vers, par M. de Voltaire* seront et demeureront supprimez et mis au pilon en présence de la Communauté des Libraires, qui sera à cet effet extraordinairement assemblée. Et pour la contravention commise par le dit Prault fils, ordonne Sa Majesté que sa boutique sera et demeurera fermée pendant l'espace de trois mois, à commencer du jour de la publication du présent arrest; luy fait deffences pendant le dit temps de faire directement ou indirectement aucun exercice de sa profession, le condamne en outre en cinq cents livres d'amende, et lui fait deffences de récidiver, sous peine de descheance de sa maîtrise. Enjoint Sa Majesté au sieur Hérault, Conseiller d'Estat, Lieutenant général de police de la ville, prévosté et vicomté de Paris, de tenir la main à l'exécution du présent arrest, qui sera imprimé, lû, publié et affiché partout où besoin sera, à ce que personne n'en ignore. Fait au Conseil d'Estat du Roy, Sa Majesté y estant, tenu à Versailles le quatre de Décembre mil sept cent trente neuf.

« Signé PHÉLYPAUX. »

1. Édition Courtat.

je chargeais mon valet de chambre de la déclaration dont Collens est l'unique cause. Il pourrait se servir de cette lettre. Je gagnerais le procès, au moins je le crois, mais il serait encore désagréable de le gagner.

Il faut donc qu'il y ait entre lui et vous un compromis bien net, avant que je fasse rien ici. Considérez, je vous prie, qu'il paraît que les tableaux lui appartiennent, et que, si je payais encore le rachat de ces tableaux, il pourrait les revendiquer ; il pourrait dire : *J'ai au moins moitié dans tout, et je ne dois rien payer du rachat;* au lieu que, si vous l'engagez à convenir par écrit que vous avez prêté, avancé dix-huit cents florins ou environ pour le total des tableaux, que ces dix-huit cents florins doivent vous être remboursés préalablement à tout, il fait une chose très-juste, et il finit toute discussion. Mais je n'irai pas, moi, donner encore ici deux mille livres au moins, pour hasarder de les perdre encore : je recule tant que je peux ; mais je ne peux pas différer toujours. Il faut finir. Le pis-aller serait d'abandonner le tout aux commis, pour les trois cents florins de taxation, et que vous gardiez l'argent que vous aurez touché des autres tableaux vendus à Paris. Gardez toujours à tout événement l'argent qui proviendra de la vente de ce qu'il a emporté, et que vous pourrez toucher, car il peut très-bien arriver que ceci tourne fort mal. Je n'avancerai pas un sou à Bruxelles sans avoir un billet de Collens qui me réponde de ce que j'ai déjà avancé. Cela me paraît si simple que je n'y vois aucun prétexte de refus. Voilà bien du verbiage. Je me tais et je vous embrasse.

1220. — A FRÉDÉRIC, PRINCE ROYAL DE PRUSSE.

(Bruxelles), 28 décembre.

Monseigneur, que souhaiter à Votre Altesse royale, cette année ? Elle a tout ce qu'un prince doit avoir, et plus qu'un particulier qui aurait sa fortune à faire par ses talents. Non, monseigneur, je ne fais point de souhaits pour vous ; j'en fais, si vous le permettez, pour moi ; et ces souhaits, vous en savez le but, *ut videam salutare meum*[1]. Je fais encore un souhait pour le public, c'est qu'il voie la réfutation que mon prince a faite du corrupteur des princes. Je reçus, il y a quelques jours, à Bruxelles, les douze premiers chapitres ; j'avais déjà dévoré les

1. Évangile de Luc, chapitre II, v. 30.

derniers que j'avais reçus en France. Monseigneur, il faut, pour le bien du monde, que cet ouvrage paraisse ; il faut que l'on voie l'antidote présenté par une main royale. Il est bien étrange que des princes qui ont écrit n'aient pas écrit sur un tel sujet. J'ose dire que c'était leur devoir, et que leur silence sur Machiavel était une approbation tacite. C'était bien la peine que Henri VIII d'Angleterre écrivît contre Luther ; c'était bien à *l'enfant Jésus*[1] que Jacques Ier devait dédier un ouvrage ! Enfin, voici un livre digne d'un prince, et je ne doute pas qu'une édition de Machiavel, avec ce contre-poison à la fin de chaque chapitre, ne soit un des plus précieux monuments de la littérature. Il y a très-peu de ce qu'on appelle des *fautes contre l'usage de notre langue* ; et Votre Altesse royale me permettra de m'acquitter de ma charge de mettre des points sur les *i*. Si Votre Altesse royale daigne condescendre à la prière que je lui fais, si elle donne son trésor au public, je lui demande en grâce qu'elle me permette de faire la *Préface*, et d'être son éditeur. Après l'honneur qu'elle me fait de faire imprimer *la Henriade*, elle ne pouvait plus m'en faire d'autre qu'en me confiant l'édition de l'*Anti-Machiavel*. Il arrivera que ma fonction sera plus belle que la vôtre ; *la Henriade* peut plaire à quelques curieux, mais l'*Anti-Machiavel* doit être le catéchisme des rois et de leurs ministres.

Vous me permettrez, monseigneur, de dire que, selon les remarques de Mme du Châtelet (oserai-je ajouter : selon les miennes ?) il y a quelques branches de ce bel arbre qu'on pourrait élaguer, sans lui faire de tort. Le zèle contre le précepteur des usurpateurs et des tyrans a dévoré votre âme généreuse ; il vous a emporté quelquefois. Si c'est un défaut, il ressemble bien à une vertu. On dit que Dieu, infiniment bon, hait infiniment le vice ; cependant, quand on a dit à Machiavel honnêtement d'injures, on pourrait, après cela, s'en tenir aux raisons. Ce que je propose est aisé, et je le soumets à votre jugement. J'attendrai les ordres précis de mon maître, et je conserverai le manuscrit, jusqu'à ce qu'il permette que j'y touche et que j'en dispose.

Ce sera dorénavant Votre Altesse royale qui m'enverra des productions françaises ; je ne suis plus qu'un serviteur inutile ; je reçois, et je ne donne rien. Je raccommode un peu le Machiavel de l'Asie ; je rabote *Mahomet*, dont vous avez vu les commencements informes ; je ne continuerai point ici l'histoire du

---

1. Voyez, tome X, une note de l'épître au prince royal, octobre 1736.

Siècle de Louis XIV; j'en suis un peu dégoûté, quoique je me sois proposé de l'écrire tout entière dans le style modéré dont Votre Altesse royale a pu voir l'échantillon. D'ailleurs, je suis ici sans mes manuscrits et sans mes livres. Je vais me remettre un peu à la physique. Que ne puis-je être avec les Célius et les hommes de mérite que votre réputation attire déjà dans vos États !

On m'avait dit que le ministre tant annoncé était digne de dîner et de souper; mais je vois bien qu'il n'est digne que de dîner[1]. J'ai reçu une lettre d'Algarotti, datée de Londres, du 1ᵉʳ octobre; elle m'a attendu trois mois à Bruxelles. Ce M. Algarotti est encore tout étonné de ce qu'il a vu à Remusberg. « Ah ! quel prince est ça ! » dit-il; il ne revient pas de sa surprise. Et moi, monseigneur, et moi, pourquoi ne suis-je pas Algarotti ! Pourquoi M. du Châtelet n'est-il pas Baltimore ! Si je n'étais auprès d'Émilie, je mourrais de n'être pas auprès de vous.

Je suis avec le plus profond respect et la plus tendre reconnaissance, etc.

1221. — A M. PITOT DE LAUNAI[2].

2 janvier 1740.

Mon cher philosophe, je vous remercie tendrement de votre souvenir et de la fidélité avec laquelle vous avez soutenu la bonne cause, dans l'affaire de Prault. Il y a longtemps que je connais, que je défie, et que je méprise les calomniateurs. Les esprits malins et légers, qui commencent par oser condamner un homme dont ils n'imiteraient pas les procédés, n'ont garde de s'informer de quelle manière j'en ai usé[3]. Ils le pourraient savoir de Prault lui-même; mais il est plus aisé de débiter un mensonge au coin du feu que d'aller chez les parties intéressées s'informer de la vérité. Il y a peu d'âmes comme la vôtre qui aiment à rendre justice. Les vérités morales vous sont aussi chères que les vérités géométriques. Je vous prie de voir M. Arouet[4], et de demander l'état où il est. Dites-lui que j'y suis aussi sensible que je dois l'être, et que je prendrais la poste pour le venir voir si je croyais lui faire plaisir. Je vous demande en grâce de m'écrire

---

1. Voyez la lettre 1152, page 268.
2. C'est le membre de l'Académie des sciences à qui est adressée la lettre 747.
3. Voyez, plus bas, les lettres 1223 et 1225.
4. Armand Arouet, frère aîné de Voltaire, succéda, dans la cour des comptes, à son père, en 1721, et mourut en 1745.

des nouvelles de la disposition de son corps et de son âme. Adieu; mille amitiés à Mme Pitot sans cérémonie.

1222. — A MADEMOISELLE QUINAULT.

Bruxelles, ce 5 janvier 1740.

Pendant que *Vert-vert* joint ses lauriers aux vôtres, je m'occupe, mademoiselle, à ôter les épines de *Mahomet*. J'ai fait deux actes à *Zulime*; et je crois que vous serez contente de la façon dont j'ai enfin traité la reconnaissance de Zopire et de Séide. Je n'avais qu'une seule copie des corrections de *Mahomet*; je l'envoie à M. de Pont-de-Veyle, pour ne pas grossir le paquet; j'espère qu'il vous montrera des étrennes qui ne vous déplairont pas. Je suis à vos pieds, adorable Thalie. V.

Mme du Châtelet vous fait mille compliments.

1223. — A M. HELVÉTIUS.

5 janvier.

Je vous salue au nom d'Apollon, et je vous embrasse au nom de l'amitié. Voici l'ode de la *Superstition*[1], que vous demandez, et l'opéra[2] dont nous avons parlé. Quand vous aurez lu l'opéra, mon cher ami, envoyez-le à M. de Pont-de-Veyle, porte Saint-Honoré. Mais, pour Dieu, envoyez-moi de meilleures étrennes. Je n'ai jamais tant travaillé que ce dernier mois; j'ai la tête fendue. Guérissez-moi par quelque belle épître. Adieu les vers cet hiver, je n'en ferai point: la physique est de quartier; mais vos lettres, votre souvenir, votre amitié, vos vers, seront pour moi de service toute l'année. Avez-vous ce *Recueil* qu'avait fait Prault? Pourquoi le saisir[3]? Quelle barbarie! suis-je né sous les Goths et sous les Vandales? Je méprise la tyrannie autant que la calomnie. Je suis heureux avec Émilie, votre amitié, et l'étude. Vous l'avez bien dit[4]: L'*étude* console de tout.

Je vous embrasse mille fois.

1. Voyez, tome VIII, l'ode VII et ses notes.
2. *Pandore*. Cette lettre est la première où Voltaire parle de cet opéra.
3. Voyez la note de la page 351.
4. Helvétius a dit (voyez tome XXIII, page 22):

Étude, en tous les temps, prête-moi ton secours!
. . . .
Par toi l'homme est heureux au milieu des revers;
Avec toi l'homme a tout, etc.

1224. — DE FRÉDÉRIC, PRINCE ROYAL DE PRUSSE.

Berlin, 6 de janvier [1].

Mon cher Voltaire, si j'ai différé de vous écrire, c'était seulement pour ne point paraître les mains vides devant vous. Je vous envoie par cet ordinaire cinq chapitres de l'*Anti-Machiavel*, et une Ode *sur la Flatterie*, que mon loisir m'a permis de faire. Si j'avais été à Remusberg, il y aurait longtemps que vous auriez eu jusqu'à la lie de mon ouvrage ; mais, avec les dissipations de Berlin, il n'est pas possible de cheminer vite.

L'*Anti-Machiavel* ne mérite point d'être annoncé sous mon nom au roi de France. Ce prince a tant de bonnes et de grandes qualités que mes faibles écrits seraient superflus pour les développer. De plus, j'écris librement, et je parle de la France comme de la Prusse, de l'Angleterre, de la Hollande, et de toutes les puissances de l'Europe. Il est bon que l'on ignore le nom d'un auteur qui n'écrit que pour la vérité, et qui, par conséquent, ne donne point d'entraves à ses pensées. Lorsque vous verrez la fin de l'ouvrage, vous conviendrez avec moi qu'il est de la prudence d'ensevelir le nom de l'auteur dans la discrétion de l'amitié.

Je ne suis point intéressé ; et, si je puis servir le public, je travaillerai sans attendre de lui ni récompense ni louange, comme ces membres inconnus de la société qui sont aussi obscurs qu'ils lui sont utiles.

Après mon semestre de cour viendra mon semestre d'étude. Je compte embrasser, dans quinze jours, cette vie sage et paisible qui fait vos délices ; et c'est alors que je me propose de mettre la dernière main à mon ouvrage, et de le rendre digne des siècles qui s'écouleront après nous. Je compte la peine pour rien, car on n'écrit qu'un temps ; mais je compte l'ouvrage que je fais pour beaucoup, car il me doit survivre. Heureux les écrivains qui, secondés d'une belle imagination, et toujours guidés par la sagesse, peuvent composer des ouvrages dignes de l'immortalité ! ils feront plus d'honneur leur siècle que les Phidias, les Praxitèle et les Zeuxis n'en ont fait au leur. L'industrie de l'esprit est bien préférable à l'industrie mécanique des artistes. Un seul Voltaire fera plus d'honneur à la France que mille pédants, mille beaux esprits manqués, et mille grands hommes d'un ordre inférieur.

Je vous dis des vérités que je ne saurais m'empêcher de vous écrire, comme vous ne pourriez vous empêcher de soutenir les principes de la pesanteur ou de l'attraction. Une vérité en vaut une autre, et elles méritent toutes d'être publiées.

Les dévots suscitent ici un orage épouvantable contre ceux qu'ils nomment *mécréants*. C'est une folie de tous les pays que celle du faux zèle ; et je suis persuadé qu'elle fait tourner la cervelle des plus raisonnables, lorsqu'une fois elle a trouvé le moyen de s'y loger. Ce qu'il y a de plus plaisant, c'est que quand cet esprit de vertige s'empare d'une société, il n'est permis à personne de rester neutre ; on veut que tout le monde prenne parti, et s'en-

---

1. La lettre 1233 est la réponse à celle-ci.

rôle sous la bannière du fanatisme. Pour moi, je vous avoue que je n'en ferai rien, et que je me contenterai de composer quelques psaumes pour donner bonne opinion de mon orthodoxie. Perdez de même quelques moments, mon cher Voltaire, et barbouillez d'un pinceau sacré l'harmonie de quelques-unes de vos mélodieuses rimes. Socrate encensait les pénates : Cicéron, qui n'était pas crédule, en faisait autant. Il faut se prêter [1] aux fantaisies d'un peuple futile, pour éviter la persécution et le blâme : car, après tout, ce qu'il y a de désirable en ce monde, c'est de vivre en paix. Faisons quelques sottises avec les sots, pour arriver à cette situation tranquille.

On commence à parler de Bernard et de Gresset, comme auteurs de grands ouvrages ; on parle de poëmes [2] qui ne paraissent point, et de pièces [3] que je crois destinées à mourir incognito avant d'avoir vu le jour. Ces jeunes poëtes sont trop paresseux pour leur âge ; ils veulent cueillir des lauriers sans se donner la peine d'en chercher ; la moindre moisson de gloire suffit pour les rassasier. Quelle différence de leur mollesse à votre vie laborieuse ! Je soutiens que deux ans de votre vie en valent soixante de celle des Gresset et des Bernard. Je vais même plus loin, et je soutiens que douze êtres pensants, et qui pensent bien, ne fourniraient point à votre égal, dans un temps donné. Ce sont là de ces dons que la Providence ne communique qu'aux grands génies. Puisse-t-elle vous combler de tous ses biens, c'est-à-dire vous fortifier la santé, afin que le monde entier puisse jouir longtemps de vos talents et de vos productions ! Personne, mon cher Voltaire, n'y prend autant d'intérêt que votre ami, qui est et qui sera toujours, avec toute l'estime qu'on ne saurait vous refuser, votre fidèlement affectionné.

Fédéric.

1225. — A M. LE MARQUIS D'ARGENSON.

A Bruxelles, ce 8 janvier.

Vous m'allez croire un paresseux, monsieur, et, qui pis est, un ingrat ; mais je ne suis ni l'un ni l'autre. J'ai travaillé à vous amuser depuis que je suis à Bruxelles, et ce n'est pas une petite peine que celle de donner du plaisir. Je n'ai jamais tant travaillé de ma vie : c'est que je n'ai jamais eu tant d'envie de vous plaire.

Vous savez, monsieur, que je vous avais promis de vous faire passer une heure ou deux assez doucement ; je devais avoir l'honneur de vous présenter ce petit *Recueil* qu'imprimait Prault. Toutes ces pièces fugitives que vous avez de moi, fort informes

---

1. Le prince tient un langage bien différent dans la lettre 877, septième alinéa.
2. Allusion à *l'Art d'aimer*, que Bernard garda manuscrit pendant plus de trente ans. Voyez la lettre 1278.
3. *Édouard III*.

et fort incorrectes, m'avaient fait naître l'envie de vous les donner un peu plus dignes de vous. Prault les avait aussi manuscrites. Je me donnai la peine d'en faire un choix, et de corriger avec un très-grand soin tout ce qui devait paraître. J'avais mis mes complaisances dans ce petit livre. Je ne croyais pas qu'on dût traiter des choses aussi innocentes plus sévèrement qu'on n'a traité les Chapelle, les Chaulieu, les La Fontaine, les Rabelais, et même les épigrammes de Rousseau [1].

Il s'en faut beaucoup que le *Recueil* de Prault approchât de la liberté du moins hardi de tous les auteurs que je cite. Le principal objet même de ce *Recueil* était le commencement du *Siècle de Louis XIV*, ouvrage d'un bon citoyen et d'un homme très-modéré. J'ose dire que, dans tout autre temps, une pareille entreprise serait encouragée par le gouvernement. Louis XIV donnait six mille livres de pension aux Valincour, aux Pellisson, aux Racine, et aux Despréaux, pour faire son histoire, qu'ils ne firent point; et moi, je suis persécuté pour avoir fait ce qu'ils devaient faire. J'élevais un monument à la gloire de mon pays, et je suis écrasé sous les premières pierres que j'ai posées. Je suis en tout un exemple que les belles-lettres n'attirent guère que des malheurs [2].

Si vous étiez à leur tête, je me flatte que les choses iraient un peu autrement, et plût à Dieu que vous fussiez dans les places que vous méritez! Ce n'est pas pour moi, c'est pour le bonheur de l'État que je le désire.

Vous savez comment Gowers a gagné ici son procès tout d'une voix, comment tout le monde l'a félicité, et avec quelle vivacité les grands et les petits l'ont prié de ne point retourner en France. Je compte, pour moi, rester très-longtemps dans ce pays-ci; j'aime les Français, mais je hais la persécution. Je suis indigné d'être traité comme je le suis, et, d'ailleurs, j'ai de bonnes raisons pour rester ici. J'y suis entre l'étude et l'amitié, je n'y désire rien, je n'y regrette que de ne vous point voir.

Peut-être viendra-t-il des temps plus favorables pour moi, où je pourrai joindre aux douceurs de la vie que je mène celle de profiter de votre commerce charmant, de m'instruire avec vous, et de jouir de vos bontés. Je ne désespère de rien.

J'ai vu ici M. d'Argens; je suis infiniment content de ses pro-

1. Voyez la lettre 1218, page 351.
2. Le volume dans lequel était l'*Essai sur le Siècle de Louis XIV* venait d'être condamné. Voltaire avait été persécuté, en 1734, pour les *Lettres philosophiques;* en 1736, pour *le Mondain*.

cédés avec moi. Je vois bien que vous m'aviez un peu recommandé à lui.

Mme du Châtelet vous a écrit, ainsi je ne vous dis rien pour elle. Conservez-moi vos bontés, je vous en conjure; vous savez si elles me sont précieuses.

1226. — A M. L'ABBÉ MOUSSINOT [1].

Ce 9 janvier 1740, au soir.

Mon cher abbé, je reçois votre lettre du 6, et je n'ai point entendu parler de celle où vous m'avez mandé l'état de mon frère : voilà tout terminé par le retour de sa santé. Je vous prie de me renvoyer la lettre par laquelle je vous priais de prendre les arrangements de famille convenables en cas d'accident. Quant au testament, je ne doute pas que vous ne vous soyez informé de ce qui en était avec votre prudence ordinaire, sans me commettre, et sans marquer que je pusse avoir sur cela quelque inquiétude. Au reste, il serait très-désagréable que mes neveux eussent à me faire ma part : ce serait à moi, ce semble, à faire la leur, et Mme Denis s'avance trop quand elle dit qu'elle me laisserait maîtresse (*sic*) du tout. Il y a des mineurs au nom desquels elle ne pourrait stipuler; elle ne pourrait me céder ce qu'on aurait donné à ces mineurs, et assurément je la laisserais jouir de ce qu'on lui aurait donné.

Je vous prie de donner à d'Arnaud soixante livres de ma part, sans lui rien promettre de plus, sans le décourager aussi, sans lui lire ma lettre, sans entrer avec lui dans aucun détail. Donnez-lui seulement cet argent; assurez-le de mon amitié; dites-lui que j'ai reçu la lettre qu'il m'a écrite enfin au jour de l'an, et que je l'en remercie, quoique j'aie eu un peu de peine à la déchiffrer.

Les deux tasses en question avec leurs soucoupes sont-elles retrouvées ? Pourriez-vous par le même moyen, mon cher abbé, retrouver les deux plumes d'or à manche d'ébène, qui étaient dans une petite écritoire à portefeuille ?

Si cela est aisé, ayez la bonté d'y songer ; sinon, cela n'est bon qu'à négliger.

Je suis bien paresseux ; je n'ai encore écrit ni à M. de Lézeau, ni à M. d'Auneuil, mais c'est un petit devoir dont je vais m'acquitter.

1. Édition Courtat.

Eh bien! voilà la loterie remise au 31.
Bonsoir, mon cher ami.

1227. — A M. DE CIDEVILLE.

A Bruxelles, ce 9 janvier.

Mon très-cher ami, depuis le moment où vous m'apparûtes à Paris, j'accompagnai Mme de Richelieu jusqu'à Langres. Je retournai à Cirey, de Cirey j'allai à Bruxelles; j'y suis depuis plus d'un mois, et si ce mois n'a pas été employé à vous écrire, il l'a été à écrire pour vous, à mon ordinaire. Je n'ai jamais été si inspiré de mes dieux, ou si possédé de mes démons [1]. Je ne sais si les derniers efforts que j'ai faits sont ceux d'un feu prêt à s'éteindre; je vous enverrai ma besogne, mon cher ami, et vous en jugerez.

Vous y verrez du moins un homme que les persécutions ne découragent point, et qui aime assurément les belles-lettres pour elles-mêmes. Elles me seront éternellement chères, quelques ennemis qu'elles m'aient attirés. Cesserai-je d'aimer des fruits délicieux, parce que des serpents ont voulu les infecter de leur venin ?

On avait préparé à Paris un petit *Recueil* de la plupart de mes pièces fugitives, mais fort différentes de celles que vous avez [2]; et, en vérité, il fallait bien qu'il en parût enfin une bonne leçon, après toutes les copies informes qui avaient inondé le public dans tant de brochures qui paraissent tous les mois. J'avais donc corrigé le tout avec un très-grand soin ; on avait mis à la tête de cette petite collection le commencement de mon *Essai* sur le *Siècle de Louis XIV*. Si vous ne l'avez pas vu, je vous l'enverrai. Vous jugerez si ce n'est pas l'ouvrage d'un bon citoyen, d'un bon Français, d'un amateur du genre humain, et d'un homme modéré. Je ne connais aucun auteur *citramontain* [3] qui ait parlé de la cour de Rome avec plus de circonspection, et j'ose dire que le frontispice de cet ouvrage était l'entrée d'un temple bâti à l'honneur de la vertu et des arts. Les premières pierres de ce temple sont tombées sur moi ; la main des sots et des bigots a

---

1. Voltaire venait de retoucher *le Fanatisme*.
2. Voyez la lettre 461 ; il y est question du *Recueil* adressé par Voltaire à Cideville en février 1735.
3. Toutes les éditions portent *ultramontain ;* mais l'original autographe porte *citramontain ;* ce qui est bien différent. (Cl.)

voulu apparemment m'écraser sous cet édifice, mais ils n'y ont pas réussi ; et l'ouvrage et moi nous subsisterons.

Louis XIV donna deux mille écus de pension aux Pellisson, aux Racine, aux Despréaux, aux Valincour, pour écrire son histoire, qu'ils ne firent point. J'ai embrassé, à moins de frais, un objet plus important, plus digne de l'attention des hommes; l'histoire d'un siècle plus grand que Louis le Grand. J'ai fait la chose *gratis*, ce qui devait plaire par le temps qui court ; mais le bon marché n'a pas empêché qu'on en ait agi avec moi comme si j'étais parmi des Vandales ou des Gépides. Cependant, mon cher ami, il y a encore d'honnêtes gens, il y a des êtres pensants, des Émilie, des Cideville, qui empêchent que la barbarie n'ait droit de prescription parmi nous. C'est avec eux que je me console ; ce sont eux qui sont ma récompense.

Que faites-vous, mon cher ami? Êtes-vous à Rouen ou à la campagne, avec les Thomson ou avec les Muses? Quand vivrons-nous ensemble? car vous savez bien que nous y vivrons. Il faut qu'à la fin le petit nombre des adeptes se rassemble dans un petit coin de terre. Nous y serons comme les bons Israélites en Égypte, qui avaient la lumière pour eux tout seuls, à ce qu'on dit, pendant que la cour de Pharaon était dans les ténèbres[1]. Mme du Châtelet vous fait les compliments les plus sincères et les plus vifs.

Adieu, mon cher Cideville, adieu, jusqu'au premier envoi que je vous ferai de mes bagatelles. V.

Il y a quatre jours que cette lettre est écrite ; j'ai eu quatre accès de fièvre depuis. Je me porte mieux. Mme du Châtelet vous fait ses compliments.

1228. — DE FRÉDÉRIC, PRINCE ROYAL DE PRUSSE.

Berlin, 10 janvier.

Pour avoir illustré la France,
Un vieux prêtre[2] ingrat t'en bannit;
Il radote dans son enfance.
C'est bien ainsi que l'on punit,
Mais non pas que l'on récompense.

J'ai lu le *Siècle de Louis le Grand;* si ce prince vivait, vous seriez comblé d'honneurs et de bienfaits. Mais, dans le siècle où nous sommes, il

---

1. *Exode*, x, 23.
2. Le cardinal de Fleury. — C'était le marquis de Valori qui avait parlé à Berlin du prétendu exil de Voltaire.

paraît que le bon goût ainsi que le vieux cardinal sont tombés en enfance. Milord Chesterfield disait que, l'année 25, le monde était devenu fou ; je crois qu'en l'année 40 il faudra le mettre aux petites-maisons. Après les persécutions et les chagrins que l'on vous suscite, il n'est plus permis à personne d'écrire : tout sera donc criminel, tout sera donc condamnable ; il n'y aura plus d'innocence, plus de liberté pour les auteurs. Je vous prie cependant, par tout le crédit que j'ai sur vous, par la divine Émilie, d'achever, pour l'amour de votre gloire, l'histoire incomparable dont vous m'avez confié le commencement.

> Laisse glapir tes envieux,
> Laisse fulminer le saint-père,
> Ce vieux fantôme imaginaire,
> Idole de nos bons aïeux,
> Et qui des intérêts des cieux
> Se dit ici-bas le vicaire,
> Mais qu'on ne respecte plus guère ;
> Laisse en propos injurieux,
> Dans leur humeur atrabilaire,
> Hurler les bigots furieux ;
> Méprise la folle colère
> De l'héritier octogénaire
> Des Mazarins, des Richelieux,
> De ce doyen machiavéliste,
> De ce tuteur ambitieux,
> Dans ses discours adroit sophiste,
> Qui suit l'intérêt à la piste
> Par des détours fallacieux,
> Et qui, par l'artifice, pense
> De s'emparer de la balance
> Que soutinrent ces fiers Anglais
> Qui, pour tenir l'Europe libre,
> Ont maintenu dans l'équilibre
> L'Autrichien et le Français.
> Écris, honore ta patrie
> Sans bassesse et sans flatterie,
> En dépit des fougueux accès
> De ce vieux prélat en furie,
> Que l'ignorance et la folie
> Animent contre tes succès.
>
> Qu'imposant silence aux miracles[1],
> Louis détruise les erreurs ;
> Qu'il abolisse les spectacles
> Qu'à Saint-Médard des imposteurs
> Présentent à leurs sectateurs ;
> Mais qu'il n'oppose point d'obstacles
> A ces esprits supérieurs,
> De l'univers législateurs,
> Dont les écrits sont les oracles

1. Voyez tome XVI, pages 77-92 ; et tome XVIII, page 268.

Des beaux esprits et des docteurs.
O toi, le fils chéri des Grâces,
L'organe de la vérité!
Toi, qui vois naître sur tes traces
L'indépendante liberté!
Ne permets point que ta sagesse,
Craignant l'orage et les hasards,
Préfère à l'instinct qui te presse
L'indolente et molle paresse
Et des Gressets et des Bernards.

Quand même la bise cruelle
De son souffle viendrait faner
Les fleurs, production nouvelle,
Dont Flore peut se couronner,
Le jardinier, toujours fidèle,
Loin de se laisser rebuter,
Va de nouveau pour cultiver
Une fleur plus tendre et plus belle.
C'est ainsi qu'il faut réparer
Le dégât que cause l'orage;
Voltaire, achève ton ouvrage,
C'est le moyen de te venger.

Le conseil vous paraîtra intéressé; j'avoue qu'il l'est effectivement, car j'ai trouvé un plaisir infini à la lecture de l'*Histoire de Louis XIV*; et je désire beaucoup de la voir achevée. Cet ouvrage vous fera plus d'honneur un jour que la persécution que vous souffrez ne vous cause de chagrin. Il ne faut pas se rebuter si aisément. Un homme de votre ordre doit penser que l'*Histoire de Louis XIV*, imparfaite, est une banqueroute dans la république des lettres. Souvenez-vous de César qui, nageant dans les flots de la mer, tenait ses *Commentaires* d'une main sur sa tête, pour les conserver à la postérité [1].

Comment vous parler de mes faibles productions, après n'avoir dit qu'un mot de vos ouvrages immortels [2]! je dois cependant vous rendre compte de mes études. L'approbation que vous donnez aux cinq chapitres de *Machiavel* que je vous ai envoyés m'encourage à finir bientôt les quatre derniers chapitres. Si j'avais du loisir vous auriez déjà tout l'*Anti-Machiavel*, avec des corrections et des additions; mais je ne puis travailler qu'à bâtons rompus.

Très-occupé pour ne rien faire,
Le temps, cet être fugitif,
S'envole d'une aile légère;
Et l'âge, pesant et tardif,

---

1. Plutarque, *Vie de César*, chap. XLIX, et Suétone, même sujet, chap. LXIV, parlent tous deux de *papiers*, sans mentionner expressément les *Commentaires*.
Ce fut Camoëns qui, dans son naufrage sur la côte du royaume de Cambaye, en 1556, tenait de la main droite son poëme de la *Lusiade*, et se servait de la gauche pour nager. Voyez, tome VIII, le chapitre VI de l'*Essai sur la Poésie épique*.
2. Après vous avoir parlé de vos ouvrages immortels? (*OEuvres posthumes*.)

Glace ce sang bouillant et vif
Qui, dans ma jeunesse première,
Me rendait vigilant, actif.
On m'ennuie en cérémonie ;
L'ordre pédant, la symétrie,
Tiennent, en ce séjour oisif,
Lieu des plaisirs de cette vie,
Et nous encensent sur l'autel
Des grandeurs et de la folie.
Ce sacrifice ponctuel
Rendant mon âme appesantie,
Et par les respects assoupie,
Incapable, en ce temps cruel,
De me frotter à Machiavel,
J'attends que, fuyant cette rive,
Je revole à cet heureux bord
Où la nature plus naïve,
Où la gaîté bien moins craintive,
Loin des richesses et de l'or,
Trouvent une grâce plus vive
Dans la liberté, ce trésor,
Que dans la grandeur excessive
Des fortunes qu'offre le sort.

Les chapitres de *Machiavel* sont copiés par un de mes secrétaires. Il s'appelle Gaillard ; sa main ressemble beaucoup à celle de Césarion. Je voudrais que ce pauvre Césarion fût en état d'écrire ; mais la goutte l'attaque impitoyablement dans tous ses membres ; depuis deux mois il n'a presque point eu de relâche.

Malgré ses cuisantes douleurs,
La Gaîté, le front ceint de fleurs,
A l'entour de son lit folâtre ;
Mais la Goutte, cette marâtre,
Change bientôt les ris en pleurs.
Dans un coin, venant de Cythère,
Tristement regardant sa mère,
On voit le tendre Cupidon :
Il pleure, il gémit, il soupire
De la perte que son empire
Fait du pauvre Césarion ;
Et Bacchus, vidant son flacon,
Répand des larmes de Champagne
Qu'un si vigoureux champion
Sorte boiteux de la campagne.
Momus se rit de leurs clameurs :
« Voilà, messieurs les imposteurs,
Disait-il à ces dieux volages ;
Voilà, dit-il, de vos ouvrages !
Ne faites plus tant les pleureurs,
Mais désormais soyez plus sages. »

Je crois que messieurs les Lapons nous ont fait la galanterie de nous envoyer quelques zéphyrs échappés de leurs cavernes ; en vérité, nous nous en serions très-bien passés. Je vais écrire à Algarotti pour qu'il nous envoie quelques rayons du soleil de sa patrie : car la nature aux abois paraît avoir un besoin indispensable d'un petit détachement de chaleur pour lui rendre la vie. Si ma poudre [1] pouvait vous rendre la santé, je donnerais dès ce moment la préférence au dieu d'Épidaure sur celui de Delphes. Pourquoi ne puis-je contribuer à votre satisfaction comme à votre santé? Pourquoi ne puis-je vous rendre aussi heureux que vous méritez de l'être? Les uns, dans ce monde, ont le pouvoir sans la volonté, et les autres la volonté sans le pouvoir. Contentez-vous, mon cher Voltaire, de cette volonté et de tous les sentiments d'estime avec lesquels je suis votre fidèle ami,

FÉDÉRIC.

1229. — A M. L'ABBÉ MOUSSINOT [2].

Ce 12 janvier (1740).

Je reçois votre lettre du 10, mon cher abbé. J'avais mal daté les miennes, parce que je me servais habilement d'un almanach de l'année passée.

1° A l'égard du sieur Couvay, j'ai compté que je serais payé ici, en lui faisant signifier à Paris désistement de tout procès. Si ce monsieur chicane, après cela, je renverrai la lettre, que vous ferez payer.

2° A l'égard de la loterie de l'Hôtel de Ville, je crois que j'ai soixante et dix billets, et je ne pense pas être en état d'en prendre davantage. Vous aurez du reste de quoi remplir les mises en argent. D'ailleurs nous avons du temps. Je vous prie seulement de me mander si cette opération prend toujours faveur dans le public.

3° Je vous prie d'envoyer prier Prault fils de passer chez vous, et de lui dire que je vous ai supplié de lui chercher sur-le-champ tout le plus d'argent que faire se pourrait, mais que vous n'en avez pas encore pu trouver. Sachez de lui s'il est vrai qu'on lui ait saisi un petit programme de l'*Histoire du siècle de Louis XIV*, et quelques autres livres, comment cela s'est fait et pourquoi, et s'il est vrai qu'on les lui ait rendus [3].

En cas qu'on les lui ait rendus, et qu'il ne soit ni dans le besoin ni dans la peine, il ne faut lui rien donner ; mais s'il est vrai qu'on ait fait cette saisie, et qu'il soit réellement pressé (ce

1. Pour guérir la colique.
2. Édition Courtat.
3. Voyez la lettre 1218, et la note de la page 351.

que vous pourrez savoir aisément par d'autres), en ce cas je vous prie de lui compter cinq cents livres, dont il vous donnera son reçu : *J'ai reçu de M. de Voltaire, par les mains de M..., la somme de cinq cents livres, pour fournitures à lui faites, en attendant que le mémoire que j'ai remis à M. Moussinot soit arrêté.*

Vous aurez la bonté d'exiger de lui qu'il vous rende généralement toutes les lettres et papiers qu'il pourrait avoir à moi, aucune n'étant créance.

4° Il est très-certain que je vais travailler à retirer les trois caisses de Bruxelles, mais il est aussi très-certain que c'est de out point une malheureuse affaire. Collens est pauvre, dérangé, voluptueux et inappliqué ; vous ne reverrez jamais un sou de tout ce qui lui a passé par les mains. Il faut absolument finir avec lui ; mais il n'y a que vous au monde qui le puissiez : il faut lui donner un rendez-vous, le chercher, le trouver, ne le point quitter que vous n'ayez signé avec lui un compromis. Il reste ici pour environ dix-huit cents florins de tableaux sur le pied de l'achat ; il en a emporté environ autant. Il faut donc proposer qu'il vous abandonne en entier la perte et le gain de ces trois caisses. Cela est d'autant plus juste qu'en ce cas, si nous payons encore pour la taxe mille florins, notre part nous reviendra à deux mille huit cents florins ; il vous devrait même une indemnité.

Il y a une seconde proposition à lui faire, c'est qu'il vous compte à Paris dix-huit cents florins, et qu'il prenne le tout pour lui. Nous y perdrons ; mais il vaut mieux s'en tirer ainsi que de s'embourber davantage. Ne le quittez pas qu'il n'ait pris un de ces partis, car je prévois depuis longtemps un procès : il voudra me faire payer sa fausse déclaration. En vain il a avoué devant un avocat de Bruxelles que c'était sa faute, en vain l'a-t-il avoué devant M. du Châtelet ; je sais qu'on l'excite à me poursuivre : ainsi il se trouverait que j'aurais prêté plus de dix-huit cents florins, et que j'aurais un procès au bout. C'est la circonstance où je suis avec lui qui me met entièrement hors d'état de lui rien proposer.

C'est à vous, mon cher abbé, à consommer cette affaire ; je vous en prie très-instamment. Eh bien ! j'aurai perdu les frais de votre voyage ; le mal est médiocre, et le plaisir de vous voir ne peut être trop payé. D'ailleurs il y a des occasions où il faut savoir perdre.

Je vous embrasse du meilleur de mon âme.

1230. — DE M. L'ABBÉ PRÉVOST.

Le 15 de janvier 1740.

Je souhaiterais extrêmement, monsieur, de vous devenir utile en quelque chose ; c'est un ancien sentiment que j'ai fait éclater plusieurs fois dans mes écrits, que j'ai communiqué à M. Thieriot dans plus d'une occasion, et qui s'est renouvelé fort vivement depuis l'affaire de Prault. Je ne puis soutenir qu'une infinité de misérables, s'acharnant contre un homme tel que vous, les uns par malignité pure, les autres par un faux air de probité et de justice, s'efforcent de communiquer le poison de leur cœur aux plus honnêtes gens.

Il m'est venu à l'esprit que le goût du public, qui s'est assez soutenu jusqu'à présent pour ma façon d'écrire, me rend plus propre qu'un autre à vous rendre quelque service. L'admiration que j'ai pour vos talents, et l'attachement particulier dont je fais profession pour votre personne, suffiraient bien pour m'y porter avec beaucoup de zèle ; mais mon propre intérêt s'y joint, et si je puis servir, dans quelque mesure, à votre réputation, vous pouvez être aussi utile pour le moins à ma fortune.

Voilà deux points, monsieur, qui demandent un peu d'explication : elle sera courte, car je n'ai que le fait à exposer.

1° J'ai pensé qu'une *Défense de M. de Voltaire et de ses ouvrages,* composée avec soin, force, simplicité, etc., pourrait être un fort bon livre, et forcerait peut-être, une fois pour toutes, la malignité à se taire. Je la diviserais en deux : l'une regarderait sa personne, l'autre ses écrits ; j'y emploierais tout ce que l'habitude d'écrire pourrait donner de lustre à mes petits talents, et je ne demanderais d'être aidé que de quelques mémoires pour les faits. L'ouvrage paraîtrait avant la fin de l'hiver.

2° Le dérangement de mes affaires est tel que, si le ciel, ou quelqu'un inspiré de lui, n'y met ordre, je suis à la veille de repasser en Angleterre. Je ne m'en plaindrais pas si c'était ma faute ; mais depuis cinq ans que je suis en France, avec autant d'amis qu'il y a d'honnêtes gens à Paris, avec la protection d'un prince du sang qui me loge dans son hôtel [1], je suis encore sans un bénéfice de cinq sous. Je dois environ cinquante louis, pour lesquels mes créanciers réunis m'ont fait assigner, etc. ; et le cas est si pressant qu'étant convenu avec eux d'un terme qui expire le premier du mois prochain, je suis menacé d'un décret de prise de corps si je ne les satisfais dans ce temps. De mille personnes opulentes avec lesquelles ma vie se passe, je veux mourir si j'en connais une à qui j'aie la hardiesse de demander cette somme, et de qui je me croie sûr de l'obtenir.

Il est question de savoir si M. de Voltaire, moitié engagé par sa générosité et par son zèle pour les gens de lettres, moitié par le dessein que j'ai de m'employer à son service, voudrait me délivrer du plus cruel embarras

---

1. Le prince de Conti. (K.)

où je me sois trouvé de ma vie. L'entreprise est digne de lui, et la seule nouveauté de rétablir dans ses affaires un homme qui ne peut s'aider de la protection d'un prince du sang, et j'ose dire de l'amitié de tout Paris, me paraît une amorce singulière.

Au reste, j'ai deux manières de restituer : l'une, en sentiment de reconnaissance, et je serais réduit à celle-là si la mort me surprenait, car je ne possède pas un sou de revenu ; mais je suis dans un âge, je jouis d'une santé qui me promettent une longue vie ; l'autre voie de restitution est de donner à prendre sur mes libraires : elle pourrait me servir avec mes créanciers, s'ils entendaient raison ; mais des tapissiers et des tailleurs, qu'on a différé un peu de payer, n'y trouvent point assez de sûreté. Un homme de lettres conçoit mieux la solidité de cette ressource.

Je finis, monsieur, car voilà en vérité une lettre fort extraordinaire. Je me flatte qu'autant je trouverai de plaisir à me vanter du bienfait si vous me l'accordez, autant vous voudrez bien prendre soin d'ensevelir ma prière si quelque raison, que je ne chercherai pas même à pénétrer, ne vous permet pas de la recevoir aussi favorablement que je l'espère. Mais, dans l'un ou l'autre cas, vous regarderez, s'il vous plaît, monsieur, comme un de vos plus dévoués serviteurs et de vos admirateurs les plus passionnés,

L'abbé Prévost.

P. S. Vous vous imaginerez bien que c'est le récit que Prault m'a fait de vos générosités qui m'a fait naître les deux idées que je viens de vous proposer.

1231. — A M. HELVÉTIUS[1].

A Bruxelles, ce 19 ....

Eh bien ! nous n'entendrons donc parler de vous ni en vers ni en prose. Je me flatte que mon cher Apollon naissant me payera de son silence avec usure. Apparemment que vous préludez à présent, et que bientôt nous aurons la pièce[2]. Cependant, mon cher ami, je vous prie de me mander si vous avez reçu le brouillon de *Pandore*, et si vous l'avez envoyé à M. de Pont-de-Veyle, rue et porte Saint-Honoré. Si vous êtes content de l'esquisse, je finirai le tableau ; sinon, je le mettrai au rebut. Mme du Châtelet vous fait mille compliments, et moi je vous suis attaché pour la vie. Mandez-nous donc ce que c'est qu'*Eugénie*. Cela est-il digne d'être vu plusieurs fois de vous ? Mes compliments

1. C'est à tort que MM. Bavoux et François (App. 1865) ont daté cette lettre du 19 septembre 1741. Elle doit être du 19 janvier 1740.
2. Voyez la lettre à Helvétius du 5 janvier.

à votre ami[1]. Adieu, je vous embrasse, mon jeune Apollon. V.

Je vous supplie de vouloir bien faire mettre cette lettre à la poste.

1232. — A M. HELVÉTIUS.

Bruxelles, 24 janvier.

Ne les verrai-je point ces beaux vers que vous faites[2],
    Ami charmant, sublime auteur ?
Le ciel vous anima de ces flammes secrètes
Que ne sentit jamais Boileau l'imitateur,
Dans ses tristes beautés si froidement parfaites.
Il est des beaux esprits, il est plus d'un rimeur;
    Il est rarement des poëtes.
    Le vrai poëte est créateur;
Peut-être je le fus, et maintenant vous l'êtes.

Envoyez-moi donc un peu de votre création. Vous ne vous reposerez pas après le sixième jour; vous corrigerez, vous perfectionnerez votre ouvrage, mon cher ami. Votre dernière lettre m'a un peu affligé. Vous tâtez donc aussi des amertumes de ce monde, vous éprouvez des tracasseries, vous sentez combien le commerce des hommes est dangereux; mais vous aurez toujours des amis qui vous consoleront, et vous aurez, après le plaisir de l'amitié, celui de l'*Étude :*

Nam nil dulcius est bene quam munita tenere
Edita doctrina sapientum templa serena,
Despicere unde queas alios, passimque videre
Errare atque viam palantes quærere vitæ.

(Lucr., II, 7.)

Il y a bientôt huit ans que je demeure dans le temple de l'amitié et de l'étude. J'y suis plus heureux que le premier jour. J'y oublie les persécutions des ignorants en place, et la basse jalousie de certains animaux amphibies qui osent se dire gens de lettres. J'y puise des consolations contre l'ingratitude de ceux qui ont répondu à mes bienfaits par des outrages. Mme du Châtelet, qui a éprouvé à peu près la même ingratitude, l'oublie

---

1. Montmirel.
2. Il doit s'agir du poëme sur *le Bonheur*, que l'auteur n'acheva que de longues années après. (B.)

avec plus de philosophie que moi, parce que son âme est au-dessus de la mienne.

Il y a peu de grands seigneurs de deux cent mille livres de rente qui fassent pour leurs parents ce que Mme du Châtelet avait fait pour König. Elle avait soin de lui et de son frère, les logeait, les nourrissait, les accablait de présents, leur donnait des domestiques, leur fournissait à Paris des équipages. Je suis témoin qu'elle s'est incommodée pour eux; et, en vérité, c'était bien payer la métaphysique romanesque de Leibnitz, dont König l'entretenait quelquefois les matins. Tout cela a fini par des procédés indignes que Mme du Châtelet veut encore avoir la grandeur d'âme d'ignorer.

Vous trouverez, mon cher ami, dans votre vie, peu de personnes plus dignes qu'elle de votre estime et de votre attachement.

Adieu, mon jeune Apollon; je vous embrasse, je vous aime à jamais.

1233. — A FRÉDÉRIC, PRINCE ROYAL DE PRUSSE.

A Bruxelles, le 26 janvier [1].

Monseigneur, j'ai reçu vos chapitres de l'*Anti-Machiavel* et votre ode *sur la Flatterie*, et votre lettre en vers et en prose que l'abbé de Chaulieu ou le comte Hamilton vous ont sûrement dictée. Un prince qui écrit contre la flatterie est aussi étrange qu'un pape qui écrirait contre l'infaillibilité. Louis XIV n'eût jamais envoyé une pareille ode à Despréaux, et je doute que Despréaux en eût envoyé autant à Louis XIV. Toute la grâce que je demande à Votre Altesse royale, c'est de ne pas prendre mes louanges pour des flatteries. Tout part du cœur chez moi, approbation de vos ouvrages, remerciements de vos bontés; tout cela m'échappe, il faut que vous me le pardonniez.

Je ne suis pas tout à fait exilé, comme on l'a mandé.

> Ce vieux madré de cardinal,
> Qui vous escroqua la Lorraine,
> N'a point de son pays natal
> Exclu ma muse un peu hautaine ;
> Mais son cœur me veut quelque mal :
> J'ai berné la pourpre romaine ;

1. Cette lettre répond aux lettres 1224 et 1228.

> Du théâtre pontifical
> J'ai raillé la comique scène ;
> C'est un crime bien capital,
> Qui longue pénitence entraîne.

Le fait est pourtant que personne n'a parlé de *Rome*[1] avec plus de ménagement. Apparemment qu'il n'en fallait point parler du tout. Il y a dans tout cette persécution un excès de ridicule et de radotage, qui fait que j'en ris au lieu de m'en plaindre.

Quand je vois, d'un côté, la cacade devant Dantzick[2], l'incertitude dans mille démarches, une guerre heureuse par hasard, entreprise malgré soi, et à laquelle on a été forcé par la reine d'Espagne, la marine négligée pendant dix ans, les rentes viagères abolies et volées malgré la foi publique ; et que, de l'autre je vois le *salon d'Hercule*, que le bonhomme regarde comme son apothéose, je m'écrie :

> Le bon Hercule de Fleury,
> Petit prêtre nonagénaire,
> En Hercule s'est fait portraire,
> De quoi chacun est ébahi :
> Car on sait que le fils d'Alcmène
> Près de sa maîtresse fila ;
> Mais jamais il ne radota
> Que sur les rives de la Seine.

Je sais bien que par tout pays on voit de pareilles misères, et même de plus grandes ; je sais bien que se tenir chez soi tranquillement, et mettre en prison ses généraux qui ont fait ce qu'ils ont pu, et ses plénipotentiaires qui ont fait une paix nécessaire et ordonnée ; je sais bien, dis-je, que cela ne vaut pas mieux[3]. *Tutto 'l mondo è fatto come la nostra famiglia.* Je conclus que, puisque le monde est ainsi gouverné, il faut que l'*Anti-Machiavel* paraisse ; il faut un Hippocrate en temps de peste. J'ai le chapitre XXIII ; mais je n'ai pas le chapitre XXII, et Votre Altesse royale n'a pas apparemment encore travaillé au chapitre XXIV. Je ne sais si elle dira quelques petits mots sur le projet de *cacciare i barbari d'Italia* ; il me semble qu'il y a actuellement tant d'honnêtes étrangers en Italie qu'il paraîtrait assez incivil de les vou-

---

1. Dans le chapitre II du *Siècle de Louis XIV*.
2. Voyez, tome XV, le chapitre IV du *Précis du Siècle de Louis XV* ; et la lettre à Richelieu, du 8 juin 1772.
3. Allusion à la conduite de l'empereur Charles VI avec les comtes de Seckendorff et de Neipperg.

loir chasser. Le cardinal Albéroni avait un beau projet, c'était de faire un *corps italique* à peu près sur le modèle du corps germanique. Mais, quand on fait de ces projets-là, il ne faut pas être seul de sa bande, ou bien on ressemble à l'abbé de Saint-Pierre.

Votre Altesse royale a grande raison de trouver les Gresset et les Bernard des paresseux ; je leur dirai avec l'autre[1], au lieu de *Vade, piger, ad formicam*, *Vade, piger, ad Federicum*. Cependant voilà Gresset qui se pique d'honneur, et qui donne une tragédie[2] dont on m'a dit beaucoup de bien ; Bernard me récita, à Paris, un chant de son *Art d'aimer*, qui me paraît plus galant que celui d'Ovide.

Pour moi, monseigneur, je n'ose vous envoyer le cinquième acte de *Mahomet*, tant j'en suis mécontent; mais je vous enverrai, si cela vous amuse, la comédie de *la Dévote*[3], et ensuite, pour varier, je supplierai instamment Votre Altesse royale de jeter les yeux sur la Métaphysique de Newton[4], que je compte mettre au-devant d'une nouvelle édition qu'on va faire de mes *Éléments*.

Je n'ai pas encore eu la consolation de voir mes ouvrages imprimés correctement : je pourrais profiter de mon séjour à Bruxelles pour en faire une édition ; mais Bruxelles est le séjour de l'ignorance. Il n'y a pas un bon imprimeur, pas un graveur, pas un homme de lettres ; et, sans Mme du Châtelet, je ne pourrais parler ici de littérature. De plus, ce pays-ci est pays d'obédience ; il y a un nonce du pape, et point de Frédéric.

Mme du Châtelet vous présente ses respects. Permettez, monseigneur, que je joigne mes compliments de condoléance à vos jolis vers sur la goutte de M. de Keyserlingk. Je ne me porte guère mieux que lui, mais l'espérance de voir un jour Votre Altesse royale me soutient. Je suis, etc.

1234. — A M. LE MARQUIS D'ARGENSON.

A Bruxelles, le 26 janvier.

Les infamies de tant de gens de lettres ne m'empêchent point du tout d'aimer la littérature. Je suis comme les vrais dévots,

1. Salomon, *Proverbes*, ch. vi, v. 6.
2. *Édouard III*, que Gresset envoya à Voltaire vers le milieu de mars suivant.
3. Voltaire, pour ne pas offusquer les hypocrites, donna plus tard à cette pièce le titre de *la Prude*. (Cl.)
4. Voyez la première partie des *Éléments de la Philosophie de Newton*. (tome XXII).

qui aiment toujours la religion, malgré les crimes des hypocrites. Je vous avoue que, si je suivais entièrement mon goût, je me livrerais tout entier à l'*Histoire du siècle de Louis XIV*, puisque le commencement ne vous en a pas déplu ; mais je n'y travaillerai point tant que je serai à Bruxelles ; il faut être à la source pour puiser ce dont j'ai besoin ; il faut vous consulter souvent. Je n'ai point assez de matériaux pour bâtir mon édifice hors de France. Je vais donc m'enfoncer dans les ténèbres de la métaphysique et dans les épines de la géométrie, tant que durera le malheureux procès[1] de Mme du Châtelet.

J'ai fait ce que j'ai pu pour mettre *Mahomet* dans son cadre, avant de quitter la poésie ; mais j'ai peur que, dans cette pièce, l'attention à ne pas dire tout ce qu'on pourrait dire n'ait un peu éteint mon feu. La circonspection est une belle chose, mais en vers elle est bien triste. Être raisonnable et froid, c'est presque tout un ; cela n'est pas à l'honneur de la raison.

Si j'avais de la santé, et si je pouvais me flatter de vivre, je voudrais écrire une histoire de France à ma mode. J'ai une drôle d'idée dans ma tête : c'est qu'il n'y a que des gens qui ont fait des tragédies qui puissent jeter quelque intérêt dans notre histoire sèche et barbare. Mézerai et Daniel m'ennuient ; c'est qu'ils ne savent ni peindre ni remuer les passions. Il faut, dans une histoire comme dans une pièce de théâtre, exposition, nœud et dénoûment.

Encore une autre idée. On n'a fait que l'histoire des rois, mais on n'a point fait celle de la nation. Il semble que, pendant quatorze cents ans, il n'y ait eu dans les Gaules que des rois, des ministres et des généraux ; mais nos mœurs, nos lois, nos coutumes, notre esprit, ne sont-ils donc rien ?

Adieu, monsieur ; respect et reconnaissance.

P. S. Pardon ; il s'est trouvé une grande figure d'optique sur l'autre feuillet ; je l'ai déchiré.

1235. — A M. LE COMTE D'ARGENTAL.

Ce 29 janvier.

Je suis absolument de l'avis de l'ange gardien et de ses chérubins sur le retranchement de la scène d'Atide, au quatrième acte. Non-seulement cette arrivée d'Atide ressemblait en quelque

---

1. Ce procès ne fut terminé qu'en 1744, à Cirey, par une transaction avantageuse pour la maison du Châtelet.

chose à l'Atalide de *Bajazet*, mais elle me paraît peu décente et très-froide dans une circonstance si terrible, et à la vue du corps expirant d'un père, qui doit occuper toute l'attention de la malheureuse Zulime.

Après avoir bien examiné les autres observations, et avoir plié mon esprit à suivre les routes qu'on me propose, je les trouve absolument inpraticables.

On veut que Zulime doute si son amant a assassiné son père; on veut ensuite qu'elle puisse l'excuser sur ce qu'il l'a tué sans le savoir, et que cette idée de l'innocence de Ramire soit l'objet qui occupe principalement le cœur de Zulime.

Je crois avoir ménagé assez le peu de doutes qu'elle doit avoir, et je crois que ce serait perdre toute la force du tragique que de vouloir rendre toujours son amant innocent. Le véritable tragique, le comble de la terreur et de la pitié est, à mon avis, qu'elle aime son amant criminel et parricide. Point de belles situations sans de grands combats, point de passions vraiment intéressantes sans de grands reproches. Ceux qui conseillèrent à Pradon de ne pas rendre Phèdre incestueuse lui conseillèrent des bienséances bien malheureuses et bien messéantes au théâtre. Ah! ne me traitez pas en Pradon!

Je condamne aussi sévèrement toute assemblée de peuple. Ce n'est pas d'une vaine pompe dont il s'agit; il faut que Zulime, en mourant, adore encore la cause de ses crimes et de ses malheurs; il faut qu'elle le dise, et, si elle était devant le peuple, cette affreuse confidence serait déplacée; c'est alors que les bienséances seraient violées. J'aime la pompe du spectacle, mais j'aime mieux un vers passionné.

Voici donc les seuls changements que mon temps, mes occupations, et mon départ, me permettent. *Benigno animo legete; et publici juris in theatro fiant.* Je vous supplie d'adresser vos ordres chez l'abbé Moussinot, qui aura mon adresse.

Je me flatte que je vous adresserai bientôt mieux que *Zulime*. Permettez-moi de baiser respectueusement la belle main[1] qui a écrit les remarques auxquelles j'ai obéi en partie.

. . . . Si quid novisti rectius istis,
Candidus imperti; si non, his utere mecum.

(Hor., lib. I, ep. vi, v. 67.)

---

[1]. M*me* d'Argental servait de secrétaire à son mari, quand celui-ci était indisposé. Voyez la lettre du 13 mars 1740, à M*me* d'Argental.

Voyez si vous êtes à peu près content. Donnez cela à Mlle Quinault quand il vous plaira, sinon donnez-moi donc de nouveaux ordres. Mais je sens les limites de mon esprit; je ne pourrai guère aller plus loin, comme je ne peux vous aimer ni vous respecter davantage.

1236. — A M. LE COMTE D'ARGENTAL[1].

1er février.

Mes anges, je suis près quelquefois de vous donner à tous les diables; vous ne m'écrivez pas un mot ni sur *Eugénie*, ni sur *Mahomet*, ni sur *Zulime*, ni sur Mme *Prudise*[2], ni sur *Pandore*.

Cependant il me semble qu'on peut faire quelque chose de toutes ces pièces, hors d'*Eugénie*, que je ne connais point.

J'ai envoyé un cinquième acte de *Mahomet*; s'il peut passer tel qu'il est, les autres sont tout prêts, et je vous réponds qu'il y a deux derniers actes de *Zulime* dont vous ferez à la fin quelque chose. Mais puis-je envoyer tout cela sous le couvert de l'intendant des classes[3]? Pourquoi mes anges sont-ils muets? C'est bien la peine d'avoir des anges gardiens! Je vous baise les ailes; mais écrivez-moi donc un petit mot.

1237. — A M. LE COMTE D'ARGENTAL.

2 février.

C'est moi qui me donne aujourd'hui à tous les diables, pour y avoir presque envoyé hier mes bons anges. Vous mandez par votre lettre à Mme du Châtelet que vous avez une mauvaise santé. Vous ne pouviez mander une nouvelle plus affligeante pour nous. Je consens que mes ouvrages meurent, mais je veux que vous viviez.

Ce qui est plus de votre goût sera plus du mien. Je ferai de *Pandore* ce qu'il vous plaira.

Une scène de *Mahomet* vaut certainement mieux que tout *Zulime*; je vous enverrai l'un et l'autre en deux paquets, sous le couvert de M. de Pont-de-Veyle, ou sous celui de M. Maurepas, selon les ordres que vous me donnerez. Vous exercerez votre

---

1. Éditeurs, de Cayrol et François, qui ont classé à tort cette lettre à l'année 1741.
2. *La Prude.*
3. Pont-de-Veyle; voyez la lettre 1216.

empire absolu sur les deux pièces; mais, si j'ose avoir mon avis, *Mahomet*, malgré son faible cinquième acte, qui sera toujours faible, est un morceau très-singulier, et *Zulime* un peu *in communi martyrum*.

Vous ne voulez donc pas qu'une femme[1] soit aussi friponne que Tartuffe? Il ne faut donc les représenter que faibles et point méchantes? Dites-moi donc pourquoi on souffre Cléopâtre dans *Rodogune*; et dites-moi pourquoi on ne peut peindre une femme friponne. S'il ne tenait qu'à adoucir les teintes, et à ne donner à M. Scrupulin d'autre crime que d'avoir épousé la maîtresse de son ami, ce serait l'affaire d'une heure. Il me paraît que le personnage d'Adine est bien intéressant, et je vous défie de nier que Mme Burnet ne soit une bonne diablesse. Je crois qu'avec des corrections cette pièce serait assez suivie; mais la physique ne s'accommode pas de tout cela, et j'y retourne. Je vous supplie de faire ma cour à M. de Solar[2], et de vouloir bien lui présenter mes très-humbles remerciements.

Je vous envoie le gros vin de *Mahomet*, et la crème fouettée de *Zulime*; vous choisirez. Je baise les ailes de mes anges. La maison d'Ussé se souvient-elle de moi?

Un petit mot; c'est sur *Pandore*. Vous ne goûtez pas la scène de la friponnerie de Mercure, qui lui persuade d'ouvrir la cassette; mais Mercure fait là l'office du serpent qui persuada Ève. Si Ève eût mangé par pure gourmandise, cela eût été bien froid; mais le discours avec le serpent réchauffe l'histoire.

Je sais fort bien que l'aventure de Pandore n'est pas à l'honneur des dieux; je n'ai pas prétendu justifier leur providence, surtout depuis que vous êtes malade.

1238. — DE FRÉDÉRIC, PRINCE ROYAL DE PRUSSE.

Berlin, 3 février[3].

Mon cher ami, je vous aurais répondu plus tôt si la situation fâcheuse où je me trouve me l'avait permis. Malgré le peu de temps que j'ai à moi, j'ai pourtant trouvé le moyen d'achever l'ouvrage sur Machiavel, dont vous avez le commencement. Je vous envoie par cet ordinaire la fin de mon

---

1. Mme *Prudise* ou *Dorfise*, principal personnage de la comédie désignée sous le titre de *la Dévote*, lettre 1233.
2. Ambassadeur du roi de Sardaigne auprès de celui de France; nommé dans la lettre 434.
3. Cette lettre répond à celle du 28 décembre 1739; la réponse de Voltaire à celle-ci est du 23 février 1740.

ouvrage, en vous priant de me faire part de la critique que vous en ferez. Je suis résolu de revoir et de corriger, sans amour-propre, tout ce que vous jugeriez indigne d'être présenté au public. Je parle trop librement de tous les princes pour permettre que l'*Anti-Machiavel* paraisse sous mon nom. Ainsi j'ai résolu de le faire imprimer, après l'avoir corrigé, comme l'ouvrage d'un anonyme. Faites donc main-basse sur toutes les *injures* que vous trouverez superflues, et ne me passez point de fautes contre la pureté de la langue.

J'attends avec impatience la tragédie de *Mahomet*, achevée et retouchée. Je l'ai vue dans son crépuscule; que ne sera-t-elle point en son midi! Vous voilà donc revenu à votre physique, et la marquise à ses procès. En vérité, mon cher Voltaire, vous êtes déplacés tous les deux. Nous avons mille physiciens en Europe, et nous n'avons point de poëte ni d'historien qui approche de vous. On voit en Normandie cent marquises plaider, et pas une qui s'applique à la philosophie. Retournez, je vous prie, à l'*Histoire de Louis XIV*, et faites venir de Cirey vos manuscrits et vos livres, pour que rien ne vous arrête. Valori dit qu'on vous a exilé de France, comme ennemi de la religion romaine, et j'ai répondu qu'il en avait menti. Je voudrais que le vieux machiavéliste relié dans la pourpre romaine [1] vous assignât Berlin pour le lieu de votre exil [2].

Mes désirs sont pour Remusberg, comme les vôtres pour Cirey. Je languis d'y retourner saluer mes pénates. Le pauvre Césarion est toujours malade; il ne peut vous répondre.

> Presque trois mois de maladie
> Valent un siècle de tourments;
> Par les maux son âme engourdie
> Ne voit, ne connaît plus que la douleur des sens.

> Les charmants accords de ta lyre,
> Mélodieux, forts et touchants,
> Ont sur ses esprits plus d'empire
> Qu'Hippocrate, Galien, et leurs médicaments.

> Mais, quelque dieu qui nous inspire,
> Tout en est vain sans la santé;
> Quand le corps souffre le martyre,
> L'esprit ne peut non plus écrire
> Que l'aigle s'envoler, privé de liberté.

Consolez-nous, mon cher Voltaire, par vos charmants ouvrages; vous m'accuserez d'en être insatiable, mais je suis dans le cas de ces personnes qui, ayant beaucoup d'acide dans l'estomac, ont besoin d'une nourriture plus fréquente que les autres.

Je suis bien aise qu'Algarotti ne perde point le souvenir de Remusberg. Les personnes d'esprit n'y seront jamais oubliées, et je ne désespère pas de

---

1. Le cardinal Fleury.
2. Les deux dernières lignes de cet alinéa, omises par Beuchot, sont tirées des *OEuvres posthumes*.

vous y voir. Nous avons vu ici un petit ours en pompons : c'est une princesse russe, qui n'a de l'humanité que l'ajustement; elle est petite-fille du prince Cantemir [1].

Rendez, s'il vous plaît, ma lettre à la marquise, et soyez persuadé que l'estime que j'ai pour vous ne finira jamais.

FÉDÉRIC.

1239. — A MADEMOISELLE QUINAULT.

Ce 4 février, à Bruxelles, rue de la Grosse-Tour.

Dans l'instant que je recevais votre lettre, mademoiselle, M. le marquis du Châtelet partait pour Paris avec deux paquets adressés à l'un des anges gardiens : de ces deux paquets l'un contient *Mahomet*, et l'autre la petite *Zulime* que vous voulez bien favoriser d'un peu de bienveillance. Je crois qu'il faut absolument s'en tenir à cette dernière leçon de *Zulime*. Si, parmi vos occupations, il vous reste encore quelque idée de cette Africaine, permettez-moi de remarquer que l'intérêt de cette pièce commençait à se refroidir au moment qu'on devait naturellement croire qu'il allait augmenter : c'était quand Zulime apprenait que son amant venait de tuer son père, et un père qu'elle aimait. Le désespoir qu'inspirait à Zulime la mort de ce vieillard respectable ne faisait aucun effet. La raison en est que Zulime ayant abandonné son père pour son amant, et ayant essuyé de ce père outragé tant de reproches, et craignant d'en être punie, doit, dans le fond de son cœur, n'être pas si fâchée de sa mort; elle n'est pas dans le cas de Chimène : ainsi tout ce qui est naturel dans Chimène doit paraître forcé dans Zulime, et tout ce qui s'écarte d'une ligne de la simple nature ne peut jamais réussir, quelque effort de génie qu'on emploie, et quelques fleurs dont on orne un défaut capital. Peu de spectateurs sentiraient la raison de ce que j'ai l'honneur de vous dire; mais il n'y en a aucun qui ne sentît l'effet. On ne peut remuer le cœur sur la fin d'une tragédie que par le même intérêt qui en a ouvert l'entrée dans le commencement. C'est l'amour seul, c'est l'embarras de savoir à qui appartiendra Ramire, qui font le sujet des premiers actes; ils doivent donc faire uniquement le sujet des derniers. Je crois avoir rempli ce devoir indispensable dans les deux derniers actes de la nouvelle *Zulime;* je crois que cet intérêt, qui est toujours le même sous des faces différentes, ne

---

1. Voyez une note de la lettre 1127.

peut manquer de toucher. J'ajoute qu'on est incertain du dénoûment jusqu'à la fin de la dernière scène, et qu'il y a quatre acteurs intéressants qui tiennent le théâtre rempli depuis le premier acte jusqu'au dernier. Pardonnez-moi cette petite apologie que je soumets à votre critique et à vos lumières.

A l'égard de *Mahomet*, je suis aussi mécontent que vous du dernier acte ; mais je crois qu'en mettant la reconnaissance à la fin du quatrième, et l'amenant naturellement en présence du père tout sanglant, et blessé par son fils, et revenant sur la scène tenant le poignard dont il a été frappé ; je crois, dis-je, que c'est le seul moyen de pousser dans cet acte la terreur et la tendresse à son comble, et de réserver beaucoup d'étoffe pour le cinquième. Il était impossible que la reconnaissance pût toucher au cinquième acte ; il faut qu'elle se fasse quand le sang versé du père est tout chaud. Je ne connais point en ce cas de reconnaissance qui excite plus la terreur et la pitié ; mais partout ailleurs elle sera froide. Revenons à votre protégée *Zulime* : je vous demande en grâce, ou de ne pas souffrir que Minet transcrive les rôles ailleurs que chez vous, ou de vouloir bien prendre un autre copiste, car Minet commence toujours par faire une copie pour lui, et la vend à toutes les troupes de campagne ; j'en ai la preuve. Pour les rôles, je m'en remets absolument à votre goût et à votre justice. Comptez à jamais, mademoiselle, je vous en conjure, sur le dévouement que j'ai pour vous, et sur tous les sentiments avec lesquels je vous serai attaché toute ma vie. V.

Mme du Châtelet vous fait les plus tendres compliments.

1240. — A M. LE COMTE D'ARGENTAL.

Ce 16...

Mes anges sont des dieux ; ils me commandent l'impossible. J'étais si dégoûté à Paris des deux derniers actes de *Zulime* que je les laissai parmi mes paperasses inutiles, chez l'abbé Moussinot. Je n'en ai pas ici la moindre trace ; mais si vous êtes dans la résolution de hasarder cette pauvre *Zulime*, que je ne ferai jamais imprimer, qu'importent deux ou trois liaisons de plus ou de moins qui occasionneraient quelques critiques au coin du feu, mais qui glissent sur les spectateurs à la représentation ? La grande affaire n'est pas de savoir si le départ des Espagnols est bien assuré au cinquième acte, ni si le serment de fidélité a été duement prêté au quatrième : *De minimis non curat* SPECTATOR. Le point est de savoir si le cœur ne sera pas à la glace quand Zulime, changeant tout d'un coup d'intérêt, clabaudera pour la perte de son père le trouble-fête. Elle n'est point dans le cas de la jeune et innocente Chimène ; c'est une femme un peu effrontée qui a franchi toutes les barrières, et qui, après avoir résisté en face à monsieur son père, peut l'enterrer sans tant de remords. On sent bien que cet excès de douleur de Zulime, cette ardeur de venger un père très-importun sur un amant qu'elle adore, est un sentiment plus honnête que naturel, une passion de commande ; mais malheur sur la scène à ces sentiments-là ! il ne faut que des passions bien vraies ; la plus effrontée réussira plus que la bienséante, si elle est naturelle : c'est là surtout ce qui m'a fait trembler pour *Zulime*.

Peut-être aurez-vous une douzaine de représentations ; mais je ne veux jamais avoir fait cette pièce. Il n'y a que les trois premiers actes de supportables. Je demande eh grâce qu'elle ne soit point imprimée, que Mlle Quinault vous en remette la copie, après les douze jours de vie que cette pauvre diablesse aura eus. Que Minet ne transcrive ni la pièce ni les rôles. Ayez la bonté, mes saints anges, d'envoyer chercher un écrivain qui fasse tout sous vos ordres, et que l'abbé Moussinot payera.

Souffrez par les mêmes raisons que je ne me découvre point à la petite Gaussin : elle est aussi incapable de garder un secret que de conserver un amant. Bonne créature ! *Sed plena rimarum, hac illac diffluit* [1]. J'ai extrêmement à cœur de ne point passer pour l'auteur de cette pièce, qui me paraît sans génie.

Il y aurait bien quelque chose de plus raisonnable peut-être à faire : ce serait de l'oublier, et de jouer *Mahomet*. Quand ce *Mahomet* ne serait joué que sept fois en carême, je le ferais imprimer, parce qu'il y a plus de neuf, plus d'invention, plus de choses, dans une seule scène de ce drôle-là, que dans toutes les lamentations amoureuses de la faible *Zulime*. J'envoie à tout hasard aujourd'hui, par la poste, les deux derniers actes de *Mahomet*, à l'adresse de monsieur l'intendant des classes [2]. Après cela, jugez, faites à votre serviteur selon votre sainte volonté. Je suis résigné à vous pour ma vie.

Si vous persistez à faire jeûner le public ce carême avec *Zulime*, vous pouvez aisément faire parler à Gaussin, et lui donner le rôle d'*Atide, reine de Valence*, en grosses lettres; elle n'est pas d'ailleurs difficile à séduire.

Adieu, tous mes anges; je me mets sous vos ailes. Émilie l'archange vous fait des compliments célestes.

1241. — A MADEMOISELLE QUINAULT.

Bruxelles, ce 16 février 1740.

J'écris, mademoiselle, par cette poste, à M. d'Argental; je vous mande, comme à lui, que je ne peux faire l'impossible, et qu'il n'est pas en moi de corriger les derniers actes de l'ancienne *Zulime*, que vous voulez jouer, par la raison que ces actes sont à Paris parmi mes paperasses.

Vous aviez très-grande raison d'en être mécontente; mais si, malgré les défauts de ces deux derniers actes, vous voulez représenter cette *Zulime*, donnez-la donc telle que vous l'avez. Je vois que les changements qu'on me demande sont très-peu de choses et n'influeront en aucune manière sur le bon ou mauvais succè, de l'ouvrage.

Tout ce que je peux avoir l'honneur de vous dire sur *Zulime*, c'est que je ne m'en avouerai jamais l'auteur, et que je ne la ferai point imprimer, eût-elle quarante représentations. Il se peut faire que le jeu des acteurs, le contraste de Mlles Gaussin et Dumesnil, l'avantage de paraître après *Édouard III*, lui donnent quelque cours; mais tout cela ne me donnera point d'amour-propre, et je serai toujours de votre avis, et de celui de M. de Pont-de-Veyle, que cette pièce est très-faible.

Il n'en est pas de même de *Mahomet*; elle est, à la vérité, plus difficile à jouer : il n'y a aucun rôle qui convienne au talent de monsieur votre frère; il est trop formé pour jouer Séide, il est trop aimable pour jouer Mahomet; et la même raison qui fait que le rôle de Joad ne lui sied pas ferait tort à *Mahomet* sans doute. Cependant, malgré cet inconvénient, *Mahomet* est un ouvrage que j'avouerai toujours, et je me trompe s'il n'a pas les suffrages des connaisseurs. J'en envoie, par cette poste, les deux derniers actes fort corrigés à M. de Pont-de-Veyle. Si j'en étais cru, on jouerait *Mahomet* ce carême, après avoir joué quelques pièces tendres pour varier; mais enfin je me soumets absolument à vous et à mes anges.

Jouez *Zulime* ou *Mahomet* quand vous voudrez, vous êtes les maîtres; j'aurai toujours, avec le remords d'être si peu digne de vous, la plus tendre reconnaissance pour vos bontés.

Je demande toujours en grâce que Minet ne transcrive point les rôles ; que l'on rende la pièce à M. de Pont-de-Veyle après les représentations, et que jamais on ne me nomme pour l'auteur de *Zulime*. Il n'est pas douteux que M. Dufresne ne soit l'amant aimé de tout le monde, Ramire ; Benassar, M. Sarrazin ; Atide, Mlle Gaussin ; Zulime, Mlle Dumesnil.

On me propose d'écrire à Mlle Gaussin pour lui faire accepter Atide ; mais je ne veux nullement mettre mon secret entre les mains de Mlle Gaussin ; passe pour mon rôle : elle ferait du secret comme de ce rôle, elle le dirait. Ménagez cette petite négociation, mon adorable Thalie ; conservez-moi vos bontés. Je suis à vous en prose et en vers, avec le plus tendre dévouement.

1242. — A MADEMOISELLE QUINAULT.

A Bruxelles, rue de la Grosse-Tour,
ce 17 février 1740.

J'avais eu l'honneur de répondre à votre lettre, mademoiselle, avant de la recevoir ; je vous écrivis hier 16, et aujourd'hui 17 je reçois votre prose, que je préfère à tous mes vers. Plus je tâche de rappeler dans ma mémoire les endroits que vous voulez que je corrige, et moins je peux m'en former une idée nette. Je ne me suis souvenu que de la situation du cinquième acte ; et, à tout hasard, voici ce qui me vient au bout de la plume : vous le trouverez sur un papier séparé ; si cela ne s'emboîte pas bien, un petit coup de la main de vos amis aidera à le faire entrer ; ou si vous voulez me faire transcrire cet endroit, peut-être qu'en le relisant mon imagination sera plus échauffée, et fera quelques efforts moins indignes de vous.

Vous avez grande raison, mademoiselle, d'insister sur le pathétique de cette scène. Ce n'est pas assez de peindre avec vérité, il faut peindre d'une manière forte et touchante ; et si ce qui doit émouvoir ne porte qu'une lumière sans chaleur, le spectateur demeure à la glace, et s'ennuie sans avoir même le plaisir de critiquer. Souvent un ou deux vers, un hémistiche, placés à propos, réchauffent une scène ; et quand on a trouvé la pensée et le mot convenable, si on en dit plus, on énerve la situation au lieu de l'embellir. Voyez s'il y a du trop ou du trop peu dans ce que j'ai l'honneur de vous envoyer, et si j'ai rencontré ce milieu que vous sentez si bien. Je suis bien loin d'écrire comme vous jugez.

J'ai déjà eu l'honneur de vous mander que Zulime ne me paraît convenable qu'à Mlle Dumesnil ; et Atide, qu'à Mlle Gaussin ;

mais je vous renouvelle encore la protestation de la nécessité où je suis de ne point paraître : mon nom renouvellerait les cabales, et nuirait à vos intérêts. Laissez-moi donc, mademoiselle, vous servir en silence, et m'en remettre à votre prudence pour tout ce qui concerne un ouvrage qui vous est soumis comme moi-même.

Mᵐᵉ du Châtelet vous fait bien ses compliments ; vous connaissez les sentiments qui m'attachent à votre char pour toute ma vie. V.

A la dernière scène, Atide ne dit-elle pas à Zulime :

> Vous savez à quel point je vous avais trompée ;
> J'ai trahi tout, bienfaits, confidence, amitié.
> Ah ! donnez-moi la mort par haine ou par pitié.

A quoi on pourrait ajouter :

> N'armez point cette main si chère et si sacrée
> Contre un cœur qui, sans moi, vous aurait adorée ;
> C'est votre amant, hélas ! S'il a pu vous trahir,
> S'il m'aime, si je meurs, le peut-on mieux punir ?

> RAMIRE.
> Au nom de mes forfaits, soyez inexorable.
> Frappez.
> ZULIME.
> Je vais percer le cœur le plus coupable.

1243. — A M. L'ABBÉ MOUSSINOT[1].

Ce 21 (février 1740).

Voici, mon cher abbé, un petit mot de lettre pour notre grand d'Arnaud, et, pour qu'il ait de quoi en payer le port, donnez-lui, je vous prie, vingt livres, en attendant ce que nous lui donnerons en avril.

Point de réponse de M. d'Auneuil. Je vous prie de lui écrire une lettre, quand vous serez de loisir, et de le faire ressouvenir qu'il vous a promis plusieurs fois de payer les mille livres qui sont en souffrance : ainsi vous demanderez trois mille livres.

Je vous recommande aussi le seigneur de Lézeau, et le fermier de Belle-Poule, quand vous aurez moins d'affaires. Mais si ce Belle-Poule est saisi par le roi, il faut procéder pour obtenir juridiquement autre délégation.

Autre anicroche. Le Poyet ne veut plus que les tableaux

---

1. Édition Courtat.

partent par le coche. Mais, de quelque manière qu'ils partent, soyons tous contents.

1244. — A FRÉDÉRIC, PRINCE ROYAL DE PRUSSE.

Le 23 février.

Monseigneur, je ne reçus que le 20 le paquet de Votre Altesse royale, du 3, dans lequel je vis enfin la corniche de l'édifice où chaque souverain devrait souhaiter d'avoir mis une pierre.

Vous me permettez, vous m'ordonnez même de vous parler avec liberté, et vous n'êtes pas de ces princes qui, après avoir voulu qu'on leur parlât librement, sont fâchés qu'on leur obéisse. J'ai peur, au contraire, que, dorénavant, votre goût pour la vérité ne soit mêlé d'un peu d'amour-propre.

J'aime et j'admire tout le fond de l'ouvrage, et je pars de là pour dire hardiment à Votre Altesse royale qu'il me paraît qu'il y a quelques chapitres un peu longs; *transverso calamo signum*[1] y remédiera bien vite, et cet or en filière, devenu plus compacte, en aura plus de poids et de brillant.

Vous commencez la plupart des chapitres par dire ce que Machiavel prétend dans son chapitre que vous réfutez; mais, si Votre Altesse royale a intention qu'on imprime le *Machiavel* et la réfutation à côté, ne pourra-t-on pas, en ce cas, supprimer ces annonces dont je parle, lesquelles seraient absolument nécessaires si votre ouvrage était imprimé séparément? Il me semble encore que quelquefois Machiavel se retranche dans un terrain, et Votre Altesse royale le bat dans un autre; au troisième chapitre, par exemple, il dit ces abominables paroles : *Si ha à notare che i guomini si debbono o vezzegiare o spegnere, perchè si vendicano delle leggieri offese; delle gravi, non possono.*

Votre Altesse royale s'attache à montrer combien tout ce qu suit, de cet oracle de Satan, est odieux. Mais le maudit Florentin ne parle que de l'utile. Permettriez-vous qu'on ajoutât à ce chapitre un petit mot pour faire voir que Machiavel même ne devait pas regarder ces menaces comme justifiées par l'événement? Car, de son temps même, un Sforce[2], usurpateur, avait été assassiné dans Milan; un autre usurpateur, du même nom[3], était à

---

1. Horace, *Art poétique*, vers 447.
2. Galéas-Marie Sforce ou Sforza. Voyez tome XII, page 166, le chapitre CV de l'*Essai sur les Mœurs*.
3. Ludovic Sforce, surnommé *le Maure*, frère de Galéas-Marie.

Loches, dans une cage de fer; un troisième usurpateur, notre Charles VIII, avait été obligé de fuir de l'Italie, qu'il avait conquise; le tyran Alexandre VI mourut empoisonné de son propre poison; César Borgia fut assassiné. Machiavel était entouré d'exemples funestes au crime. Votre Altesse royale en parle ailleurs; voudrait-elle en parler en cet endroit? N'est-ce pas la place véritable? Je m'en rapporte à vos lumières.

C'est à Hercule à dire comme il faut s'y prendre pour étouffer Antée.

Je présente à mon prince ce petit projet de *Préface* [1] que je viens d'esquisser. S'il lui plaît, je le mettrai dans son cadre; et, après les derniers ordres que je recevrai, je préparerai tout pour l'édition du livre qui doit contribuer au bonheur des hommes.

M. de Valori me fait bien de l'honneur de croire qu'on me traite comme Socrate et comme Aristote, et qu'on me persécute pour avoir soutenu la vérité contre la folle superstition des hommes. Je tâcherai de me conduire de façon que je ne sois point le martyr de ces vérités dont la plupart des hommes sont fort indignes. Ce serait vouloir attacher des ailes au dos des ânes, qui me donneraient des coups de pied pour récompense.

Je fais copier le *Mahomet*, que Votre Altesse royale demande. Je ne sais si cette pièce sera jamais représentée; mais que m'importe? C'est pour ceux qui pensent comme vous que je l'ai faite, et non pour nos badauds, qui ne connaissent que des intrigues d'amour, baptisées du nom de tragédie.

Je crois que Votre Altesse royale aura incessamment celle de Gresset; on dit qu'il y a de très-beaux vers.

Mme la marquise du Châtelet vous fait bien sa cour. Elle abrége tout Wolffius; c'est mettre l'univers en petit.

J'aime mieux voir le monde dans une sphère de deux pieds de diamètre que de voyager de Paris à Quito et à Pékin.

Ma mauvaise santé ne m'a pas permis d'achever encore le précis de la *Métaphysique* de Newton, et les nouveaux *Éléments* où je travaille. Je souffre les trois quarts du jour, et l'autre quart je fais bien peu de besogne. Dès que je serai quitte de cette *Métaphysique*, et que j'aurai un peu de relâche à mes maux, soyez très-sûr, monseigneur, que j'obéirai à vos ordres, et que j'achèverai le *Siècle de Louis XIV*; il me plaît en ce qu'il a quelque air de celui que vous ferez naître. Pour le siècle du cardinal, je n'y toucherai pas. C'est assez qu'il vive un siècle entier. Il n'y a pas

---

1. Voyez la lettre 1291.

longtemps qu'un neveu de Chauvelin écrivit à cet ambitieux soli taire[1] que notre cardinal dépérissait, et qu'il mettait du rouge pour cacher le livide de son teint. Le cardinal, qui le sut, fit frotter ses joues par ce neveu, et lui montra que son rouge venait de sa santé.

La malheureuse goutte ne quittera-t-elle point M. de Keyserlingk! Je suis, etc.

1245. — A M. LE COMTE D'ARGENTAL.

25...

Mon cher ange saura que j'ai reçu aujourd'hui sa lettre et le cinquième acte de *Zulime*; que j'ai obéi sur-le-champ, que j'ai travaillé, que j'ai renvoyé le tout. Mes anges, je suis votre diable de la *chose impossible*[2]; vous ordonnez toujours, et je rabote toujours. Mais *Zulime* réussira-t-elle? Je l'espère à la fin. J'ai relu ce cinquième acte avec quelque satisfaction. Marions donc *Zulime* avant d'établir son gros frère *Mahomet*. Qu'est-ce que cette comédie nouvelle qu'on joue[3]? Me voilà probablement remis après le saint temps de Pâques. Tant mieux, je n'ai dans tout ceci ni lenteur ni empressement dans l'esprit : jamais mes anges ne trouveront créature plus résignée; d'ailleurs, je suis si heureux ici que rien ne m'inquiète. Adieu, couple adorable; il ne me manque que vous. J'écris à M. de Pont-de-Veyle et à Mlle Quinault.

1246. — DE FRÉDÉRIC, PRINCE ROYAL DE PRUSSE.

Berlin, 26 février.

Mon cher Voltaire, je ne puis répondre qu'en deux mots à la lettre la plus spirituelle du monde, que vous m'avez écrite. La situation où je me trouve me rétrécit si fort l'esprit que je perds presque la faculté de penser.

> Aux portes de la mort, un père à l'agonie,
> Assailli de cruels tourments,
> Me présente Atropos prête à trancher sa vie.
> Cet aspect douloureux est plus fort sur mes sens
> Que toute ma philosophie.

---

1. Germain-Louis de Chauvelin, exilé à Bourges depuis le 20 février 1737. Voyez tome XXXIII, pages 181 et 207.
2. C'est le titre d'un conte de La Fontaine.
3. Ce doit être *les Dehors trompeurs, ou l'Homme du jour*, comédie en cinq actes et en vers, de Boissy, jouée sur le Théâtre-Français, pour la première fois, le 19 février 1740.

Tel que d'un chêne énorme un faible rejeton
Languit, manquant de séve et de sa nourriture,
Quand des vents furieux l'arbre souffrant l'injure
　　Sèche du sommet jusqu'au tronc:

Ainsi je sens en moi la voix de la nature
Plus éloquente encor que mon ambition;
Et dans le triste cours de mon affliction,
De mon père expirant je crois voir l'ombre obscure:
　　Je ne vois que la sépulture
Et le funeste instant de sa destruction.

　　Oui, j'apprends, en devenant maître,
　　La fragilité de mon être;
Recevant les grandeurs, j'en vois la vanité.
Heureux, si *j'eus* vécu sans être transplanté,
　　De ce climat doux et tranquille
　　Où prospérait ma liberté,
Dans ce terrain scabreux, raboteux, difficile,
　　De machiavélisme infecté!

Loin des folles grandeurs de la cour, de la ville,
　　De l'éblouissante clarté
　　Du trône et de la majesté,
　　Loin de tout cet éclat fragile,
Je leur *eus* préféré mon studieux asile,
Mon aimable repos et mon obscurité [1].

Vous voyez, par ces vers, que le cœur est plein de ce dont la bouche abonde ; je suis sûr que vous compatissez à ma situation, et que vous y prenez une véritable part. Envoyez-moi, je vous prie, votre *Dévote*, votre *Mahomet*, et généralement tout ce que vous croyez capable de me distraire. Assurez la marquise de mon estime, et soyez persuadé que, dans quelque situation que le sort me place, vous ne verrez d'autre changement en moi que quelque chose de plus efficace, réuni à l'estime et à l'amitié que j'ai et que j'aurai toujours pour vous. *Vale*.

　　　　　　　　　　　　　　　　　　Fédéric.

Je pense mille fois à l'endroit de *la Henriade* qui regarde les courtisans de Valois [2] :

---

1. On a déjà vu (page 139) que le prince royal faisait des vers lorsqu'il était attaqué d'une crampe dans l'estomac; il en fait ici dans le moment où la mort prochaine de son père semblait exiger d'autres soins. On sait que, dans les circonstances les plus cruelles de la guerre de 1756, il envoya à M. de Voltaire des vers remplis de sentiments stoïques. Ce pouvoir de se distraire des grandes inquiétudes ou des grandes affaires, en se livrant à une occupation profonde, n'appartient qu'à des âmes très-fortes; et c'est pour elles une ressource nécessaire, sans laquelle elles ne pourraient peut-être résister à la violence de leurs passions. (K.)

2. Henri III, assassiné par Jacques Clément.

Ses courtisans en pleurs, autour de lui rangés, etc.
(Ch. V, v. 835.)

J'enverrai dans peu *la Henriade* en Angleterre, pour la faire imprimer. Tout est achevé et réglé pour cet effet.

1247. — A M. FALKENER [1].

Bruxelles, ce 2 mars [2].

Dear sir, I take the liberty to send you my old follies, having no new things to present you with. I am now at Bruxelles with the same lady, Mme du Châtelet, who hindered me, some years ago, from paying you a visit at Constantinople, and whom I shall live with in all probability the greatest part of my life, since for these ten years I have not departed from her. She is now at the trouble of a damn'd suit in law, that she persues at Bruxelles. We have abandoned the most agreeable retirement in the country, to bawl here in the grotto of the flemish *chicane*.

The high dutch baron who takes upon himself to present you with this packet of french reveries, is one of the noble *players* whom the emperor sends into Turky to represent the majesty of the Roman empire before the Highness of the Musulman power.

I am persuaded you are become, now a days, a perfect Turk; you speak no doubt their language very well, and you keep, to be sure, a pretty *harem*. Yet I am afraid you want two provisions or ingredients which I think necessary *to make that nauseous draught of life go down*, I mean books and friends. Should you be happy enough to have met at Pera with men whose conversation agrees with your way of thinking? If so, you want for nothing; for you enjoy health, honours and fortune. Health and places I have not : I regret the former, I am satisfied without the other. As to fortune, I enjoy a very competent one, and I have a friend besides. Thus I reckon myself happy, though I am sickly as you saw me at Wandsworth.

I hope I shall return to Paris with Mme du Châtelet in two years time. If, about that season, you return to dear England by the way of Paris, I hope I shall have the pleasure to see your dear Excellency at her house, which is without doubt one of the finest at Paris, and situated in a position worthy of Constanti-

---

1. Éditeurs, de Cayrol et François.
2. Et de la main de M. Falkener : *Received the first of august.*

nople; for it looks upon the river, and a long tract of land, interspers'd with pretty houses, is to be seen from every window. Upon my word, I would, with all that, prefer the *vista* of the sea of Marmara before that of the Seine, and I would pass some months with you at Constantinople, if I could live without that lady, whom I look upon as a great man, and as a most solid and respectable friend. She understands Newton ; she despises superstition, and in short, she makes me happy.

I have received, this week, two summons from a french man who intends to travel to Constantinople. He would fain intice me tho that pleasant journey. But since you could not, nobody can.

Farewell, my dear friend, whom I will love and honour all my life time, farewell. Tell me how you fare; tell me you are happy; I am so, if yo continue to be so. Yours for ever[1]!

---

1. *Traduction :* Mon cher monsieur, je prends la liberté de vous envoyer mes vieilles folies, n'en ayant pas de nouvelles à vous offrir. Je suis en ce moment à Bruxelles avec la même Mme du Châtelet, qui m'a empêché, il y a quelques années, de vous rendre visite à Constantinople, et avec laquelle il est probable que je passerai la plus grande partie de ma vie, car depuis dix ans je ne l'ai pas quittée. Elle est maintenant dans les embarras d'un maudit procès qu'elle poursuit à Bruxelles. Nous avons quitté la plus agréable retraite à la campagne, pour venir criailler ici dans l'antre de la chicane flamande.

Le haut baron hollandais qui se charge de vous transmettre ce paquet de rêveries françaises est un de ces nobles *acteurs* que l'empereur envoie en Turquie pour représenter la majesté de l'empire romain devant Sa Hautesse la puissance musulmane.

Je suis persuadé que vous êtes devenu, à cette heure, un véritable Turc; vous parlez sans doute la langue à merveille; vous avez, j'en suis sûr, un joli harem. Cependant je crains qu'il ne vous manque deux provisions ou deux objets qui me semblent indispensables pour *faire passer l'amère boisson de la vie*, je veux dire des livres et des amis. Seriez-vous assez heureux pour avoir rencontré à Péra des hommes dont la conversation s'accorde avec votre manière de penser? S'il en est ainsi, il ne vous manque rien, car vous avez de la santé, des honneurs et de la fortune. Moi je n'ai ni santé ni place; je regrette le premier de ces biens, je me passe volontiers de l'autre. Quant à la fortune, celle que j'ai me suffit, et j'ai de plus un ami. Je me trouve donc heureux, quoique tout aussi souffrant que vous m'avez vu à Wandsworth.

J'espère retourner à Paris avec Mme du Châtelet dans deux ans. Si vers cette époque vous revenez dans votre chère Angleterre par la route de Paris, j'espère avoir le plaisir de voir Votre chère Excellence à l'hôtel de madame la marquise, qui est sans contredit un des plus beaux de Paris et situé dans une position digne de Constantinople, car il a vue sur la rivière, et de toutes les fenêtres on découvre une vaste étendue parsemée de jolies maisons. Sur ma parole, je préférerais malgré tout cela la vue de la mer de Marmara à celle de la Seine, et je passerais quelques mois avec vous à Constantinople, si je pouvais vivre sans cette dame, que je regarde comme un grand homme, comme le plus solide et le plus respectable ami. Elle comprend Newton ; elle méprise la superstition ; en un mot, elle me rend heu-

1248. — A M. LE PRÉSIDENT HÉNAULT [1],

LE FAVORI DES MUSES.

Bruxelles, ce 2 mars.

Quand à la ville un solitaire envoie
Des fruits nouveaux, honneur de ses jardins,
Nés sous ses yeux, et plantés par ses mains,
Il les croit bons, et prétend qu'on le croie.

Quand, par le don de son portrait flatté,
La jeune Aminte à ses lois vous engage,
Elle ressemble à la divinité
Qui veut vous faire adorer son image.

Quand un auteur, de son œuvre entêté,
Modestement vous en fait une offrande,
Que veut de vous sa fausse humilité ?
C'est de l'encens que son orgueil demande.

Las! je suis loin de tant de vanité.
A tous ces traits gardez de reconnaître
Ce qui par moi vous sera présenté ;
C'est un tribut, et je l'offre à mon maître.

J'ose donc, monsieur, vous envoyer ce tribut très-indigne ; j'aurais voulu faire encore plus de changements à ces faibles ouvrages ; mais Bruxelles est l'éteignoir de l'imagination.

Les vers et les galants écrits
Ne sont pas de cette province,
Et dans les lieux où tout est prince
Il est très-peu de beaux esprits.
Jean Rousseau, banni de Paris,
Vit émousser dans ce pays
Le tranchant aigu de sa pince,
Et sa muse, qui toujours grince,
Et qui fuit les jeux et les ris,
Devint ici grossière et mince.

reux. J'ai reçu, cette semaine, deux *sommations* d'un Français qui veut aller à Constantinople : il m'aurait entraîné à faire ce charmant voyage ; mais puisque vous n'avez pu m'y décider, personne ne le pourra.

Adieu, mon cher ami, que j'aimerai et que je respecterai toute ma vie, adieu. Dites-moi comment vous vous portez; dites-moi que vous êtes heureux; je le serai, si vous continuez à l'être. A vous pour toujours.

[1] Voyez tome XIV, page 79.

Comment vouliez-vous que je tinsse
Contre les frimas épaissis?
Voudriez-vous que je redevinsse
Ce que j'étais, quand je suivis
Les traces du pasteur du Mince [1],
Et que je chantais les Henris?
Apollon la tête me rince,
Il s'aperçoit que je vieillis;
Il voulut qu'en lisant Leibnitz
De plus rimailler je m'abstinsse;
Il le voulut, et j'obéis;
Auriez-vous cru que j'y parvinsse?

Il serait plus doux, monsieur, de parvenir à avoir l'honneur de vivre avec vous, et à jouir des délices de votre commerce. L'imagination de Virgile eût langui s'il avait vécu loin des Varius et des Pollion. Que dois-je devenir loin de vous? La France a très-peu de philosophes; elle a encore moins d'hommes de goût. C'est là où le nombre des élus est prodigieusement petit; vous êtes un des saints de ce paradis, et Bruxelles est un purgatoire. Il serait l'enfer et les limbes à la fois pour des êtres pensants, si Mme du Châtelet n'était ici. J'ai lu le *Parallèle des Romains* [2], etc., comme vous me l'avez ordonné. Il est vrai que la comparaison est un peu étonnante, mais le livre est plein d'esprit; je le croirais fait par un bâtard de M. de Montesquieu, qui serait philosophe et bon citoyen. J'espère que nous aurons quelque chose de mieux sur l'*Histoire de France*, et vous savez bien pourquoi. Vous êtes une coquette qui m'avez montré une fois quelques-unes de vos beautés; je me flatte que, quand je serai à Paris, j'obtiendrai de plus grandes faveurs. Adieu, monsieur; Mme du Châtelet, qui est pleine d'estime et d'amitié pour vous, vous fait les plus sincères compliments. Vous connaissez mon tendre et respectueux attachement pour vous.

Le petit ballot de mes rêveries doit être à Paris, par la voiture de samedi, à l'inquisition de la chambre syndicale. Il a été mis au coche de Lille.

---

1. Le Mincio, rivière dont les eaux baignent les murs de Mantoue, où, selon Virgile,

. . . . . Tardis ingens... flexibus errat
Mincius, et tenera prætexit arundine ripas.
(*Georg.*, III, v. 14.)

2. *Le Parallèle des Romains et des Français*, ouvrage publié par l'abbé de Mably en 1740.

1249. — A FRÉDÉRIC, PRINCE ROYAL DE PRUSSE.

A Bruxelles, le 10 mars.

Quoi! tout prêt à tenir les rênes d'un empire,
Vous seul vous redoutez ce comble des grandeurs
  Que tout l'univers désire!
Vous ne voyez qu'un père, et vous versez des pleurs!
Grand Dieu! qu'avec amour l'univers vous contemple,
Vous qui du seul devoir avez rempli les lois,
Vous si digne du trône, et peut-être d'un temple,
Aux fils des souverains vous immortel exemple,
Vous qui serez un jour l'exemple des bons rois!
Hélas! si votre père, en ces moments funestes,
  Pouvait lire dans votre cœur;
Dieu! qu'il remercierait les puissances célestes!
A ses derniers moments quel serait son bonheur!
Qu'il périrait content de vous avoir fait naître!
Qu'en vous laissant au monde il laisse de bienfaits!
Qu'il se repentirait..... Mais j'en dis trop peut-être!
  Je vous admire, et je me tais [1].

Je ne m'attendais pas, monseigneur, à cette lettre du 26 février que j'ai reçue le 9 mars. Celle-ci partira lundi 14, parce que ce sera le jour de la poste d'Amsterdam.

J'ignore actuellement votre situation, mais je ne vous ai jamais tant aimé et admiré. Si vous êtes roi, vous allez rendre beaucoup d'hommes heureux ; si vous restez prince royal, vous allez les instruire. Si je me comptais pour quelque chose, je désirerais, pour mon intérêt, que vous restassiez dans votre heureux loisir, et que vous pussiez encore vous amuser à écrire de ces choses charmantes qui m'enchantent et qui m'éclairent. Étant roi, vous n'allez être occupé qu'à faire fleurir les arts dans vos États, à faire des alliances sages et avantageuses, à établir des manufactures, à mériter l'immortalité. Je n'entendrai parler que de vos travaux et de votre gloire ; mais probablement je ne recevrai plus de ces vers agréables, ni de cette prose forte et sublime qui vous donnerait bien une autre sorte d'immortalité, si vous vouliez. Un roi n'a que vingt-quatre heures dans la journée ; je les vois employées au bonheur des hommes, et je ne vois pas qu'il puisse y avoir une minute de réservée pour le commerce littéraire dont

---

1. Voyez les *Mémoires* de Voltaire, où il raconte pourquoi et comment le roi *ogre* voulut faire couper le cou à son fils.

Votre Altesse royale m'a honoré avec tant de bonté. N'importe ; je vous souhaite un trône, parce que j'ai l'honnêteté de préférer la félicité de quelques millions d'hommes à la satisfaction de mon individu.

J'attends toujours vos derniers ordres sur le *Machiavel;* je compte que vous ordonnerez que je fasse imprimer la traduction de La Houssaie à côté de votre réfutation. Plus vous allez réfuter Machiavel par votre conduite, plus j'espère que vous permettrez que l'antidote préparé par votre plume soit imprimé.

J'ai eu l'honneur d'envoyer *Mahomet* à Votre Altesse royale. On transcrit cette *Dévote*[1]; si elle vient dans un temps où elle puisse amuser Votre Altesse royale, elle sera fort heureuse, sinon elle attendra un moment de loisir pour être honorée de vos regards.

J'ai une singulière grâce à demander à Votre Altesse royale : c'est, tout franc, qu'elle me loue un peu moins dans la *préface* qu'elle a daigné faire à *la Henriade.* Vous m'allez trouver bien insolent de vouloir modérer vos bontés, et il serait plaisant que Voltaire ne voulût pas être loué par son prince. Je veux l'être, sans doute ; j'ai cette vanité au plus haut degré ; mais je vous demande en grâce de me permettre de retrancher quelques choses que je sens bien que je ne mérite guère. Je suis comme un courtisan modéré (si vous en trouvez) qui vous dirait : Donnez-moi un peu de grandeur, mais ne m'en donnez pas trop, de peur que la tête ne me tourne.

Je remercie du fond de mon cœur Votre Altesse royale d'avoir changé l'idée d'une gravure contre celle d'une belle impression[2] : cela sera mieux, et je jouirai plus tôt de l'honneur inestimable que vous daignez me faire. Je ne me promets point une vie aussi longue que le serait l'entreprise d'une gravure de *la Henriade.* J'emploierai bientôt le temps que la nature veut encore me laisser à achever le *Siècle de Louis XIV.*

Mme du Châtelet a écrit à Votre Altesse royale avant que j'eusse reçu votre lettre du 26; elle est devenue toute leibnitzienne; pour moi, j'arrange les pièces du procès entre Newton et Leibnitz, et j'en fais un petit précis[3] qui pourra, je crois, se lire sans contention d'esprit.

Grand prince, je vous demande mille pardons d'être si bavard,

1. *La Prude.*
2. Voyez les lettres 1159, 1265, 1274.
3. La *Métaphysique de Newton.*

dans le temps que vous devez être très-occupé. Roi ou prince, vous êtes toujours mon roi, mais vous avez un sujet fort babillard. Je suis, etc.

1250. — A MADEMOISELLE QUINAULT.

Bruxelles, ce 11 mars.

Je n'ai voulu avoir l'honneur de vous répondre, mademoiselle, qu'après avoir exécuté vos ordres autant que je l'ai pu. J'avais besoin de revoir cette *Zulime* pour laquelle vous daignez vous intéresser; pour bien corriger un acte, il faut avoir les autres dans la tête. Je n'ose être content de moi; mais je vous supplie d'en être contente, et de la faire jouer telle que je l'ai corrigée selon vos intentions. Je sens que je ne peux plus y rien faire d'essentiel. Certainement son succès ou sa chute sont dans le gros de la pièce, et non dans de petits détails. Ne me jugez point par les lumières de votre esprit, mais par les bornes de mon talent : il y a des barrières pour tous les artistes. Les personnes d'un goût comme le vôtre voient bien loin au delà de ces barrières, mais l'artiste ne peut y atteindre. Ne croyez pas que mon peu de génie puisse suivre votre goût.

Si vous voulez vous en tenir à mes derniers efforts, je me flatte que vous ferez connaître *Zulime* au public après Pâques. J'avais oublié de vous dire que je pense qu'il faut absolument que M. Legrand joue Mohadir. J'ai ajouté quelque chose d'assez touchant au récit que fait ce Mohadir, de la mort du bonhomme; et vous savez combien Legrand fait valoir les récits. J'espère beaucoup de la distribution des rôles. Peut-être celui de M. Dufresne n'a-t-il pas des mouvements assez passionnés et assez contrastés : ce sont ces contrastes qui font valoir le mérite d'un acteur. Il y en a beaucoup dans le rôle de Zulime; mais qui ramènera Mlle Dumesnil de la fureur à la tendresse ? ce sera vous. Vous donnerez, mademoiselle, vos conseils aux acteurs comme aux auteurs ; heureux ceux qui en profiteront ! Je vous regarde comme la reine du théâtre.

Je vous suis dévoué pour jamais avec tous les sentiments que je dois à vos talents, à votre mérite et à vos extrêmes bontés pour moi.

Le paquet a été adressé à M. de Pont-de-Veyle.

1251. — A M. LE COMTE D'ARGENTAL.

Le 12 mars.

Mon très-cher ange gardien, je fis partir hier, à l'adresse de votre frère, un petit paquet contenant à peu près toutes les corrections que mon grand conseil m'a demandées pour cette *Zulime*. Je m'étais refroidis sur cet ouvrage, et j'en avais presque perdu l'idée, aussi bien que la copie. Il a fallu que Mlle Quinault m'ait renvoyé les cinq actes, pour me mettre au fait de mon propre ouvrage. Il est bien difficile de rallumer un feu presque éteint ; il n'y a que le souffle de mes anges qui puisse en venir à bout. Voyez si vous retrouverez encore quelque chaleur dans les changements que j'ai envoyés. Je commence à espérer beaucoup de succès de cet ouvrage aux représentations, parce que c'est une pièce dans laquelle les acteurs peuvent déployer tous les mouvements des passions ; et une tragédie doit être des passions parlantes. Je ne crois pas qu'à la lecture elle fît le même effet, parce que la pièce a trop l'air d'un magasin dans lequel on a brodé les vieux habits de Roxane, d'Atalide, de Chimène, de Callirhoé[1].

J'en reviens à *Mahomet*, il est tout neuf.

. . . . Tentanda via est, qua me quoque possim
Tollere humo.
(Georg., lib. III, v. 8.)

Mais *Zulime* sera la pièce des femmes, et *Mahomet* la pièce des hommes : je recommande l'une et l'autre à vos bontés.

Avez-vous oublié *Pandore ?* Vous m'aviez dit qu'on en pouvait faire quelque chose. Je crois qu'il me sera plus aisé de vous satisfaire sur *Pandore* que sur *Zulime*. Je vous avoue que je serais fort aise d'avoir courtisé avec succès, une fois en ma vie, la Muse de l'opéra ; je les aime toutes neuf, et il faut avoir le plus de bonnes fortunes qu'on peut, sans être pourtant trop coquet.

Le prince royal m'a écrit une lettre[2] touchante, au sujet de monsieur son père, qui est à l'agonie. Il semble qu'il veuille m'avoir auprès de lui ; mais vous me connaissez trop pour penser que je puisse quitter Mme du Châtelet pour un roi, et même pour un roi aimable. Permettez, à ce sujet, que je vous demande un petit plaisir. Vous ne pouvez passer dans la rue Saint-Honoré

---

1. *Callirhoé*, opéra joué en 1712, est de Roi.
2. Lettre 1246.

sans vous trouver auprès d'Hébert[1]; je vous supplie de passer chez lui, et de voir une écritoire de Martin[2] que nous faisons faire pour la présenter au prince royal. Voyez si elle vous plaît. Le présent est assez convenable à un prince comme lui : c'est Soliman[3] qui envoie un sabre à Scanderbeg; mais ce maudit Hébert me fait attendre des siècles. Le roi de Prusse se meurt; et, s'il est mort avant que ma petite écritoire arrive, ma galanterie sera perdue. Il n'y a pas trop de bonne grâce à donner à un roi qui peut rendre beaucoup. Cet air intéressé ôterait tout le mérite de l'écritoire.

Vous devriez bien me dire quelques nouvelles des spectacles; ils m'intéressent toujours, quoique je sois à présent tout hérissé des épines de la philosophie.

Mais vous ne me mandez jamais rien de ce qui vous regarde, rien sur votre vessie ni sur vos plaisirs; je m'intéresse à tout cela plus qu'à tous les spectacles du monde. Allez-vous toujours les matins vous ennuyer en robe à juger des plaideurs?

1252. — A FRÉDÉRIC, PRINCE ROYAL DE PRUSSE[4].

Mars.

Monseigneur, il nous arrive dans le moment une écritoire[5] que Mme du Châtelet, et moi, indigne, comptions avoir l'honneur de présenter à Votre Altesse royale pour ses étrennes. Le ministre[6] qui, selon votre très-bonne plaisanterie, est prêt à vous prendre souvent pour un bastion ou pour une contrescarpe, vous offrirait une couleuvrine ou un mortier; mais nous autres êtres pensants, nous présentons en toute humilité à notre chef l'instrument avec lequel on communique ses pensées. Je l'ai adressée à Anvers; elle part aujourd'hui, et d'Anvers elle doit aller à Wesel à l'adresse de M. le baron de Borcke, ou, à son défaut, au commandant de la place, pour être remise à Votre Altesse royale. Ce

1. Voyez tome XXXIV, pages 274 et 309.
2. Voyez tome V, page 60; et tome X, page 271.
3. Mahomet II. Voyez la lettre 883.
4. Cette lettre de Voltaire, dans l'édition de Beuchot et dans celle de Preuss, est datée du mois de décembre 1738; mais d'une part, dans sa lettre du 12 mars 1740, Voltaire supplie d'Argental de passer chez Hébert pour presser l'écritoire destinée à Frédéric; d'autre part, les remerciements de Frédéric pour l'*écritoire* sont datés du 23 mars 1740 : la place approximative qui doit lui être assignée est donc celle que nous lui donnons ici.
5. Dont il est question dans la lettre précédente.
6. M. de Valori; voyez le quatrième alinéa de la lettre 1217.

qui m'encourage à prendre cette liberté, c'est que ce petit hommage de votre sujet, ayant été fait à Paris, imite et surpasse le laque de la Chine. C'est un art tout nouveau en Europe, et tous les arts vous doivent des tributs. Pardonnez-moi donc, monseigneur, cet excès de témérité.

Je suis avec la plus tendre reconnaissance, l'estime et l'attachement le plus inviolable, et le plus profond respect, monseigneur, de Votre Altesse royale, etc.

1253. — DE FRÉDÉRIC, PRINCE ROYAL DE PRUSSE.

Berlin, 18 mars [1].

Mon cher Voltaire, vous m'avez obligé véritablement par votre sincérité, et par les remarques que vous m'aidez à faire sur ma réfutation. Vous deviez vous attendre naturellement à recevoir du moins quelques chapitres corrigés, et c'était bien mon intention; mais je suis dans une crise si épouvantable qu'il me faut plutôt penser à réfuter Machiavel par ma conduite que par mes écrits. Je vous promets cependant de tout corriger dès que j'aurai quelques moments dont je pourrai disposer. A peine ai-je pu parcourir le *Prophète* fanatique de l'Asie. Je ne vous en dis point mon sentiment, car vous savez qu'on ne saurait juger d'ouvrages d'esprit qu'après les avoir lus à tête reposée.

Je vous envoie quelques petites bagatelles en vers [2], pour vous prouver que je remplis, en me délassant avec Calliope, le peu de vide qu'ont à présent mes journées.

Je suis très-satisfait de la résolution dans laquelle je vous vois d'achever le *Siècle de Louis XIV*. Cet ouvrage doit être entier pour la gloire de notre siècle, et pour lui donner un triomphe parfait sur tout ce que l'antiquité a produit de plus estimable.

On dit que votre cardinal éternel deviendra pape; il pourrait, en ce cas, faire peindre son apothéose au dôme de l'église de Saint-Pierre, à Rome. Je doute à la vérité de ce fait, et je m'imagine que le timon du gouvernement de France vaut bien les clefs moitié rouillées de saint Pierre. Machiavel pourrait bien le disputer à saint Paul, et M. de Fleury pourrait trouver plus convenable à sa gloire de duper les cabinets des princes, composés de gens d'esprit, que d'en imposer à la canaille superstitieuse et orthodoxe de l'Église catholique.

Vous me ferez grand plaisir de m'envoyer votre *Dévote* et votre *Métaphysique*. Je n'aurai peut-être rien à vous rendre; mais je me fonde sur votre générosité, et j'espère que vous voudrez bien me faire crédit pour quelques semaines; après quoi *Machiavel*, et peut-être encore quelques autres riens, pourront m'acquitter envers vous.

1. La réponse à cette lettre est du 6 avril suivant.
2. L'épître *sur la Fermeté et sur la Patience*, retouchée.

Voici une lettre de Césarion, dont la santé se fortifie de jour en jour. Nous parlons tous les jours de nos amis de Cirey; je les vois en esprit, mais je ne les vois jamais sans souhaiter quelque réalité à ce rêve agréable, dont l'illusion me tient même lieu de plaisir.

Adieu, mon cher Voltaire; faites une ample provision de santé et de force; soyez-en aussi économe que je suis prodigue envers vous des sentiments d'estime et d'amitié avec lesquels vous me trouverez toujours votre très-fidèle ami,

FÉDÉRIC.

1254. — DE FRÉDÉRIC, PRINCE ROYAL DE PRUSSE.

Berlin, 23 mars [1].

Ne crains point que les dieux, ni le sort, ni l'empire,
Me fassent pour le sceptre abandonner la lyre;
Que d'un cœur trop léger, et d'un esprit coquet,
Je préfère aux beaux-arts l'orgueil et l'intérêt.
Je vois des mêmes yeux l'ambition humaine
Qu'au conseil de Priam on vit la belle Hélène.
L'appareil des grandeurs ne peut me décevoir,
Ni cacher la rigueur d'un sévère devoir.
Les beaux-arts ont pour moi l'attrait d'une maîtresse;
La triste royauté, de l'hymen la rudesse.
J'aurais su préférer l'état heureux d'amant
A celui qu'un époux remplit si tristement;
Mais le fil dont Clotho traça les destinées,
Ce fil lia nos mains du sort prédestinées :
Ainsi, de mes destins n'étant point artisan,
Je souscris à ses lois, et je suis le torrent.

Mon amitié n'est point semblable au baromètre
Qu'un air rude ou plus doux fait monter ou décraître [2].
Un vain nom peut flatter ces esprits engagés
Dans la vulgaire erreur des faibles préjugés;
Mais le mortel sensé, que la raison éclaire,
Au ciel des immortels n'oubliera point Voltaire;
Dépouillant la grandeur, l'ennui, la royauté
Chérira tes écrits tant que, sa liberté
Excitant de tes chants l'harmonieux ramage,
Ta voix l'éveillera par un doux gazouillage [3];
Et, quittant les Walpols, les Birons, les Fleurys,
Ira, pour respirer, dans ces prés si fleuris,
Où les bords fortunés du fécond Hippocrène
De son feu languissant ranimeront la veine.

C'est bien ainsi que je l'entends, et, quel que puisse être mon sort, vous me verrez partager mon temps entre mon devoir, mon ami, et les arts.

1. Réponse aux lettres 1249 et 1252.
2. *Décraître*, pour *décroître*, semble être une malheureuse imitation du mot *craître* employé par Voltaire dans l'*Épître à M*^{lle} *de T.* Voyez tome X, page 306.
3. Barbarisme placé ici pour la rime.

L'habitude a changé l'aptitude que j'avais pour les arts en tempérament. Quand je ne puis ni lire ni travailler, je suis comme ces grands preneurs de tabac, qui meurent d'inquiétude et qui mettent mille fois la main à la poche lorsqu'on leur a ôté leur tabatière. La décoration de l'édifice peut changer, sans altérer en rien les fondements ni les murs; c'est ce que vous pourrez voir en moi, car la situation de mon père ne nous laisse aucune espérance de guérison. Il me faut donc préparer à subir ma destinée.

La vie privée conviendrait mieux à ma liberté que celle où je dois me plier. Vous savez que j'aime l'indépendance, et qu'il est bien dur d'y renoncer pour s'assujettir à un pénible devoir. Ce qui me console est l'unique pensée de servir mes concitoyens et d'être utile à ma patrie. Puis-je espérer de vous voir, ou voulez-vous cruellement me priver de cette satisfaction? Cette idée consolante règne dans mon esprit, comme celle du Messie régnait chez la nation hébraïque.

Je corrigerai encore la *Préface* de *la Henriade;* mais vous ne trouverez pas mauvais que j'y laisse des vérités qui ne ressemblent à des louanges que parce que bien des gens les prodiguent mal à propos. Je change actuellement quelques chapitres du *Machiavel,* mais je n'avance guère, dans la situation où je suis. *Mahomet,* que j'admire, tout fanatique qu'il est, doit vous faire beaucoup d'honneur. La conduite de la pièce est remplie de sagesse; il n'y a rien qui choque la vraisemblance ni les règles du théâtre les caractères sont parfaitement bien soutenus. La fin du troisième acte et le quatrième entier m'ont ému jusqu'à me faire répandre des larmes. Comme philosophe, vous savez persuader l'esprit; comme poëte, vous savez toucher le cœur; et je préférerais presque ce dernier talent au premier, puisque nous sommes tous nés sensibles, mais très-peu raisonnables.

> Vous m'envoyez une écritoire,
> Mais c'est le moins lorsqu'on écrit;
> Pour mon plaisir et pour ma gloire,
> Il eût fallu, Voltaire, y joindre votre esprit.

Je vous en fais mes remerciements, ainsi qu'à la marquise, à laquelle e vous prie d'offrir cette boîte travaillée à Berlin, et d'une pierre qu'on trouve à Remusberg. Comme je crains, mon cher ami, que vous n'ayez plus de moi la mémoire aussi fraîche qu'à Cirey, je vous envoie mon portrait, qui, je l'espère, ne quittera jamais votre doigt.

Si je change de condition, vous en serez instruit des premiers. Plaignez-moi, car je vous assure que je suis effectivement à plaindre; aimez-moi toujours, car je fais plus de cas de votre amitié que de vos respects. Soyez persuadé que votre mérite m'est trop connu pour ne vous pas donner, en toutes les occasions, des marques de la parfaite estime avec laquelle je serai toujours votre très-fidèle ami,

FÉDÉRIC.

1255. — A M. HELVÉTIUS,

A PARIS.

A Bruxelles, ce 24 mars.

Je vous renvoie, mon cher ami, le manuscrit que vous avez bien voulu me communiquer. Vous me donnez toujours les mêmes sujets d'admiration et de critique. Vous êtes le plus habile architecte que je connaisse, et celui qui se passe le plus volontiers du ciment. Vous seriez trop au-dessus des autres si vous vouliez faire attention combien les petites choses servent aux grandes, et à quel point elles sont indispensables; je vous prie de ne pas les négliger en vers, et surtout dans ce qui regarde votre santé; vous m'avez trop alarmé par le danger où vous avez été. Nous avons besoin de vous, mon cher enfant en Apollon, pour apprendre aux Français à penser un peu vigoureusement; mais moi, j'en ai un besoin essentiel, comme d'un ami que j'aime tendrement, et dont j'attends plus de conseils dans l'occasion que je ne vous en donne ici.

J'attends la pièce de M. Gresset. Je ne me presse point de donner *Mahomet*, je le travaille encore tous les jours. A l'égard de *Pandore*, je m'imagine que cet opéra prêterait assez aux musiciens; mais je ne sais à qui le donner. Il me semble que le récitatif en fait la principale partie, et que le savant Rameau néglige quelquefois le récitatif. M. d'Argental en est assez content; mais il faut encore des coups de lime. Ce M. d'Argental est un des meilleurs juges, comme un des meilleurs hommes que nous ayons. Il est digne d'être votre ami. J'ai lu l'*Optique*[1] du Père Castel. Je crois qu'il était aux petites-maisons quand il fit cet ouvrage. Il n'y en a qu'un que je puisse lui comparer, c'est le quatrième tome[2] de Joseph Privat de Molières, où il donne de son cru une preuve de l'existence de Dieu propre à faire plus d'athées que tous les livres de Spinosa. Je vous dis cela en confidence. On me parle avec éloge des détails d'une comédie[3] de Boissy; je n'en croirai rien de bon que quand vous en serez content. Le janséniste Rollin continue-t-il toujours à mettre en d'autres mots[4] ce que tant d'autres ont écrit avant lui? et son parti préconise-t-il tou-

---

1. *Optique des couleurs*; Paris, 1740, in-12.
2. Le quatrième tome des *Leçons de physique* de l'abbé de Molières parut en 1739.
3. *Les Dehors trompeurs*.
4. Rollin était alors occupé du quatrième tome de son *Histoire romaine*.

jours comme un grand homme ce prolixe et inutile compilateur? A-t-on imprimé, et vend-on enfin l'ouvrage de l'abbé de Gamaches[1]. Il y aura sans doute un petit système de sa façon, car il faut des romans aux Français. Adieu, charmant fils d'Apollon; nous vous aimons ici tendrement. Ce n'est point un roman cela, c'est une vérité constante : car nous sommes ici deux êtres très-constants.

1256. — A M. L'ABBÉ MOUSSINOT[2].

26 mars 1740.

On m'a envoyé par la poste cette tragédie d'*Édouard*, de Gresset, et il m'en a coûté une pistole de port, que je regretterais beaucoup s'il n'y avait pas quelques beaux vers dans la pièce.

Je viens de recevoir dans le même instant la petite boîte aux colifichets, avec les *Éléments de Newton*.

Je vous écrivis hier, pour demander encore un autre exemplaire de ces *Éléments*, avec une petite boîte de crayons à pastel.

Un portrait promptement fait, et à bon marché, est toujours ce que je vous demande de la part de Mme du Châtelet.

J'attends toujours vos ordres pour vos tableaux, et je me flatte que vous voudrez bien rafraîchir la mémoire des d'Auneuil et des Lézeau, avant d'en venir aux cérémonies des sergents. Je vous prie aussi de vous informer de Belle-Poule.

Je vous prie de donner cinquante francs à d'Arnaud, si vous avez de l'argent.

Adieu, mon cher ami.

1257. — A M. GRESSET[3].

Bruxelles, 28 mars 1740.

Vous êtes, monsieur, comme cet Atticus, qui était à la fois ami de César et de Pompée. Nous sommes ici deux citoyens du Parnasse[4] qui faisons la guerre civile et ne sommes, je crois, d'accord sur rien que sur la justice que nous vous rendons.

Je voudrais pouvoir répondre au présent dont vous m'avez honoré, en vous envoyant la belle, mais très-incorrecte édition

---

1. Ce fut à cette époque que l'abbé de Gamaches publia, in-4°, son *Astronomie physique*, dont Voltaire parle indirectement dans la lettre 1297.
2. Édition Courtat.
3. Éditeurs, de Cayrol et François.
4. Voltaire et J.-B. Rousseau, qui était aussi à Bruxelles.

que les libraires d'Amsterdam viennent de faire de mes rêveries avec beaucoup de frais et encore plus d'ignorance. J'attends qu'ils aient corrigé leurs sottises, et que je n'aie plus à vous demander grâce que pour les miennes.

Je m'attendais bien que votre tragédie[1] marquerait, comme vos autres ouvrages, un génie neuf et tout entier à vous.

>   Je vois presque partout de ces infortunées,
>   A des pleurs éternels par l'auteur condamnées,
>   Avec leur confidente exhalant leurs douleurs,
>   Et, cinq actes entiers, répétant leurs malheurs ;
>   Des absurdes tyrans brutaux dans leurs tendresses,
>   Des courtisans polis cajolant leurs maîtresses,
>   Un hymen proposé, fait, défait et conclu,
>   Cent lieux communs usés d'amour et de vertu :
>   Le tout en vers pillés, en couplets à la glace,
>   Cousus sans harmonie et récités sans grâce.

Vous avez un quatrième acte qui est bien court, mais qui paraît devoir faire au théâtre un effet admirable. Je vous avoue que je ne conçois pas pourquoi, dans votre préface, vous justifiez le meurtre de Volfax, « par la raison, dites-vous, qu'on aime à voir punir un scélérat qu'on pourrait exécuter derrière les coulisses, tandis que celui d'un honnête homme qu'on viendrait tuer sur le théâtre ne serait pas toléré, et qu'une action atroce, mise sous les yeux sans nécessité, ne serait qu'un artifice grossier qui révolterait ».

La véritable raison, à mon gré, du succès de votre coup de poignard, qui devient un grand coup de théâtre, c'est qu'il est nécessaire. Volfax surprend et va perdre les deux hommes à qui le spectateur s'intéresse le plus : il n'y a d'autre parti à prendre que de le tuer. Arundel ne fait que ce que chacun des auditeurs voudrait faire. Le succès est sûr quand l'auteur dit ou fait ce que tout le monde voudrait à sa place avoir fait ou avoir dit.

Courage, monsieur ! Étendez la carrière des arts. Vous trouverez toujours en moi un homme qui applaudira sincèrement à vos talents, et qui se réjouira de vos succès. Plus vous mériterez ma jalousie, et moins je serai jaloux. J'aime les arts passionnément ; j'aime ceux qui y excellent. Je ne hais que les satiriques. Je ne lis ni même ne reçois aucune des brochures dont vous me parlez. Je vois par votre préface que quelque barbouilleur

---

1. *Édouard III*, représenté le 22 janvier 1740.

hebdomadaire vous a apparemment insulté pour vendre sa feuille de quatre sous ; mais ces araignées, qui tendent leurs filets pour prendre des moucherons, ne font point de mal aux abeilles qui passent, chargées de miel, auprès de leur vilaine toile, et qui quelquefois la détruisent d'un coup d'aile et font tomber par terre le monstre venimeux, qu'on écrase sous les pieds : voilà le sort de ces critiques. Le vôtre sera d'être estimé et aimé des honnêtes gens. Mme la marquise du Châtelet pense comme moi sur votre tragédie.

Je serais charmé que cette occasion pût servir à me procurer quelquefois de vos nouvelles et de vos ouvrages. Vous ne pourriez en faire part à quelqu'un qui y prît plus d'intérêt.

Je suis, monsieur, avec la plus sincère estime et une envie extrême d'être au rang de vos amis, votre, etc.

1258. — A M. LE MARQUIS D'ARGENSON.

A Bruxelles, ce 30 mars.

C'est une chose plaisante, monsieur, que la tracasserie qu'on m'avait voulu faire avec M. de Valori, à Berlin et à Paris. J'entrevois que quelqu'un, qui veut absolument se mêler des affaires d'autrui, a mis dans sa tête de détruire M. de Valori et moi dans l'esprit du prince royal, et ce n'est pas la première niche qu'on m'a voulu faire dans cette cour. J'ai beau vivre dans la plus profonde retraite, et passer mes jours avec Euclide et Virgile, il faut qu'on trouble mon repos.

Je crois connaître assez le prince royal pour espérer qu'il en redoublera de bontés pour moi ; et que, si on a voulu lui inspirer des sentiments peu favorables pour notre ministre, il ne sentira que mieux son mérite. C'est un prince qui unira, je crois, les lettres et les armes, qui s'accommodera en homme juste pour Berg et Juliers, si on lui fait des propositions honorables, et qui défendra ses droits, dans l'occasion, avec de vrais soldats, sans avoir des géants inutiles.

Je serais fort étonné si le roi son père revenait de sa maladie. Il faut qu'il soit bien mal, puisqu'il est défendu en Prusse de parler de sa santé ni en mal ni en bien.

Lorsque vous m'avez fait l'honneur de m'écrire, au sujet de M. de Valori, je venais de recevoir une lettre d'une de mes nièces[1], femme d'un commissaire des guerres à Lille, qui m'instruisait

---

1. Mme Denis.

aussi de cette tracasserie. M. l'abbé de Valori[1], prévôt du chapitre de Lille, lui en avait parlé. Je ne peux mieux faire, je crois, monsieur, que d'avoir l'honneur de vous envoyer la copie de la réponse à ma nièce.

« Les tracasseries viennent donc, ma chère enfant, jusque dans ma retraite, et prennent leur grand tour par Berlin. Je vois très-clairement que quelque bonne âme a voulu me nuire à la fois dans l'esprit du prince royal de Prusse, et dans celui de M. de Valori; et il y a quelque apparence qu'une certaine personne qui avait voulu desservir M. de Valori à la cour de Berlin, a semé encore ce petit grain de zizanie.

« Je connais M. de Valori, en général, par l'estime publique qu'il s'est acquise, et plus particulièrement par le cas infini qu'en fait M. d'Argenson, qui m'avait même flatté que j'aurais une nouvelle protection, dans M. de Valori, auprès du prince royal.

« J'avais eu l'honneur d'écrire plusieurs fois à ce prince que M. de Valori augmenterait le goût que Son Altesse royale a pour les Français, et que j'espérais que ce serait pour moi un nouveau moyen de me conserver dans ses bonnes grâces. Je me flatte encore que le petit malentendu qu'on a fait naître ne détruira pas mes espérances.

« Il est tout naturel que M. de Valori, ayant vu, dans les gazetins infidèles dont l'Europe est inondée, une fausse nouvelle sur mon compte, l'ait crue comme les autres; qu'on en ait dit un petit mot en passant à la cour de Prusse, et que quelqu'un, à qui cela est revenu à Paris, en ait fait un commentaire.

« Il ne résultera de cette petite malice, qu'on a voulu faire à M. de Valori, rien autre chose que des assurances de la plus respectueuse estime, que je vous prie de faire passer à M. de Valori, par le canal de monsieur son frère. Si tous les tracassiers de Paris étaient ainsi payés de leurs peines, le nombre en serait moins grand. »

Voilà, monsieur, mes véritables sentiments. Je fais toujours des vœux pour que vous soyez dans quelque place où vous puissiez donner un peu de carrière à vos grands talents, à votre bonne volonté pour le genre humain, et à votre goût pour les arts.

En attendant, je vous conseille de ne pas négliger Mlle Le-

---

1. Paul-Frédéric-Charles de Valori, auquel est adressée la lettre 1288. C'était le frère aîné de l'ambassadeur.

maure[1]. C'était autrefois un beau pédantisme que celui qui tenait toujours les premiers magistrats en longue jaquette, et qui leur interdisait les spectacles. Je ne croirai les Français tout à fait revenus de l'ancienne barbarie que quand l'archevêque de Paris, le chancelier, et le premier président, auront chacun une loge à l'Opéra et à la Comédie.

Mme du Châtelet vous fait bien des compliments; et moi, monsieur, je vous suis dévoué pour ma vie avec la plus tendre et la plus respectueuse reconnaissance.

1259. — A M. LE COMTE D'ARGENTAL.

Mars[2].

Ange de paix, eh bien! comment trouvez-vous donc ce commencement de l'*Histoire de Louis XIV?* Je crois que j'en pourrais faire un ouvrage bien neuf, et peut-être honorable à la nation. Mais comme je suis traité dans cette nation, pour qui je travaille!

Et *Zulime, Zulime!* Si le cinquième acte n'est pas à votre fantaisie, je n'ai qu'à me noyer, car j'y ai mis tout ce que je sais. J'ai vu de beaux yeux pleurer en le lisant ; mais je me défie toujours des beaux yeux : celles qui les portent sont d'ordinaire séduites ou trompeuses. La personne dont je vous parle est peut-être trop séduite en ma faveur ; cependant elle n'a guère pleuré à *Mérope*[3], et elle a pleuré beaucoup à *Zulime*.

Pour l'amour de Dieu, n'exigez pas que je commence par faire de Zulime un trouble-fête! Quelle cruelle idée mon conseil a-t-il eue! Croyez-moi, il n'y aurait plus d'intérêt. Atide doit ne pas déplaire, mais Zulime doit déchirer le cœur. Prenez-y garde, tout serait perdu.

Au reste, mon conseil est le seul conseil dans Paris qui soit instruit des affaires d'Afrique. Si cela pouvait être joué à Pâques, je bénirais Mahomet; décidez. Il y a bien autre chose sur le tapis.

Permettez-vous que je vous adresse une de mes rêveries[4],

---

1. Catherine-Nicole Lemaure, célèbre actrice de l'Opéra, née en 1704, morte en 1783. Voltaire la nomme dans sa lettre du 5 mai 1741, à d'Argental, et dans d'autres lettres.

2. C'est à tort qu'on a toujours daté cette lettre du 22 mars. Elle ne peut être que du 30 ou du 31.

3. Mme de Graffigny prétend, dans une de ses lettres écrites de Cirey, à la fin de 1738, que Mme du Châtelet n'aimait pas *Mérope*, et qu'elle tournait cette tragédie en ridicule tant qu'elle pouvait ; *ce qui ne plaisait guère au pauvre Voltaire, auquel Émilie rendait la vie un peu dure*. (CL.)

4. Voyez, tome X, page 314, l'*Épître à un ministre d'État*.

que vous jetterez au feu si vous la condamnez, et que vous ferez voir à M. le comte de Maurepas si vous l'approuvez? Je lui donne, par mon dernier vers, la louange la plus flatteuse. Je lui dis qu'il a des amis, et c'est votre amitié qui fait son éloge.

Est-ce que vous ne voulez pas donner un musicien à *Pandore?*

Est-ce que vous pensez qu'on ne peut rien tirer de cette Mme Prudise[1], en lui faisant faire par pure faiblesse ce qu'on lui fait faire au théâtre anglais par une méchanceté déterminée, qui révolterait nos mœurs un peu faibles et trop délicates? Le rôle du petit Adine me paraît si joli! Laissez-vous toucher, et que je fasse quelque chose de cette Prudise.

J'ai lu *Édouard.* Je vous suis très-obligé de la bonté que vous avez eue de m'envoyer la traduction d'Ortolani[2]; elle me paraît assez belle.

J'ai répondu à Gresset une lettre polie et d'amitié; je le crois un bon diable.

Adieu, mon adorable ami; toujours *sub umbra alarum tuarum*[3]. Je suis bien persécuté, tout va de travers; mais vous m'aimez, Émilie m'aime, c'est la réponse à tout.

1260. — A M. DE FORMONT.

A Bruxelles, 1er avril.

Vous voilà dans l'heureux pays
Des belles et des beaux esprits,
Des bagatelles renaissantes,
Des bons et des mauvais écrits.
Vous entendez, les vendredis,
Ces clameurs longues et touchantes
Dont Lemaure[4] enchante Paris.
Des soupers avec gens choisis
De vos jours filés par les Ris
Finissent les heures charmantes;
Mais ce qui vaut assurément
Bien mieux qu'une pièce nouvelle
Et que le souper le plus grand,
Vous vivez avec du Deffant;

1. Ce nom du principal personnage de *la Prude* a été changé en celui de *Dorfise.*
2. Ortolani a traduit quelques chants de *la Henriade.* Voyez plus haut, lettre 1012.
3. Psaume xvi, v. 8.
4. Voyez la lettre 1258.

> Le reste est un amusement,
> Le vrai bonheur est auprès d'elle.
>
> Pour la triste ville où je suis,
> C'est le séjour de l'ignorance,
> De la pesanteur, des ennuis,
> De la stupide indifférence;
> Un vrai pays d'obédience,
> Privé d'esprit, rempli de foi;
> Mais Émilie est avec moi :
> Seule, elle vaut toute la France.

En vous remerciant, mon cher ami, des marques de votre souvenir.

Vous avez donc lu ce fatras inutile sur la teinture, que M. le Père Castel appelle son *Optique?* Il est assez plaisant qu'il s'avise de dire que Newton s'est trompé, sans en donner la plus légère preuve, sans avoir fait la moindre expérience sur les couleurs primitives. C'est à présent la physique qui se met à être plaisante, depuis que la comédie ne l'est plus. J'ai lu le quatrième tome des *Leçons de Physique* de Joseph Privat de Molières, de l'Académie des sciences : cela est encore assez comique; mais j'aime mieux l'autre Molière que celui-ci. Joseph Privat ne peut réjouir que quelques philosophes malins qui aiment à rire des absurdités imprimées avec approbation et privilége. Le cher homme a une preuve toute nouvelle de l'existence de Dieu à faire pouffer de rire : c'est, dit-il, qu'il y a des cas où une boule de cinq livres[1] en pèse sept, ce qui ne peut arriver que par permission divine; or, vous pouvez être sûr que ni Privat de Molières, ni sa boule, ne pèseront jamais un grain de plus en aucun cas. Six vieux régents de l'Université ont donné six approbations authentiques à cette belle découverte, à laquelle ils n'entendent rien; mais au moins MM. de Mairan et de Bragelongue, députés de l'Académie pour louer M. Privat, n'ont pas donné dans le traquet. Ils ont déclaré nettement qu'il y avait certaines hypothèses dans ce livre qu'ils ne pouvaient admettre.

> Quand il s'agit de prouver Dieu,
> Ces messieurs de l'Académie
> Tirent leur épingle du jeu
> Avec beaucoup de prud'homie.

---

1. Voyez plus bas la lettre 1297.

Pour moi, qui crois en Dieu autant et plus que personne, si je n'avais d'autres preuves que celle de ce Privat de Molières, je sens bien qu'il me resterait encore quelques petits scrupules.

J'ai lu la tragédie[1] de Vert-Vert, qu'il m'a fait l'honneur de m'envoyer; ainsi il faut que j'en dise du bien. Il y a d'ailleurs un certain air anglais qui ne me déplaît pas.

On dit que ces Anglais ont pillé Porto-Bello et Panama ; c'est bien là une vraie tragédie. Si le dénoûment de cette pièce est tel qu'on le dit, il y aura beaucoup de négociants français et hollandais ruinés. Je ne sais quand finira cette guerre de pirates. Pour celle que fait ici Mme du Châtelet, avec d'autres pirates nommés avocats et procureurs, elle sera peut-être plus longue que la querelle de l'Espagne et de l'Angleterre. J'ai l'air de rester du temps à Bruxelles; mais que m'importe? avec Émilie et des livres, je suis dans la capitale de l'univers, pourvu que je n'y végète pas comme Rousseau. Mille respects à Mme du Deffant; je vous embrasse du meilleur cœur du monde, etc.

1261. — A M. LE COMTE D'ARGENTAL.

A Bruxelles, ce 1er avril.

Plus ange gardien que jamais, je m'étais déjà avisé de travailler tout seul à ma *Pandore*, et je n'avais pas attendu la grâce d'en haut ; j'allais l'envoyer, pour chercher un musicien, lorsque le paquet de mon cher ange est arrivé.

J'ai grande impatience de savoir si vous trouvez le *Mahomet* mieux lié, plus intéressant, mieux écrit, et enfin si, après le grand fracas du quatrième acte, le cinquième vous semble supportable.

Vous pourriez, en attendant, mon respectable ami, couronner vos bontés pour *Zulime*, en promettant à Mlle Gaussin le premier rôle dans *Mahomet*. Vous voulez que j'espère de *Zulime*, j'espère donc ; *in verbo tuo laxavi rete*[2].

Revenons à *Pandore*; je n'ai point d'expressions pour vous remercier. Il faudra donc encore une fois rompre la chaîne des études philosophiques, et quitter le compas pour la lyre. Soit ; je suis le *maître Jacques*[3] du Parnasse ; mais malheureusement *maître Jacques* n'était ni bon cocher ni bon cuisinier.

---

1. *Édouard III*.
2. Évangile de saint Luc, v. 5.
3. Valet de *l'Avare*, de Molière.

Vous ne laissez pas de m'embarrasser. Vous me foudroyez mes Titans au troisième acte. La pièce alors aurait l'air d'être finie, et on en recommencerait une autre, qui serait le Mariage et la Boîte de Pandore. Le grand point, me semble, est de refondre les deux actions en une ; je veux dire la guerre des Titans et cette boîte fameuse.

Je ne haïrais pas que le Destin lui-même parût au milieu du combat, et réglât les deux partis. Il n'y aura pas grand mal quand Jupiter aura un peu tort : il est accoutumé, sur la scène de l'Opéra, à ne pas jouer le beau rôle ; et, sur la scène de ce monde, quels reproches ne lui fait-on pas ! que de plaintes de la part des femmes qui n'ont pas les grâces de Mme d'Argental, et de la part des hommes qui n'ont pas votre mérite ! Dans ce monde chacun l'accuse, et sur le théâtre il reçoit des soufflets.

Je trouvais assez bon que Mercure fît la besogne du tentateur. Au bout du compte, il faut bien que les dieux soient coupables du mal moral et du mal physique. D'ailleurs Pandore en était plus excusable ; et qu'importe que cette Pandore-Éve soit séduite par Mercure ou par le diable ? Dites-moi, je vous prie, si la boîte n'est pas un trait de la vengeance des dieux, quels rapports auront les trois premiers actes avec les deux derniers. Voilà, encore une fois, ce qui m'embarrasse. L'Opéra pourrait commencer au quatrième acte ; c'est, à mon sens, le plus grand des défauts. Donnez-moi une réponse à cette objection.

Au reste, je profiterai de toutes vos bontés et de tous vos avis, et je me mettrai en besogne dès que vous m'aurez bien voulu répondre. J'invoquerai *angelum meum*, et je travaillerai.

Hélas ! j'ai peur que, parmi les maux sortis de la boîte de Pandore, la mort de Mme de Richelieu ne soit bientôt un des plus certains[1] comme un des plus cruels. On dit qu'elle crache du pus, et qu'elle a la fièvre. Vous perdriez une amie qui vous avait goûté infiniment.

Je ne sais si la poste en use avec les intendants des classes comme avec moi. Les paquets ont beau être contresignés, le contreseing d'un ministre français est ici très-peu considéré, et on paye ce beau seing neuf à dix florins ; ainsi, quand par hasard vous aurez quelque gros paquet à envoyer, faites-le porter chez l'abbé Moussinot.

donc pas qu'on puisse jamais réduire Mme Prudise aux mœurs françaises?... Si, pourtant... Adieu; je vous embrasse mille fois.

1262. — A MILORD HERVEY [1],

GARDE DES SCEAUX D'ANGLETERRE.

Je fais compliment à votre nation, milord, sur la prise [2] de Porto-Bello, et sur votre place de garde des sceaux. Vous voilà fixé en Angleterre : c'est une raison pour moi d'y voyager encore. Je vous réponds bien que, si certain procès est gagné, vous verrez arriver à Londres une petite compagnie choisie de newtoniens à qui le pouvoir de votre attraction, et celui de milady Hervey, feront passer la mer. Ne jugez point, je vous prie, de mon *Essai sur le Siècle de Louis XIV*; par les deux chapitres imprimés en Hollande avec tant de fautes qui rendent mon ouvrage inintelligible. Si la traduction anglaise est faite sur cette copie informe, le traducteur est digne de faire une version de l'*Apocalypse*; mais, surtout, soyez un peu moins fâché contre moi de ce que j'appelle le siècle dernier le *Siècle de Louis XIV*. Je sais bien que Louis XIV n'a pas eu l'honneur d'être le maître ni le bienfaiteur d'un Bayle, d'un Newton, d'un Halley, d'un Addison, d'un Dryden; mais dans le siècle qu'on nomme de Léon X, ce pape Léon X avait-il tout fait? N'y avait-il pas d'autres princes qui contribuèrent à polir et à éclairer le genre humain? Cependant le nom de Léon X a prévalu, parce qu'il encouragea les arts plus qu'aucun autre. Eh! quel roi a donc en cela rendu plus de services à l'humanité que Louis XIV? Quel roi a répandu plus de bienfaits, a marqué plus de goût, s'est signalé par de plus beaux établissements? Il n'a pas fait tout ce qu'il pouvait faire, sans doute, parce qu'il était homme; mais il a fait plus qu'aucun autre, parce qu'il était un grand homme : ma plus forte raison pour l'estimer beaucoup, c'est qu'avec des fautes connues il a plus de réputation qu'aucun de ses contemporains; c'est que, malgré un million d'hommes dont il a privé la France, et qui tous ont été intéressés à le décrier, toute l'Europe l'estime, et le met au rang des plus grands et des meilleurs monarques.

Nommez-moi donc, milord, un souverain qui ait attiré chez

---

1. John Hervey (et non Harvey) naquit le 15 octobre 1696, et fut nommé garde des sceaux (*lord privy seal*), en Angleterre, dans les premiers mois de 1740. Il cessa de remplir ces fonctions en 1741, et il mourut le 5 auguste 1743. (CL.)

2. Voyez, tome XV, le chapitre VIII du *Précis du Siècle de Louis XV*.

lui plus d'étrangers habiles, et qui ait plus encouragé le mérite dans ses sujets. Soixante savants de l'Europe reçurent à la fois des récompenses de lui, étonnés d'en être connus.

« Quoique le roi ne soit pas votre souverain, leur écrivait M. Colbert, il veut être votre bienfaiteur ; il m'a commandé de vous envoyer la lettre de change ci-jointe, comme un gage de son estime. » Un Bohémien, un Danois, recevaient de ces lettres datées de Versailles. Guglielmini[1] bâtit une maison à Florence des bienfaits de Louis XIV ; il mit le nom de ce roi sur le frontispice ; et vous ne voulez pas qu'il soit à la tête du siècle dont je parle !

Ce qu'il a fait dans son royaume doit servir à jamais d'exemple. Il chargea de l'éducation de son fils et de son petit-fils les plus éloquents et les plus savants hommes de l'Europe. Il eut l'attention de placer trois enfants de Pierre Corneille[2], deux dans les troupes, et l'autre dans l'Église ; il excita le mérite naissant de Racine, par un présent considérable pour un jeune homme inconnu et sans bien ; et, quand ce génie se fut perfectionné, ces talents, qui souvent sont l'exclusion de la fortune, firent la sienne. Il eut plus que de la fortune, il eut la faveur, et quelquefois la familiarité d'un maître dont un regard était un bienfait ; il était, en 1688 et 1689, de ces voyages de Marly tant brigués par les courtisans ; il couchait dans la chambre du roi pendant ses maladies, et lui lisait ces chefs-d'œuvre d'éloquence et de poésie qui décoraient ce beau règne.

Cette faveur, accordée avec discernement, est ce qui produit de l'émulation et qui échauffe les grands génies : c'est beaucoup de faire des fondations, c'est quelque chose de les soutenir ; mais s'en tenir à ces établissements, c'est souvent préparer les mêmes asiles pour l'homme inutile et pour le grand homme ; c'est recevoir dans la même ruche l'abeille et le frelon.

Louis XIV songeait à tout ; il protégeait les académies, et distinguait ceux qui se signalaient. Il ne prodiguait point ses faveurs à un genre de mérite, à l'exclusion des autres, comme tant de princes qui favorisent, non ce qui est bon, mais ce qui leur plaît ; la physique et l'étude de l'antiquité attirèrent son attention. Elle ne se ralentit pas même dans les guerres qu'il

---

1. Voltaire confond ici Dominique Guglielmini, mort à Padoue en 1710, avec Vincent Viviani, géomètre, qu'il cite dans le chap. XXV du *Siècle de Louis XIV*, et qui mourut à Florence en 1703.

2. Pierre Corneille, capitaine de cavalerie et gentilhomme ordinaire ; Charles Corneille, tué à Grave ; et l'abbé d'Aiguesvives.

soutenait contre l'Europe : car, en bâtissant trois cents citadelles, en faisant marcher quatre cent mille soldats, il faisait élever l'Observatoire, et tracer une méridienne d'un bout du royaume à l'autre, ouvrage unique dans le monde. Il faisait imprimer dans son palais les traductions des bons auteurs grecs et latins ; il envoyait des géomètres et des physiciens au fond de l'Afrique et de l'Amérique chercher de nouvelles connaissances. Songez, milord, que, sans le voyage et les expériences de ceux qu'il envoya à Caïenne, en 1672, et sans les mesures de M. Picard, jamais Newton n'eût fait ses découvertes sur l'attraction. Regardez, je vous prie, un Cassini et un Huygens, qui renoncent tous deux à leur patrie qu'ils honorent, pour venir en France jouir de l'estime et des bienfaits de Louis XIV. Et pensez-vous que les Anglais mêmes ne lui aient pas d'obligation ? Dites-moi, je vous prie, dans quelle cour Charles II puisa tant de politesse et tant de goût. Les bons auteurs de Louis XIV n'ont-ils pas été vos modèles ? N'est-ce pas d'eux que votre sage Addison, l'homme de votre nation qui avait le goût le plus sûr, a tiré souvent ses excellentes critiques? L'évêque Burnet avoue que ce goût, acquis en France par les courtisans de Charles II, réforma chez vous jusqu'à la chaire, malgré la différence de nos religions ; tant la saine raison a partout d'empire ! Dites-moi si les bons livres de ce temps n'ont pas servi à l'éducation de tous les princes de l'empire. Dans quelles cours de l'Allemagne n'a-t-on pas vu des théâtres français? Quel prince ne tâchait pas d'imiter Louis XIV? Quelle nation ne suivait pas alors les modes de la France?

Vous m'apportez, milord, l'exemple du czar Pierre le Grand, qui a fait naître les arts dans son pays, et qui est le créateur d'une nation nouvelle ; vous me dites cependant que son siècle ne sera pas appelé dans l'Europe le *siècle du czar Pierre;* vous en concluez que je ne dois pas appeler le siècle passé le *siècle de Louis XIV.* Il me semble que la différence est bien palpable. Le czar Pierre s'est instruit chez les autres peuples ; il a porté leurs arts chez lui ; mais Louis XIV a instruit les nations; tout, jusqu'à ses fautes, leur a été utile. Des protestants, qui ont quitté ses États, ont porté chez vous-mêmes une industrie qui faisait la richesse de la France. Comptez-vous pour rien tant de manufactures de soie et de cristaux ? Ces dernières surtout furent perfec-

étendue du temps de Henri IV? Non, sans doute; on ne connaissait que l'italien et l'espagnol. Ce sont nos excellents écrivains qui ont fait ce changement. Mais qui a protégé, employé, encouragé ces excellents écrivains? C'était M. Colbert, me direz-vous; je l'avoue, et je prétends bien que le ministre doit partager la gloire du maître. Mais qu'eût fait un Colbert sous un autre prince: sous votre roi Guillaume, qui n'aimait rien; sous le roi d'Espagne Charles II, sous tant d'autres souverains?

Croiriez-vous bien, milord, que Louis XIV a réformé le goût de sa cour en plus d'un genre? Il choisit Lulli pour son musicien, et ôta le privilége à Cambert, parce que Cambert était un homme médiocre, et Lulli un homme supérieur. Il savait distinguer l'esprit du génie; il donnait à Quinault les sujets de ses opéras; il dirigeait les peintures de Lebrun; il soutenait Boileau, Racine, et Molière, contre leurs ennemis; il encourageait les arts utiles comme les beaux-arts, et toujours en connaissance de cause; il prêtait de l'argent à Van Robais[1] pour établir ses manufactures; il avançait des millions à la compagnie des Indes, qu'il avait formée; il donnait des pensions aux savants et aux braves officiers. Non-seulement il s'est fait de grandes choses sous son règne, mais c'est lui qui les faisait. Souffrez donc, milord, que je tâche d'élever à sa gloire un monument que je consacre encore plus à l'utilité du genre humain.

Je ne considère pas seulement Louis XIV parce qu'il a fait du bien aux Français, mais parce qu'il a fait du bien aux hommes; c'est comme homme, et non comme sujet, que j'écris; je veux peindre le dernier siècle, et non pas simplement un prince. Je suis las des histoires où il n'est question que des aventures d'un roi, comme s'il existait seul, ou que rien n'existât que par rapport à lui; en un mot, c'est encore plus d'un grand siècle que d'un grand roi que j'écris l'histoire.

Pellisson eût écrit plus éloquemment que moi; mais il était courtisan, et il était payé. Je ne suis ni l'un ni l'autre : c'est à moi qu'il appartient de dire la vérité.

J'espère que dans cet ouvrage vous trouverez, milord, quelques-uns de vos sentiments; plus je penserai comme vous, plus j'aurai droit d'espérer l'approbation publique.

1. Ce Van Robais est sans doute le même que l'ingénieur des Roubais, cité tome XXII, page 546, dont le vrai nom est Jacques de Roubaix.

1263. — A M. PITOT DE LAUNAI.

A Bruxelles, ce 5 d'avril.

Monsieur, je vous fais mon compliment sur ce que vous allez changer de vilaine eau en une terre fertile. Cela est moins brillant que de mesurer la terre et de déterminer sa figure, mais cela est plus utile ; et il vaut mieux donner aux hommes quelques arpents de terre que de savoir si elle est plate aux pôles. Vous n'aurez besoin de personne auprès de votre confrère [1] M. de Richelieu, mais je me vanterai à lui d'être votre ami, et c'est moi qui vous prie de lui bien faire ma cour, et à un très-aimable syndic avec qui j'ai fait la moitié du voyage jusqu'à Langres [2]. Je vous prie, avant de partir, de me mander ce qu'on pense, ou plutôt ce que vous pensez sur le quatrième tome de la *Physique* de l'abbé de Molières.

Entre autres opinions qui m'ont surpris dans ce livre, j'ai une preuve surabondante de l'existence de Dieu, qui, me semble, ferait des athées si on pouvait l'être. Me trompé-je ? M. de Molières me paraît étrangement anti-mécanique.

Je suis fâché que l'auteur [3] des *Institutions physiques* abandonne quelquefois Newton pour Leibnitz ; mais il faut aimer ses amis, de quelque parti qu'ils soient.

Adieu ; je vous prie de vous souvenir de moi avec tous vos amis. Vous savez que je vous aime et que je vous estime trop pour vous faire des compliments ordinaires. Ne m'oubliez pas auprès de madame Pitot. L'illustre *Newto-leibnitzienne* va vous écrire.

1264. — A FRÉDÉRIC, PRINCE ROYAL DE PRUSSE.

A Bruxelles, le 6 avril.

Monseigneur, j'ai reçu le paquet du 18 mars dont Votre Altesse royale m'a honoré. Vous êtes fait assurément pour les choses uniques, et c'en est une que, dans la crise où vous avez été, vous ayez pu faire des choses qui demandent le plus grand recueillement d'esprit. Tout ce que vous dites sur la patience est d'un grand héros et d'un grand génie ; c'est une des plus belles

---

1. Richelieu fut reçu à l'Académie des sciences en 1731, sept ans après Pitot.
2. Voyez le commencement de la lettre 1227.
3. Mme du Châtelet.

choses que vous ayez daigné m'envoyer. En vous remerciant, monseigneur, des bonnes leçons que je vois là pour moi.

> Je la dois sans doute exercer
> Cette vertu de patience ;
> Les dévots ont su m'y forcer ;
> Quand on a pu les courroucer,
> Il faut en faire pénitence.
> Ces messieurs, prêchant la douceur,
> Imitent fort bien le Seigneur :
> Ils sont friands de la vengeance.

La traduction de l'ode *Rectius vives, Licini,* fait voir qu'il y a des Mécènes qui sont eux-mêmes des Horaces. Vous n'avez pas voulu rendre exactement :

> Auream quisquis mediocritatem
> Diligit, tutus caret obsoleti
> Sordibus tecti ; caret invidenda
> Sobrius aula.
>
> (Hor., lib. II, od. x, v. 5.)

Vous sentez si bien ce qui est propre à notre langue, et les beautés de la latine[1], que vous n'avez pas traduit *obsoleti tecti*, qui serait très-bas en français.

> Loin de la grandeur fastueuse,
> La frugale simplicité
> N'en est que plus délicieuse.

Ces expressions sont bien plus nobles en français : elles ne peignent pas comme le latin, et c'est là le grand malheur de notre langue, qui n'est pas assez accoutumée aux détails. Au reste, nous faisons *médiocrité*[2] de cinq syllabes ; si vous voulez absolument n'en mettre que trois, quatre, les princes sont les maîtres.

La fin de l'Épître *à M. Jordan* est un engagement de rendre les hommes heureux ; vous n'avez pas besoin de le promettre, j'en crois votre caractère, sans avoir besoin de votre parole.

Voici quelques pièces, moitié prose, moitié vers, pour payer

---

1. Frédéric ne savait pas le latin ; peut-être Césarion était-il l'auteur de la traduction critiquée par Voltaire : car Maupertuis, en louant, dans son *Éloge de Keyserlingk*, le talent de cet ami du roi pour la poésie, rappelle ses traductions de quelques odes d'Horace en vers français.

2. Voyez la fin de la lettre 1266.

mon tribut à celui qui m'enrichit toujours. *L'Épître à M. de Maurepas*, l'un de nos secrétaires d'État, est bien pour Votre Altesse royale autant que pour lui : car il me semble que c'est bien là le goût de Votre Altesse royale de protéger également tous les arts, et je suis bien sûr que si quelqu'un avait fait le livre édifiant de *Marie Alacoque*, vous ne lui donneriez point l'archevêché de Sens [1] pour récompense, avec cent mille livres de rente, tandis qu'on laisse dans la misère des hommes de vrais talents.

Je ne sais si Votre Altesse royale aura reçu certaine écritoire envoyée à Wesel par la poste, cachetée aux armes de la princesse de La Tour, et adressée à M. le général Borcke, ou au commandant de Wesel, pour faire tenir en diligence. Votre Altesse royale m'a envoyé de quoi boire, et moi je prends la liberté d'envoyer de quoi écrire.

> Donner un cornet pour du vin
> N'est pas grande reconnaissance ;
> Mais ce cornet fera, je pense,
> Éclore quelque œuvre divin
> Qui vaudra tous les vins de France.

Je me flatte que Votre Altesse royale me pardonne ces excessives libertés. J'attends ses derniers ordres sur la réfutation du docteur [2] des ministres ; il y a très-peu de choses à réformer, et je crois toujours qu'il est avantageux pour le genre humain que cet antidote soit public.

Je fais transcrire mon petit exposé de la métaphysique de Newton et de Leibnitz. Le paquet sera gros ; puis-je l'adresser à Wesel ? J'attends vos ordres, auxquels je me conformerai toute ma vie, car vous savez que Minerve, Apollon et la Vertu, m'ont fait votre sujet. Mme du Châtelet aura l'honneur d'envoyer à Votre Altesse royale quelque chose qui la dédommagera de l'ennui que je pourrai lui causer. Je suis, etc.

1265. — DE FRÉDÉRIC, PRINCE ROYAL DE PRUSSE.

Berlin, 15 avril.

Mon cher Voltaire, votre *Dévote* est venue le plus à propos du monde. Elle est charmante, les caractères bien soutenus, l'intrigue bien

1. Voyez tome XVII, page 7.
2. Machiavel, que Voltaire appelle *docteur du crime*, dans sa lettre 1212.

conduite, le dénoûment naturel. Nous l'avons lue, Césarion et moi, avec beaucoup de plaisir, et souhaitant beaucoup de la voir représenter ici en présence de son auteur, de cet ami que nous désirons tant de voir. Mon amphibie vous fait des compliments de ce que, tout malade que vous êtes, vous travaillez plus et mieux que tant d'auteurs pleins de santé. Je ne conçois rien à votre être très-particulier, car, chez nous autres mortels, l'esprit souffre toujours des langueurs du corps; la moindre chose me rend incapable de penser. Mais votre esprit, supérieur à ses organes, triomphe de tout. Puisse-t-il triompher de la mort même!

Vous lirez, s'il vous plaît, un petit conte [1] assez mal tourné que je vous envoie, et une épître [2] où je me suis avisé de parler très-sérieusement à une sorte de gens qui ne sont guère d'humeur à régler leur conduite sur la morale des poëtes. *Machiavel* suivra quand il pourra; vous voudrez bien attendre que j'aie le temps d'y mettre la dernière main.

Le monde est si tracassier ici, si inquiet, si turbulent, qu'il n'est presque pas possible d'échapper à ce mal épidémique; tout ce que je puis faire quelquefois, c'est de rimer des sottises. Je m'attends de me trouver bientôt dans une assiette plus tranquille. Je reprendrai des occupations plus sérieuses et qui demandent de la réflexion. A présent, voilà une malheureuse suite de fêtes qu'il faut essuyer, malgré que l'on en ait, et des discours très-inconséquents qu'il faut entendre et même applaudir. Je fais ce manége à contrecœur, haïssant tout ce qui est hypocrisie et fausseté.

Algarotti m'écrit que Pine [3] n'a pas encore achevé son impression de Virgile, et que *la Henriade* serait pendue au croc, en attendant *l'Énéide*. J'en ai fort grondé, car il me semble que

> Virgile, vous cédant la place
> Qu'il obtint jadis au Parnasse,
> Vous devait bien le même honneur
> Chez maître Pine, l'imprimeur.

Vous voyez, mon cher Voltaire, la différence qu'il y a entre les décrets d'Apollon et les fantaisies d'un imprimeur. Je soutiens la gloire de ce dieu, en accélérant la publication de votre ouvrage. J'espère de réduire bientôt les caprices de cet Anglais, en satisfaisant son avidité intéressée.

Assurez, je vous prie, la marquise du Châtelet de mes attentions. Ménagez la santé d'un homme que je chéris, et n'oubliez jamais qu'étant mon ami vous devez apporter tous vos soins à me conserver le bien le plus précieux que j'aie reçu du ciel. Donnez-moi bientôt des nouvelles de votre convalescence, et comptez que, de toutes celles que je puis recevoir, celles-là me seront les plus agréables. Adieu, je suis tout à vous.

FÉDÉRIC.

1. *Le Faux Pronostic*, conte.
2. *L'Épître sur la Gloire et sur l'Intérêt*, dont Voltaire parle dans la lettre 1271.
3. Voyez la note 2 de la page 275.

Voici un petit paquet que Césarion vous envoie. J'espère que son souvenir ne vous sera pas indifférent, et que vous apprendrez avec plaisir que sa santé se fortifie de jour en jour [1].

1266. — A FRÉDÉRIC, PRINCE ROYAL DE PRUSSE.

(Bruxelles), avril.

Monseigneur, votre idée m'occupe le jour et la nuit. Je rêve à mon prince comme on rêve à sa maîtresse.

> Tempus erat quo prima quies mortalibus ægris
> Incipit, et dono Divum gratissima serpit.
> In somnis ecce ante oculos *pulcherrimus heros*
> Visus adesse mihi.....
> (Virg., Æn., II, v. 268.)

Je vous ai vu sur un trône d'argent massif [2] que vous n'aviez point fait faire, et sur lequel vous montiez avec plus d'affliction que de joie.

> Plus frappé de la triste vue
> D'un père expirant devant vous,
> Que de la brillante cohue
> Qui s'empressait à vos genoux.

Beaucoup de courtisans, qui avaient négligé de venir voir Son Altesse royale à Remusberg, venaient en foule saluer Sa Majesté à Berlin.

> Je remarquais tout l'étalage
> Et l'air de ces nouveau-venus;
> Ce sont seigneurs de haut lignage,
> Car ils descendent de Janus,
> Ayant tous un double visage.

Ils pourraient même venir aussi, par femmes, du prophète Élisée, qui, au rapport de la très-sainte Écriture [3], avait un esprit double, de quoi plusieurs prêtres ont hérité aussi bien qu'eux.

> Plein de douceur et de prudence,
> Mon grand prince avec complaisance
> Voyait près de son trône admis
> Ceux qui, par pure obéissance,

>   Jadis furent ses ennemis ;
>   Ils éprouvent tous sa clémence ;
>   Mais il distinguait ses amis,
>   Ils éprouvent sa bienfaisance.

Les Antonins, les Titus, les Trajan, les Julien, descendaient du ciel pour voir ce triomphe.

>   Tous ces héros du nom romain
>   N'ont plus qu'un mépris souverain
>   Pour la malheureuse Italie ;
>   Ils s'étonnent que leur génie
>   Ne se retrouve qu'à Berlin.

Il ne tenait qu'à eux d'être à l'élection d'un pape[1], mais les cardinaux et le Saint-Esprit ne sont pas faits pour les Titus et les Marc-Aurèle. La Vérité, que ces héros aiment, n'est guère au conclave ; elle était près de ce trône d'argent.

>   Mon héros, d'un air de franchise,
>   L'y fit asseoir à son côté ;
>   Elle était honteuse et surprise
>   De se voir tant de liberté.

Elle sait bien que le trône n'est guère plus sa place que le conclave, et qu'à cette pauvre exilée n'appartient pas tant d'honneur ; mais Frédéric la rassurait comme une personne de sa connaissance.

>   Le Florentin Machiavel,
>   Voyant cette fille du ciel,
>   S'en retourna tout au plus vite
>   Au fond du manoir infernal,
>   Accompagné d'un cardinal,
>   D'un ministre, et d'un vieux jésuite.

Mais Frédéric ne voulut pas que Machiavel eût osé paraître devant lui sans faire amende honorable au genre humain en la personne de son protecteur. Il le fit mettre à genoux ;

>   Et l'Italien confondu
>   Fit sa pénitence publique,

---

1. Clément XII était mort le 6 février 1740 ; son successeur, élu le 17 auguste suivant, fut Benoît XIV, vénérable pontife auquel Voltaire dédia *Mahomet*, le 17 auguste 1745. (CL.)

En avouant que la vertu
Est la meilleure politique.

Toutes les Vertus se mirent alors à caresser le vainqueur de Machiavel.

La sage Libéralité,
Qui récompense avec justice,
Enchaînait avec fermeté
La folle Prodigalité,
Et la méprisable Avarice.
Le Devoir, le Travail sévère,
Semblaient régner dans ce séjour;
Mais les Jeux, l'Amour et sa mère
N'étaient point bannis de la cour.
Pour tous également affable;
Il les embrassait tour à tour;
Il savait maîtriser l'Amour,
Et rendre le Travail aimable.

Cependant Mars et la Politique montraient le plan de Berg et de Juliers, et mon héros tirait son épée, prêt à la remettre dans le fourreau pour le bonheur de ses sujets et pour celui du monde; les beaux-arts venaient de tous côtés rendre hommage à leur protecteur; la Musique, la Peinture, l'Éloquence, l'Histoire, la Physique, travaillaient sous ses yeux; il présidait à tout, et semblait né pour tous ces arts, comme pour celui de gouverner et de plaire. Un théâtre s'élevait, une académie se formait, non pas telle que celle des jetonniers français,

Ces gens doctement ridicules,
Parlant de rien, nourris de vent,
Et qui pèsent si gravement
Des mots, des points, et des virgules.

C'était une académie dans le goût de celle des Sciences et de la Société de Londres. Enfin, tout ce qu'il y a de bon, de beau, de vrai, de juste, d'aimable, était rassemblé sur ce trône. Je n'ai point oublié mon songe comme ce fou de la sainte Écriture[1], qui menaçait de faire mourir ses conseillers d'État s'ils ne devinaient son rêve, qu'il avait oublié. Je m'en souviens très-bien, et il ne me faut ni Daniel ni Joseph pour l'expliquer.

Non, non, ce n'est point un mensonge
Qui trompa mon cœur enchanté;

---

1. Voyez *Daniel*, ch. II.

Chez tous les autres rois mon rêve est un vain songe;
Chez vous, mon rêve est vérité.

Dans ma dernière lettre[1] j'avais déjà reproché à mon souverain d'avoir fait *médiocrité* de quatre syllabes; *médiocrité* est de cinq, et mon prince l'avait fait de quatre : énorme faute, et l'une des plus grandes qu'il fera jamais.

1267. — A M. DE CIDEVILLE.

A Bruxelles, ce 25 avril.

Voulez-vous savoir, mon charmant ami, mon confrère en Apollon, mon maître dans l'art de penser délicatement, l'effet que m'a fait votre dernière lettre? Celui qu'un bon instrument de musique fait sur un autre. Il en fait résonner toutes les cordes qui sont à l'unisson. Vous m'avez remis sur-le-champ la lyre à la main ; j'ai serré mes compas, je suis revenu à l'autel de Melpomène et au temple des Grâces. Vous me direz si j'ai été exaucé de vos trois déesses.

Tout ce que vous soupçonniez que j'ébauchais est prêt à vous être envoyé. Donnez-moi donc l'adresse sûre que vous m'avez promise. J'ai plus de choses à vous faire tenir que vous ne pensez. Je peux avoir mal employé mon temps, mais je ne suis pas resté oisif ; je sais qu'il y a longtemps que je ne vous ai écrit, mais aussi vous aurez deux tragédies[2] pour excuse, et, si vous n'êtes pas content, j'ai encore autre chose à vous montrer.

Je veux vous rendre un peu compte de mes études ; il me semble que c'est un devoir que l'amitié m'impose. Outre toutes les bagatelles poétiques que vous recevrez de moi, vous en aurez aussi de philosophiques. Je crois avoir enfin mis les *Éléments de Newton* au point que l'homme le moins exercé dans ces matières, et le plus ennemi des sciences de calcul, pourra les lire avec quelque plaisir et avec fruit. J'ai mis au-devant de l'ouvrage un exposé de la *Métaphysique de Newton* et de celle de Leibnitz, dont tout homme de bon sens est juge-né. On va l'imprimer en Hollande, au commencement de mai ; mais il va paraître, à Paris, un ouvrage plus intéressant et plus singulier en fait de physique : c'est une *Physique*[3] que M`me` du Châtelet avait composée

1. La lettre 1264.
2. *Zulime* et *Mahomet*.
3. Les *Institutions de physique;* voyez-en l'*Exposition* par Voltaire, tome XXIII, page 129.

pour son usage, et que quelques membres de l'Académie des sciences se sont chargés de rendre publique, pour l'honneur de son sexe et pour celui de la France.

Vous avez lu sans doute la comédie des *Dehors trompeurs*[1]. Quel dommage! il y a des scènes charmantes et des morceaux frappés de main de maître. Pourquoi cela n'est-il pas plus étoffé, et pourquoi les derniers actes sont-ils si languissants!

. . . . Amphora cœpit
Institui; currente rota, cur urceus exit?
(Hor., *de Art. poet.*, v. 21.)

Il en est à peu près de même de la pièce[2] de Gresset, et, qui pis est, c'est une déclamation vide d'intérêt. Mon Dieu! pourquoi me parlez-vous de la tragédie, soi-disant de *Coligny*[3]? Il semble que vous ayez soupçonné qu'elle est de moi. Le du Sauzet, libraire de Hollande, et par conséquent doublement fripon, a eu l'insolence absurde de la débiter sous mon nom; mais, Dieu merci, le piége est grossier, et, fût-il plus fin, vous n'y seriez pas pris. Cette pitoyable rapsodie est d'un bon enfant nommé d'Arnaud, qui s'est avisé de vouloir mettre le second chant de *la Henriade* en tragédie[4]. Heureusement pour lui, sa personne et sa pièce sont assez inconnues.

Adieu, mon cher ami; mon cœur et mon esprit sont à vous pour jamais. Mme du Châtelet vous fait mille compliments.

1268. — A M. BERGER.
Le 26 avril.

Si vous êtes curieux d'avoir *Pandore*, elle est avec sa boîte chez l'abbé Moussinot, qui doit vous la remettre. Ce sera à vous à faire que de cette boîte il ne sorte pas des sifflets.

Zulime est quelque chose de si commun au théâtre qu'il faut bien que *Pandore* soit quelque chose de neuf. Mme d'Aiguillon[5],

1. De Boissy.
2. *Édouard III*.
3. *Coligny, ou la Saint-Barthélemy* (en trois actes et en vers), 1740, in-8°. Du Sauzet ayant donné cette pièce comme étant de Voltaire, il parut une *Critique de la tragédie de Coligny, ou la Saint-Barthélemy, par M. de V****, Bruxelles, 1740, in-8°, où Voltaire est très-maltraité. (B.)
4. Depuis la mort de Voltaire on a publié *le Siége de Paris et les vers de la Henriade de Voltaire distribués en une tragédie en cinq actes, terminée par le couronnement de Henri IV*, 1780, in-8° de 40 pages; l'auteur est M. Bohaire-Dutheil. (B.)
5. A qui sont adressées les lettres 388, 389 et 410.

qui l'a lue, dit que c'est un opéra à la Milton. Voyez de Rameau ou de Mondonville qui vous voudrez choisir, ou qui voudra s'en charger ; mais voyez auparavant si cela mérite qu'on s'en charge.

Il y a une lettre de milord Hervey[1] entre les mains de l'abbé Moussinot, que je voudrais, en qualité de bon Français, qui fût un peu connue. Il vous en donnera copie. Un peu de secret pour *Pandore*. Je vous embrasse de tout mon cœur.

Je ne puis me mêler de proposer un intendant à M. le duc de Richelieu. Si je le pouvais, cela serait fait. Adieu encore une fois.

1269. — DE FRÉDÉRIC, PRINCE ROYAL DE PRUSSE.

Berlin, 26 avril.

Mon cher Voltaire, les galions de Bruxelles m'ont apporté des trésors qui sont pour moi au-dessus de tout prix. Je m'étonne de la prodigieuse fécondité de votre Pérou, qui paraît inépuisable. Vous adoucissez les moments les plus amers de ma vie. Que ne puis-je contribuer également à votre bonheur ! Dans l'inquiétude où je suis, je ne me vois ni le temps ni la tranquillité d'esprit pour corriger *Machiavel*. Je vous abandonne mon ouvrage, persuadé qu'il s'embellira entre vos mains ; il faut votre creuset pour séparer l'or de l'alliage.

Je vous envoie une épître[2] sur la nécessité de cultiver les arts ; vous en êtes bien persuadé, mais il y a bien des gens qui pensent différemment. Adieu, mon cher Voltaire ; j'attends de vos nouvelles avec impatience ; celles de votre santé m'intéressent autant que celles de votre esprit. Assurez la marquise de mon estime, et soyez persuadé qu'on ne saurait être plus que je ne le suis votre très-fidèle ami,

FÉDÉRIC.

1270. — DE FRÉDÉRIC, PRINCE ROYAL DE PRUSSE.

Remusberg, 3 mai.

Mon cher Voltaire, il faut avouer que vos rêves valent les veilles de beaucoup de gens d'esprit : non point parce que je suis le sujet de vos vers, mais parce qu'il n'est guère possible de dire de plus jolies choses et de plus galantes sur un plus mince sujet.

Ce dieu du *Goût* dont tu peignis le *temple,*
Voulant lui-même éclairer l'univers,

1. C'est la lettre 1262.
2. Il est question de cette épître dans la lettre 1280.

ANNÉE 1740.

> Et nous donner son immortel exemple,
> A, sous ton nom, sans doute fait ces vers.

Je le crois effectivement, et c'est vous qui nous abusez.

> L'aimable, le divin Voltaire
> Écrit, mais il ne fait pas tout :
> L'on assure qu'au dieu du Goût
> Il ne sert que de secrétaire.

Dites-nous un peu si c'est la vérité, et comment votre état vous permet d'accorder[1] tant d'imagination et tant de justesse, tant de profondeur et tant de légèreté,

> Tant de savoir, tant de génie,
> Melpomène avec Uranie,
> Euclide armé de son compas,
> Et les Grâces qui sur tes pas
> S'empressent autour d'Émilie ;
> Les Ris badins, les Ris moqueurs,
> Avec les doctes profondeurs
> De l'immense philosophie.

Ce sera, je crois, une énigme pour les siècles futurs, et le désespoir de ceux qui voudront être savants et aimables après vous.

Votre rêve, mon cher Voltaire, quoique très-avantageux pour moi, m'a paru porter le caractère véritable des rêves, qui ne ressemblent jamais parfaitement à la vérité. Il y manque beaucoup de choses pour l'accomplir, et il me semble qu'un esprit prophétique aurait pu y ajouter ceci :

> L'ange protecteur de Berlin,
> Voulant y porter la science,
> Chercha, parmi le genre humain,
> Un sage en qui sa confiance
> Des beaux-arts remît le destin.
> Il ne chercha point dans la France
> Ce radoteur, vieille éminence[2],
> Qu'un peuple rongé par la faim,
> Ou quelque auteur manquant de pain,
> Assez grossièrement encense ;
> Mais, loin de ce prélat romain,
> Il trouva l'aimable Voltaire
> Que Minerve même instruisait,
> Tenant en ses mains notre sphère,
> Qui sagement examinait,
> Et tout rigidement pesait
> Au poids que, d'une main sévère,
> La Vérité lui fournissait.
> « Ah ! dit l'ange, c'est mon affaire.

---

1. Et comment votre être aussi singulier qu'accompli a pu accorder... (Variante des OEuvres posthumes, édit. de Berlin.)
2. Le cardinal de Fleury.

> Si l'esprit, ainsi qu'autrefois,
> Sur le trône élevait les rois,
> La Prusse te verrait naguère [1]
> Revêtu de ce caractère;
> Mais de plus indulgentes lois
> Aux sots donnent les mêmes droits.
> D'où vient que ces faveurs insignes
> Ne sont jamais pour les plus dignes? »

Cet ange, ou ce génie de la Prusse, n'en resta pas là; il voulait à quelque prix que ce fût, vous engager à vous mettre à la tête de cette nouvelle académie dont le rêve fait mention. Je lui dis que nous n'en étions pas encore où nous en croyions être :

> Car que peut une académie
> Contre l'appât de la beauté?
> Le poids seul que donne Émilie
> Entraîne tout de son côté.

L'ange tenait ferme; il prétendait prouver que le plaisir de connaître était préférable à celui de jouir.

> Mais finissons, ceci suffit:
> Car Despréaux sagement dit
> Qu'un bavard qui prétend tout dire [2],
> Franc ignorant dans l'art d'écrire,
> Lasse un lecteur qu'il étourdit.

Du génie heureux de la Prusse, je passe à l'ange gardien de Remusberg, dont la protection s'est manifestée dans le terrible incendie qui a réduit en cendres la plus grande partie de la ville. Le château a été sauvé : cela n'est point étonnant, votre portrait y était enfermé.

> Ce palladium le sauva
> D'une affreuse flamme en furie
> (Ondoyante, ardente ennemie
> Qui bientôt le bourg consuma);
> Car au château l'on conserva,
> Et toujours l'on y révéra,
> De vous l'image tant chérie.
> Mais le Troyen qui négligea
> D'un dieu la céleste effigie,
> Vit sa négligence punie ;
> Bientôt le Grégeois apporta

---

1. Frédéric se trompait en croyant *naguère* synonyme de *bientôt*.
2. Boileau a dit (*Art poétique*, I, 63) :

> Qui ne sait se borner ne sut jamais écrire.

Voltaire, dans le sixième de ses *Discours sur l'Homme* (voyez tome IX), a dit :

> Le secret d'ennuyer est celui de tout dire.

La semence de l'incendie
Par lequel Ilion brûla.

Ce palladium est placé dans le sanctuaire du château, dans la bibliothèque, où les sciences et les arts lui tiennent compagnie, et lui servent de cadre ;

>Et les sages de tous les temps,
>Les beaux esprits et les savants
>L'honorent dans cette chapelle ;
>De ses ouvrages excellents
>On voit le monument fidèle,
>De ses écrits tous les fragments,
>Et *la Henriade* immortelle,
>D'une foule de courtisans,
>Tous animés de même zèle,
>Reçoit les hommages fervents.
>
>En vérité, sainte Marie,
>Lorette et tous vos ornements,
>La pompe de vos sacrements,
>Vos prêtres et leur momerie,
>Ne valent pas assurément
>Ce culte exempt de flatterie,
>Sans faste et sans hypocrisie ;
>Ce culte de nos sentiments,
>Qui sur l'autel du vrai mérite,
>Le discernement à sa suite,
>Offre le plus pur des encens.

Je vous prie de critiquer et mes vers et ma prose ; je corrige tout à mesure que je reçois vos oracles. Pour vous fournir nouvelle matière à correction, je vous envoie un conte[1] dont mon séjour de Berlin m'a fourni le sujet. Le fond de l'histoire est véritable ; j'ai cru devoir l'ajuster. Le fait est qu'un homme nommé Kirch[2], astronome de profession, et, je crois, un peu astrologue par plaisir, est mort d'apoplexie : un ministre de la religion réformée[3], de ses amis, vint voir ses sœurs, toutes deux astronomes, et leur conseilla de ne point enterrer leur frère, parce qu'il y avait beaucoup d'exemples de personnes que l'on avait enterrées avant que leur trépas fût avéré ; et, par le conseil de cet ami, les sœurs crédules du mort[4] attendirent trois semaines avant que de l'enterrer, jusqu'à ce que l'odeur du cadavre les y força, malgré les représentations du ministre, qui s'attendait tous les jours à la résurrection de M. Kirch. J'ai trouvé l'histoire si singulière qu'elle m'a paru mériter la peine d'être mise dans un conte. Je n'ai eu d'autre objet en vue que celui de m'égayer ; et, s'il est trop long, vous n'en attribuerez la raison qu'à l'intempérance de ma verve.

1. *Le Faux Pronostic, ou le Miracle manqué.*
2. Christfried Kirch, mort le 9 mars 1740.
3. De la religion prétendue réformée. (Variante de l'original déposé à la Bibliothèque de l'Ermitage de Saint-Pétersbourg.)
4. Par le conseil de ce crédule ami, les sœurs du mort. (Variante de l'original.)

Que ma bague, mon cher Voltaire, ne quitte jamais votre doigt. Ce talisman est rempli de tant de souhaits pour votre personne qu'il faut de nécessité qu'il vous porte bonheur; j'y contribuerai toujours autant qu'il dépendra de moi, vous assurant que je suis inviolablement votre très-fidèle ami.

Faites, s'il vous plaît, mes compliments à votre aimable marquise.

1271. — A FRÉDÉRIC, PRINCE ROYAL DE PRUSSE [1].

Monseigneur,

On vous dit à Ruppin rendu,
Sauvé de la foule importune
Du courtisan trop assidu,
Et des attraits de la Fortune,
Entre les bras de la Vertu.

Les gazettes disent que Votre Altesse royale y fait faire un manége; apparemment qu'il y aura une place pour le cheval Pégase, qui me paraît un des chevaux de votre écurie que vous montez le plus souvent. Vous vous étonnez, monseigneur, que ma faible santé m'ait laissé assez de forces pour faire quelques ouvrages médiocres; et moi, je suis bien plus surpris que la situation où vous avez été si longtemps ait pu vous laisser dans l'esprit assez de liberté pour faire des choses si singulières. Faire des vers, quand on n'a rien à faire, ne m'effraye point; mais en faire de si bons, et dans une langue étrangère, quand on est dans une crise si violente [2], cela est fort au-dessus de mes forces.

Tantôt votre muse badine
Dans un conte folâtre, et rit;
Tantôt sa morale divine
Éclaire et forme notre esprit.
Je vois là votre caractère;
Vous êtes fait assurément
Pour l'agréable et pour le grand,
Pour nous gouverner, pour nous plaire;
Il est gens dans le ministère
De qui je n'en dirais pas tant.

1. Le prince royal répondit, le 18 mai 1740, à cette lettre, qui doit être des premiers jours du même mois, et qui répond à celle de Frédéric du 15 avril précédent. (Cl.)
2. Allusion à la maladie dont Frédéric-Guillaume mourut le 31 mai 1740.

Je n'ai point ici les ouvrages de Boileau ; mais je me souviens qu'il traduisit, en deux vers[1], le vers d'Horace :

> Tantalus a labris sitiens fugientia captat
> Flumina.
> (Lib. I, sat. 1, v. 68.)

Vous, le Boileau des princes, vous le traduisez en un seul[2] : eh, tant mieux ! cela en est bien plus fort et plus énergique. J'aime à vous voir *imperatoriam gravitatem.*

Ce n'est pas là le style qu'en général on reproche aux Allemands. Or, à présent que j'ai eu l'honneur de vous prouver en passant que vous aviez ce petit avantage sur Boileau, il n'est plus surprenant que je vous dise, monseigneur, en toute humilité, qu'il y a dans votre épître plusieurs vers que je serais bien glorieux d'avoir faits. Votre Altesse royale entend l'art de s'exprimer autant que celui d'être heureux dans toutes les situations. On dit ici Sa Majesté entièrement rétablie. Les vœux de votre cœur vertueux sont exaucés.

Vous direz toujours comme Horace :

> Nave ferar magna an parva, ferar unus et idem.
> (Lib. II, ep. II, v. 200.)

> Les plaisirs, l'amitié, l'étude,
> Vous suivront dans la solitude.
> Du haut du mont Rémus vous instruirez les rois ;
> Le véritable trône est partout où vous êtes.
> Les arts et les vertus, dans vos douces retraites,
> Parlent par votre bouche, et nous donnent des lois ;
> Vous régnez sur les cœurs, et surtout sur vous-même.
> Faut-il à votre front un autre diadème ?
> A la laide coquette il faut des ornements,
> A tout petit esprit, des dignités, des places ;
> Le nain monte sur des échasses ;
> Que de nains couronnés paraissent des géants !
> Du nom de héros on les nomme ;
> Le sot s'en éblouit, l'ambitieux les sert,
> Le sage les évite, il n'aime qu'un grand homme ;
> Ce grand homme est à Remusberg.

---

1. C'est en trois vers que Boileau (voyez les variantes de sa satire IV) avait traduit le vers d'Horace ; mais il les supprima sur la critique de Desmarets, à qui l'on doit la traduction de ce vers, citée dans la lettre 778, tome XXXIV, page 315.
2. Dans l'*Épître sur la Gloire et sur l'Intérêt,* Frédéric a dit :

> Mais, semblable à Tantale,
> L'onde en vain se présente à sa lèvre fatale.

J'ai fait partir, monseigneur, pour cette délicieuse retraite, un gros paquet qui vaut mieux que tout ce que je pourrais envoyer à Votre Altesse royale. C'est la philosophie leibnitzienne[1] d'une Française devenue Allemande par son attachement à Leibnitz, et bien plus encore par celui qu'elle a pour vous.

Voici le temps où j'aurais une grande envie de voir un second tome des sentiments d'un certain *membre du parlement d'Angleterre*[2] sur les affaires de l'Europe; il me semble que celles d'Angleterre, de Suède et de Russie, méritent bien l'attention de ce digne citoyen. Voilà la Suède, de menaçante qu'elle était autrefois, devenue mesurée; la voilà embarrassée de sa liberté, et indécise entre l'argent d'Angleterre et celui de France, comme l'âne de Buridan entre deux mesures d'avoine[3]. Mais le citoyen dont je parle ne me donnera-t-il aucune permission sur l'*Anti-Machiavel?* S'il veut en gratifier le public, il y a si peu de chose à faire, il n'y a plus que la besogne d'éditeur; votre génie a fait tout ce qu'il faut. Le reste ne peut s'ajuster que quand on confrontera le texte de *Machiavel* pour le mettre vis-à-vis de la réponse, afin d'en faire un volume qui ne soit pas trop gros.

J'attends vos ordres pour tout, excepté pour vous admirer.

Il est bien douloureux que la goutte prenne à la main de M. de Keyserlingk, quand il est près de donner de ses nouvelles.

> Ce Keyserlingk charmant, l'honneur de votre empire,
> A dès longtemps gagné mon cœur;
> Je sens à la fois sa douleur
> Et le chagrin de ne pouvoir le lire.

Souffrez, monseigneur, que *la Henriade* vous remercie encore de l'honneur que vous lui faites. Elle dit humblement avec Stace :

> Nec tu divinam Æneida tenta,
> Sed longe séquere, et vestigia semper adora.
> (*Theb.*, liv. XII, vers 816, 817.)

> Je ne suis point si difficile;
> Ce serait pour moi trop d'honneur,
> Si je marchais après Virgile
> Chez mon prince et chez l'imprimeur.

---

1. Les *Institutions de physique,* par Mme du Châtelet. Voyez tome XXIII page 129.
2. Voyez la lettre 851.
3. Voyez, tome IX, le Prologue du chant XII de *la Pucelle.*

Je suis avec le plus profond respect et la plus tendre reconnaissance, etc.

1272. — A M. DE CIDEVILLE,
CONSEILLER HONORAIRE DU PARLEMENT.

A Bruxelles, ce 5 mai.

Un ballot est parti, mon cher ami ; il est marqué d'un grand T. *Signa* Thau *super caput dolentium*[1]. Ce paquet est très-honteux de ne contenir que quatre tomes de mes anciennes rêveries imprimées à Amsterdam, et rien de mes nouvelles folies.

On va jouer *Zulime* à Paris. Peut-être la jouera-t-on quand vous recevrez cette lettre ; mais je l'ai tant corrigée que je n'ai pu encore la faire transcrire pour vous l'envoyer. Il eût été mieux de vous l'envoyer d'abord tout informe qu'elle était ; j'y aurais gagné de bons conseils, mais aussi je vous aurais fait un mauvais présent. Voilà ce que c'est que d'être condamné à vivre loin de vous. Quel plaisir ce serait de vous consulter tous les jours, de vous montrer le lendemain ce que vous auriez réformé la veille ! Voilà comme les belles-lettres font le charme de la vie ; autrement elles n'en font que la faible consolation.

J'espère enfin vous envoyer bientôt *Zulime* et *Mahomet*. Ce Mahomet n'est pas, comme vous croyez bien, le Mahomet II qui coupe la tête à sa bien-aimée ; c'est Mahomet le fanatique, le cruel, le fourbe, et, à la honte des hommes, le grand, qui de garçon marchand devient prophète, législateur et monarque.

Zulime n'est que le danger de l'amour, et c'est un sujet rebattu ; *Mahomet* est le danger du *fanatisme*, cela est tout nouveau. Heureux celui qui trouve une veine nouvelle dans cette mine du théâtre si longtemps fouillée et retournée ! Mais je veux savoir si c'est de l'or que j'ai tiré de cette veine ; c'est à votre pierre de touche, mon cher ami, que je veux m'adresser.

J'ai bien envie de mettre bientôt dans votre bibliothèque un monument singulier de l'amour des beaux-arts, et des bontés d'un prince unique en ce monde. Le prince royal de Prusse, à qui son ogre de père permettait à peine de lire, n'attend pas

---

1. *Signa* THAU *super frontes virorum gementium et dolentium*. (Ézéchiel, chapitre IX, v. 4.)

que ce père soit mort pour oser faire imprimer *la Henriade*. Il a fait fondre en Angleterre des caractères d'argent[1], et il compte établir dans sa capitale une imprimerie aussi belle que celle du Louvre. Est-ce que ce premier pas d'un roi philosophe ne vous enchante pas? Mais, en même temps, quel triste retour sur la France! C'est à Berlin que les beaux-arts vont renaître. Eh! que fait-on pour eux en France? On les persécute. Je me console, parce qu'il y a une Émilie et un Cideville, et que, quand on a le bonheur de leur plaire, on n'a que faire de l'appui des sots.

Adieu, mon cher ami ; Mme du Châtelet vous fait mille compliments. Je suis à vous pour ma vie. V.

1273. — A M. BERGER.

C'est que je suis le plus distrait des hommes, et que j'ai mis probablement 26 février pour 26 avril[2]. Je voudrais ne faire que de ces fautes.

L'opéra était entre les mains de M. d'Argental. Il me l'a renvoyé pour y faire des coupures nécessaires, et pour ajuster ma tragique muse aux usages de l'opéra. J'ai obéi, car j'ai bien de la foi à ses évangiles. Il ne s'agit plus, mon cher monsieur, que d'avoir un moyen de renvoyer *Pandore* par la poste. Parlez-en à ce même M. d'Argental, qui trouve remède à tout.

Si vous avez bonne opinion de Mondonville, vous le ferez travailler sous vos yeux; vous lui donnerez du sentiment et de l'expression : voilà le point, car, pour des doubles croches, il en fait assez.

La pièce dont vous me parlez[3] est d'un de mes amis, que j'ai un peu aidé. Il est bien faux qu'elle soit de moi ; et c'est ce que je vous prie de dire.

J'oubliais une condition pour mon opéra, c'est que vous m'écrirez souvent. Ce sera le meilleur marché que j'aurai fait de ma vie.

---

1. La première lettre de Frédéric où il soit question de ces *caractères d'argent* est la lettre 1274 ; mais il est bien probable que le prince en avait déjà dit un mot à Voltaire, à la fin d'avril 1740, dans une lettre qui n'a pas été imprimée.
2. Voyez plus haut la lettre 1268.
3. *Zulime*, qui fut jouée le 8 juin.

1274. — DE FRÉDÉRIC, PRINCE ROYAL DE PRUSSE.

Remusberg, 18 mai [1].

Je vois dans vos discours la puissante évidence,
Et d'un autre côté la brillante apparence :
Par tous deux[2] ébranlé, séduit également,
Je demeure indécis dans mon aveuglement.
L'homme est né pour agir, il est libre, il est maître,
Mais ses sens limités ne sauraient tout connaître;
Ses organes grossiers confondent les objets;
L'atome n'est point vu de ses yeux imparfaits,
Et les trop vastes corps à ses regards échappent;
Les tubes vainement dans les cieux les rattrapent.
Pour tout connaître enfin nous ne sommes pas faits,
Mais devinons toujours, et soyons satisfaits.

Voilà tout le jugement que je puis faire entre la marquise et M. de Voltaire. Quand je lis votre *Métaphysique,* je m'écrie, j'admire, et je crois. Lorsque je lis les *Institutions physiques*[3] de la marquise, je me sens ébranlé, et je ne sais si je me suis trompé ou si je me trompe[4]. En un mot, il faudrait avoir une intelligence aussi supérieure aux vôtres que vous êtes au-dessus des autres êtres pensants, pour dire qui de vous a deviné le mot de l'énigme. J'avoue humblement que je respecte beaucoup la *raison suffisante,* mais que je la croirais d'un usage infiniment plus sûr si nos connaissances étaient aussi étendues qu'elle l'exige. Nous n'avons que quelques idées des attributs de la matière et des lois de la mécanique; mais je ne doute point que l'éternel Architecte n'ait une infinité de secrets que nous ne découvrirons jamais, et qui, par conséquent, rendent l'usage de la *raison suffisante* insuffisant entre nos mains. J'avoue, d'un autre côté, que ces êtres simples qui pensent me paraissent bien métaphysiques, et que je ne comprends rien au *vide* de Newton, et très-peu à l'*espace* de Leibnitz. Il me paraît impossible aux hommes de raisonner sur les attributs et sur les actions du Créateur, sans dire des pauvretés. Je n'ai de Dieu aucune autre idée que d'un Être souverainement bon.

Je ne sais pas si sa liberté implique contradiction avec la *raison suffisante,* ou si des lois coéternelles à son existence rendent ses actions nécessaires et assujetties à leur détermination; mais je suis très-convaincu que tout est assez bien dans ce monde, et que si Dieu avait voulu faire de nous des métaphysiciens, il nous aurait assurément communiqué des lumières et des connaissances infiniment supérieures aux nôtres.

1. La lettre 1284 est la réponse à celle-ci.
2. Voltaire et Mme du Châtelet.
3. Il est question de ces deux ouvrages dans la lettre 1267.
4. Dans sa lettre à Mme du Châtelet du 19 mai 1740, Frédéric fait l'éloge de ces *Institutions physiques,* qu'il critique sévèrement dans sa lettre à Jordan, du 24 septembre.

Il est fâcheux pour les philosophes qu'ils soient obligés de rendre raison de tout. Il faut qu'ils imaginent, lorsqu'ils manquent d'objets palpables. Avec tout cela, je suis obligé de vous dire que je suis très-satisfait de votre *Traité de métaphysique*. C'est le Pitt[1] ou le grand Sanci, qui, dans leur petit volume, renferment des trésors immenses. La solidité du raisonnement et la modération de vos jugements devraient servir d'exemple à tous les philosophes et à tous ceux qui se mêlent de discuter des vérités. Le désir de s'instruire paraît leur objet naturel, et le plaisir de se chicaner en devient trop souvent la suite malheureuse.

Je voudrais bien me trouver dans la situation paisible et tranquille où vous me croyez. Je vous assure que la philosophie me paraît plus charmante et plus attrayante que le trône; elle a l'avantage d'un plaisir solide; elle l'emporte sur les illusions et les erreurs des hommes; et ceux qui peuvent la suivre dans le pays de la vertu et de la vérité sont très-condamnables de l'abandonner pour celui des vices et des prestiges.

> Sorti du palais de Circé,
> Loin des cris de la multitude,
> Je me croyais débarrassé
> Des périls au sein de l'étude;
> Plus qu'alors je suis menacé
> D'une triste vicissitude,
> Et par le sort je suis forcé
> D'abandonner ma solitude.

C'est ainsi que dans le monde les apparences sont fort trompeuses. Pour vous dire naturellement ce qui en est, je dois vous avertir que le langage des gazettes est plus menteur que jamais, et que l'amour de la vie et l'espérance sont inséparables de la nature humaine; ce sont là les fondements de cette prétendue convalescence dont je souhaiterais beaucoup de voir la réalité. Mon cher Voltaire, la maladie du roi est une complication de maux dont les progrès nous ôtent tout espoir de guérison; elle consiste dans une hydropisie et une étisie formelle dans tout le corps. Les symptômes les plus fâcheux de cette maladie sont des vomissements fréquents qui affaiblissent beaucoup le malade. Il se flatte, et croit se sauver par les efforts qu'il fait de se montrer en public. C'est là ce qui trompe ceux qui ne sont pas bien informés du véritable état des choses.

> On n'a jamais ce qu'on désire;
> Le sort combat notre bonheur;
> L'ambitieux veut un empire,
> L'amant veut posséder un cœur;

---

1. Le *Pitt* ou le *Pitre* est un diamant que le duc d'Orléans, régent, acheta d'un Anglais en 1717; on l'a nommé, pour cette raison, le *Régent*. Il fut volé, dans le garde-meuble de la couronne, en septembre 1792, avec le *Sanci*, dont on ne connaît pas le possesseur actuel. Napoléon portait le *Régent* à la garde de son épée, et ce diamant, plus précieux que le *Sanci*, appartient encore à la couronne de France. (CL.)

Un autre après l'argent soupire,
Un autre court après l'honneur.

Le philosophe se contente
Du repos, de la vérité;
Mais, dans cette si juste attente,
Il est rarement contenté.
Ainsi, dans le cours de ce monde,
Il faut souscrire à son destin;
C'est sur la raison que se fonde
Notre bonheur le plus certain.

Ceint du laurier d'Horace, ou ceint du diadème,
Toujours d'un pas égal tu me verras marcher,
Sans me tourmenter ni chercher
Le repos souverain qu'au fond de mon cœur même.

C'est la seule chose qui me reste à faire, car je prévois avec trop de certitude qu'il n'est plus en mon pouvoir de reculer; c'est en regrettant mon indépendance que je la quitte, et, déplorant mon heureuse obscurité, je suis forcé de monter sur le grand théâtre du monde.

Si j'avais cette liberté d'esprit que vous me supposez, je vous enverrais autre chose que de mauvais vers; mais apprenez que ce ne sont pas là les derniers, et que vous êtes encore menacé d'une nouvelle épître. Encore une épître! direz-vous. Oui, mon cher Voltaire, encore une épître, il en faut passer par là.

A propos de vers, j'ai vu une tragédie de Gresset, intitulée *Édouard*. La versification m'en a paru heureuse, mais il m'a semblé que les caractères étaient mal peints[1]. Il faut étudier les passions pour les mettre en action; il faut connaître le cœur humain, afin qu'en imitant son ressort l'automate du théâtre ressemble et agisse conformément à la nature. Gresset n'a point puisé à la bonne source, autant qu'il me paraît. Les beautés de détail peuvent rendre sa tragédie supportable à la lecture; mais elles ne suffisent pas pour la soutenir à la représentation :

Autre est la voix d'un perroquet,
Autre est celle de Melpomène.

Celui qui a lâché ce lardon à Gresset n'a pas mal attrapé ses défauts. Il y a je ne sais quoi de mou et de languissant dans le rôle d'Édouard, qui ne peut guère inspirer que de l'ennui à l'auditeur.

Ennuyé des longueurs du sieur Pine[2], j'ai pris la résolution de faire imprimer *la Henriade* sous mes yeux. Je fais venir exprès la plus belle imprimerie à caractères d'argent qu'on puisse trouver en Angleterre. Tous nos artistes travaillent aux estampes et aux vignettes. Quoi qu'il en coûte,

---

1. Voyez la lettre 1267.
2. Voyez la lettre 1159.

nous produirons un chef-d'œuvre digne de la matière qu'il doit présenter au public [1].

> Je serai votre renommée ;
> Ma main, de sa trompette armée,
> Publiera dans tout l'univers
> Vos vertus, vos talents, vos vers.

Je crains que vous ne me trouviez aujourd'hui, sinon le plus importun au moins le plus bavard des princes. C'est un des petits défauts de ma nation que la longueur; on ne s'en corrige pas si vite. Je vous en demande excuse, mon cher Voltaire, pour moi et pour mes compatriotes. Je suis cependant plus excusable qu'eux, car j'ai tant de plaisir à m'entretenir avec vous que les heures me paraissent des moments. Si vous voulez que mes lettres soient plus courtes, soyez moins aimable, ou, selon le paragraphe XII de Leibnitz, cela implique contradiction : donc, etc.

Aimez-moi toujours un peu, car je suis jaloux de votre estime, et soyez bien persuadé que vous ne pouvez faire moins sans beaucoup d'ingratitude pour celui qui est avec admiration votre très-fidèle ami,

FÉDÉRIC.

1275. — A M. LE MARQUIS D'ARGENSON,

A PARIS.

A Bruxelles, le 21 mai.

Les petits hommages que je vous dois, monsieur, depuis longtemps, sont partis *par le coche,* comme Scudéry, pour aller *en cour*[2]; ce sont quatre volumes de mes rêveries imprimées à Amsterdam. Les fautes des éditeurs se trouvaient en fort grand nombre avec les miennes. J'ai corrigé tout ce que j'ai pu[3], et il s'en faut beaucoup que j'en aie corrigé assez. Si je croyais que cela pût vous amuser quelques moments, je me croirais bien payé de mes peines.

Je ne connais et ne veux d'autre récompense que de plaire au

---

1. Frédéric, étant monté sur le trône le 31 mai 1740, ne s'occupa plus de cette édition de *la Henriade*.
2. Voltaire rappelle ces vers du *Voyage de Bachaumont et Chapelle*, sur Scudéry :
> Le gouverneur de cette roche
> Retournant en cour par le coche.

3. Cet exemplaire est aujourd'hui à la Bibliothèque de l'Arsenal, sous le n° 20,706. Il était inscrit au catalogue du duc de La Vallière, sous le n° 17,874, de la deuxième partie. Je possède un exemplaire de la même édition ayant appartenu au président Hénault, et contenant, de la même main, les corrections qui sont sur l'exemplaire de la Bibliothèque de l'Arsenal, et plusieurs qui n'y sont pas. (B.)

petit nombre qui pense comme vous. Les faveurs des rois sont faites pour le courtisan le plus adroit ; les places des gens de lettres sont pour ceux qui sont bien à la cour ; votre estime est pour le mérite. Je vous avoue que je ne regrette qu'une chose, c'est que mes ouvrages ne soient imprimés que chez les étrangers. Je suis fâché d'être de contrebande dans ma patrie. Je ne sais par quelle fatalité, n'ayant jamais parlé ni écrit qu'en honnête homme et en bon citoyen, je ne puis parvenir à jouir des priviléges qu'on doit à ces deux titres. Peut-être,

. . . . Extinctus amabitur idem;
(Hor., lib. II, ep. I, v. 14.)

mais si c'est de vous qu'il est aimé, il n'a pas besoin d'attendre, et il est heureux de son vivant.

Le procès de Mme du Châtelet n'avance guère. Il faut se préparer à rester ici longtemps. J'y suis avec elle, j'y suis à l'abri de la persécution, et cependant je vous regrette.

Je ne sais, monsieur, si vous avez entendu parler du jésuite Janssens[1], à qui on redemande ici, en justice, un dépôt de deux cent mille florins. Le procès se poursuit vivement ; le rapporteur m'a dit qu'il y avait de terribles preuves contre ce jésuite. Il pourra être condamné ; mais ses confrères resteront tout-puissants, car on ne peut ni les souffrir ni s'en défaire. Il y a des sociétés immortelles, comme des hommes immortels.

Adieu, monsieur ; il y a ici deux cœurs qui vous sont dévoués pour jamais.

1276. — A MADEMOISELLE QUINAULT.

A Bruxelles, ce 23.

J'ai reçu, mademoiselle, aujourd'hui à cinq heures du soir, votre lettre et le cinquième acte de *Zulime*. J'ai l'honneur de le renvoyer à sept heures, corrigé avec une résignation et une envie de vous plaire qui suppléera peut-être au génie et au défaut de temps ; il part sous le couvert de M. de Pont-de-Veyle. J'avoue, mademoiselle, que j'ai senti un peu de tendresse paternelle en revoyant ce dernier acte : c'est que vos bontés l'ont rendu votre enfant, sans cela je l'aimerais moins. Je commence à augurer un assez grand succès si Mlle Gaussin et Mlle Dumesnil travaillent, comme vous, pour le bien public ; mais je crois toujours que ce

---

1. Voyez la lettre 1182.

succès dépend en partie du soin extrême qu'il faut prendre, autant qu'on peut, de cacher un nom qui réveillerait les cabales : c'est dans cette vue que je vous propose un expédient qui satisfera en même temps votre délicatesse et ma crainte. Vous pourrez faire présenter le papier ci-joint à l'assemblée après la lecture. Il pourra, sans compromettre personne, faire l'effet que vous souhaitez ; je n'ai plus à présent qu'à recommander *Zulime* à vos bontés et à l'indulgence du public.

Je persiste toujours à croire *Mahomet* très-supérieur, sans pourtant penser qu'il soit susceptible d'un intérêt aussi tendre que *Zulime*, et d'un aussi grand nombre de représentations. Le rôle de Séide réussirait pourtant beaucoup entre les mains de M. Dufresne, et surtout depuis que la fin du quatrième acte est tendre au lieu d'être horrible ; mais il faut donc ressusciter Ponteuil[1] pour jouer Mahomet. Il est certain que, dans ce *Mahomet*, c'est Mahomet seul qui embarrasse ; mais c'est trop nous inquiéter avant le temps : *à chaque pièce suffit sa peine*.

Vous trouverez d'ailleurs toujours en moi un homme plus docile dans le commerce qu'un auteur amoureux de ses ouvrages ; je voudrais faire passer dans l'âme des spectateurs des sentiments aussi vifs que ceux que vous m'inspirez.

1277. — A MADAME DE CHAMPBONIN.

De Bruxelles.

Mon cher ami *gros chat*, vous vous divertissez à Paris, car vous n'écrivez point. Mais pourrai-je, moi, vous divertir à mon tour ? On va jouer *Zulime*, qui pourtant ne vaut pas *Mahomet*. N'allez donc pas partir de Paris sans avoir vu *Zulime*. Mais ne pouvez-vous donc point voir un homme plus tendre, plus aimable, plus sûr de son succès que toutes les tragédies du monde ? C'est mon ange gardien, c'est M. d'Argental. C'est lui qui vous dira le sort de *Zulime*, car il sait bien ce que le public en doit penser. Comme on a son bon ange, on a aussi son mauvais ange ; malheureusement, c'est Thieriot qui fait cette fonction. Je sais qu'il m'a rendu de fort mauvais offices, mais je les veux ignorer. Il faut se respecter assez soi-même pour ne se jamais

sage pour ne point mettre ceux à qui on a rendu service à portée de nous nuire. Agissez donc avec ce Thieriot comme j'agis moi-même. Je ne fais point d'attention à son ingratitude ; mais, comme il est assez singulier que ce soit lui qui se plaigne de mon silence, faites-lui sentir, je vous prie, combien il est mal à lui de ne m'avoir point écrit, et de trouver mauvais que je ne lui écrive pas. Ne me compromettez point ; mais informez-moi un peu, mon cher gros chat, de sa conduite et de ses sentiments. Je remets cette négociation à votre prudence, à laquelle je donne carte blanche.

Adieu, ma chère amie, que j'aimerai toujours. J'embrasse votre pleine lune. Quand nous reverrons-nous ? Quand causerons-nous ensemble dans la galerie de Cirey ?

1278. — A M. BERNARD [1].

Bruxelles, le 27 mai.

Le secrétaire de l'Amour est donc le secrétaire des dragons. Votre destinée, mon cher ami, est plus agréable que celle d'Ovide ; aussi votre *Art d'aimer* me paraît au-dessus du sien. Je fais mon compliment à M. de Coigny [2] de ce qu'il joint à ses mérites celui de récompenser et d'aimer le vôtre. Vous me dites que sa fortune a des ailes ; voilà donc tous les dieux ailés qui se mettent à vous favoriser.

> Vous êtes formés tous les deux
> Pour plaire aux héros comme aux belles ;
> Mais si la fortune a des ailes,
> Je vois que la vôtre a des yeux.

On ne l'appellera plus aveugle, puisqu'elle prend tant de soin de vous. Vous serez toujours des *trois Bernards* [3] celui pour qui j'aurai le plus d'attachement, quoique vous ne soyez encore ni un Crésus ni un saint. Je vous remercie pour les acteurs de Paris, à qui vous souhaitez de la santé. Pour moi, je leur sou-

---

1. Pierre-Joseph Bernard, ou *Gentil-Bernard*.
2. Jean-Antoine-François de Franquetot, comte et ensuite marquis de Coigny, mort le 4 mars 1748.
3. Voyez, tome X, page 515, dans les *Poésies mêlées*, les pièces qui commencent par ces vers :

> En ce pays trois Bernards sont connus ;

et

> De ces trois Bernards que l'on vante.

haite une meilleure pièce que *Zulime*; c'est de la pluie d'été. J'avais quelque chose de plus passable[1] dans mon portefeuille; mais on dit qu'il faut attendre l'hiver. Vous voyez que Newton ne me fait pas renoncer aux Muses; que les dragons ne vous y fassent pas renoncer. Vous avez commencé, mon charmant Bernard, un ouvrage unique en notre langue, et qui sera aussi aimable que vous. Continuez, et souvenez-vous de moi au milieu de vos lauriers et de vos myrtes.

Je vous embrasse de tout mon cœur.

1279. — A M. L'ABBÉ MOUSSINOT[2].

A Bruxelles, à l'Impératrice, ce 30 mai (1740).

Je vous prie, mon cher ami, de me renvoyer la lettre du prince royal de Prusse, que M. le marquis d'Argenson vous a remise, et d'empêcher surtout qu'on n'en prenne de copie. Je vous prie même de passer chez M. d'Argenson, pour le remercier de toutes ses bontés, et lui renouveler les assurances de ma respectueuse reconnaissance. Vous lui marquerez en même temps, avec votre sagesse ordinaire, combien je serais fâché que cette lettre courût, et à quel point je lui suis obligé de sa discrétion. Ce remerciement tiendra lieu d'une prière, et l'engagera à prévenir le chagrin que j'aurais si cette pièce était publique.

J'avais donné une lettre pour vous au grand d'Arnaud; mais je crois que la cervelle lui a tourné, et que vous n'avez pas entendu parler de lui. S'il y a quelque chose de nouveau, n'oubliez pas votre ami.

Je vais demain à une terre de Mme du Châtelet, près de Liége, après quoi j'espère vous donner avis d'une belle vente de tableaux.

Adieu, mon cher curieux.

1280. — A FRÉDÉRIC, PRINCE ROYAL DE PRUSSE.

(Bruxelles), le 1er juin.

Monseigneur, ma destinée est de devoir à Votre Altesse royale le rétablissement de ma santé : il y a près d'un mois qu'on m'empêche d'écrire ; mais enfin l'envie d'écrire à mon souverain m'a

---

1. *Le Fanatisme, ou Mahomet le prophète.* Voyez tome IV.
2. Édition Courtat.

rendu des forces. Il fallait que je fusse bien mal, pour que les vers que je reçus de Berlin, datés du 26 avril[1], ne pussent ranimer mon corps en échauffant mon âme. Cette épître[2] sur la nécessité de remplir le vide de l'année par l'étude est, je crois, le meilleur ouvrage de vers qui soit sorti de mon Marc-Aurèle moderne.

> C'est ainsi qu'à Berlin, à l'ombre du silence,
> Je consacrais mes jours aux dieux de la science...

Toute cette fin-là est achevée, et le reste de la pièce brille partout d'étincelles d'imagination. Votre raison a bien de l'esprit; mais il y a encore un de vos enfants qui m'intéresse davantage : c'est la Réfutation de Machiavel. Je viens de la relire; je puis encore une fois assurer Votre Altesse royale que c'est un ouvrage nécessaire au genre humain. Je ne vous cacherai point qu'il y a des répétitions, et que c'est le plus bel arbre du monde qu'il faut élaguer. Je vous dis la vérité, grand prince, comme vous méritez qu'on vous la dise, et j'espère que, quand vous serez un jour sur le trône, vous trouverez des amis qui vous la diront. Vous êtes fait pour être unique en tout genre, et pour goûter des plaisirs que les autres rois sont faits pour ignorer. M. de Keyserlingk vous avertira quand, par hasard, vous aurez passé une journée sans faire des heureux; et le cas arrivera rarement. Pour moi, je mettrai, en attendant, les points et les virgules à l'*Anti-Machiavel*. Je vais profiter de la permission que Votre Altesse royale m'a donnée. J'écris aujourd'hui à un libraire[3] de Hollande, en attendant qu'il y ait à Berlin une belle imprimerie et une belle manufacture de papier qui fournisse toute l'Allemagne.

Je viens d'apprendre, dans le moment, qu'il y a quelques anciennes brochures[4] imprimées contre *le Prince* de Machiavel. On m'a fait connaître le titre de trois : la première est *Anti-Machiavel*[5];

---

1. La lettre 1269.
2. Cette épître est celle dont parle le prince, dans le second alinéa de sa lettre du 26 avril 1740.
3. Van Duren. Voyez la lettre qui suit celle-ci.
4. Prosper Marchand, dans son *Dictionnaire historique*, article ANTI-GARASSE, remarque B, tome Ier, page 44, donne les noms des réfutateurs de Machiavel.
5. L'ouvrage de Gentillet, que par abréviation on appelle *Anti-Machiavel*, a pour titre : *Discours sur les moyens de bien gouverner et maintenir en bonne paix un royaume ou autre principauté, divisés en trois livres : à savoir, du conseil, de la religion, et police que doit tenir un prince; contre Nicolas Machiavel, Florentin*, 1576, in-8°. Voltaire, qui n'en parle que *d'après les titres qu'on lui a fait*

la seconde, *Discours d'Estat* contre Machiavel ; la troisième, *Fragment*[1] *contre Machiavel*.

Je serais bien aise de les voir, afin d'en parler, s'il en est besoin, dans ma préface ; mais ces ouvrages sont probablement fort mauvais, puisqu'ils sont difficiles à trouver : cela ne retardera en rien l'impression du plus bel ouvrage que je connaisse. Que vous y faites un portrait vrai des Français et du gouvernement de France ! Que le chapitre sur les puissances ecclésiastiques est intéressant et fort ! La comparaison de la Hollande avec la Russie, les réflexions sur la vanité des grands seigneurs, qui font les souverains en miniature, sont des morceaux charmants. Je vais, dans l'instant, en achever la quatrième lecture, la plume à la main. Cet ouvrage réveille bien en moi l'envie d'achever l'histoire du *Siècle de Louis XIV;* je suis honteux de faire tant de choses frivoles quand mon prince m'enseigne à en faire de solides.

Que dira de moi Votre Altesse royale ? On va jouer une tragédie[2] nouvelle de ma façon, à Paris, et ce n'est point *Mahomet;* c'est une pièce toute d'amour, toute distillée à l'eau rose des dames françaises. Voilà pourquoi je n'ai pas osé en parler encore à Votre Altesse royale. Je suis honteux de ma mollesse ; cependant la pièce n'est point sans morale, elle peint les dangers de l'amour, comme *Mahomet* peint les dangers du fanatisme. Au reste, je compte corriger encore beaucoup ce *Mahomet*, et le rendre moins indigne de vous être dédié. Je vais refondre toute la pièce. Je veux passer ma vie à me corriger, et à mériter les bonnes grâces de mon adorable souverain et d'Émilie.

Votre Altesse royale a dû recevoir un peu de philosophie de ma part, et beaucoup de la sienne[3]. Mᵐᵉ du Châtelet est ce que je voudrais être, digne de votre cour.

Je suis avec un profond respect et la plus vive reconnaissance, etc.

---

connaître, fait deux ouvrages d'un seul. C'est l'ouvrage de Gentillet qui a été réimprimé, en 1609, sous le titre de *Discours d'État.* (B.)

1. *Fragment du l'examen du* Prince *de Machiavel;* ouvrage anonyme de Didier Hérauld. Paris, 1622, in-12. (Cl.)

2. *Zulime*, représentée le 8 juin 1740.

3. La *Metaphysique de Newton* et les *Institutions de physique* de la marquise du Châtelet.

1281. — A M. VAN DUREN [1].

A Bruxelles, rue de la Grosse-Tour, le 1ᵉʳ juin.

Vous m'avez envoyé, monsieur, les vers latins de quelques gens de l'Académie française, chose dont je suis peu curieux, et vous ne m'avez point envoyé la Chimie de Stahl, dont j'ai un très-grand besoin. Je vous prie instamment de me la faire tenir par la même voie que vous avez prise pour le premier ballot.

J'ai en main un manuscrit singulier, composé par un des hommes les plus considérables de l'Europe : c'est une espèce de réfutation du *Prince* de Machiavel, chapitre par chapitre. L'ouvrage est nourri de faits intéressants et de réflexions hardies qui piquent la curiosité du lecteur, et qui font le profit du libraire. Je suis chargé d'y retoucher quelque petite chose, et de le faire imprimer. J'enverrais l'exemplaire que j'ai entre les mains, à condition que vous le ferez copier à Bruxelles, et que vous me renverrez mon manuscrit; j'y joindrais une Préface, et je ne demanderais d'autre condition que de le bien imprimer, et d'en envoyer deux douzaines d'exemplaires, magnifiquement reliés en maroquin, à la cour d'Allemagne qui vous serait indiquée. Vous m'en feriez tenir aussi deux douzaines en veau. Mais je voudrais que le *Machiavel*, soit en italien, soit en français, fût imprimé à côté de la réfutation, le tout en beaux caractères, et avec grande marge.

J'apprends, dans le moment, qu'il y a trois petits livres imprimés contre *le Prince* de Machiavel. Le premier est l'*Anti-Machiavel;* le second, *Discours d'Estat contre Machiavel;* le troisième, *Fragment contre Machiavel*.

Il s'agirait à présent, monsieur, de chercher ces trois livres; et, si vous pouvez les trouver, ayez la bonté de me les faire tenir. Vous pouvez trouver des occasions; en tout cas, la barque s'en chargera. Si ces brochures ne se trouvent point, on s'en

---

1. Van Duren était libraire à la Haye. Ce fut lui qui, le premier, imprima l'*Anti-Machiavel* de Frédéric; voyez tome XXIII, page 147.

Prosper Marchand rapporte que Voltaire, pendant son séjour à Bruxelles, ayant vu par hasard le nom de Van Duren, se sentit déterminé à lui envoyer, en pur don, le manuscrit de l'*Anti-Machiavel;* mais Voltaire se repentit bientôt de sa générosité : voyez la lettre 1318. Il revit ce libraire en 1753; voyez une note de la lettre 1292.

passera aisément. Je ne crois pas que l'ouvrage dont je suis chargé ait besoin de ces petits secours.

Je suis, etc.

VOLTAIRE.

1282. — A MADEMOISELLE QUINAULT.

A Bruxelles, ce 3 juin 1740.

Si vous avez, mademoiselle, une petite bibliothèque, je prends la liberté de supplier vos livres de recevoir dans leur compagnie quatre tomes de mes rêveries, qu'on a imprimées en Hollande, et qui sont partis de Charleville par le coche, à votre adresse. C'est M. Helvétius qui a dû se charger de vous les faire tenir; le paquet est simplement couvert de papier et ficelé : vous y trouverez, parmi mes autres folies, celles du théâtre. Je me recommande toujours à votre génie bienfaisant, pour la nouvelle hardiesse de ma façon qui va affronter les sifflets.

Enfin mon cher ange, M. d'Argental, a ouvert mes yeux à la lumière. Je résistais depuis longtemps; je craignais le travail de faire un cinquième acte du quatrième de *Mahomet;* c'était cependant là l'unique façon d'arriver au but. Enfin j'ai pris ce tournant, et à peine me suis-je mis dans cette route que j'ai été tout seul. En vérité, il n'y a que le mauvais qui coûte. Le cinquième acte m'a fait suer sang et eau, tant que le fonds n'en valait rien. Il n'y a plus eu de fatigue dès que le vrai chemin a été trouvé. Béni soit mon cher ange!

Mme du Châtelet me donnait depuis longtemps ce conseil, et n'était point contente de *Mahomet;* elle est enfin satisfaite aujourd'hui : elle prétend que c'est ce que j'ai fait de moins indigne de vos soins; vous en jugerez en dernier ressort. J'ai bien peur que les promenades ne l'emportent sur *Zulime;* mais je retiens l'hiver pour *Mahomet.* Pourquoi ne voudriez-vous plus de moi dans le royaume de Thalie? Je crois la mode des tragédies bourgeoises intitulées comédies un peu passée. Si on voulait quelque chose d'intrigué, d'un peu hardi et d'assez plaisant; si on ne s'effarouchait pas de certaines choses dont on n'était point scandalisé du temps de Poquelin! Mais ce siècle est si sage!

Je suis à vos pieds, ma charmante Thalie.

1283. — A M. L'ABBÉ MOUSSINOT[1].

(3 ou 4 juin 1740.)

Je vous prie, mon cher ami, de dire à Mme Dubreuil que je prends beaucoup de part à ce qui la regarde, et de lui faire mon triste compliment.

Gardez, je vous prie, jusqu'à nouvel ordre les paquets de M. de Pont-de-Veyle.

Je vous en adresse un petit, couvert de toile de treillis, contenant des papiers. Ces papiers sont : 1° un manuscrit intitulé *Pandore*, que vous aurez la bonté de donner à M. Berger, quand il viendra le prendre avec un billet de ma part; 2° une copie d'une lettre que je vous prierai de faire transcrire correctement, et de remettre à M. de Mouhy, à M. d'Arnaud pour M. Philippe, et à M. Berger[2]. Je serai bien aise que cette copie soit publique. Je vous prie, aussi de donner deux louis d'or de ma part à M. de Mouhy sur son reçu. Il me mande de bien fausses nouvelles, entre autres que je suis brouillé avec Mme du Châtelet. Mais donnez-lui toujours deux louis, comme si ses nouvelles étaient bonnes.

Je vous prie d'envoyer cette lettre à M. de Lézeau, et, s'il n'accepte pas ma proposition, il faudra recourir à la triste voie d'un huissier.

Je suis bien plus mortifié que vous de vos tableaux.

Adieu, mon cher ami.

1284. — A FRÉDÉRIC, PRINCE ROYAL DE PRUSSE.

A Bruxelles[3].

Lorsque autrefois notre bon Prométhée
Eut dérobé le feu sacré des cieux,
Il en fit part à nos pauvres aïeux :
La terre en fut également dotée,
Tout eut sa part ; mais le Nord amortit
Ces feux sacrés, que la glace couvrit.
Goths, Ostrogoths, Cimbres, Teutons, Vandales,
Pour réchauffer leurs espèces brutales,

1. Édition Courtat.
2. En marge, d'une autre écriture : « la lettre à milord Hervey. » (C.)
3. Cette réponse à la lettre 1274 est du 4 ou 5 juin 1740; Frederic y répondit le 12 du même mois.

> Dans des tonneaux de cervoise et de vin
> Ont recherché ce feu pur et divin ;
> Et la fumée épaisse, assoupissante,
> Rabrutissait leur tête non pensante ;
> Rien n'éclairait ce sombre genre humain.
> Christine vint, Christine l'immortelle
> Du feu sacré surprit quelque étincelle ;
> Puis, avec elle emportant son trésor,
> Elle s'enfuit loin des antres du Nord,
> Laissant languir dans une nuit obscure
> Ces lieux glacés où dormait la nature.
> Enfin mon prince, au haut du mont Rémus,
> Trouva ce feu, que l'on ne cherchait plus.
> Il le prit tout ; mais sa bonté féconde
> S'en est servi pour éclairer le monde,
> Pour réunir le génie et le sens,
> Pour animer tous les arts languissants ;
> Et de plaisir la terre transportée
> Nomma mon roi le second Prométhée.

Cette petite vérité allégorique vient de naître, mon adorable monarque, à la vue du dernier paquet de Votre Altesse royale, dans lequel vous jugez si bien la métaphysique, et où vous êtes si aimable, si bon, si grand en vers et en prose. Vous êtes bien mon Prométhée ; votre feu réveille les étincelles d'une âme affaiblie par tant de langueurs et de maux ; j'ai souffert un mois sans relâche. Je surpris, il y a quelques jours, un moment pour écrire à Votre Altesse royale, et mes maux furent suspendus. Mais je ne sais si ma lettre sera parvenue[1] jusqu'à vous ; elle était sous le couvert des correspondants du sieur David Gérard ; ces correspondants se sont avisés de faire banqueroute ; j'ai l'honneur même d'être compris dans leur mésaventure pour quelques effets que je leur avais confiés ; mais mon plus précieux effet c'est ma correspondance avec Marc-Aurèle. S'il n'y a point de lettre perdue, ils peuvent perdre tout ce qui m'appartient sans que je m'en plaigne.

J'avais l'honneur, dans cette lettre, de dire à Votre Altesse royale que je suis sur le point de rendre public ce catéchisme de la vertu, et cette leçon des princes dans laquelle la fausse politique et la logique des scélérats sont confondues avec autant de force que d'esprit. J'ai pris les libertés que vous m'avez données ; j'ai tâché d'égaler à peu près les longueurs des chapitres à ceux

---

1. Voyez la lettre 1280.

de Machiavel ; j'ai jeté quelques poignées de mortier dans un ou deux endroits d'un édifice de marbre. Pardonnez-moi, et permettez-moi de retrancher ce qui se trouve, au sujet des disputes de religion, dans le chapitre XXI.

Machiavel y parle de l'adresse qu'eut Ferdinand d'Aragon de tirer de l'argent de l'Église, sous le prétexte de faire la guerre aux Maures, et de s'en servir pour envahir l'Italie. La reine[1] d'Espagne vient d'en faire autant. Ferdinand d'Aragon poussa encore l'hypocrisie jusqu'à chasser les Maures pour acquérir le nom de bon *catholique*, fouiller impunément dans les bourses des sots catholiques, et piller les Maures en vrai catholique. Il ne s'agit donc point là de disputes de prêtres, et des vénérables impertinences des théologiens de parti, que vous traitez ailleurs selon leur mérite.

Je prends donc, sous votre bon plaisir, la liberté d'ôter cette petite excrescence à un corps admirablement conformé dans toutes ses parties. Je ne cesse de vous le dire, ce sera là un livre bien singulier et bien utile.

Mais quoi ! mon grand prince, en faisant de si belles choses, Votre Altesse royale daigne faire venir des caractères d'argent[2] d'Angleterre, pour faire imprimer cette *Henriade* ! Le premier des beaux-arts que Votre Altesse royale fait naître est l'imprimerie. Cet art, qui doit faire passer vos exemples et vos vertus à la postérité, doit vous être cher. Que d'autres vont le suivre, et que Berlin va bientôt devenir Athènes ! Mais enfin le premier qui va fleurir y renaît en ma faveur ; c'est par moi que vous commencez à faire du bien.

> Je suis votre sujet, *je le suis, je veux l'être*[3].
> Je ne dépendrai plus des caprices d'un prêtre[4].
> Non, à mes vœux ardents le ciel sera plus doux ;
> Il me fallait un sage, et je le trouve en vous.
> Ce sage est un héros, mais un héros aimable ;
> Il arrache aux bigots leur masque méprisable ;
> Les arts sont ses enfants, les vertus sont ses dieux.
> Sur moi, du mont Rémus, il a baissé les yeux ;

---

1. Élisabeth Farnèse, princesse altière, ambitieuse, et élevée, selon Saint-Simon, dans une parfaite ignorance de toutes choses; mariée en 1714 à Philippe V. (CL.)
2. Voyez plus haut, page 435.
3. Hémistiche de Corneille, acte V de *Cinna*; — et aussi de *la Mort de César*, acte II, scène II.
4. Le cardinal de Fleury.

> Il descend avec moi dans la même carrière,
> Me ranime lui seul des traits de sa lumière.
> Grands ministres courbés du poids des petits soins,
> Vous qui faites si peu, qui pensez encor moins,
> Rois, fantômes brillants qu'un sot peuple contemple,
> Regardez Frédéric, et suivez son exemple.

Oserai-je abuser des bontés de Votre Altesse royale, au point de lui proposer une idée que vos bienfaits me font naître?

Votre Altesse royale est l'unique protecteur de *la Henriade*. On travaille ici très-bien en tapisserie; si vous le permettiez, je ferais exécuter[1] quatre ou cinq pièces, d'après les quatre ou cinq morceaux les plus pittoresques dont vous daignez embellir cet ouvrage : la Saint-Barthélemy, le temple du Destin, le temple de l'Amour, la bataille d'Ivry, fourniraient, ce me semble, quatre belles pièces pour quelque chambre d'un de vos palais, selon les mesures que Votre Altesse royale donnerait; je crois qu'en moins de deux ans cela serait exécuté. Je prévois que le procès de Mme du Châtelet, qui me retient à Bruxelles, durera bien trois ou quatre années. J'aurai sûrement le temps de servir Votre Altesse royale dans cette petite entreprise, si elle l'agrée. Au reste, je prévois que si Votre Altesse royale veut faire un jour un établissement de tapisserie dans son Athènes, elle pourra aisément trouver ici des ouvriers. Il me semble que je vois déjà tous les arts à Berlin, le commerce et les plaisirs florissants : car je mets les plaisirs au rang des plus beaux arts.

Mme du Châtelet a reçu la lettre de Votre Altesse royale, et va bientôt avoir l'honneur de lui répondre. En vérité, monseigneur, vous avez bien raison de dire que la métaphysique ne doit brouiller personne. Il n'appartient qu'à des théologiens de se haïr pour ce qu'ils n'entendent point. J'avoue que je mets volontiers à la fin de tous les chapitres de métaphysique cet N et cet L[2] des sénateurs romains, qui signifiaient *non liquet*, et qu'ils mettaient sur leurs tablettes quand les avocats n'avaient pas assez expliqué la cause. A l'égard de la géométrie, je crois que, hors une quarantaine de théorèmes qui sont le fondement de la

---

1. Voltaire avait déjà songé à faire exécuter *la Henriade* en tapisserie, sous la direction de Jean-Baptiste Oudry; mais le prix du travail, évalué à 35,000 livres, le fit renoncer à ce projet, dont il est question dans deux lettres de 1736 à Moussinot.

2. Selon l'ancienne épellation, les lettres N et L appartenaient au genre féminin, et on les prononçait *enne* et *elle*; selon l'épellation moderne, on les prononce *ne* et *le* : alors elles sont l'une et l'autre substantifs masculins. (CL.)

saine physique, tout le reste ne contient guère que des vérités difficiles, sèches, et inutiles. Je suis bien aise de n'être pas tout à fait ignorant en géométrie ; mais je serais fâché d'y être trop savant, et d'abandonner tant de choses agréables pour des combinaisons stériles. J'aime mieux votre *Anti-Machiavel* que toutes les courbes qu'on carre, ou qu'on ne carre point. J'ai plus de plaisir à une belle histoire qu'à un théorème qui peut être vrai sans être beau.

Comptez, monseigneur, que je mets encore les belles épîtres au rang des plaisirs préférables à des *sinus* et à des *tangentes*. Celle *sur la Fausseté*[1] me charme et m'étonne : car enfin, quoique vous vous portiez mieux que moi, quoique vous soyez dans l'âge où le génie est dans sa force, vos journées ne sont pas plus longues que les nôtres. Vous êtes sans doute occupé des plans que vous tracez pour le bien de l'espèce humaine ; vous essayez vos forces en secret, pour porter ce fardeau brillant et pénible qui va tomber sur votre tête ; et avec cela, mon Prométhée est Apollon tant qu'il veut.

Que ce M. de Camas[2] est heureux de mériter et de recevoir de pareils éloges ! Ce que j'aime le plus dans cet art, à qui vous faites tant d'honneur, c'est cette foule d'images brillantes dont vous l'embellissez ; c'est tantôt le vice qui est *un océan immense et plein d'orages*, c'est

> Un monstre couronné, de qui les sifflements
> Écartent loin de lui la vérité si pure.

Surtout je vois partout des exemples tirés de l'histoire, je reconnais la main qui a confondu Machiavel.

Je ne sais, monseigneur, si vous serez encore au mont Rémus ou sur le trône quand cet *Anti-Machiavel* paraîtra. Les maladies de l'espèce de celle du roi sont quelquefois longues. J'ai un neveu[3] que j'aime tendrement, qui est dans le même cas absolument, et qui dispute sa vie depuis six mois.

---

1. Dans les Œuvres du roi de Prusse cette pièce est intitulée *Discours sur la Fausseté*.

2. Paul-Henri Tilio de Camas, d'une famille de réfugiés français, né à Wesel en 1688, avait perdu, au siège de Pizzighetone, le bras gauche, qui fut remplacé par un bras artificiel dont il se servait très-adroitement. Il fut envoyé en France par Frédéric pour annoncer son avénement au trône ; il est mort à Breslau, d'une fièvre chaude, en avril 1741. (B.)

3. Mignot, conseiller-correcteur à la chambre des comptes. Voyez plus bas la lettre 1300.

Quelque chose qui arrive, rien ne pourra augmenter les sentiments du respect, de la tendre reconnaissance avec lesquels j'ai l'honneur d'être, etc.

1285. — A M. VAN DUREN.

A Bruxelles, rue de la Grosse-Tour, ce 5 juin.

Il est nécessaire que vous me fassiez, monsieur, la réponse la plus prompte et la plus précise. Si vous saviez de quelle main est le *manuscrit*, vous m'auriez une obligation très-singulière, et vous ne tarderiez pas à en profiter. C'est tout ce qu'il m'est permis de vous dire. Mais, si vous ne me répondez pas, trouvez bon que je gratifie un autre de ce présent.

VOLTAIRE.

1286. — DE FRÉDÉRIC II, ROI DE PRUSSE.

Charlottenbourg, 6 juin.

Mon cher ami, mon sort est changé, et j'ai assisté aux derniers moments d'un roi, à son agonie, à sa mort. En parvenant à la royauté, je n'avais pas besoin assurément de cette leçon pour être dégoûté de la vanité des grandeurs humaines.

J'avais projeté un petit ouvrage de métaphysique; il s'est changé en un ouvrage de politique. Je croyais jouter avec l'aimable Voltaire, et il me faut escrimer avec Machiavel [1]. Enfin, mon cher Voltaire, nous ne sommes point maîtres de notre sort. Le tourbillon des événements nous entraîne, et il faut se laisser entraîner. Ne voyez en moi, je vous prie, qu'un citoyen zélé, un philosophe un peu sceptique, mais un ami véritablement fidèle. Pour Dieu, ne m'écrivez qu'en homme, et méprisez avec moi les titres, les noms, et tout l'éclat extérieur.

Jusqu'à présent il me reste à peine le temps de me reconnaître; j'ai des occupations infinies; je m'en donne encore de surplus; mais, malgré tout ce travail, il me reste toujours du temps assez pour admirer vos ouvrages et pour puiser chez vous des instructions et des délassements.

Assurez la marquise de mon estime. Je l'admire autant que ses vastes connaissances et la rare capacité de son esprit le méritent.

Adieu, mon cher Voltaire; si je vis, je vous verrai, et même dès cette année. Aimez-moi toujours, et soyez toujours sincère avec votre ami,

FÉDÉRIC.

---

1. Avec le vieux Machiavel mitré. (*OEuvres posthumes.*) Le roi désigne ici le cardinal de Fleury.

1287. — A M. L'ABBÉ MOUSSINOT.

Ce 7 juin (1740), à Bruxelles.

J'ai reçu votre lettre, mon cher ami, des mains de Boulanger, qui est un très-honnête garçon. Ce Ravoisier, à qui j'ai fait tant de bien, est le malheureux qui m'avait volé.

J'ai un effroyable besoin d'argent. J'écris à M. le duc de Villars ; la parole de M. d'Auneuil ne me donne que des espérances. Si nous touchons du procureur de M. de Goesbriant, c'est quelque chose ; mais de M. d'Estaing et de son Belle-Poule, rien ! Cela est dur. Que dit M. de Barassy à cela ?

Je vous serai obligé de donner à M. Berger *Pandore*, et une copie de ma lettre à milord Hervey : je crois qu'il est bon que cette lettre soit connue. Elle est d'un bon Français, et ce sont mes véritables sentiments.

Il y a un M. Decaux qui me doit cent livres. Il n'en faudra prendre que cinquante ; mais je crois que son année n'est pas échue. Je vous recommande le Mouhy. Une autre fois, nous parlerons de d'Arnaud.

Vous savez que le roi de Prusse est mort.

Vous ne me dites rien de mon neveu Mignot.

Adieu, mon cher ami.

1288. — A M. L'ABBÉ DE VALORI[1].

Bruxelles, le 12 juin.

Monsieur, si l'amitié ne me retenait à Bruxelles auprès des personnes que j'ai eu l'honneur d'accompagner, je serais déjà l'heureux témoin du bien qu'un prince philosophe va faire aux hommes ; et je demanderais à monsieur votre frère l'honneur de sa protection auprès d'un roi qui m'honore déjà de tant de bontés. Celles que vous voulez bien me témoigner seraient ma plus forte recommandation auprès de M. de Valori. Il y a longtemps que je me suis vanté au prince royal, sur les assurances de M. d'Argenson, que j'aurais en M. de Valori un protecteur auprès de lui. Je me flatte que ce n'est pas là une fanfaronnade, et votre lettre et mes sentiments me répondent de l'honneur de

---

1. L'abbé de Valori, cité plus haut, lettre 1258, naquit le 23 septembre 1682, et fut nommé, en 1738, prévôt du chapitre de Lille, dont il se démit en 1753.

sa bienveillance. Vous voulez bien que je lui écrive[1] pour lui faire mon compliment sur la mort du feu roi, et sur l'avénement du prince royal à la couronne.

Plus le nouveau roi de Prusse a de mérite, plus il doit sentir celui de monsieur votre frère. J'ai l'honneur d'être, avec l'estime la plus respectueuse, et bien de l'envie de mériter votre amitié, etc.

VOLTAIRE.

1289. — A M. LE COMTE D'ARGENTAL.

12 juin.

Mon adorable ami, vous savez que je n'ai jamais espéré un succès brillant de *Zulime*. Je vous ai toujours mandé que la mort du père tuerait la pièce; et la véritable raison, à mon gré, c'est qu'alors l'intérêt change; cela fait une pièce double. Le cœur n'aime point à se voir dérouté, et, quand une fois il est plein d'un sentiment qu'on lui a inspiré, il rebute tout ce qui se présente à la traverse : d'ailleurs, les passions qui règnent dans *Zulime* ne sont point assez neuves. Le public, qui a vu déjà les mêmes choses sous d'autres noms, n'y trouve point cet attrait invincible que la nouveauté porte avec soi. Que vous êtes charmants, vous et Mme d'Argental! que vous êtes au-dessus de mes ouvrages! Mais aussi je vous aime plus que tous mes vers.

Je vous supplie de faire au plus tôt cesser pour jamais les représentations[2] de *Zulime* sur quelque honnête prétexte. Je vous avoue que je n'ai jamais mis mes complaisances que dans *Mahomet* et *Mérope*. J'aime les choses d'une espèce toute neuve. Je n'attends qu'une occasion de vous envoyer la dernière leçon de *Mahomet*; et, si vous n'êtes pas content, vous me ferez recommencer. Vous m'enverrez vos idées, je tâcherai de les mettre en œuvre. Je ne puis mieux faire que d'être inspiré par vous.

Voulez-vous, avant votre départ, une seconde dose de *Mérope*? Je suis comme les chercheurs de pierre philosophale : ils n'accusent jamais que leurs opérations, et ils croient que l'art est infaillible. Je crois *Mérope* un très-beau sujet, et je n'accuse que moi. J'en ai fait trois nouveaux actes; cela vous amuserait-il?

En attendant, voici une façon d'ode[3] que je viens de faire pour mon cher roi de Prusse. De quelle épithète je me sers là

---

1. Cette lettre, de même que plusieurs autres, a été égarée.
2. La première eut lieu le 9 juin.
3. Voyez tome VIII, ode x.

pour un roi! *Un roi cher!* cela ne s'était jamais dit. Enfin voilà l'ode, ou plutôt les stances; c'est mon cœur qui les a dictées, bonnes ou mauvaises; c'est lui qui me dicte les plus tendres remerciements pour vous, la reconnaissance, l'amitié la plus respectueuse et la plus inviolable.

1290. — DE FRÉDÉRIC II, ROI DE PRUSSE.

Charlottenbourg, 12 juin [1].

Non, ce n'est plus du mont Rémus,
Douce et studieuse retraite
D'où mes vers vous sont parvenus,
Que je date ces vers confus :
Car, dans ce moment, le poëte
Et le prince sont confondus.
Désormais mon peuple, que j'aime,
Est l'unique dieu que je sers ;
Adieu les vers et les concerts,
Tous les plaisirs, Voltaire même ;
Mon devoir est mon dieu suprême.
Qu'il entraîne de soins divers !
Quel fardeau que le diadème !
Quand ce dieu sera satisfait,
Alors dans vos bras, cher Voltaire,
Je volerai, plus prompt qu'un trait,
Puiser, dans les leçons de mon ami sincère,
Quel doit être d'un roi le sacré caractère.

Vous voyez, mon cher ami, que le changement du sort ne m'a pas tout à fait guéri de la métromanie, et que peut-être je n'en guérirai jamais. J'estime trop l'art d'Horace et de Voltaire pour y renoncer; et je suis du sentiment que chaque chose de la vie a son temps.

J'avais commencé une épître sur les abus de la mode et de la coutume, lors même que la coutume de la primogéniture m'obligeait de monter sur le trône et de quitter mon épître pour quelque temps. J'aurais volontiers changé mon épître en satire contre cette même mode, si je ne savais que la satire doit être bannie de la bouche des princes.

Enfin, mon cher Voltaire, je flotte entre vingt occupations, et je ne déplore que la brièveté des jours, qui me paraissent trop courts de vingt-quatre heures.

Je vous avoue que la vie d'un homme qui n'existe que pour réfléchir, et pour lui-même, me semble infiniment préférable à la vie d'un homme dont l'unique occupation doit être de faire le bonheur des autres.

Vos vers [2] sont charmants. Je n'en dirai rien, car ils sont trop flatteurs.

1. Réponse à la lettre 1284.
2. Les quarante et un vers que contient la lettre 1284.

Mon cher Voltaire, ne vous refusez pas plus longtemps à l'empressement que j'ai de vous voir. Faites en ma faveur tout ce que vous croyez que votre humanité comporte. J'irai à la fin d'août à Wesel, et peut-être plus loin. Promettez-moi de me joindre, car je ne saurais vivre heureux ni mourir tranquille sans vous avoir embrassé. Adieu.

FÉDÉRIC.

Mille compliments à la marquise. Je travaille des deux mains : d'un côté, à l'armée; de l'autre, au peuple et aux beaux-arts.

1291. — A M. VAN DUREN.

A Bruxelles, ce 13 juin.

Je crois que vous trouverez bon, monsieur, que je vous envoie par la poste ce que j'ai déjà fait transcrire de la réfutation du *Prince* de Machiavel. Je pense qu'il est de votre intérêt de l'imprimer sans délai. Je vous conseille de tirer les deux douzaines d'exemplaires que vous devez envoyer en Allemagne sur le plus beau papier, avec la plus grande marge; et, pour ne vous pas laisser dans l'incertitude, sachez que c'est à[1] . . . . qu'il faut adresser le paquet, en main propre. Cela vous vaudra probablement, outre un présent, l'honneur. . . . . Ne manquez donc pas de préparer le plus beau maroquin pour la reliure, à laquelle vous mettrez ses armes.

Ne perdez pas un moment pour cette édition; le reste suivra immédiatement. Imprimez à côté le texte de la traduction du *Prince* de Machiavel, par Amelot de La Houssaie, et les mêmes titres courants des chapitres. Cependant, monsieur, faites-moi tenir un exemplaire de cette traduction, afin que je me règle sur elle pour composer la Préface[2], dont on m'a fait l'honneur de me charger.

Je vous prie de joindre dix exemplaires de mes Œuvres in-octavo à cette traduction de Machiavel, et de me les envoyer par la barque, à mon adresse.

J'ai lu avec plaisir le premier tome de l'Histoire de Louis XIV.

---

1. Van Duren laissa plusieurs mots en blanc dans cette lettre, où Voltaire dut alors désigner Frédéric, sinon comme auteur, du moins comme protecteur de la réfutation du *Prince*. (CL.)

2. Selon Van Duren, Voltaire la lui envoya le 24 août suivant; elle est dans les *Mélanges*, tome XXIII, page 147.

Quand pourrai-je avoir la suite? Je suis aussi fort content du *Moréri*[1], quoiqu'il y ait encore bien des fautes.

VOLTAIRE.

1292. — A M. VAN DUREN.

A Bruxelles, le 15 juin.

Je vous envoie aujourd'hui jusqu'au dix-huitième chapitre inclusivement. Je crois que vous me remercierez de vous avoir donné un tel ouvrage. Je vous recommande encore de ne rien épargner, pour que l'impression vous fasse autant d'honneur que le livre en doit faire à son illustre et respectable auteur, quel qu'il soit.

C'est sur la réputation de votre probité[2] et de votre intelligence que je vous ai préféré. Je vous recommande la diligence la plus prompte, et je vous prie de m'envoyer la première feuille imprimée, par la poste. J'attends l'envoi des dix exemplaires de mes Œuvres par la barque, avec un volume du *Machiavel* d'Amelot de La Houssaie.

VOLTAIRE.

Je reçois votre billet et le duplicata; accusez-moi la réception des deux paquets.

1293. — A MADEMOISELLE QUINAULT.

Ce 17 juin, à Bruxelles.

Vous saurez, mademoiselle, que ce grand garçon, aussi étourdi sur les affaires des autres que sur les siennes, m'envoie au milieu du mois de juin votre lettre du 5 mai. Elle a même bien l'air d'avoir été décachetée; il est visible qu'on a plaqué deux fois de la cire, et que l'on a mis un chiffre par-dessus un

---

1. La dix-neuvième édition de ce *Grand Dictionnaire historique*, dont l'édition de 1759 est la dernière, venait de paraître en Hollande, 8 vol. in-fol.
2. Voltaire ne conserva pas longtemps sa bonne opinion sur Van Duren (voyez la lettre 1318). Longues années après, il y eut entre eux une entrevue violente. Voici ce que rapporte Colini dans *Mon Séjour auprès de Voltaire*, page 118 : « Le libraire Van Duren vint un matin (juin 1753) présenter un mémoire pour des livres qu'il avait remis à Voltaire treize ans auparavant. Van Duren ne put lui parler et me laissa le compte. Voltaire le lut, et trouva que la somme demandée était pour des exemplaires de ses propres œuvres; il en fut outré. Le libraire revint dans l'après-dînée; mon illustre compagnon de voyage et moi nous nous promenions dans le jardin de l'auberge. A peine aperçoit-il Van Duren qu'il va à lui plus rapidement que l'éclair, lui applique un soufflet, et se retire. C'est la seule fois que j'ai vu Voltaire frapper quelqu'un. »

autre cachet. Il me semble que vous ne vous servez jamais d'un chiffre. Il y a grande apparence que notre étourdi est un peu curieux.

Eh bien ! pour dépayser le monde, il faudra rendre *Zulime* meilleure. Nous avions déjà nommé les deux enfants de vos chiens noirs, l'un Ramire, et l'autre Zulime. Mais j'ai peur que cela ne ressemble aux gentilshommes ruinés de ce pays-ci, qui se font appeler *Votre Altesse*; il faut que l'on ait fait une grande fortune pour donner ainsi son nom.

M. d'Argental me mande qu'au milieu de vos occupations et de vos plaisirs, vous allez prendre, si vous pouvez, un moment de loisir pour m'envoyer les plus sévères critiques. Je vous en remercie d'avance, ma charmante Thalie, faite pour donner des lois à Thalie et à Melpomène, et ne les confiez point à de grands indiscrets. J'avais prié M. d'Argental de me renvoyer les deux copies, afin que je pusse en rassembler ce qu'il y aurait de plus supportable, pour joindre à une troisième un peu différente que j'ai par devers moi. Mandez-moi si vous avez ces copies, et, en ce cas, ayez la bonté de les envoyer, avec vos critiques bien détaillées, chez M. l'abbé Moussinot, cloître Saint-Merry : c'est un docteur de Sorbonne qui veut bien être mon agent et faire mes affaires. J'ai cru ne pouvoir mieux me raccommoder avec les dévots qu'en prenant un prêtre pour mon intendant ; mais j'aime encore mieux être bien avec le public ; et pour lui plaire, il faut avoir vos avis et en profiter. Mme la marquise du Châtelet vous fait les plus sincères compliments. On ne peut avoir pour vous, mademoiselle, plus d'estime qu'elle en a ; pour moi, je défie tout le monde, et les Lachaussée, et les Destouches, non pas en vers, non pas en situations, mais en sentiments de reconnaissance, en tendre attachement pour vous, que je conserverai assurément toute ma vie. V.

Mon adresse : à Bruxelles, chez Mme du Châtelet, rue de la Grosse-Tour.

1294. — A FRÉDÉRIC II, ROI DE PRUSSE.

18 juin [1].

Sire, si votre *sort est changé*, votre belle âme ne l'est pas ; mais la mienne l'est. J'étais un peu misanthrope, et les injustices des hommes m'affligeaient trop. Je me livre à présent à la joie

---

1. Réponse à la lettre 1286.

avec tout le monde. Grâce au ciel Votre Majesté a déjà rempli presque toutes mes prédictions. Vous êtes déjà aimé et dans vos États et dans l'Europe. Un résident de l'empereur disait, dans la dernière guerre, au cardinal de Fleury : « Monseigneur, les Français sont bien aimables, mais ils sont tous Turcs. » L'envoyé de Votre Majesté peut dire à présent : « Les Français sont tous Prussiens. »

Le marquis d'Argenson, conseiller d'État du roi de France, ami de M. de Valori, et homme d'un vrai mérite, avec qui je me suis entretenu souvent à Paris de Votre Majesté, m'écrit, du 13, que M. de Valori s'exprime avec lui dans ces propres mots : « Il commence son règne comme il y a apparence qu'il le continuera ; partout des traits de bonté de cœur ; justice qu'il rend au défunt ; tendresse pour ses sujets. » Je ne fais mention de cet extrait à Votre Majesté que parce que je suis sûr que cela a été écrit d'abondance de cœur, et qu'il m'est revenu de même. Je ne connais point M. de Valori, et Votre Majesté sait que je ne devais pas compter sur ses bonnes grâces[1] ; cependant, puisqu'il pense comme moi et qu'il vous rend tant de justice, je suis bien aise de la lui rendre.

Le ministre[2] qui gouverne le pays où je suis me disait : « Nous verrons s'il renverra tout d'un coup les géants inutiles qui ont fait tant crier ; » et moi, je lui répondis : « Il ne fera rien précipitamment ; il ne montrera point un dessein marqué de condamner les fautes qu'a pu faire son prédécesseur ; il se contentera de les réparer avec le temps. » Daignez donc avouer, grand roi, que j'ai bien deviné.

Votre Majesté m'ordonne de songer, en lui écrivant, moins au roi qu'à l'*homme*. C'est un ordre bien selon mon cœur. Je ne sais comment m'y prendre avec un roi, mais je suis bien à mon aise avec un homme véritable, avec un homme qui a dans sa tête et dans son cœur l'amour du genre humain.

Il y a une chose que je n'oserais jamais demander au roi, mais que j'oserais prendre la liberté de demander à l'homme : c'est si le feu roi a du moins connu et aimé tout le mérite de mon adorable prince avant de mourir. Je sais que les qualités du feu roi étaient si différentes des vôtres qu'il se pourrait bien faire qu'il n'eût pas senti tous vos différents mérites ; mais enfin,

---

1. Valori avait répandu le bruit, à Berlin, que Voltaire était exilé comme ennemi de la religion.
2. Ulric-Philippe-Laurent, comte de Daun.

s'il s'est attendri, s'il a agi avec confiance, s'il a justifié les sentiments admirables que vous avez daigné me témoigner pour lui dans vos lettres, je serai un peu content. Un mot de votre adorable main me ferait entendre tout cela[1].

Le roi me demandera peut-être pourquoi je fais ces questions à l'*homme*; il me dira que je suis bien curieux et bien hardi; savez-vous ce que je répondrai à Sa Majesté? je lui dirai : Sire, c'est que j'aime l'homme de tout mon cœur.

Votre Majesté, ou Votre *Humanité,* me fait l'honneur de me mander qu'elle est obligée à présent de donner la préférence à la politique sur la métaphysique, et qu'elle s'escrime avec notre bon cardinal.

> Vous paraissez en défiance
> De ce saint au ciel attaché,
> Qui, par esprit de pénitence,
> Quitta son petit évêché
> Pour être humblement roi de France;
> Je pense qu'il va s'occuper,
> Avec un zèle catholique,
> Du juste soin de vous tromper:
> Car vous êtes un hérétique.

On a agité ici la question si Votre Majesté se ferait sacrer et oindre ou non; je ne vois pas qu'elle ait besoin de quelques gouttes d'huile pour être respectable et chère à ses peuples. Je révère fort les *saintes ampoules*, surtout lorsqu'elles ont été apportées du ciel, et pour des gens tels que Clovis; et je sais bon gré à Samuel d'avoir versé de l'huile d'olive sur la tête de Saül[2], puisque les oliviers étaient fort communs dans leur pays;

> Mais, seigneur, après tout, quand vous ne seriez point
>   Ce que l'Écriture appelle *oint,*
> Vous n'en seriez pas moins mon héros et mon maître.
> Le grand cœur, les vertus, les talents, font un roi;
> Et vous seriez sacré pour la terre et pour moi,
> Sans qu'on vît votre front huilé des mains d'un prêtre.

Puisque Votre Majesté, qui s'est faite *homme*, continue toujours à m'honorer de ses lettres, j'ose la supplier de me dire comment elle partage sa journée, j'ai bien peur qu'elle ne travaille trop. On soupe quelquefois sans avoir mis d'intervalle

---

1. La réponse à ces questions est dans la lettre 1303.
2. Premier livre des *Rois*, chap. x, verset 1.

entre le travail et le repas ; on se relève le lendemain avec une digestion laborieuse, on travaille avec la tête moins nette ; on s'efforce, et on tombe malade : au nom du genre humain, à qui vous devenez nécessaire, prenez soin d'une santé si précieuse.

Je demanderai encore une autre grâce à Votre Majesté : c'est, quand elle aura fait quelque nouvel établissement, qu'elle aura fait fleurir quelqu'un des beaux-arts, de daigner m'en instruire, car ce sera m'apprendre les nouvelles obligations que je lui aurai. Il y a un mot dans la lettre de Votre Majesté qui m'a transporté ; elle me fait espérer une vision béatifique cette année. Je ne suis pas le seul qui soupire après ce bonheur. La reine de Saba voudrait prendre des mesures pour voir Salomon dans sa gloire. J'ai fait part à M. de Keyserlingk d'un petit projet sur cela ; mais j'ai bien peur qu'il n'échoue.

J'espère, dans six ou sept semaines, si les libraires hollandais ne me trompent point, envoyer à Votre Majesté le meilleur livre[1] et le plus utile qu'on ait jamais fait, un livre digne de vous et de votre règne.

Je suis avec la plus tendre reconnaissance, avec profond respect, cela va sans dire, avec des sentiments que je ne peux exprimer, Sire, de Votre Majesté, etc.

1295. — A M. LE MARQUIS D'ARGENSON.

A Bruxelles, le 18 juin.

Si j'avais l'honneur d'être auprès de mon cher monarque, savez-vous bien, monsieur, ce que je ferais? Je lui montrerais votre lettre, car je crois que ses ministres ne lui donneront jamais de si bons conseils. Mais il n'y a pas d'apparence que je voie, du moins sitôt, mon messie du Nord. Vous vous doutez bien que je ne sais point quitter mes amis pour des rois ; et je l'ai mandé tout net à ce charmant prince, que j'appelle *Votre Humanité*, au lieu de l'appeler *Votre Majesté*.

A peine est-il monté sur le trône[2] qu'il s'est souvenu de moi pour m'écrire la lettre la plus tendre, et pour m'ordonner, ce sont ses termes, de lui écrire toujours comme à un *homme*, et jamais comme à un roi.

Savez-vous que tout le monde s'embrasse dans les rues de

---

1. L'*Anti-Machiavel*, de Frédéric lui-même, dont Voltaire fit la Préface. Voyez tome XXIII, page 147.
2. Le 31 mai 1740.

Berlin, en se félicitant sur les commencements de son règne? Tout Berlin pleure de joie; mais, pour son prédécesseur, personne ne l'a pleuré, que je sache. Belle leçon pour les rois! Les gens en place sont pour la plupart de grands misérables; ils ne savent pas ce qu'on gagne à faire du bien.

J'ai cru faire plaisir, monsieur, au roi, à vous, et à M. de Valori, en lui transcrivant les propres paroles de ce ministre dont vous m'avez fait part: « Il commence son règne comme il y a apparence qu'il le continuera; partout des traits de bonté, etc. » J'ai écrit aussi à M. de Valori; j'ai fait plus encore, j'ai écrit[1] à M. le baron de Keyserlingk, favori du roi, et je lui ai transcrit les louanges non suspectes qui me reviennent de tous côtés de notre cher Marc-Aurèle prussien, et, surtout, les quatre lignes de votre lettre.

Vous m'avouerez qu'on aime d'ordinaire ceux dont on a l'approbation, et que le roi ne saura pas mauvais gré à M. de Valori de mon petit rapport, ni M. de Valori à moi. Des bagatelles établissent quelquefois la confiance, et la première des instructions d'un ministre c'est de plaire.

Les affaires me paraissent bien brouillées en Allemagne et partout, et je crois qu'il n'y a que le conseil de la Trinité qui sache ce qui arrivera dans la petite partie de notre petit tas de boue qu'on appelle Europe. La maison d'Autriche voudrait bien attaquer les *Borbonides*[2]; mais sa pragmatique la retient. La Saxe et la Bavière disputeront la succession[3]; Berg et Juliers est une nouvelle pomme de discorde, sans compter les Goths, Visigoths, et Gépides, qui pourraient danser dans cette pyrrhique de barbares.

> Suave, mari magno turbantibus æquora ventis,
> E terra magnum alterius spectare laborem.
>
> (Lucr., lib. II, v. 1.)

Débrouille qui voudra ces fusées; moi, je cultive en paix les arts, bien fâché que les comédiens aient voulu à toute force donner cette *Zulime*, que je n'ai jamais regardée que comme de la crème fouettée, dans le temps que j'avais quelque chose de meilleur à leur donner. J'ai eu l'honneur de vous en montrer les prémices.

---

1. Ces lettres à Valori et à Keyserlingk manquent.
2. Les Bourbons, dont le nom latinisé est *Borbonides, Borbonidæ*.
3. De l'empereur Charles VI, mort le 20 octobre 1740.

Si me, *Marce* [1], *tuis* vatibus inseris,
Sublimi feriam sidera vertice.

(Hor., lib. I, od. I, v. 35.)

Mme du Châtelet vous fait mille compliments ; vous connaissez mon tendre et respectueux attachement.

1296. — A M. VAN DUREN.

Le 19 juin.

J'ai reçu, monsieur, votre lettre du 12, et vous avez dû recevoir deux paquets contenant plusieurs chapitres de suite de l'*Anti-Machiavel*, jusqu'au dix-huitième.

Voici aujourd'hui les xixe, xxe et xxie. Il n'y en a que vingt-six ; ainsi vous ne devez pas perdre de temps.

Faites vos efforts, je vous prie, pour trouver un *Machiavel* d'Amelot de La Houssaie. Si vous n'en trouvez pas, envoyez-moi l'italien imprimé à côté de la réfutation. C'est un livre fait pour être éternellement lu par tous les politiques et par tous les ministres. Ils entendent tous l'italien, et, de plus, cet assemblage des deux langues sera quelque chose de nouveau en fait de littérature. Le *Machiavel* a été imprimé en trois volumes, peut-être même chez vous ; vous pouvez aisément en détacher *le Prince*. Mandez-moi à quoi vous vous résolvez, afin que j'y conforme la *Préface* dont on m'a fait l'honneur de me charger. Du reste, gardez-moi le secret comme je le garde à l'illustre auteur de cet ouvrage.

VOLTAIRE.

1297. — A M. DE MAUPERTUIS.

A Bruxelles, le 22 juin.

Les grands hommes sont mes rois, monsieur, mais la converse n'a pas lieu ici ; les rois ne sont pas mes grands hommes. Une tête a beau être couronnée, je ne fais cas que de celles qui pensent comme la vôtre, et c'est votre estime et votre amitié, non la faveur des souverains, que j'ambitionne. Il n'y a que le roi de Prusse que je mets de niveau avec vous, parce que c'est de tous les rois le moins roi et le plus *homme*. Il est bienfaisant et éclairé, plein de grands talents et de grandes vertus ; il m'étonnera et m'affligera sensiblement s'il se dément jamais. Il ne lui manque

---

1. *Marc* était le prénom du comte d'Argenson, et non du marquis, son frère aîné.

que d'être géomètre, mais il est profond métaphysicien, et moins bavard que le grand Volffius.

J'irais observer cet astre du Nord si je pouvais quitter celui dont je suis depuis dix[1] ans le satellite. Je ne suis pas comme les comètes de Descartes, qui voyagent de tourbillon en tourbillon.

A propos de tourbillon, j'ai eu le quatrième tome de Joseph Privat de Molières, qui prouve l'existence de Dieu par un poids de cinq livres posé sur un 4 de chiffre[2]. Il paraît que vos confrères les examinateurs de son livre n'ont pas donné leurs suffrages à cette étrange preuve ; sur quoi j'avais pris la liberté de dire :

> Quand il s'agit de prouver Dieu,
> *Vos* messieurs de l'Académie
> Tirent leur épingle du jeu
> Avec beaucoup de prud'homie[3].

J'ai lu quelque chose de M. de Gamaches[4], mais je ne sais pas bien encore ce qu'il prétend. Il fait quelquefois le plaisant; j'aimerais mieux clarté et méthode.

J'apprends de bien funestes nouvelles de la santé de Mme de Richelieu ; vous perdrez une personne qui vous estimait et qui vous aimait, puisqu'elle vous avait connu ; c'était presque la seule protectrice qui me restait à Paris. Je lui étais attaché dès son enfance ; si elle meurt, je serai inconsolable.

Adieu, monsieur; je vous suis attaché pour jamais. Vous savez que je vous ai toujours aimé, quoique je vous admirasse : ce qui est assez rare à concilier[5].

1298. — A M. VAN DUREN.

A Bruxelles, ce 23 juin.

Voici, monsieur, les xxiie et xxiiie chapitres, j'attends les derniers avec impatience. Plus je relis cet ouvrage, plus j'en augure un succès grand et durable, et plus je me félicite de contribuer à le publier. Si vous n'avez point d'Amelot de La Houssaie, ne

---

1. Lisez *huit* ans.
2. On appelle 4 *de chiffre*, un piége à rats, sur lequel on met un poids. (K.)
3. Voyez plus haut, lettre 1255.
4. L'*Astronomie physique* de l'abbé de Gamaches.
5. Dans un catalogue d'autographes vendus le 17 avril 1880, est signalée une lettre de Jordan, à la date du 22 juin 1740, mandant à Voltaire l'avénement de Frédéric II au trone de Prusse : « Nous avons vu enfin, dit Jordan, l'objet de notre espérance et de nos besoins monter sur un trône où le mérite et la naissance l'ont placé. Vous aimez trop le genre humain pour ne pas être sensible à cet évènement. »

balancez pas à imprimer l'italien à côté du français. Vous devez avoir commencé déjà. Vous devez trouver à la Haye les armes [1] . . . . qui veut bien protéger cet ouvrage, et auquel vous devez faire tenir deux douzaines d'exemplaires. Au reste, je vous manderai à qui il faudra les adresser en droiture; ce sera, je crois, à son . . . . ; et ce ne sera pas un mauvais service que je vous aurai rendu, si vous pouvez, par cette occasion, fournir la bibliothèque de .
. . . .

VOLTAIRE.

1299. — DE FRÉDÉRIC II, ROI DE PRUSSE.

Charlottenbourg, 24 juin [2].

Mon cher ami, celui qui vous rendra cette lettre de ma part est l'homme de ma dernière épître [3]. Il vous rendra du vin de Hongrie, à la place de vos vers immortels [4]; et ma mauvaise prose, au lieu de votre admirable philosophie. Je suis accablé et surchargé d'affaires; mais, dès que j'aurai quelques moments de loisir, vous recevrez de moi les mêmes tributs que par le passé, et aux mêmes conditions. Je suis à la veille d'un enterrement, d'une augmentation, de beaucoup de voyages, et de soins auxquels mon devoir m'engage. Je vous *demande* excuse si ma lettre et celle que vous avez reçue, il y a trois semaines, se ressentent de quelque pesanteur; ce grand travail finira, et alors mon esprit pourra reprendre son élasticité naturelle.

> Vous, le seul dieu qui m'inspirez,
> Voltaire, en peu vous me verrez,
> Libre de soins, d'inquiétudes,
> Chanter vos vers et mes plaisirs;
> Mais, pour combler tous mes désirs,
> Venez charmer nos solitudes.

C'est en tremblant que ma muse me dicte ce dernier vers, et je sais trop que l'amitié doit céder à l'amour.

1. Sans doute celles du roi de Prusse, qui, selon ce que Voltaire semblait dire alors à Van Duren, encourageait la publication de l'*Anti-Machiavel*, sans paraître en être l'auteur. (CL.)

2. Le 21 juin 1740. (*OEuvres posthumes.*) — Cette date-ci est évidemment la vraie, car l'enterrement du roi défunt, dont il est parlé dans la lettre, eut lieu le 22 à Potsdam.

3. Par ces mots *ma dernière épître*, Frédéric désigne son *Discours sur la Fausseté*, dont nous avons déjà parlé (note de la lettre 1284), et qui est terminé par ce vers :
Allez, voyez Camas, vous direz le contraire.

Voyez, sur Camas, la note 2 de la page 449.

4. Voyez, tome VIII, l'*ode au roi de Prusse sur son avénement;* et tome X, l'*épître* sur le même sujet.

Adieu, mon cher Voltaire; aimez-moi toujours un peu. Dès que je pourrai faire des odes et des épîtres, vous en aurez les gants. Mais il faut avoir beaucoup de patience avec moi, et me donner le temps de me traîner lentement dans la carrière où je viens d'entrer. Ne m'oubliez pas, et soyez sûr qu'après le soin de mon pays je n'ai rien de plus à cœur que de vous convaincre de l'estime avec laquelle je suis votre très-fidèle ami,

FÉDÉRIC.

1300. — A M. LE COMTE D'ARGENTAL.

Ce 24 de juin.

Zulime, mon respectable ami, est faite pour mon malheur. Vous savez que Mme de Richelieu est à la mort; peut-être en est-ce fait à l'heure où je vous écris[1]. Vous n'ignorez pas la perte que je fais en elle; j'avais droit de compter sur ses bontés, et, j'ose dire, sur l'amitié de M. de Richelieu. Il faut que je joigne à la douleur dont cette mort m'accable celle d'apprendre que M. de Richelieu me sait le plus mauvais gré du monde d'avoir laissé jouer *Zulime* dans ces cruelles circonstances. Vous pouvez me rendre justice. Cette malheureuse pièce devait être donnée longtemps avant que Mme de Richelieu fût à Paris. Elle fut représentée, le 9 juin, quand Mme de Richelieu donnait à souper, et se croyait très-loin d'être en danger. J'ai fait depuis humainement ce que j'ai pu pour la retirer[2], sans en venir à bout. Elle était à la troisième représentation, lorsque j'eus le malheur de perdre mon neveu[3], qui était correcteur des comptes, et que j'aimais tendrement. Ma famille ne s'est point avisée de trouver mauvais qu'on représentât un de mes ouvrages pendant que mon pauvre neveu était à l'agonie, et que j'avais le cœur percé. Faudrait-il que ceux qui se disent protecteurs ou amis, et qui souvent ne sont ni l'un ni l'autre, affectassent de se fâcher d'un prétendu manque de bienséance dont je n'ai pas été le maître, quand ma famille n'a pas imaginé de s'en formaliser? Vous êtes peut-être à portée, vous ou monsieur votre frère, de faire valoir à M. de Richelieu mon innocence; il a grand tort assurément de m'affliger. Je sens aussi douloureusement que lui la perte de Mme de Richelieu, et je suis bien loin de mériter son mécontentement; il m'est très-sensible dans une occasion si triste. Il est bien dur de paraître insensible quand on a le cœur déchiré.

1. Elle mourut le 2 août.
2. Voyez le second alinéa de la lettre 1289.
3. Voyez la lettre 1284.

Mille tendres respects à Mme d'Argental. Mme du Châtelet vous fait à tous deux bien des compliments; elle vous aime autant que je vous suis attaché.

1301. — A M. L'ABBÉ PRÉVOST.

Bruxelles, juin.

Arnauld fit autrefois l'apologie de Boileau[1], et vous voulez, monsieur, faire la mienne[2]. Je serais aussi sensible à cet honneur que le fut Boileau, non que je sois aussi vain que lui, mais parce que j'ai plus besoin d'apologie. La seule chose qui m'arrête tout court est celle qui empêcha le grand Condé d'écrire des mémoires. Vous voyez que je ne prends pas d'exemples médiocres. Il dit qu'il ne pourrait se justifier sans accuser trop de monde.

. . . . . Si parva licet componere magnis.
(*Georg.*, IV, 176.)

Je suis à peu près dans le même cas.

Comment pourrais-je, par exemple, ou comment pourriez-vous parler des souscriptions de ma *Henriade*, sans avouer que M. Thieriot, alors fort jeune, dissipa malheureusement l'argent des souscriptions de France? J'ai été obligé de rembourser à mes frais tous les souscripteurs qui ont eu la négligence de ne point envoyer à Londres, et j'ai encore par devers moi les reçus de plus de cinquante personnes. Serait-il bien agréable pour ces personnes, qui, pour la plupart, sont des gens très-riches, de voir publier qu'ils ont eu l'économie de recevoir à mes dépens l'argent de mon livre? Il est très-vrai qu'il m'en a coûté beaucoup pour avoir fait *la Henriade*, et que j'ai donné autant d'argent en France que ce poëme m'en a valu à Londres; mais plus cette anecdote est désagréable pour notre nation, plus je craindrais qu'on ne la publiât.

S'il fallait parler de quelques ingrats[3] que j'ai faits, ne serait-ce pas me faire des ennemis irréconciliables? Pourrais-je enfin publier la lettre que m'écrivait l'abbé Desfontaines, de Bicêtre, sans commettre ceux qui y sont nommés? J'ai sans doute de quoi prouver que l'abbé Desfontaines me doit la vie, je ne dirai point

---

1. *Apologie de la satire* x *de Boileau, ou lettre d'Antoine Arnauld à Perrault.*
2. Voyez la lettre 1230.
3. La lettre du 20 décembre 1753, à Mme Denis, contient le nom de plusieurs de ces ingrats.

l'honneur; mais y a-t-il quelqu'un qui l'ignore, et n'y a-t-il pas de la honte à se mesurer avec un homme aussi universellement haï et méprisé que Desfontaines?

Loin de chercher à publier l'opprobre des gens de lettres, je ne cherche qu'à le couvrir. Il y a un écrivain connu[1] qui m'écrivit un jour : « Voici, monsieur, un libelle que j'ai fait contre vous; si vous voulez m'envoyer cent écus, il ne paraîtra pas. » Je lui fis mander que cent écus étaient trop peu de chose; que son libelle devait lui valoir au moins cent pistoles, et qu'il devait le publier. Je ne finirais point sur de pareilles anecdotes[2]; mais elles me peignent l'humanité trop en laid, et j'aime mieux les oublier.

Il y a un article dans votre lettre qui m'intéresse beaucoup davantage: c'est le besoin que vous avez de douze cents livres. M. le prince de Conti[3] est à plaindre de ce que ses dépenses le mettent hors d'état de donner à un homme de votre mérite autre chose qu'un logement. Je voudrais être prince, ou fermier général, pour avoir la satisfaction de vous marquer une estime solide. Mes affaires sont actuellement fort loin de ressembler à celles d'un fermier général, et sont presque aussi dérangées que celles d'un prince. J'ai même été obligé d'emprunter deux mille écus de M. Bronod, notaire; et c'est de l'argent de Mme la marquise du Châtelet que j'ai payé ce que je devais à Prault fils; mais, sitôt que je verrai jour à m'arranger, soyez très-persuadé que je préviendrai l'occasion de vous servir avec plus de vivacité que vous ne pourriez la faire naître. Rien ne me serait plus agréable et plus glorieux que de pouvoir n'être pas inutile à celui de nos écrivains que j'estime le plus. C'est avec ces sentiments très-sincères que je suis, monsieur, etc.

1302. — A M. VAN DUREN.

A Bruxelles, rue de la Grosse-Tour, ce 27 juin

Je reçois, monsieur, votre lettre du 24 avec la préface d'Amelot de La Houssaie, à l'occasion de laquelle je vais composer celle dont je suis chargé. Voici la fin de l'ouvrage en deux paquets.

---

1. La Jonchère. Voyez tome XXIII, page 58.
2. Voyez tome XXVI, la vingt et unième des *Honnêtetés littéraires;* et la lettre du 17 mai 1762.
3. Louis-François de Bourbon, prince de Conti, né en 1717.

Celui qui est marqué *A* devait partir par le même ordinaire ; *B* n'a été prêt qu'aujourd'hui.

Puisque vous avez la traduction d'Amelot, ne manquez pas de l'imprimer à côté de mon auteur. Ma *Préface* précédera celle d'Amelot et celle de Machiavel, qu'Amelot a traduite, et annoncera l'économie de tout le livre.

Je vous prie de m'envoyer la première feuille imprimée.

VOLTAIRE.

1303. — DE FRÉDÉRIC II, ROI DE PRUSSE.

Charlottenbourg, 27 juin [1].

Mon cher Voltaire, vos lettres me font toujours un plaisir infini, non pas par les louanges que vous me donnez, mais par la prose instructive et les vers charmants qu'elles contiennent. Vous voulez que je vous parle de *moi-même* [2], comme

L'éternel abbé de Chaulieu [3].

Qu'importe? il faut vous contenter.

Voici donc la gazette de Berlin telle que vous me la demandez.

J'arrivai, le vendredi au soir, à Potsdam, où je trouvai le roi dans une si triste situation, que j'augurai bientôt que sa fin était prochaine. Il me témoigna mille amitiés, il me parla plus d'une grande heure sur les affaires, tant internes qu'étrangères, avec toute la justesse d'esprit et le bon sens imaginables. Il me parla de même le samedi et le dimanche ; le lundi, paraissant très-tranquille, très-résigné, et soutenant ses souffrances avec beaucoup de fermeté, il résigna la régence entre mes mains. Le mardi [4] matin à cinq heures, il prit tendrement congé de mes frères, de tous les officiers de marque, et de moi. La reine, mes frères et moi, nous l'avons assisté dans ses dernières heures ; dans ses angoisses il a témoigné le stoïcisme de Caton. Il est expiré avec la curiosité d'un physicien sur ce qui se passait en lui à l'instant même de sa mort, et avec l'héroïsme d'un grand homme, nous laissant à tous des regrets sincères de sa perte, et sa mort courageuse comme un exemple à suivre.

Le travail infini qui m'est échu en partage, depuis sa mort, laisse à peine du temps à ma juste douleur. J'ai cru que depuis la perte de mon père je me devais entièrement à la patrie. Dans cet esprit, j'ai travaillé autant qu'il a été en moi pour prendre les arrangements les plus prompts et les plus convenables au bien public.

1. Réponse à la lettre 1294.
2. Voyez la lettre 792.
3. Vers de l'épître de Voltaire au duc de Sully ; voyez tome X.
4. Le 31 mai, jour même de la mort du roi de Prusse.

J'ai d'abord commencé par augmenter les forces de l'État de seize bataillons, de cinq escadrons de hussards, et d'un escadron de gardes du corps. J'ai posé les fondements de notre nouvelle Académie [1]. J'ai fait acquisition de Wolff, de Maupertuis, d'Algarotti. J'attends la réponse de S'Gravesande, de Vaucanson, et d'Euler. J'ai établi un nouveau collége pour le commerce et les manufactures; j'engage des peintres et des sculpteurs; et je pars pour la Prusse, pour y recevoir l'hommage, etc., sans la sainte ampoule, et sans les cérémonies inutiles et frivoles que l'ignorance et la superstition ont établies, et que la coutume favorise.

Mon genre de vie est assez déréglé quant à présent, car la faculté a trouvé à propos de m'ordonner, *ex officio,* de boire des eaux de Pyrmont. Je me lève à quatre heures, je prends les eaux jusqu'à huit, j'écris jusqu'à dix, je vois les troupes jusqu'à midi, j'écris jusqu'à cinq heures, et le soir je me délasse en bonne compagnie. Lorsque les voyages seront finis, mon genre de vie sera plus tranquille et plus uni; mais, jusqu'à présent, j'ai le cours ordinaire des affaires à suivre, j'ai les nouveaux établissements de surplus, et avec cela beaucoup de compliments inutiles à faire, d'ordres circulaires à donner.

Ce qui me coûte le plus est l'établissement de magasins assez considérables dans toutes les provinces pour qu'il s'y trouve une provision de grains d'une année et demie de consommation pour chaque pays.

> Lassé de parler de moi-même,
> Souffrez du moins, ami charmant,
> Que je vous apprenne gaîment
> La joie et le plaisir extrême
> Que nos premiers embrassements
> Déjà font sentir à mes sens.
> Orphée approchant d'Eurydice,
> Au fond de l'infernal manoir,
> Sentit, je crois, moins de délice
> Que m'en pourra donner le plaisir de vous voir.
> Mais je crains moins Pluton que je crains Émilie;
> Ses attraits pour jamais enchaînent votre vie;
> L'amour sur votre cœur a bien plus de pouvoir
> Que le Styx n'en pouvait avoir
> Sur Eurydice et sa sortie.

Sans rancune, madame du Châtelet; il m'est permis de vous envier un bien que vous possédez, et que je préférerais à beaucoup d'autres biens qui me sont échus en partage.

J'en reviens à vous, mon cher Voltaire; vous ferez ma paix avec la marquise; vous lui conserverez la première place dans votre cœur, et elle permettra que j'en occupe une seconde [2] dans votre esprit.

Je compte que mon homme de l'épître vous aura déjà rendu ma lettre et

---

1. Voltaire, dans la lettre 883, avait donné le premier à Frédéric l'idée de mettre Maupertuis à la tête de la nouvelle académie de Berlin.
2. On lit *Cegonde* dans l'original de cette lettre. (CL.)

e vin de Hongrie. Je vous paye très-matériellement de tout l'esprit que vous me prodiguez; mais, mon cher Voltaire, consolez-vous, car, dans tout l'univers, vous ne trouveriez assurément personne qui voulût faire assaut d'esprit avec vous. S'il s'agit d'amitié, je le dispute à tout autre, et je vous assure qu'on ne saurait vous aimer ni vous estimer plus que vous l'êtes de moi. Adieu.

FÉDÉRIC.

Pour Dieu, achetez toute l'édition de l'*Anti-Machiavel*[1].

1304. — A M. DE CIDEVILLE.

A Bruxelles, ce 28 de juin.

Eh bien! mon cher ami, avez-vous reçu le paquet T[2]? C'est M. Helvétius, un de nos confrères en Apollon, quoique fermier général, qui s'est chargé de le faire mettre au coche de Reims, recommandé à Paris pour Rouen. Si les soins d'un fermier général et l'adresse d'un premier président ne suffisent pas, à qui faudra-t-il avoir recours? Vous devez trouver dans cette édition beaucoup de corrections à la main, deux cents vers nouveaux dans *la Henriade*, quelques pièces fugitives qui n'étaient pas dans les autres éditions ; mais, surtout, les fautes énormes de l'éditeur réformées tant que je l'ai pu.

Je ne vous ai point envoyé *Zulime*, que les comédiens de Paris ont représentée presque malgré moi, et qui n'est pas digne de vous. Si j'avais de la vanité, je vous dirais qu'elle n'est pas digne de moi; du moins je crois pouvoir mieux faire, et qu'en effet *Mahomet* vaut mieux. Vous jugerez si j'ai bien peint les fourbes et les fanatiques.

En attendant, voyez, mon cher ami, si vous êtes un peu content de la petite *odelette* pour notre souverain le roi de Prusse. Je l'appelle notre souverain, parce qu'il aime, qu'il cultive, qu'il encourage les arts que nous aimons. Il écrit en français beaucoup mieux que plusieurs de nos académiciens, et quelquefois, dans ses lettres, il laisse échapper de petits sixains ou dizains que peut-être ne désavoueriez-vous pas. Sa passion dominante est de rendre les hommes heureux, et de faire fleurir chez lui les belles-lettres. Me serait-il permis de vous dire que, dès qu'il a été sur le trône, il m'a écrit ces propres paroles[3] : « Pour Dieu, ne

---

1. Ce post-scriptum, tiré des *OEuvres posthumes*, a été omis par Beuchot.
2. Voyez plus haut la lettre 1272.
3. Voyez la lettre 1286.

m'écrivez qu'en homme, et méprisez avec moi les noms, les titres, et tout l'éclat extérieur »?

Eh bien! qu'en dites-vous? Votre cœur n'est-il pas ému? N'est-on pas heureux d'être né dans un siècle qui a produit un homme si singulier? Avec tout cela, je reste à Bruxelles, et le meilleur roi de la terre, son mérite et ses faveurs, ne m'éloigneront pas un moment d'Émilie. Les rois (même celui-là) ne doivent marcher jamais qu'après les amis; vous sentez bien que cela va sans dire.

Ne pouvez-vous pas me rendre un très-grand service, en en rendant un petit à M. le marquis du Châtelet? Il s'agit seulement d'épargner le voyage d'un maître des comptes ou d'un auditeur.

M. du Châtelet a, comme vous savez, en Normandie, de petites terres relevant du roi, nommées Saint-Rémi, Heurlemont et Feuilloi; il en a rendu les aveux et dénombrements à la chambre des comptes de Rouen; il s'agit actuellement d'obtenir la mainlevée de ces dénombrements, et, pour y parvenir, il faut faire, dit-on, information sur les lieux. C'est apparemment le droit de la chambre des comptes. Elle députe un ou deux commissaires, à ce qu'on dit, pour aller faire semblant de voir si l'on a accusé juste, et se faire payer grassement de leur voyage inutile. Or on prétend qu'il n'est ni malaisé ni hors d'usage d'obtenir un arrêt de dispense de la chambre des comptes, et d'obtenir la mainlevée sans avoir à payer les frais de cette surérogatoire information. Le père de M. du Châtelet obtint pareil arrêt pour les mêmes terres. Voyez, pouvez-vous parler, faire parler, faire écrire à quelqu'un de la chambre des comptes, et nous dire ce qu'il faut faire pour obtenir cet arrêt de dispense?

Adieu, mon aimable ami; vous êtes fait pour plaire et pour rendre service. V.

1305. — A M. BERGER.

Bruxelles, le 29 juin.

Je ne souhaite point du tout, monsieur, que M. Rameau travaille vite; je désire, au contraire, qu'il prenne tout le temps nécessaire pour faire un ouvrage qui mette le comble à sa réputation. Je ne doute pas qu'il n'ait montré mon poëme[1] dans la

---

1. *Pandore.*

maison de M. de La Popelinière, et qu'il n'en rapporte des idées désavantageuses. Je sais que je n'ai jamais eu l'honneur de plaire à M. de La Popelinière, et qu'il pense sur la poésie tout différemment de moi. Je ne blâme point son goût ; mais j'ai le malheur qu'il condamne le mien. Si vous en voulez une preuve, la voici. M. Thieriot m'envoya, il y a quelques années[1], des corrections qu'on avait faites, dans cette maison, à mon *Épître sur la Modération*. J'avais dit :

> Pourquoi l'aspic affreux, le tigre, la panthère,
> N'ont jamais adouci leur cruel caractère,
> Et que, reconnaissant la main qui le nourrit,
> Le chien meurt en léchant le maître qu'il chérit ?

On voulait :

> Le chien lèche, en criant, le maître qui le bat.

Les autres vers étaient corrigés dans ce goût. Cela me fait craindre qu'une manière de penser si différente de la mienne, jointe à peu de bonne volonté pour moi, ne dégoûte beaucoup M. Rameau. On m'assure qu'un homme[2] qui demeure chez M. de La Popelinière, et à l'amitié duquel j'avais droit, a mieux aimé se ranger du nombre de mes ennemis que de me conserver une amitié qui lui devenait inutile. Je ne crois point ce bruit. Je ne me plains ni de M. de La Popelinière ni de personne, mais je vous expose seulement mes doutes, afin que vous fassiez sentir au musicien qu'il ne doit pas tout à fait s'en rapporter à des personnes qui ne peuvent m'être favorables. Au reste, je compte faire des changements au cinquième acte, et je pense qu'il n'y a que ce qu'on appelle des coupures à exiger dans les premiers.

Il y a une affaire qui me tient plus au cœur, c'est celle dont vous me parlez. Vous ne me mandez point si monsieur votre frère est à Paris ou à Lyon, s'il fait commerce, ou s'il est chargé d'autres affaires. J'espère que je verrai S. M. le roi de Prusse, vers la fin de l'automne, dans les pays méridionaux de ses États, en cas que Mme la marquise du Châtelet puisse faire le voyage. C'est là que je pourrais vous être utile, et c'est ce qui redouble mon envie d'admirer de plus près un prince né pour faire du bien.

---

1. En 1738 ; voyez la lettre 972.
2. Thieriot.

1306. — A M. DE MAUPERTUIS.

Bruxelles, 29 juin.

M. S'Gravesande, mon cher monsieur, voudrait bien savoir s'il est vrai que vous avez reconnu une assez grande erreur dans la détermination des hauteurs du pôle qui ont servi de fondement aux calculs de la méridienne de MM. de Cassini. Vous me feriez un sensible plaisir si vous vouliez m'envoyer sur cela un petit détail, tant pour mon instruction que pour satisfaire la curiosité de M. S'Gravesande.

Il court des nouvelles bien tristes du Pérou; il vaudrait mieux que les mines du Potose fussent perdues que d'avoir seulement la crainte de perdre des gens[1] qui ont été chercher la vérité dans le pays de l'or. Je ne crois pas qu'on ait besoin d'eux pour savoir comment la terre est faite ; mais ils ont grand besoin de revenir.

Est-il vrai que les *Mémoires* de M. Duguay[2] sont rédigés par vous? Paraissent-ils? C'était un homme comme vous, unique en son genre. Mon genre à moi est d'être le très-humble serviteur du vôtre, et de vous être attaché pour jamais.

1307. — A FRÉDÉRIC II, ROI DE PRUSSE.

(Bruxelles), juin[3].

Sire,

Hier vinrent, pour mon bonheur,
Deux bons tonneaux de Germanie :
L'un contient du vin de Hongrie ;
L'autre est la panse rebondie
De monsieur votre ambassadeur.

Si les rois sont les images des dieux, et les ambassadeurs les images des rois, il s'ensuit, sire, par le quatrième théorème de Wolff, que les dieux sont joufflus, et ont une physionomie très-

---

1. Godin, Bouguer, et La Condamine, partis pour le Pérou en mai 1735, n'étaient pas encore de retour, et le vice-roi de Lima les retenait dans la capitale du Pérou pour qu'ils y donnassent des leçons de mathématiques. La Condamine rentra en France en 1745, et Godin ne put sortir de Lima qu'en 1751. Voyez la lettre du 7 janvier 1745, à La Condamine. (Cl.)

2. Les *Mémoires* de Duguay-Trouin paraissaient alors, avec une continuation, non de Maupertuis, son compatriote, mais de Godard de Beauchamps, 1 vol. in-4°.

3. Réponse à la lettre 1299.

agréable. Heureux ce M. de Camas¹, non pas tant de ce qu'il représente Votre Majesté que de ce qu'il la reverra !

Je volai hier au soir chez cet aimable M. de Camas, envoyé et chanté par son roi ; et dans le peu qu'il m'en dit, j'appris que Votre Majesté, que j'appellerai toujours Votre *Humanité*, vit en homme plus que jamais, et qu'après avoir fait sa charge de roi sans relâche les trois quarts de la journée, elle jouit, le soir, des douceurs de l'amitié, qui sont si au-dessus de celles de la royauté.

Nous allons dîner dans une demi-heure tous ensemble chez Mme la marquise du Châtelet ; jugez, sire, quelle sera sa joie et la mienne. Depuis l'apparition de M. de Keyserlingk nous n'avons pas eu un si beau jour.

> Cependant vous courez sur les bords du Prégel,
> Lieux où glace est fréquente, et très-rare est dégel.
>   Puisse un diadème éternel,
>   Orner cet aimable visage !
> Apollon l'a déjà couvert de ses lauriers ;
> Mars y joindra les siens, si jamais l'héritage
>   De ce beau pays de Juliers
> Dépendait des combats et de votre courage.

Votre Majesté sait qu'Apollon, le dieu des vers, tua le serpent Python et les Aloïdes² ; le dieu des arts se battait comme un diable dans l'occasion.

> Ce dieu vous a donné son carquois et sa lyre ;
> Si l'on doit vous chérir, on doit vous redouter.
> Ce n'est point des exploits que ce grand cœur désire ;
> Mais vous savez les faire, et les savez chanter.

C'est un peu trop à la fois, sire, mais votre destin est de réussir à tout ce que vous entreprendrez, parce que je sais de bonne part que vous avez cette fermeté d'âme qui fait la base des grandes vertus. D'ailleurs Dieu bénira sans doute le règne de Votre *Humanité*, puisque, quand elle s'est bien fatiguée tout le jour à être roi pour faire des heureux, elle a encore la bonté d'orner sa lettre, à moi chétif,

> D'un des plus aimables sixains³
> Qu'écrive une plume légère.

1. Voyez la note 2 de la page 449.
2. Géants nommés Otus et Éphialte, par Homère.
3. Voyez lettre 1299.

> Vers doux et sentiments humains,
> De telle espèce il n'en est guère
> Chez nosseigneurs les souverains,
> Ni chez le bel esprit vulgaire.

Votre *Humanité* est bien adorable de la façon dont elle parle à son sujet sur le voyage de Clèves.

> Vous faites trop d'honneur à ma persévérance;
> Connaissez les vrais nœuds dont mon cœur est lié.
> Je ne suis plus, hélas! dans l'âge où l'on balance
> Entre l'amour et l'amitié.

Je me berce des plus flatteuses espérances sur la vision béatifique de Clèves. Si le roi de France envoie complimenter Votre Majesté par qui je le désire, je vous fais ma cour; sinon, je vous fais encore ma cour. Votre Majesté ne souffrira-t-elle pas qu'on vienne lui rendre hommage en son privé nom, sans y venir en cérémonie? De manière ou d'autre, *Siméon verra son salut*[1].

L'ouvrage de Marc-Aurèle est bientôt tout imprimé. J'en ai parlé à Votre Majesté dans cinq lettres; je l'ai envoyé, selon la permission expresse de Votre Majesté, et voilà M. de Camas qui me dit qu'il y a un ou deux endroits qui déplairaient à certaines puissances. Mais moi, j'ai pris la liberté d'adoucir ces deux endroits, et j'oserais bien répondre que le livre fera autant d'honneur à son auteur, quel qu'il soit, qu'il sera utile au genre humain. Cependant, s'il avait pris un remords à Votre Majesté, il faudrait qu'elle eût la bonté de se hâter de me donner ses ordres[2], car, dans un pays comme la Hollande, on ne peut arrêter l'empressement avide d'un libraire qui sent qu'il a sa fortune sous la presse.

Si vous saviez, sire, combien votre ouvrage est au-dessus de celui de Machiavel, même par le style, vous n'auriez pas la cruauté de le supprimer. J'aurais bien des choses à dire à Votre Majesté sur une académie qui fleurira bientôt sous ses auspices; me permettra-t-elle d'oser lui présenter mes idées, et de les soumettre à ses lumières?

Je suis toujours avec le plus respectueux et le plus tendre dévouement, etc.

---

1. Évangile de saint Luc, II, 30.
2. Voyez le post-scriptum de la lettre 1303.

1308. — A MADAME DE CHAMPBONIN.

De Bruxelles, .. juin[1].

Si je n'espérais pas vous revoir encore à Cirey, je serais inconsolable. J'ignore à présent dans quelle gouttière vous portez votre bon cœur et vos pattes de velours. Êtes-vous toujours à Champbonin? à la Neuville? Nous nous sommes vus comme un éclair. Tout passe bien vite dans ce monde, mais rien n'a passé si rapidement que notre entrevue. Nous vivons à Bruxelles comme à Cirey. Nous voyons peu de monde, nous étudions le jour, nous soupons gaiement; nous prenons notre café au lait le lendemain d'un bon souper. Je suis malade quelquefois, mais très-content de mon sort, et ne trouvant que vous qui me manque. Que cette lettre et ces mêmes sentiments soient aussi pour monsieur votre fils, à qui je fais mille tendres compliments. Adieu, gros chat; je baise vos pattes.

1309. — A M. DE MAUPERTUIS.

Bruxelles, le 1er juillet.

Le roi de Prusse me mande[2] qu'il *a fait acquisition* de vous, monsieur, et de MM. Wolff et Euler. Cela veut-il dire que vous allez à Berlin, ou que vous dirigerez, de Paris, les travaux académiques de la société que le plus aimable de tous les rois, le plus digne du trône, et le plus digne de vous, veut établir? Je vous prie de me mander quelles sont vos idées, et de croire que vous ne pouvez les communiquer à un homme qui soit plus votre admirateur et votre ami. Ayez la bonté aussi de me répondre sur les articles de ma dernière lettre[3]. Le roi de Prusse voudrait aussi avoir M. S'Gravesande. Je crois qu'il fera cette conquête plus aisément que la vôtre[4].

M. de Camas, adjudant général du roi de Prusse, et homme plus instruit qu'un adjudant ne l'est d'ordinaire, vient à Paris voir le roi et vous. Je m'imagine qu'il vous enlèvera s'il peut;

---

1. Cette lettre est placée dans Beuchot au mois d'octobre 1742.
2. Lettre 1303.
3. Lettre 1306.
4. Maupertuis accepta les offres de Frédéric, et S'Gravesande les refusa. Voyez les lettres 1320 et 1327.

vous voyez que le destin du père et du fils est d'avoir les *grands* hommes.

Comptez pour jamais sur la tendre et sincère amitié de V.

1310. — A M. VAN DUREN.

A Bruxelles, ce 3 juillet au soir ; la poste part le 4.

Je vous accuse, monsieur, la réception des dix exemplaires[1] de mes ouvrages qui me sont parvenus.

Je suis fort inquiet de ne point recevoir de vos nouvelles. Vous avez dû recevoir, par la poste, une lettre d'avis et deux paquets qui contiennent le reste de l'*Anti-Machiavel*. J'espérais que non-seulement je serais instruit aujourd'hui de leur réception, mais que je pourrais encore avoir la première feuille ou demi-feuille de votre ouvrage.

La *Préface* est toute prête; je n'attends qu'un consentement nécessaire pour vous l'envoyer. Je vous conseille de travailler avec la plus extrême diligence, si vous prétendez fournir une bibliothèque qui doit être l'une des plus belles de l'Europe.

VOLTAIRE.

1311. — A MADEMOISELLE QUINAULT.

A Bruxelles, 3 juillet 1740.

Je reçois aujourd'hui, mademoiselle, votre lettre du 29 juin, qui apparemment a été mise à la poste un jour trop tard. Je conviens avec vous qu'une pièce trop annoncée est à moitié tombée, et que mon nom rassemble tous les sifflets de Paris. Trop d'attente de la part du public, et trop de jalousie de la part des beaux esprits, sont deux choses que je ne mérite guère, mais qui me joueront souvent de mauvais tours. Cependant, je crois que la plus forte cabale et les plus grands ennemis que j'aie eus étaient le quatrième et le cinquième acte de *Zulime*. J'avais eu l'honneur de vous mander, il y a plus de trois mois, que j'étais entièrement du sentiment de M. de Pont-de-Veyle sur ces deux derniers actes de *Zulime*. J'étais et je suis encore persuadé que la mort du père de Zulime, qui semble au premier coup d'œil

---

1. Ce furent sans doute ces exemplaires dont Van Duren demanda le payement à Voltaire, en juin 1753, à Francfort. Voyez plus haut une note de la lettre 1292.

devoir augmenter l'intérêt, est précisément ce qui l'affaiblit; et la raison indubitable que je vous en apportais, c'est que cette mort change l'intérêt de la pièce tout d'un coup : elle rend l'action double; le cœur était occupé des sentiments qu'inspirait l'amour de Zulime; il s'agissait de savoir si elle obtiendrait la préférence sur sa rivale; on est plein de cette idée, et dans l'instant c'est un nouveau nœud qui se présente, c'est la mort d'un père, c'est une nouvelle pièce : prenez-y bien garde, voilà la source unique et nécessaire du mauvais succès. Laissez là toutes les petites critiques qu'on a pu faire ; jamais des critiques de détail n'ont fait tomber une pièce, c'est le cœur seul qui fait le succès ou la chute. Il faut être touché, et un double nœud égare l'esprit et ne l'attendrit pas; je regarde cette règle comme le fondement du théâtre.

Je fus infiniment fâché quand je vis que vous donniez la préférence à cette leçon sur la nouvelle, dont j'avais envoyé l'esquisse. Dans cette nouvelle manière, il y avait à la vérité un quatrième faible, mais le même intérêt subsistait toujours. Enfin Zulime changeait d'état au cinquième acte. C'était là un très-beau dénoûment, et qui avait le mérite attrayant de la nouveauté. J'aurais pu faire en quinze jours de temps quelque chose de très-bon de l'esquisse de ces deux actes, mais vous ne voulûtes pas; le temps pressait, et ma malheureuse destinée m'emporta. Paix soit aux mânes de *Zulime!* On ne sait que trop que j'ai fait *Mahomet;* mais il faudra la donner sous le nom de *Séide*, et si vous m'en croyez, vous la donnerez tout au commencement de l'hiver, pour ne pas laisser le temps au public d'éventer le secret.

Je ne suis pas plus content que vous, mademoiselle, du nouveau plan de *Mahomet*, tel que M. de Pont-de-Veyle l'a reçu; mais en voici un autre qui me vient à l'esprit : il me paraît assez conforme à celui dont M. d'Argental avait eu la bonté de me parler dans une de ses lettres, du moins je le pense par amour-propre.

Ne me faites pas moins l'aumône de vos idées : je les préférerai toujours aux miennes; mais je ne peux m'empêcher de corriger, de travailler sur-le-champ, dès que mon conseil n'est pas content. Vous me direz que c'est du temps perdu : non, c'est un travail qui tient toujours l'esprit en haleine ; je travaillerai dix ans à *Mahomet*, s'il le faut, jusqu'à ce que vous soyez satisfaite.

Vous ne me dites point, mademoiselle, si vous avez reçu un paquet que j'ai eu l'honneur de vous envoyer ; c'est M. Helvétius qui a dû le faire mettre au coche de Charleville ou de Reims; il doit être au bureau de Paris : il ne contient, à la vérité, que mes ouvrages ; mais je serais fâché que le paquet fût perdu. Il y a une infinité de corrections, et peut-être quelque jour serez-vous bien aise de faire jouer mes pièces de la manière dont elles sont imprimées dans cette nouvelle édition. Je voudrais bien faire tenir un pareil paquet à M. Dufresne.

Je reçois, dans ce moment, une lettre de M. d'Argental. Il est tard, j'y répondrai demain ; je me mets toujours sous les ailes de mes anges.

J'adresse ce paquet à M. de Pont-de-Veyle.

1312. — A M. LE MARQUIS D'ARGENSON [1].

A Bruxelles, ce 6 juillet.

Il n'est pas juste, monsieur, que je laisse partir le digne envoyé de Marc-Aurèle [2] sans saisir cette occasion de dire encore combien je suis enchanté qu'il y ait un tel roi sur la terre, et sans le dire à vous, monsieur, qui étiez né pour être son premier ministre. Je crois que M. de Camas en aimera mieux la France, quand il vous aura vu. Vous savez si je lui porte envie. Vous êtes souvent l'objet de mes regrets, et vous le serez toujours de mon tendre et respectueux attachement.

1313. — A M. VAN DUREN.

Bruxelles, le 8 juillet.

Voilà qui va bien, monsieur ; hâtez-vous, mais que votre correcteur soit un peu plus attentif.

Je vois une énorme faute, page 10, en haut : *On n'entendait et on ne voyait que des larmes.*

Entendre des larmes ! cela est trop ridicule. Il doit y avoir dans le manuscrit : *on n'entendait que des regrets, on ne voyait que des larmes.*

Au reste, monsieur, ne perdez pas un instant, afin que l'ouvrage puisse être présenté dans un temps convenable à celui auquel on doit l'offrir. Ce ne sera pas la peine de mettre des armes sur la reliure ; de beau maroquin suffira ; un petit filet d'or n'y nuira pas.

1. Éditeurs, de Cayrol et François.
2. De Camas, ambassadeur de Frédéric II à la cour de France.

J'attends qu'on me renvoie la *Préface*, pour vous la faire tenir.

VOLTAIRE.

1314. — A M. VAN DUREN.

A Bruxelles, ce 10 juillet.

Je reçois votre lettre, monsieur, et dans le moment je reçois aussi d'ailleurs un énorme paquet, contenant des corrections, additions et notes. Je vais faire transcrire le tout, et vous l'envoyer. Je vous prie de ne pas aller en avant que vous n'ayez reçu mon paquet. Les notes commencent au cinquième chapitre ; ayez la bonté, monsieur, de me renvoyer le cinquième et le dixième, que je n'ai point par devers moi, et sans lesquels je ne peux rien arranger. Je préparerai tout le reste, de sorte que vous n'attendrez pas un moment. Je ne sais qu'obéir exactement aux ordres que je reçois. Je vous prie de vous conformer à ma ponctualité, afin que ni vous ni moi n'ayons point de reproches.

Si vous aviez déjà imprimé le cinquième chapitre, qu'il faut réformer, j'ai ordre de vous payer tous vos frais ; et s'il y a, dans le cours de l'ouvrage, des cartons à faire, vous en serez payé. Je compte faire partir, dans quelques jours, un homme chargé d'acheter beaucoup de livres à la Haye et à Amsterdam ; je vous l'adresserai.

VOLTAIRE.

Je vous prie de m'envoyer, par la poste, la seconde et la troisième feuille imprimées, sitôt la présente reçue, et de me mander où vous en êtes de l'impression.

1315. — A M. DE PONT-DE-VEYLE.

Ce lundi, 11 de juillet.

HUMBLES REMONTRANCES.

1° Je ne peux goûter le personnage qu'on veut que je fasse jouer à Hercide[1]. Si Séide s'échappe du camp de Mahomet pour se rendre à la Mecque, et si Hercide en fait autant, ces deux évasions, pour faire rendre dans un même lieu deux hommes

---

1. Personnage muet de la suite de Mahomet.

dont on a besoin, seront alors un artifice du poëte peu vraisemblable, peu délié, et par là peu intéressant.

De plus, il ne me paraît pas raisonnable que Mahomet eût fait mettre en prison Hercide sur cette raison seule qu'Hercide a de l'amitié pour des enfants qu'il a élevés, et dont l'un est l'objet même de l'amour de Mahomet. Une troisième raison qui me détourne encore de faire ainsi revenir Hercide, c'est la nécessité où je serais d'interrompre le fil de l'action pour conter à plusieurs reprises l'emprisonnement et l'évasion d'Hercide. Je ne suis déjà chargé que de trop de récits préliminaires. Enfin il me paraît plus court et plus tragique qu'Hercide demeure comme il était.

2° Pour les changements qu'on peut faire dans le détail des scènes de Mahomet et de Palmire, je m'y livrerai sans aucune répugnance.

3° J'essayerai le cinquième acte tel qu'on le propose, et je le dégrossirai pour voir s'il n'y a point là une action double; si, le père étant mort, le spectateur attend encore quelque chose, et, surtout, si Mahomet ne porte pas le crime à un excès révoltant. Une lettre empoisonnée me paraît une chose assez délicate; mais ce qui me fera le plus de peine c'est Palmire, qui doit être désarmée, et qui cependant doit se donner la mort. Je pourrais remédier à cet inconvénient en la faisant tuer avec le poignard qui a frappé Zopire, et que son frère apporterait à la tête des habitants; mais il faut là de la promptitude. Il sera bien difficile que la douleur et le désespoir aient lieu dans l'âme de Mahomet, surtout dans un moment où il s'agit de sa vie et de sa gloire. Il ne sera guère vraisemblable qu'il déplore la perte de sa maîtresse dans une crise si violente. C'est un homme qui a fait l'amour en souverain et en politique; comment lui donner les regrets d'un amant désespéré? Cependant le moment où Mahomet se justifie aux yeux du peuple par ce faux miracle de la mort de Séide, et cet art étonnant de conserver sa réputation par un crime, est à mon gré une si belle horreur que je vais tout sacrifier pour peindre ce sujet de Rembrandt de ses couleurs véritables.

Ce 12 juillet, mardi.

Je viens d'esquisser ce cinquième acte à peu près tel qu'on l'a voulu. C'est aux anges qui m'inspirent à voir si je dois continuer. J'attends leur ordre et la grâce d'en haut, que je ne dois qu'à eux.

ANNÉE 1740.

1316. — A M. L'ABBÉ MOUSSINOT [1].

Ce 12 (juillet 1740).

Mon cher abbé, je reçois votre lettre du 9, par laquelle vous me mandez la banqueroute *générale* de ce receveur *général* nommé Michel;.... il m'emporte donc une assez bonne partie de mon bien. *Dominus dedit, Dominus abstulit; sit nomen Domini benedictum.* Je n'ai pas l'honneur d'être trop bon chrétien, mais je suis assez résigné.

> Souffrir mes maux en patience
> Depuis quarante ans est mon lot,
> Et l'on peut, sans être dévot,
> Se soumettre à la Providence.

J'avoue que je ne m'attendais pas à cette banqueroute, et que je ne conçois pas comment un receveur général des finances de Sa Majesté très-chrétienne, homme fort riche, a pu tomber si lourdement, à moins qu'il n'ait voulu être encore plus riche. En ce cas, M. Michel a double tort. Je m'écrierais volontiers :

> Michel, au nom de l'Éternel,
> Mit jadis le diable en déroute;
> Mais après cette banqueroute,
> Que le diable emporte Michel.

Mais ce serait une mauvaise plaisanterie, et je ne veux me moquer ni des pertes de M. Michel, ni de la mienne.

Cependant, mon cher abbé, vous verrez que l'événement sera que les enfants de M. Michel resteront fort riches, fort bien établis. Le conseiller au grand conseil me jugera, si j'ai un procès devant l'auguste tribunal dont on est membre à beaux deniers comptants. Son frère, l'intendant des menus-plaisirs du roi, empêchera, s'il veut, qu'on ne joue mes pièces à Versailles ; et moi, moitié philosophe et moitié poëte, j'en serai pour mon argent : je ne jugerai personne, et n'aurai point de charge à la cour.

Vous savez qu'*abyssus abyssum invocat;* il faut absolument que M. de Brissac donne quelques petites sûretés : je vous supplie de faire sur cela toutes les diligences nécessaires.

Ayez la bonté de faire écrire monsieur votre frère à tous

---

1. Édition Courtat.

mes débiteurs, et nommément à M. d'Auneuil; qu'il marque à M. d'Auneuil que la banqueroute de Michel le met hors d'état d'attendre.

Je vous enverrai incessamment le nom du procureur auquel il faudra s'adresser en Auvergne. M. Bégon lui enverra, port payé, les papiers nécessaires.

Ayez la bonté de parler au caissier de Michel; tâchez qu'il vous apprenne au moins la manière dont nous pourrions nous y prendre pour ne pas tout perdre. Peut-être M. de Nicolaï pourrait nous faire retrouver quelque chose.

Je voudrais aussi savoir le nom que prend en cour cet intendant des menus, qui aura sans doute quitté celui de Michel pour le nom de quelque belle terre.

Il faudra aussi faire, je crois, opposition au scellé, si cela se pratique, et si cela est utile. En un mot, donnez-moi, mon cher ami, tous les éclaircissements possibles.

Je me réfère aux lettres que je vous ai écrites par le sieur Brion.

Bonsoir; je vous embrasse du meilleur de mon âme. Consolez-vous de la déroute de Michel : votre amitié me console de ma perte.

1317. — A M. LE COMTE D'ARGENTAL.

A Bruxelles, le 12 de juillet.

Mon adorable ami, jamais ange gardien n'a plus travaillé pour le mortel qui lui est confié. Vous avez fait une besogne vraiment angélique. J'ai d'abord mis par écrit quelques murmures qui me sont échappés, à moi profane, et que j'ai envoyés, sous le nom de *Remontrances*[1], à M. de Pont-de-Veyle; mais aujourd'hui j'ai esquissé le cinquième acte, et je l'ai joint à mes murmures. Je tiens qu'il faut toujours voir les statues un peu dégrossies pour juger de l'effet que feront les grands traits. Mandez-moi comment vous trouvez cette première ébauche de l'admirable idée que vous m'avez suggérée, et ce que vous pensez de mes petites objections. Je commence à entrevoir que *Mahomet* sera, sans aucune comparaison, ce que j'aurai fait de mieux, et ce sera à vous que j'en aurai l'obligation. Que le succès sera flatteur pour moi quand je vous le devrai! En vérité vous êtes bien aimable; mais avouez qu'il n'y a personne que vous qui pût rendre de ces services d'ami.

1. Voyez l'intitulé de la lettre 1315.

Si le roi de Prusse n'achète pas vos bustes¹, il faudra qu'il ait une haine décidée pour le cavalier Bernin et pour moi. J'ai tout lieu de croire qu'il fera ce que je lui proposerai incessamment sur cette petite acquisition, soit que j'aie le bonheur de le voir, soit que je lui écrive. Je ne sais encore, entre nous, s'il joindra une magnificence royale à ses autres qualités : c'est de quoi je ne peux encore répondre. Philosophie, simplicité, tendresse inaltérable pour ceux qu'il honore du nom de ses amis, extrême fermeté et douceur charmante, justice inébranlable, application laborieuse, amour des arts, talents singuliers, voilà certainement ce que je peux vous assurer qu'il possède. Soyez tout aussi sûr, mon respectable ami, que je le presserai avec la vivacité que vous me connaissez. Je suis heureusement à portée d'en user ainsi. Il ne m'a jamais écrit si souvent ni avec tant de confiance et de bonté que depuis qu'il est sur le trône, et qu'il fait jour et nuit son métier de roi avec une application infatigable. Quel bonheur pour moi si je peux engager ce roi, que j'idolâtre, à faire une chose qui puisse plaire à un ami qui est dans mon cœur fort au-dessus encore de ce roi !

1318. — A FRÉDÉRIC II, ROI DE PRUSSE.

A la Haye, le 20 juillet.

Tandis que Votre Majesté
Allait en poste au pôle arctique²,
Pour faire la félicité
De son peuple lithuanique,
Ma très-chétive infirmité
Allait, d'un air mélancolique,
Dans un chariot detesté,
Par Satan sans doute inventé,
Dans ce pesant climat belgique.
Cette voiture est spécifique

---

1. Ces bustes, représentant les douze premiers empereurs romains, avaient été trouvés, vers la fin de 1737, dans la galerie du château du Bouchet, appartenant à la famille de Mme d'Argental, aux environs de Paris. On les attribuait au célèbre Bernini ; et l'abbé Prévost, en annonçant la vente de ces bustes, en 1738, dans le *Pour et Contre*, leur donna les plus grands éloges. Cependant il résulte d'une lettre du 19 janvier 1741, à d'Argental, que ces douze *Césars* n'étaient pas encore vendus, à cette époque, ni même dix ans plus tard, ainsi qu'on le voit dans la lettre du 7 auguste 1750, écrite à la même personne. (Cl.)

2. Sur les rives du Prégel, qui se jette, aux environs de Kœnigsberg, dans le Frisch-Haff.

> Pour trémousser et secouer
> Un bourguemestre apoplectique ;
> Mais certe il fut fait pour rouer
> Un petit Français très-étique,
> Tel que je suis, sans me louer.

J'arrivai donc hier à la Haye, après avoir eu bien de la peine d'obtenir mon congé.

> Mais le devoir parlait, il faut suivre ses lois ;
> Je vous immolerais ma vie ;
> Et ce n'est que pour vous, digne exemple des rois,
> Que je peux quitter Émilie.

Vos ordres me semblaient positifs, la bonté tendre et touchante avec laquelle Votre Humanité me les a donnés me les rendait encore plus sacrés. Je n'ai donc pas perdu un moment. J'ai pleuré de voyager sans être à votre suite ; mais je me suis consolé, puisque je faisais quelque chose que Votre Majesté souhaitait que je fisse en Hollande.

> Un peuple libre et mercenaire,
> Végétant dans ce coin de terre,
> Et vivant toujours en bateau,
> Vend aux voyageurs l'air et l'eau,
> Quoique tous deux n'y valent guère.
> Là plus d'un fripon de libraire
> Débite ce qu'il n'entend pas,
> Comme fait un prêcheur en chaire ;
> Vend de l'esprit de tous états,
> Et fait passer en Germanie
> Une cargaison de romans
> Et d'insipides sentiments,
> Que toujours la France a fournie.

La première chose que je fis hier, en arrivant, fut d'aller chez le plus retors et le plus hardi libraire du pays, qui s'était chargé de la chose en question. Je répète encore à Votre Majesté que je n'avais pas laissé dans le manuscrit un mot dont personne en Europe pût se plaindre. Mais malgré cela, puisque Votre Majesté avait à cœur de retirer l'édition, je n'avais plus ni d'autre volonté ni d'autre désir. J'avais déjà fait sonder ce hardi fourbe nommé Jean Van Duren, et j'avais envoyé en poste un homme qui, par provision, devait au moins retirer, sous des prétextes plausibles, quelques feuilles du manuscrit, lequel n'était pas à moitié imprimé : car je savais bien que mon Hollandais n'entendrait à aucune proposition. En effet, je suis venu à temps ; le scélérat avait déjà refusé de rendre une page du manuscrit. Je l'envoyai chercher, je le sondai, je le tournai de tous les sens ; il me fit entendre que, maître du manuscrit, il ne s'en dessaisirait jamais pour quelque avantage que ce pût être[1], qu'il avait commencé l'impression, qu'il la finirait.

Quand je vis que j'avais affaire à un Hollandais qui abusait de la liberté de son pays, et à un libraire qui poussait à l'excès son droit de persécuter les auteurs, ne pouvant ici confier mon secret à personne, ni implorer le secours de l'autorité, je me souvins que Votre Majesté dit, dans un des chapitres de l'*Anti-Machiavel*, qu'il est permis d'employer quelque honnête finesse en fait de négociation. Je dis donc à Jean Van Duren que je ne venais que pour corriger quelques pages du manuscrit : « Trèsvolontiers, monsieur, me dit-il ; si vous voulez venir chez moi, je vous le confierai généreusement feuille à feuille, vous corrigerez ce qu'il vous plaira, enfermé dans ma chambre, en présence de ma famille et de mes garçons. »

J'acceptai son offre cordiale ; j'allai chez lui, et je corrigeai en effet quelques feuilles qu'il reprenait à mesure, et qu'il lisait pour voir si je ne le trompais point. Lui ayant inspiré par là un peu moins de défiance, j'ai retourné aujourd'hui dans la même prison où il m'a enfermé de même, et ayant obtenu six chapitres à la fois, pour les confronter, je les ai raturés de façon, et j'ai écrit dans les interlignes de si horribles galimatias et des coq-à-l'âne si ridicules, que cela ne ressemble plus à un ouvrage. Cela s'appelle faire sauter son vaisseau en l'air pour n'être point pris par l'ennemi. J'étais au désespoir de sacrifier un si bel ouvrage ; mais enfin j'obéissais au roi que j'idolâtre, et je vous réponds que j'y allais de bon cœur. Qui est étonné à présent et confondu ? C'est mon vilain. J'espère demain faire avec lui un marché honnête, et le forcer à me rendre le tout, manuscrit et imprimé[2] ; et je continuerai à rendre compte à Votre Majesté.

---

1. Prosper Marchand, dans son *Dictionnaire historique*, I, 44, dit que Voltaire offrit à Van Duren deux mille florins de dédommagement.

2. Van Duren prit le parti de faire rétablir, tant bien que mal, tous les passages effacés, et choisit pour cela, dit Prosper Marchand, le sieur La Martinière, son réparateur ordinaire de mauvais ouvrages.

1319. — A M. DE MAUPERTUIS.

A la Haye, ce 21 juillet.

Vous voilà, monsieur, comme le Messie[1] : trois rois courent après vous[2] ; mais je vois bien que, puisque vous avez sept mille livres de la France, et que vous êtes Français, vous n'abandonnerez point Paris pour Berlin. Si vous aviez à vous plaindre de votre patrie, vous feriez très-bien d'en accepter une autre, et, en ce cas, je féliciterais mon adorable roi de Prusse ; mais c'est à vous à voir dans quelle position vous êtes. Au bout du compte, vous avez conquis la terre sur les Cassini, et vous êtes sur vos lauriers ; si vous y trouvez quelque épine, vous en émousserez bientôt la pointe.

Cependant, si ces épines étaient telles que vous voulussiez abandonner le pays qui les porte, pour aller à la cour de Berlin, confiez-vous à moi en toute sûreté ; dites-moi si vous voulez que je mette un prix à votre acquisition ; je vous garderai le secret, comme je l'exige de vous, et je vous servirai aussi vivement que je vous aime et que je vous estime.

Me voici pour quelques jours à la Haye ; je retournerai bientôt à Bruxelles ; me permettrez-vous de vous parler ici d'une chose que j'ai sur le cœur depuis longtemps? Je suis affligé de vous voir en froideur avec une dame[3] qui, après tout, est la seule qui puisse vous entendre, et dont la façon de penser mérite votre amitié. Vous êtes faits pour vous aimer l'un et l'autre ; écrivez-lui (un homme a toujours raison quand il se donne le tort avec une femme), vous retrouverez son amitié, puisque vous avez toujours son estime.

Je vous prie de me mander où je pourrais trouver la première bévue que l'on fit à votre Académie, quand on jugea d'abord que la terre était aplatie aux pôles sur des mesures qui la donnaient allongée[4].

1. Matthieu, chap. II.
2. M. de Maupertuis venait d'avoir de la France une nouvelle pension de 3,000 livres ; la Russie lui en offrait une plus considérable, et le roi de Prusse l'appelait pour lui confier le soin de son académie. K.)
3. Mme du Châtelet, qui avait rendu l'orgueil de Maupertuis très-exigeant, en se faisant son écolière et sa très-humble admiratrice. Voltaire parvint à réconcilier, tant bien que mal, le futur président de l'Académie de Berlin avec l'auteur des *Institutions de physique;* mais il ne tarda pas à s'apercevoir, pour son propre compte, que l'envie, qui rongea l'existence de Maupertuis, et l'abrégea même, ne pardonnait aucune espèce de rivalité. (CL.) — Voyez la note 2 de la page 493.
4. M. Jacques Cassini, mort en 1756, avait trouvé, en 1701, par sa mesure des

Ne sait-on rien du Pérou?
Adieu ; je suis un Juif errant à vous pour jamais.

1320. — A M. DE MAUPERTUIS.

A la Haye, le 24 juillet.

Comme je resterai à la Haye, mon cher monsieur, un peu plus que je ne comptais, vous pouvez adresser votre lettre en droiture chez l'envoyé de Prusse. M. S'Gravesande vous fait mille compliments ; vous savez que lui et M. Musschenbroeck ont préféré leur patrie à Berlin. Pardon de cette épître laconique. Si je vous disais tout ce que je pense pour vous, j'écrirais plus que Wolffius.

1321. — A FRÉDÉRIC II, ROI DE PRUSSE.

A la Haye.

Sire, dans cette troisième[1] lettre, je demande pardon à Votre Majesté des deux premières qui sont trop bavardes.

J'ai passé cette journée à consulter les avocats et à faire traiter sous main avec Van Duren. J'ai été procureur et négociateur. Je commence à croire que je viendrai à bout de lui ; ainsi de deux choses l'une : ou l'ouvrage sera supprimé à jamais, ou il paraîtra d'une manière entièrement digne de son auteur.

Que Votre Majesté soit sûre que je resterai ici, qu'elle sera entièrement satisfaite, ou que je mourrai de douleur. Divin Marc-Aurèle, pardonnez à ma tendresse. J'ai entendu dire ici secrètement que Votre Majesté viendrait à la Haye. J'ai, de plus, entendu dire que ce voyage pourrait être utile à ses intérêts.

Vos intérêts, sire, je les chéris sans doute ; mais il ne m'appartient ni d'en parler ni de les entendre.

Tout ce que je sais, c'est que si Votre *Humanité* vient ici, elle gagnera les cœurs, tout hollandais qu'ils sont. Votre Majesté a déjà ici de grands partisans.

---

degrés du méridien de Paris à Collioure, qu'ils décroissaient en approchant du pôle ; il en conclut d'abord, mais faussement, que la terre était aplatie vers les pôles ; et M. de Fontenelle, dans l'extrait qu'il donna du mémoire de Cassini, parut adopter la fausse conclusion de cet astronome (*Mémoires de l'Académie* pour l'année 1701). Cette erreur a été corrigée dans la nouvelle édition qu'on a faite des premières années de ces mémoires. Ce fut un ingénieur nommé de Roubaix qui s'en aperçut le premier, et qui donna un mémoire à ce sujet dans les journaux de Hollande. (K.)

1. La première, écrite de la Haye, est du 20 juillet ; la seconde est perdue.

J'ai dîné ici, aujourd'hui, avec un député de Frise, nommé M. Halloy, qui a eu l'honneur de voir Votre Majesté à l'armée, qui compte lui faire sa cour à Clèves, et qui pense sur le Marc-Aurèle du Nord comme moi. O que je vais demain embrasser ce M. Halloy! Aujourd'hui M. de Fénelon [1]...

1322. — DE FRÉDÉRIC II, ROI DE PRUSSE.

Charlottenbourg, 29 juillet.

Mon cher ami, des voyageurs qui reviennent des bords du Frisch-Haff [2] ont lu vos charmants ouvrages, qui leur ont paru un restaurant admirable, et dont ils avaient grand besoin pour les rappeler à la vie. Je ne dis rien de vos vers, que je louerais beaucoup si je n'en étais le sujet; mais un peu moins de louanges, et il n'y aurait rien de plus beau au monde.

> Mon large ambassadeur, à *panse rebondie*,
> Harangue le roi très-chrétien,
> Et gens qu'il ne vit de sa vie;
> Il en gagnera l'étisie,
> En très-bon rhétoricien.
>
> Fleury nous affublait d'un bavard de sa clique,
> Mutilé de trois doigts, courtois en matelot;
> Je me tais sur Camas, je connais sa pratique,
> Et l'on verra s'il est manchot [3].

Les lettres de Camas ne sont remplies que de Bruxelles; il ne tarit point sur ce sujet, et, à juger par ses relations, il semble qu'il ait été envoyé à Voltaire et non à Louis.

Je vous envoie les seuls vers que j'aie eu le temps de faire depuis longtemps. Algarotti les a fait naître; le sujet est *la Jouissance* [4]. L'Italien supposait que nous autres habitants du Nord ne pouvions pas sentir aussi vivement que les voisins du lac de Garde. J'ai senti et j'ai exprimé ce que j'ai pu, pour lui montrer jusqu'où notre organisation pouvait nous procurer du sentiment. C'est à vous de juger si j'ai bien peint ou non. Souvenez-vous, au moins, qu'il y a des instants aussi difficiles à représenter que l'est le soleil dans sa plus grande splendeur; les couleurs sont trop pâles pour les peindre, et il faut que l'imagination du lecteur supplee au défaut de l'art.

Je vous suis très-obligé des peines que vous voulez bien vous donner touchant l'impression de *l'Anti-Machiavel*. L'ouvrage n'était pas encore

---

1. Le reste manque. (K.)
2. Golfe de la mer Baltique, entre Dantzick et Kœnigsberg.
3. Voyez la note 2 de la page 449.
4. Les *OEuvres de Frédéric II* ne contiennent qu'une épître à Algarotti. Elle est sur *l'Amour-propre*.

digne d'être publié; il faut mâcher et remâcher un ouvrage de cette nature, afin qu'il ne paraisse pas d'une manière incongrue aux yeux du public, toujours enclin à la satire. Je me prépare à partir, sous peu de jours, pour le pays de Clèves[1]. C'est là que

> J'entendrai donc les sons de la lyre d'Orphée;
> Je verrai ces savantes mains
> Qui, par des ouvrages divins,
> Aux cieux des immortels placent votre trophée.
>
> J'admirerai ces yeux si clairs et si perçants,
> Que les secrets de la nature,
> Cachés dans une nuit obscure,
> N'ont pu se dérober à leurs regards puissants.
>
> Je baiserai cent fois cette bouche éloquente
> Dans le sérieux et le badin,
> Dont la voix folâtre et touchante
> Va du cothurne au brodequin,
> Toujours enchanteresse et toujours plus charmante

Enfin je me fais une véritable joie de voir[2] l'homme du monde entier que j'aime et que j'estime le plus.

Pardonnez mes *lapsus calami* et mes autres fautes. Je ne suis pas encore dans une assiette tranquille; il me faut expédier mon voyage, après quoi j'espère trouver du temps pour moi.

Adieu, charmant, divin Voltaire; n'oubliez pas les pauvres mortels de Berlin, qui vont faire diligence pour joindre dans peu les dieux de Cirey. *Vale.*

FÉDÉRIC.

1323. — A M. BERGER.

En revenant de la Haye, monsieur, j'ai trouvé vos lettres à Bruxelles. Je pourrai bien probablement vous donner des nouvelles de l'affaire dont vous m'avez chargé. Si elle ne réussit pas, cela ne sera pas ma faute. Vous me ferez grand plaisir, en attendant, de me procurer par vos lettres une lecture plus agréable que celle de la plupart des livres nouveaux, sans en excepter l'*Institution d'un prince*[3], qui est un recueil de lieux communs dans les deux premiers volumes, et de fort plats sermons dans les deux derniers. La véritable *institution d'un prince* est l'exemple du roi de Prusse.

Je vous embrasse de tout mon cœur.

1. Frédéric partit de Potsdam le 15 août.
2. Ce fut le 11 septembre suivant que Frédéric et Voltaire se virent pour la première fois.
3. Cet ouvrage de Duguet parut en 1739, quelques années après sa mort.

1324. — DE FRÉDÉRIC II, ROI DE PRUSSE.

A Berlin, le 5 août.

Mon cher Voltaire, j'ai reçu trois de vos lettres dans un jour de trouble, de cérémonie, et d'ennui. Je vous en suis infiniment obligé. Tout ce que je puis vous répondre, à présent, c'est que je remets le *Machiavel* à votre disposition, et je ne doute point que vous n'en usiez de façon que je n'aie pas lieu de me repentir de la confiance que je mets en vous. Je me repose entièrement sur mon cher éditeur.

J'écrirai à Mme du Châtelet en conséquence de ce que vous désirez. A vous parler franchement touchant son voyage, c'est Voltaire, c'est vous, c'est mon ami que je désire de voir; et la divine Émilie, avec toute sa divinité, n'est que l'accessoire d'Apollon newtonianisé.

Je ne puis vous dire encore si je voyagerai ou si je ne voyagerai pas. Apprenez, mon cher Voltaire, que le roi de Prusse est une girouette de politique; il me faut l'impulsion de certains vents favorables pour voyager ou pour diriger mes voyages. Enfin, je me confirme dans les sentiments qu'un roi est mille fois plus malheureux qu'un particulier. Je suis l'esclave de la fantaisie de tant d'autres puissances que je ne peux jamais, touchant ma personne, ce que je veux. Arrive cependant ce qui pourra, je me flatte de vous voir. Puissiez-vous être uni à jamais à mon bercail!

Adieu, mon cher ami, esprit sublime, premier-né des êtres pensants. Aimez-moi toujours sincèrement, et soyez persuadé qu'on ne saurait vous aimer et vous estimer plus que je fais. *Vale.*

FÉDÉRIC.

1325. — DE FRÉDÉRIC II, ROI DE PRUSSE.

Berlin, 6 août.

Mon cher ami, je me conforme entièrement à vos sentiments, et je vous fais arbitre. Vous en jugerez comme vous le trouverez à propos; et je suis tranquille, car mes intérêts sont en bonnes mains.

Vous aurez reçu de moi une lettre datée d'hier; voici la seconde que je vous écris de Berlin; je m'en rapporte au contenu de l'autre. S'il faut qu'Émilie accompagne Apollon, j'y consens; mais, si je puis vous voir seul, je préférerai le dernier. Je serais trop ébloui, je ne pourrais soutenir tant d'éclat à la fois; il me faudrait le voile de Moïse[1] pour tempérer les rayons mêlés de vos divinités.

Pour le coup, mon cher Voltaire, si je suis surchargé d'affaires, je travaille sans relâche; mais je vous prie de m'accorder suspension d'armes. Encore quatre semaines, et je suis à vous pour jamais.

---

1. *Exode,* XXXIV, 34, 35.

Vous ne sauriez augmenter les obligations que je vous dois, ni la parfaite estime avec laquelle je suis à jamais votre inviolable ami,

FÉDÉRIC.

1326. — A M. THIERIOT.

A Bruxelles, le 6 d'août [1].

Comme je ne connais aucun cérémonial, Dieu merci, je n'ai jamais imaginé qu'il y en eût dans l'amitié, et je ne conçois pas comment vous vous plaignez du silence d'un solitaire qui, retiré loin de Paris et de la persécution, ne peut avoir rien à mander, tandis que vous, qui êtes au centre des arts et des agréments, ne lui avez pas écrit une seule fois dans le temps qu'il paraissait avoir besoin de la consolation de ses amis [2]. Je n'avais pas besoin de cette longue interruption de votre commerce pour en sentir mieux le prix ; mais, si la première loi de l'amitié est de la cultiver, la seconde loi est de pardonner quand on a manqué à la première. Mon cœur est toujours le même, quoique vos faveurs soient inégales. Je ne sais ni vous oublier, ni m'accoutumer à votre oubli, ni vous le trop reprocher.

L'homme dont vous me parlez me sera cher par deux raisons, parce qu'il est savant et qu'il vient de votre part ; mais j'ai peur de l'avoir manqué en chemin. J'étais à la Haye pour une petite commission ; j'en revins hier au soir ; je trouvai votre lettre du 26 juillet à Bruxelles ; j'appris qu'un Français, qui allait à Berlin, m'avait demandé ici en passant, et je juge que c'est ce M. Dumolard [3]. Le roi aime toutes les sortes de littérature et de mérite, et les encourage toutes. Il sait qu'il y a d'autres talents dans le monde que celui de mesurer des courbes. Il est comme le Père céleste : *in domo ejus mansiones multæ sunt* [4]. Je ne sais si ma retraite me permettra d'être fort utile auprès de lui aux beaux-arts qu'il protège. Une amitié qui m'est sacrée me privera du bonheur de vivre à sa cour, et m'empêchera de le regretter. Plus ses lettres me l'ont fait connaître, et plus je l'admire. Il est né pour être, je ne dis pas le modèle des rois, cela n'est pas

---

1. Cette lettre n'est point du 26 août, ainsi qu'on l'a toujours datée. Il faut la classer au 6 du même mois. (G. A.)
2. Thieriot n'avait pas écrit à Voltaire depuis plus de six mois.
3. C'est ce même savant qui fit avec Voltaire l'écrit intitulé *Connaissance des beautés et des defauts... de la langue française* (voyez tome XXIII), et la *Dissertation sur Oreste* (voyez tome V).
4. Saint Jean, XIV, 12.

bien difficile, mais le modèle des hommes. Il connaît l'amitié, et, soit dit sans reproche, il me donne de ses nouvelles plus souvent que vous.

M. de Maupertuis va honorer sa cour; c'est quelque chose de mieux que Platon, qui va trouver un meilleur roi que Denys; il vient d'arriver à Bruxelles, et va de là à Wesel ou à Clèves; il y trouvera bientôt le plus aimable roi de la terre, entouré de quelques serviteurs choisis qu'il appelle ses amis, et qui méritent ce titre. Ses sujets et les étrangers le comblent de bénédictions. Tout le monde s'embrassait à son retour dans les rues de Berlin; tout le monde pleurait de joie. Plus de trente familles, que la rigueur du dernier gouvernement avait forcées d'aller en Hollande, ont tout vendu pour aller vivre sous le nouveau roi. Un petit-fils du premier ministre de Saxe, qui a cinquante mille florins de revenu, me disait ces jours passés : « Je n'aurai jamais d'autre maître que le roi de Prusse ; je vais m'établir dans ses États. » Il n'a encore perdu aucune journée, il fait des heureux; il respecte même la mémoire de son père; il l'a pleuré, non par ostentation de vertu, mais par l'excès de son bon naturel. Je bénis l'Auteur de la nature d'être né dans le siècle d'un si bon prince. Peut-être son exemple donnera de l'émulation aux autres souverains. Adieu, rougissons de n'être pas aussi vertueux que lui, et de ne pas cultiver assez l'amitié, la première des vertus dont un roi donne l'exemple aux hommes.

1327. — DE FRÉDÉRIC II, ROI DE PRUSSE.

Remusberg, 8 août.

Mon cher Voltaire, je crois que Van Duren vous coûte plus de soins et de peines que Henri IV. En versifiant la vie d'un héros, vous écriviez l'histoire de vos pensées ; mais, en harcelant un scélérat, vous joutez avec un ennemi indigne de vous être opposé. Je vous ai d'autant plus d'obligation de l'affection avec laquelle vous prenez mes intérêts à cœur, et je ne demande pas mieux que de vous en témoigner ma reconnaissance. Faites donc rouler la presse, puisqu'il le faut, pour punir la scélératesse d'un misérable. Rayez, changez, corrigez, et remplacez tous les endroits qu'il vous plaira. Je m'en remets à votre discernement.

Je pars dans huit jours pour Dantzick, et je compte être, le 22, à Francfort. En cas que vous y soyez, je m'attends bien, à mon passage, de vous voir chez moi. Je compte pour sûr de vous embrasser à Clèves ou en Hollande.

Maupertuis est autant qu'engagé chez nous; mais il me manque encore beaucoup d'autres sujets que vous me ferez plaisir de m'indiquer.

Adieu, charmant Voltaire; il faut que je quitte ce qu'il y a de plus aimable parmi les hommes, pour disputer le terrain à toutes sortes de Van Duren politiques, qui, pour surcroît de malheurs, n'ont pas des carmes pour confesseurs [1].

Aimez-moi toujours, et soyez sûr de l'estime inviolable que j'ai pour vous.

FÉDÉRIC.

1328. — A M. DE MAUPERTUIS.

A Bruxelles, le 9 août.

Je crois vous avoir mandé, monsieur, par un petit billet, combien votre lettre du 31 juillet m'avait étonné et mortifié. Les détails que vous voulez bien me faire dans votre lettre du 4 m'affligent encore davantage. Je vois avec douleur ce que j'ai vu toujours, depuis que je respire, que les plus petites choses produisent les plus violents chagrins.

Un malentendu a produit, entre la personne dont vous me parlez et le Suisse [2], une scène très-désagréable. Vous avez, permettez-moi de vous le dire, écrit un peu sèchement à une personne qui vous aimait et qui vous estimait. Vous lui avez fait sentir qu'elle avait un tort humiliant dans une affaire où elle croyait s'être conduite avec générosité; elle en a été sensiblement affligée.

Si j'avais pu vous écrire plus tôt ce que je vous écrivis [3] en arrivant à la Haye, si j'avais été à portée d'obtenir de vous que vous fissiez quelques pas, toujours honorables à un homme et que son amitié pour vous avait mérités, je n'aurais pas aujourd'hui le chagrin d'apprendre ce que vous m'apprenez. J'en ai le cœur percé; mais, encore une fois, je ne crois pas que ce que vous me mandez puisse vous faire tort. On aura sans doute outré les rapports qu'on vous aura faits; les termes que vous soulignez sont incroyables. N'y ajoutez point foi, je vous en conjure. Donnez-moi un exemple de philosophie; croyez que je parlerai comme il faut, que je vous rendrai, que je vous ferai rendre la justice qui vous est due; fiez-vous à mon cœur.

---

1. Le *jésuite* Pollet était alors le confesseur du cardinal de Fleury, qui gouvernait Louis XV, confessé par le *jésuite* Taschereau de Lignières. (CL.)
2. Il s'agit ici d'une discussion entre Mme du Châtelet et Koenig, qui, dans un voyage en France, s'était chargé de lui expliquer la philosophie leibnitzienne. M. de Maupertuis avait pris le parti de Koenig. (K.) — C'est ce même Koenig que Maupertuis fit condamner comme faussaire en 1752, par l'Académie de Berlin, érigée ridiculement en tribunal criminel. (CL.)
3. Voyez plus haut la lettre 1319.

Je vous étonnerai peut-être quand je vous dirai que je n'ai pas su un mot de la querelle[1] du Suisse à Paris. Soyez tout aussi convaincu que vous m'apprenez de tout point la première nouvelle d'une chose mille fois plus cruelle.

Je vous conjure, encore une fois, de mêler un peu de douceur à la supériorité de votre esprit. Il est impossible que la personne dont vous me parlez ne se rende à la raison et à ma juste douleur.

Soyez sûr que je conserve pour vous la plus tendre estime, que je n'y ai jamais manqué, et que vous pouvez disposer entièrement de moi.

1329. — A M. L'ABBÉ MOUSSINOT[2].

Ce 14 (auguste 1740).

Depuis ma lettre écrite par laquelle je vous prie, mon cher ami, d'aller trouver M. de Nicolaï, j'ai fait réflexion que vous ferez bien dans votre audience de lui montrer cette lettre qui ne doit pas lui déplaire. Ce sera la meilleure manière d'entrer en conversation.

Ne faudrait-il pas faire opposition aussi entre les mains de M. Bergeret?

A l'égard de M. d'Estaing, je n'ai pas encore le nom du procureur auquel il faut s'adresser à Clermont; mais je l'aurai bientôt. Je vous remercie de l'avis que vous me donnez touchant les lettres d'État; je suppose que le marquis d'Estaing a renoncé par son contrat au bénéfice des lettres d'État.

Comme j'aurai bientôt besoin d'un fonds considérable, je vous réitère mes remerciements des poursuites que vous faites faire.

Je vous prie de ne point répandre dans le monde que j'avais une rente viagère sur Michel; il suffit de dire que j'avais de l'argent placé sur lui.

Il n'y a que M. de Nicolaï auquel il faille confier la chose.

Il sera très à propos que monsieur votre frère écrive à M. d'Auneuil qu'attendu la banqueroute du sieur Michel, dans laquelle je me trouve enveloppé, et ayant perdu les hypothèques que M. d'Auneuil m'avait données, il est dans l'absolue nécessité de presser le payement que me doit M. d'Auneuil.

1. Voltaire feignait d'ignorer cette querelle, car il en parle dans la lettre 1232.
2. Édition Courtat.

Outre cette lettre de monsieur votre frère, je serais d'avis que vous lui en écrivissiez une autre, par laquelle vous lui diriez qu'ayant bien voulu avoir l'œil sur mes affaires, dont monsieur votre frère est chargé, et sachant que j'ai eu le malheur d'essuyer plusieurs banqueroutes, vous le priez de me donner une autre délégation. Au reste, s'il ne le fait pas, on pourra l'y contraindre, car c'est se moquer que de donner en délégation les mêmes rentes et les mêmes maisons à deux personnes, et c'est, en bon français, un stellionat.

Je vous prie d'envoyer aussi à la direction des affaires de M. de Goesbriant, dont nous n'avons aucune nouvelle.

Je vous prie de garder un profond secret sur ce que vous avez à moi, et sur mes affaires.

Je ne sais ce que c'est que ces bijoux que Mme du Châtelet vous a envoyés. Elle m'en a fait mystère : mandez-moi ce que c'est.

Son estampe doit être pour un *in-octavo* ; ainsi il ne la faut guère plus grande que la mienne.

Je songe que vous pourriez encore très-bien montrer à M. le président de Nicolaï mon autre lettre où je fais le mauvais plaisant sur la banqueroute de Michel. Cela mettrait M. de Nicolaï de bonne humeur. Vous êtes le maître de tout.

Je vous embrasse bien tendrement. Bonsoir.

1330. — A M. L'ABBÉ MOUSSINOT [1].

(18 auguste 1740.)
A Bruxelles (plus une syllabe illisible).

Mon cher abbé, je vous parlais du temporel dans ma dernière lettre. Celle-ci sera pour le spirituel.

En premier lieu, il s'agirait de presser le ou la libraire d'imprimer cette *Philosophie*.

En second lieu, voici un secret que je vous confie. Mme de Chambonin doit vous envoyer, de ma part, un paquet qui sera bientôt suivi d'un autre. Le tout est un manuscrit singulier, composé par un homme plus singulier encore. On ne pourra point avoir de privilége pour ma *Philosophie*, il n'en faut pas demander: mais on en obtiendra aisément pour ce nouveau

rangs dans l'Europe, et qui, par son nom seul, quand il sera connu, fera la fortune du libraire. Vous pouvez transiger avec Prault fils; mais il ne faudra pas moins qu'un marché de mille écus, dont le dixième, s'il vous plaît, sera pour vous. Je n'ai nulle part ni au manuscrit ni au profit; je remplis seulement ma mission. Il faudra faire imprimer *le Prince* de Machiavel de la traduction de La Houssaie, avec la réfutation à côté, le tout à deux colonnes. Voilà une petite négociation dont je charge votre amitié.

S'il était permis de revenir au temporel, je vous demanderais des nouvelles de ma pension.

1331. — A M. LE PRÉSIDENT HÉNAULT.

A Bruxelles, le 20 d'août.

Rien ne m'a tant flatté depuis longtemps, monsieur, que votre souvenir et vos ordres. Vous croyez bien que j'ai reçu M. Dumolard[1] comme un homme qui m'est recommandé par vous. Je n'ai pu lui rendre encore que de petits soins, mais j'espère lui rendre bientôt de plus grands services. Il sera heureux si, n'étant pas auprès de vous, il peut être auprès d'un roi qui pense comme vous, qui sait qu'il faut plaire, et qui en prend tous les moyens. Sa passion dominante est de faire du bien, et ses autres passions sont tous les arts. C'est un philosophe sur le trône; c'est quelque chose de plus : c'est un homme aimable. M. de Maupertuis est allé l'observer; mais je ne l'envie point. Je passe ma vie avec un être supérieur, à mon gré, aux rois, et même à celui-là. J'ai été très-aise que M. de Maupertuis ait vu Mme du Châtelet. Ce sont deux astres (pour parler le langage newtonien) qui ne peuvent se rencontrer sans s'attirer. Il y avait de petits nuages qu'un moment de lumière a dissipés.

Pour le livre[2] de Mme du Châtelet, dont vous me parlez, je crois que c'est ce qu'on a jamais écrit de mieux sur la philosophie de Leibnitz. Si les cœurs des philosophes allemands se prennent par la lecture, les Wolffius, les Hanschius[3] et les Thummingius[4] seront tous amoureux d'elle sur son livre, et lui en-

1. Voyez la note 3 de la page 491.
2. Les *Institutions de physique*.
3. Michel Gottlieb Hansch, cité avec éloge, par de La Lande, dans sa *Bibliographie astronomique*, années 1709 et 1718.
4. Louis-Philippe Thumming, auteur d'une *Dissertation* sur la propagation de la lumière, 1721, in-4°.

verront, du fond de la Germanie, les lemmes et les théorèmes les plus galants; mais je suis bien persuadé qu'il vaut mieux souper avec vous que d'enchanter le Nord ou de le mesurer.

Je prends la liberté de vous envoyer une *Épître*[1] au roi de Prusse, que mon cœur m'a dictée, il y a quelque temps, et que je souhaite que vous lisiez avec autant d'indulgence que lui. Si Mme du Deffant, et les personnes avec lesquelles vous vivez, daignaient se souvenir que j'existe, je vous supplierais de leur présenter mes respects. Ne doutez pas des sentiments qui m'attachent à vous pour la vie.

1332. — A M. DE LA NOUE,
DIRECTEUR DE LA COMÉDIE, A DOUAI.

A Bruxelles, ce 20 août.

Il y a longtemps, mon cher monsieur, qu'une parfaite estime m'a rendu votre ami. Cette amitié est bien fortifiée par votre lettre. Vous pensez aussi bien en prose qu'en vers, et je ferai certainement usage des réflexions que vous avez bien voulu me communiquer[2]. J'espère toujours que quand le plus aimable roi de l'univers sera un peu fixé dans sa capitale, il mettra la tragédie et la comédie françaises au nombre des beaux-arts qu'il fera fleurir. Il n'en protége aucun qu'il ne connaisse; il est juge éclairé du mérite en tout genre. Je crois que je ne pourrais jamais mieux le servir qu'en lui procurant un homme d'esprit et de talents, aussi estimable par son caractère que par ses ouvrages, et seul capable peut-être de rendre à son art l'honneur et la considération que cet art mérite. Berlin va devenir Athènes; je crois que le roi pensera comme les Périclès et les autres Athéniens, qui honoraient le théâtre et ceux qui s'y adonnaient, et qui n'étaient point assez sots pour ne pas attacher une juste estime à l'art de bien parler en public.

Si je suis assez heureux pour procurer à Sa Majesté un homme tel que vous, je suis très-sûr qu'il ne vous considérera pas seulement comme le chef d'une société destinée au plaisir, mais comme un auteur, et comme un homme digne de ses attentions.

---

1. Voyez, tome X, l'épître qui commence par ce vers :
   Quoi! vous êtes monarque et vous m'aimez encore!

2. Sans doute sur la tragédie du *Fanatisme*, dans laquelle La Noue joua le principal rôle, à Lille, huit mois plus tard. (CL.)

Si les choses prennent un autre tour, si l'amour de votre patrie vous empêche d'aller à la cour d'un roi que tous les gens de lettres veulent servir, ou si quelqu'un lui donne une autre idée, ou s'il n'a point de spectacle, je féliciterai la France de vous garder. Je me flatte que j'aurai bientôt le plaisir de vous entendre à Lille. Mandez-moi, je vous prie, si vous pourriez y être vers le 1er septembre. J'ai mes raisons, et ces raisons sont principalement l'estime et l'amitié avec lesquelles je compte être toute ma vie, monsieur, votre, etc.

1333. — A M. LE COMTE DE CAYLUS.

Bruxelles, le 21 août.

J'ai reçu, monsieur, l'ambulante *Bibliothèque orientale*[1] que vous avez eu la bonté de m'adresser. M. Dumolard saurait encore plus d'hébreu, de chaldéen, qu'il ne me ferait jamais autant de plaisir que m'en ont fait les assurances que vous m'avez données, en français, de la continuation de vos bontés. Soyez très-sûr que j'emploierai mon petit crédit à faire connaître un homme que vous favorisez, et qui m'en paraît très-digne. Il est aimable, comme s'il ne savait pas un mot de syriaque; je me suis bien douté que c'était un homme de mérite, dès qu'il m'a dit être porteur d'une lettre de vous.

En vérité, vous êtes un homme charmant, vous protégez tous les arts, vous encouragez toute espèce de mérite, il semble que vous soyez né à Berlin. Du moins il me semble qu'on ne suit guère votre exemple à la cour de France. Je vous avertis que, tant qu'on n'emploiera son argent qu'à bâtir ce monument de mauvais goût qu'on nomme Saint-Sulpice[2], tant qu'il n'y aura pas de belles salles de spectacle, des places, des marchés publics magnifiques à Paris, je dirai que nous tenons encore à la barbarie :

. . . . Hodieque manent vestigia ruris.
(Hor., lib. II, ep. I, v. 160.)

La campagne, en France, est abîmée, et les villes peu embellies; c'est à vous à représenter à qui il appartient ce que les

---

1. Ce titre d'un ouvrage de d'Herbelot désigne ici Dumolard.
2. Selon M. Dulaure, Anne d'Autriche posa la première pierre de cet édifice, le 20 février 1655; mais ce ne fut qu'en 1733 que l'on commença à fonder le portail, achevé seulement en 1745. (CL.)

Français peuvent faire, et ce qu'ils ne font pas ; il semble que vous méritiez de naître dans un plus beau siècle. Nous avons un Bouchardon, mais nous n'avons guère que lui ; je me flatte que vous inspirerez le goût à ceux qui ont le bonheur ou le malheur d'être en place : car, sans cela, point de beaux-arts en France.

Pour moi, dans quelque pays que je sois, je vous serai toujours, monsieur, bien tendrement attaché ; je vous regarderai comme celui que les artistes en tout genre doivent aimer, et celui auquel il faut plaire. Je vous remercie mille fois de ce que vous me dites au sujet d'un ministre[1] dont j'ai toujours estimé la personne, sans autre but que celui de lui plaire ; son suffrage et ses bontés me seront toujours chers. Il est vrai qu'avec la bienveillance singulière, j'oserai dire avec l'amitié dont m'honore un grand roi, je ne devrais pas rechercher d'autre protection ; mais je ne vivrai jamais auprès de ce roi aimable ; un devoir sacré m'arrête dans des liens que je ne comprends point. Telle est ma destinée que l'amitié m'attache à un pays qui me persécute. J'aurai donc toujours besoin de trouver dans votre ami un rempart contre les hypocrites et contre les sots, que je hais autant que je vous aime. Mme du Châtelet vous fait bien des compliments. Vous savez, monsieur, avec quelle estime respectueuse et quel tendre attachement je serai toute ma vie votre, etc.

1334. — A FRÉDÉRIC II, ROI DE PRUSSE.

A Bruxelles, le 22 août.

Ce sera donc un nouveau Salomon
Qui de Saba viendra trouver la reine ;
S'il en naissait quelque divin poupon,
Bien ce serait pour la nature humaine ;
Mais j'aime mieux qu'il n'en advienne rien ;
C'est bien assez, pour la terre embellie,
D'un Salomon avec une Émilie :
Le monde et moi ne voulons d'autre bien.

Or, sire, voici le fait. Le monde attache des yeux de lynx sur mon Salomon. Mais est-il vrai qu'il va en France ? dit l'un ; il verra l'Italie, dit l'autre, et on l'élira pape, pour régénérer Rome.

---

1. Il s'agit vraisemblablement ici de Maurepas, que Voltaire, avec raison, craignait plus qu'il ne l'estimait. Voyez (tome X) les notes de l'*Épître à un ministre d'État* (1740 .

Passera-t-il par Bruxelles? on parie pour et contre. S'il y passe, dit Mme la princesse de La Tour, il logera dans ma maison. Oh! pour cela non, madame la princesse; Sa Majesté ne logera point chez Votre Altesse sérénissime; et, s'il vient à Bruxelles, il y sera très-incognito; il logera, lui et sa suite aimable, chez Émilie. C'est la dernière maison de la ville, loin du peuple et des Altesses bruxelloises; et il y sera tout aussi bien que chez vous, quoique cette maison de louage ne soit pas si bien meublée que la vôtre. Voilà ce que je pense. Mais que fait la princesse de La Tour? De la campagne où elle est elle envoie tout courant savoir de Mme du Châtelet si Sa Majesté passera; et Mme du Châtelet répond qu'il n'y a pas un mot de vrai, et que tout ce qu'on dit est un conte. Ne voilà-t-il pas Mme de La Tour qui, sur-le-champ, envoie des courriers pour savoir la vérité du fait! Sire, le monde est bien curieux. Il n'y aurait qu'à faire mettre dans les gazettes que Votre Majesté va à Aix-la-Chapelle ou à Spa pour dépayser les nouvellistes.

Cependant, s'il était vrai que Votre *Humanité* passât par Bruxelles, je la supplie de faire apporter des gouttes d'Angleterre, car je m'évanouirai de plaisir.

M. de Maupertuis est à Wesel pour vous observer et vous mesurer. Il n'a vu ni ne verra jamais d'étoile d'une si heureuse influence.

L'affaire de l'*Anti-Machiavel* est en très-bon train, pour l'instruction et le bonheur du monde. Sire, vos sujets sont heureux, et ils le disent bien, mais je serai plus heureux qu'eux tous au commencement de septembre.

Je suis avec le plus profond respect et cent autres sentiments inexprimables, etc.

1335. — A M. THIERIOT[1].

22 août.

La bibliothèque hébraïque et chaldéenne que vous m'avez envoyée sous le nom de M. Dumolard est actuellement à Louvain : c'est un homme qui me paraît fait pour les Français modernes tout aussi bien que pour les Massorètes. Le roi de Prusse ne ferait pas là une mauvaise acquisition : il mérite de n'avoir que de tels hommes à son service.

Maupertuis s'est un peu trop pressé; il aura le temps de lever

---

1. Éditeurs, de Cayrol et François.

le plan de Wesel avant d'observer le roi, qui n'y sera que le 26. Il n'observera jamais en sa vie d'astre si bienfaisant.

L'archiduchesse qui gouverne Bruxelles est, dit-on, un astre à son couchant : sa santé baisse beaucoup et donne des alarmes. Elle est aimée ici, parce qu'elle n'a jamais fait de mal. Je vous embrasse.

1336. — A M. LE MARQUIS D'ARGENS [1].

A la Haye, .. août.

Votre livre de philosophie [2] a achevé de vous donner mon cœur. Je vous prie de me regarder comme votre partisan, votre admirateur et votre ami. La générosité avec laquelle vous aimez la vérité doit vous rendre cher à tous ceux qui aiment cette vérité si défigurée, si persécutée dans le monde. Adieu, monsieur; continuez d'être philosophe comme Épicure.

1337. — A M. DE MAUPERTUIS.

A Bruxelles, le 29 d'août; *la troisième année depuis la terre aplatie.*

Comment diable vouliez-vous, mon grand philosophe, que je vous écrivisse à Wesel? Je vous en croyais parti pour aller trouver le roi des sages sur sa route. J'ai appris qu'on était si charmé de vous avoir dans ce bouge fortifié que vous devez vous y plaire : car qui donne du plaisir en a.

Vous avez déjà vu l'ambassadeur rebondi du plus aimable monarque du monde. M. de Camas est sans doute avec vous. Pour moi, je crois que c'est après vous qu'il court. Mais vraiment, à l'heure que je vous parle, vous êtes auprès du roi. Le philosophe et le prince s'aperçoivent déjà qu'ils sont faits l'un pour l'autre. Vous direz avec M. Algarotti : *Faciamus hic tria tabernacula* [3]; pour moi, je ne puis faire que *duo tabernacula*.

Sans doute je serais avec vous si je n'étais pas à Bruxelles, mais mon cœur n'en est pas moins à vous, et n'en est pas moins le sujet du roi qui est fait pour régner sur tout être pensant et sentant. Je ne désespère pas que Mme du Châtelet ne se trouve quelque part sur votre chemin : ce sera une aventure de conte de

---

1. Éditeurs, de Cayrol et François.
2. La *Philosophie du bon sens.*
3. Saint Matthieu, XVII, 4.

fées ; elle arrivera avec *raison suffisante,* entourée de *monades*[1]. Elle ne vous aime pourtant pas moins, quoiqu'elle croie aujourd'hui le monde *plein,* et qu'elle ait abandonné si hautement le *vide.* Vous avez sur elle un ascendant que vous ne perdrez jamais. Enfin, mon cher monsieur, je souhaite aussi vivement qu'elle de vous embrasser au plus tôt. Je me recommande à votre amitié dans la cour digne de vous, où vous êtes.

1338. — A FRÉDÉRIC II, ROI DE PRUSSE.

A Bruxelles, le 1er septembre.

Sire, mon roi est à Clèves ; une petite maison l'attend à Bruxelles ; un palais[2] presque digne de lui l'attend à Paris, et moi, j'attends ici mon maître.

> Mon cœur me dit que je touche
> A ce moment fortuné
> Où j'entendrai de la bouche
> De l'Apollon couronné
> Ces traits que la sage Rome
> Aurait admirés jadis ;
> Je verrai, j'entendrai l'homme
> Que j'adore en ses écrits.

O Paris ! ô Paris ! séjour des gens aimables et des badauds, du bon et du mauvais goût, de l'équité et de l'injustice, grand magasin de tout ce qu'il y a de bon et de beau, de ridicule et de méchant, sois digne, si tu peux, du vainqueur que tu recevras dans ton enceinte irrégulière et crottée. Puisse-t-il te voir incognito, et jouir de tout sans les embarras de la royauté ! Puisse-t-il ne voir et n'être vu que quand il voudra ! Heureux l'hôtel du Châtelet, le cabinet des Muses, la galerie d'Hercule, le salon de l'Amour !

> Lesueur et Lebrun, nos illustres Apelles,
>   Ces rivaux de l'antiquité,
> Ont, en ces lieux charmants, étalé la beauté
>   De leurs peintures immortelles[3] ;

---

1. Allusion à la philosophie de Leibnitz, que Mme du Châtelet avait expliquée dans ses *Institutions de physique.* (K.)
2. L'hôtel Lambert.
3. Les beaux tableaux qui faisaient l'ornement intérieur de l'hôtel Lambert ont été placés dans les galeries du Louvre. (CL.)

Les neuf Sœurs elles-même ont orné ce séjour
Pour en faire leur sanctuaire;
Elles avaient prévu qu'il recevrait un jour
Celui qui des neuf Sœurs est le juge et le père.

Sire, par tout ce que j'apprends de cette grande ville de Paris, je crois qu'il est nécessaire qu'on dise un mot dans les gazettes d'une lettre de Votre Majesté à M. de Maupertuis, qui a été imprimée. Il y a sans doute quelques mots d'oubliés dans la copie incorrecte qui a paru. Ce ne serait qu'une bagatelle pour tout autre; mais, sire, votre personne est en spectacle à toute l'Europe; on parle des États et des ministres des autres souverains, et c'est de vous qu'on parle; c'est vous, sire, qu'on examine, dont on pèse toutes les paroles, et qu'on juge déjà avec une sévérité proportionnée à votre mérite et à votre réputation. Pardonnez, sire, à la franchise d'un cœur qui vous idolâtre; je vous importune peut-être; n'importe, le cœur ne peut être coupable. Si Votre Majesté agrée mes réflexions, elle fera parvenir aux gazetiers ce petit mot ci-joint; sinon elle aura de l'indulgence pour ma tendresse trop scrupuleuse, et ce qui touche le moins du monde votre personne m'est sacré; les petites choses me paraissent alors les plus grandes.

Pardonnez cette ardeur extrême
De mon zèle trop inquiet;
C'est ainsi que l'amour est fait,
Et c'est ainsi que je vous aime.

1339. — A M. L'ABBÉ MOUSSINOT [1].

2 septembre 1740.

Mon très-cher abbé, nous nous recommandons à vos bontés accoutumées. Meublez le palais comme vous pourrez, au meilleur marché que vous pourrez, le plus tôt que vous pourrez, à payer de quinzaine en quinzaine, comme vous pourrez.

Je vous avertis, mon cher ami, que Mme du Châtelet a quelques meubles qui peuvent aider; elle a surtout un beau lit sans matelas.

Il y a, dans la rue Sainte-Marguerite, près de l'abbaye, une mademoiselle Auger, sage-femme, qui a ces meubles de Mme du Châtelet. Elle se donnera tous les mouvements nécessaires; elle

---

1. Édition Courtat.

en a ordre. Envoyez chez elle; elle fera tout ce que vous commanderez.

Je vous en prie, mon cher abbé, aidez-nous dans ce petit projet qui nous rapprochera de vous.

1340. — DE FRÉDÉRIC II, ROI DE PRUSSE.

Wesel, 2 septembre.

Mon cher Voltaire, j'ai reçu à mon arrivée trois lettres de votre part, des vers divins, et de la prose charmante. J'y aurais répondu d'abord, si la fièvre ne m'en eût empêché; je l'ai prise ici fort mal à propos, d'autant plus qu'elle dérange tout le plan que j'avais formé dans ma tête.

Vous voulez savoir ce que je suis devenu, depuis mon départ de Berlin; vous en trouverez la description ci-jointe [1]. Je ne vais point à Paris, comme on l'a débité : ce n'a point été mon dessein d'y aller, cette année, mais je pourrais peut-être faire un voyage aux Pays-Bas. Enfin la fièvre et l'impatience de ne vous avoir pas vu encore sont à présent les deux objets qui m'occupent le plus. Je vous écrirai dès que ma santé me le permettra, où et comment je pourrai avoir le plaisir de vous embrasser. Adieu.

FÉDÉRIC.

J'ai vu une lettre [2] que vous avez écrite à Maupertuis; il ne se peut rien de plus charmant. Je vous réitère encore mille remercîments de la peine que vous avez prise à la Haye, touchant ce que vous savez [3]. Conservez toujours l'amitié que vous avez pour moi; je sais trop le cas qu'il faut faire d'amis de votre trempe.

1341. — DE FRÉDÉRIC II, ROI DE PRUSSE.

Wesel, 5 septembre.

De votre passeport muni,
Et d'un certain petit mémoire,
S'en vint ici le sieur Hony [4],
En s'applaudissant de sa gloire.

Ah! digne apôtre de Bacchus,
Ayez pitié de ma misère!

---

1. Elle était en prose et en vers. Un fragment est conservé dans les *Mémoires* de Voltaire, et un autre dans le *Commentaire historique* sur les œuvres de l'auteur de *la Henriade*.
2. Elle a sans doute été perdue.
3. L'*Anti-Machiavel*.
4. Cette lettre, commençant par sept stances, est la réponse à sept autres stances qui sont dans le tome VIII, à la date du 26 août 1740, et dont Voltaire avait chargé le marchand de vin Hony, nommé dans la lettre 1159.

De votre vin je ne bois plus ;
J'ai la fièvre, c'est chose claire.

« Apollon, qui me fit ces vers,
Est dieu, dit-il, de médecine ;
Entendez ses charmants concerts,
Et sentez sa force divine. »

Je lus vos vers, je les relus ;
Mon âme en fut plus que ravie.
Heureux, dis-je, sont vos élus !
D'un mot vous leur rendez la vie.

Et le plaisir et la santé,
Que votre verve a su me rendre,
Et l'amour de l'humanité,
D'un saut me porteront en Flandre.

Enfin je verrai, dans huit jours,
Le dieu du Pinde et de Cythère ;
Entre les Arts et les Amours,
Cent fois j'embrasserai Voltaire.

Partez, Hony, mon précurseur ;
Déjà mon esprit vous devance ;
L'intérêt est votre moteur ;
Le mien, c'est la reconnaissance.

J'attends le jour de demain comme étant l'arbitre de mon sort, la marque caractéristique de la fièvre ou de ma guérison. Si la fièvre ne revient plus, je serai mardi (de demain en huit) à Anvers, où je me flatte du plaisir de vous voir avec la marquise. Ce sera le plus charmant jour de ma vie. Je crois que j'en mourrai ; mais du moins on ne peut choisir de genre de mort plus aimable.

Adieu, mon cher Voltaire ; je vous embrasse mille fois.

FÉDÉRIC.

1342. — DE FRÉDÉRIC II, ROI DE PRUSSE.

Wesel, 6 septembre.

Mon cher Voltaire, il faut, malgré que j'en aie, céder à la fièvre quarte, plus tenace qu'un janséniste ; et quelque envie que j'ai eue d'aller à Anvers et à Bruxelles, je ne me vois pas en état d'entreprendre pareil voyage sans risque. Je vous demanderai donc si le chemin de Bruxelles à Clèves ne vous paraîtrait pas trop long pour me joindre ; c'est l'unique moyen de vous voir qui me reste. Avouez que je suis bien malheureux, car à présent que je puis disposer de ma personne, et que rien ne m'empêchait de vous voir, la fièvre s'en mêle, et paraît avoir le dessein de me disputer cette satisfaction.

Trompons la fièvre, mon cher Voltaire, et que j'aie du moins le plaisir de vous embrasser. Faites bien mes excuses à la marquise de ce que je ne puis avoir la satisfaction de la voir à Bruxelles. Tous ceux qui m'approchent connaissent l'intention dans laquelle j'étais, et il n'y avait certainement que la fièvre qui pût me la faire changer.

Je serai dimanche[1] à un petit endroit[2] proche de Clèves, où je pourrai vous posséder véritablement à mon aise. Si votre vue ne me guérit, je me confesse tout de suite.

Adieu; vous connaissez mes sentiments et mon cœur.

FÉDÉRIC.

1343. — A M. LE MARÉCHAL DE SCHULENBOURG[3],

GÉNÉRAL DES VÉNITIENS.

A la Haye, le 15 septembre 1740.

Monsieur, j'ai reçu par un courrier de monsieur l'ambassadeur de France le journal de vos campagnes de 1703 et 1704, dont Votre Excellence a bien voulu m'honorer. Je dirai de vous comme de César : *Eodem animo scripsit quo bellavit*. Vous devez vous attendre, monsieur, qu'un tel bienfait me rendra très-intéressé, et attirera de nouvelles demandes. Je vous supplie de me communiquer tout ce qui pourra m'instruire sur les autres événements de la guerre de Charles XII. J'ai l'honneur de vous envoyer le journal des campagnes de ce roi[4], digne de vous avoir combattu. Ce journal va jusqu'à la bataille de Pultava inclusivement; il est d'un officier suédois, nommé M. Adlerfelt : l'auteur me paraît très-instruit et aussi exact qu'on peut l'être ; ce n'est pas

1. Le 11 septembre.
2. Le château de Moyland. Voltaire, dans ses *Mémoires*, donne à cet endroit le nom de château de *Meuse*. Il y arriva le 11 septembre, ainsi que Frédéric, qui repartit le 14 pour Potsdam.
3. Cette lettre a été imprimée en 1750 à la fin du volume intitulé *Oreste, tragédie*, et qui contenait diverses autres pièces. C'était immédiatement après les chapitres II et III *Sur les Mensonges imprimés* (voyez tome XXIII, page 438) que se trouvait la lettre à Schulenbourg ; elle était précédée de l'*Avertissement* que voici :

« On a cru, à la suite de ces discussions, pouvoir placer une lettre écrite il y a plusieurs années à M. le maréchal de Schulenbourg. On verra par cette lettre quelles peines il faut prendre pour démêler la vérité, avec quelle constance il la faut chercher, se corriger quand on s'est trompé, se défendre quand on a raison, mépriser les mauvaises critiques, et demander toujours de bons conseils aux seuls hommes qui peuvent en donner. » (B.)

— Jean-Mathias, comte de Schulenbourg, né à Cendan, près de Magdebourg, le 8 août 1661, est mort à Vérone le 14 mars 1747.

4. *Histoire militaire de Charles XII*, par G. d'Adlerfelt, 1740, quatre volumes in-12.

une histoire, il s'en faut beaucoup ; mais ce sont d'excellents matériaux pour en composer une, et je compte bien réformer la mienne en beaucoup de choses sur les mémoires de cet officier.

Je vous avoue d'ailleurs, monsieur, que j'ai vu avec plaisir dans ces mémoires beaucoup de particularités qui s'accordent avec les instructions sur lesquelles j'avais travaillé. Moi qui doute de tout, et surtout des anecdotes, je commençais à me condamner moi-même sur beaucoup de faits que j'avais avancés : par exemple, je n'osais plus croire que M. de Guiscard, ambassadeur de France, eût été dans le vaisseau de Charles XII à l'expédition de Copenhague ; je commençais à me repentir d'avoir dit que le cardinal primat, qui servit tant à la déposition du roi Auguste, s'opposa en secret à l'élection du roi Stanislas ; j'étais presque honteux d'avoir avancé que le duc de Marlborough s'adressa d'abord au baron de Görtz avant de voir le comte Piper, lorsqu'il alla conférer avec le roi Charles XII. Le sieur de La Motraye[1] m'avait repris sur tous ces faits avec une confiance qui me persuadait qu'il avait raison ; cependant ils sont tous confirmés par les Mémoires de M. Adlerfelt.

J'y trouve aussi que le roi de Suède mangea quelquefois, comme je l'avais dit[2], avec le roi Auguste qu'il avait détrôné, et qu'il lui donna la droite. J'y trouve que le roi Auguste et le roi Stanislas se rencontrèrent à sa cour et se saluèrent sans se parler. La visite extraordinaire que Charles XII rendit à Auguste à Dresde, en quittant ses États, n'y est pas omise[3]. Le bon mot même du baron de Stralheim y est cité mot pour mot, comme je l'avais rapporté[4].

Voici enfin comme on parle dans la préface du livre de M. Adlerfelt :

« Quant au sieur de La Motraye, qui s'est ingéré de critiquer M. de Voltaire, la lecture de ces mémoires ne servira qu'à le confondre, et à lui faire remarquer ses propres erreurs, qui sont en bien plus grand nombre que celles qu'il attribue à son adversaire. »

Il est vrai, monsieur, que je vois évidemment par ce journal que j'ai été trompé sur les détails de plusieurs événements militaires. J'avais, à la vérité, accusé juste le nombre des troupes

---

1. Voyez tome XVI, page 354, les *Notes* de Voltaire sur les *Remarques* de La Motraye.
2. Voyez tome XVI, page 218.
3. Voyez *ibid.*, page 229.
4. *Ibid.*, page 230.

suédoises et moscovites à la célèbre bataille de Narva ; mais, dans beaucoup d'autres occasions, j'ai été dans l'erreur. Le temps, comme vous savez, est le père de la vérité ; je ne sais même si on peut jamais espérer de la savoir entièrement. Vous verrez que, dans certains points, M. Adlerfelt n'est point d'accord avec vous, monsieur, au sujet de votre admirable passage de l'Oder ; mais j'en croirai plus le général allemand, qui a dû tout savoir, que l'officier suédois, qui n'en a pu savoir qu'une partie.

Je réformerai mon histoire sur les mémoires de Votre Excellence et sur ceux de cet officier. J'attends encore un extrait de l'histoire suédoise de Charles XII, écrite par M. Nordberg, chapelain de ce monarque.

J'ai peur, à la vérité, que le chapelain n'ait quelquefois vu les choses avec d'autres yeux que les ministres qui m'ont fourni mes matériaux. J'estimerai son zèle pour son maître ; mais moi, qui n'ai été chapelain ni du roi ni du czar ; moi, qui n'ai songé qu'à dire vrai, j'avouerai toujours que l'opiniâtreté de Charles XII à Bender, son obstination à rester dix mois au lit, et beaucoup de ses démarches après la malheureuse bataille de Pultava, me paraissent des aventures plus extraordinaires qu'héroïques.

Si l'on peut rendre l'histoire utile, c'est, ce me semble, en faisant remarquer le bien et le mal que les rois ont fait aux hommes. Je crois, par exemple, que si Charles XII, après avoir vaincu le Danemark, battu les Moscovites, détrôné son ennemi Auguste, affermi le nouveau roi de Pologne, avait accordé la paix au czar, qui la lui demandait ; s'il était retourné chez lui vainqueur et pacificateur du Nord ; s'il s'était appliqué à faire fleurir les arts et le commerce dans sa patrie, il aurait été alors véritablement un grand homme ; au lieu qu'il n'a été qu'un grand guerrier, vaincu à la fin par un prince qu'il n'estimait pas. Il eût été à souhaiter, pour le bonheur des hommes, que Pierre le Grand eût été quelquefois moins cruel, et Charles XII moins opiniâtre.

Je préfère infiniment à l'un et à l'autre un prince qui regarde l'humanité comme la première des vertus, qui ne se prépare à la guerre que par nécessité, qui aime la paix parce qu'il aime les hommes, qui encourage tous les arts, et qui veut être, en un mot, un sage sur le trône : voilà mon héros, monsieur. Ne croyez

jusqu'à vous; vous verrez si elle me démentira; il mérite des généraux tels que vous. C'est de tels rois qu'il est agréable d'écrire l'histoire : car alors on écrit celle du bonheur des hommes.

Mais si vous examinez le fond du journal de M. Adlerfelt, qu'y trouverez-vous autre chose, sinon : lundi 3 avril, il y a eu tant de milliers d'hommes égorgés dans un tel champ; le mardi, des villages entiers furent réduits en cendres, et les femmes furent consumées par les flammes avec les enfants qu'elles tenaient dans leurs bras; le jeudi, on écrasa de mille bombes les maisons d'une ville libre et innocente, qui n'avait pas payé comptant cent mille écus à un vainqueur étranger qui passait auprès de ses murailles; le vendredi, quinze ou seize cents prisonniers périrent de froid et de faim? Voilà à peu près le sujet de quatre volumes.

N'avez-vous pas fait réflexion souvent, monsieur le maréchal, que votre illustre métier est encore plus affreux que nécessaire? Je vois que M. Adlerfelt déguise quelquefois des cruautés, qui en effet devraient être oubliées, pour n'être jamais imitées. On m'a assuré, par exemple, qu'à la bataille de Frauenstadt, le maréchal Rehnsköld fit massacrer de sang-froid douze ou quinze cents Moscovites qui demandaient la vie à genoux six heures après la bataille; il prétend qu'il n'y en eut que six cents, encore ne furent-ils tués qu'immédiatement après l'action. Vous devez le savoir, monsieur; vous aviez fait les dispositions admirées des Suédois même à cette journée malheureuse : ayez donc la bonté de me dire la vérité, que j'aime autant que votre gloire.

J'attends avec une extrême impatience le reste des instructions dont vous voudrez bien m'honorer : permettez-moi de vous demander ce que vous pensez de la marche de Charles XII en Ukraine, de sa retraite en Turquie, de la mort de Patkul. Vous pouvez dicter à un secrétaire bien des choses, qui serviront à faire connaître des vérités dont le public vous aura obligation. C'est à vous, monsieur, à lui donner des instructions en récompense de l'admiration qu'il a pour vous.

Je suis avec les sentiments de la plus respectueuse estime, et avec des vœux sincères pour la conservation d'une vie que vous avez si souvent prodiguée, monsieur, de Votre Excellence le très-humble et très-obéissant serviteur, V.

En finissant ma lettre, j'apprends qu'on imprime à la Haye la traduction française de l'*Histoire de Charles XII*, écrite en suédois par M. Nordberg : ce sera pour moi une nouvelle palette[1] dans laquelle je tremperai les pinceaux dont il me faudra repeindre mon tableau.

1344. — DE FRÉDÉRIC II, ROI DE PRUSSE.

Septembre[2].

> Tu naquis pour la liberté,
> Pour ma maîtresse tant chérie,
> Que tu courtise, en vérité,
> Plus que Phyllis et qu'Émilie.
> Tu peux, avec tranquillité,
> Dans mon pays, à mon côté,
> La courtiser toute ta vie.
> N'as-tu donc de félicité
> Que dans ton ingrate patrie ?

Je vous remercie encore, avec toute la reconnaissance possible, de toutes les peines que vous donnent mes ouvrages. Je n'ai pas le plus petit mot à dire contre tout ce que vous avez fait, sinon que je regrette le temps que vous emportent ces bagatelles.

Mandez-moi, je vous prie, les frais et les avances que vous avez faits pour l'impression, afin que je m'acquitte, du moins en partie, de ce que je vous dois.

J'attends de vous des comédiens, des savants, des ouvrages d'esprit, des instructions, et à l'infini des traits de votre grande âme. Je n'ai à vous rendre que beaucoup d'estime et de reconnaissance, et l'amitié parfaite avec laquelle je suis tout à vous.

FÉDÉRIC.

1345. — A M. LE COMTE D'ARGENTAL [3].

Sur le chemin de Rotterdam, ce 15 septembre.

J'ai peur, mon cher ange gardien, qu'une lettre que je vous écrivis de Clèves ne vous soit point parvenue. La guerre entre le

---

1. La palette n'a pu servir. On sait que l'*Histoire de Charles XII* par Nordberg n'est, jusqu'en 1709, qu'un amas indigeste de faits mal rapportés, et, depuis 1709, qu'une copie de l'histoire composée par M. de Voltaire. — Cette note, de Voltaire, est de 1752. L'*Histoire de Charles XII, traduite du suedois de Nordberg*, par Warmholtz, est en quatre volumes in-4° qui portent la date de 1748; mais les trois premières feuilles étaient imprimées dès 1742. Il paraît que des frontispices du premier volume ont été tirés avec la date de 1742 (voyez la *Bibliothèque française*, tome XXXV, page 179). La lettre de Voltaire à Nordberg classée après le 20 février 1744 donne à penser que des exemplaires du premier volume furent mis en circulation dès 1742. (B.)
2. Cette lettre doit être postérieure à l'entrevue du 11 au 14 septembre, de Frédéric et de Voltaire.
3. Éditeurs, de Cayrol et François.

roi de Prusse et l'évêque de Liége, toute petite qu'elle est, peut être très-funeste aux courriers. Je vous avais mandé ce que vous saviez déjà, que le roi était dans le dessein d'acheter vos bustes, et que, grâce à Thieriot, vous les vendriez la moitié moins que vous ne vouliez [1].

Adieu, mon cher ami ; après avoir vu le roi de Prusse, il ne me manque plus que vous. J'espérais bien que vous verriez aussi ce que c'est qu'un roi fait homme ; mais la destinée en a décidé autrement.

1346. — A M. DE MAUPERTUIS.

A la Haye, ce 18 de septembre.

Je vous sers, monsieur, plus tôt que je ne vous l'avais promis ; et voilà comme vous méritez qu'on vous serve. Je vous envoie la réponse de M. Smith [2] ; vous verrez de quoi il est question.

Quand nous partîmes tous deux de Clèves, et que vous prîtes à droite, et moi à gauche, je crus être au jugement dernier, où le bon Dieu sépare ses élus des damnés. *Divus Federicus* vous dit : Asseyez-vous à ma droite, dans le paradis de Berlin ; et à moi : Allez, maudit, en Hollande.

Je suis donc dans cet enfer flegmatique, loin du feu divin qui anime les Frédéric, les Maupertuis, les Algarotti. Pour Dieu, faites-moi la charité de quelques étincelles dans les eaux croupissantes où je suis morfondu ! Instruisez-moi de vos plaisirs, de vos desseins. Vous verrez sans doute M. de Valori ; présentez-lui, je vous en supplie, mes respects. Si je ne lui écris point, c'est que je n'ai nulle nouvelle à lui mander : je serais aussi exact que je lui suis dévoué, si mon commerce pouvait lui être utile ou agréable.

Voulez-vous que je vous envoie quelques livres ? Si je suis encore en Hollande, à la réception de vos ordres, je vous obéirai sur-le-champ. Je vous prie de ne me pas oublier auprès de M. de Keyserlingk.

Mandez-moi, je vous prie, si l'énorme monade de Wolffius argumente à Marbourg, à Berlin, ou à Halle.

Adieu, monsieur ; vous pouvez m'adresser vos ordres à la Haye. Ils me seront rendus partout où je serai, et je serai par toute terre à vous pour jamais.

1. Voyez la fin de la lettre 1317.
2. Physicien anglais cité dans la lettre du 30 juin 1739 à Thieriot, et dans celle du 10 août 1741, à Maupertuis.

1347. — A FRÉDÉRIC II, ROI DE PRUSSE.

A la Haye, ce 22 septembre.

Oui, le monarque prêtre [1] est toujours en santé,
  Loin de lui tout danger s'écarte;
  L'Anglais demande en vain qu'il parte
Pour le vaste pays de l'immortalité;
Il rit, il dort, il dîne, il fête, il est fêté;
Sur son teint toujours frais est la sérénité;
  Mais mon prince a la fièvre quarte!
O fièvre, injuste fièvre, abandonne un héros
Qui rend le monde heureux, et qui du moins doit l'être!
  Va tourmenter notre vieux prêtre;
Va saisir, si tu veux, soixante cardinaux;
Prends le pape et sa cour, ses monsignors, ses moines;
Va flétrir l'embonpoint des indolents chanoines;
  Laisse Frédéric en repos.

J'envoie à mon adorable maître l'*Anti-Machiavel* tel qu'on commence à présent à l'imprimer; peut-être cette copie sera-t-elle un peu difficile à lire, mais le temps pressait; il a fallu en faire pour Londres, pour Paris, et pour la Hollande; relire toutes ces copies, et les corriger. Si Votre Majesté veut faire transcrire celle-ci correctement, si elle a le temps de la revoir, si elle veut qu'on y change quelque chose, je ne suis ici que pour obéir à ses ordres. Cette affaire, sire, qui vous est personnelle, me tient au cœur bien vivement. Continuez, homme charmant autant que grand prince, homme qui ressemblez bien peu aux autres hommes, et en rien aux autres rois.

L'héritier [2] des césars tient fort souvent chapelle;
Des trésors du Pérou l'indolent possesseur [3]
  A perdu, dit-on, la cervelle
Entre sa jeune femme et son vieux confesseur.
George [4] a paru quitter les soins de sa grandeur
  Pour une Yarmouth qu'il croit belle.
  De Louis, je n'en dirai rien,
  C'est mon maître, je le révère;

1. Le cardinal de Fleury.
2. Charles VI dont la mort, arrivée le 20 octobre 1740, donna lieu à la guerre de 1741; voyez, tome XV, le chapitre v du *Precis du Siecle de Louis XV*.
3. Philippe V.
4. Georges II, que Frédéric, son neveu, appelait le *chose* d'Angleterre.

Il faut le louer, et me taire ;
Mais plût à Dieu, grand roi, que vous fussiez le mien !

M. de Fénelon vint avant-hier chez moi pour me questionner sur votre personne ; je lui répondis que vous aimez la France, et ne le craignez point ; que vous aimez la paix, et que vous êtes plus capable que personne de faire la guerre ; que vous travaillez à faire fleurir les arts à l'ombre des lois ; que vous faites tout par vous-même, et que vous écoutez un bon conseil. Il parla ensuite de l'évêque de Liége, et sembla l'excuser un peu ; mais l'évêque n'en a pas moins tort, et il en a deux mille démonstrations[1] à Maeseyk. Je suis, etc.

1348. — A M. THIERIOT[2].

A la Haye, ce 29 septembre.

Je n'ai que le temps, après avoir un peu couru, de vous dire, mon cher ami, qu'il ne m'a manqué que vous, quand j'ai eu le bonheur de voir le roi de Prusse. Je voudrais avoir été plus utile à M. Dumolard ; mais M. Jordan, à qui j'ai écrit une longue lettre sur son compte, et à qui vous avez écrit aussi, m'est témoin, aussi bien que M. de Maupertuis, combien j'ai sollicité en sa faveur. Je ne suis point

Dissimulator opis propriæ, mihi commodus uni.

J'ai fait ce que j'ai pu, mais le roi a déjà beaucoup de bibliothécaires et beaucoup de gens savants dans les langues. Il me semble que M. Dumolard m'a dit qu'il pourrait être utile dans une imprimerie. Le roi a dessein d'en établir une très-belle ; si donc M. Dumolard pouvait en être le directeur, ce serait un commencement de fortune pour lui. Il faudrait, en ce cas, que je susse s'il pourrait établir des fonderies de caractères à meilleur marché que des Anglais et des Hollandais, qu'on propose au roi, et s'il voudrait se consacrer pour quelque temps à ce travail. Je voudrais de tout mon cœur lui rendre service, et le cœur me

---

1. Allusion aux deux mille hommes que Frédéric fit entrer dans Macseyk, le 14 septembre 1740, pour soutenir ce qu'il appelait ses droits sur la baronnie d'Herstall. Voltaire composa, à cette occasion, un manifeste. Ainsi le premier des exploits du grand Frédéric fut une victoire remportée contre un évêque. (CL.) — Voyez le *Sommaire des droits de S. M. le roi de Prusse sur Herstall*, tome XXIII, page 153.

2. Éditeurs, de Cayrol et François.

saigne du voyage inutile qu'il fait. Il me paraît avoir beaucoup de mérite.

Je vous embrasse du meilleur de mon cœur.

1349. — A M. L'ABBÉ MOUSSINOT [1].

(Septembre 1740.)

Je vous prie instamment, mon cher abbé, de me faire l'amitié d'envoyer sur-le-champ ces papiers inclus à la veuve, et de lui faire entendre qu'il faut qu'elle fasse corriger le tout sans délai, suivant ce que je marque.

D'ailleurs, je suis prêt à acheter plus d'exemplaires que je n'ai promis d'en prendre, et de lui faire tous les plaisirs *qui dépendront de moi*.

Ce Bouju qui ne fait point de réponse a bien la mine d'avoir tort. M. d'Estaing m'avait mandé que Bouju devait payer. M. de Barassy doit être instruit de ce qui en est.

Je me recommande à votre amitié pour tout le reste. Il ne faut rien laisser languir entre les mains des débiteurs. Vous voyez quelle peine on a, quand il faut arracher des arrérages accumulés.

On dit le siége de Carthagène levé.

Je vous embrasse.

Vous ne m'avez pas dit que Cideville vous avait envoyé demander ce paquet cacheté, que M. Gautier vous avait remis.

Bonsoir.

On a oublié de mettre cela (?) dans le paquet. Pardon.

1350. — A M. LE MARQUIS D'ARGENS.

A la Haye, le 2 d'octobre.

Mon cher ami, dont l'imagination et la probité font honneur aux lettres, vous m'avez bien prévenu; j'allais vous écrire et vous dire combien j'ai été fâché de ne point vous trouver ici. On m'avait assuré que vous logiez chez celui[2] que vous avez enrichi. J'y ai volé : on vous a dit à Stuttgard. Que ne puis-je y aller! Je suis accablé d'affaires, je ne pourrai y être que quatre ou cinq jours encore ; il faudra que je retourne d'ailleurs inces-

---

1. Édition Courtat.
2. Paupie, son libraire. (K.)

samment à Bruxelles ; mais vous, pourquoi aller en Suisse ? Quoi ! il a un roi de Prusse dans le monde ! Quoi ! le plus aimable des hommes est sur le trône ! Les Algarotti, les Wolff, les Maupertuis, tous les arts y courent en foule, et vous iriez en Suisse ! Non, non, croyez-moi ; établissez-vous à Berlin ; la raison, l'esprit, la vertu, y vont renaître. C'est la patrie de quiconque pense ; c'est une belle ville, un climat sain ; il y a une bibliothèque publique que le plus sage des rois va rendre digne de lui. Où trouverez-vous ailleurs les mêmes secours en tout genre ? Savez-vous bien que tout le monde s'empresse à aller vivre sous le Marc-Aurèle du Nord ? J'ai vu aujourd'hui un gentilhomme de cinquante mille livres de rente qui m'a dit : Je n'aurai point d'autre patrie que Berlin, je renonce à la mienne, je vais m'établir[1] là, il n'y aura pas d'autre roi pour moi. Je connais un très-grand seigneur de l'empire qui veut quitter Sa sacrée Majesté pour l'*Humanité* du roi de Prusse. Mon cher ami, allez dans ce temple qu'il élève aux arts. Hélas ! je ne pourrai vous y suivre, un devoir sacré m'entraîne ailleurs. Je ne peux quitter Mme du Châtelet, à qui j'ai voué ma vie, pour aucun prince, pas même pour celui-là ; mais je serai consolé si vous vous faites une vie douce dans le seul pays où je voudrais être si je n'étais pas auprès d'elle. Paupie m'a appris vos arrangements. Je vous en fais les plus tendres compliments ; que ne puis-je avoir l'honneur de vous embrasser ! Adieu, mon cher *Isaac* ; vis content et heureux.

Si vous avez quelque chose à m'apprendre de votre destinée, écrivez à Bruxelles.

Adieu, mon aimable et charmant ami.

1351. — DE FRÉDÉRIC II, ROI DE PRUSSE.

Remusberg, octobre.

Je suis honteux de vous devoir trois lettres, mais je le suis bien plus encore d'avoir toujours la fièvre. En vérité, mon cher Voltaire, nous sommes une pauvre espèce : un rien nous dérange et nous abat.

J'ai profité de vos avis touchant M. de Liége[2], et vous verrez que mes droits seront imprimés dans les gazettes. Cependant l'affaire se termine, et je crois que, dans quinze jours, mes troupes pourront évacuer le comté de Horn[3].

1. Voyez plus haut la fin de la lettre 1326.
2. C'est-à-dire l'évêque de Liége.
3. Voyez la lettre n° 1366.

Césarion vous aura répondu touchant M. du Châtelet. J'espère que vous serez content de sa réponse.

En vérité, je me repens d'avoir écrit le *Machiavel,* car les disputes où il vous entraîne avec Van Duren font au monde lettré une espèce de banqueroute de quinze jours de votre vie.

J'attends le *Mahomet* avec bien de l'impatience.

Voudriez-vous engager le comédien [1], auteur de *Mahomet II,* et lui enjoindre de lever une troupe en France, et de l'amener à Berlin, le 1er de juin 1741 ? Il faut que la troupe soit bonne et complète pour le tragique et le comique, les premiers rôles doubles.

Je me suis enfin ravisé sur le savant [2] à tant de langues ; vous me ferez plaisir de me l'envoyer. Bernard parle en adepte ; il ne veut point imprimer des livres, mais il veut faire de l'or.

Si je puis, je ferai marcher la tortue de Bréda [3] ; je ferai même écrire à Vienne, pour Mme du Châtelet, à mon ministre, qui pourra peut-être s'employer utilement pour elle [4]. Saluez de ma part cette rare et aimable personne, et soyez persuadé que tant que Voltaire existera il n'aura pas de meilleur ami que

FÉDÉRIC.

1352. — A M. CYRILLE LE PETIT [5],

PASTEUR DE L'ÉGLISE CATHOLIQUE FRANÇAISE.

A la Haye, ce 3 octobre.

Vous faites sans doute votre devoir de conciliateur et d'homme de bien en me promettant, comme vous faites, de ne donner jamais mon manuscrit [6] à Jean Van Duren que de mon consentement.

Nous vous prions, M. de Beck, témoin de toute l'affaire, et moi, qui y suis intéressé, nous vous prions, dis-je, de vous souvenir des faits suivants :

1° Que je fis présent à Van Duren du manuscrit en question ; ce que Van Duren n'a jamais nié, et ce dont ses lettres font foi ;

2° Qu'ayant eu ensuite des raisons pour ne le pas imprimer sitôt, je vins à la Haye ; j'offris à Van Duren de le rembourser

---

1. La Noue.
2. Charles Dumolard ; voyez ci-dessus, lettre 1333.
3. Frédéric désigne ainsi le prince d'Orange, qui était habituellement à Bréda.
4. Dans son procès contre la famille de Honsbrouk.
5. Éditeurs, de Cayrol et François.
6. Le manuscrit de l'*Anti-Machiavel,* que Voltaire avait déposé entre les mains de ce pasteur ; voyez, tome XXIII, la note 3 de la page 149.

de tous ses frais, et de lui payer le quadruple de ces frais pour retirer de lui ce que je lui avais donné en pur don : il eut l'ingratitude et la dureté de me refuser.

3° Je lui demandai au moins permission de corriger le manuscrit : il me le confia chez lui feuille à feuille, après m'avoir enfermé sous la clef. Je biffai, raturai et défigurai neuf chapitres du manuscrit : ayant ainsi mutilé un ouvrage dont j'étais le maître, j'offris encore à Van Duren de le racheter de ses mains.

4° Je lui fis parler par M. de Beck, secrétaire de la légation de Prusse, qui lui offrit à plusieurs reprises mille, quinze cents, deux mille florins ; je lui en offris moi-même trois mille. Enfin j'allai jusqu'à mille ducats. Il me répondit qu'il verrait. Et ensuite vous me dîtes vous-même, cinq ou six fois, qu'il ne voulait s'en dessaisir ni pour or ni pour argent, qu'il ne transigerait pas pour quinze cents ducats. Enfin vous et lui m'assurâtes qu'il voulait avoir le manuscrit véritable et correct, et qu'il rendrait alors celui que j'avais biffé ; qu'il espérait gagner, en imprimant le véritable manuscrit, plus que je ne pourrais lui donner en lui achetant le manuscrit informe dont il est saisi.

5° Je voulus bien enfin accepter ce parti : je vous remis le véritable ouvrage, et il donna sa parole d'honneur qu'il rendrait l'informe manuscrit qui ne doit pas paraître. Vous reçûtes ces paroles, vous m'assurâtes que l'affaire était terminée, vous m'en félicitâtes, et je partis de la Haye plein de la confiance que vous m'inspiriez.

6° Plus d'un mois s'est écoulé; Van Duren n'a point tenu sa parole ; il vous dit qu'il a envoyé ce manuscrit informe à Bâle ; il dit à M. de La Ville[1] qu'il l'a envoyé à Londres ; il dit qu'il l'a *débité* à Francfort. Tantôt il prétend qu'il est imprimé, tantôt il dit qu'il ne l'est pas. Tant de mensonges entassés, une conduite si irrégulière et si perfide, doivent vous convaincre, monsieur, que je ne peux me fier à un pareil homme qui, d'ailleurs, est universellement connu ici.

Je ne sens pas moins l'obligation que je vous ai ; et plus vous aurez en horreur les mauvais procédés de Van Duren, plus j'aurai bonne opinion de votre cœur. Je prendrai les mesures que mes amis approuveront, et je compterai toujours sur la fidélité avec laquelle vous garderez le dépôt. C'est avec ces sentiments, monsieur, que nous sommes vos très-humbles et très-obéissants serviteurs.

---

1. Secrétaire de l'ambassadeur de France Fénelon.

1353. — A FRÉDÉRIC II, ROI DE PRUSSE.

(La Haye), 7 octobre.

Sire, j'oubliai de mettre dans mon dernier paquet à Votre Majesté la lettre du sieur Beck, sur laquelle il m'a fallu revenir à la Haye. Je suis bien honteux de tant de discussions dont j'importune Votre Majesté pour une affaire qui devait aller toute seule. J'ai fait connaissance avec un jeune homme fort sage, qui a de l'esprit, des lettres, et des mœurs. C'est le fils de l'infortuné M. Luiscius. Son père n'a eu, je crois, d'autre défaut que de ne pas faire assez de cas d'une vie[1] qu'il avait vouée au service de son maître. Le fils me sert dans ma petite négociation avec toute la sagacité et la discrétion imaginables. Je prends la liberté d'assurer à Votre Majesté que si elle veut prendre ce jeune homme à son service pour lui servir de secrétaire, en cas qu'elle en ait besoin, ou si elle daigne l'employer autrement, et le former aux affaires, ce sera un sujet dont Votre Majesté sera extrêmement contente. Je vous suis trop attaché, sire, pour vous parler ainsi de quelqu'un qui ne le mériterait pas; il est déjà instruit des affaires, malgré sa jeunesse; il a beaucoup travaillé sous son père, et plus d'un secret d'État est entre ses mains. Plus je le pratique, plus je le reconnais prudent et discret. Votre Majesté ne se repentira pas d'avoir pris le baron de Schmettau[2]; je crois que, dans un goût différent, elle sera tout aussi contente, pour le moins, du jeune Luiscius. Je suis comme les dévots qui ne cherchent qu'à donner des âmes à Dieu. J'attends que j'aie bien mis toutes les choses en train pour quitter le champ de bataille, et m'en retourner auprès de mon autre monarque, à Bruxelles.

Je suis, en attendant, dans votre palais, où M. de Raesfeld[3] m'a donné un appartement sous le bon plaisir de Votre Majesté. Votre palais de la Haye est l'emblème des grandeurs humaines.

> Sur des planchers pourris, sous des toits délabrés,
> Sont des appartements dignes de notre maître;
>   Mais malheur aux lambris dorés
>   Qui n'ont ni porte ni fenêtre!
> Je vois dans un grenier les armures antiques,

---

1. Abraham-George Luiscius, précédemment envoyé prussien à la Haye.
2. C'était le frère du feld-maréchal de ce nom.
3. Jean-Pierre de Raesfeld, envoyé de la cour de Berlin à la Haye, de 1739 à 1741.

Les rondaches, et les brassards,
Et les charnières des cuissarts
Que portaient aux combats vos aïeux héroïques.
Leurs sabres tout rouillés sont rangés dans ces lieux,
Et les bois vermoulus de leurs lances gothiques,
Sur la terre couchés, sont en poudre comme eux.

Il y a aussi des livres que les rats seuls ont lus depuis cinquante ans, et qui sont couverts des plus larges toiles d'araignées de l'Europe, de peur que les profanes n'en approchent.

Si les pénates de ce palais pouvaient parler, ils vous diraient sans doute :

Se peut-il que ce roi, que tout le monde admire,
Nous abandonne pour jamais,
Et qu'il néglige son palais,
Quand il rétablit son empire?

Je suis, etc.

1354. — A M. L'ABBÉ MOUSSINOT [1].

A la Haye, 7 octobre 1740.

Je n'ai qu'un mot à dire, et qu'un moment pour écrire, mon cher abbé.

Un louis d'or à d'Arnaud ; qu'il compte sur mes soins ; je travaille pour lui, mais il faut attendre.

J'ai retrouvé l'avant-propos en question. Donnez, si vous voulez, le livre à qui vous voudrez [2], comme vous voudrez, et qu'on l'imprime comme le libraire voudra, avec ou sans privilége.

Je suis laconique, mais mon cœur ne l'est pas, et je vous aime pour toujours.

1355. — DE FRÉDÉRIC II, ROI DE PRUSSE.

Remusberg, 7 octobre [3].

L'amant favori d'Uranie
Va fouler nos champs sablonneux,
Environné de tous les dieux,
Hors de l'immortelle Émilie.

Brillante Imagination,
Et vous ses compagnes les Grâces,
Vous nous annoncez par vos traces
Sa rapide apparition.

Notre âme est souvent le prophète
D'un sort heureux et fortuné;
Elle est le céleste interprète
De ton voyage inopiné.

L'aveugle et stupide Ignorance
Craint pour son règne ténébreux;
Tu parais; toute son engeance
Fuit tes éclairs trop lumineux.

Enfin l'heureuse Jouissance
Ouvre les portes des Plaisirs;
Les Jeux, les Ris, et nos désirs,
T'attendent pleins d'impatience.

Des mortels nés d'un sang divin
Volent de Paris, de Venise,
Et des rives de la Tamise,
Pour te préparer le chemin.

Déjà les Beaux-Arts ressuscitent;
Tu fais ce miracle vainqueur,
Et de leur sépulcre ils te citent
Comme leur immortel sauveur.

Enfin je puis me flatter de vous voir ici. Je ne ferai point comme les habitants de la Thrace, qui, lorsqu'ils donnaient des repas aux dieux, avaient auparavant mangé la moelle eux-mêmes. Je recevrai Apollon comme il mérite d'être reçu, cet Apollon non-seulement dieu de la médecine, mais de la philosophie, de l'histoire, enfin de tous les arts[1].

L'ananas, qui de tous les fruits
Rassemble en lui les goûts exquis,
Voltaire, est de fait ton emblème;
Ainsi les arts au point suprême
Se trouvent en toi réunis.

Vous m'attaquez un peu sur le sujet de ma santé, vous me croyez plein de préjugés, et je crois en avoir peut-être trop peu pour mon malheur.

Aux saints de la cour d'Hippocrate
En vain j'ai voulu me vouer;

---

1. Tout cet alinéa se retrouve dans la lettre du 12 octobre suivant, ce qui permet de penser qu'il y a eu des altérations dans les lettres entre Voltaire et Frédéric; mais ce qui prouve les altérations, c'est qu'on ne trouve pas ici le passage que Voltaire cite dans sa lettre du 18 octobre. (B.)

Comment pourrai-je m'en louer?
Tout, jusqu'au quinquina, me rate.

Ou jésuite, ou musulman,
Ou bonze, ou brame, ou protestant,
Ma peu subtile conscience
Les tient en égale balance.

Pour vous, arrogants médecins,
Je suis hérétique, incrédule;
Le ciel gouverne nos destins,
Et non pas votre art ridicule.

L'avocat, fort d'un argument,
Sur la chicane et l'éloquence
Veut élever notre espérance;
Tout change par l'événement.

De ces trois états la furie
Nous persécutent à la mort;
L'un en veut à notre trésor,
L'autre, à l'âme; un autre, à la vie.

Très-redoutables charlatans,
Médecins, avocats, et prêtres,
Assassins, scélérats, et traîtres,
Vous n'éblouirez point mes sens.

J'ai lu le *Machiavel* d'un bout à l'autre; mais, à vous dire le vrai, je n'en suis pas tout à fait content, et j'ai résolu de changer ce qui ne m'y plaisait point, et d'en faire une nouvelle édition, sous mes yeux, à Berlin. J'ai pour cet effet donné un article pour les gazettes, par lequel l'auteur de l'*Essai* désavoue les deux impressions. Je vous demande pardon; mais je n'ai pu faire autrement, car il y a tant d'étranger dans votre édition que ce n'est plus mon ouvrage. J'ai trouvé les chapitres xv et xvi tout différents de ce que je voulais qu'ils fussent: ce sera l'occupation de cet hiver que de refondre cet ouvrage. Je vous prie cependant, ne m'affichez pas trop, car ce n'est pas me faire plaisir; et d'ailleurs vous savez que, lorsque je vous ai envoyé le manuscrit, j'ai exigé un secret inviolable.

J'ai pris le jeune Luiscius à mon service. Pour son père, il s'est sauvé, il y a passé, je crois, un an [1], du pays de Clèves; et je pense qu'il est très-indifférent où ce fou finira sa vie.

Je ne sais où cette lettre vous trouvera; je serai toujours fort aise qu'elle vous trouve proche d'ici; tout est préparé pour vous recevoir, et, pour moi, j'attends avec impatience le moment de vous embrasser.

1. Ceci signifie que le père du jeune Luiscius s'est sauvé du pays de Clèves il y a plus d'un an.

1356. — A M. THIERIOT [1].

A la Haye, ce 9 octobre 1740.

Voici de la graine des Périclès et des Lélius : c'est un jeune républicain d'une famille distinguée dans sa patrie, et qui lui fera honneur par lui-même. Il désire de voir à Paris des hommes et des livres : vous pouvez lui procurer ce qu'il y a de mieux dans ces deux espèces.

Scribe tui gregis hunc, et fortem crede bonumque.
(HOR., lib. I, ep. IX.)

Je vous embrasse.

VOLTAIRE.

1357. — A M.***

La Haye.

Soyez très-sûr, monsieur, que j'ai sondé le terrain pour les choses que vous souhaitez, et que, si cela avait été praticable, je l'aurais fait ; mais il n'y a pas la moindre apparence qu'on ait le plus léger besoin ni la plus petite envie de ce que vous imaginez. Le philosophe couronné est un vrai roi philosophe qui pense en héros, mais qui vit avec simplicité, et qui ne connaît pas le besoin du superflu : du moins il est ainsi jusqu'à présent. Ses dépenses consistent à entretenir cent mille hommes, ou à faire fleurir les arts ; le reste lui est inconnu.

Si je peux vous être de quelque utilité, vous n'avez qu'à parler. Adressez votre lettre au palais de Prusse, à la Haye.

Je vous embrasse, mon cher monsieur, de tout mon cœur.

VOLTAIRE.

1358. — A FRÉDÉRIC II, ROI DE PRUSSE.

A la Haye, le 12 octobre.

Sire, Votre Majesté est d'abord suppliée de lire la lettre ci-jointe du jeune Luiscius ; elle verra quels sont, en général, les sentiments du public sur l'*Anti-Machiavel*.

M. Trévor, l'envoyé d'Angleterre, et tous les hommes un peu instruits, approuvent l'ouvrage unanimement ; mais je l'ai, je

---

1. Éditeurs, Bavoux et François.

crois, déjà dit à Votre Majesté, il n'en est pas tout à fait de même de ceux qui ont moins d'esprit et plus de préjugés. Autant ils sont forcés d'admirer ce qu'il y a d'éloquent et de vertueux dans le livre, autant ils s'efforcent de noircir ce qu'il y a d'un peu libre. Ce sont des hiboux offensés du grand jour; et, malheureusement, il y a trop de ces hiboux dans le monde. Quoique j'eusse retranché ou adouci beaucoup de ces vérités fortes qui irritent les esprits faibles, il en est cependant encore resté quelques-unes dans le manuscrit copié par Van Duren. Tous les gens de lettres, tous les philosophes, tous ceux qui ne sont que gens de bien, seront contents; mais le livre est d'une nature à devoir satisfaire tout le monde; c'est un ouvrage pour tous les hommes et pour tous les temps. Il paraîtra bientôt traduit dans cinq ou six langues[1].

Il ne faut pas, je crois, que les cris des moines et des bigots s'opposent aux louanges du reste du monde: ils parlent, ils écrivent, ils font des journaux; il y a même, dans l'*Anti-Machiavel*, quelques traits dont un ministre malin pourrait se servir pour indisposer quelques puissances.

C'est donc, sire, dans la vue de remédier à ces inconvénients que j'ai fait travailler nuit et jour à cette nouvelle édition, dont j'envoie les premières feuilles à Votre Majesté. Je n'ai fait qu'adoucir certains traits de votre admirable tableau, et j'ose m'assurer qu'avec ces petits correctifs, qui n'ôtent rien à la beauté de l'ouvrage, personne ne pourra jamais se plaindre, et cette instruction des rois passera à la postérité comme un livre sacré que personne ne blasphémera.

Votre livre, sire, doit être comme vous; il doit plaire à tout le monde; vos plus petits sujets vous aiment, vos lecteurs les plus bornés doivent vous admirer.

Ne doutez pas que votre secret, étant entre les mains de tant de personnes, ne soit bientôt su de tout le monde. Un homme de Clèves disait, tandis que votre Majesté était à Moyland: « Est-il vrai que nous avons un roi, un des plus savants et des plus grands génies de l'Europe? On dit qu'il a osé réfuter Machiavel. »

Votre cour en parle depuis plus de six mois. Tout cela rend nécessaire l'édition que j'ai faite, et dont je vais distribuer les exemplaires dans toute l'Europe, pour faire tomber celle de Van Duren, qui d'ailleurs est très-fautive.

---

1. J'ai vu une traduction allemande et une traduction hollandaise, toutes les deux sous la date de 1741. (B.)

Si, après avoir confronté l'une et l'autre, Votre Majesté me trouve trop sévère, si elle veut conserver quelques traits retranchés ou en ajouter d'autres, elle n'a qu'à dire ; comme je compte acheter la moitié de la nouvelle édition de Paupie pour en faire des présents, et que Paupie a déjà vendu, par avance, l'autre moitié à ses correspondants, j'en ferai commencer, dans quinze jours, une édition plus correcte, et qui sera conforme à vos intentions. Il serait surtout nécessaire de savoir bientôt à quoi Votre Majesté se déterminera, afin de diriger ceux qui traduisent l'ouvrage en anglais et en italien. C'est ici un monument pour la dernière postérité, le seul livre digne d'un roi, depuis quinze cents ans. Il s'agit de votre gloire ; je l'aime autant que votre personne. Donnez-moi donc, sire, des ordres précis.

Si Votre Majesté ne trouve pas assez encore que l'édition de Van Duren soit étouffée par la nouvelle, si elle veut qu'on retire le plus qu'on pourra d'exemplaires de celle de Van Duren, elle n'a qu'à ordonner. J'en ferai retirer autant que je pourrai, sans affectation, dans les pays étrangers, car il a commencé à débiter son édition dans les autres pays : c'est une de ces fourberies à laquelle on ne pouvait remédier. Je suis obligé de soutenir ici un procès contre lui ; l'intention du scélérat était d'être seul le maître de la première et de la seconde édition. Il voulait imprimer et le manuscrit que j'ai tenté de retirer de ses mains, et celui même que j'ai corrigé. Il veut friponner sous le manteau de la loi. Il se fonde sur ce qu'ayant le premier manuscrit de moi, il a seul le droit d'impression : il a raison d'en user ainsi ; ces deux éditions et les suivantes feraient sa fortune, et je suis sûr qu'un libraire qui aurait seul le droit de copie en Europe gagnerait trente mille ducats au moins.

Cet homme me fait ici beaucoup de peine ; mais, sire, un mot de votre main me consolera ; j'en ai grand besoin, je suis entouré d'épines. Me voilà dans votre palais. Il est vrai que je n'y suis pas à charge à votre envoyé ; mais enfin un hôte incommode au bout d'un certain temps. Je ne peux pourtant sortir d'ici sans honte, ni y rester avec bienséance sans un mot de Votre Majesté à votre envoyé.

Je joins à ce paquet la copie de ma lettre à ce malheureux curé[1], dépositaire du manuscrit : car je veux que Votre Majesté soit instruite de toutes mes démarches.

Je suis, etc.

---

1. La lettre 1352.

1359. — DE FRÉDÉRIC II, ROI DE PRUSSE.

Remusberg, 12 octobre 1740[1].

Enfin je puis me flatter de vous voir ici. Je ne ferai point comme les habitants de la Thrace, qui, lorsqu'ils donnaient des repas aux dieux, avaient soin de manger la moelle auparavant. Je recevrai Apollon comme il mérite d'être reçu. C'est Apollon non-seulement dieu de la médecine, mais de la philosophie, de l'histoire, enfin de tous les arts.

> Venez, que votre vue écarte
> Mes maux, l'ignorance et l'erreur ;
> Vous le pouvez en tout honneur,
> Car Émilie est sans frayeur,
> Et j'ai toujours la fièvre quarte.

> Ici, loin du faste des rois,
> Loin du tumulte de la ville,
> A l'abri des paisibles lois,
> Les arts trouvent un doux asile.

> S'aimer, se plaire, et vivre heureux,
> Est tout l'objet de notre étude ;
> Et, sans importuner les dieux
> Par des souhaits ambitieux,
> Nous nous faisons une habitude
> D'être satisfaits et joyeux.

Grâces vous soient rendues du bel écrit[2] que vous venez de faire en ma faveur ! L'amitié n'a point de bornes chez vous ; aussi ma reconnaissance n'en a-t-elle point non plus.

> Vos politiques hollandais,
> Et votre ambassadeur français,
> En fainéants experts critiquent et réforment,
> D'un fauteuil à duvet sur nous lancent leurs traits,
> Et sur le monde entier tranquillement s'endorment.
> Je jure qu'ils sont trop heureux
> D'être immobiles dans leur sphère ;
> Ne faisant jamais rien comme eux,
> On ne saurait jamais mal faire.

---

1. Nous donnons cette lettre d'après l'édition des *OEuvres posthumes de Frédéric II*, Amsterdam (Liége), 1789, tome XIV, page 35. Le premier alinéa fait double emploi avec un passage de la lettre 1355, du 7 octobre. Le reste, dans les autres éditions, faisait aussi partie de la lettre du 7 octobre.
2. Voyez la fin de la lettre suivante.

1360. — A FRÉDÉRIC II, ROI DE PRUSSE.

Octobre.

Sire, Votre *Humanité* ne recevra point, cette poste, de mes paquets énormes. Un petit accident d'ivrogne arrivé dans l'imprimerie a retardé l'achèvement de l'ouvrage que je fais faire. Ce sera pour le premier ordinaire; cependant ce fripon de Van Duren débite sa marchandise, et en a déjà trop vendu.

>Parmi ce tribut légitime
>D'amour, de respect, et d'estime,
>Que vous donne le genre humain,
>Le très-fade cousin germain [1]
>Du très-prolixe Télémaque,
>Très-dévotement vous attaque,
>Et prétend vous miner sous main.
>Ce bon papiste vous condamne,
>Et vous et le Machiavel,
>A rôtir avec Uriel,
>Ainsi que tout auteur profane.
>Il sera damné comme un chien,
>Dit-il, cet auteur qu'on renomme;
>Ce n'est qu'un sage, un honnête homme,
>Je veux un fripon bon chrétien,
>Et qui soit serviteur de Rome.
>Ainsi parle ce bon bigot,
>Pilier boiteux de son église;
>Comme ignorant je le méprise,
>Mais je le crains comme dévot.

Lui et le jésuite La Ville[2], qui lui sert de secrétaire, commencent pourtant à raccourcir la prolixité de leurs phrases insolentes en faveur du prélat[3] liégeois. Ils parlaient sur cela avec

1. Le marquis de Fénelon, alors ambassadeur en Hollande. Il était fort dévot, d'ailleurs assez aimable et bon officier. Voyez l'*Éloge funèbre des officiers morts dans la guerre de 1741*, tome XXIII, page 255.
2. Depuis premier commis des affaires étrangères. Il quitta les jésuites, tandis que Lavaur, secrétaire du marquis de Fénelon, lui cédait sa place pour prendre l'habit de saint Ignace. C'est ce même Lavaur qui a joué depuis un rôle si singulier dans l'affaire du comte de Lally. (K.) — Jean Ignace de La Ville, né vers 1690, mort le 15 avril 1774, après avoir été secrétaire du marquis de Fénelon, devint, en 1743, ministre de France auprès des États-Généraux; il avait été reçu à l'Académie française en septembre 1746. Voltaire parle de Lavaur dans le chapitre XXXIV du *Précis du Siècle de Louis XV*, voyez tome XV; et dans les articles 13, 15, 17, 18 de ses *Fragments historiques sur l'Inde*, voyez tome XXIX.
3. Georges-Louis de Berghes, mort très-âgé, le 4 décembre 1743.

trop d'indécence. La dernière lettre de Votre Majesté a fait partout un effet admirable. Qu'il me soit permis, sire, de représenter à Votre Majesté que vous renvoyez, dans cette lettre publique, aux protestations faites contre les contrats subreptices d'échange, et aux raisons déduites dans le mémoire de 1737. Comme l'abrégé que j'ai fait[1] de ce mémoire est la seule pièce qui ait été connue et mise dans les gazettes, je me flatte que c'est donc à cet abrégé que vous renvoyez, et qu'ainsi Votre Majesté n'est plus mécontente que j'aie osé soutenir vos droits d'une main destinée à écrire vos louanges. Cependant je ne reçois de nouvelles de Votre Majesté ni sur cela ni sur *Machiavel*.

C'est un plaisant pays que celui-ci. Croiriez-vous, sire, que Van Duren, ayant le premier annoncé qu'il vendrait l'*Anti-Machiavel*, est en droit par là de le vendre, selon les lois, et croit pouvoir empêcher tout autre libraire de vendre l'ouvrage ?

Cependant, comme il est absolument nécessaire, pour faire taire certaines gens, que l'ouvrage paraisse un peu plus chrétien, je me charge seul de l'édition pour éviter toute chicane, et je vais en faire des présents partout : cela sera plus prompt, plus noble et plus conciliant ; trois choses dont je fais cas.

> Rousseau, cet errant[2] hypocrite,
> D'un vieil Hébreu vieux parasite,
> A quitté ces tristes climats.
> Monsieur du Lis, l'Israélite,
> Le plus riche Juif des États,
> A donné, d'un air d'importance,
> L'aumône de cinq cents ducats
> A son rimeur dans l'indigence.
> Le rimeur ne jouira pas
> De cette aumône magnifique ;
> Déjà son âme satirique
> Est dans les ombres du trépas,
> Et son corps est paralytique.
> Pour la pesante république
> De nosseigneurs des Pays-Bas,
> Elle est toujours apoplectique.

---

1. L'écrit rédigé par Voltaire pour le roi de Prusse est celui qui est intitulé *Sommaire des droits de S. M. le roi de Prusse sur Herstall;* voyez tome XXIII, page 153.

2. J.-B. Rousseau était à la Haye depuis le commencement de 1740. Voici ce qu'il disait à Louis Racine, dans une lettre écrite, de la même ville, le 25 septembre 1740 : « Je m'embarque sans faute, après-demain, pour reporter à Bruxelles une santé plus déplorable, de beaucoup, que je ne l'avais à mon départ. » (CL.)

1361. — A M. THIERIOT.

A la Haye, octobre.

Mon cher ami, je reçois votre lettre. Vous serez content, au plus tard, au mois de juin. Vous avez affaire à un roi qui est réglé dans ses finances comme un géomètre, et qui a toutes les vertus. Ne vous mettez point dans la tête les choses dont vous me parlez. Continuez à bien servir le plus aimable monarque de la terre, et à aimer vos anciens amis d'une amitié ferme et courageuse, qui ne cède point aux insinuations de ceux qui cherchent à extirper dans le cœur des autres une vertu qu'ils n'ont point connue dans le leur.

Enfin le roi de Prusse a accepté le présent que je lui ai voulu faire de M. Dumolard[1]. Annoncez-lui cette bonne nouvelle. M. Jordan vous mandera les détails, s'il ne les a déjà mandés.

1362. — A M. L'ABBÉ MOUSSINOT[2].

A la Haye, au palais du roi de Prusse, ce 14 (octobre 1740).

Mon cher ami, je reçois votre lettre. Quelque chose que l'on vous dise, donnez ce que vous savez à la personne en question, et qu'elle ne perde point de temps.

Envoyez-moi la nouvelle édition des *Éléments de Newton*, à Bruxelles, adressés à M. Goursse, maître d'hôtel de M. du Châtelet. J'ai écrit à M. d'Estaing : point de réponse. Voulez-vous me faire l'amitié de passer chez Camuzat, notaire, et de lui dire qu'ayant un nouveau contrat à faire chez lui avec M. d'Estaing, je demande sur quels biens il me conseille de prendre délégation ? Peut-être par là pourrons-nous découvrir de quoi faire quelques démarches utiles.

Je vous supplie d'écrire à M. Tanevot, premier commis (toujours à Versailles) de vous envoyer mes ordonnances.

Je vous embrasse de tout mon cœur.

1363. — A FRÉDÉRIC II, ROI DE PRUSSE.

La Haye, le 17 octobre.

Bientôt à Berlin vous l'aurez,
Cette cohorte théâtrale [3],

---

1. Voyez le septième alinéa de la lettre 1351.
2. Édition Courtat.
3. Voyez le sixième alinéa de la lettre 1351.

> Race gueuse, fière, et vénale,
> Héros errants et bigarrés,
> Portant avec habits dorés
> Diamants faux et linge sale;
> Hurlant pour l'empire romain,
> Ou pour quelque fière inhumaine,
> Gouvernant, trois fois la semaine,
> L'univers pour gagner du pain.
>
> Vous aurez maussades actrices,
> Moitié femme et moitié patin,
> L'une bégueule avec caprices,
> L'autre débonnaire et catin,
> A qui le souffleur ou Crispin
> Fait un enfant dans les coulisses.

Dieu soit loué que Votre Majesté prenne la généreuse résolution de se donner du bon temps! C'est le seul conseil que j'aie osé donner; mais je défie tous les politiques d'en proposer un meilleur. Songez à ce mal fixe de côté; ce sont de ces maux que le travail du cabinet augmente et que le plaisir guérit. Sire, qui rend heureux les autres mérite de l'être, et avec un mal de côté on ne l'est point.

Voici enfin, sire, des exemplaires de la nouvelle édition de l'*Anti-Machiavel*. Je crois avoir pris le seul parti qui restait à prendre, et avoir obéi à vos ordres sacrés. Je persiste toujours à penser qu'il a fallu adoucir quelques traits qui auraient scandalisé les faibles et révolté certains politiques. Un tel livre, encore une fois, n'a pas besoin de tels ornements. L'ambassadeur Camas serait hors des gonds s'il voyait à Paris de ces maximes chatouilleuses, et qu'il pratique pourtant un peu trop. Tout vous admirera, jusqu'aux dévots. Je ne les ai pas trop dans mon parti, mais je suis plus sage pour vous que pour moi. Il faut que mon cher et respectable monarque, que le plus aimable des rois plaise à tout le monde. Il n'y a plus moyen de vous cacher, sire, après l'ode[1] de Gresset; voilà la mine éventée, il faut paraître hardiment sur la brèche. Il n'y a que des Ostrogoths et des Vandales qui puissent jamais trouver à redire qu'un jeune prince ait, à l'âge de vingt-cinq ou vingt-six ans, occupé son loisir à rendre les hommes meilleurs, et à les instruire, en s'instruisant lui-même. Vous vous êtes taillé

---

1. M. Renouard (Antoine-Augustin) rapporte, à la fin de la *Vie de Gresset*, page 61, tome Ier de l'édition des œuvres de ce poëte publiée par lui en 1821, deux strophes de l'ode à laquelle Voltaire fait allusion ici. (CL.)

des ailes à Remusberg pour voler à l'immortalité. Vous irez, sire, par toutes les routes ; mais celle-ci ne sera pas la moins glorieuse :

> J'en atteste le dieu que l'univers adore,
> Qui jadis inspira Marc-Aurèle et Titus,
> Qui vous donna tant de vertus,
> Et que tout bigot déshonore.

[1] Il vient tous les jours ici de jeunes officiers français ; on leur demande ce qu'ils viennent faire : ils disent qu'ils vont chercher de l'emploi en Prusse. Il y en a quatre actuellement de ma connaissance : l'un est le fils du gouverneur de Bergues-Saint-Vinoc ; l'autre, le garçon-major[2] du régiment de Luxembourg ; l'autre, le fils d'un président ; l'autre, le bâtard d'un évêque. Celui-ci s'est enfui avec une fille, cet autre s'est enfui tout seul, celui-là a épousé la fille de son tailleur, un cinquième veut être comédien en attendant qu'on lui donne un régiment[3].

J'apprends une nouvelle qui enchante mon esprit tolérant ; Votre Majesté fait revenir de pauvres anabaptistes qu'on avait chassés, je ne sais trop pourquoi.

> Que deux fois on se rebaptise,
> Ou que l'on soit débaptisé,
> Qu'étole au cou Jean exorcise,
> Ou que Jean soit exorcisé ;
> Qu'il soit hors ou dedans l'Église,
> Musulman, brachmane, ou chrétien,
> De rien je ne me scandalise,
> Pourvu qu'on soit homme de bien.
> Je veux qu'aux lois on soit fidèle,
> Je veux qu'on chérisse son roi ;
> C'est en ce monde assez, je croi :
> Le reste, qu'on nomme la foi,
> Est bon pour la vie éternelle,
> Et c'est peu de chose pour moi.

1. Dans un fragment publié par MM. de Cayrol et François, ce paragraphe est précédé de celui-ci : « Il (le nom est illisible) était connu de feu Sa Majesté ; il veut absolument venir servir dans vos armées ; il compte partir peut-être demain. Il m'a demandé une lettre pour Votre Majesté. J'ai eu beau lui dire que je ne prenais pas de telles libertés, il m'a répliqué qu'il fallait que j'écrivisse : cet homme est si résolu que je ne le suis guère avec lui ; je crois qu'il me battrait, si je ne lui donnais pas la lettre. Je préviens donc Votre Majesté que j'aurai cette effronterie, moitié par peur, moitié par envie de servir Votre Majesté. »
2. M. de Champflour, d'une famille de l'ancienne Auvergne.
3. Dans le fragment cité plus haut, on trouve après ces mots la phrase suivante : « C'est une chose plaisante que la jeunesse française : ce sont les marionnettes de l'Europe. »

1364. — A M. LE MARÉCHAL DE BROGLIE [1].

A la Haye, au palais du roi de Prusse, ce 17 octobre.

Monseigneur, il m'est venu trouver ici un jeune homme d'une figure assez aimable, quoique petite ; portant ses cheveux, ayant l'air vif, une petite bouche, et paraissant âgé de vingt-trois à vingt-quatre ans. Il se nomme M. de Champflour, et se dit garçon-major et lieutenant dans le régiment de Luxembourg, actuellement en garnison dans votre citadelle de Strasbourg.

Il se flatte de n'être pas oublié de vous, monseigneur, et il dit que monsieur son père, qui a l'honneur d'être connu de vous, pourra être touché de son état si vous voulez bien le protéger. Il me paraît dans la plus grande misère, chargé d'une femme grosse, et accablé de sa misère et de celle de sa femme. Il vient tous les jours ici tant d'aventuriers que je ne peux lui rien donner, ni le recommander à personne, sans avoir auparavant votre agrément.

S'il était vrai que son père, pour lequel je prends la liberté de joindre ici une lettre [2], voulût faire quelque chose en sa faveur, je lui ferais avancer ici de l'argent. Je ne le connais que par le malheur de son état, qui l'a forcé à se découvrir à moi.

Je saisis cette occasion pour vous renouveler les assurances du profond respect avec lequel je serai toute ma vie, monseigneur, votre....

VOLTAIRE.

Me serait-il permis de présenter mes respects à madame la maréchale [3] ?

1365. — A M. DE CHAMPFLOUR, PÈRE.

A la Haye, dans le palais du roi de Prusse, ce 18 octobre.

Quoique je n'aie pas l'honneur d'être connu de vous, monsieur, je me crois obligé de vous écrire pour vous avertir que

---

1. François-Marie de Broglie, né le 11 janvier 1671, maréchal de France le 14 juin 1734, nommé au commandement général de l'Alsace en 1739, créé duc en juin 1742, mort au mois de mai 1745. — Quand Frédéric II alla à Strasbourg, sous le nom du comte ou baron du Four, au mois d'auguste 1740, ce fut chez le maréchal de Broglie qu'il dîna, et qu'il fut définitivement reconnu, malgré ses précautions pour ne pas l'être. (CL.)

2. Voyez celle qui suit.

3. Thérèse-Gillette Loquet, fille d'un armateur de Saint-Malo. (CL.)

monsieur votre fils s'est adressé à moi, à la Haye. Il m'a avoué qu'il a fait des fautes de jeunesse dont il éprouve à la fois la punition et le repentir. Il manque de tout; une telle misère peut conduire à des fautes nouvelles. Si vous le jugez à propos, monsieur, je lui avancerai ce qu'il faudra pour l'aider à vivre, et pour lui procurer quelque emploi dans lequel il puisse vivre en honnête homme et vous faire honneur.

VOLTAIRE.

1366. — A M. DE CAMAS[1],
AMBASSADEUR DU ROI DE PRUSSE.

A la Haye, ce 18 d'octobre.

Monsieur, les jansénistes disent qu'il y a des commandements de Dieu qui sont impossibles. Si Dieu ordonnait ici que l'on supprimât l'*Anti-Machiavel*, les jansénistes auraient raison. Vous verrez, monsieur, par la lettre ci-jointe, au dépositaire[2] du manuscrit, la manière dont je me suis conduit. J'ai senti, dès le premier moment, que l'affaire était très-délicate, et je n'ai fait aucun pas sans être éclairé du secrétaire de la légation de Prusse à la Haye, et sans instruire le roi de tout. J'ai toujours représenté ce qui était, et j'ai obéi à ce qu'on voulait. Il faut partir d'où l'on est. Van Duren ayant imprimé, sous deux titres différents, l'*Anti-Machiavel*, et le livre étant très-défiguré, de la part du libraire, et assez dangereux en quelques pays par le tour malin qu'on peut donner à plus d'une expression, j'ai cru qu'on ne pouvait y remédier qu'en donnant l'ouvrage tel que je l'ai déposé à la Haye, et tel qu'il ne peut déplaire, je crois, à personne. Avant même de faire cette démarche, j'ai envoyé à Sa Majesté une nouvelle copie manuscrite de son ouvrage, avec ces petits changements que j'ai cru que la bienséance exigeait. Je lui ai envoyé aussi un exemplaire de l'édition de Van Duren. S'il veut encore y corriger quelque chose, ce sera pour une nouvelle édition, car vous jugez bien qu'on s'arrache le livre dans toute l'Europe. En général, on est charmé (je parle de l'édition de Van Duren même); les maximes qui y sont répandues ont plu infiniment ici à tous les membres de l'État et à la plupart des ministres. Mais il faut avouer qu'il y a aussi quelques ministres qui

1. Voyez la note 2 de la page 449.
2. Cyrille Le Petit; voyez la lettre 1352, et tome XXIII, la note 3 de la page 149.

en sont révoltés, et c'est pour eux et pour leurs cours que j'ai fait la nouvelle édition : car ce livre, qui est le catéchisme de la vertu, doit plaire dans tous les États et dans toutes les sectes, à Rome comme à Genève, aux jésuites comme aux jansénistes, à Madrid comme à Londres. Je vous dirai hardiment, monsieur, que je fais plus de cas de ce livre que des *Césars* de l'empereur Julien et des *Maximes* de Marc-Aurèle. Je trouve bien des gens de mon sentiment, et tout le monde admire qu'un jeune prince de vingt-cinq ans[1] ait employé ainsi un loisir que les autres princes et les autres hommes n'occupent que d'amusements dangereux ou frivoles.

Enfin, monsieur, la chose est faite ; il l'a voulu, il n'y a qu'à la soutenir. J'ai tout lieu d'espérer que la conduite du roi justifiera en tout l'*Anti-Machiavel* du prince. J'en juge parce qu'il me fait l'honneur de m'écrire, du 7 octobre, au sujet d'Herstall[2] :

« Ceux qui ont cru que je voulais garder le comté de Horn, au lieu d'Herstall, ne m'ont pas connu. Je n'aurais eu d'autres droits sur Horn que ceux que le plus fort a sur les biens du plus faible. »

Un prince qui donne à la fois ces exemples de justice et de fermeté ne sera-t-il pas respecté dans toute l'Europe ? Quel prince ne recherchera pas son amitié ? Enfin, monsieur, il vous aime, et vous l'aimez ; il connaît le prix de vos conseils, c'est assez pour me répondre de sa gloire. Je crois qu'il est né pour servir d'exemple à la nature humaine, et sûrement il sera toujours semblable à lui-même s'il croit vos conseils. Je ne lui suis attaché par aucun intérêt : ainsi rien ne m'aveugle. Ce sera au temps à décider si j'ai eu raison ou non de lui donner les surnoms de Titus et de Trajan.

Je me destine à passer mes jours dans une solitude, loin des rois et de toute affaire ; mais je ne cesserai jamais d'aimer le roi de Prusse et M. de Camas. Ces expressions sont un peu familières ; le roi les permet, permettez-les aussi, et souffrez que je ne distingue point ici le monarque du ministre.

Je suis pour toute ma vie, monsieur, avec tous les sentiments que je vous dois, etc.

1. Frédéric entrait dans sa vingt-huitième année quand il commença, vers la fin de mars 1739, à s'occuper de la réfutation du *Prince* de Machiavel.

2. Le passage que cite ici Voltaire n'est pas dans la lettre du 7 octobre telle qu'elle nous est parvenue. La terre de Herstall aux portes de Liége sur la Meuse, sujet de la contestation entre Frédéric et l'évêque de Liége, est le lieu de la naissance de Pepin, père de Charlemagne. (B.)

1367. — A M. DE CIDEVILLE.

A la Haye, au palais du roi de Prusse, le 18 d'octobre.

Voici mon cas, mon très-aimable Cideville. Quand vous m'envoyâtes, dans votre dernière lettre, ces vers parmi lesquels il y en a de charmants et d'inimitables pour notre Marc-Aurèle du Nord, je me proposais bien de lui en faire ma cour. Il devait alors venir à Bruxelles *incognito :* nous l'y attendions ; mais la fièvre quarte, qu'il a malheureusement encore, dérangea tous ces projets. Il m'envoya un courrier à Bruxelles, et je partis pour l'aller trouver auprès de Clèves.

C'est là que je vis un des plus aimables hommes du monde, un homme qui serait le charme de la société, qu'on rechercherait partout, s'il n'était pas roi ; un philosophe sans austérité, rempli de douceur, de complaisance, d'agréments, ne se souvenant plus qu'il est roi dès qu'il est avec ses amis, et l'oubliant si parfaitement qu'il me le faisait presque oublier aussi, et qu'il me fallait un effort de mémoire pour me souvenir que je voyais assis sur le pied de mon lit un souverain qui avait une armée de cent mille hommes. C'était bien là le moment de lui lire vos aimables vers ; Mme du Châtelet, qui devait me les envoyer, ne l'a pas fait. J'étais bien fâché, et je le suis encore ; ils sont à Bruxelles, et moi, depuis un mois, je suis à la Haye ; mais je vous jure bien fort que la première chose que je ferai, en revenant à Bruxelles, sera de les faire copier, et de les envoyer à celui qui en est digne, et qui en sentira tout le prix. Soyez sûr que vous en aurez des nouvelles.

Savez-vous bien ce que je fais à présent à la Haye? Je fais imprimer la réfutation de *Machiavel,* ouvrage fait pour rendre le genre humain heureux, s'il peut l'être, composé, il y a trois ans[1], par ce jeune prince, qui, dans un temps que les gens de son espèce emploient à la chasse, se formait à la vertu et à l'art de régner. J'y ai joint une petite *préface*[2] de ma façon, et cela était nécessaire pour prévenir deux éditions toutes tronquées, toutes défigurées, qui paraissent coup sur coup, l'une chez Meyer, à Londres, l'autre chez Van Duren, à la Haye.

Il faut que vous lisiez, mon cher ami, cet ouvrage digne d'un

---

1. C'est dans la lettre de Frédéric, du 15 août 1739, qu'il est question pour la première fois de l'*Anti-Machiavel.*
2. Voyez cette Préface, tome XXIII, page 147.

roi. Quelque Goth et quelque Vandale trouveront peut-être à redire qu'un souverain ose si bien penser et si bien écrire ; ils regretteront les heureux temps où les rois signaient leur nom avec un monogramme, sans savoir épeler ; mais mon cher Cideville et tous les êtres pensants applaudiront. Je n'y sais autre chose que d'envoyer un exemplaire du livre à M. de Pontcarré[1], avec un autre pour vous dans le paquet.

Et *Mahomet;* il est tout prêt. Quand, comment le faire tenir au meilleur de mes amis et de mes juges?

Je vous embrasse mille fois.

1368. — DE FRÉDÉRIC II, ROI DE PRUSSE.

Remusberg, 21 octobre.

Mon cher Voltaire, je vous suis mille fois obligé de tous les bons offices que vous me rendez, du Liégeois[2] que vous abattez, de Van Duren que vous retenez, et, en un mot, de tout le bien que vous me faites. Vous êtes enfin le tuteur de mes ouvrages, et le génie heureux que sans doute quelque être bienfaisant m'envoie pour me soutenir et m'inspirer.

> O vous, mortels ingrats ! ô vous, cœurs insensibles !
> Qui ne connaissez point l'amour ni la pitié,
> Qui n'enfantez jamais que des projets nuisibles,
> Adorez l'Amitié.
>
> La vertu la fit naître, et les dieux la douèrent
> De l'honneur scrupuleux, de la fidélité ;
> Les traits les plus brillants et les plus doux l'ornèrent
> De la divinité.
>
> Elle attire, elle unit les âmes vertueuses,
> Leur sort est au-dessus de celui des humains ;
> Leurs bras leur sont communs, leurs armes généreuses
> Triomphent des destins.
>
> Tendre et vaillant Nisus, vous, sensible Euryale[3],
> Héros dont l'amitié, dont le divin transport
> Sut resserrer les nœuds de votre ardeur égale
> Jusqu'au sein de la mort ;
>
> Vos siècles engloutis du temps qui les dévore,
> Contre les hauts exploits à jamais conjurés,
> N'ont pu vous dérober l'encens dont on honore
> Vos grands noms consacrés.

---

1. Premier président du parlement de Rouen.
2. Le prince-évêque de Liége.
3. Frédéric, en 1739, avait commencé une tragédie intitulée *Nisus et Euryale.*

Un nom plus grand me frappe et remplit l'hémisphère;
L'auguste Vérité dresse déjà l'autel,
Et l'Amitié paraît pour te placer, Voltaire,
　　　Dans son temple immortel.

Mornai[1], de ces lambris habitant pacifique,
Dès longtemps solitaire, heureux et satisfait,
Entend ta voix, s'étonne, et son âme héroïque
　　　T'aperçoit sans regret.

« Par zèle et par devoir j'ai secondé mon maître;
Ou ministre, ou guerrier, j'ai servi tour à tour;
Ton cœur plus généreux assiste (sans paraître)
　　　Ton ami par amour.

Celui qui me chanta m'égale et me surpasse;
Il m'a peint d'après lui; ses crayons lumineux
Ornèrent mes vertus, et m'ont donné la place
　　　Que j'ai parmi les dieux. »

Ainsi parlait ce sage; et les intelligences
Aux bouts de l'univers l'annonçaient aux vivants;
Le ciel en retentit, et ses voûtes immenses
　　　Prolongeaient leurs accents.

Pendant qu'on t'applaudit et que ton éloquence
Terrasse, en ma faveur, deux venimeux serpents[2],
L'amitié me transporte, et je m'envole en France
　　　Pour fléchir tes tyrans.

O divine amitié d'un cœur tendre et flexible!
Seul espoir dans ma vie, et seul bien dans ma mort,
Tout cède devant toi; Vénus est moins sensible,
　　　Hercule était moins fort.

J'emploie toute ma rhétorique auprès d'Hercule de Fleury pour voir si l'on pourra l'humaniser sur votre sujet. Vous savez ce que c'est qu'un prêtre, qu'un politique, qu'un homme très-têtu, et je vous prie d'avance de ne me point rendre responsable des succès qu'auront mes sollicitations; c'est un Van Duren placé sur le trône.

　　　Ce Machiavel[3] en barrette,
　　　Toujours fourré de faux-fuyants,
　　　Lève de temps en temps sa crête,
　　　Et honnit les honnêtes gens.

1. Un membre de la famille de Philippe de Mornai s'est marié, il y a plusieurs années, à une arrière-petite-nièce de Voltaire. (CL.)
2. Van Duren et le vieil évêque de Liège.
3. Jusqu'à présent le roi n'avait fait que trois syllabes de *Machiavel*, et cinq de *machiavélisme;* mais, dans ses vers faisant partie de la lettre 1360, voyez page 526, Voltaire ayant employé ce mot comme il doit l'être pour quatre syllabes, Frédéric n'eut pas besoin d'autre avertissement.

Pour plaire à ses yeux bienséants
Il faut entonner la trompette
Des éloges les plus brillants,
Et parfumer sa vieille idole
De baume arabique et d'encens.
Ami, je connais ton bon sens;
Tu n'as pas la cervelle folle
De l'abjecte faveur des grands,
Et tu n'as point l'âme assez molle
Pour épouser leurs sentiments.
Fait pour la vérité sincère,
A ce vieux monarque mitré,
Précepteur de gloire entouré,
Ta franchise ne saurait plaire.

1369. — A M. DE MAUPERTUIS [1].

A la Haye, ce 25 octobre 1740.

Celui qui vous rendra cette lettre, mon cher monsieur, est M. Pascal, sur l'arrivée duquel je vous ai déjà prévenu; c'est une très-grande perte qu'on a faite dans les troupes de France. Il passe généralement pour un des meilleurs officiers du royaume. Comme il ne peut plus servir en France après le passe-droit qu'il a essuyé et après la manière dont les choses ont tourné depuis, je crois que c'est réellement rendre service à Sa Majesté prussienne que de lui présenter un si brave homme, plein d'expérience, et qui entend surtout la guerre de parti : il est sur terre ce que M. Duguay était sur mer. Vous avez contribué à la gloire de feu M. Duguay [2], contribuez à la fortune du brave homme que je vous présente. Je vous demande en grâce de le recommander fortement à tous ceux à qui vous serez à portée d'en parler. Vous pouvez en parler au roi, et vous savez qu'un mot dit à propos, et dit par vous, peut beaucoup. Jamais vous n'aurez mieux placé votre éloquence et vos services.

J'ai pris la liberté d'annoncer au roi M. Pascal; mais je compte beaucoup plus sur vos discours que sur mes lettres.

Adieu, monsieur. J'oubliais de vous dire que ce que j'en fais est avec l'agrément de M. de Fénelon, l'ambassadeur de France à la Haye, qui connaît le mérite de M. Pascal, et qui, ne pouvant le rendre au service de France, croit qu'il n'y a point de prince plus digne d'être servi par de tels officiers que Sa Majesté prussienne.

1. Éditeurs, de Cayrol et François.
2. En publiant ses *Mémoires*.

1370. — A FRÉDÉRIC II, ROI DE PRUSSE.

A la Haye, le 25 octobre[1].

Ombre aimable, charmant espoir,
Des plaisirs image légère,
Quoi! vous me flattez de revoir
Ce roi qui sait régner et plaire!

Nous lisons dans certain auteur
(Cet auteur est, je crois, la *Bible*)
Que Moïse, le voyageur,
Vit Jéhovah, quoique invisible.

Certain verset[2] dit hardiment
Qu'il vit sa face de lumière;
Un autre nous dit bonnement
Qu'il ne parla qu'à son derriere[3].

On dit que la *Bible* souvent
Se contredit de la manière;
Mais qu'importe, dans ce mystère,
Ou le derrière, ou le devant?

Il vit son dieu, c'est chose claire;
Il reçut ses commandements;
Les vôtres seront plus charmants,
Et votre présence plus chère.

Je pourrai dire quelque jour :
J'ai vu deux fois ce prince aimable,
Né pour la guerre et pour l'amour,
Et pour l'étude et pour la table.

Il sait tout, hors être en repos;
Il sait agir, parler, écrire;
Il tient le sceptre de Minos,
Et des Muses il tient la lyre.

Mais, dieux! aujourd'hui qu'il s'écarte
De la droite raison qu'il a!

1. Réponse à la lettre 1355.
2. *Loquebatur autem Dominus ad Moysen facie ad faciem,* (*Exode*, xxxiii, 11.)
3. ... *Videbis* POSTERIORA *mea; faciem autem meam videre non poteris.* (*Ibid.*, verset 23.)

> Il esquive le quinquina
> Pour conserver sa fièvre quarte.

Sire, dans ce moment monseigneur le prince de Hesse [1] vient de m'assurer que le roi de Suède ayant été longtemps dans la même opinion que Votre Majesté, accablé d'une longue fièvre, a fait céder enfin son opiniâtreté à celle de la maladie, a pris le quinquina, et a guéri.

> Je sais que tous les rois ensemble
> Sont loin de mon roi vertueux;
> Votre âme l'emporte sur eux,
> Mais leur corps au moins vous ressemble.

Si dans le climat de la Suède un roi (soit qu'il prenne parti pour la France ou non) guérit par la *poudre des Jésuites*, pourquoi, sire, n'en prendriez-vous pas?

> A Loyola que mon roi cède!
> Que votre esprit luthérien
> Confonde tout ignatien!
> Mais pour votre estomac prenez de son remède.

Sire, je veux venir à Berlin avec une balle de quinquina en poudre. Votre Majesté a beau travailler en roi avec sa fièvre, occuper son loisir en faisant de la prose de Cicéron et des vers de Catulle, je serai toujours très-affligé de cette maudite fièvre que vous négligez.

Si Votre Majesté veut que je sois assez heureux pour lui faire ma cour pendant quelques jours,

> Mon cœur et ma maigre figure
> Sont prêts à se mettre en chemin;
> Déjà le cœur est à Berlin,
> Et pour jamais, je vous le jure.

Je serai dans une nécessité indispensable de retourner bientôt à Bruxelles, pour le procès de Mme du Châtelet, et de quitter Marc-Aurèle pour la chicane; mais, sire, quel homme est le maître de ses actions? Vous-même n'avez-vous pas un fardeau immense à porter, qui vous empêche souvent de satisfaire vos goûts en remplissant vos devoirs sacrés? Je suis, etc.

---

1. Frédéric, né le 14 auguste 1720, neveu du roi de Suède Frédéric Ier, cité ici. Il venait d'épouser (17 mai 1740) une fille de George II, roi d'Angleterre.

1371. — DE FRÉDÉRIC II, ROI DE PRUSSE.

Remusberg, 26 octobre.

Mon cher Voltaire, l'événement le moins prévu du monde m'empêche, pour cette fois, d'ouvrir mon âme à la vôtre comme d'ordinaire, et de bavarder comme je le voudrais. L'empereur[1] est mort.

> Ce prince, né particulier,
> Fut roi, puis empereur; Eugène fut sa gloire;
> Mais, par malheur pour son histoire,
> Il est mort en banqueroutier.

Cette mort dérange toutes mes idées pacifiques, et je crois qu'il s'agira, au mois de juin, plutôt de poudre à canon, de soldats, de tranchées, que d'actrices, de ballets, et de théâtre; de façon que je me vois obligé de suspendre le marché[2] que nous aurions fait. Mon affaire de Liége est toute terminée[3], mais celles d'à présent sont de bien plus grande conséquence pour l'Europe; c'est le moment du changement total de l'ancien système de politique; c'est ce rocher détaché qui roule sur la figure des quatre métaux que vit Nabuchodonosor[4], et qui les détruisit tous. Je vous suis mille fois obligé de l'impression de *Machiavel* achevée; je ne saurais y travailler à présent; je suis surchargé d'affaires. Je vais faire passer ma fièvre, car j'ai besoin de ma machine, et il en faut tirer à présent tout le parti possible.

Je vous envoie une ode[5], en réponse à celle de Gresset. Adieu, cher ami, ne m'oubliez jamais, et soyez persuadé de la tendre estime avec laquelle je suis votre très-fidèle ami.

1372. — A M. HELVÉTIUS,

A PARIS.

A la Haye, au palais du roi de Prusse, ce 27 d'octobre.

Mon cher et jeune Apollon, mon poëte philosophe, il y a six semaines que je suis plus errant que vous. Je comptais, de jour en jour, repasser par Bruxelles, et y relire deux pièces[6] char-

---

1. Charles VI.
2. Relativement à une troupe de comédiens; voyez page 516.
3. L'accommodement entre le roi de Prusse et l'évêque de Liége avait été signé à Berlin le 20 octobre.

mantes de poésie et de raison, sur lesquelles je vous dois beaucoup de points d'admiration, et aussi quelques points interrogants. Vous êtes le génie que j'aime, et qu'il fallait aux Français. Il vous faut encore un peu de travail, et je vous réponds que vous irez au sommet du temple de la gloire par un chemin tout nouveau. Je voudrais bien, en attendant, trouver un chemin pour me rapprocher de vous. La Providence nous a tous dispersés; Mme du Châtelet est à Fontainebleau; je vais peut-être à Berlin; vous voilà, je crois, en Champagne; qui sait cependant si je ne passerai pas une partie de l'hiver à Cirey[1], et si je n'aurai pas le plaisir de voir celui qui est aujourd'hui *nostri spes altera Pindi*[2]? Ne seriez-vous pas à présent avec M. de Buffon? Celui-là va encore à la gloire par d'autres chemins; mais il va aussi au bonheur, il se porte à merveille. Le corps d'un athlète et l'âme d'un sage, voilà ce qu'il faut pour être heureux.

A propos de sage, je compte vous envoyer incessamment un exemplaire de l'*Anti-Machiavel*; l'auteur était fait pour vivre avec vous. Vous verrez une chose unique, un Allemand qui écrit mieux que bien des Français qui se piquent de bien écrire; un jeune homme qui pense en philosophe, et un roi qui pense en homme. Vous m'avez accoutumé, mon cher ami, aux choses extraordinaires. L'auteur de l'*Anti-Machiavel* et vous sont deux choses qui me réconcilient avec le siècle. Permettez-moi d'y mettre encore Émilie; il ne la faut pas oublier dans la liste, et cette liste ne sera jamais bien longue.

Je vous embrasse de tout mon cœur; mon imagination et mon cœur courent après vous.

1373. — A M. LE PRÉSIDENT HÉNAULT.

La Haye, ce 31 octobre.

Si le roi de Prusse était venu à Paris, monsieur, il n'aurait point démenti les charmes que vous trouvez dans les lettres qu'on vous a montrées. Il parle comme il écrit. Je ne sais pas encore bien précisément s'il y a eu de plus grands rois, mais il n'y a guère eu d'hommes plus aimables. C'est un miracle de la nature que le fils d'un ogre couronné, élevé avec des bêtes, ait deviné,

---

1. Voltaire et Mme du Châtelet, après avoir passé toute l'année 1741 à Bruxelles, n'allèrent à Cirey qu'au mois de décembre de la même année, et ils n'y restèrent que quelques semaines.
2. Virgile, *Æn.*, XII, 168, a dit : *Magnæ spes altera Romæ.*

dans ses déserts, toute cette finesse et toutes ces grâces naturelles, qui ne sont à Paris que le partage d'un petit nombre de personnes, et qui font cependant la réputation de Paris. Je crois avoir déjà dit que ses passions dominantes sont d'être juste et de plaire. Il est fait pour la société comme pour le trône ; il me demanda, quand j'eus l'honneur de le voir, des nouvelles de ce petit nombre d'élus qui méritaient qu'il fît le voyage de France ; je vous mis à la tête. Si jamais il peut venir en France, vous vous apercevrez que vous êtes connu de lui, et vous verrez quelque petite différence entre ses soupers et ceux que vous avez faits quelquefois, en France, avec des princes. Vous avez grande raison d'être surpris de ses lettres ; vous le serez donc bien davantage de l'*Anti-Machiavel*. Je ne suis pas pour que les rois soient auteurs ; mais vous m'avouerez que, s'il y a un sujet digne d'être traité par un roi, c'est celui-là. Il est beau, à mon gré, qu'une main qui porte le sceptre compose l'antidote du venin qu'un scélérat d'Italien fait boire aux souverains depuis deux siècles : cela peut faire un peu de bien à l'humanité, et certainement beaucoup d'honneur à la royauté. J'ai été presque seul d'avis qu'on imprimât cet ouvrage unique, car les préjugés ne me dominent en rien. J'ai été bien aise qu'un roi ait fait ainsi, entre mes mains, serment à l'univers d'être bon et juste.

Autant que je déteste et que je méprise la basse et infâme[1] superstition, qui déshonore tant d'États, autant j'adore la vertu véritable ; je crois l'avoir trouvée et dans ce prince et dans son livre.

S'il arrive jamais que ce roi trahisse de si grands engagements, s'il n'est pas digne de lui-même, s'il n'est pas en tout temps un Marc-Aurèle, un Trajan, et un Titus, je pleurerai et je ne l'aimerai plus.

M. d'Argenson doit avoir reçu un *Anti-Machiavel* pour vous ; je vais en faire une belle édition ; j'ai été obligé de faire celle-ci à la hâte, pour prévenir toutes les mauvaises qu'on débite, et pour les étouffer. Je voudrais pouvoir en envoyer à tout le monde ; mais comment faire avec la poste ? Reste à savoir si les censeurs approuveront ce livre, et s'il sera signé *Passart* ou *Cherrier*[2].

J'aurais déjà pris mon parti de passer le reste de ma vie

---

1. Voyez la fin du second alinéa de la lettre à d'Alembert du 28 novembre 1762.
2. Claude Cherrier, censeur de la police, cité dans la lettre 681, signait ses approbations du nom de *Passart*, quelques années avant sa mort, arrivée en juillet 1738.

auprès de ce prince aimable, et d'oublier dans sa cour la manière indigne dont j'ai été traité dans un pays qui devait être l'asile des arts ; mais la personne[1] qui vous a montré les lettres l'emporte sur celui qui les a écrites, et, quoique je puisse devoir à ce roi, jusqu'à présent le modèle des rois, je dois cent fois plus à l'amitié. Permettez-moi de vous compter toujours parmi ceux qui m'attachent à ma patrie, et que Mme du Deffant ne pense pas que l'envie de lui plaire et d'avoir son suffrage sorte jamais de mon cœur. M. de Formont est-il à Paris? il est, comme vous le savez, du petit nombre des élus. Mes respects à *quelli pochissimi signori*, et surtout à vous, monsieur, qui ne m'avez jamais aimé qu'en passant, et à qui je suis attaché pour toujours.

J'espère que Dumolard[2] ne sera pas mal, et qu'il vous aura obligation toute sa vie.

1374. — A M. LE CARDINAL DE FLEURY.

A la Haye, le 4 novembre.

Monseigneur, je ne peux résister aux ordres réitérés de Sa Majesté le roi de Prusse. Je vais, pour quelques jours, faire ma cour à un monarque qui prend votre manière de penser pour son modèle.

J'ai eu l'honneur de faire tenir à Votre Éminence un *Anti-Machiavel*, livre où l'on ne trouve que vos sentiments, et qui a, ainsi que votre conduite, le bonheur du monde pour objet.

Quel que soit l'auteur de cet ouvrage, si Votre Éminence daignait me marquer qu'elle l'approuve, je suis sûr que l'auteur, qui est déjà plein d'estime pour votre personne, y joindrait l'amitié, et chérirait encore plus la nation dont vous faites la félicité.

Je me flatte que Votre Éminence approuvera mon zèle, et qu'elle voudra bien me le témoigner par un mot de lettre[3], sous le couvert de M. le marquis de Beauvau[4].

Je suis, avec un profond respect, monseigneur, etc.

VOLTAIRE.

---

1. Mme du Châtelet, qui était alors à Paris, et qui commençait à savoir très-mauvais gré au roi de Prusse de lui enlever momentanément Voltaire.
2. Il accompagna Voltaire à Berlin.
3. Voyez la lettre 1378.
4. Envoyé à Berlin pour y complimenter Frédéric sur son avénement au trône.

1375. — A M. THIERIOT[1].

A Utrecht, 6 novembre.

M. Dumolard, que vous m'aviez recommandé, mon cher Thieriot, arriva à la Haye dans l'instant que je partais pour aller faire pendant quelques jours ma cour à Sa Majesté[2]. Je crois que voici l'occasion de faire valoir vos services. Il serait bon que vous me mandassiez sur-le-champ à quoi peuvent aller en tout vos déboursés. Ne doutez pas que Sa Majesté n'agisse généreusement; mais vous savez très-bien que la multiplicité énorme des affaires dont elle est chargée depuis son avénement ne lui a pas permis de penser à tout, et que dans une cour chacun ne pense qu'à soi. Fiez-vous, je vous prie, à mon ancienne amitié; j'espère vous en donner des marques. Vous pouvez m'écrire à Rémusberg, où je vais; mais ne tardez pas un moment, car je fais le voyage comme bannière, et je ne reste que trois ou quatre jours auprès du roi. Je vous embrasse.

1376. — DE FRÉDÉRIC II, ROI DE PRUSSE[3].

Remusberg, 8 novembre.

Ton Apollon te fait voler au ciel,
Tandis, ami, que, rampant sur la terre,
Je suis en butte aux carreaux du tonnerre,
A la malice, aux dévots, dont le fiel
Avec fureur cent fois a fait la guerre
A maint humain bien moins qu'eux criminel.
Mais laissons là leur imbécile engeance
Hurler l'erreur et prêcher l'abstinence,
Du sein du luxe et de leurs passions.
Tu veux percer la carrière immense
De l'avenir, et voir les actions
Que le destin avec tant de constance
Aux curieux bouillant d'impatience
Cacha toujours très-scrupuleusement?
Pour te parler tant soit peu sensément,
A ce palais[4] qu'on trouve dans Voltaire,
Temple où Henri fut conduit par son père,
Où tout paraît nu devant le destin,
Si son auteur t'en montre le chemin,

1. Éditeurs, de Cayrol et François.
2. Dumolard partit pour Berlin avec Voltaire.
3. Cette lettre, qui a toujours été admise dans la correspondance de Voltaire et du roi de Prusse, n'est pas adressée à Voltaire, mais à Algarotti. (Pn.)
4. Le palais des Destins, ch. VII de *la Henriade*, v. 116.

Entièrement tu peux te satisfaire.
Mais, si tu veux d'un fantasque tableau,
En ta faveur de ce chaos nouveau
Je vais ici te barbouiller l'histoire,
De Jean Callot empruntant le pinceau.
Premièrement, vois bouillonner la Gloire
Au feu d'enfer attisé d'un démon ;
Vois tous les fous d'un nom dans la mémoire
Boire à l'excès de ce fatal poison ;
Vois dans ses mains, secouant un brandon,
Spectre hideux, femelle affreuse et noire,
Parlant toujours langage de grimoire,
Et s'appuyant sur le sombre Soupçon,
Sur le Secret, et marchant à tâton,
La Politique, implacable harpie,
Et l'Intérêt, qui lui donna le jour,
Insinuer toute leur troupe impie
Auprès des rois, en inonder leur cour,
Et de leurs traits blesser les cœurs d'envie,
Souffler la haine, et brouiller sans retour
Mille voisins de qui la race amie
Par maint hymen signalait leur amour.
Déjà j'entends l'orage du tambour ;
De cent héros je vois briller la rage,
Sous les beaux noms d'audace et de courage ;
Déjà je vois envahir cent États,
Et tant d'humains moissonnés avant l'âge,
Précipités dans la nuit du trépas.
De tous côtés je vois croître l'orage,
Je vois plus d'un illustre et grand naufrage,
Et l'univers tout couvert de soldats,
Je vois *Petit*[1]. J'en vis bien davantage ;
Et vous, à votre imagination
C'est à finir : car ma Muse essoufflée,
De la fureur et de l'ambition
Te crayonnant la désolation,
Fuyant le meurtre et craignant la mêlée,
S'est promptement de ces lieux envolée[2].

Voilà une belle histoire des choses que vous prévoyez. Si don Louis d'Acuhna, le cardinal Albéroni, ou l'*Hercule* mitré[3], avaient des commis qui leur fissent de pareils plans, je crois qu'ils sortiraient avec deux oreilles de moins de leur cabinet.

Vous vous en contenterez cependant pour le présent ; c'est à vous d'imaginer de plus tout ce qu'il vous plaira. Quant aux affaires de votre petite politique particulière, nous en aviserons à Berlin, et je crois que j'aurai dans peu des moyens entre les mains pour vous rendre satisfait et content.

1. C'est ainsi qu'on lit dans l'édition de Londres, dans celle de Berlin, dans celle de Liége ; et en note : *de la comédie des Plaideurs.* (B.)
2. La plupart de ces vers, faits à la hâte sans doute, sont très-négligés. Ce sont des syllabes à la toise, comme dit Frédéric dans sa lettre du 23 mars 1742. (Cl.)
3. Hercule de Fleury.

Adieu, cher cygne [1], faites-moi quelquefois entendre votre chant; mais que ce ne soit point, selon la fiction des poëtes, en rendant l'âme au bord du Simoïs. Je veux de vos lettres, vous bien portant et même mieux qu'à présent. Vous connaissez l'estime que j'ai pour vous, et vous en êtes persuadé.

1377. — A FRÉDÉRIC II, ROI DE PRUSSE.

A Herford, le 11 novembre.

Dans un chemin creux et glissant,
Comblé de neiges et de boues,
La main d'un démon malfaisant
De mon char a brisé les roues.
J'avais toujours imprudemment
Bravé celle de la Fortune;
Mais je change de sentiment:
Je la fuyais, je l'importune,
Je lui dis d'une faible voix :
O toi qui gouvernes les rois,
Excepté le héros que j'aime;
O toi qui n'auras sous tes lois
Ni son cœur, ni son diadème,
Je vais trouver mon seul appui!
Qu'enfin ta faveur me seconde;
Souffre qu'en paix j'aille vers lui;
Va troubler le reste du monde.

La Fortune, sire, a été trop jalouse de mon accès auprès de Votre Majesté; elle est bien loin d'exaucer ma prière : elle vient de briser, sur le chemin d'Herford, ce carrosse qui me menait dans la terre promise. Dumolard l'oriental [2], que j'amène dans les États de Votre Majesté suivant vos ordres, prétend, sire, que, dans l'Arabie, jamais pèlerin de la Mecque n'eut une plus triste aventure, et que les Juifs ne furent pas plus à plaindre dans le désert.

Un domestique va d'un côté demander du secours à des Vestphaliens qui croient qu'on leur demande à boire; un autre court sans savoir où. Dumolard, qui se promet bien d'écrire notre voyage en arabe et en syriaque, est cependant de ressource, comme s'il n'était pas savant. Il va à la découverte,

---

1. Frédéric appelle ainsi Algarotti, dans une lettre à Voltaire, page 556.
2. Voyez les lettres 1333 et 1351.

moitié à pied, moitié en charrette; et moi, je monte en culotte de velours, en bas de soie, et en mules, sur un cheval rétif.

> Hélas! grand roi, qu'eussiez-vous cru,
> En voyant ma faible figure
> Chevauchant tristement à cru
> Un coursier de mon encolure?
> C'est ainsi qu'on vit autrefois
> Ce héros vanté par Cervante,
> Son écuyer, et Rossinante,
> Égarés au milieu des bois.
> Ils ont fait de brillants exploits,
> Mais j'aime mieux ma destinée:
> Ils ne servaient que Dulcinée,
> Et je sers le meilleur des rois.

En arrivant à Herford dans cet équipage, la sentinelle m'a demandé mon nom; j'ai répondu, comme de raison, que je m'appelais Don Quichotte, et j'entre sous ce nom. Mais quand pourrai-je me jeter à vos pieds sous celui de votre créature, de votre admirateur, de..., etc.[1]?

1378. — DU CARDINAL DE FLEURY[2].

A Issy, ce 14 novembre 1740.

Je reçois dans le moment, monsieur, une seconde lettre de vous, et je n'en perds pas un pour y répondre, dans la crainte que M. le marquis de Beauvau ne soit parti de Berlin. Je ne puis qu'approuver le voyage que vous y allez faire, et vous êtes attaché par des titres trop justes et trop pressants au roi de Prusse pour ne pas lui donner cette marque de votre respect et de votre reconnaissance; le seul motif de la reine de Saba vous eût suffi pour ne pas vous y refuser. Je ne savais pas que le précieux présent que m'a fait Mme la marquise du Châtelet de l'*Anti-Machiavel* vînt de vous; il ne m'en est que plus cher, et je vous en remercie de tout mon cœur. Comme j'ai peu de moments à donner à mon plaisir, je n'ai pu en lire jusqu'ici qu'une quarantaine de pages, et je tâcherai de l'achever dans ce que j'appelle fort improprement ma retraite : car elle est par malheur trop troublée pour mon repos.

Quel que soit l'auteur de cet ouvrage, s'il n'est pas prince, il mérite de l'être, et le peu que j'en ai lu est si sage, si raisonnable, et renferme des principes si admirables, que celui qui l'a fait serait digne de commander

---

1. Frédéric écrit à Algarotti, le 21 novembre 1740 : « Voltaire est arrivé, etc. »; et à Jordan, le 28 : « Son apparition de six jours me coûtera par journée cinq cent cinquante écus. »
2. Réponse à la lettre 1374.

aux autres hommes, pourvu qu'il eût le courage de les mettre en pratique. S'il est né prince, il contracte un engagement bien solennel avec le public; et l'empereur Antonin ne se serait pas acquis la gloire immortelle qu'il conservera dans tous les siècles s'il n'avait soutenu par la justice de son gouvernement la belle morale dont il avait donné des leçons si instructives à tous les souverains.

Vous me dites des choses si flatteuses pour moi que je n'ai garde de les prendre à la lettre; mais elles ne laissent pas de me faire un sensible plaisir, parce qu'elles sont du moins une preuve de votre amitié. Je serais infiniment touché que Sa Majesté prussienne pût trouver dans ma conduite quelque conformité avec ses principes; mais du moins puis-je vous assurer que je sens et regarde les siens comme le modèle du plus parfait et du plus glorieux gouvernement.

. . . .

Je tombe sans y penser dans des réflexions politiques, et je finis en vous assurant que je tâcherai de ne pas me rendre indigne de la bonne opinion que Sa Majesté prussienne daigne avoir de moi. Il a la qualité de prince de trop; et s'il n'était qu'un simple particulier, on se ferait un bonheur de vivre avec lui en société. Je vous porte envie, monsieur, d'en jouir, et vous félicite d'autant plus que vous ne le devez qu'à vos talents et à vos sentiments, etc.

1379. — A M. THIERIOT [1].

Remusberg, 24 novembre 1740.

J'ai reçu, mon cher monsieur, votre lettre du 7; je commence par vous dire que je viens de parler à Sa Majesté en présence de M. de Keyserlingk. Les sentiments de ce grand homme sont dignes de ses lumières. Il a dans l'instant réglé tout ce qui vous regarde; il se réserve le plaisir de vous en faire instruire lui-même.

J'ai tout lieu de croire que Dumolard sera content. Pour moi, je le suis plus que personne d'avoir vécu huit jours auprès d'un homme que tout le monde se disputerait à Paris, et qui n'a nul besoin d'être roi.

M. de Maupertuis est ici, mais il est enfoncé dans ses calculs. Je suis une passade, et j'ai eu l'agrément des coquetteries. Je pars, car c'en est trop que d'avoir quitté huit jours ses anciens amis pour un souverain, quelque aimable qu'il puisse être. M. Algarotti n'est point venu au Marly de Rémusberg; il fait l'amour à Berlin, et il y fait aussi la vie de César; le premier emploi n'est pas le pire des deux.

1. *Pièces inédites de Voltaire*, 1820.

Il n'y a que mes ennemis qui puissent dire que je me porte bien ; je suis tout comme à l'ordinaire : malade, ambulant, poëte, philosophe, et toujours votre véritable ami.

Votre pension n'est pas mauvaise. *Vale.*

P. S. Je vous prie de voir M. Gresset ; s'il savait comme j'ai parlé de lui au roi, il m'aimerait un peu. J'espère qu'il sera un des ornements de la cour de Berlin. Il s'apercevra que je connais l'estime pour les talents, et non la jalousie.

Vous savez que Sa Majesté a offert douze mille livres de pension à M. de Maupertuis pour le retenir, et qu'il donne à chaque académicien huit mille livres.

Il fait bâtir un palais, une salle pour les académies, une salle d'opéra, une de comédie ; il engage des artistes de toute espèce, et il a cent mille soldats bien nourris, bien payés et bien vêtus. *Vale.*

Que les blancs-becs de Paris disent ce qu'ils voudront ; mille compliments au sage Hollandais.

1380. — A M. LE CARDINAL DE FLEURY.

A Berlin, le 26 de novembre.

J'ai reçu, monseigneur, votre lettre du 14, que M. le marquis de Beauvau m'a remise. J'ai obéi aux ordres que Votre Éminence ne m'a point donnés ; j'ai montré votre lettre au roi de Prusse. Il est d'autant plus sensible à vos éloges qu'il les mérite, et il me paraît qu'il se dispose à mériter ceux de toutes les nations de l'Europe. Il est à souhaiter pour leur bonheur, ou, du moins, pour celui d'une grande partie, que le roi de France et le roi de Prusse soient amis. C'est votre affaire ; la mienne est de faire des vœux, et de vous être toujours dévoué avec le plus profond respect.

1381. — A FRÉDÉRIC II, ROI DE PRUSSE.

A Berlin, ce 28 novembre.

Puisque Votre *Humanité* aime la petite écriture[1] :

O champs vestphaliens, faut-il vous traverser ?
Destin, où m'allez-vous réduire ?

---

1. Voltaire, dans sa jeunesse, avait une écriture nette et fort lisible, quoique très-menue. On en trouve un *fac-simile* à la fin de *la Henriade* réimprimée suivant l'édition de 1728, par M. Paul Renouard, en 1826.

Je quitte un demi-dieu que je dois encenser,
Le modèle des rois dans l'art de se conduire,
　　Et le mien dans l'art de penser.

J'ai paru devant vous, ô respectable mère[1] !
Vous à qui doit Berlin sa gloire et son appui,
Vous dont tient mon héros son divin caractère,
Vous qu'on aime à la fois et pour vous et pour lui.

Les sœurs[2] de Marc-Aurèle, Henri[3], son digne frère,
　　Tour à tour enchantent mes yeux.
　　Je crois voir dans leur sanctuaire
Les dieux encore enfants, et Cybèle avec eux.

Ce superbe arsenal, où la main de la guerre
Tient la destruction des plus fermes remparts,
Me paraît à la fois le monument des arts,
Le séjour de la Mort, de Mars, et du tonnerre.

　　Mais d'où partent ces doux concerts ?
C'est Achille qui chante, Apollon qui l'inspire ;
Il porte entre ses mains et l'épée et la lyre ;
　　Il fait le destin de l'empire ;
　　Il fait plus, il fait de beaux vers.

Je reçois, sire, dans ce moment, une lettre[4] de Votre Majesté, que M. de Raesfeld me renvoie.

Je suis bien fâché de ne l'avoir pas reçue plus tôt, j'aurais été consolé. Votre Majesté m'apprend qu'elle a pris le parti de désavouer l'une et l'autre édition, et d'en faire imprimer une nouvelle leçon à Berlin, quand elle en aura le loisir. Cela seul suffit pour mettre sa gloire en sûreté, en cas qu'il y ait quelque chose dans ces éditions qui déplaise à Sa Majesté. L'ouvrage est déjà si généralement goûté que Votre Majesté ne peut que se rendre encore plus respectable en corrigeant ce que j'ai gâté, et en fortifiant ce que j'ai affaibli. Puissé-je être aussi fripon qu'un jésuite[5], aussi gueux qu'un chimiste, aussi sot qu'un capucin, si j'ai rien en vue que votre gloire ! Sire, je vous ai érigé un autel dans mon cœur ; je suis sensible à votre réputation comme

---

1. Sophie-Dorothée de Hanovre, sœur du roi d'Angleterre George II ; morte en 1757.
2. *Wilhelmine*, margrave de Bareith ; les princesses *Ulrique* et *Amélie*, etc.
3. Frédéric-HENRI-*Louis*, né le 18 janvier 1726.
4. La lettre 1355.
5. Voyez la lettre au Père de La Tour, du 7 février 1746.

vous-même. Je me nourris de l'encens que les connaisseurs vous donnent ; je n'ai plus d'amour-propre que par rapport à vous.

Lisez, sire, cette lettre[1] que je reçois de M. le cardinal de Fleury. Trente particuliers m'en écrivent de pareilles ; l'Europe retentit de vos louanges. Je peux jurer à Votre Majesté qu'excepté le malheureux écrivain de petites nouvelles il n'y a personne qui ne sache que je suis incapable d'avoir fait un tel ouvrage de politique, et qui ne connaisse ce que peut votre singulier génie.

Mais, sire, quelque grand génie qu'on puisse être, on ne peut écrire ni en vers ni en prose sans consulter quelqu'un qui nous aime.

Au reste, que la lettre de M. le cardinal de Fleury ne vous étonne pas, sire ; il m'a toujours écrit avec quelque air d'amitié. Si j'étais mal avec lui, c'est que je croyais avoir sujet d'être mécontent de lui, et je n'avais pu plier mon caractère à lui faire ma cour. Il n'y a jamais que le cœur qui me conduise.

Votre Majesté verra, par sa lettre en original, que quand j'ai fait tenir l'*Anti-Machiavel* à ce ministre, comme à tant d'autres, je me suis bien donné de garde de désigner Votre Majesté pour l'auteur de cet admirable livre.

Je vous supplie, sire, de juger ma conduite dans cette affaire par la scrupuleuse attention que j'ai eue à ne jamais donner à personne copie des vers dont Votre Majesté m'a honoré ; j'ose dire que je suis le seul dans ce cas.

Je vais partir demain[2]. Mme du Châtelet est fort mal. Je me flatte encore d'être assez heureux pour assurer un moment Votre Majesté, à Potsdam, du tendre attachement, de l'admiration et du respect avec lesquels je serai toute ma vie, sire, de Votre Majesté le très-humble et très-obéissant serviteur.

1382. — A M. DE MAUPERTUIS.

Potsdam, décembre.

Mon cher hibou de philosophe errant, venez donc dîner aujourd'hui chez M. de Valori, et, s'il dîne chez M. de Beauvau, nous mangerons chez M. de Beauvau. Il faut que j'embrasse mon philosophe avant que de prendre congé de la respectable, singulière et aimable p.....[3] qui arrive.

1. La lettre 1378.
2. Voltaire ne partit que le 2 ou le 3 décembre.
3. Le roi de Prusse, que Voltaire appelle plus poliment *coquette*, dans des stances datées du 2 décembre 1740, tome VIII.

1383. — A FRÉDÉRIC II, ROI DE PRUSSE.

(Berlin, 2 décembre 1740.)

. . . .
Je vous quitte, il est vrai; mais mon cœur déchiré
    Vers vous revolera sans cesse;
  Depuis quatre ans vous êtes ma maîtresse,
Un amour de dix ans doit être préferé;
    Je remplis un devoir sacré.
Héros de l'amitié, vous m'approuvez vous-même;
    Adieu, je pars désespéré.
Oui, je vais aux genoux d'un objet adoré,
    Mais j'abandonne ce que j'aime [1].

Votre ode est parfaite enfin, et je serais jaloux, si je n'étais transporté de plaisir. Je me jette aux pieds de Votre *Humanité*, et j'ose être attaché tendrement au plus aimable des hommes, comme j'admire le protecteur de l'empire, de ses sujets, et des arts.

1384. — A M. DE MAUPERTUIS.

Potsdam, décembre [2].

Étant obligé de quitter les rois et les philosophes, ou les philosophes et les rois, je vous recommande M. Dumolard comme Français et comme homme de mérite. Unissez-vous, je vous prie, avec M. Jordan, pour le présenter au roi, par l'ordre duquel il est venu, et pour faire régler sa destinée; la mienne sera de vous aimer toujours.

1385. — A M. THIERIOT [3].

4 décembre.

Mon cher ami, pour vous rafraîchir, pourriez-vous porter ce paquet à monsieur l'ambassadeur de Hollande? Il s'agit d'une affaire

---

1. Ces vers font allusion à la *Réponse du roi* au *Billet de congé de Voltaire*.
2. Le fragment de lettre et le billet qui précèdent, de même que celui-ci, doivent être du 1ᵉʳ au 3 décembre 1740.
3. Éditeurs, de Cayrol et François.

ridicule avec les libraires Ledet, qui se plaignent mal à propos que je favorise Prault le fils à leur préjudice, et qui, sur cela, font cent impertinences. Mme de Champbonin en a parlé fortement à ce ministre, qui a déjà eu la bonté d'agir. Je vous prie de seconder Mme de Champbonin : elle est ma parente ; soyez aussi mon parent. Dites, pour Dieu, tout le bien de moi que vous ne pensez pas ; mettez-moi très-bien dans l'esprit de l'ambassadeur d'une nation libre ; et sans entrer dans le détail fastidieux de cette affaire, gagnez-moi le cœur de cet homme-là : vous avez le mien pour jamais.

1386. — A FRÉDÉRIC II, ROI DE PRUSSE[1].

A quatre lieues par delà Wesel, je ne sais où,
ce 6 décembre.

O détestable Vestphalie !
Vous n'avez chez vous ni vin frais,
Ni lit, ni servante jolie ;
De couvents vous êtes remplie,
Et vous manquez de cabarets.
Quiconque veut vivre sans boire,
Et sans dormir, et sans manger,
Fera très-bien de voyager
Dans votre chien de territoire.
Monsieur l'évêque de Munster,
Vous tondez donc votre province !
Pour le peuple est l'âge de fer,
Et l'âge d'or est pour le prince.
Je vois bien maintenant pourquoi,
Dans cette maudite contrée,
On donna la paix[2] et la loi
A l'Allemagne déchirée.
Du très-saint empire romain
Les sages plénipotentiaires,
Dégoûtés de tant de misères,
Voulurent en partir soudain,
Et se hâtèrent de conclure
Un traité fait à l'aventure,
Dans la peur de mourir de faim.
Ce n'est pas de même à Berlin ;

---

1. Cette lettre, où Voltaire a l'air de s'adresser à Algarotti, était en réalité pour Frédéric.
2. Le 24 octobre 1648.

Les beaux-arts, la magnificence,
La bonne chère, l'abondance,
Y font oublier le destin
De l'Italie et de la France.
De l'Italie! Algarotti,
Comment trouvez-vous ce langage?
Je vous vois, frappé de l'outrage,
Me regarder en ennemi.
Modérez ce bouillant courage,
Et répondez-nous en ami.
Vos pantalons [1] à robe d'encre,
Vos lagunes [2] à forte odeur,
Où deux galères sont à l'ancre,
Dix mille putains dont le ...
Plus que vos canaux est profond,
Malgré le virus qui l'échancre;
Un palais sans cour et sans parc
Où végète un doge inutile;
Un vieux manuscrit d'Évangile
Griffonné, dit-on, par saint Marc;
Vos nobles, avec prud'homie,
Allant du sénat au marché
Chercher pour deux sous d'eau-de-vie;
Un peuple mou, faible, entiché
D'ignorance et de fourberie,
Le fessier souvent ébréché,
Grâce aux efforts du vieux péché
Que l'on appelle sodomie,
Voilà le portrait ébauché
De la très-noble seigneurie.
Or cela vaut-il, je vous prie,
Notre adorable Frédéric,
Ses vertus, ses goûts, sa patrie?
J'en fais juge tout le public.

J'espère que je ne serai pas dénoncé au conseil des Dix. On dit que la République entretient un apothicaire qui a l'honneur d'être l'empoisonneur ordinaire de la sérénissime, et qui donne parties égales de jusquiame, de ciguë et d'opium aux mauvais plaisants; mais je n'en crois rien. D'ailleurs, si je meurs, ce sera, je crois, dans le Rhin ou dans la Meuse, entre lesquels je me trouve renfermé, et qui se débordent de leur mieux. Je serai

1. Par ce nom des personnages de la comédie italienne Voltaire désigne ici les prêtres inquisiteurs. (Cl.)
2. Les lagunes de Venise, ville natale d'Algarotti.

puni par le déluge d'avoir quitté mon roi ; je vais, si je puis, me réfugier à Clèves ; je me flatte que ses troupes auront trouvé de meilleurs chemins. Pour Sa Majesté, elle a trouvé le chemin de la gloire de bien bonne heure. J'entrevois de bien grandes choses; mon roi agit comme il écrit. Mais se souviendra-t-il encore de son malheureux serviteur, qui s'en est allé presque aveugle[1], et qui ne sait plus où il va, mais qui sera jusqu'au tombeau, avec le plus profond et le plus tendre respect, de Sa Majesté le très-humble, très-obéissant serviteur et admirateur ?

1387. — A FRÉDÉRIC II, ROI DE PRUSSE.

Clèves, ce 15 décembre.

Grand roi, je vous l'avais prédit[2]
Que Berlin deviendrait Athène
Pour les plaisirs et pour l'esprit ;
La prophétie était certaine.

Mais quand, chez le gros Valori,
Je vois le tendre Algarotti
Presser d'une vive embrassade
Le beau Lugeac[3], son jeune ami,
Je crois voir Socrate affermi
Sur la croupe d'Alcibiade ;
Non pas ce Socrate entêté,
De sophismes faisant parade,
A l'œil sombre, au nez épaté,
A front large, à mine enfumée ;
Mais Socrate Vénitien,
Aux grands yeux, au nez aquilin
Du bon saint Charles Borromée.
Pour moi, très-désintéressé
Dans ces affaires de la Grèce,
Pour Frédéric seul empressé,
Je quittais étude et maîtresse ;
Je m'en étais débarrassé ;
Si je volai dans son empire,
Ce fut au doux son de sa lyre ;
Mais la trompette m'a chassé.

1. Voltaire avait une ophthalmie en quittant Berlin.
2. Voyez la lettre 736.
3. Charles-Antoine de Guérin, connu sous le nom de marquis de Lugeac, d'abord page de Louis XV. (CL.)

> Vous ouvrez d'une main hardie
> Le temple horrible de Janus;
> Je m'en retourne tout confus
> Vers la chapelle d'Émilie.
> Il faut retourner sous sa loi,
> C'est un devoir; j'y suis fidèle,
> Malgré ma fluxion cruelle,
> Et malgré vous, et malgré moi.
> Hélas ! ai-je perdu pour elle
> Mes yeux, mon bonheur, et mon roi?

Sire, je prie le dieu de la paix et de la guerre qu'il favorise toutes vos grandes entreprises, et que je puisse bientôt revoir mon héros à Berlin, couvert d'un double laurier, etc.

1388. — DE FRÉDÉRIC II, ROI DE PRUSSE.

Quartier de Herrendorf, en Silésie, 23 décembre.

Mon cher Voltaire, j'ai reçu deux de vos lettres, mais je n'ai pu y répondre plus tôt; je suis comme le roi d'échecs de Charles XII, qui marchait toujours. Depuis quinze jours nous sommes continuellement par voie et par chemin, et par le plus beau temps du monde.

Je suis trop fatigué pour répondre à vos charmants vers, et trop saisi de froid pour en savourer tout le charme; mais cela reviendra. Ne demandez point de poésie à un homme qui fait actuellement le métier de charretier, et même quelquefois de charretier embourbé. Voulez-vous savoir ma vie :

Nous marchons depuis sept heures jusqu'à quatre de l'après-midi. Je dîne alors; ensuite je travaille, je reçois des visites ennuyeuses; vient après un détail d'affaires insipides. Ce sont des hommes difficultueux à rectifier, des têtes trop ardentes à retenir, des paresseux à presser, des impatients à rendre dociles, des rapaces à contenir dans les bornes de l'équité, des bavards à écouter, des muets à entretenir; enfin il faut boire avec ceux qui en ont envie, manger avec ceux qui ont faim; il faut se faire juif avec les juifs, païen avec les païens.

Telles sont mes occupations, que je céderais volontiers à un autre, si ce fantôme nommé la Gloire ne m'apparaissait trop souvent. En vérité, c'est une grande folie, mais une folie dont il est trop difficile de se départir, lorsqu'une fois on en est entiché.

Adieu, mon cher Voltaire; que le ciel préserve de malheur celui avec lequel je voudrais souper après m'être battu ce matin ! Le cygne de Padoue[1] s'en va, je crois, à Paris, profiter de mon absence; le philosophe géomètre[2]

---

1. Algarotti.
2. Maupertuis.

carre des courbes; le philosophe littérateur[1] traduit du grec, et le savant doctissime[2] ne fait rien, ou peut-être quelque chose qui en approche beaucoup.

Adieu, encore une fois, cher Voltaire, n'oubliez pas les absents qui vous aiment.

FÉDÉRIC.

1389. — A FRÉDÉRIC II, ROI DE PRUSSE[3].

(Rotterdam), décembre.

Sire, je ressemble à présent aux pèlerins de la Mecque, qui tournent les yeux vers cette ville après l'avoir quittée ; je tourne les miens vers votre cour. Mon cœur, pénétré des bontés de Votre Majesté, ne connaît que la douleur de ne pouvoir vivre auprès d'elle. Je prends la liberté de lui envoyer une nouvelle copie de cette tragédie de *Mahomet*, dont elle a bien voulu, il y a déjà longtemps, voir les premières esquisses. C'est un tribut que je paye à l'amateur des arts, au juge éclairé, surtout au philosophe, beaucoup plus qu'au souverain.

Votre Majesté sait quel esprit m'animait en composant cet ouvrage ; l'amour du genre humain et l'horreur du fanatisme, deux vertus qui sont faites pour être toujours auprès de votre trône, ont conduit ma plume. J'ai toujours pensé que la tragédie ne doit pas être un simple spectacle qui touche le cœur sans le corriger. Qu'importent au genre humain les passions et les malheurs d'un héros de l'antiquité, s'ils ne servent pas à nous instruire? On avoue que la comédie du *Tartuffe*, ce chef-d'œuvre qu'aucune nation n'a égalé, a fait beaucoup de bien aux hommes, en montrant l'hypocrisie dans toute sa laideur ; ne peut-on pas essayer d'attaquer, dans une tragédie, cette espèce d'imposture qui met en œuvre à la fois l'hypocrisie des uns et la fureur des autres? Ne peut-on pas remonter jusqu'à ces anciens scélérats, fondateurs illustres de la superstition et du fanatisme, qui, les premiers, ont pris le couteau sur l'autel pour faire des victimes de ceux qui refusaient d'être leurs disciples?

Ceux qui diront que les temps de ces crimes sont passés; qu'on ne verra plus de Barcochebas, de Mahomet, de Jean de Leyde, etc.; que les flammes des guerres de religion sont éteintes,

1. Dumolard.
2. Jordan.
3. Sur cette lettre voyez tome IV (tome III du *Théâtre*) page 100, note 1. Cette lettre n'est pas dans l'édition de Preuss.

font, ce me semble, trop d'honneur à la nature humaine. Le même poison subsiste encore, quoique moins développé ; cette peste, qui semble étouffée, reproduit de temps en temps des germes capables d'infecter la terre. N'a-t-on pas vu de nos jours les prophètes des Cévennes tuer, au nom de Dieu, ceux de leur secte qui n'étaient pas assez soumis?

L'action que j'ai peinte est atroce ; et je ne sais si l'horreur a été plus loin sur aucun théâtre. C'est un jeune homme né avec de la vertu, qui, séduit par son fanatisme, assassine un vieillard qui l'aime, et qui, dans l'idée de servir Dieu, se rend coupable, sans le savoir, d'un parricide ; c'est un imposteur qui ordonne ce meurtre, et qui promet à l'assassin un inceste pour récompense. J'avoue que c'est mettre l'horreur sur le théâtre ; et Votre Majesté est bien persuadée qu'il ne faut pas que la tragédie consiste uniquement dans une déclaration d'amour, une jalousie, et un mariage.

Nos historiens mêmes nous apprennent des actions plus atroces que celle que j'ai inventée. Séide ne sait pas du moins que celui qu'il assassine est son père, et, quand il a porté le coup, il éprouve un repentir aussi grand que son crime. Mais Mézerai rapporte qu'à Melun un père tua son fils de sa main pour sa religion, et n'en eut aucun repentir. On connaît l'aventure des deux frères Diaz, dont l'un était à Rome, et l'autre en Allemagne, dans les commencements des troubles excités par Luther. Barthélemy[1] Diaz, apprenant à Rome que son frère donnait dans les opinions de Luther à Francfort, part de Rome dans le dessein de l'assassiner, arrive, et l'assassine. J'ai lu dans Herrera, auteur espagnol, que ce « Barthélemy Diaz risquait beaucoup par cette action ; mais que rien n'ébranle un homme d'honneur quand la probité le conduit ». Herrera, dans une religion toute sainte et tout ennemie de la cruauté, dans une religion qui enseigne à souffrir, et non à se venger, était donc persuadé que la probité peut conduire à l'assassinat et au parricide ; et on ne s'élèvera pas de tous côtés contre ces maximes infernales!

Ce sont ces maximes qui mirent le poignard à la main du monstre qui priva la France de Henri le Grand ; voilà ce qui plaça le portrait de Jacques Clément sur l'autel, et son nom parmi les bienheureux ; c'est ce qui coûta la vie à Guillaume,

---

1. Alphonse Diaz, auquel Voltaire donne aussi le prénom de *Barthélemy*, est le fanatique qui fit assassiner son frère en 1546. Barthélemy Diaz, navigateur portugais, n'a que le nom de commun avec l'Espagnol Alphonse Diaz. (CL.)

prince d'Orange, fondateur de la liberté et de la grandeur des Hollandais. D'abord Salcède le blessa au front d'un coup de pistolet ; et Strada raconte que « Salcède (ce sont ses propres mots) n'osa entreprendre cette action qu'après avoir purifié son âme par la confession aux pieds d'un dominicain, et l'avoir fortifiée par le pain céleste ». Herrera dit quelque chose de plus insensé et de plus atroce : « Estando firme con el exemplo de nuestro salvador Jesu-Christo, y de sus Santos. » Balthazar Gérard, qui ôta enfin la vie à ce grand homme, en usa de même que Salcède.

Je remarque que tous ceux qui ont commis de bonne foi de pareils crimes étaient des jeunes gens comme Séide. Balthazar Gérard avait environ vingt ans. Quatre Espagnols, qui avaient fait avec lui serment de tuer le prince, étaient du même âge. Le monstre qui tua Henri III n'avait que vingt-quatre ans. Poltrot, qui assassina le grand duc de Guise, en avait vingt-cinq ; c'est le temps de la séduction et de la fureur. J'ai été presque témoin, en Angleterre, de ce que peut sur une imagination jeune et faible la force du fanatisme. Un enfant de seize ans, nommé Shepherd, se chargea d'assassiner le roi George Ier, votre aïeul maternel. Quelle était la cause qui le portait à cette frénésie? C'était uniquement que Shepherd n'était pas de la même religion que le roi. On eut pitié de sa jeunesse, on lui offrit sa grâce, on le sollicita longtemps au repentir ; il persista toujours à dire qu'il valait mieux *obéir à Dieu qu'aux hommes*[1], et que, s'il était libre, le premier usage qu'il ferait de sa liberté serait de tuer son prince. Ainsi on fut obligé de l'envoyer au supplice, comme un monstre qu'on désespérait d'apprivoiser.

J'ose dire que quiconque a un peu vécu avec les hommes a pu voir quelquefois combien aisément on est prêt à sacrifier la nature à la superstition. Que de pères ont détesté et déshérité leurs enfants! que de frères ont poursuivi leurs frères par ce funeste principe! J'en ai vu des exemples dans plus d'une famille.

Si la superstition ne se signale pas toujours par ces excès qui sont comptés dans l'histoire des crimes, elle fait dans la société tous les petits maux innombrables et journaliers qu'elle peut faire. Elle désunit les amis ; elle divise les parents ; elle persécute le sage, qui n'est qu'homme de bien, par la main du fou, qui est enthousiaste ; elle ne donne pas toujours de la ciguë à Socrate, mais elle bannit Descartes d'une ville qui devait être l'asile de la liberté ; elle donne à Jurieu, qui faisait le prophète,

---

[1]. *Actes des apôtres*, ch. v, v. 29.

assez de crédit pour réduire à la pauvreté le savant et philosophe Bayle; elle bannit, elle arrache à une florissante jeunesse qui court à ses leçons le successeur[1] du grand Leibnitz; et il faut, pour le rétablir, que le ciel fasse naître un roi philosophe, vrai miracle qu'il fait bien rarement. En vain la raison humaine se perfectionne par la philosophie, qui fait tant de progrès en Europe; en vain, vous surtout, grand prince, vous efforcez-vous de pratiquer et d'inspirer cette philosophie si humaine; on voit dans ce même siècle, où la raison élève son trône d'un côté, le plus absurde fanatisme dresser encore ses autels de l'autre.

On pourra me reprocher que, donnant trop à mon zèle, je fais commettre dans cette pièce un crime à Mahomet, dont en effet il ne fut point coupable.

M. le comte de Boulainvilliers écrivit, il y a quelques années, la Vie[2] de ce prophète. Il essaya de le faire passer pour un grand homme que la Providence avait choisi pour punir les chrétiens, et pour changer la face d'une partie du monde. M. Sale[3], qui nous a donné une excellente version de l'Alcoran en anglais, veut faire regarder Mahomet comme un Numa et comme un Thésée. J'avoue qu'il faudrait le respecter si, né prince légitime, ou appelé au gouvernement par le suffrage des siens, il avait donné des lois paisibles comme Numa, ou défendu ses compatriotes comme on le dit de Thésée. Mais qu'un marchand de chameaux excite une sédition dans sa bourgade; qu'associé à quelques malheureux coracites il leur persuade qu'il s'entretient avec l'ange Gabriel; qu'il se vante d'avoir été ravi au ciel, et d'y avoir reçu une partie de ce livre inintelligible qui fait frémir le sens commun à chaque page; que, pour faire respecter ce livre, il porte dans sa patrie le fer et la flamme; qu'il égorge les pères, qu'il ravisse les filles, qu'il donne aux vaincus le choix de sa religion ou de la mort, c'est assurément ce que nul homme ne peut excuser, à moins qu'il ne soit né Turc, et que la superstition n'étouffe en lui toute lumière naturelle.

Je sais que Mahomet n'a pas tramé précisément l'espèce de

---

1. Wolff. — Leibnitz lui-même faillit être victime de la superstition. « Assailli, dit la *Biographie universelle*, d'une rude tempête sur la mer Adriatique, il entendit le patron de la barque, qui ne pensait pas être compris de cet étranger, proposer de jeter à la mer cet hérétique allemand, dont la présence était la seule cause de la bourrasque. Leibnitz, sans paraître avoir rien entendu, tira un chapelet de sa poche, et, le roulant entre ses doigts d'un air dévot, échappa ainsi au danger. »
2. *La Vie de Mahomet*, première édition, parut en 1730, in-8°.
3. George Sale, mort le 14 novembre 1736.

trahison qui fait le sujet de cette tragédie. L'histoire dit seulement qu'il enleva la femme de Séide, l'un de ses disciples, et qu'il persécuta Abusofian, que je nomme Zopire ; mais quiconque fait la guerre à son pays, et ose la faire au nom de Dieu, n'est-il pas capable de tout? Je n'ai pas prétendu mettre seulement une action vraie sur la scène, mais des mœurs vraies ; faire penser les hommes comme ils pensent dans les circonstances où ils se trouvent, et représenter enfin ce que la fourberie peut inventer de plus atroce, et ce que le fanatisme peut exécuter de plus horrible. Mahomet n'est ici autre chose que Tartuffe les armes à la main.

Je me croirai bien récompensé de mon travail si quelqu'une de ces âmes faibles, toujours prêtes à recevoir les impressions d'une fureur étrangère qui n'est pas au fond de leur cœur, peut s'affermir contre ces funestes séductions par la lecture de cet ouvrage ; si, après avoir eu en horreur la malheureuse obéissance de Séide, elle se dit à elle-même : Pourquoi obéirais-je en aveugle à des aveugles qui me crient : Haïssez, persécutez, perdez celui qui est assez téméraire pour n'être pas de notre avis sur des choses même indifférentes que nous n'entendons pas ? Que ne puis-je servir à déraciner de tels sentiments chez les hommes ! L'esprit d'indulgence ferait des frères ; celui d'intolérance peut former des monstres.

C'est ainsi que pense Votre Majesté. Ce serait pour moi la plus grande des consolations de vivre auprès de ce roi philosophe. Mon attachement est égal à mes regrets ; et si d'autres devoirs m'entraînent, ils n'effaceront jamais de mon cœur les sentiments que je dois à ce prince qui pense et qui parle en homme ; qui fuit cette fausse gravité sous laquelle se cachent toujours la petitesse et l'ignorance ; qui se communique avec liberté, parce qu'il ne craint point d'être pénétré ; qui veut toujours s'instruire, et qui peut instruire les plus éclairés.

Je serai toute ma vie, avec le plus profond respect et la plus vive reconnaissance, etc.

1390. — A M. THIERIOT [1].

Jour de Noël.

Montrez, je vous prie, à M. l'abbé de Rothelin cette ode [2] que j'ai retrouvée dans mes paperasses. Je cherche toujours à lui

---

1. C'est à tort que Beuchot a classé cette lettre en décembre 1742. Elle ne peut être que de 1740.
2. Ode *sur la Mort de l'empereur Charles VI*.

plaire, malgré son ingratitude. Il me semble que, dans un temps où les lettres tombent si visiblement, et où les frelons s'emparent si hautement du miel des abeilles, on doit chercher au moins à se consoler par l'approbation du petit nombre des connaisseurs, plus petit, en vérité, que celui des élus. Si vous voulez, je vous enverrai encore ma lettre au roi de Prusse, sur *Mahomet;* mais envoyez-moi quelques-uns des anciens brimborions que je vous ai demandés.

Je vous embrasse.

1391. — A M. DE CHAMPFLOUR, PÈRE [1].

A la Haye, ce 27 décembre.

J'ai trouvé à la Haye, monsieur, une lettre dont vous m'honorâtes il y a environ un mois. Je ne pouvais la recevoir dans des circonstances plus convenables pour monsieur votre fils. Monsieur l'ambassadeur de France, en lui procurant les secours nécessaires, n'a pas seulement suivi son zèle, il y a encore été déterminé par l'intérêt qu'on ne peut s'empêcher de prendre pour un père aussi respectable que vous. J'ai vu la lettre que vous avez écrite à monsieur votre fils : elle m'a inspiré, monsieur, la plus forte estime pour vous, et j'ose même dire de la tendresse. Il est inutile sans doute de faire sentir à monsieur votre fils ce qu'il doit à un si bon père, il m'en paraît pénétré. Il serait indigne de vivre s'il ne s'empressait pas de venir mériter chez vous, par ses sentiments et par sa conduite, votre indulgence et votre amitié. Son caractère me paraît, à la vérité, vif et léger, mais le fond est plein de droiture ; et, s'il vous aime, les fautes que la seule jeunesse fait commettre seront bientôt oubliées.

Je compte le mener à Bruxelles, et là, suivant les ordres de M. de Fénelon et les vôtres, faire partir pour Luxembourg la personne qui l'a un peu écarté de son devoir. Elle n'est point sa femme ; il l'avait d'abord annoncée sous ce nom, pour couvrir le scandale. Monsieur votre fils trouvera à Bruxelles le ministre de France, M. Dagieu, très-honnête homme, qui sera plus à portée que moi de vous rendre service. Je me joindrai à lui pour rendre un fils au meilleur des pères. Je ne cesserai, pendant la route, de cultiver dans son cœur les semences d'honneur et de vertu qu'un jeune homme né de vous doit nécessairement avoir. Permettez-moi, monsieur, de saisir cette occasion d'assurer

---

1. Voyez plus haut la lettre 1365, adressée au même.

toute votre famille de mes respects, et de vous prier aussi de vouloir bien faire souvenir de moi votre respectable prélat[1], à qui je souhaite une vie presque aussi durable que sa gloire.

J'ai l'honneur d'être, monsieur, avec tous les sentiments qu'on ne peut refuser à un caractère si estimable, votre...

VOLTAIRE.

1392. — A FRÉDÉRIC II, ROI DE PRUSSE.

Dans un vaisseau, sur les côtes de Zélande[2], où j'enrage ; ce dernier décembre.

Sire,

Vous en souviendrez-vous, grand homme que vous êtes,
De ce fils d'Apollon qui vint au mont Rémus,
Amateur malheureux de vos belles retraites,
Mais heureux courtisan de vos seules vertus ?

Vous en souviendrez-vous aux champs de Silésie,
Tant de projets en tête, et la foudre à la main,
Quand l'Europe en suspens, d'étonnement saisie,
Attend de mon héros les arrêts du destin ?

On applaudit, on blâme, on s'alarme, on espère ;
L'Autriche va se perdre, ou se mettre en vos bras ;
Le Batave incertain, les Anglais en colère,
Et la France attentive, observent tous vos pas.

Prêt à le raffermir, vous ébranlez l'empire ;
C'est à vous seul ou d'être ou de faire un césar.
La Gloire et la Prudence attellent votre char ;
On murmure, on vous craint ; mais chacun vous admire.

Vous, qui vous étonnez de ce coup imprévu,
Connaissez le héros qui s'arme pour la guerre ;
Il accordait sa lyre en lançant le tonnerre ;
Il ébranlait le monde, et n'était pas ému.

---

1. Massillon, mort à Clermont le 18 septembre 1742.
2. Voltaire, revenant de la Haye à Bruxelles, où il dut arriver le 2 ou le 3 janvier 1741, fut arrêté par les glaces pendant douze jours. Mme du Châtelet, en rendant compte de ce voyage à d'Argental, dans une lettre du 3 janvier 1741, lui dit, au sujet de Frédéric, qui avait mis en œuvre beaucoup de séductions pour retenir Voltaire : « Je le crois outré contre moi, *mais je le défie de me haïr plus que je ne l'ai haï depuis deux mois.* »

Sire, je ne peux poursuivre sur ce ton ; les vents contraires et les glaces morfondent l'imagination de votre serviteur; je n'ai pas l'honneur de ressembler à Votre Majesté : elle affronte les tempêtes sur terre, je ne les supporte sur aucun élément. Peut-être resterai-je quelque temps sur le sein d'Amphitrite. Vous aurez, sire, tout le temps de changer la face de l'Europe avant mon arrivée à Bruxelles. Puissé-je y trouver les nouvelles de vos succès, et surtout de vos vers! Je suis très-respectueusement attaché à Frédéric le héros; mais j'aime bien l'homme charmant qui, après avoir travaillé tout le jour en roi, fait le soir les plus jolis vers du monde pour se délasser. Le hasard m'a fait prendre dans mon vaisseau un capitaine suisse qui revient de Stockholm d'auprès du roi de Suède. Nous avons quitté nos rois l'un et l'autre ; mais j'ai plus perdu que lui : il n'est pas aussi édifié de la cour de Suède que je le suis de celle de Votre Majesté. Il avait fait le voyage de Stockholm pour présider à l'éducation de deux petits bâtards, que le roi[1] de Hesse, premier sénateur de Suède, prétend avoir faits à Mme de Taube[2] ; le capitaine jure que ces deux petits garçons appartiennent à un jeune officier nommé Mingen[3], auquel ils ressemblent comme deux gouttes d'eau. Cependant le roi s'est séparé de Mme de Taube en pleurant, comme Henri IV quand il quitta la belle Gabrielle; et le capitaine suisse a quitté le roi, Mme de Taube, les petits garçons, et Mingen leur père, sans pleurer.

Il n'en est pas ainsi de moi ; je regrette mon roi, et le regretterai sur terre comme au milieu des glaçons et du royaume des vents. Le ciel me punit bien de l'avoir quitté; mais qu'il me rende la justice de croire que ce n'est pas pour mon plaisir.

J'abandonne un grand monarque qui cultive et qui honore un art que j'idolâtre, et je vais trouver quelqu'un[4] qui ne lit que *Christianus Wolffius*. Je m'arrache à la plus aimable cour de l'Europe pour un procès.

> Un ridicule amour n'embrase point mon âme,
>   Cythère n'est point mon séjour,
> Et je n'ai point quitté votre adorable cour
> Pour soupirer en sot aux genoux d'une femme.

---

1. Beau-frère de Charles XII.
2. Cette dame avait été épousée *de la main gauche*. La reine vivait encore. Voyez tome XVI, page 354.
3. Le baron Horn af Aminne.
4. Mme du Châtelet, que son procès avec la famille Honsbrouck retenait toujours à Bruxelles.

Mais, sire, cette femme a abandonné pour moi toutes les choses pour lesquelles les autres femmes abandonnent leurs amis; il n'y a aucune sorte d'obligation que je ne lui aie. Les coiffes et la jupe qu'elle porte ne rendent pas les devoirs de la reconnaissance moins sacrés.

> L'amour est souvent ridicule;
> Mais l'amitié pure a ses droits
> Plus grands que les ordres des rois.
> Voilà ma peine et mon scrupule.

Ma petite fortune, mêlée avec la sienne, n'apporte aucun obstacle à l'envie extrême que j'ai de passer mes jours auprès de Votre Majesté. Je vous jure, sire, que je ne balancerai pas un moment à sacrifier ces petits intérêts au grand intérêt d'un être pensant, de vivre à vos pieds, et de vous entendre.

> Hélas! que Gresset est heureux[1]!
> Mais, grand roi, charmante coquette,
> Ne m'abandonnez pas pour un autre poëte;
> Donnez vos faveurs à tous deux.

J'ai travaillé *Mahomet* sur le vaisseau; j'ai fait l'*Épître dédicatoire*[2]. Votre Majesté permet-elle que je la lui envoie?

Je suis avec le plus tendre regret et le plus profond respect, sire, de Votre *Humanité* le sujet, l'admirateur, le serviteur, l'adorateur.

1393. — A M. THIERIOT[3].

1740.

Voici une lettre pour M. D***; j'aimerais mieux lui demander un souper qu'un payement des fermiers généraux : cependant,

---

1. Frédéric avait fait faire des offres brillantes à Gresset, pour l'engager à se fixer en Prusse;

> Mais, dans les fers, loin d'un libre destin,
> Tous les bonbons *n'étant* que chicotin,

selon l'auteur de *Vert-Vert*, Gresset préféra sa patrie à Berlin, et eut raison. (CL.)

2. Ce que Voltaire appelle ici *Épître dédicatoire* est la lettre 1389, qui très-longtemps a été imprimée parmi les préliminaires de *Mahomet*, mais qu'il ne regardait pas cependant comme une dédicace. Voyez ci-après la lettre à M. d'Argental, de novembre 1742 (n° 1550).

3. *Pièces inédites de Voltaire*, 1820.

je n'ai osé écrire que pour de l'argent. Les moindres plaisirs sont ceux qu'on demande le plus hardiment. Si messieurs les fermiers généraux me font le petit payement que je leur demande, et qu'ils peuvent, je crois, me faire sans aucun risque, ce sera tout ce que je retirerai probablement de ma dette sur feu monseigneur de Guise, à qui Dieu fasse paix!

TABLE

DES MATIÈRES CONTENUES DANS LE TROISIÈME VOLUME

DE LA CORRESPONDANCE.

LETTRES

1738

938. M. Berger. Cirey, octobre 1738. — « Aujourd'hui est parti. ». . . . B.
939. Le baron de Keyserlingk. Cirey, octobre. — « Très-aimable Césarion.» B.
940. Maupertuis. — « Après vous avoir remercié des leçons. » . . . . . B.
941. Thieriot. 11 octobre. — « Si vous ne viviez pas. » . . . . C. et F.
942. Helvétius. Cirey, 17 octobre. — « Voici, mon cher élève des Muses.» B.
943. L'abbé d'Olivet. Cirey, 20 octobre. — « Quoique je sois en commerce. ». . . . . B.
944. Thieriot. 22 octobre, à Cirey. — « Je reçois votre lettre du 12. » . B. et F.
945. Paris de Montmartel. Cirey, 22 octobre. — « Je suis obligé, monsieur, d'avoir l'honneur.». . . . . C. et F.
946. M. de Latour. Cirey, 22 octobre.— « Je vous fais mon compliment. ». C. et F.
947. Thieriot. 24 octobre. — «Je ne vous écris souvent que trois lignes. ». B.
948. Thieriot. Cirey, 27 octobre. — « Je ne peux encore écrire. » . . . B.
949. Le lieutenant général de police. 27 octobre 1738. — « Étant sur le point de prendre. ». . . . . L. Led.
950. Lévesque de Burigny. Cirey, 29 octobre 1738. — « Je n'ai point reçu votre lettre comme un compliment.». . . . . B.
951. M. Lefranc. Cirey, 30 octobre. — « Tous les hommes ont de l'ambition. ». . . . . B.
952. L'abbé Dubos. Cirey, 30 octobre. — « Il y a déjà longtemps. ». . . B.
953. Thieriot. Cirey, 31 octobre. — « Voici, mon cher Père Mersenne. » B.
954. Le comte d'Argental. Cirey, 3 novembre 1738. — « Aimable ange gardien. » . . . . B.
955. L'abbé Moussinot. 4 novembre. — « Je reçois, mon cher ami, votre lettre du 30. ». . . . . C.

956. Le lieutenant général de police. Cirey, ce 7 novembre. — « Je vous demande bien pardon. » . . . . L. Led.
957. *De Frédéric.* 9 novembre. — « Je viens de recevoir une lettre. » . Pr.
958. Cideville. Cirey, 10 novembre. — « Je vous dois une *Mérope.* » . . B.
959. Formont. Cirey, 11 novembre. — « Est-il vrai, cher Formont. ». . B.
960. Thieriot. — « Voici encore un petit mot. » . . . . C. et F.
961. L'abbé Leblanc. Cirey, 11 novembre. — « Comme Anglais, comme auteur d'*Aben-Saïd.* » . . . . C. et F. (Suppl.)
962. Thieriot. 13 novembre. — « Vous me voyez dans un point de vue. ». B.
963. Le lieutenant général de police. Cirey, ce 13 novembre. — « C'est ma reconnaissance moins que mon intérêt. » . . . . L. Led
964. Frédéric, prince royal de Prusse. Novembre 1738. — « Que Votre Altesse royale pardonne. » . . . . B.
965. *De Frédéric.* 22 novembre. — « Il faut avouer que vous êtes un débiteur admirable. » . . . . Pr.
966. Mlle Quinault. Cirey, 24 novembre. — « On vous écrit souvent, mademoiselle. » . . . . Édit. 1822.
967. Thieriot. 24 novembre. — « Ami, donc la vertu toujours égale et pure. » . . . . B.
968. Le comte des Alleurs. Cirey, 26 novembre. — « Si vous n'aviez point signé. » . . . . B.
969. Maupertuis. Cirey, 27 novembre. — « J'ai trop tardé à vous remercier. » . . . . B.
970. Le marquis d'Argens. A Bar-le-Duc, ou tout auprès, ce 27 novembre. — « Dans votre vie cachée. ». . . . . C. et F.
971. Thieriot. 29 novembre. — « Je viens de répondre un livre. » . . . B.
972. Thieriot. 1er décembre 1738. — « Nous venons de recevoir. ». . . B.
973. L'abbé Moussinot. 4 décembre. — « En réponse à celle du 29. ». . C.
974. Helvétius. Cirey, ce 4 décembre. — « Mon très-cher enfant, pardonnez. » . . . . B.
975. Le comte d'Argental. Cirey, 5 décembre. — « Aimable ange gardien, vous resterez donc. » . . . . B.
976. Thieriot. 6 décembre. — « Mitonnez-moi le manipulateur. » . . . B.
977. Le comte d'Argental. 6 décembre. — « Le coche de Joinville part aujourd'hui. » . . . . B.
978. L'abbé Moussinot. 7 décembre. — « Vous pouvez en toute sûreté. » . C.
979. L'abbé Moussinot. 9 décembre. — « Je vous prie, mon cher abbé. ». C.
980. Thieriot. Cirey, 10 décembre. — « Je me venge de vos critiques. » B.
981. L'abbé Moussinot. 10 décembre. — « Je vous réitère toutes mes petites volontés. ». . . . . C.
982. L'abbé Moussinot. Ce 10 décembre. — « Prault fils doit prendre 400 fr. ». C.
983. Prault, libraire. Cirey, 13 décembre. — « J'ai reçu votre lettre. » . B.
984. Thieriot. Ce 13 décembre. — « Je ne suis point du tout de l'avis. ». B. et F.
985. Le comte d'Argental. Cirey. — « Si j'avais eu quelque chose de bon à dire. ». . . . . B.

986. M. le lieutenant général de police. — « C'est moi-même qui ai fait découvrir. ». . . . . L. Led.
987. Mme Demoulin. A Cirey, décembre. — « Je vous rends à l'un et à l'autre. » . . . . B.
988. L'abbé Moussinot. Ce 18 décembre. — « Puis-je vous prier d'ajouter encore. ». . . . . C.
989. Thieriot. Cirey, 18 décembre. — « Je n'ai ni le temps ni la force. » B. et F.
990. Thieriot. 20 décembre. — « En réponse à votre lettre du 14. ». . . B. et F.
991. Maupertuis. A Cirey, 20 décembre. — « *Sir Isaac*, Mme la marquise du Châtelet. ». B.
992. *De Jore*. 20 décembre. — « Je vous supplie d'excuser. ». . . . . B.
993. Formont. 20 décembre. — « J'ai lu, monsieur, la belle épître. ». . B.
994. L'abbé Moussinot. 20 décembre. — « En réponse à celle du 17. » . C.
995. M. Berger. Cirey, le 22 décembre 1738. — « Je vous prie de vouloir bien. ». . . . . B.
996. L'abbé Moussinot. 25 décembre. — « En réponse à votre dernière non datée. ». . . . . C.
997. *De Frédéric*. 25 décembre. — « J'ai lu ces jours passés. ». . . . Pr.
998. L'abbé Moussinot. Ce 27 décembre. — « En réponse à la vôtre du 24. ». . . . . C.
999. L'abbé Moussinot. Ce 29 décembre. — « Je vous prie de porter cette lettre. » . . . . C.
1000. *De Jore*. 30 décembre. — « J'ai déjà eu l'honneur de vous écrire. » B.
1001. *Thieriot à la marquise du Châtelet*, avec les annotations de celle-ci. 31 décembre 1738. — « Je reconnais votre zèle. ». . . Longch. et Wag.
1002. Le Père Tournemine. Décembre. — « Est-il vrai que ma *Mérope* vous ait plu. ». . . . . B.

1739

1003. Frédéric, prince royal de Prusse. Cirey, 1er janvier 1739. — « Jeune héros, esprit sublime. » . . . . B.
1004. L'abbé Moussinot. Cirey, 2 janvier. — « Une compote de marrons glacés. ». . . . . C.
1005. Thieriot. Le 2 janvier. — « Il y a vingt ans que je suis devenu. » . B.
1006. Le marquis d'Argens. Le 2 janvier. — « Je reçois votre paquet. » . B.
1007. Le comte d'Argental. Cirey, le 7 janvier. — « Faites tout ce qu'il vous plaira. » . . . . B.
1008. L'abbé Moussinot. 7 janvier. — « Voici un paquet qu'il faut sur-le-champ. ». . . . . C.
1009. Thieriot. 7 janvier. — « Pourquoi avez-vous écrit une lettre sèche. » . . . . B.
1010. L'abbé Moussinot. Ce 8 janvier. — « C'est ici qu'il faut servir votre ami. » . . . . C.
1011. *De Frédéric*. 8 janvier. — « Je m'étais bien flatté que l'épître. » . Pr.

1012. M. Berger. Cirey, le 9 janvier. — « Une nièce, que j'ai mariée. » . B.
1013. Le comte d'Argental. 9 janvier. — « Je demanderais pardon à un autre cœur. » . . . . B.
1014. Thieriot. A Cirey, 9 janvier. — « Depuis ma dernière lettre écrite. » B.
1015. Le comte de Caylus. — « Vous me comblez de joie. » . . . . . B.
1016. L'abbé Moussinot. Ce 10 janvier. — « Non-seulement il faut nous envoyer. » . . . . C.
1017. Thieriot. A Cirey, le 10 janvier. — « Je suis bien étonné. » . . . B.
1018. Le duc de Richelieu. Cirey, 12 janvier 1739. — « Il a mille vertus et n'a point eu de vices. » . . . . B.
1019. Le comte d'Argental. Cirey, 12 janvier. — « Les mortels de Cirey ne feront rien. » . . . . C. et F.
1020. Mlle Quinault. Cirey, ce 14 janvier. — « Thalie, charme du théâtre. » . . . . Éd. 1822.
1021. M. de Mairan. Cirey, 14 janvier. — « Notre très-aimable philosophe. » . . . . C. et F.
1022. Thieriot. — « Ce scélérat d'abbé Desfontaines. ». . . . . B.
1023. Cideville. Cirey, ce 14 janvier. — « La *Mérope* est partie par le coche. » . . . . B.
1024. Père Porée. A Cirey, 15 janvier. — « Je n'avais pas besoin de tant de bontés. » . . . . B.
1025. L'abbé Moussinot. Ce 15 janvier. — « Je vous prie de lire cette lettre ouverte. » . . . . C.
1026. Thieriot. 15 janvier. — « Je fais un effort. » . . . . C. et F.
1027. Le comte d'Argental. Ce 16 janvier. — « Envoyez chercher Berger. » C. et F.
1028. Thieriot. 16 ou 17 janvier. — « Mme de Champbonin partait. » . . B. et F.
1029. L'abbé Moussinot. Ce 17 janvier. — « Je vous renouvelle mon instante prière. ». . . . . C.
1030. Frédéric, prince royal de Prusse. A Cirey, le 18 janvier. — « Votre Altesse royale est plus Fedéric. » . . . . B.
1031. Le comte d'Argental. Cirey, ce 18 janvier. — « Pourquoi faut-il que le chevalier de Mouhy. » . . . . B.
1032. M. Berger. Cirey, 18 janvier. — « Voulez-vous me rendre un signalé service. » . . . . B.
1033. Thieriot. Le 18 janvier. — « Je reçois votre lettre du 14. » . . . B.
1034. Thieriot. Le 19 janvier. — « Je suis malade, je ne peux vous écrire. » B.
1035. L'abbé d'Olivet. Cirey, 19 janvier 1739. — « Vous me faites goûter. » . . . . B.
1036. *De Frédéric.* 20 janvier. — « Du bonheur et de l'allégresse ». . . Pr.
1037. Le comte d'Argental. 20 janvier. — « Vous avez été bien étonné. » B.
1038. Thieriot. Ce 23 janvier. — « M. du Châtelet étant absent. » . . . B.
1039. *Prault fils, libraire à Paris, à Mme de Champbonin.* 24 janvier. — « Vous savez que c'est à un magistrat. » . . . . B.
1040. Le comte d'Argental. 25 janvier. — « Je travaille le jour à *Zulime*. » B.
1041. L'abbé Moussinot. Ce 26 janvier. — « Je reçois votre lettre du 21. » C.
1042. Thieriot. Ce ..., au matin. — « J'ai oublié, mon cher ami. ». . . B. et F.

1043. *De Frédéric.* 27 janvier. — « Subitement, d'un vol rapide. » . . . Pr.
1044. L'abbé Moussinot. Ce 28 janvier. — « Voici une cinquième fournée. ».
1045. Helvétius. Cirey, 28 janvier. — « Tandis que vous faites tant d'honneur. » . . . . B.
1046. Thieriot. Ce 28 janvier au matin. — « Je vous envoie mon *Mémoire.* » B.
1047. L'abbé d'Olivet. Ce 29. — « On m'apporte dans le moment. » . . B.
1048. Thieriot. 29 janvier. — « Enfin Mme de Champbonin est partie. » . B. et F.
1049. M. Lévesque de Burigny. Janvier. — « J'ai bien des grâces à vous rendre. » . . . . B.
1050. L'abbé Moussinot. 29 janvier. — « Voilà qui est fait. ». . . . . C.
1051. Helvétius. Janvier. — « Toutes lettres écrites. » . . . . B.
1052. L'abbé Moussinot. 2 février 1739. — « Je reçois ce 2 février. » . . C.
1053. *De Frédéric.* 3 février. — « Vous recevez mes ouvrages. » . . . Pr.
1054. M. Lévesque de Burigny. Cirey, 4 février. — « Si vous daignez prévenir les suites. » . . . . B.
1055. Thieriot. 4 février. — « Tout est-il enfin éclairci ? ». . . . . . C. et F.
1056. Thieriot. Cirey, le 5. — « Je puis vous envoyer faire .... aussi. » . B. et F.
1057. L'abbé Moussinot. Ce 5 février. — « Je reçois votre lettre du 2 février. » . . . . C.
1058. M. Pageau. Cirey, 5 février. — « Je reconnais l'ancien ami de mon père. » . . . . C. et F.
1059. M. D***, en marge d'une copie de l'*Epître sur la nature du plaisir.* Février. — « Ne croyez pas que tout ceci. » . . . . H. B.
1060. Le comte d'Argental. Cirey, 5 février. — « Je rougis, mais il faut que je vous importune. » . . . . B.
1061. Mlle Quinault. Cirey, 6 février. — « J'avais bien raison quand je vous suppliais. » . . . . Éd. 1822.
1062. Le comte d'Argental. 6 février. — « Pardon de tant d'importunités. » B.
1063. *De M. le marquis d'Argenson.* 7 février. — « C'est un vilain homme que l'abbé Desfontaines. » . . . . B.
1064. L'abbé Moussinot. (7 ou 8 février.) — Je vous demande en grâce. » C.
1065. L'abbé Moussinot. 8 février. — « Je vous adresse cette lettre. » . C.
1066. Le chancelier d'Aguesseau. Cirey, 11 février 1739. — « Je commence par vous demander. » . . . . B., et C. et F. (Suppl.)
1067. Thieriot. Cirey, 12 février. — « M. de Maupertuis m'envoie. » . . B.
1068. L'abbé Moussinot. Ce 12 février. — « Quand toute cette affaire de Desfontaines. » . . . . C.
1069. Le comte d'Argental. 12 février. — « Au nom de Dieu, rendez-moi à mes études. » . . . . B.
1070. Le comte d'Argental. Ce 14 février. — « Il faut me les pardonner. » C. et F.
1071. Frédéric, prince royal de Prusse. A Cirey, le 15 février. — « J'ai reçu les étrennes. » . . . . B.
1072. L'abbé Moussinot. Ce 16 février. — « Il faut donc solliciter puissamment. » . . . . C.
1073. M. Berger. Cirey, 16 février. — « Je vous supplie, sitôt la présente reçue. » . . . . B.

1074. Mlle Quinault. Ce 18 février. — « Je reçois, mademoiselle, votre lettre du 12. » . . . . Éd. 1822.
1075. Helvétius. Ce 19 février. — « Si vous faites des lettres métaphysiques. ». B.
1076. Le comte d'Argental. Ce 20 février. — « Voici une troisième fournée. ». . . . . , . B.
1077. Le lieutenant général de police. Cirey, 20 février. — « Je ne puis empêcher que plusieurs gens de lettres. » . . . . L. Led.
Requête du sieur de Voltaire.
1078. L'abbé Moussinot. Ce 21 février. — « C'est pour vous dire que j'ai reçu. » . . . . C.
1079. Le lieutenant général de police. 21 février. — « Je suis assurément bien plus touché. » . . . . L. Led.
1080. L'abbé Moussinot. Ce 22 février. — « Lettre que M. Moussinot fera voir à M. Bégon. » . . . . C.
1081. L'abbé Moussinot. (24 février 1739.) — « Vous savez de quoi il est question. » . . . . C.
1082. Helvétius. Cirey, 25 février. — « Mon cher ami, l'ami des Muses et de la vérité. ». . . . . B.
1083. L'abbé Moussinot. Ce 25 février. — « 207 livres 10 sous sont à donner. ». . . . . C.
1084. Cideville. Ce 25 février. — « Eh quoi! malgré votre sagesse. » . . B.
1085. M. Devaux. — « Je vous ai aimé depuis que je vous ai connu. » . B.
1086. Frédéric, prince royal de Prusse. A Cirey, le 26 février. — « O nouvelle effroyable! » . . . . B.
1087. Le comte d'Argental. 27 février. — « Je vous envoie, mon cher ange gardien. » . . . . B.
1088. M. Lévesque de Pouilly. A Cirey, le 27 février. — « Je n'ai aucun droit sur monsieur votre frère. » . . . . B.
1089. L'abbé Moussinot. Ce 28 février. — « Je vous prie de donner cent livres. » . . . . C.
1090. Frédéric, prince royal de Prusse. 28 février. — « Je reçois la lettre de Votre Altesse royale. » . . . . B.
1091. Thieriot. Le 28 février. — « Je compte recevoir bientôt les livres. » B.
1092. L'abbé Moussinot. A Cirey, ce 1er mars 1739. — « Je reçois votre lettre du 27. ». . . . . C.
1093. Le lieutenant général de police. Ce 2 mars. — « Permettez que je vous renouvelle. » . . . . L. Led.
1094. M. Berger. Cirey, 6 mars. — « Je ne fais, dans l'affaire de Desfontaines. ». . . . . B.
1095. L'abbé Moussinot. 7 mars. — « Vous m'annoncez de bonnes nouvelles. » C.
1096. Cideville. Cirey, 7 mars. — « Vite un petit mot. » . . . . . . B.
1097. Le marquis d'Argenson. Cirey, 7 mars 1739. — « Que direz-vous de moi? ». B.
1098. Le comte d'Argental. Ce 7 mars. — « Voilà donc votre oncle devenu un thrône. ». . . . . C. et F.

TABLE DES MATIÈRES.   573

1099. Mlle Quinault. 7 mars, à Cirey. — « Thalie, qui gouvernez Melpomène. »..................... Éd. 1822.
1100. Thieriot. Ce 7 mars. — « J'ai reçu aujourd'hui le ballet. » . . . B. et F.
1101. Mlle Quinault. Cirey, mars 1739. — « Voici, mademoiselle, le jeune homme. »..................... Éd. 1822.
1102. L'abbé d'Olivet. Cirey, *nonis martis*. — « Elegans et sapiens Olivete. » B.
1103. *De Frédéric*. 8 mars. — « Mon cher ami, depuis la dernière lettre. » P_R.
1104. Le prince Antiochus Cantemir. — « J'ai à Votre Altesse bien des obligations. »............... *Bull. bibl.*
1105. M***. Ce 13 mars 1739. — « La lettre, ou plutôt l'ouvrage. » . . . B
1106. L'abbé Moussinot. Ce 14 mars. — « J'attends cette lettre de M. Deniau. »..................... C.
1107. Helvétius. Cirey, 14 mars. — « Vous êtes une bien aimable créature. » B.
1108. L'abbé Moussinot. Du 19 mars. — « Voici mon certificat de vie. » . C.
1109. Le lieutenant général de police. Ce 20 mars. — « Je vous ai toujours conjuré. »............... L. L_ED.
1110. L'abbé Moussinot. Ce 21 mars. — « Avez-vous eu la bonté. » . . C.
1111. Helvétius. Cirey, 21 mars. — « Ce que j'apprends est-il possible. » B.
1112. *De Frédéric*. 22 mars. — « Je me suis trop pressé. » . . . . . . P_R.
1113. Le marquis d'Argenson. 24 mars 1739. — « J'envoie sous le couvert de monsieur votre frère. » . . . . B.
1114. Thieriot. Le 24 mars. — « Un des meilleurs géomètres de l'univers. » B.
1115. L'abbé Moussinot. 25 mars. — « A propos, ne montrez point mes lettres. ».................... C.
1116. Mlle Quinault. Cirey, 26 mars. — « Je suis pénétré de vos bontés. » Éd. 1822.
1117. Prault. 26 ... — « Faites-vous imprimer la *Henriade ?* » . . . . . C. et F
1118. Thieriot. Cirey, 26 mars. — « Je vous prie de me déterrer. . . . B. et F
1119. L'abbé Moussinot. Ce 27 mars. — « S'il est vrai qu'on instrumente. » C.
1120. M. Berger. Cirey, le 29 mars. — « Je viens d'écrire à M. Pallu. » B.
1121. Le comte d'Argental. 2 avril 1739. — « J'aime encore mieux succomber. »..................... B.
1122. *La marquise du Châtelet au comte d'Argental*. 2 avril 1739. — « Mme de Champbonin est arrivée. »......... *Édit. Asse.*
1123. Helvetius. Ce 2 avril. — « Mon cher confrère en Apollon. » . . . B.
1124. L'abbé Moussinot. Ce 3 avril. — « J'ai d'abord à vous dire. ». . . . C.
1125. Thieriot. Cirey, 3 avril. — « Plus de *Langage des bêtes.* » . . . . B.
1126. Cideville. A Cirey, ce 3 avril. — « Je vous remercie d'un des plus grands plaisirs. »................. B.
1127. M. de La Noue. A Cirey, 3 avril 1739. — « Votre belle tragédie est arrivée. »..................... B.
1128. *Déclaration de l'abbé Desfontaines* remise à M. Hérault. 4 avril. — « Je déclare que je ne suis pas l'auteur. »......... B.
1129. Mme *du Châtelet au comte d'Argental*. 6 avril 1739. — « Ce qu'on exige de nous nous tourne la tête. » . . . . . . *Edit. Asse.*
1130. L'abbé Moussinot. Ce 6 avril. — « Je vous prie d'envoyer 150 livres. »..................... C.

1131. *Mme du Châtelet au comte d'Argental.* 10 avril 1739. — « Enfin M. d'Argenson nous rend la vie. ». . . . . *Édit. Asse.*
1132. Le comte d'Argental. — « Eh bien, saint Michel, vous écrasez donc. ». . . . . C. et F.
1133. Thieriot. A Cirey, le 13 avril. — « Ma santé est toujours bien mauvaise. ». . . . . B.
1134. M. Lefranc. A Cirey, le 14 avril. — « Vous me faisiez des faveurs. » B.
1135. Frédéric, prince royal de Prusse. A Cirey, le 15 avril. — « En attendant votre *Nisus et Euryale.* ». . . . . B.
1136. *De Frédéric.* 15 avril. — « J'ai été sensiblement attendri. ». . . Pr.
1137. Le marquis d'Argenson. Le 16 avril. — « J'apprends avec bien du chagrin. ». . . . . B.
1138. Le prince Antiochus Cantemir. A Cirey, ce 19 avril. — « J'apprends avec chagrin que l'édition. ». . . . . *Bull. bibl.*
1139. Mlle Quinault. Cirey, le 19 avril. — « J'abuse de votre patience. » Éd. 1822.
1140. Thieriot. — « Pour le portrait de Mlle Lecouvreur. ». . . . . C. et F.
1141. Thieriot. Ce 20.... — « Je n'ai que le temps. ». . . . . . . B. et F.
1142. L'abbé Moussinot. Ce 20 avril 1739. — « Je vous prie de joindre à l'envoi. ». . . . . C.
1143. Le comte d'Argental. Le 21 avril. — « Vous me donnerez donc le temps. ». . . . . C. et F.
1144. Thieriot. Cirey, le 23 avril. — « Je reçois le 21 une lettre de vous. » B.
1145. L'abbé Moussinot. Ce 25 avril. — « Je reçois votre lettre du 24 avril. ». . . . . C.
1146. Frédéric, prince royal de Prusse. A Cirey, le 25 d'avril. — « J'ai donc l'honneur d'envoyer. ». . . . . B.
1147. M. Berger. A Cirey. — « Que ma négligence ne vous rebute point. » B.
1148. *Mme du Châtelet au comte d'Argental.* 27 avril 1739. — « Vous nous rendez la vie. ». . . . . *Édit. Asse.*
1149. Helvétius. Ce 29 avril. — « J'ai reçu de vous une lettre sans date. » B.
1150. *M. de Saint-Hyacinthe à M. de Burigny.* 2 mai 1739. — « Je vous renvoie le manuscrit. ». . . . . B.
1151. Déclaration de Voltaire remise à M. Hérault. — « J'ai toujours désavoué. ». . . . . Desn.
1152. Le marquis d'Argenson. Le 2 mai. — « Je ne sais pas pourquoi. ». B.
1153. Le président Bouhier. Cirey, *pridie nonas* (6 mai). — « Tibi gratias ago. ». . . . . B.
1154. *La marquise du Châtelet au comte d'Argental.* 7 mai 1739. — « Je vais monter en carrosse dans une demi-heure. ». . . . *Édit. Asse.*
1155. Thieriot. Cirey, le 7 mai 1739. — « Je pars demain ou après demain. ». . . . . B.
1156. M. Berger. Cirey, le 7 mai. — « Nous partons demain. ». . . . B.
1157. Le marquis d'Argenson. A Cirey, ce 8 mai (en partant). — « La Providence m'a fait rester. ». . . . . B.
1158. Le lieutenant général de police. — « Je comptais passer par Paris. ». . . . . L. Led

1159. De Frédéric. 16 mai. — « J'ai reçu deux de vos lettres. » . . . Pr.
1160. De Frédéric. Mai. — « Je n'ai qu'un moment à moi. » . . . . . . Pr.
1161. Frédéric, prince royal de Prusse. A Louvain, ce 30 mai. — « En partant de Bruxelles. » . . . . B.
1162. Frédéric, prince royal de Prusse. Mai. — « Votre Altesse royale prend le parti. » . . . . B.
1163. Mme du Châtelet au comte d'Argental. 1er juin 1739. — « Nous voilà en Flandre. » . . . . Édit. Asse.
1164. Le lieutenant général de police. — « Je ne puis m'empêcher encore de saisir cette nouvelle occasion. ». . . . . L. Led.
1165. Mme de Champbonin. De Beringen, juin. — « Mon aimable gros chat. » . . . . B.
1166. Le marquis d'Argenson. A Beringen, ce 4 juin. — « Je reçois la lettre dont Votre Excellence. » . . . . B.
1167. Frédéric, prince royal de Prusse. De Bruxelles. — « En revenant de ces tristes terres. » . . . . B.
1168. M. Berger. Bruxelles, le 17 juin. — « J'ai fait mille tours. ». . . . B.
1169. Le marquis d'Argens. A Bruxelles, 21 juin 1739. — « Je reçois dans une ville voisine. » . . . . B.
1170. Le marquis d'Argenson. A Bruxelles, ce 21 juin. — « Je viens de lire un ouvrage. ». . . . . B.
1171. De Frédéric. 26 juin. — « Je souhaiterais beaucoup que votre étoile. ». . . . . Pr.
1172. Le marquis d'Argens. Bruxelles, ce 27 juin. — « Si mes sentiments décidaient. » . . . . C. et F.
1173. Le comte d'Argental. Bruxelles, 28 juin. — « Quand je serais en Laponie. » . . . . C. et F.
1174. M. Berger. A Bruxelles. — « Je reçois vos lettres du 25. » . . . B.
1175. Thieriot. Enghien, le 30 juin. — « Vous devriez bien me mander. » B.
1176. Le marquis d'Argens. A Bruxelles, 4 juillet 1739. — « Mon cher marquis philosophe, quelle étoile. » . . . . C. et F.
1177. Helvétius. A Enghien, ce 6 juillet. — « Je vois que je vous avais écrit. » . . . . B.
1178. De Frédéric. 7 juillet. — « J'ai reçu l'ingénieux Voyage. » . . . Pr.
1179. L'abbé Moussinot. A Enghien, près de Bruxelles (ce 9 juillet). — « Mon cher abbé, j'aurai donc le plaisir. » . . . . C.
1180. Frédéric, prince royal de Prusse. A Bruxelles. — « Émilie et moi chétif. » . . . . B.
1181. Le marquis d'Argens. A Enghien, ce 10 juillet. — « Je suis encore à Enghien. » . . . . C. et F.
1182. Le marquis d'Argens. A Bruxelles, ce 18 juillet. — « Êtes-vous parti ? » . . . . B.
1183. Prault. A Bruxelles, 21 juillet. — — « Depuis que j'ai vu la nouvelle édition. » . . . . C. et F.
1184. Mlle Quinault. Bruxelles, 27 juillet 1739. — « On m'a apporté de Paris. » . . . . Éd. 1822.

TABLE DES MATIÈRES.

1185. *De Frédéric*. 27 juillet. — « Nous voici enfin arrivés. ». . . . . Pr.
1186. Le marquis d'Argenson. A Bruxelles, 28 juillet. — « Un Suisse passant par Bruxelles. ». . . . . B.
1187. *De Frédéric*. 9 août 1739. — « Sublime auteur, ami charmant. ». Pr.
1188. Frédéric, prince royal de Prusse. (Bruxelles), 12 août. — « J'ai pris la liberté d'envoyer. » . . . . B.
1189. *De Frédéric*. 15 août. — « Enfin, hors du piége trompeur. ». . . Pr.
1190. Le marquis d'Argenson. Bruxelles, 17 août. — « Il y a plus de quinze jours. ». . . . . C. et F.
1191. Thieriot. Bruxelles, 17-18 août. — « Enfin nous partons pour Paris. » B.
1192. Mme de Champbonin. De Cambrai. — « Mon cher *gros chat* est dans sa gouttière. ». . . . . B.
1193. Frédéric, prince royal de Prusse. A Bruxelles. 1er septembre 1739. — « Ce nectar jaune de Hongrie. ». . . . . B.
1194. M. César du Missy. — « J'ai lu avec un plaisir bien vif. ». . . . B.
1195. Cideville. A Paris, le 5 septembre. — « Je suis bien coupable. » . B.
1196. Mlle Quinault. A l'hôtel de Richelieu, samedi, septembre 1739. — « Adorable Thalie, j'ai une pièce de résistance. ». . . . . Éd. 1822.
1197. *De Frédéric*. 9 septembre. — « J'ai reçu deux de vos lettres. ». . Pr.
1198. Helvétius. Septembre. — « J'ai trop de remerciements. ». . . . C. et F.
1199. L'abbé Du Resnel. 1739. — « Je suis aux ordres de la beauté. ». . B.
1200. Frédéric, prince royal de Prusse. Paris, septembre. — « J'ai reçu à Paris les deux plus grandes consolations. » . . . . B.
1201. Mlle Quinault. Paris, septembre 1739. — « Je n'ai pas trois semaines à rester ici. ». . . . . Éd. 1822.
1202. Cideville. Ce 26 septembre. — « Tibulle de la Normandie. » . . B.
1203. M. ***. Paris, 26 septembre. — « Malgré votre prodigieuse indifférence. » . . . . B. et F.
1204. Mme de Champbonin. De Paris. — « Paris est un gouffre. ». . . B.
1205. Helvétius. A Paris, le 3 octobre 1739. — « Mon jeune Apollon, j'ai reçu. » B.
1206. L'abbé Du Resnel. Ce mercredi, à l'hôtel de Brie. — « L'abbé de Voisenon me mande. ». . . . . B.
1207. *De Frédéric*. 10 octobre. — « J'avais cru avec le public. ». . . . Pr.
1208. *Du baron de Keyserlingk*. — « Quoique rien ne saurait être ajouté. » Pr.
1209. Cideville. A Paris, 11 octobre. — « Je tombai malade le jour même. » B.
Réponse de Cideville au bas de la lettre.
1210. Cideville. A Paris, ce jeudi 15 octobre. — « Voici un jeune homme qui fait des vers. » . . . . B.
1211. A M. l'envoyé de ***. A Paris, le 18 octobre. — « J'avais peur, monsieur, qu'il n'entrât trop d'amour-propre. » . . . . . . C. et F.
1212. Frédéric, prince royal de Prusse. De Paris, le 18 octobre. — « Je renvoie à Votre Altesse royale. ». . . . . B.
1213. Mlle Quinault. Paris, 19 octobre. — « Je me sers plus, mademoiselle, d'une plume que d'un crayon. ». . . . . Éd. 1822.
1214. Frédéric, prince royal de Prusse. Paris, novembre 1739. — « Brûlez votre vaisseau, vagabond Baltimore. ». . . . . B.

TABLE DES MATIÈRES.

1215. *De Frédéric.* 6 de novembre. — « J'ai été aussi mortifié de l'état infirme. »... Pr.
1216. Pont-de-Veyle. Ce 16 de novembre *en courant.* — « Huc quoque clara tui pervenit. ».. B.
1217. *De Frédéric.* 4 décembre 1739. — « Vous me promettez votre nouvelle tragédie. »....................................... Pr.
1218. Le lieutenant général de police. Rethel. — « En quelques pays du monde que je sois. »..................................... L. Led.
1219. L'abbé Moussinot. Ce 26 décembre. — « Eh bien, mon cher ami, vous avez donc employé. »................................ C.
1220. Frédéric, prince royal de Prusse. (Bruxelles), 28 décembre 1739. — « Que souhaiter à Votre Altesse royale, cette année ? ».... B.

1740

1221. Pitot de Launai. 2 janvier 1740. — « Mon cher philosophe, je vous remercie. ».. B.
1222. Mlle Quinault. Bruxelles, ce 5 janvier. — « Pendant que *Vert-Vert* joint ses lauriers. »................................. Éd. 1822.
1223. Helvétius. 5 janvier. — « Je vous salue au nom d'Apollon. »... B.
1224. *De Frédéric.* 6 janvier. — « Si j'ai différé de vous écrire. ».... Pr.
1225. Le marquis d'Argenson. A Bruxelles, ce 8 janvier. — « Vous m'allez croire un paresseux. »...................................... B.
1226. L'abbé Moussinot. Ce 9 janvier. — « Je reçois votre lettre du 6. ». C.
1227. Cideville. A Bruxelles, ce 9 janvier. — « Depuis le moment où vous m'apparûtes à Paris. »................................ B.
1228. *De Frédéric.* 10 janvier. — « Pour avoir illustré la France. »... Pr.
1229. L'abbé Moussinot. Ce 12 janvier. — « Je reçois votre lettre du 10. » C.
1230. *De l'abbé Prévost.* Le 15 janvier. — « Je souhaiterais extrêmement. ».. B.
1231. Helvétius. A Bruxelles, ce 19.... — « Eh bien, nous n'entendrons donc parler de vous. ».................... B. et F. (App. 1865).
1232. Helvétius. Bruxelles, 24 janvier. — « Ne les verrai-je point, ces beaux vers. ».. B.
1233. Frédéric, prince royal de Prusse. A Bruxelles, le 26 janvier. — « J'ai reçu vos chapitres de l'*Anti-Machiavel.* »............ B.
1234. Le marquis d'Argenson. A Bruxelles, le 26 janvier. — « Les infamies de tant de gens de lettres. »...................... B.
1235. Le comte d'Argental. Ce 29 janvier. — « Je suis absolument de l'avis. »... B.
1236. Le comte d'Argental. 1er février 1740. — « Mes anges, je suis près quelquefois. »..................................... C. et F.
1237. Le comte d'Argental. 2 février — « C'est moi qui me donne aujourd'hui. ».. B.
1238. *De Frédéric.* 3 février. — « Je vous aurais répondu plus tôt. »... Pr.

35. — CORRESPONDANCE. III.   37

TABLE DES MATIÈRES.

1239. Mlle Quinault. Ce 4 février, à Bruxelles. — « Dans l'instant que je recevais. » . . . . Éd. 1822.
1240. Le comte d'Argental. Ce 16. — « Mes anges sont des dieux. ». . . B.
1241. Mlle Quinault. Bruxelles, ce 16 février. — « J'écris, mademoiselle, par cette poste. ». . . . . Éd. 1822.
1242. Mlle Quinault. A Bruxelles, rue de la Grosse-Tour, ce 17 février.— « J'avais eu l'honneur de répondre. ». . . . . Éd. 1822.
1243. L'abbé Moussinot. Ce 21 février. — « Voici un petit mot de lettre. » C.
1244. Frédéric, prince royal de Prusse. Le 23 février. — « Je ne reçus que le 20 le paquet. ». . . . . B.
1245. Le comte d'Argental. 25. — « Mon cher ange saura que j'ai reçu. » B.
1246. *De Frédéric.* 26 février. — « Je ne puis répondre qu'en deux mots. » Pr.
1247. M. Falkener. Bruxelles, ce 2 mars 1740. — « Dear sir, I take the liberty. » . . . . C. et F.
1248. A M. le président Hénault, le favori des Muses. Bruxelles, ce 2 mars. — « Quand à la ville un solitaire envoie. ». . . . . B.
1249. Frédéric, prince royal de Prusse. A Bruxelles, le 10 mars. — « Quoi ! tout prêt à tenir les rênes d'un empire. ». . . . . B.
1250. Mlle Quinault. Bruxelles, ce 11 mars. — « Je n'ai voulu avoir l'honneur de vous répondre. ». . . . . Éd. 1822.
1251. Le comte d'Argental. Le 12 mars. — « Je fis partir hier, à l'adresse de votre frère. ». . . . . B.
1252. Frédéric, prince royal de Prusse. Mars. — « Monseigneur, il nous arrive dans le moment une écritoire. ». . . . . B.
1253. *De Frédéric.* 18 mars. — « Vous m'avez obligé véritablement. ». Pr.
1254. *De Frédéric.* 23 mars. — « Ne crains point que les dieux, ni le sort, ni l'empire. ». . . . . Pr
1255. Helvétius. A Bruxelles, ce 24 mars. — « Je vous renvoie le manuscrit. ». . . . . B.
1256. L'abbé Moussinot. 26 mars. — « On m'a envoyé par la poste. » . C.
1257. Gresset. Bruxelles, 28 mars. — « Vous êtes, monsieur, comme cet Atticus. » . . . . C. et F. (Suppl.)
1258. Le marquis d'Argenson. A Bruxelles, ce 30 mars. — « C'est une chose plaisante que la tracasserie. » . . . . B.
1259. Le comte d'Argental. Mars. — « Ange de paix, eh bien ! comment trouvez-vous donc ? » . . . . B.
1260. Formont. A Bruxelles, 1er avril 1740. — « Vous voilà dans l'heureux pays. » . . . . B.
1261. Le comte d'Argental. A Bruxelles, ce 1er avril. — « Plus ange gardien que jamais. » . . . . B.
1262. Milord Hervey, garde des sceaux d'Angleterre. — « Je fais compliment à votre nation. » . . . . B.
1263. Pitot de Launai. A Bruxelles, ce 5 d'avril. — « Je vous fais mon compliment. ». . . . . B.
1264. Frédéric, prince royal de Prusse. A Bruxelles, le 6 avril. — « J'ai reçu le paquet du 18 mars. ». . . . . B.

TABLE DES MATIÈRES.

1265. *De Frédéric.* 15 avril. — « Votre *Dévote* est venue le plus à propos du monde. ». . . . . Pr.

1266. Frédéric, prince royal de Prusse. (Bruxelles), avril. — « Votre idée m'occupe le jour et la nuit. ». . . . . B.

1267. Cideville. A Bruxelles, ce 25 avril. — « Voulez-vous savoir, mon charmant ami. ». . . . . B.

1268. M. Berger. Le 26 avril. — « Si vous êtes curieux d'avoir *Pandore*. » B.

1269. *De Frédéric.* 26 avril. — « Les galions de Bruxelles. ». . . . . Pr.

1270. *De Frédéric.* 3 mai 1740. — « Il faut avouer que vos rêves. » . . Pr.

1271. Frédéric, prince royal de Prusse. — « On vous dit à Ruppin rendu. » B.

1272. Cideville. A Bruxelles, ce 5 mai 1740. — « Un ballot est parti, mon cher ami. ». B.

1273. M. Berger. — « C'est que je suis le plus distrait. ». . . . . . B.

1274. *De Frédéric.* 18 mai. — « Je vois dans vos discours la puissante évidence. ». . . . . Pr.

1275. Le marquis d'Argenson. A Bruxelles, le 21 mai. — « Les petits hommages que je vous dois. » . . . . B.

1276. Mlle Quinault. A Bruxelles, ce 23. — « J'ai reçu aujourd'hui à cinq heures du soir. ». . . . . Éd. 1822.

1277. Mme de Champbonin. De Bruxelles. — « Mon cher ami *gros chat*, vous vous divertissez. ». . . . . B.

1278. M. Bernard. Bruxelles, le 27 mai. — « Le secrétaire de l'Amour est donc. ». B.

1279. L'abbé Moussinot. A Bruxelles, 30 mai. — « Je vous prie de me renvoyer la lettre. ». . . . . C.

1280. Frédéric, prince royal de Prusse. (Bruxelles), 1er juin 1740. — « Ma destinée est de devoir. » . . . . B.

1281. Van Duren. A Bruxelles, le 1er juin. — « Vous m'avez envoyé les vers latins. » . . . . B.

1282. Mlle Quinault. A Bruxelles, ce 3 juin. — « Si vous avez une petite bibliothèque. ». . . . . Éd. 1822.

1283. L'abbé Moussinot. (3 ou 4 juin.) — « Je vous prie de dire à Mme Dubreuil. » . . . . C.

1284. Frédéric, prince royal de Prusse. A Bruxelles. — « Lorsque autrefois notre bon Prométhée. » . . . . B.

1285. Van Duren. A Bruxelles, ce 5 juin. — « Il est nécessaire que vous me fassiez. » . . . . B.

1286. *De Frédéric II, roi de Prusse*, 6 juin. — « Mon sort est changé, et j'ai assisté. ». . . . . Pr.

1287. L'abbé Moussinot. Ce 7 juin. — « J'ai reçu votre lettre des mains de Boulanger. » . . . . C.

1288. L'abbé de Valori. Bruxelles, 12 juin. — « Si l'amitié ne me retenait à Bruxelles. ». . . . . B.

1289. Le comte d'Argental. 12 juin. — « Vous savez que je n'ai jamais espéré. ». . . . . B.

1290. *De Frédéric.* 12 juin. — « Non, ce n'est plus du mont Rémus. » . . Pr.

1291. Van Duren. A Bruxelles, 13 juin. — « Je crois que vous trouverez bon. »... B.
1292. Van Duren. A Bruxelles, le 15 juin. — « Je vous envoie aujourd'hui. »... B.
1293. Mlle Quinault. Ce 17 juin, à Bruxelles. — « Vous saurez que ce grand garçon aussi étourdi. »... Éd. 1822.
1294. Frédéric II, roi de Prusse. 18 juin. — « Sire, si votre *sort est changé*. »... B.
1295. Le marquis d'Argenson. A Bruxelles, le 18 juin. — « Si j'avais l'honneur d'être auprès. »... B.
1296. Van Duren. Le 19 juin. — « J'ai reçu votre lettre du 12. »... B.
1297. Maupertuis. A Bruxelles, le 22 juin. — « Les grands hommes sont mes rois. »... B.
1298. Van Duren. A Bruxelles, 23 juin. — « Voici les xxiie et xxiiie chapitres. »... B.
1299. *De Frédéric.* 24 juin. — « Celui qui vous rendra cette lettre de ma part. »... Pr.
1300. Le comte d'Argental. Ce 24 de juin. — « *Zulime* est faite pour mon malheur. »... B.
1301. L'abbé Prévost. Bruxelles, juin. — « Arnauld fit autrefois l'apologie de Boileau. »... B.
1302. Van Duren. A Bruxelles, rue de la Grosse-Tour, ce 27 juin. — « Je reçois votre lettre du 24. »... B.
1303. *De Frédéric.* 27 juin. — « Vos lettres me font toujours un plaisir infini. »... Pr.
1304. Cideville. A Bruxelles, ce 28 de juin. « Eh bien... avez-vous reçu le paquet T? »... B.
1305. M. Berger. Bruxelles, le 29 juin. — « Je ne souhaite point du tout. » B.
1306. Maupertuis. Bruxelles, 29 juin. — « M. S'Gravesande voudrait bien savoir. »... B.
1307. Frédéric II, roi de Prusse. Bruxelles, juin. — « Hier vinrent pour mon bonheur. »... B.
1308. Mme de Champbonin. De Bruxelles, juin. — « Si je n'espérais pas vous revoir encore. »... B.
1309. Maupertuis. Bruxelles, le 1er juillet 1740. — « Le roi de Prusse me mande. »... B.
1310. Van Duren. A Bruxelles, ce 3 juillet au soir. — « Je vous accuse la réception. »... B.
1311. Mlle Quinault. A Bruxelles, 3 juillet. — « Je reçois aujourd'hui votre lettre du 29 »... Éd. 1822.
1312. Le marquis d'Argenson. A Bruxelles, ce 6 juillet. — « Il n'est pas juste que je laisse partir. »... C. et F.
1313. Van Duren. Bruxelles, 8 juillet. — « Voilà qui va bien, monsieur. » B.
1314. Van Duren. A Bruxelles, 10 juillet. — « Je reçois votre lettre. » B.
1315. Pont-de-Veyle. Ce lundi, 11 de juillet. — « Humbles remontrances. » B.
1316. L'abbé Moussinot. Ce 12 juillet. — « Je reçois votre lettre du 9. ». C.

1317. Le comte d'Argental. A Bruxelles, le 12 de juillet. — « Jamais ange gardien n'a plus travaillé. » . . . . B.
1318. Frédéric II, roi de Prusse. A la Haye, le 20 juillet. — « Tandis que Votre Majesté. » . . . . B.
1319. Maupertuis. A la Haye, ce 21 juillet. — « Vous voilà comme le Messie. ». . . . . B.
1320. Maupertuis. La Haye, le 24 juillet. — « Comme je resterai à la Haye.» B.
1321. Frédéric II, roi de Prusse. A la Haye. — « Sire, dans cette troisième lettre. ». . . . . B.
1322. De Frédéric. 29 juillet. — « Des voyageurs qui reviennent. » . . . Pr.
1323. M. Berger. 1740. — « En revenant de la Haye..., j'ai trouvé.». . B.
1324. De Frédéric. 5 août 1740. — « J'ai reçu trois de vos lettres dans un jour.». . . . . Pr.
1325. De Frédéric. 6 août. — « Je me conforme entièrement à vos sentiments. ». . . . . Pr.
1326. Thieriot. A Bruxelles, le 6 d'août. — « Comme je ne connais aucun cérémonial. ». . . . . B.
1327. De Frédéric. 8 août. — « Je crois que Van Duren vous coûte. » . . Pr.
1328. Maupertuis. A Bruxelles, le 9 août. — « Je crois vous avoir mandé.» B.
1329. L'abbé Moussinot. Ce 14 auguste. — « Depuis ma lettre écrite.» . C.
1330. L'abbé Moussinot. A Bruxelles, 18 auguste. — « Je vous parlais du temporel.». . . . . C.
1331. Le président Hénault. A Bruxelles, le 20 d'août. — « Rien ne m'a tant flatté.». . . . . B.
1332. La Noue, directeur de la Comédie, à Douai. A Bruxelles, ce 20 août. — « Il y a longtemps qu'une parfaite estime. » . . . . B.
1333. Le comte de Caylus. Bruxelles, le 21 août. — « J'ai reçu l'ambulante *Bibliothèque orientale.* ». . . . . B.
1334. Frédéric II, roi de Prusse. A Bruxelles, le 22 août. — « Ce sera donc un nouveau Salomon. ». . . . . B.
1335. Thieriot. 22 août. — « La bibliothèque hébraïque et chaldéenne.». C. et F.
1336. Le marquis d'Argens. A la Haye, août. — « Votre livre de philosophie. ». . . . . C. et F.
1337. Maupertuis. A Bruxelles, le 29 d'août, la troisième année depuis la terre aplatie. — « Comment diable vouliez-vous ? » . . . . B.
1338. Frédéric II, roi de Prusse. A Bruxelles, le 1er septembre 1740. — « Sire, mon roi est à Clèves. » . . . . B.
1339. L'abbé Moussinot. 2 septembre. — « Nous nous recommandons à vos bontés. » . . . . C.
1340. De Frédéric. 2 septembre. — « J'ai reçu à mon arrivée trois lettres.» Pr.
1341. De Frédéric. 5 septembre. — « De votre passeport muni. » . . . . Pr.
1342. De Frédéric. 6 septembre. — « Il faut, malgré que j'en aie.» . . Pr.
1343. Le maréchal de Schulenbourg, général des Vénitiens. A la Haye, le 15 septembre 1740. — « J'ai reçu par un courrier de M. l'ambassadeur.». . . . . B.
1344. De Frédéric. Septembre. — « Tu naquis pour la liberté. ». . . . . Pr.

1345. Le comte d'Argental. Sur le chemin de Rotterdam, ce 15 septembre. — « J'ai peur, mon cher ange gardien. ». . . . . C. et F.
1346. Maupertuis. A la Haye, ce 18 septembre. — « Je vous sers plus tôt que je ne vous l'avais promis. ». . . . . B.
1347. Frédéric II, roi de Prusse. A la Haye, ce 22 septembre. — « Oui, le monarque-prêtre est toujours en santé. ». . . . . B.
1348. Thieriot. A la Haye, ce 29 septembre. — « Je n'ai que le temps. » . C. et F.
1349. L'abbé Moussinot. Septembre. — « Je vous prie instamment, mon cher abbé. ». . . . . C.
1350. Le marquis d'Argens. A la Haye, le 2 d'octobre 1740. — « Mon cher ami, donc l'imagination et la probité. » . . . . B.
1351. *De Frédéric.* Octobre. — « Je suis honteux de vous devoir trois lettres. ». . . . . Pr.
1352. M. Cyrille Le Petit, pasteur de l'Église catholique française. A la Haye, ce 3 octobre. — « Vous faites sans doute votre devoir. » . C. et F.
1353. Frédéric II, roi de Prusse. La Haye, 7 octobre. — « J'oubliai de mettre dans mon dernier paquet. ». . . . . , ... B.
1354. L'abbé Moussinot. A la Haye, 7 octobre 1740. — « Je n'ai qu'un mot à dire. ». . . . . C.
1355. *De Frédéric.* 7 octobre. — « L'amant favori d'Uranie. ». . . . Pr.
1356. Thieriot. A la Haye, ce 9 octobre. — « Voici de la graine des Périclès. ». . . . . B. et F.
1357. M***. La Haye. — « Soyez très sûr que j'ai sondé le terrain. ». . B.
1358. Frédéric II, roi de Prusse. A la Haye, le 12 octobre. — « Sire, Votre Majesté est d'abord suppliée. ». . . . . B.
1359. *De Frédéric.* 12 octobre. — « Enfin, je puis me flatter de vous voir ici. ». . . . . Pr.
1360. Frédéric II, roi de Prusse. Octobre. — « Sire, Votre *Humanité* ne recevra point. ». . . . . B.
1361. Thieriot. A la Haye. Octobre. — « Je reçois votre lettre. » . . . B.
1362. L'abbé Moussinot. A la Haye, au palais du roi de Prusse, ce 14 octobre. — « Je reçois votre lettre. ». . . . . C.
1363. Frédéric II, roi de Prusse. La Haye, le 17 octobre. — « Bientôt à Berlin vous l'aurez. ». . . . . B.
Addition à cette lettre d'après C. et F.
1364. Le maréchal de Broglie. A la Haye, au palais du roi de Prusse, ce 17 octobre. — « Il m'est venu trouver ici un jeune homme. » B.
1365. M. de Champflour père. A la Haye, au palais du roi de Prusse, ce 18 d'octobre. — « Quoique je n'aie pas l'honneur d'être connu. ». . . . . B.
1366. M. de Camas, ambassadeur du roi de Prusse. A la Haye, ce 18 d'octobre. — « Les jansénistes disent qu'il y a des commandements de Dieu. ». . . . . B.
1367. Cideville. A la Haye, au palais du roi de Prusse, le 18 d'octobre. — « Voici mon cas, mon très-aimable Cideville. ». . . . . B.
1368. *De Frédéric.* 21 octobre. — « Je vous suis mille fois obligé. ». . Pr.

1369. Maupertuis. A la Haye, ce 25 octobre. — « Celui qui vous rendra cette lettre. ». C. et F.
1370. Frédéric II, roi de Prusse. A la Haye, le 25 octobre. — « Ombre aimable, charmant espoir. ». . . . . B.
1371. *De Frédéric.* 26 octobre.— « L'événement le moins prévu du monde.» Pr.
1372. Helvétius. A la Haye, au palais du roi de Prusse, ce 27 d'octobre. — « Mon cher et jeune Apollon. ». . . . . C.
1373. Le président Hénault. La Haye, ce 31 octobre. — « Si le roi de Prusse était venu à Paris. ». . . . . B.
1374. Le cardinal de Fleury. A la Haye, le 4 novembre 1740. — « Je ne peux résister aux ordres réitérés. ». . . . . B.
1375. Thieriot. A Utrecht, 6 novembre. — « M. Dumolard, que vous m'aviez recommandé. ». . . . . C. et F.
1376. *De Frédéric.* 8 novembre. — « Ton Apollon te fait voler au ciel. » Pr.
1377. Frédéric II, roi de Prusse. A Herford, le 11 novembre. — « Dans un chemin creux et glissant. ». . . . . B.
1378. *Du cardinal de Fleury.* 14 novembre. — « Je reçois dans le moment. » B.
1379. Thieriot. Remusberg, 24 novembre. — « J'ai reçu, mon cher monsieur, votre lettre du 7. ». . . . . *P. in.* 1820.
1380. Le cardinal de Fleury. A Berlin, le 26 de novembre. — « J'ai reçu, monseigneur, votre lettre du 14. ». . . . . B.
1381. Frédéric II, roi de Prusse. A Berlin, ce 28 novembre. — « Puisque Votre Humanité aime la petite écriture. ». . . . . B.
1382. Maupertuis. Potsdam, décembre 1740. — « Mon cher hibou de philosophe errant. ». . . . . B.
1383. Frédéric II, roi de Prusse. Berlin, 2 décembre. — « Je vous quitte, il est vrai, mais mon cœur déchiré. ». . . . . B.
1384. Maupertuis. Potsdam, décembre. — « Étant obligé de quitter les rois ». . . . . B.
1385. Thieriot. 4 décembre. — « Pour vous rafraîchir, pourriez-vous porter. ». C. et F.
1386. Frédéric II, roi de Prusse. A quatre lieues par delà Wesel, ce 6 décembre. — « O détestable Westphalie! ». . . . . . . B.
1387. Frédéric II, roi de Prusse. Clèves, ce 15 décembre 1740.— « Grand roi, je vous l'avais prédit. ». . . . . B.
1388. *De Frédéric.* 23 décembre. — « J'ai reçu deux de vos lettres. » Pr.
1389. Frédéric II, roi de Prusse. Rotterdam, décembre.— «Je ressemble à présent aux pèlerins de la Mecque. ». . . . . B.
1390. Thieriot. Jour de Noël. — « Montrez, je vous prie, à M. l'abbé de Rothelin. ». . . . . B.
1391. M. de Champflour père. A la Haye, ce 27 décembre. — « J'ai trouvé à la Haye, monsieur, une lettre. ». . . . . B.
1392. Frédéric II, roi de Prusse. Dans un vaisseau, sur les côtes de Zélande, ce dernier décembre 1740. — « Vous en souviendrez-vous, grand homme que vous êtes. ». . . . . B.
1393. Thieriot. 1740. — « Voici une lettre pour M. D***. ». . . . . . *P. in.* 1820.

PERSONNAGES

AUXQUELS SONT ADRESSÉES LES LETTRES DE LA CORRESPONDANCE.

AGUESSEAU (le chancelier d'). Lettre 1066.
ALLEURS (le comte, ci-devant chevalier des). Lettre 968.
ANONYMES. Lettres 1059, 1105, 1203, 1211, 1357.
ARGENS (le marquis d'). Lettres 970, 1006, 1169, 1172, 1176, 1181, 1182, 1336, 1350.
ARGENSON (le marquis d'). Lettres 1097, 1113, 1137, 1152, 1157, 1166, 1170, 1186, 1190, 1225, 1234, 1258, 1275, 1295, 1312.
ARGENTAL (le comte d'). Lettres 954, 975, 977, 985, 1007, 1013, 1019, 1027, 1031, 1037, 1040, 1060, 1062, 1069, 1070, 1076, 1087, 1098, 1121, 1132, 1143, 1173, 1235, 1236, 1237, 1240, 1245, 1251, 1259, 1261, 1289, 1300, 1317, 1345.
BERGER. Lettres 938, 995, 1012, 1032, 1073, 1094, 1120, 1147, 1156, 1168, 1174, 1268, 1273, 1305, 1323.
BERNARD (Pierre-Joseph), ou *Gentil Bernard*. Lettre 1278.
BOUHIER (le président). Lettre 1153.
BROGLIE (François-Marie, duc de), maréchal de France. Lettre 1364.
BURIGNY (LÉVESQUE de). Lettres 950, 1049, 1054.
CAMAS (de), ambassadeur du roi de Prusse à Paris. Lettre 1366.
CANTEMIR (le prince Antiochus). Lettres 1104, 1138.
CAYLUS (le comte de). Lettres 1015, 1333.
CHAMPBONIN (Mme de). Lettres 1165, 1192, 1204, 1277, 1308.
CHAMPFLOUR (de), père. Lettres 1365, 1391.
CIDEVILLE. Lettres 958, 1023, 1084, 1096, 1126, 1195, 1202, 1209, 1210, 1227, 1267, 1272, 1304, 1367.
DEMOULIN (Mme). Lettre 987.
DEVAUX. Lettre 1085.
DUBOS (l'abbé). Lettre 952.
FALKENER, ambassadeur d'Angleterre à Constantinople. Lettre 1247.
FLEURY (le cardinal de). Lettres 1374, 1380.
FORMONT. Lettres 959, 993, 1260.
FRÉDÉRIC, prince royal de Prusse. Lettres 964, 1003, 1030, 1071, 1086, 1090, 1135, 1146, 1161, 1162, 1167, 1180, 1188, 1193, 1200, 1212, 1214, 1220, 1233, 1244, 1249, 1252, 1264, 1266, 1271, 1280, 1284.
FRÉDÉRIC II, roi de Prusse. Lettres 1294, 1307, 1318, 1321, 1334, 1338, 1347, 1353, 1358, 1360, 1363, 1370, 1377, 1381, 1383, 1386, 1387, 1389, 1392.
GRESSET. Lettre 1257.
HELVÉTIUS (Claude-Adrien). Lettres 942, 974, 1045, 1051, 1075, 1082, 1107, 1111, 1123, 1149, 1177, 1198, 1205, 1223, 1231, 1232, 1255, 1372.
HÉNAULT (le président). Lettres 1248, 1331, 1373.
HÉRAULT, lieutenant général de police. Lettres 949, 956, 963, 986, 1077, 1079, 1093, 1109, Désaveu du *Préservatif* n° 1151, 1158, 1164, 1218.
HERVEY (milord), garde des sceaux d'Angleterre. Lettre 1262.

Keyserlingk (le baron de). Lettre 939.
La Noue (de). Lettres 1127, 1332.
Latour (de), le peintre. Lettre 946.
Le Blanc (l'abbé). Lettre 961.
Lefranc de Pompignan. Lettres 951, 1134.
Le Petit (Cyrille), pasteur de l'Église catholique française à la Haye. Lettre 1352.
Mairan (de). Lettre 1021.
Maupertuis. Lettres 940, 969, 991, 1297, 1306, 1309, 1319, 1320, 1328, 1337, 1346, 1369, 1382, 1384.
Missy (César du). Lettre 1194.
Monmartel (Paris de). Lettre 945.
Moussinot (l'abbé). Lettres 955, 973, 978, 979, 981, 982, 988, 994, 996, 998, 999, 1004, 1008, 1010, 1016, 1025, 1029, 1041, 1044, 1050, 1052, 1057, 1064, 1065, 1068, 1072, 1078, 1080, 1081, 1083, 1089, 1092, 1095, 1106, 1108, 1110, 1115, 1119, 1124, 1130, 1142, 1145, 1179, 1219, 1226, 1229, 1243, 1256, 1279, 1283, 1287, 1316, 1329, 1330, 1339, 1349, 1354, 1362.
Olivet (l'abbé d'). Lettres 943, 1035, 1047, 1102.
Pageau, l'avocat. Lettre 1058.
Pitot de Launai, de l'Académie des sciences. Lettres 1221, 1263.
Pont-de-Veyle (le comte de). Lettres 1216, 1315.
Porée (le Père). Lettre 1024.
Pouilly (Lévesque de). Lettre 1088.
Prault, libraire. Lettres 983, 1117, 1183.
Prévost (l'abbé). Lettre 1301.
Quinault (Mlle). Lettres 966, 1020, 1061, 1074, 1099, 1101, 1116, 1139, 1184, 1196, 1201, 1213, 1222, 1239, 1241, 1242, 1250, 1276, 1282, 1293, 1311.
Resnel (l'abbé du). Lettres 1199, 1206.
Richelieu (le duc de). Lettres 1018.
Schulenbourg (le maréchal de), général des Vénitiens. Lettre 1343.
Thieriot. Lettres 941, 944, 947, 948, 953, 960, 962, 967, 971, 972, 976, 980, 984, 989, 990, 1005, 1009, 1014, 1017, 1022, 1026, 1028, 1033, 1034, 1038, 1042, 1046, 1048, 1055, 1056, 1067, 1091, 1100, 1114, 1118, 1125, 1133, 1140, 1141, 1144, 1155, 1175, 1191, 1326, 1335, 1348, 1356, 1361, 1375, 1379, 1385, 1390, 1393.
Tournemine (le Père). Lettre 1002.
Valori (l'abbé de). Lettre 1288.
Van Duren, libraire à la Haye. Lettres 1281, 1285, 1291, 1292, 1296, 1298, 1302, 1310, 1313, 1314.

PERSONNAGES

QUI ONT ADRESSÉ DES LETTRES A VOLTAIRE.

Argenson (le marquis d'). Lettre 1063.
Fleury (le cardinal de). Lettre 1378.
Frédéric, prince royal de Prusse. Lettres 957, 965, 997, 1011, 1036, 1043, 1053,

1103, 1112, 1136, 1159, 1160, 1171, 1178, 1185, 1187, 1189, 1197, 1207, 1215, 1217, 1224, 1228, 1238, 1246, 1253, 1254, 1265, 1269, 1270, 1274.
Frédéric II, roi de Prusse. Lettres 1286, 1290, 1299, 1303, 1322, 1324, 1325, 1327, 1340, 1341, 1342, 1344, 1351, 1355, 1359, 1368, 1371, 1388.
Jore. Lettres 992, 1000.
Keyserlingk (le baron de). Lettre 1208.
Prévost (l'abbé). Lettre 1230.

PERSONNAGES

QUI ONT ÉCRIT DES LETTRES CONCERNANT VOLTAIRE.

Chatelet (Mme du). Annotations à la lettre de Thieriot n° 1001. Lettre à d'Argental, n° 1122. Lettre à d'Argental, n° 1129. Lettre à d'Argental, n° 1131. Lettre à d'Argental, n° 1148. Lettre à d'Argental, n° 1154. Lettre à d'Argental n° 1163.
Desfontaines (l'abbé). Déclaration remise à M. Hérault, n° 1128.
Frédéric II, roi de Prusse. Lettre à Algarotti, n° 1376.
Prault, le libraire. Lettre à Mme de Champbonin, n° 1039.
Saint-Hyacinthe (de). Lettre à Lévesque de Burigny, n° 1150.
Thieriot. Lettre à la marquise du Châtelet, n° 1001.

FIN DE LA TABLE DU TOME XXXV.

PARIS. — Impr. J. CLAYE. — A. QUANTIN et C⁽ᵉ⁾, rue St-Benoît.

www.ingramcontent.com/pod-product-compliance
Lightning Source LLC
Chambersburg PA
CBHW070406230426
43665CB00012B/1263